Das autogene Training

Motto

„Außer dem Denker gibt es aber noch andere Freunde des Wissens, die dem Hervorbringen durch Denken nicht vorzüglich zugetan und also ohne Beruf zu dieser Kunst lieber Schüler der Natur werden, ihre Freude am Lernen nicht im Lehren, im Erfahren nicht im Machen, im Empfangen nicht im Geben finden. Einige sind geschäftig und nehmen im Vertrauen auf die Allgegenwart und die innige Verwandtschaft der Natur, mithin auch im voraus von der Unvollständigkeit und der Kontinuität alles einzelnen überzeugt, irgendeine Erscheinung mit Sorgfalt auf und halten den in tausend Gestalten sich verwandelnden Geist derselben mit stetem Blicke fest und gehen dann an diesem Faden durch alle Schlupfwinkel der geheimen Werkstätte, um eine vollständige Verzeichnung dieser labyrinthischen Gänge entwerfen zu können. Sind sie mit dieser mühseligen Arbeit fertig, so ist auch unvermerkt ein höherer Geist über sie gekommen, und es wird ihnen dann leicht, über die vorliegende Karte zu reden und jedem Suchenden seinen Weg vorzuschreiben. Unermeßlicher Nutzen segnet ihre mühsame Arbeit, und der Grundriß ihrer Karte wird auf eine überraschende Weise mit dem System des Denkers übereinstimmen, und sie werden diesem zum Trost gleichsam den lebendigen Beweis seiner abstrakten Sätze unwillkürlich geführt haben."

Novalis. Die Lehrlinge zu Sais

I. H. Schultz

Das autogene Training

Konzentrative Selbstentspannung
Versuch einer klinisch-praktischen Darstellung
14. unveränderte Auflage

Georg Thieme Verlag Stuttgart 1973

Prof. Dr. Dr. h. c. I. H. Schultz, Nervenarzt, Berlin

1. Auflage 1932	1. spanische Auflage 1954
2. Auflage 1934	2. spanische Auflage 1962
3. Auflage 1937	3. spanische Auflage 1966
4. Auflage 1940	4. spanische Auflage 1969
5. Auflage 1942	1. portugiesische Auflage 1967
6. Auflage 1950	1. französische Auflage 1958
7. Auflage 1952	2. französische Auflage 1960
8. Auflage 1953	3. französische Auflage 1965
9. Auflage 1956	4. französische Auflage 1968
10. Auflage 1960	5. französische Auflage 1972
11. Auflage 1964	1. englische Auflage 1959
12. Auflage 1966	2. englische Auflage 1969
13. Auflage 1970	1. italienische Auflage 1968
	1. japanische Auflage 1968

 Satz u. Druck: Buchdruckerei Lauk, Altensteig.
ISBN 3 13 401414 9

Luise-Charlotte Schultz

zu eigen

Vorwort zur dreizehnten Auflage

In den bald fünfzig Jahren seit seinem Ersterscheinen hat dieses Buch in zwölf Auflagen mannigfaltige Erweiterungen und Ergänzungen erfahren, ohne daß sein Grundgehalt eine Änderung erfordert hätte. Nun hieß es mancherlei literarische Beiträge aus den dreißiger Jahren zugunsten kennzeichnender Proben aus der Literatur der letzten zehn Jahre auszuschalten oder einzuengen, um den Umfang im ganzen nicht allzu sehr zu erhöhen. Es konnte gewiß an eine vollständige Literaturübersicht – der um den Ausbau des Verfahrens so verdiente *W. Luthe* stellte schon 1955 mindestens 2000 Arbeiten fest! – nicht gedacht werden.

Besonders genannt seien hier *eine Reihe Bücher* von wesentlicher Bedeutung: Lebendige, sachverständige Diskussion des Verfahrens in *H. Stolze:* Schwierigkeiten der Psychotherapie in der Praxis und ihre Bewältigung (Lehmann, München 1964. 135 S. [besonders S. 50]); *H. Binder:* Seminar über Gruppentherapie mit dem Autogenen Training, II (Lehmann, München 1966. 80 S.); *H. Kleinsorge* und *G. Klumbies:* Technik der Relaxation. Selbstentspannung (Fischer, Jena 1967. 90 S.); *D. Langen* und *H. Stolze:* Pubertät als kritisches Stadium (Lehmann, München 1967. 130 S.); *K. Thomas:* Praxis der Selbsthypnose des Autogenen Trainings (Thieme, Stuttgart 1967. 98 S.); *P. Geissmann* und *R. Durand de Bousingen:* Les méthodes de relaxation (Dessart, Brüssel 1968. 318 S.); *U. Diesing* in *G. Biermanns:* Handbuch der Kinderpsychotherapie (Reinhardt, München 1968); *A. Wiegmann:* Der Neurotiker in der Klinik (Vandenhoeck & Ruprecht, Göttingen 1968. 200 S.); *D. Langen:* Der Weg des Autogenen Trainings (Wissenschaftliche Buchgesellschaft, Darmstadt 1968. 389 S.); *M. A. Fernandes:* Neurose et cura de relaxamento (Porto Editora LDA 1968. 109 S.); *D. Langen* und *Th. Spoerri:* Hypnose und Schmerz (Karger, Basel 1968. 140 S.); Kongreß I International higher nervous activity (Mailand 1968); *H. Fernau-Horn:* Die Sprechneurosen (Hippokrates, Stuttgart 1969. 292 S.); *E. Wiesenhütter*: Grundbegriffe der Tiefenpsychologie (Wissenschaftliche Buchgesellschaft, Darmstadt 1969. 219 S.).

Die Beschränkung auf einen praktisch tragbaren Umfang und die Aufgabe, Eigenwesen und Eigenwert des autogenen Trainings klar und ausreichend gründlich zu vermitteln, verhinderte ein näheres Eingehen auf allerlei fruchtbare Ergänzungs- und Umgestaltungsvorschläge, so namentlich von *Ajuriaguerra* und *Sapir* und anderen. Grundsätzlich kann nur die klar ausgearbeitete präzise Technik volle Erfolge bringen.

Neben diesen literarischen Dokumenten sorgen auch *organisatorische Maßnahmen* für Erhaltung und Weiterentwicklung des autogenen Trainings.

Auf dem Weltkongreß für Psychiatrie im Juni 1961 in Montreal wurde *„le Commité International de Coordination de l'Application Clinique et de l'Enseignement du Training Autogène“ (ICAT)* konstituiert, dem Mitglieder aus Argentinien, Belgien, Kanada, Deutschland, Frankreich, Italien, Japan, Polen, Portugal und Schweiz angehörten.

Die deutsche Sektion der *„Internationalen Gesellschaft für klinische und experimentelle Hypnose“*, anfangs unter meinem Präsidium, trägt seit 1968 den Titel *„Deutsche Gesellschaft für ärztliche Hypnose und autogenes Training“*.

Ihr Vorstand setzt sich zur Zeit wie folgt zusammen: Ehrenpräsident *I. H. Schultz;* 1. Vorsitzender *Schaetzing*, Berlin; 2. Vorsitzender und Auslandskorrespondent *Thomas*, Berlin 41, Bismarckstr. 66; Archiv und wissenschaftliche Zentrale *Langen*, Mainz, Langenbeckstr. 1; Schatzmeister *Krapf*, München. Daneben bestehen sechs Landesstellenleiter.

Unser rühriger Mitarbeiter *H. Wallnöfer*, Wien, gründete 1968 eine österreichische Zwillingsgesellschaft gleichen Titels.

Mit dem allgemeineren Bekanntwerden des Verfahrens haben sich leider auch Kurpfuscher seiner bemächtigt; ein Pfarrer verspricht Kindern Wege zur Selbsthilfe, „Institute“ von „Psychologen“ senden Prospekte und betonen zum Teil, daß ihre Leiter „wissenschaftliche Prädikate“ besitzen und dgl. mehr. Leider wird auch immer wieder von Kollegen das „Übungsheft“ zu unkontrolliertem Selbstprobieren verabfolgt.

Aber diese kleinen Mißhelligkeiten bedeuten nichts gegenüber dem opferwilligen, unermüdlichen und erfolgreichen Wirken immer zahlreicherer ärztlicher Mitarbeiter und Freunde. „La vérité est en marche!“

Ihnen allen sei mein herzlichster Dank ausgesprochen, nicht minder dem Georg Thieme Verlag, insbesondere Herrn Dr. med. h. c. *Günther Hauff*, für jahrzehntelange, verständnisvolle und hilfsbereite Zusammenarbeit und Unterstützung.

Berlin, Herbst 1969 *I. H. Schultz*

Vorwort zur ersten Auflage

Die folgende Darstellung soll vor allen Dingen dem Arzte ein anschauliches Bild des Verfahrens geben, auf Grund dessen eine kritische und erfolgreiche Verwendung möglich erscheint; deswegen ist besonderer Wert auf eine bis ins einzelne gehende Schilderung aller technischen Maßnahmen und Schwierigkeiten gelegt und angestrebt worden, durch reichliche Vermittlung von Protokollen und Resultaten klinischer und experimenteller Kontrollversuche sowie prinzipielle Aufzeigung der Beziehungen zu verwandten allgemeinen Erscheinungen das Wesen der Methode deutlich zu machen. Namentlich für die Verständigung mit gebildeten und kritischen Versuchspersonen sind die Verbindungen unserer Arbeit mit Suggestion, Hypnose, Yoga, Gymnastik und Pädagogik wesentlich. Die ganz allgemeine biopsychologische Natur des Vorgehens eröffnet eine solche Problemfülle von muskelphysiologischen bis hinauf zu Weltanschauungsfragen, daß die bisherige Bearbeitung notwendigerweise sehr lückenhaft ist; doch liegen die entscheidenden Punkte jetzt meines Erachtens so klar, daß die Veröffentlichung gerechtfertigt sein dürfte. Ausdrücklich gewarnt seien Laienleser vor Selbst- oder Fremdversuchen ohne ärztliche Kontrolle; nach innerem Wesen eine Hirnumschaltung, erfordert das autogene Training in jedem Falle ärztliche Aufsicht. So vielen bin ich für Hilfe und Mitarbeit zu Dank verpflichtet, daß ich jeden einzelnen bitten muß, mit dieser allgemeinen Erstattung vorliebzunehmen, die darum gewiß nicht weniger von Herzen kommt.

Berlin, Frühjahr 1932 *I. H. Schultz*

Vorwort zur neunten Auflage

Auch in den vergangenen zwei Jahren hat das Verfahren seine Brauchbarkeit in kritischen Grenzen unter Beweis gestellt und sich erwartungsgemäß besonders in der allgemeinen und nicht nervenärztlichen Fachpraxis dienlich gezeigt. Der zunehmenden allgemeinen Beachtung entsprechend fehlt es leider auch nicht an Mißbräuchen und unerfreulichen Bekundungen in der allgemeinen, besonders der illustrierten Presse.

Diese unliebsamen Erfahrungen stellen glücklicherweise nur störende Randerscheinungen dar. Demgegenüber mehren sich besonders aus romanischen Ländern wertvolle Beiträge, so von *T. Bazzi, E. C. Cerquetelli* („Il Pensieoro Scientifico", Rom 1951), *E. Eduardo Krapf* („Angustia Tension Relajacion", Buenos Aires, 1952), *M. Azevedo Fernandez* (Fol. clin. intern. 1952, 110 und „Estudo da Psicothérapia", O Médico, 1954, 157), an gleichem Orte auch die schöne Studie dieses Autors über „Das blaue Licht" (1953, 3). *T. Bazzi* gab sehr interessante völkerpsychologische Hinweise darauf, daß dem Romanen sein an der „Physis" hängenbleibendes „Kausalitätsbedürfnis" vielfach besonders günstige Ansatzpunkte für autogene Arbeit gibt.

Die vorliegende neue Auflage ist nach vielen Richtungen hin verbessert, ergänzt und erweitert, so daß gehofft werden darf, die Brauchbarkeit des Buches habe sich dadurch erhöht. Das bezieht sich nicht nur auf zahlreiche klinische Ergänzungen, wie etwa die Einführung des Verfahrens in die Augenheilkunde und seine Verwendung bei Residuär-Zuständen von Psychosen, sondern besonders auch auf eine genauere kritische Eingrenzung der „Ruheeinstellung" und ihren sachgemäßen Einbau in die Technik. Von ganz besonderer Bedeutung sind experimentelle Untersuchungen zweier Autoren aus den letzten Jahren, auf die bereits hier hingewiesen sei, die ausgezeichneten Studien über die Wärmeregulation im autogenen Training von *P. Polzien* (Med. Univ.-Poliklinik Würzburg, Prof. *Henning*) und die bisher noch unveröffentlichten Untersuchungen des Chefarztes der Lungenheilstätte Ballenstedt am Harz, Dr. *Hans Marchand,* über signifikante Veränderungen von Blutbild und Blutzucker nach autogener (hypnotischer) hyperämisierender „Durchwärmung" der Leber, welche die erste exakte Beweisführung für die von uns bereits 1932 in der 1. Auflage geäußerte Vermutung bringt, daß es möglich sei, durch autogene Änderung der Durchblutung die Tätigkeit von hormonalen oder Stoffwechselzentren zu beeinflussen, eine Hypothese, die damals nur sehr vorsichtig im Sinne möglicher Deutung rein klinischer Erfahrungen geäußert wurde.

So hoffen wir, daß auch diese neue Auflage ihren Aufgaben genügen möge. Auch für die Ausgestaltung dieser Auflage bin ich dem Verlag *Georg Thieme*, Stuttgart, insbesondere seinem Leiter Dr. h. c. *Bruno Hauff* und seinen Mitarbeitern, zu besonderem Dank verbunden. Frl. Dr. med. *Johanna Meyer*, Berlin, danke ich für Korrektur und Revisionshilfe!

Frühjahr 1956
Berlin-Charlottenburg 9
Bayernallee 17

I. H. Schultz

Vorwort zur zehnten Auflage

Schneller als erwartet ergibt sich die erfreuliche Notwendigkeit der Herausgabe dieser Auflage. Sie fügt sich der seit etwa anderthalb Jahrzehnten deutlichen *Renaissance aktiv-klinischer Psychotherapie* gegenüber allzu einseitig psychoanalytischer theoretischer und praktischer Arbeit organisch ein, haben doch die Bestrebungen unseres Arbeitskreises in Deutschland in ihrem Rahmen dazu beigetragen, die Wiederbelebung aktiv-klinischer Psychotherapie bei allen kritischen Autoren zu fördern.

Auch im *Ausland* zeigen sich bekanntlich dieselben Entwicklungen. Es ist daher besonders zu begrüßen, daß zu der bereits vorliegenden Übersetzung ins Spanische durch *E. Low-Maus* und *D. S. Gimeno* (1954) inzwischen zwei weitere getreten sind. Der Direktor der Straßburger Psychiatrischen Klinik, Prof. *Th. Kammerer*, entsandte zwei seiner Mitarbeiter zu einem unserer Kurse nach Hamburg, und diese unternahmen die schwierige Aufgabe, das etwas „deutsch-spröde" Werk in eine französisch ansprechende Form umzugießen, wofür den Autoren Dr. *R. Durand de Bousingen* und *Y. Becker* auch hier nochmals herzlich gedankt sei; in Montreal schuf *W. Luthe* eine für USA pragmatisch gestraffte englische Übersetzung, für deren formvollendete Herausgabe dem Verlage Grune & Stratton, New York, ebenso gedankt sei wie dem der Presses Universitaires De France für die französische. Gerade in USA betonen mehr und mehr auch psychoanalytisch voll ausgebildete Autoren die unersetzliche Bedeutung aktiv-klinischer Psychotherapie im Rahmen gesamter psychotherapeutischer Bemühungen.

Die *neue Auflage* hat *sehr wesentliche Erweiterungen* und *Umgestaltungen* erfahren. Es wurde versucht, durch Streichungen nicht völlig notwendiger Partien und erhöhte Benutzung von Petit-Druck eine Umfangvermehrung im ganzen zu vermeiden; erhöhte Übersichtlichkeit, eingehende Besprechung technischer Einzelheiten und Beifügung von zahlreichen neuen Protokollen und literarischen Hinweisen sollen die Brauchbarkeit der neuen Auflage möglichst erhöhen. Während ihrer Drucklegung würdigte *A. Fernandes* (J. D. Médico 1959, 51) eingehend die Bearbeitung des Autogenen Trainings auf dem Kongreß in Barcelona, Herbst 1958, *W. E. Gorton* gab eine sehr ausführliche Darstellung im „American Journal of Clinical Hypnosis" (1959, S. 31) und als besonders wichtiger Beitrag erschien eine Zusammenfassung der bedeutungsvollen Studien von *P. Polzien* „Über die Physiologie des hypnotischen Zustandes als eine exakte Grundlage für die Neurosenlehre" (Karger Verlag 1959, 74 S.).

Das zunehmende Bekanntwerden des Verfahrens in weiteren Kreisen, so begrüßenswert es an sich ist, hat die in früheren Auflagen schon angedeuteten Gefahren und Bedenken nach verschiedenen Richtungen hin noch erhöht. Kurpfuscherei Unberufener von zum Teil groteskem Ausmaße, Empfehlung teils überflüssiger, teils nicht unbedenklicher „Modifikationen" oder auch anonymer Mißbrauch des Verfahrens werden leider nicht selten festgestellt, und unausrottbar scheint eigenes Üben ohne ärztliche Kontrolle zu sein oder, noch bedenklicher, Weitergabe des Übungsheftes zum Selbstüben durch Ärzte.

Demgegenüber ist es für unseren Arbeitskreis sehr erfreulich, festzustellen, daß nunmehr das Verfahren von so vielen Autoren bestätigend gewürdigt wird, daß jeder Versuch, hier bei der Nennung der Namen Vollständigkeit zu erreichen, aussichtslos erscheinen muß. Dr. *W. Luthe*, Montreal, versucht eine literarische Sammelzentrale aufzubauen und erbittet Sonderabdrucke bzw. Titelbenennungen aller die Methode betreffenden Arbeiten (Montreal, Canada, Case postal 6128).

Ist ein Verfahren 40 und sein Begründer 75 Jahre alt geworden, so ist die Schar der Helfenden und Fördernden völlig unübersehbar. Es sei daher nur im ganzen hier allen irgendwie beteiligten Kollegen, Patienten, Versuchspersonen, Kritikern und nicht zum wenigsten dem Verlag *Georg Thieme,* insbesondere seinem Leiter Dr. h. c. *Bruno Hauff,* herzlichst Dank gesagt, vor allem auch der getreuen Korrekturhelferin Dr. med. *Johanna Meyer;* er gilt auch vielen meiner wissenschaftlichen Gegner.

Frühjahr 1960 *I. H. Schultz*

Vorwort zur elften Auflage

Der Eintritt des Verfassers in das letzte Jahr des achten Jahrzehntes legte es nahe, bei *dieser Auflage* eine *wesentlich gründlichere Bearbeitung* vorzunehmen, die nach verschiedenen Richtungen hin erwünscht erschien. So konnten ohne Nachteil Angaben aus der *älteren Literatur* entfernt werden, und es wurde, soweit möglich, versucht, Hinweise auf wichtige neuere Literatur zu geben. Speziell für unser Verfahren sei auf die schöne Zusammenstellung meiner Mitarbeiterin Dr. *Johanna Meyer* über neuere Literatur hingewiesen (Acta psychother. 9 [1961], 379).

Die immer *zunehmende Beachtung und Verwendung* des Verfahrens hat sich nach vielen Richtungen hin erfreulich ausgewirkt. So veranstaltete die *Französische psychosomatische Gesellschaft,* die mich 1958 durch die Ernennung zum Ehrenmitglied erfreute, 8.—10. Juli 1960 einen Kongreß in *Vittel,* bei dem ein ganzer Arbeitstag der *Relaxation* gewidmet war und mir liebenswürdigerweise der Vorsitz eingeräumt wurde, den ich mit einigen Erörterungen über die *„Somatisation“* übernehmen konnte. Eine Fülle von Autoren der verschiedensten Länder vereinigte sich hier und lieferte wertvollste Mitteilungen und Diskussionen. Als kleines Zeichen meiner dankbaren Freude seien hier wenigstens die Namen genannt: *M. Alberts* (Jugendliche); *J.* und *A. Begoin* (Lungenheilstätte); *J. C. Benoit* (Kernneurose); *S. Betlheim* (Hypertonie); *H. Binder* (Kopfverletzte); *H. Binswanger* (Psychosomatik); *A. J. Burger* (Ulcus); *R. Cahn* (Theorie); *L. Chertok* (Entbindung); *A. Friedemann* (Grundsätzliches); *W. Geisendorf* u. *P. H. Kocher* (Entbindung); *I. v. Hattingberg* (Arbeitsmedizin); *R. Held* (Psychoanalyse); *L. Israel, P. Geissmann* (EEG); *A.* und *C. Jus* (polygraphische Kontrolle); *Th. Kammerer* und *R. Durand de Bousingen* (Theorie); *H. Kleinsorge* (gezieltes Training); *W. Kurth* (Theorie); *P. Lowys* (Klinik); *O. Meyer* (Technik); *P. D. Müller-Hegemann* (experimentelle Leistungskontrolle); *H. J. Prill* (Entbindung); *P. Rotas* und *H. Enke* (innere Klinik); *D. J. Salfield* (Existenzprobleme); *M. Sapir* (Theorie); *N. Schipkovenski* (Hygiene); *J. Seabra-Dines* (sechs Jahre Erfahrungen); *P. Sivadon* (Arbeiterneurosen); *B. Stokvis* (Theorie); *B. This* (Körperschema); *E. Wiesenhütter* (Rehabilitation).

Auch auf dem *vierten internationalen Kongreß für Psychotherapie* in *Barcelona* wurde dem *Relaxationsproblem* besondere Beachtung geschenkt, was dem örtlichen Leiter, Herrn Prof. *R. Sarró,* Barcelona, besonders zu danken ist. Ich konnte dort das Problem Hypnose und Entspannung kurz erörtern. Seite an Seite mit *B. Stokvis. S. Montserrat Esteve* berichtete über sehr interessante EEG-Befunde, *W. Luthe* über psychologische Ergebnisse des autogenen Trainings, *C. Ballús Pascual* über aktive klinische Psychotherapie, *H. Hengstmann* über kritische Methodenkombination. *M. A. Fernandes* hob die Vorzüge autogener Arbeit besonders hervor, *F. Bayle Gabarró* sah gute Erfolge bei autogener Gruppenarbeit.

Vom 4. bis 9. Juni 1962 fand auf Anregung des unsere Arbeit so gütig fördernden Direktors der Universitäts-Nervenklinik, Prof. *Th. Kammerer,* in *Strasbourg* ein *Kongreß über Relaxation* statt, den er selbst einleitete. *F. Isch* und *R. Cahn* gaben allgemein-theoretische Grundlagen, dann lieferten *R. Durand de Bousingen, A. Friedemann, B. Stokvis* methodische Beiträge; soziale Verwertung des autogenen Trainings erörterte *R. Durand de Bousingen,* und *P. Geissmann* berichtete über sehr interessante EEG-Untersuchungen sowie Gruppenerfahrungen im autogenen Arbeiten, *D. Müller-Hegemann* und Mitarbeiter über exakte Leistungsmessungen bei autogen erhöhten Vollzügen. *R. Durand de Bousingen* nahm kritisch zur Indikation Stellung.

Auch auf dem *Internationalen Kongreß für Psychotherapie* in *Montreal* fand dank dem Einsatz von *W. Luthe* das Verfahren Beachtung. Endlich stand es auf der *Vierten Tagung des Arbeitskreises für neurovegetative Therapie, Bad Homburg,* 12.—14. Oktober 1962, im Mittelpunkt (Med. Klin. 1963, 1088). *G. R. Heyer* empfahl es für die Psychotherapie von Angina pectoris und Asthma bronchiale, *H. Hengstmann* ortete es in der gesamten Psychotherapie und betonte seine Brauchbarkeit im chirurgischen Bereiche, wie *W. Blunck* in der inneren Medizin, *W. Kurth* bei Kindern und Jugendlichen, *I. v. Hattingberg* in der Neurologie, *E. Schaetzing* in der Gynäkologie und *I. H. Schultz* in der Psychiatrie, ferner über die Psychotherapie des Asthma bronchiale in Vertretung von *G. R. Heyer.*

Zeigen schon diese Kongreßberichte, daß unser Verfahren in dem ihm zukommenden Maße seinen Platz gefunden hat, so zeigt sich das nicht weniger deutlich in der in den letzten anderthalb Jahrzehnten *unübersehbar angeschwollenen Literatur.* Hier ist an erster Stelle das Handbuch der Neurosenlehre zu nennen, das in fünf Bänden von *V. E. v. Gebsattel, V. E. Frankl* und mir herausgegeben wurde und seinem umfassenden Charakter entsprechend fast auf jeder Seite hätte zitiert werden können. Das sei hier allgemein und grundsätzlich geschehen. Nicht minder wesentlich ist die monumentale Erörterung „Der Mensch in der Entspannung" von *B. Stokvis* und *E. Wiesenhütter* (Hippokrates, 384 S., 1961) sowie das Gemeinschaftswerk von *B. Stokvis* und *M. Pflanz* „Suggestion" (Karger, 259 S., 1961). Die zunehmende *Übersetzung in andere Sprachen* erstreckt sich z. Z. nach Italien, Norwegen (Übungsheft) und Japan, wo Prof. *Naruse* am Werke ist.

Erfahrungen an *großen Behandlungsreihen* teilten *D. Müller-Hegemann* (818 Eigenfälle, in anderen Kliniken rund 9000 Personen) sowie *J. A. Laberke* (1200 Kranke) mit. Die besondere Bedeutung des Verfahrens für die *Allgemeinpraxis* wurde ausdrücklich betont von *H. Binder* (Ärztl. Mitt. 1963, 917), *I. Galinovsky*, Buenos Aires, *J. Hoskovec* (Čs. Psychol. 6 [1962], 103); *Vl. Klajn*, Zagreb (Neuropsihijatrija 1957, 34); *H. Kleinsorge* (Intern. Prax. 2 [1962], 373); *Yoshikazu Kohno* (Jap. J. hyp. 6 [1960], 33); *S. Kratochvil* (Čs. Psychiat. 329, 1962); *W. Luthe* (Dis. Nerv. Syst. Nr. 7 [1962], 1); *O. Meier* („Problempatient" 25. 4. 1963); *Gosaku Naruse* (M. v. kline Nature of Hypnosis, Internat. Kongr. Hyp. 1961, New York, S. 48); *G. B. Pascal*, Montevideo (Rev. lat. amer. hypn. 2 [1961], 86); *W. Schulte*, Tübingen (Therap. Ber. Bayer, 59 [1962]): „Eines der wertvollsten Mittel in der Hand des Arztes ist das Autogene Training" für die „Prophylaxe und Therapie der Unruhe des modernen Menschen."

Die *vorliegende neue Auflage* bringt u. E. Wesentliches zur *Technik* (Herz und Stirnübung, „Leerwerden der Formeln", Übungsschema) und besonders zur Gestaltung formelhafter Vorsatzbildungen. *Klinisch* finden sich neue Bestätigungen für die Abwehr klimatischer Belastungen, für die Brauchbarkeit bei bestimmten Formen von Perversionen und in der Kinderheilkunde. Von ganz besonderer Bedeutung sind die Erfahrungen von Doz. *A. Schilling*, Leiter der Universitäts-Poliklinik für Stimm- und Sprachkranke F. U. Berlin, der nach mehreren Vormitteilungen in seiner Habilitationsschrift 1963 feststellen konnte, daß die autogene Behandlung des Stotterns allen anderen Methoden signifikant überlegen ist. Auch sehr wichtige *neue experimentelle Daten* wurden erarbeitet, so von *P. Polzien, W. Luthe, W. Fischl* und *K. Müller, B. Stokvis, D. Müller-Hegemann, H. Wohlfarth* und besonders von *W. Geissmann.*

So dürfen wir hoffen, daß auch diese Auflage ihren Zweck einigermaßen erfüllt. So außerordentlich viele haben mit Wort und Tat dazu geholfen, daß das Autogene Training heute den hier angedeuteten Platz einnehmen kann, daß zu meinem Bedauern jede Einzeldanksagung völlig unmöglich ist und ich mich darauf beschränke, zu betonen, daß meine voraussichtlich in absehbarer Zeit erscheinenden Lebenserinnerungen den Titel „Lebensbilderbuch eines Nervenarztes. Jahrzehnte in Dankbarkeit" tragen (Georg Thieme Verlag, Stuttgart)

Besonderer Dank gebührt dem Georg Thieme Verlag im Ganzen, vor allem den Herren Dr. h. c. B. Hauff und Günther Hauff für verständnisvolle Hilfe und Förderung seit 1931!

1 Berlin 19, Bayernallee 17 *I. H. Schultz*
Jahreswende 1963/64

Vorwort zur zwölften Auflage

Während sich auf der einen Seite die Beschäftigung mit dem autogenen Training in der Fach- und Allgemein-Literatur weiter so erheblich ausgedehnt hat, daß eine Verfolgung im einzelnen sich einer Darstellung im hier vorliegenden Rahmen entzieht, ist durch die Freundschaftsgabe zu meinem 80. Geburtstag „Correlationes psychomaticae“ durch meinen getreuen Übersetzer-Mitarbeiter *W. Luthe* in dem so verdienten Verlage *Georg Thieme* eine große Anzahl besonders hervorragender Beiträge gespendet worden, die unbedingt wenigstens dankender Nennung bedurften. Trotzdem wurde versucht, den Umfang des Buches nicht allzusehr anschwellen zu lassen.

Besonders begrüßenswert sind in dem schönen Sammelbande auch die Berichte über den Stand autogener Arbeit in zahlreichen inner- und außereuropäischen Ländern, erstattet von hervorragenden, um die Lebendigerhaltung des Verfahrens seit Jahren verdienten Autoren.

Die gute Bewährung der Methode in kritischer Verwendung bei Kopfverletzten fand aus meinem in dieser Arbeit so bewährten Hamburger Kollegenkreis eine ausgezeichnete monographische Würdigung durch den Nervenarzt *Jürgen Reuter;* der organisatorische Schöpfer dieser Arbeit, Direktor Dr. *Th. Bonte,* stellte diese Seite der so verdienstvollen „Berufsfürsorge für Schwerbeschädigte“ in der Schriftenreihe „Soziale Hilfe“ eingehend dar (Verlag *Luchterhand,* 1965).

Während der Drucklegung der 12. Auflage übersandte mir der Leiter des philosophischen Seminars der Universität *Kiel,* Herr Professor *Hermann Schmitz,* den 2. Band seines auf 5 Bände angesetzten „System der Philosophie“. Der Autor strebt einen Einbau exakt-phänomenologischer Beobachtungen über das kritisch-unmittelbar gewonnene „Leib“-erleben in allgemeine Weltbetrachtung an und verwertet hierbei vor allem auch Sondererfahrungen des autogenen Trainings. So wird die Kluft zwischen dem „Gegenstand Körper“ und dem raumlosen Wesen „Seele“ verbindend überbrückt. Als philosophischer Laie kann ich nur auf die ebenso gründliche wie geistvolle Ausschöpfung auch unseres Beobachtungsgutes jeden allgemein Interessierten nachdrücklich hinweisen. (Verlag *Bouvier,* Bonn 1965, 631 S.)

In den letzten Jahren haben sich die Kollegen, die mit dem Verfahren arbeiten, zusammengeschlossen in der „Deutschen Gesellschaft für ärztliche Hypnose und autogenes Training“. Ausgebildete Kollegen sind als Mitglieder willkommen. Schriftführer und wissenschaftliche Zentrale: Prof. Dr. *D. Langen,* Klinik und Poliklinik für Psychotherapie, 65 Mainz, Universitätskliniken; hierhin werden auch alle das Verfahren betreffenden Sonderabdrucke dringend erbeten.

Möge auch die neue Auflage, unterstützt durch die so verständnisvolle Hilfe des *Georg Thieme* Verlages, vor allem des Herrn *Günther Hauff*, ihren Aufgaben gerecht werden, zeigt doch gerade die freundliche, in dem erwähnten Werke gegebene „Länderschau“, daß die Methode weiter ein gesundes Wachstum geleistet hat.

Berlin, Frühjahr 1966 *I. H. Schultz*

Inhaltsverzeichnis

KAPITEL I

Entwicklung und Sinn des Verfahrens

Im folgenden soll versucht werden, das von mir begründete Verfahren des *autogenen Trainings* vom klinischen Standpunkt aus eingehend darzustellen. Ein vom Selbst (autos) sich entwickelndes (gen = werden) und das Selbst gestaltendes systematisches Üben, „Training", soll der Name – philologisch tadelnswert! – kennzeichnen.

Das Prinzip der Methode ist darin gegeben, durch bestimmte physiologisch-rationale Übungen eine allgemeine Umschaltung der Versuchsperson herbeizuführen, die in Analogie zu den älteren fremdhypnotischen Feststellungen alle Leistungen erlaubt, die den echten suggestiven Zuständen eigentümlich sind. Die Konzeption der diesem Verfahren zugrunde liegenden Anschauungen reicht ziemlich weit zurück; sie wurde in den Jahren 1908 bis 1912 vollzogen und fand ihren indirekten literarischen Niederschlag in meiner ersten Darstellung der Psychoanalyse (Zschr. angew. Psychol., Leipzig 2, 440 ff. [1909]), und in der 1911 abgeschlossenen Bearbeitung der hypnotischen Technik in *H. Vogts* 1916 erschienenem Handbuch der Therapie der Nervenkrankheiten (Fischer, Jena), die 1935 als Einzelbroschüre verbessert wieder erschien. Es waren namentlich Arbeiten von *Oskar Vogt,* die mir damals den Blick für die in Frage stehenden Möglichkeiten öffneten. *O. Vogt* hat in seinen grundlegenden hypnotischen Studien darauf hingewiesen, daß es bei gebildeten und kritischen Versuchspersonen angängig sei, die Umschaltung in den hypnotischen Ausnahmezustand der Selbstentscheidung der Versuchspersonen zu unterstellen, und teilte eine Reihe von Beobachtungen mit, nach denen Versuchspersonen der geschilderten Art in der Lage waren, sich selbst durch ein Ganzumschaltung in den hypnotischen Zustand zu versetzen, eine *„Autohypnose"* bei sich herbeizuführen. *O. Vogt* betonte schon damals (1893—1900) die praktische Bedeutung dieser Befunde und konnte neben Allgemeinwirkungen positiver Art insbesondere auch die erhöhte Fähigkeit seiner Versuchspersonen zu aufklärender psychologischer Selbstbeobachtung dartun.

So rief er z. B. bei einer hypnotisch gut trainierten Versuchsperson gelegentlich einer Mahlzeit im Freien ein Ekelerlebnis gegenüber Pflaumen hervor, indem er in Somnambulhypnose das Erlebnis provozierte, es werde eine Pflaume angebissen, in der sich eine Made befinde. Die Versuchsperson lehnte, amnestisch geweckt, nachher jeden Obstgenuß ab, ohne hierfür andere als Deckmotive: „sie habe keine Lust", „sie habe schon genug" usw. angeben zu können, war aber in anschließender autohypnotischer Selbstbeobachtung schnell in der Lage, den wirklichen Zusammenhang zu durchschauen und damit die Hemmung zu beseitigen. Im heutigen medizinisch-psychologischen Sprachgebrauch würde man einen derartigen Verlauf als eine selbstvollzogene Komplexanalyse bezeichnen.

Auch eine weitere prinzipiell wichtige Verwendung der Fähigkeit zur Autohypnose wurde bereits von *O. Vogt* klar erkannt und praktisch verwertet. Ist eine Versuchsperson in der Lage, bei sich selbst echte hypnotische Zustände herbeizuführen, so vermag sie auf diese Weise sich eine weitgehende Ruhigstellung und Erholung zu verschaffen; sie kann insbesondere in irgendwelchen physisch oder psychisch kritischen Zeiten durch Einschaltung einer autohypnotischen Phase verhindern, daß vorher laufende Erregungen bis zu einem wirksamen schädlichen Grade steigen. So wird die Autohypnose ein Mittel zur Darstellung von *„prophylaktischen Ruhepausen"*, wie *O. Vogt* diese Anwendung kennzeichnend nannte.

In USA finden sich neuestens Forschungen über das Problem der Autohypnose, besonders von *H. R. Robertson* (Proc. Staff. Meet. Mayo Clin. 19, 336 [1944]), *E. Schmidhofer,* der namentlich auch den Entspannungsfaktor berücksichtigt (J. Nerv. Ment. Dis. 103, 250 [1946]) und anschließend dem Psychologen *Andrew Salter* (Brit. Med. J. 83 [1949]). *B. Stokvis*-Leyden (s. *E. Stern* „Psychotherapie der Gegenwart" 1958) und *T. X. Barber* (Brit. J. Med. Hypnot. IX, 14 [1958] lieferten besonders wichtige Beiträge in neuester Zeit. *Salter* meint, das Problem der Autohypnose sei bisher nicht studiert; es gelang ihm, Katalepsie, Anästhesie und Erinnerungslosigkeit in und nach autohypnotischen Zuständen darzustellen. *L. Sparks'* „Selfhypnosis" (Grune Stratton, London 1962) bringt eine sachliche Erörterung, in der mit Recht auf die Gefahren solcher Methoden hingewiesen wird.

Da die folgende Darstellung eine überwiegend klinisch-technische ist, möchten wir hier zunächst *Schilderungen des technischen Verfahrens bei der Hypnotisierung* geben und ihnen einige Bemerkungen über Selbstschilderungen hypnotisierter Versuchspersonen folgen lassen, um hieraus die Basis für unsere weiteren Erörterungen zu gewinnen[1].

So schildert *Moll:*

„Hier ist eine 53jährige Frau. Nachdem sie sich auf einen Stuhl gesetzt, stelle ich mich vor sie hin; ich nehme meine Hände in die Höhe und bewege meine Handflächen stets parallel der Körperoberfläche der Frau von oben nach unten, vom Scheitel etwa bis zur Magengrube. Ich halte die Hände so, daß ich die Person nicht berühre, sondern ein Abstand von 2–4 cm zwischen Hand und Körper besteht. Sobald die Hände unten angelangt sind, führe ich sie in weitem Bogen mit ausgebreiteteten Armen in die Höhe über den Kopf der Frau. Ich mache dann genau

[1] Entnommen meiner Darstellung der Hypnosetherapie

dieselben Bewegungen, d. h. Striche von oben nach unten in der Nähe des Körpers; etwa 10 Minuten lang setze ich dies fort. Nach dieser Zeit sehe ich die Frau tief und ruhig atmend sitzen. Auf meine Aufforderung, die Arme zu heben, hebt die Frau sie nur wenig in die Höhe, dann fallen sie ihr wieder schwer herab. Auf meine Frage, wie sie sich fühle, erklärt sie, sie sei sehr müde ... Ich wecke die Frau durch Handbewegungen, die ich von unten nach oben mache und die parallel der Körperoberfläche der Frau sind; jedoch ist der Handrücken hierbei dem Körper der Frau zugewendet."

Corval, der sich bei *Wetterstrand* ausbildete, schildert sein eigenes Vorgehen: „Wenn wir nun dazu schreiten, die Suggestion anzuwenden, müssen wir, wie schon gesagt, vor allen Dingen unseren in möglichst bequeme Position gebrachten Patienten in eine ruhige, behagliche Stimmung zu versetzen suchen. Wir sagen ihm, daß jeder Mensch bei gutem Willen schlafen könne und daß dieser Schlaf seine Krankheit heilen oder wenigstens erheblich bessern werde, ohne daß er irgendwelche Unannehmlichkeiten dabei habe, daß er sich nach demselben sehr erquickt und behaglich fühlen müsse. Er möge seine Gedanken einzig und allein nur auf das Einschlafen konzentrieren, von allem anderen abzulenken suchen, das Auge des Arztes fixieren, seine Augen jedoch sofort schließen, sobald er ein Gefühl von Druck in der Stirne fühle. Ein solches Fixieren, welches aber nicht in ein Anstarren ausarten darf, erleichtert die Konzentration der Gedanken außerordentlich. Indem wir selbst wieder die Augen des Patienten fixieren, suggerieren wir der Reihe nach die Erscheinungen des Schlafes mit ruhiger, monotoner Stimme: ‚Sie fühlen schon eine gewisse Schwere in den Gliedern, es macht Ihnen Mühe, die Augen offen zu halten, der Blick trübt sich. Sie sehen mein Gesicht doppelt, dasselbe wird immer undeutlicher, die Schwere der Glieder wird immer stärker, Sie können nicht mehr widerstehen, Sie können die Augen nicht mehr offenhalten, schließen Sie die Augen, schlafen Sie!‘ Mit diesen oder ähnlichen Worten gelingt es in den meisten Fällen, den hypnotischen Schlaf hervorzurufen."

Sehr reich an kleinen Technizismen ist *Großmanns* Methodik.

„Im anderen Falle lasse ich den auf einem Fauteuil nicht angelehnt sitzenden, oder noch besser auf einem Divan in halb sitzender, halb liegender Stellung befindlichen Patienten mich einige Sekunden fest fixieren. Ich suggeriere ihm nun, daß ein Gefühl der Wärme seine Glieder durchziehe, daß vor allem seine Arme, die auf den Knien aufliegen, bleischwer würden. Bei diesen Worten hebe ich diese, sie bei den Handgelenken erfassend, ein wenig in die Höhe und lasse sie mit einem leichten Ruck meiner Hände plötzlich fallen. Sie fallen anscheinend bleischwer auf den Knien auf, der Patient hat tatsächlich das Gefühl außerordentlicher Müdigkeit in seinen Armen, wie es mir fast allseitig bestätigt worden ist."

Nicht minder lehrreich sind für die uns hier interessierenden technischen Fragen die *Selbstschilderungen kritischer hypnotisierter Beobachter,* wie sie von *Bleuler, Obersteiner, Forel, Heidenhain, Wundt, Marcinowski, v. Straaten* und *O. Vogt* vorliegen. Ich möchte hier als wertvollstes Material dieser Art die Selbstschilderung von *Bleuler* (Münch. med. Wschr. 1889) heranziehen:

„Nachdem ich früher schon oft vergeblich versucht hatte, mich nach anderen Methoden hypnotisieren zu lassen (auch von *Hansen*), gelang es meinem Freunde, Herrn Prof. Dr. *v. Speyr,* mich nach der *Liébeault*schen Methode (verbale Suggestion und Fixation) in hypnotischen Schlaf zu versetzen. Zu meiner Verwunderung ermüdete mich dieser Zustand nicht, meine Augen blieben ohne Anstrengung und ohne mehr zu blinzeln, ruhig und weit offen, *ein behagliches Wärmegefühl zog vom Kopfe über den Körper bis in die Beine hinunter*[1]. Erst nach einigen dahin zielenden Suggestionen (die Augen werden von selbst zufallen), bekam ich das Bedürfnis, die Augen zu schließen (während ich bis dahin das Gefühl hatte, ich könnte sie bloß mit Anstrengung zumachen), und schloß sie anscheinend aktiv wie beim raschen Einschlafen bei gewöhnlicher Ermüdung. Die Hypnotisierung hatte etwa eine Minute gedauert."

„Mein Zustand war nun der einer angenehmen behaglichen Ruhe; es fiel mir auf, daß ich *gar kein Bedürfnis hatte, meine Lage zu ändern, die mir unter anderen Umständen auf die Dauer nicht ganz bequem gewesen wäre*[1]. Psychisch war ich vollkommen klar, mich beobachtend; mein Hypnotiseur konnte alles Objektive, das ich nachher erzählte, bestätigen. Durch die folgenden Suggestionen wurde mein bewußter Gedankeninhalt nicht anders als im Wachen beeinflußt; dennoch realisierten sich dieselben zum größten Teil. Ich richtete meine besondere Aufmerksamkeit gar nicht auf den Hypnotiseur, sondern allein auf mich."

„Mein Freund stellte mir den einen Vorderarm senkrecht in die Höhe und sagte mir, ich könnte diesen nicht ablegen. Ich versuchte es unmittelbar nachher mit Erfolg, wurde aber an der kompletten Ausführung durch leichtes Halten an der Hand und erneuerte Suggestion verhindert. *Nun fühlte ich meinen Bizeps ganz gegen meinen Willen sich kontrahieren, wenn ich den Arm vermittels der Strecker nach unten bewegen wollte; einmal, als ich stärkere Anstrengung machte, meinen Willen durchzusetzen, wurde diese Kontraktion der Beuger so energisch, daß der Unterarm, statt wie von mir beabsichtigt war, nach außen zu fallen, sich auf den Oberarm zurückbewegte*[1]."

„Nun sagte mir mein Freund, die rechte Hand sei anästhetisch. Ich dachte mir, da mache er einen Fehler, denn es sei noch zu früh zu einer solchen Suggestion, und als er behauptete, mich auf den Handrücken zu stechen, glaubte ich, er täusche mich, um mich sicher zu machen; denn ich fühlte bloß die Berührung eines stumpfen Gegenstandes (ich vermutete, es sei die Kante meiner Taschenuhr). Nach dem Erwachen war ich nicht wenig erstaunt, doch gestochen worden zu sein. Wirkliche Anästhesie hervorzurufen, gelang nicht: nur als einmal bemerkt wurde, ‚die Hand sei eingeschlafen', fühlte ich für kurze Zeit ein Prickeln und fühlte die Berührung bloß noch wie durch einen dicken Verband hindurch."

„Am nächsten Abend wurde ich zweimal, auf dem Kanapee liegend, von Herrn Dr. *v. Speyr*, am darauffolgenden Tage auch einmal von Herrn Prof. *Forel* hypnotisiert. Die erwähnten Versuche wurden mit größter Leichtigkeit wiederholt, ferner wurde mir ein Arm steif gemacht, und es wurden mir bestimmte Handlungen aufgetragen. Die suggerierte Analgesie hielt oft, wenn gleich nachher wieder andere Suggestionen gemacht wurden, so kurze Zeit an, daß mich die Stiche, die ich, während sie gemacht wurden, nur als Berührungen empfunden hatte, noch in der nämlichen Hypnose zu schmerzen anfingen. Schmerzhafte Steifigkeit der Beine nach einem längeren Spaziergang schwand dagegen nach einigen Suggestionen dauernd. Wenn mir die Unmöglichkeit einer bestimmten Bewegung suggeriert worden war, so beobachtete ich die Kontraktion der Antagonisten nicht mehr häufig. Öfters schien einfach meine Willensbahn unterbrochen, die Muskeln kontrahierten sich nicht, trotz

[1] Kursiv-Auszeichnungen von mir *(Schultz)*

meiner größten Anstrengung. Bei den späteren Suggestionen war übrigens mein Wille auch so geschwächt, daß ich manchmal entgegen meinem Vorsatze nicht mehr innervierte, weil mir der erfolglose Versuch zu anstrengend war, oder weil ich momentan gar nicht mehr an Widerstand gegen die Suggestion dachte. Wurde mir eine Handlung aufgegeben, so konnte ich lange widerstreben; schließlich wurde sie aber doch vollführt, und zwar zum Teil aus Mangel an Willenskraft, ungefähr wie man einem Reflex nachgibt, den zu verhindern es große Anstrengung kostet, oder — namentlich bei kleineren Aufträgen, z. B. ein Bein zu heben — *fühlte ich*, daß *die Bewegung gemacht wurde, ohne irgendwelche aktive Beteiligung meines Ichs*[1]. Mehrmals hatte ich auch das Gefühl, aus Gefälligkeit gegenüber dem Hypnotiseur dessen Anforderungen nachzugeben. Da ich aber meistens besonnen genug war, in solchen Fällen während der Ausführung den Widerstand doch noch zu versuchen, überzeugte mich dessen Nutzlosigkeit von der Unrichtigkeit meiner Auffassung. Jede neue Suggestion, auch den Befehl, in einer begonnenen Handlung aufzuhören, empfand ich im ersten Moment unangenehm, wodurch mir der Widerstand leichter wurde. Dem Befehl, außerhalb des Zimmers etwas zu holen, konnte ich ziemlich leicht widerstreben, nicht mehr aber, als die Handlung zerlegt wurde, d. h. als ich die Suggestion erhielt, das eine Bein zu bewegen, dann das andere usw., bis die Handlung ausgeführt war."

Eigene ausgedehnte Studien über diese Frage sind von mir 1920 (Mschr. Psychiatr. 49, 137) vorgetragen worden („Schichtenbildung im hypnotischen Selbstbeobachten").

Es handelt sich im Anschluß an Anregungen der Würzburger Schule um die Gewinnung objektiver Selbstbeobachtungen von kritischen, gebildeten hypnotisierten Versuchspersonen. Die Versuche wurden so angestellt, daß im Gegensatz zu den bekannten prinzipiell ähnlich gerichteten Untersuchungen von *O. Vogt, Kohnstamm* u. a. den Versuchspersonen keinerlei Fragestellung vorgelegt wurde, weil schon in der Fragestellung selbst eine fälschende Aufgabewirkung erblickt wurde. Die Versuche geschahen vielmehr so, daß lediglich im Verlaufe der Hypnotisierung besonderer Wert auf die Erhaltung der Mitteilungsfähigkeit gelegt wurde und die Versuchspersonen die Anregung erhielten, wahllos, aber möglichst vollständig mitzuteilen, was sie beobachten konnten. Hierbei ergab sich, wie ich in dem erwähnten Vortrage näher ausführte, für ein bestimmtes psychisches Material, namentlich die optischen Erlebnisse in der Hypnose, eine durchaus typische, der Tiefe der Hypnose entsprechende Veränderung der Erscheinungsweise. Es traten zunächst als Erstmaterial die bekannten ungeformten Farb- und Helldunkelmaterialien auf; es zeigten sich Flecke, Schleier, Linien, Halbschatten, Gitter, Ringe usw. Alle diese Gebilde wurden ins „Auge" oder in den „Sehraum" verlegt und oft spontan mit Nachbildern verglichen, „als ob ich in die Farbe, in die Sonne gesehen hätte" und dergleichen. Gelegentlich hatten schon diese Erscheinungen eigentümliche Eigenheiten. So schildert ein 34jähriger Physiker und Mathematiker: „Ich sehe wie in einen großen schwarzen Trichter hinein, der sich vor meiner Stirn auftut, sich allmählich stark verengt und ganz hinten einen hellen Abschluß hat" oder „sich ganz im Dunkeln verliert". „Sobald ich denke, schießen leuchtende Strahlen die Trichterwände entlang in die Öffnung." Die Versuchsperson fügte nach der Sitzung dem Protokoll bei, sie habe hier gelernt, einen Teil expressionistischer Malerei zu verstehen. Diese *erste* Schicht des „Rohmateriales" wurde von mir als *amorphe Schicht* bezeichnet, an

[1] Kursiv-Auszeichnungen von mir *(Schultz)*

sie *anschließend* folgt ein *Stadium* oft sehr *ausgesprochener Denkvisualisierung.* Hier ergeben sich bei der Mehrzahl der Selbstbeobachter fertig auftretende „Bilder“, deren Zusammenhang bald filmartig geschlossen abläuft, wobei die Versuchsperson das Gefühl des Beschauers behält, bald mehr auf dem Wege der Interpretation und Konjektur aus mehr vereinzelten Bildern gewonnen werden kann. Nur ausnahmsweise schießen diese Bilder sozusagen aus Elementen zusammen. Hierbei ergeben sich Schilderungen wie etwa folgende: „Hier ein Kopf, da ein Stück eines Tisches, dort eine Fensterscheibe, alles wahllos im Raum verteilt, bis es sich zu einem deutlichen Bilde zusammenfindet.“ Schon in diesem Stadium des visualisierten Denkens ergeben sich sehr bemerkenswerte und schwer einfühlbare lokalisatorische Erlebnisse überwiegend optischer Versuchspersonen, indem sie z. B. einen Baumstamm im Park hinter ihrem Kopf sehen, die Rinde und jede Einzelheit angeben können, aber das Bild hinter sich im „Sehraum“ haben. Es liegt dabei keine Verwechslung mit einfachen Urteilsmomenten vor, indem die ganze räumliche Situation bildhaft in das Wahrnehmungsfeld gerückt wird, sondern manche Kranke erleben plötzlich eine Umschaltung und sagen etwa: „Jetzt hat das Objekt den Platz gewechselt, jetzt steht es vor mir.“ Alle diese Angaben erfolgen ohne Suggestivfragen; bei dem „Sehen“ hinten im „Sehraum“ werden oft Verbindungen ins eigentliche Sehfeld, z. B. Straßenzüge, Wege, Mauern, Zäune und dergleichen angegeben. Trotz seiner größeren Anschaulichkeit und Bildhaftigkeit ist das visualisierte Denken der amorphen Schicht insofern psychologisch gleichwertig, als in beiden Fällen die Versuchsperson immer des „subjektiven“ Charakters der Phänomene sich bewußt bleibt. Alle bisher geschilderten Phänomene werden als zum Ich gehörig, als Eigenerlebnisse vollzogen. Erst in der *dritten Schicht des hypnotischen Selbstbeobachtens* ändert sich gerade dieser Charakter; es ergeben sich plötzlich fremdartige Gebilde von völliger Leibhaftigkeit im subjektiven Sehraum, es tauchen Objekte mit Leibhaftigkeitscharakter im Sinne *Jaspers'*, aber absolut persönlichkeitsfremder Art auf, von oft phantastischen Formen und Umfängen mit eigenartigen Farberlebnissen und ohne jeden zunächst verständlichen Charakter. Zweifellos liegt in dieser *dritten Schicht* der *plastisch leibhaftigen Fremderlebnisse (primitive Schicht)* Material vor, das in manchen pathologischen Fällen Halluzinationsmaterial bildet, und seine Eigenart hilft uns einzusehen, warum viele Schilderungen von Sinnestäuschungen so schwer einfühlbar sind. So gibt etwa eine Versuchsperson zu Protokoll: „Ich liege im Wasser, ganz im Wasser, kann aber heraussehen..., über mir liegt ein scheußlicher magerer Körper...“; „ich weiß, wie ich liege, aber mein Körper hat sich um 90° gedreht...“; „es ist ein tiefes Loch in meiner Brust..., aus dem Loch kommt ein langer Hals wie ein Gänsehals mit einem faustgroßen Kopf...“; „der Rumpf mit dem Lochkopf dreht sich aus meinem Körper heraus..., ich habe Angst.“ Ich wies schon damals darauf hin, daß vielfach auch die dritte Schicht der plastisch leibhaftigen Fremderlebnisse erreicht werden kann, ohne daß Amnesie eintritt, und wertete die in Frage stehenden Beobachtungen für die Kennzeichnung der verschiedenen Tiefengrade des hypnotischen Erlebens aus. *J. E. Meyer* (Arch. Psychiatr. 189, 477 [1952]) bearbeitete in sehr gründlicher und feinsinniger Weise den „Bewußtseinszustand bei optischen Sinnestäuschungen“ und sucht mit Hilfe des Bildes von einer Bühne des Bewußtseins *(Jaspers)* dadurch weiterzukommen, daß diese Bühne vom Scheinwerfer innerer Zuwendung beleuchtet wird. Diese Zuwendung umgreift die überschauende und registrierende bewußtseinsweitende Aufmerksamkeit und die entspannend abschirmende bewußtseinseinengende Konzentration. Die Einengung macht Ausschnitte besonders intensiv und gut erinnerbar und ändert das Subjekt-Objekt-Verhältnis, so daß schließlich Verschmelzungserlebnisse eintreten.

Er meint, daß im Traum das normale Subjekt-Objekt-Verhältnis wiederhergestellt sei, sich aber auf einer anderen Ebene vollziehe, und erklärt, daß allen optischen Sinnestäuschungen, von rein peripheren Irritationen abgesehen, eine Bewußtseinseinengung, nicht wie sonst angenommen eine Bewußtseinstrübung zugrunde liege. Die Bewußtseinseinengung sieht er auf drei Wegen möglich, somatisch, emotional und schließlich intendiert auf dem Übungswege.

Neben diesen bemerkenswerten optischen Erlebnissen ergaben die *Selbstschilderungen meiner Versuchspersonen* eine Reihe weiterer wesentlicher Punkte. Vor allen Dingen fiel mir auf, daß ganz unabhängig von der Technik des hypnotischen Vorgehens die Protokolle *ausnahmslos* bestimmte Angaben über *eigenartige körperliche Allgemeinempfindungen* enthielten. Angeregt, so anschaulich und genau wie möglich alle Selbstwahrnehmungen zu Protokoll zu geben, ergänzten meine Versuchspersonen die altbekannten Angaben eines allgemein behaglichen und wohligen Gefühls der Ruhe, Geborgenheit usw. durch speziellere Angaben. Sie schilderten übereinstimmend, daß ihr subjektives Körpergefühl in dem Sinne verändert sei, daß ihr *Körper* sich *schwerer fühle* als im gewöhnlichen Zustande und von einem *eigentümlich strömenden Wärmegefühl erfüllt sei,* das bald mit dem euphorischen Wärmewohlgefühl nach Injektionen von Morphiumpräparaten, insbesondere Pantopon, bald mit physikalischen Durchwärmungsprozeduren verglichen wurde. Durch diese Beobachtungen aufmerksam gemacht, überzeugte ich mich bald, daß es sich hier um Wahrnehmungen handelt, die bereits in der alten magnetischen Literatur berichtet wurden und auch vielfach in dem Schrifttum des wissenschaftlichen Hypnotismus Erwähnung fanden. Die Auswertung dieser Beobachtungen mußte notwendigerweise von der psychologischen Allgemeinauffassung abhängen. Solange die spezifische hypnotische Zustandsveränderung im Sinne okkulter Kräftewirkung aufgefaßt wurde, dienten gerade diese Erscheinungen als Beleg für irgendwelche „Wirkungen"; im Gegensatz dazu sanken sie für eine psychologische Auffassung dualistischer Art zu „Begleiterscheinungen" des „eigentlich seelischen" hypnotischen Vorganges herab. Versucht man, die uns hier interessierende spezifische hypnotische Umstellung als allgemeinen Lebensvorgang zu betrachten, und vermeidet man kritischerweise, „das Psychische" oder „das Körperliche" einseitig vorzuordnen, so ergibt sich für die uns interessierende *spezifische suggestive Umstellung das konstante Auftreten bestimmter und charakteristischer Veränderungen des Körpergefühls.* Wir haben Grund anzunehmen, daß hier die Umstellung selbst der Eigenbeobachtung zugänglich wird.

Damit stehen wir an dem Zentralproblem der folgenden Ausführungen. *Die Technik unseres Trainings soll ihrem Sinn und Wesen nach Versuchspersonen befähigen, die spezifische suggestive Umschaltung zu vollziehen.*

Jetzt gewinnen auch die oben näher erwähnten Schilderungen des Vorgehens erfahrener Hypnotisten Bedeutung. Wir weisen auf die Schilderung von

Moll; hier werden keinerlei Verbalsuggestionen gegeben, also keinerlei spezielle Inhalte vermittelt, aber *Moll* stellt nach den hypnotisierenden Streichungen fest: „Es fallen die Arme *schwer* herab." Bei *Braid* und *Faria* konzentrierte sich das Umschaltungserlebnis um den Augenschluß mit zum Teil eigenartigen Begleiterscheinungen, Zittern und dergleichen, während bei *Corval* durch lebhafte Vergegenwärtigung der Schlafvorstellung im ganzen gearbeitet wird. In allen diesen Schilderungen, die sich leicht bis in die alte magnetische Literatur zurückverfolgen lassen würden, so z. B. zu *Wolfart,* 1816, sehen wir in Übereinstimmung mit den allgemeinen Bearbeitungen des Hypnotismus die von uns als wichtig hervorgehobenen beiden Erlebnisse erwähnt: das *Schwere-* und das *Wärmeerlebnis.*

Versuchen wir, uns eine Vorstellung, der *physiologischen Vorgänge* zu machen, die den in Frage stehenden *Umschaltungserlebnissen* zugehören, so dürfte die Annahme berechtigt sein, das Schwereerlebnis als Ausdruck einer Muskelentspannung anzusehen und dem Wärmeerlebnis Gefäßumstellungen zuzuordnen, die gleichfalls im Sinn einer entspannenden Erweiterung aufgefaßt werden dürfen. Damit würden wir für die physiologische Betrachtung des Vorganges auf die *Formel der Entspannung* geführt werden und dem Wesen der in Frage stehenden physiologischen Veränderung näherkommen. Es wäre in dem Gesamtvorgang der Umschaltung ein entspannendes Moment in jedem Falle nachweisbar und damit nicht nur ein allgemein physiologischer Sinn, sondern auch ein wegweisendes Moment für technische Versuche gegeben sein. Lag es doch bei dieser Auffassung nahe, den bei der Fremdhypnose spontan und nur teilweise kontrolliert ablaufenden Vorgang der Entspannung zum Gegenstand systematischer übender Versuche zu machen. Bestand die Annahme zu Recht, daß in der Entspannungskomponente nicht, wie ältere schematisch-dualistische psychologische Auffassungen meinten, lediglich eine „Begleiterscheinung", sondern ein wesentliches Moment zutage lag, so mußte erwartet werden, daß richtig angesetzte und systematische Entspannungsübungen die gewünschte Umschaltung herbeiführen mußten. Dies ist im eigentlichen Sinne das Prinzip unseres Trainings; wir dürfen hier kurz vorwegnehmen, daß sowohl sehr ausgedehnte Erfahrungen an gesunden und abnormen Versuchspersonen als namentlich auch kontrollierende physiologische und psychologische Experimentaluntersuchungen bewiesen, daß der hier angedeutete Weg zum Ziele führt, wie im folgenden näher zu erörtern sein wird.

Wie schon im Vorwort erwähnt, hat das Entspannungsproblem durch *B. Stokvis* und *E. Wiesenhütter* 1961 eine monumentale Erörterung gefunden (Hippokrates, Stuttgart, 384 S.). „Der Mensch in der Entspannung" wird hier vom medizinisch-psychologischen Standpunkt aus gründlich und vielseitig beleuchtet und vor allem eine vorbildlich umfassende Literaturübersicht von beinahe 800 Nummern gegeben. Bereits im Juli 1960 hatte die französische Gesellschaft für psychosomatische Medizin bei ihrem 1. Kongreß in Vittel als zweites Thema „La relaxation“ eingesetzt und mir für diese Hälfte des Kongresses freundlicherweise den Vorsitz übertragen, wie auch das schöne Werk von *Stokvis* und *Wiesenhütter* liebenswürdigerweise mir gewidmet wurde. Die Übersicht über den Kongreß findet sich in der Revue de Médecine psychosomatique Bd. 2, Nr. 2, 3 1960. Der Raum gestattet nicht auf die Fülle wertvoller in beiden Werken gebotener Anregungen im einzelnen einzugehen; es muß mit dem ausdrücklichen Hinweis genug sein. Besonders bedeutsam ist eine Arbeit von *B. This* über Körperschema und Entspannung (Rev. méd. psychosom. S. 45, 1961). Hier wird sehr nachdrücklich betont, daß „Entspannung“ weit über das Muskelsystem hinaus eine totale existentielle Reifung des Körperschemas, einschließlich affektiver Momente, bedeutet, klare Grenzziehung gegenüber rein gymnastischen Bewegungsarbeiten. *H. Syz* wies in einer theoretischen Erörterung über Gruppenanalyse von *T. Burrow* darauf hin (Int. Journ. Group Psych., 161 [1961]), daß in den Studien von *Burrow* die Entspannung der Stirn- und Gesichtsmuskulatur in ähnlichem Sinn wie bei den Übungen des autogenen Trainings eine Rolle spielt.

Hier möchten wir vor allen Dingen ein allgemein-biologisches Phänomen heranziehen, dessen nahe Verwandtschaft mit den echten suggestiven Zuständen sich allen Beobachtern aufdrängt: den *Schlaf*.

Die Physiologie und Psychologie des Schlafes in normalen und krankhaften Zuständen ist in den letzten Jahren außerordentlich fruchtbar beobachtet worden, und wir möchten kurz erwähnen, was für unsere weitere Auseinandersetzung von Belang ist. Über die Tätigkeit der Organe im Schlafe wissen wir, wie etwa die neueste zusammenfassende Darstellung der Physiologie des Schlafes von *U. Ebbecke* im Handbuch der Physiologie (17 [1926] [*Bethe* und *v. Bergmann*]) lehrt, daß der Schlaf alle physischen und psychologischen Lebenserscheinungen des Organismus beeinflußt, so daß seine Physiologie im Grunde so mannigfaltig ist wie die Physiologie des Gesamtorganismus. „Kreislauf und Atmung, Drüsensekretion und Stoffwechsel, Muskel- und Nerventätigkeit erfahren im Schlaf auffällige Änderungen; das Herz schlägt langsamer und schwächer, der Blutdruck sinkt, die Atemzüge sind verlangsamt und vertieft; einige Drüsen stellen ihre Sekretion ein; der Stoffwechsel und im Zusammenhang damit die Wärmeproduktion sind herabgesetzt; der Muskeltonus erschlafft, und die Nervenfunktion sinkt bis zum Verlöschen des Bewußtseins. Während im Wachen das animale Leben dadurch gekennzeichnet ist, daß es mit allen Sinnesorganen die Beziehung zur Außenwelt herstellt und unterhält und durch rasche Reaktionen sich den Veränderungen der Umgebung anpaßt, ist im Schlaf die Verbindung mit der Außenwelt nahezu unterbrochen und die Reaktion auf die Ereignisse der Umwelt auf ein Mindestmaß beschränkt, so daß nur ein vegetatives Leben übrigbleibt“ (*Ebbecke*). Die beiden uns hier besonders interessierenden Funktionen, die des Muskel- und Gefäßsystems, sind in zahlreichen Untersuchungen erforscht worden. So konnte *Rojansky* im Laboratorium von *Pawlow* das Vornübersinken des Kopfes beim einschlafenden Hunde aufzeichnen und feststellen, daß auf die Erschlaffung der Nacken- und Rumpfmuskulatur ein Nachlassen des Tonus der Beinstrecker erfolgt. Hierbei finden sich individuell verschiedene Verläufe, insbesondere wird nicht selten vor der Entspannung ein Stadium eigenartiger Muskelsteifigkeit beobachtet. Allerdings dürfen wir, wie auch *Ebbecke* betont, im Normalschlaf nicht eine universelle Nullspannung erwarten; der Muskeltonus sinkt vielmehr auf ein tieferes Ruheniveau, wobei, wie die Beobachtungen an Tieren lehren, gewisse Leistungsgruppen erhalten bleiben können. So nimmt *Pötzl* (Der Schlaf, herausgegeben von *Sarason,* Lehmann Verlag, München 1929) in der ganzen Mannigfaltigkeit von wirbellosen und Wirbeltieren gewisse Reaktionstypen als immer wiederkehrend an:

1. Tonische Haltungen, Körpereinstellungen und Klammerreflexe.
2. Archaische Züge vielerlei Art, durch die gewisse Einstellungen während des Schlafes primitiveren ontogenetisch oder phylogenetisch vorgeschichtlichen Einstellungen ähnlich sind.

Wie *Economo, Pötzl* u. a. mit Recht betonen, zeigt sich im Schlafvorgang, allgemeinbiologisch betrachtet, vielfach ein Funktionswandel bis zu einer direkten Funktionsumkehr. In diesem Sinne lassen sich manche Reaktionen des Schlafes auch der höheren Säugetiere und des Menschen als Reflexumkehr betrachten (z. B. positiver Babinski im Tiefschlaf). Die Regulierung des Schlafs als eines allgemeinbiologischen Phänomens differenziert sich aus der allgemeinen Fähigkeit jeder lebendigen Substanz, Ruhezustände einzugehen, und dies in um so höherem Maße, je mehr sich im metazoen Körper das Nervensystem gestaltet. Die Nötigung des Protoplasmas, zeitweilig in solche Zustände überzugehen, ist für eine energetische Betrachtung der entscheidende Punkt des Schlafproblems. „Die Tätigkeiten, vermöge derer das Protoplasma dieser Notwendigkeit sich gewachsen zeigt, enthalten auch jene Reflexe und Stoffwechselvorgänge, die von den Physiologen und Neurologen gewöhnlich als *aktive* Leistungen beim Übergang in den Schlafzustand bezeichnet werden“ *(Pötzl).* Der Schlaf ist seinem inneren Wesen nach Funktionsruhe und Außenabkehr, und „dem äußeren Bilde nach sind es vielfach Umkehrungen von Reflexen, Stoffwechselvorgängen, Einstellungen, durch die dieser Zweck erreicht wird“ *(Pötzl).* So ergibt sich vom „Pflanzenschlaf“ über Trocken-, Winter- und Sommerschlaf im Leben der Tierwelt eine Reihe hinauf bis zu den „latenten Leben“ des Schlafes höherer Tiere und des Menschen. *W. R. Hess* hat den kühnen Versuch unternommen, den menschlichen Schlaf vom Grundprinzip einer Energieverschiebung vegetativer Prozesse zu verstehen, indem Einzelzellvorgänge gegenüber Gesamt- und Umweltreaktionen in den Vordergrund treten, vielleicht in Zusammenhang mit der vegetativen Neuroregulation. Die Reizaufnahme wird blockiert zugunsten aufbauender Vorgänge in einzelnen Zellen. Darüber besteht kein Zweifel, daß wir bei den in Frage kommenden Umstellungsvorgängen tiefgreifende vitale Veränderungen vor uns haben, die sich etwa an dem Kreislauf, wie die Untersuchungen von *Klewitz, Katsch, Wiechmann, Messerle, Guttmann* u. a. zeigen, in einer Verlangsamung und Abschwächung des Herzschlags und einer Abnahme des Gefäßtonus (*Mosso, Weber, E.* u. a.) verraten.

Über die Lokalisation des Schlafsteuerungszentrums oder mindestens über den feineren Aufbau des Schlafsteuerungsapparates bestehen Diskussionen, nicht aber darüber, daß prinzipiell ein zentraler Schaltapparat anzunehmen sei. Er ist, worauf *Stauder* („Anfall, Schlaf, Periodizität“, Nervenarzt 107, Berlin 1948) hingewiesen hat, nicht nur für das Auftreten epileptischer Anfälle von Belang, sondern auch nahe mit der zentralen Wärmeschaltung verbunden. *U. Ebbecke* und *W. R. Hess* neigen zur Annahme von zwei sich hemmenden antagonistischen Zentren (J. d. Physiol. 41.

61 a [1949]), wie vor Jahren *E. Trömner*. Die kurze Zusammenfassung von *F. Laubenthal* „Zwischenhirnsyndrome" (Georg Thieme Verlag, Stuttgart 1949) gibt eine vorzügliche kritische Übersicht, ebenso die dem Schlaf und seinen Problemen gewidmete Nr. 20 „Medizinische Klinik" 1959 (933–993).
Die Problematik der *Schlafaugenbewegungen* (R. E. M. usw.) stellt für das *Grundprinzip* des autogenen Trainings keine wesentlichen Fragen.

So stellt sich uns der Schlaf im allgemeinen als eine Umschaltung in einen Zustand herabgesetzter Erregungshöhe mit weitgehendem Funktionswandel dar, verknüpft mit einem nachweislichen zerebralen Steuerungsapparat. Mit Recht hat *Ebbecke* gegen Schlaftheorien Stellung genommen, die eine einheitliche *Schlafursache* behaupten, und betont, daß sachgemäß nur die verschiedenen *Schlafbedingungen* untersucht und erörtert werden können.

Als solche sind zu nennen Ermüdungsvorgänge, Reizausschaltung und endlich innere Hemmungsvorgänge, die besonders durch die Untersuchungen von *Pawlow* näher faßbar wurden. *Pawlow* stellte fest, daß Hunde mit gut ausgearbeiteten bedingten Reflexen bei fortgesetzten Versuchen in eine unbezwingliche Schläfrigkeit oder in Schlaf verfielen, so daß sie für das Experimentieren unbrauchbar wurden. Bei allen diesen Versuchsanordnungen erwies sich die längere Einwirkung eines isolierten Reizes als charakteristisch, so daß *Pawlow* den „punktförmigen Reiz" als hemmungs- und schlafvermittelnd ansieht, ein Befund, der über die Psychologie des Schlafes hinaus auch für die Theorie der Hypnose bedeutsam erscheint. In diese Zusammenhänge eingeschaltet wären die noch diskutierten „übertragbaren Schlafstoffe" (*F. W. Kroll* [Dtsch. med. Wschr. 879, 1952], *Krauss* [Therap. Gegenw. 375, 1954]); immer ist Schlaf ein organismisches Totalgeschehen, nicht umsonst von *U. Ebbecke* als „Affekt" bezeichnet (Nervenarzt 442 [1948]).

Die Selbstbeobachtung des Einschlaferlebnisses ergibt als wesentliche Feststellung das Paradoxon einer *selbsttätigen Passivierung;* wird der Schlaf aktiv herbeizuziehen gesucht, so bleibt die Versuchsperson in aktivem Vollzuge, und jeder solche hebt den passiven Schlafzustand prinzipiell auf. Dadurch ergibt sich die klinische Formel: „Wer schlafen *will*, bleibt wach." Es handelt sich vielmehr darum, der Eigenneigung zur Passivierung nachzugeben, in das Abgleiten *„einzuwilligen"*.

Durchaus entsprechend steht der Mensch den echten suggestiven Umschaltungserlebnissen gegenüber. Suchen wir analog *Ebbeckes* Erörterung der Schlafbedingungen die *Bedingungen der echten suggestiven Umschaltung* zu kennzeichnen, so würde etwa folgendes zu sagen sein:

1. *Die Einwilligung der Versuchsperson ist für alle in Frage stehenden Experimente entscheidend,* wie wir denn mit der Mehrzahl unserer Fachgenossen eine Fremdhypnose gegen den Willen der Versuchsperson im eigentlichen Sinne für unmöglich halten. Widersprechende Angaben wie etwa die von *Costa* möchten wir so erklären, daß hier ein gewisser „koketter" Negativismus (*Prengowski,* 1916) verkannt wurde.
2. Alle echten suggestiven Arbeiten haben eine gewisse *Selbstverfügung der Versuchsperson* zur Voraussetzung, weswegen Kinder unter einem gewissen Alter und Geisteskranke in der Mehrzahl der Fälle ausschalten.

3. Wesentlich ist ferner das Moment der *Körperhaltung;* besonders deutlich tritt es ja bei den interessanten Untersuchungen über die „Tierhypnose" hervor, wenn wir etwa an die Untersuchungen von *Verworn, Mangold, R. W. Hoffmann, Ehrhardt* u. a. denken. Genügt doch, wie *Mangold* zeigte, selbst bei Tieren, die zu solchen Experimenten nur schwer geeignet sind, wie Katzen, die Anwendung eines geeigneten „Hypnoseapparates" mit plötzlicher unmerklicher Lageänderung, um die Immobilisation herbeizuführen. Es handelt sich ja bei der „Tierhypnose" um eine „reflektorisch hervorgerufene tonische Hemmung der Ortsbewegung und Lagekorrektion, wobei zugleich charakteristische Veränderungen des Muskeltonus, der Sinnesfunktionen und der Reflexerregbarkeit auftreten können" (*R. W. Hoffmann* in *Bethes* Handbuch). Für unsere weiteren Erörterungen wird das Haltungsproblem in anderen Zusammenhängen besondere Bedeutung gewinnen.
4. Den echten suggestiven Zuständen und dem Normalschlaf gemeinsam ist das Moment der Außenreizverarmung, der Abwendung vom „Außen", die von *Pötzl* mit Schaltungsvorgängen im Zentralnervensystem *(Magnus)* und dem Prinzip der reziproken Erschlaffung *(Sherrington)* in Beziehung gebracht wurde, insbesondere was die Vordergrund-, Hintergrundverschiebung vom Schlaf zum Wachsein anbetrifft.
5. Weiter ist hier die *Monotonie* auf verschiedensten Sinnesgebieten zu nennen, die den eben geschilderten Vorgang begünstigen kann, sicher nicht ohne tiefere Beziehung zur *Pawlow*schen Punktreiztheorie.
6. Sehr wesentlich ist ferner das Erlebnis einer *inneren* Einengung und *Sammlung,* die begünstigt wird durch eine innere Hinwendung auf körperhaftes Geschehen, möge es sich, wie im eben erwähnten Falle der Monotonie, um Außenreize handeln oder mehr darum, daß die Versuchsperson passiv fühlend in ihr Körpererlebnis gleitet, sich sozusagen „somatisiert". Durch diese gewissermaßen primitive Einstellung, die den allgemeinen Erlebnissen etwa im warmen Bade nahesteht, werden psychische Vollzüge weniger besetzt, die uns mit der realen und geistigen Außenwelt verbinden; auf körperliches Erleben konzentriert, sinkt die Versuchsperson in eine sinnenhafte, gefühlsmäßige Schicht des Erlebens und wird so ohne Zwang konzentrativer Versenkung zugeführt. Zur Theorie dieser *„Somatisierung"* s. *I. H. Schultz* (Psychol. Rdsch., Basel II, 204 [1951] und Z. Menschenk. 1953).
7. Sind diese Bedingungen geschaffen, so kommt es nicht selten zu einer gleichsam *reflektorischen Überwältigung.* Es springen Zusammenhänge ein, die besonders in den Studien über eigenartige Blickkrämpfe bei Enzephalitis *(v. Stockert, Velhagen)* Beachtung gefunden haben, worauf weiter unten näher zurückzukommen sein wird.
8. Darüber hinaus und zum Teil daneben entwickeln sich nun *Automatismen* verschiedenster Art, Einstellungsveränderungen allgemeiner und spezieller Form, insbesondere Zerfließungserlebnisse, deren Brauchbarkeit für die Bahnung der in Frage stehenden Umschaltung praktisch schon lange durch die Verwendung der „Hypnoskope" erkannt war. Das Innenerlebnis wird zunehmend bildhaft, es ergibt sich ein Traumbewußtsein im Sinne von *Wundt.*

Wir würden danach *zusammenfassen* können, daß *unter Einwilligung der Versuchsperson, die genügend Selbstverfügung besitzen muß, in geeigneter Körperhaltung eine Außenreizverarmung, oft unter Mitwirkung von Monotonieeinflüssen, zu einer sammelnden Einengung führt, in der nun teils „reflektorische Überwältigungen", teils Automatismen und Wandlungen des*

Innenlebens einspringen. Diese Gesichtspunkte gelten für das alte hypnotische Arbeiten und ebensosehr für weite Bereiche der vorbereitenden Erlebnisse des normalen Schlafes.

Versuchen wir, die so gekennzeichneten Umschaltungen biopsychologisch einzuordnen, so muß dies zweifellos, bildhaft gesprochen, „unterhalb" eigentlich „verständlicher" Zusammenhänge erfolgen. Die allgemeine Umschaltung beim Schlaf und bei den suggestiven Erscheinungen engeren Sinnes ist ein Allgemeinphänomen, das ebenso wie etwa die Ermüdung wohl Beziehungen zu verständlichen psychologischen Zusammenhängen hat, als solches aber der biologischen Urschicht angehört. Hier sind die Verläufe, die weder mit Affektmechanismen im allgemeinen Sinne noch mit der Errichtung eines Wirerlebnisses und dergleichen wirklich charakterisiert werden können, sondern solche allgemein-biologischer Art, wenn wir auch in dem von *Pötzl* besonders hervorgehobenen archaischen Moment Beziehungen zur Regression erblicken dürfen, auf die *Freud* auch für diese Zusammenhänge hinwies.

Damit ist unseres Erachtens die spezifische Umschaltung nicht nur dem Zugriff eigentlich verstehender Psychologie entrückt, sondern sie gewinnt, als der allnächtlichen Schlafumstellung nächstens verwandt, den Charakter eines Normalphänomens. Mit vielen andern Autoren des Suggestivgebietes habe ich seit Jahren die Anschauung vertreten, daß eine prinzipielle *Trennung der Schlaf- und Suggestivumschaltungsvorgänge unbegründete Konstruktion* ist.

Weder physiologische noch psychologische Forschung läßt uns irgendwo einen wirklich sicheren prinzipiellen Unterschied beider Verläufe erkennen. Weder ist Schlaf Bewußtlosigkeit, wie schon die den Suggestivtherapeuten von alters her geläufigen Erscheinungen der „Kopfuhr", des Terminerwachens, der Reizauswahl auch des Schlafenden, der zweckmäßigen Abwehr störender Reize ohne Erwachen und der Kontinuität des Traumlebens lehren, noch ist die echte Hypnose lediglich ein Gefühlsbindungsspiel zwischen Suggestor und Versuchsperson, so wichtig dieses auch praktisch für die Herbeischaffung des Zustandes sein mag. Damit entfallen alle Momente, die von den verschiedensten Seiten herangezogen wurden, um eine prinzipielle Grenze zwischen Schlaf und Hypnose aufzurichten, und es besteht keinerlei Nötigung, zwischen beiden Verläufen einen völligen Gegensatz zu konstruieren; wenn auch eine verfeinerte EEG-Analyse Differenzierungen erlaubt.

So betrachtet, mußte die echte suggestive Umschaltung in den Bereich der Normalphänomene rücken und ebenso wie der Schlaf bei jedem durchschnittlichen Menschen darstellbar sein, wenn nicht besondere Momente dem entgegenstehen. In der Tat geht die Erfahrung konsequenter und kritischer Suggestivforscher wie *O. Vogt, Trömner, van Renterghem, Löwenfeld* u. a. in Übereinstimmung mit meinen Feststellungen dahin, daß beim normalen Menschen unter entsprechenden Bedingungen eine Hypnotisierung in jedem Falle durchführbar ist.

Das gleiche Resultat ergibt unser Training. Ich konnte mich in ausgedehnten Massenversuchen an nicht kranken Versuchspersonen überzeugen, daß die in Frage stehende Umschaltung ein Normalphänomen darstellt und unter noch näher zu erörternden Bedingungen daher jeder Versuchsperson zugänglich ist.

Müssen wir mithin *allzu nahe Beziehungen* der suggestiven Umschaltung *zur verstehenden Psychologie ablehnen,* so bleibt doch, wie schon bei Erörterung ihrer Bedingungen angedeutet, eine Reihe *psychologischer Relationen allgemeinerer Art* bestehen. Wir nennen nur die Monotonieauflösung, die Leibbeseelung, das Erlebnis der rezeptiven Hingabe (etwa einem Tonwerk gegenüber) und den relativen Ichverlust bei einem solchen „Aufgehen in Etwas". Sammlungs- und Versenkungserlebnisse, oft in naher Verbindung mit der Bewußtseinsstaffelung *(Schilder),* helfen unserm Verständnis ebenso wie Beobachtungen innerer Lösung, eines „Abstieges" in die „Tiefe", einer „Wendung nach innen", wobei, wie das allnächtliche Beispiel des Traumlebens lehrt, Innenerlebnisse zur Anschaulichkeit gewandelt, wohl unter manchen Umständen gesteigert werden können. Neben diesen psychologischen Bezügen sehen wir physiologische Relationen zur Hemmung, Entspannung und Körperlösung im Sinne der Schlafphysiologie. *Wir dürfen ganz allgemein von einem Absinken des Biotonus (Verworn, Lersch) des Wachlebens sprechen, wenn wir das Gesamtphänomen dieser Umschaltungen kurz formulieren wollen.*

Erst neben oder „über" dieser Erscheinung erheben sich die Probleme der Suggestion in dem jetzt meist bearbeiteten Sinne. Sie ist dann eine rein interindividuelle Erscheinung, deren Wesen in verschiedenen Schichten charakterisiert werden kann: entweder allgemein-menschlich, wie in der älteren Suggestivforschung *(Forel, Moll, Hilger* u. a.), oder affektpsychologisch, wie in der Psychoanalyse, oder endlich im Sinne der Wirgemeinschaft *(Häberlin, E. Straus).* Alle diese Bezüge sollen uns im folgenden nicht beschäftigen. Wir werden uns vielmehr darauf beschränken, später die Erfahrungen unseres Trainings für Theorie und Praxis der hypnotischen Behandlung und der Suggestionslehre auszuwerten. Aus diesem Grunde soll bei den weiteren Ausführungen der Terminus „Suggestion" vermieden werden, den wir ausschließlich für die interindividuellen Probleme reservieren wollen.

Wie mein Mitarbeiter *H. Binswanger* 1929 in seinen physiologisch-klinischen Studien über unser Verfahren im „Nervenarzt" vorschlug, sollen die *Erscheinungen der spezifischen Selbstumschaltung als „konzentrative" schon dem Namen nach von den allgemein suggestiven geschieden werden.* Wir hätten danach unsere einleitende Umschreibung so zu ändern, daß der Sinn unseres Verfahrens die Erreichung der Leistungen ist, welche die echten *konzentrativen* Zustände vermitteln.

Voraussetzung ist allerdings immer sorgfältige und ausdauernde Mitarbeit und ausreichende Selbstverfügung der Versuchspersonen (V. P.); daher fallen alle schwer-neurotisch („Kern-Neurose") oder erblich-psychopathisch sowie sonstig seelisch erheblich Gestörten aus. *U. Spiegelberg* formulierte diesen Tatbestand psychoanalytisch „Patienten mit schwerwiegender Regression lehnen das autogene Training von vornherein ab" (Int. Pharmaco psat. 1 [1968], 32). Je gesunder V. P. seelisch, um so besser gelingt die Einarbeitung und um so günstiger ist die Aussicht auf Erfolg.

A. Die Versuchsanordnung und ihre Verwendung

KAPITEL II

Der durchschnittliche Verlauf

Im folgenden sollen zunächst die Versuchsanordnung, ihre Verwendung und ihre Resultate auf normalem und klinischem Gebiet dargestellt werden. Hieran schließen sich Bemerkungen über die Theorie des Verfahrens an (B); ihnen folgt eine kurze Behandlung verwandter Methoden (C), und ferner allgemeiner Beziehungen, die sich aus unserer Arbeit ergeben (D).

In diesem Sinne wollen wir uns hier zunächst mit dem *durchschnittlichen Verlauf des Verfahrens* befassen. „Durchschnittlich" soll hier besagen, daß es sich um den *störungsfreien Verlauf des Trainings bei Versuchspersonen handelt, die frei sind von irgendwelchen gröberen Erscheinungen krankhafter Art.* Man könnte auch von Versuchen an „Normalpersonen" sprechen; doch würde diese Bezeichnung uns nötigen, in eine Erörterung des Begriffs der Norm einzutreten, die uns zu weitab führen dürfte.

Grundlage der hier geschilderten Erfahrungen sind jahrelang fortgeführte Trainierungen in praktischen Ausbildungskursen für unser Verfahren bei Ärztekursen und an der Lessing-Hochschule Berlin. Hierbei stellten wir die Bedingung, daß es sich um Menschen in selbständiger und verantwortungsvoller Stellung handele, um die spielerische Beteiligung nicht ernsthaft Interessierter auszuschalten. Im Beginn jedes Kurses der die Höchstzahl von 70 Teilnehmern umfaßte, wurde mitgeteilt, daß es sich um ein Trainingsverfahren, eine Art seelischer Gymnastik für gesunde Menschen handele, in keiner Weise aber etwa um irgendein Heilverfahren. Die Mitarbeiter wurden ersucht anzugeben, ob und welche nervösen Störungen sie hätten, und erhielten nur die Erlaubnis, an der Arbeit teilzunehmen, wenn nichts Derartiges mitgeteilt wurde; ebenso wurde ein mittlerer Grad körperlicher Gesundheit verlangt. Das so gewonnene Erfahrungsmaterial, über dessen Zusammensetzung weiter unten (Kapitel VI) näher berichtet wird, bestand der Umgrenzung entsprechend aus überwiegend männlichen berufstätigen oder sonstwie ernsthaft an der eigenen Leistung interessierten Persönlichkeiten mittlerer und höherer Kreise.

Wenn wir hier ein Bild des durchschnittlichen Verlaufes geben wollen, so ist an erster Stelle zu nennen:

I. Die Haltung im durchschnittlichen Verlauf

Wir rechnen hierzu einmal die *spezielle Körperhaltung*, ferner die zweckmäßige Gestaltung der *allgemeinen Umgebung*, und beginnen mit der letzteren. In Übereinstimmung mit den alten Suggestivverfahren ist für die Ausbildung im Training empfehlenswert, einen ruhigen, nicht überwärmten, etwas abgedunkelten *Raum* zu benützen. Wir geben damit die Konzentrationsbedingung der Außenreizverarmung.

Ebenso zu beachten ist, gleichfalls in Übereinstimmung mit der hypnotischen Arbeit, die Frage der *Bekleidung*, wissen wir doch etwa aus den schönen Untersuchungen von *Muck* über Kataplexie bei Tieren, daß selbst geringe taktile Reize die Immobilisationszustände der Ruhe, die „tierische Hypnose", leicht unterbrechen können, wie dies von allen Bearbeitern dieses Gebietes (*R. W. Hoffmann, Mangold, Eckstein, Ehrhardt* u. a.) gleichfalls hervorgehoben wird. Es ist deshalb darauf zu achten, daß die Versuchspersonen nicht durch Unbequemlichkeit der Kleidung entweder rein mechanischer Art (Kragen usw.) oder durch Wärmestauung infolge unsachgemäß dichter Anzüge abgelenkt und gestört werden.

Noch wesentlich bedeutsamer ist die *spezielle Körperhaltung*, die nicht umsonst von *F. J. J. Buytendijk* („Allgemeine Theorie der menschlichen Haltung und Bewegung", Springer, Berlin 1956) umfassend anthropologisch

Abb. 1 Passive Sitzhaltung

Abb. 2 Droschkenkutscherhaltung

durchgearbeitet wurde, für unsere Arbeit; die klare Fragestellung ist, eine Körperhaltung zu schaffen, in der rein mechanische Spannungsmomente nach Möglichkeit vermieden werden. Die Körperhaltung soll im Sinne des Trainings die Etablierung eines passiven Zustandes erleichtern. Das ist einmal dadurch zu erreichen (siehe Abb. 1), daß ein bequemer Lehnstuhl benutzt wird. Er muß der Oberschenkellänge der Versuchsperson so entsprechen, daß bei natürlich aufgelegtem Oberschenkel das Kreuz bequem an der Rückenlehne anliegt, ohne daß dadurch die Unterschenkel nach vorwärts gedrängt werden. Die Armlehnen müssen so gearbeitet sein, daß beide Arme zwanglos passiv in *Gierlich*-Haltung aufgelegt werden können, wobei der Ellbogen einen stumpfen Winkel von etwa 120–130° umschließt, jene Winkelung, die uns aus der durchschnittlichen Kapselhemiplegie geläufig ist. Bei geradehängenden Armen z. B. würde die Beugemuskulatur passiv gedehnt und gereizt werden, wodurch Spannungsmomente entstehen. Zu achten ist ferner darauf, daß die Versuchspersonen die Beine nicht kreuzen und daß ihre Hände sich bei der Arbeit nicht berühren; in beiden Fällen würden nämlich wechselnde Außenreizeindrücke auftreten, und damit ist die gleichmäßige Reizverarmung in Frage gestellt. Für die hier an erster Stelle geschilderte passiv bequem angelehnte Sitzhaltung ist ein gut konstruierter Lehnsessel, am besten in Form eines „Ohren-Backenstuhls", am geeignetsten.

Wie weitgehend unsachgemäße Sitzgeräte unmerklich zu Haltungs- und anderen Störungen führen können, wurde neuestens mehrfach eingehend dargelegt (*Blumensaat*, Medizinische, Stuttgart, 1055 [1955]; *E. Müller*, Medizinische, Stuttgart, 1778 [1955], 1788 [1956]). und von *H. J. Schneider* und *H. Lippert* kritisch eingeschränkt (Med. Klin. 1164 [1961]).

Steht ein solcher nicht zur Verfügung, und das wird für das Selbstüben unserer Versuchspersonen oft in Frage kommen, so ist eine zweite Sitzhaltung zu empfehlen. Sie ist dadurch gekennzeichnet, daß der sitzende Mensch das Gewicht der oberen Körperhälfte in den entspannten Kreuzrückenanteil der Wirbelsäule, in einen „Katzenbuckel" fallen läßt, der Kopf soll senkrecht über dem Gesäß bleiben, nicht nach vorne, über die Schenkel, sinken. Dabei wird die physiologische Lendenlordose zugunsten eines nach dem Becken zu einsinkenden runden Rückens aufgehoben. Der Rumpf ruht rein mechanisch am Bandapparat der gekrümmten Wirbelsäule und beansprucht keinerlei Muskelspannung zur Erhaltung der vertikalen Lage. Diese passive Körperhaltung finden wir bei vielen Berufen, die ein stundenlanges Sitzen ohne Anlehnung erfordern. Wir bezeichnen sie deswegen im Sinne eines verständigenden Schlagwortes als *„Droschkenkutscherhaltung"*. Die „Droschkenkutscherhaltung" erfordert nur eine Sitzunterstützung und gestattet daher den Versuchspersonen ein Üben an beliebigen Orten. Der Rumpf soll beim Zusammensinken nicht nach vorne gehen, da sonst der Bauch gepreßt und auf die Arme gedrückt wird. Die Oberschenkel werden zu etwa 75–80° geöffnet und tragen die lose aufgelegten Unterarme etwa an einem Punkt, der um ein Drittel Ellbogen-Fingerspitzenlänge vom Ellbogen entfernt ist. So gelagert, ruht der Unterarm völlig frei passiv auf dem Oberschenkel und ist ein geeignetes Instrument für unsere Umschaltungsversuche (siehe Abb. 2). Wechselnd nach Gewöhnung und Körperbau ist bei diesem zusammensinkenden Sitzen die günstigste Kopfhaltung. Wir finden Versuchspersonen, besonders solche von gedrungenem Bau, die den Kopf lose nach vorn hängen lassen, so wie man es häufig auf Eisenbahnfahrten bei einnickenden Fahrtgenossen beobachten kann. Andere, besonders schlanklanghalsige Typen, lassen oft zuerst den Kopf in den Nacken fallen; hierbei spielen stützende Momente der Bekleidung eine erhebliche Rolle. Ich verweise auf die Gruppenaufnahme einer Übungssitzung in Versenkung (Abb. 3), welche dartut, daß bei längerem Üben im allgemeinen die hängende Kopfhaltung bevorzugt wird. Endlich eine kurze Bemerkung über die Lagerung der Hand bei den Sitzversuchen. Die Droschkenkutscherhaltung gewährt den Unterarmen nur eine beschränkte Unterstützungsfläche im proximalen Unterarm-Handdrittel. Hier muß darauf geachtet werden, daß die Hände zwanglos je nach Muskeltonus und Gelenkfreiheit etwa um 60° von der Armverlängerung nach unten hängen. Dasselbe kann auch im Lehnstuhl geschehen, wenn die Seitenstützen nur von den proximalen Unterarmteilen benutzt werden; doch finden sich auch Versuchspersonen, denen die Arbeit leichter fällt, wenn sie Unterarm und Hand im ganzen auf die Seitenlehnen legen. In jedem Falle ist gerade die Hand ein guter Indikator dafür, wie weit Versuchspersonen schon mit einem gewissen Entspannungsansatz in die Arbeit eintreten; alle „Verkrampften“ *halten* die Hand aktiv, so daß sie etwa in der Längsachse des Unterarms stehen bleibt.

Abb. 3 Übungsgruppe in der 3. Woche

Über abweichende Sitzvorschriften im indischen Joga siehe das entsprechende Kapitel.

Ist Gelegenheit, in liegender Stellung zu üben, so wählt man am besten die übliche Horizontalrückenlagerung mit leicht erhöhtem Kopf, wie sie dem durchschnittlichen Bau der gebräuchlichen Untersuchungsdiwane entspricht. Auch hier ist darauf zu achten, daß die Arme richtig gelagert werden. Der Ellbogen muß in der beschriebenen Winkelstellung sein, die Hände liegen zwanglos mit den Handflächen auf; die Füße sollen nicht gekreuzt werden. Ferner muß Rücksicht darauf genommen werden, wie der Brustkorb der Versuchspersonen gebaut ist (Abb. 4). Handelt es sich um Menschen mit stark gewölbtem Brustkorb, so bringt die Rückenlage nicht selten ein so starkes Absinken der Schultern mit sich, daß hierdurch ein Zug an den großen Brustmuskeln entsteht. Dadurch werden Spannungsphänomene erzeugt und darüber hinaus bei der außerordentlichen Häufigkeit myalgischer Störungen eine Disposition zu unangenehmen oder auch schmerzhaften Empfindungen, besonders am Brustbeinansatz des Pectoralis major. Derartige Empfindungen werden erfahrungsgemäß sehr leicht als „Brustschmerzen", „Herzschmerzen" und dergleichen mißdeutet und geben eine unwillkommene Erschwerung der Arbeit. Versuchspersonen mit stark gewölbtem Brustkorb müssen daher, wenn sie in passiver Rückenlage üben, unter beiden Schultern durch Kissen, Decken usw. so unterstützt werden, daß ein Zurücksinken der Schultern jenseits der mittleren Gewohnheitshaltung ausgeschaltet wird. Spannungen der Beine in der Liegehaltung verraten sich dadurch, daß die Füße wie in „strammer Haltung" senkrecht nach oben stehen, statt durch Adduktoren-Entspannung nach außen zu fallen („preußische Krankheit").

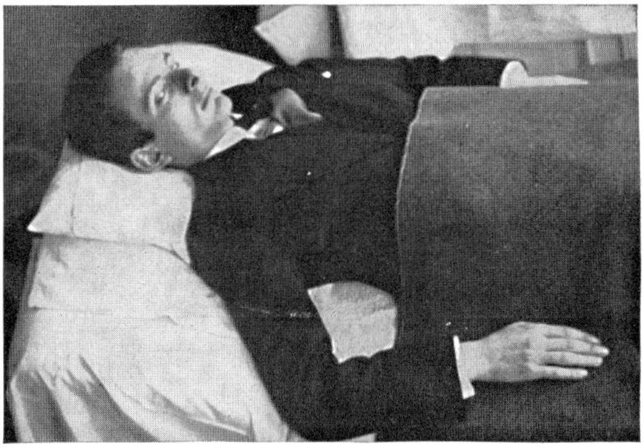

Abb. 4 Liegehaltung

Findet die Arbeit im Liegen in einem deutlich kühlen Raume statt, so wird zweckmäßig eine leichte Decke über die Versuchsperson gebreitet, die die Extremitäten und den Rumpf bis zum Halsansatz verhüllt. Wie alle psychologischen Lernverläufe wird auch das autogene Training durch Gruppenarbeit häufig gefördert; insbesondere sind wir nur so in der Lage, die beim Katalepsieversuch notwendige Vergleichskontrolle durchzuführen (s. Seite 107). Besonders verdient gemacht um die Ausbildung der Gruppenarbeit haben sich meine Mitarbeiter *Dr. K. Wegscheider* und *H. Wiegmann.*

II. Der Augenschluß

Hat unsere Versuchsperson die entsprechende Körperhaltung eingenommen, so fordern wir sie auf, die Augen zu schließen, um auch die Reizeinwirkung optischer Art zu vermindern. Damit schaffen wir die gleichen Bedingungen, die bei allen Fixationshypnosen durch besondere technische Bemühungen und in einer eigenartigen Weise als *„reflektorischer Lidschluß"* herbeigeführt wurden; die tiefen Beziehungen zwischen Augenschluß, Augenbewegung und Bewußtseinszustand sind in der älteren Hypnoseliteratur seit Jahrzehnten eingehend erörtert worden. In neuerer Zeit fand diese ganze Frage besondere Beachtung durch die bekannten Arbeiten über postenzephalitischen Blickkrampf, auf die wir bei der Erörterung spezieller Leistungen unserer Methode noch näher zurückkommen werden (Kapitel V). Reflektorischen Lidschluß vom Zwischenhirn aus konnte *W. R. Heß* (Pflügers Arch. ges. Physiol. 243, 634) experimental nachweisen.

Hier möchten wir uns nur etwas näher mit der schönen Arbeit von *Slotopolski* aus der *Goldstein*schen Klinik befassen. (Zschr. Neurol., Berlin 125, 252–326.) *Slotopolski* beobachtete einen Kranken mit einseitiger peripherer Fazialislähmung, bei dem das *Bell*sche Phänomen eine konjugierte Form aufwies und sich durch Intention zu bloß einseitigem Lidschluß scheinbar jeweils umkehren ließ, und wurde dadurch zu einer außerordentlich gründlichen Bearbeitung der Frage nach dem Verhalten der Augäpfel bei den verschiedenen Arten des Lidschlusses und der Lidschlußbewegung geführt. *Slotopolski* konnte im Verlaufe dieser umfangreichen systematischen Untersuchungen feststellen, daß man von einer bestimmten Stellung der Bulbi im Schlafe nicht sprechen kann, weil sie sich besonders bei Kindern fortwährend bewegen. Die Bewegungen, die ruhig und gleitend sind, zeigen von Fall zu Fall verschiedene Verläufe, eine Erscheinung, die gleichfalls von älteren Hypnoseforschern oft hervorgehoben wurde.

Slotopolski wies darauf hin, daß in einigen dieser Fälle das *Bell*-Phänomen sich deutlich in dem Augenblick eingestellt habe, wo die Muskulatur atonisch wurde, besonders in Avertinnarkosen, und stellt selbst die Frage, ob dieser Moment des Einschlafens bei chemischer Narkose dem normalen Einschlafen analog sei.

Für uns sind die wertvollen Untersuchungen von *Slotopolski* bedeutsam, weil uns nicht selten von Versuchspersonen die Frage gestellt wird, ob sie dem natürlichen Lidschluß irgendeine besondere absichtliche Beeinflussung der Augenbewegung folgen lassen sollen. Das ist für den durchschnittlichen Lernverlauf der Unterstufe im hier erörterten Sinne abzulehnen.

III. Die Ruhetönung

Ist die Versuchsperson in entsprechender Haltung mit geschlossenen Augen zur Arbeit bereit, so leiten wir sie zunächst an, sich auf eine allgemeine Stimmungsformel einzustellen, indem sie sich die Worte „ich bin ganz ruhig" so eindrücklich wie möglich *vergegenwärtigt.* Dabei ist Rücksicht auf den *psychologischen Typus* zu nehmen.

Wenn auch alte Einseitigkeiten der psychologischen Typenbildung überwunden sind, bei denen etwa versucht wurde, den optischen Menschen als Generalschema gegenüber dem akustischen abzugrenzen, so besteht doch andererseits kein Zweifel, daß nach dieser Richtung hin wesentliche Unterschiede nachweisbar sind. Nur haben uns neuere kritische Überprüfungen gelehrt, daß wir uns hüten müssen, den Nachweis etwa optischen Vollzuges bei einer bestimmten Leistung dahin zu überwerten, daß nun der Mensch im ganzen ein „optischer Typ" sein müsse. Es hat vielmehr gezeigt, daß hier im einzelnen Individuum weitgehende Durchflechtungen verschiedenster Mechanismen vorkommen, so daß etwa beim Silbenlernen, wie namentlich exakte Untersuchungen aus amerikanischen Laboratorien lehren, eine gewisse motorische Komponente in jedem Falle vorhanden zu sein scheint, während bei der Reproduktion sehr häufig optische oder akustische Momente den Ausschlag geben. Mit dieser Reserve dürfen wir sehr wohl beliebige Versuchspersonen danach einteilen, welche Funktionsart bei Aufnahmen oder anderen Vollzügen entscheidend ist. (Vgl. besonders *W. Stern,* Differentielle Psychologie. 3. Aufl., S. 190 ff. Barth Verlag, Leipzig [1921].) Etwa 60 % durchschnittlicher Menschen gehören dem gemischten Typ an; unter den restierenden 40 % finden wir nicht selten überwiegend optische, etwas weniger häufig akustische und akustisch-motorische, endlich nur sehr ausnahmsweise fast rein motorische Typen. Diese Unterschiede erheischen auch bei der Ausgestaltung des Vergegenwärtigungserlebnisses Beachtung. Die psychologische Aufgabe, sich in passiver Haltung bei Augenschluß zu vergegenwärtigen „ich bin ganz ruhig" kann entsprechend den eben angeführten Daten von etwas mehr als der Hälfte beliebiger Versuchspersonen, denen des gemischten Typus, in verschiedener, oft wechselnder Weise ausgeführt werden. Bald sind bei derselben Versuchsperson mehr optische Momente nachweisbar, indem die Worte der Aufgabe im dunklen Augenraum geschrieben oder gedruckt erscheinen; bald spielen akustische Phänomene eine größere Rolle; die Aufgabenworte werden dann irgendwie als Klang erlebt, häufig rhythmisiert; endlich kann ein ganz unsinnlich allgemeines Sichbefassen einsetzen mit gelegentlich begleitenden rhythmischen Erscheinungen. Im letzten Falle würden wir den Grenzbereich zum motorischen Typ *(Bärwald)* berühren. Bei den übrigen Versuchspersonen ist die Festlegung auf einen ganz bestimmten Vollzug wesentlich zwingender; sie können nicht nur, sie *„müssen"*, wenn man es so ausdrücken will, die Aufgabeworte bei jeder Übung optisch im dunklen Augenraum gestalten, ohne jemals eine andere Reaktion zu bieten. Derartige Versuchspersonen zeigen in der Mehrzahl der Fälle auch sonst nahe innere Beziehungen zu optischen Phänomenen der verschiedensten Lebensgebiete und gehören häufig dem Typus der Eidetiker an. Andere Versuchspersonen wieder würden bei Anleitung zu optischer Vergegenwärtigung in große Verlegenheit geraten; sie würden mitteilen, daß ihr subjektives Augenfeld leer und dunkel bleibt, daß bestenfalls irgendwelche beliebigen Erscheinungen von der Art der oben („Schichtenbildung im hypnotischen Selbstbeobachten" S. 5) in unseren Untersuchungen geschilderten „amorphen Materialien" auftreten, niemals aber eine optische Darstellung der Aufgabenworte. Ihnen fällt es dagegen leicht, die Aufgabenworte zu „hören", sie in beliebigem Sprachklang laut werden und wechselnde Betonung annehmen zu lassen. Der zahlenmäßig geringe Rest eng typisierter Versuchspersonen stellt entweder den ausgesprochen abstrakten Typ dar, dessen Vergegenwärtigungsvollzug sinnenhaft anschauliche Phänomene kaum oder gar nicht erkennen läßt, wie bei ihnen auch meistens die allgemeine Gedächtnisleistung ausgesprochen abstrahierenden Charakter *(E. Stern)* hat, oder den eigentlich motorischen hinsichtlich der hier gestellten Aufgabe, bei dem ohne Seh- und Klangmotive nur rhythmische und dynamisch gestalthafte Teilerscheinungen nachweisbar sind. Bei phantasiebegabten Versuchspersonen empfahl *H. Stolze* mit Recht die Weckung bildhafter Sinnvollzüge im Leiberleben, wie sie grundsätzlich von *G. R. Heyer* („Organismus der Seele") entwickelt wurden (Heyer-Festschrift, 1955). In der Tat liegt hier für entsprechend Begabte eine sehr brauchbare Unterstützung für die Vergegenwärtigung. Sie berührt sich nahe mit dem von *H. Pleßner* aufgezeigten Problem einer „Verkörperungsfunktion der Sinne" (Studium Generale 410, 1953).

Man kann diese Gesichtspunkte bei der praktischen Arbeit vorwegnehmen, indem man sich durch ein paar kurze Fragen über den psychologischen Verlauf des Lernens, des Erinnerns, des Wiedererkennens bei der Versuchsperson orientiert, eine Vermutungsdiagnose darüber stellt, ob es sich nach diesen Angaben um einen mehr gemischten oder mehr einseitigen Typ handelt, und nun entsprechende Anweisungen für die Vergegenwärtigungsaufgabe erteilt. Objektiver ist es im allgemeinen, die Versuchsperson unbeeinflußt in die Aufgabe eintreten zu lassen und einen Bericht über ihre ersten naiven Verläufe einzuholen ähnlich dem fraktionierten Hypnotisieren nach *O. Vogt;* arbeitet man zugleich mit mehreren Versuchspersonen, so empfiehlt es sich, in einer kurzen einleitenden Erörterung auf diese Seite der Frage hinzuweisen.

Menschen, die sich unsern Aufgabesatz „ich bin ganz ruhig" vergegenwärtigen, betreten damit eine allgemeinpsychologisch sehr interessante, in unserer Arbeit prinzipiell immer wiederkehrende Entwicklungsreihe.

Im Beginn der Übungen wird der Aufgabeinhalt mit Distanz vollzogen, etwa als „Vorstellung", als „Wort", als „Gedanke", als „Bedeutung"; mit zunehmender Übung und immer innigerem Vollzuge gewinnt unser Aufgabesatz mehr und mehr an Reichtum und Fülle, immer stärker bringt er, begünstigt durch den produktiv passiven Zustand, andere Teilinhalte mit herauf, die den verschiedensten Seiten des Seelischen zugehören, insbesondere Gefühlhaftes, und durch diesen Bereich des Gefühlhaften wandelt sich allmählich der Vollzug hinüber zu einer Zustandsveränderung. Es wird Gelegenheit sein, auf diese gewissermaßen rückläufige, der Regression im psychoanalytischen Sinne verwandte Umstellung bei unseren zusammenfassenden theoretischen Erörterungen (Kapitel VIII, S. 296; Kapitel XIII, S. 372) näher zurückzukommen.

Hier genügt es, prinzipiell darauf hinzuweisen, daß aus dem „äußerlichen" Wortvollzüge im Verlaufe der Übungsarbeit Zustandsveränderung, Ichveränderung wird.

Durch diesen Ansatz zeigt unser Verfahren Beziehungen zu *älteren Bestrebungen der Ruheübung.* Hier sind vor allen Dingen Arbeiten von *Hirschlaff* (Springer Verlag, Berlin 1911) zu nennen, die kurz gewürdigt werden sollen, während andere verwandte Verfahren in den Kapiteln IX–XII Darstellung finden.

Hirschlaff entwickelte im Anschluß an *Brissaud* (1893) und seine Schüler *Tissié, Meige* und *Feindel, Pitres, Cruchet* sowie namentlich an *Oppenheim* (1899), also im Anschluß an bekannte Verfahren zur Bekämpfung krankhafter Bewegungsunruhe, besonders in Form des *Tic,* eine systematische Methode der Ruheübung, deren wesentliche Punkte in einer *absichtlichen Entspannung der gesamten willkürlichen Körpermuskulatur,* in dem möglichsten Fernhalten von äußeren Sinnesreizen und in einer systematischen geistigen Konzentration bestehen. Diese wendet sich zunächst der Atmung zu; dann wird die Oberlippe der Versuchsperson mit Parfüm bestrichen, um durch diesen Außenreiz eine Konzentration auf das Körperhafte zu erleichtern, und in der dritten „Lektion" die erste und zweite Übung verbunden. Die Atemzüge sollen dabei zeitlich kontrolliert werden. In weiteren Lektionen wird der automatische Lidschluß durch schlaffes Hängenlassen der oberen Lider unterdrückt (*Rosenbach*sches Phänomen!). Diese Hemmungsübung wird in weiteren Lektionen ausgedehnt auf die Sprachmuskulatur, wodurch unwillkürlichen Flüsterreaktionen und damit auftreibenden Einfällen konzentrativ gesteuert werden soll, und endlich auf den Schluckreflex. In weiteren Lektionen wird die Übungszeit verlängert und schließlich in der letzten, zehnten Lektion „durch geringe Drehung der Augäpfel nach oben und innen... während der Übung das Gefühl zunehmender Dunkelheit" erzeugt. Diese letzte Übung empfahl *Hirschlaff* besonders zur Bekämpfung von *Einschlafstörungen;* doch warnt er selbst davor, sie zu übertreiben, da sonst Augen- und *Kopfschmerzen* entstehen. Zur Kontrolle dieser Arbeiten gab *Hirschlaff* eine Reihe von Apparaten an. Mit dem ersten, dem Hesychoskop oder Ruheanzeiger, kontrollierte er seine Versuchspersonen, indem Extremitäten- und Kopfapparate jede Bewegung durch Klingelzeichen meldeten. Ein Atmungstaktanzeiger diente im Sinne eines Metronoms zur Atemkontrolle und endlich ein Augenkissen zum Lichtabschluß. *Hirschlaff* hätte hier das Bandeau hypnogène von *Lemesle* (1909) erwähnen können. *Hirschlaff* selbst nennt an erster Stelle „Muskelerkrankungen", wie er sagt, Tic usw., ferner „die allgemeine Muskelunruhe der Neurastheniker, Hysterischen usw." und organische Tremorformen, sodann *Beschäftigungsneurosen* und *Unruhezustände* allgemeinnervöser Art (*Angstanfälle* usw.) als besonders geeignete Objekte seines Verfahrens. *Hirschlaffs* Versuche unterscheiden sich trotz einiger Berührungspunkte durchaus prinzipiell von unserem Verfahren. Erstens ist ihm die Problematik der allgemeinen Entspannung bei diesen Arbeiten nicht genügend deutlich gewesen; ferner schiebt er ausgesprochen aktive, wie er sagt „willkürlich und absichtlich" hemmende Spannungsmomente in seine Arbeit ein und sucht auf diesem aktiven, nicht auf dem Wege gelöster Innenkonzentration sein Ziel zu erreichen. Durchaus ablehnen möchten wir auch eine Versuchsanordnung, bei der ein Mißglücken der Bewegungsunterdrückung durch Klingelsignal angezeigt wird. Es bedarf keiner sehr großen Phantasie, um sich vorzustellen, wie die innere Situation eines sensiblen Menschen sich gestaltet, der, „zu unwillkürlicher Unterdrückung seiner Unruhe aufgefordert", bei jedem Fehler ein Klingelzeichen erwarten muß. Wir möchten daher *Hirschlaffs* Verfahren nur bei ausgesprochen disziplinlosen Patienten angewendet wissen, die derartige Zwangsmaßnahmen nötig machen. In unserem Training stellt, wie im Kap. I ausgeführt, ein gewisses Maß an Selbstverfügung und Einwilligung notwendige Voraussetzungen dar; alle Maßnahmen, die irgendwie den Charakter einer Fremdbeeinflussung, einer aktiven Willensleistung oder gar eines Zwanges haben, liegen mit ihm prinzipiell im Widerstreit.

Besonders nachdrücklich sei nochmals betont, daß die Heranführung der Versuchspersonen an das *Ruheerlebnis* keinesfalls im Sinne von „Ruheübungen" mißverstanden werden darf. Sie soll lediglich dazu dienen, dem Übenden und damit auch dem Arzte Hilfen zu geben, welche *Form der inneren Vergegenwärtigung* gerade für diese individuelle Übungsperson gemäß ist.

IV. Der Schwereversuch

Ist der Aufgabesatz „ich bin ganz ruhig" in entsprechender Weise verstanden, so *wird er nicht etwa geübt,* sondern wir geben unsern Versuchspersonen als *erste Übungsaufgabe* die Formel: „Der Arm ist ganz schwer" und benutzen als Versuchsarm die Extremität, die am intensivsten durch Gebrauch erarbeitet und gestaltet ist, also beim Rechtshänder den rechten, beim Linkshänder den linken Arm. Die Versuchspersonen müssen wissen, daß sie bei dieser wie bei allen unseren Übungen von jeder äußerlichen mechanischen Bewegung absehen und sich bemühen müssen, „nur zu denken", „nur mit geistiger Konzentration" zu arbeiten. Es soll nichts „mit dem Arm gemacht" werden, sondern lediglich eine „abstrakte Gedankenarbeit" „im Kopf geschehen". Bei primitiven Versuchspersonen läßt sich das Verständnis dadurch fördern, daß bei den ersten Übungen eine Hand des Versuchsleiters auf die Stirn der Versuchsperson gelegt wird; Intelligentere bedürfen solcher Hilfe meistens nicht, da ihnen die verschiedenen Funktionsweisen von andern Gelegenheiten her geläufig sind.

Jede Versuchsperson überzeugt sich durch den Pendelversuch (s. S. 184), daß „rein geistiges Vorstellen" organische Reaktionen auslöst. Besonders „leibfremde", ungeschickt-unbeholfene V. P. werden dann angeregt, einen Arm bequem auf eine Unterlage zu legen und seine „Schwere" zu empfinden; dann sollen sie „den ganzen Arm" im Schultergelenk heben; er wird dann „leicht" empfunden, und V. P. sieht nun ein, daß wie beim Pendel der Organismus unmerklich die „eingebildeten" Bewegungen ausführt, die Einstellung auf „Arm schwer" zur Entspannung führt.

Die erste Übungsformel lautet also: *„Der rechte (linke) Arm ist (ganz) schwer"* (6mal); *„Ich bin ganz ruhig"* (dies 1mal, als Zielerlebnis, dessen Darstellung eben erst durch die Entspannung erreicht werden soll) und immer so weiter.

In sehr schönen sorgfältigen Untersuchungen experimenteller Art über den Verlauf der muskulären Entspannung im autogenen Training (Z. Psychother. med. Psychol. 2 [1952], 135) stellte *W. von Siebenthal* fest, daß eine Reihe seiner Versuchspersonen bei Beginn mit beiden Armen bessere Resultate hatte, und schlägt eine entsprechende Änderung der Technik vor. Wie im Anschluß an diese Arbeit in der gleichen Zeitschrift näher ausgeführt, sprechen die bisherigen Erfahrungen klinischer und experimenteller Art nicht in diesem Sinne. Gewiß ist grundsätzlich das Gerüst der fundamentalen Übung nur im Sinne entscheidender hinweisender Hilfen gedacht; wie die von allen Schreibenden gelernten gleichen Schriftzeichen physiologisch und graphologisch von jedem Menschen individuell ausgestaltet werden, so stellt auch der Werdegang des autogenen Trainings in jedem Falle wieder ein individuelles Ereignis dar. In diesem Sinne wird man V. P., die beginnend beide Arme erleben, hierin nicht in jedem Falle zu stören haben, insbesondere nicht. wenn es sich um Menschen handelt, bei denen durch Beruf oder Sonderausbildung die Zweihändigkeit besonders trainiert ist, wie etwa bei vielen Pianisten, Daktylotypisten, Gymnasten, Artisten und so weiter. Liegen derartige Hinweise nicht vor, so wird V. L. gut tun, V. P. nach Möglichkeit mit einem Arm üben zu lassen, da durchschnittlicherweise nur durch diese auf einen kleineren Körperbezirk gesammelte konzentrative Zuwendung eine wirklich optimale Leistung möglich ist, die dann ihrerseits wieder zu einer wirklich naturhaft frei wachsenden Verallgemeinerung des Schwereerlebnisses (Generalisierung) mit entsprechend optimalem Resultat führt. Vor einem wahllosen Ansetzen des A. T. mit beidarmiger Schwereeinstellung möchte ich dringend warnen.

Dementsprechend ist „Arm schwer“ etwa 5–6mal einzustellen und „Ich bin ganz ruhig“ nur einmal als zielweisender Einschiebsel. Ein isoliertes Einstellen „Ich bin ganz ruhig“ liegt außerhalb des A. T. und würde einen Rückfall in den *Coué*ismus, das „Selbsteinreden“ (Autopersuasion), bedeuten. *F. Trojan,* Wien, hebt an den Formeln mit Recht und ganz in unserem Sinne eine „deutliche Hinneigung zu den Strukturgesetzlichkeiten der Frühstufen“ im Sprachgestalten hervor (Hekst, H 3 [1962]); sie hilft zu *„mechanischer“ Direktverwirklichung,* eine uralte Suggestiverfahrung.

Die „Ruheformel“ wird von jeder V.P. ihrer Eigenart entsprechend (überwiegend) „innerlich sprechend“ oder optisch oder akustisch, selten rhythmisch-motorisch oder wechselnd, gemischt erlebt; hieran wird zweckmäßig für alle Übungen angeknüpft, um V. P. eine ihr möglichst natürliche und entsprechend tiefe Einprägfähigkeit zu vermitteln. Als Sonderübung ist die Ruhetönung *nicht* gedacht; sie soll zunächst eine mehr psychodiagnostische Hilfe für den Versuchsleiter (V. L.) bedeuten und als *Ziel* alle Übungen begleiten; ein wirkliches Erleben der Ruhestellung ist ja eben an die Entwicklung der systematischen konzentrativen Selbstentspannung gebunden. Das *selbständige Üben beginnt daher erst mit der Schwereübung,* die von der zielhaften, das gesamte Verfahren begleitenden Ruhetönung begleitet ist. Die *Übungsformeln* sollen so anschaulich, z. B. optisch oder rhythmisierend-automatisierend in innerem Sprechen vergegenwärtigt werden, daß die bei jedem Übenden „daneben“, „dazwischen“ auftretenden Einfälle usw. gelassen ignoriert werden können, so daß sie „vorüberziehen“. Keinesfalls soll aktiv gegen sie abwehrend oder unterdrückend gekämpft und „krampfhaft“ nur die Übungsformel festgehalten werden. Eine solche bei Pedanten häufige Fehlhaltung macht die Übung in statu nascendi unmöglich. *„Geschehen-*

lassen" ist die entscheidende innere Haltung. Ein Wort von *Rilke,* durch eine ärztliche Kursteilnehmerin mir mitgeteilt, gibt dies dichterisch:

„Eins muß er wieder können: fallen,
geduldig in der Schwere ruhn,
der sich vermaß, den Vögeln allen
im Fliegen es zuvor zu tun."

Den äußeren physiologischen Erfolg der Schwereeinstellung prüfen wir erstens durch sorgfältige *Betastung* der gesamten Muskulatur des Arbeitsarmes einschließlich der Schulter- und Nackenmuskulatur. Bei durchschnittlichem Verlauf ergibt die Betastung nach dem Vollzuge der Schwerevorstellung überall das gleichmäßig weiche Gefühl voll entspannter Muskulatur. Besonders zu achten ist dabei auf die Muskeln, die den Schultergürtel halten, namentlich den Trapezius, da hier recht häufig Restspannungen verbleiben, von denen die Versuchsperson nichts weiß, die aber trotzdem in vielen Fällen den Versuch verunmöglichen. Haben wir so die Muskelhärte einer groben klinischen Prüfung unterzogen, so schließen wir eine *zweite* mehr auf den *äußeren Spannungseffekt gerichtete Prüfung* an. Wir fassen den Versuchsarm dicht unter dem Ellbogen an und winkeln ihn in ganz vorsichtig gleichmäßigem Zuge nach außen im Sinne einer Hebung im Schultergelenk ab. Entziehen wir dann dem angehobenen Arm plötzlich die Unterstützung, so fällt bei gelungener Entspannung das Glied völlig ungehemmt nach physikalischer Schwere auf die Unterlage zurück, eine Kontrolle, die bekanntlich *Großmann* 1896 für das hypnotische Arbeiten empfahl. Auch für die Vergegenwärtigung der Formel „der Arm ist schwer" gelten die oben ausgeführten Gesichtspunkte über Vergegenwärtigungstypen *(„initiale Hypotonie"* der Hypnose unserer Nomenklatur).

Mein langjähriger treuer Mitarbeiter, Nervenarzt Dr. *Klaus Wegscheider,* Chefarzt Landesheilanstalt Merxhausen/Cassel, berichtete über sehr gute Erfolge durch folgende Demonstration in der *Gruppenarbeit:* Wenn die erste Schwere-Übung angesetzt ist, und er bei einem Teilnehmer ihren Erfolg deutlich feststellen kann, läßt er die übrigen Teilnehmer an diesem die Schwereprüfung durch langsames Anheben des Armes ausführen und mit dem anderen, nicht entspannten Arm der V.P. vergleichen. Dieser *„Wegscheidersche Handgriff"* bewährt sich in der Tat sehr gut (Kongreß für ärztliche Fortbildung, Berlin 1952. Dtsch. med. J. 1952).

Mit dem *Schwereversuch* begeben wir uns recht eigentlich auf ein Gebiet, das als *Zentralproblem der gesamten Konzentrationslehre* angesehen werden darf. *Carpenter* sprach 1873 in seinen „Principles of mental physiology" von einem *„idiomotorischen Prinzip"*. Auf denselben Sachverhalt zielen alle Erörterungen der älteren Suggestionslehre über die *„Realisierung"* von Suggestionen. Was hier gemeint ist, läßt sich psychologisch verschieden ausdrücken, etwa so, wie weit Vorstellungen oder Gedanken Wirklichkeitsvollzüge partieller, keimhafter oder potentieller Art enthalten.

Daß dem gerade für Bewegungsreaktionen so ist, zeigten die wichtigen Untersuchungen von *Preyer, Alfr. Lehmann* u. a. über die Rolle unbewußter Bewegungsreaktionen bei sog. okkulten Erscheinungen, wie etwa Tischrücken, Wünschelrutengehen, Muskellesen und dergleichen. Eingehende exakte Bewegungsstudien von *Rob. Sommer* und seinen Schülern und von *O. Löwenstein* ergaben gleichfalls, daß unbemerkte Bewegungen als Reaktionen auf unbemerkte Reize oder als „Begleiterscheinungen" von „Vorstellungen" sehr häufig nachweisbar sind.

Die glücklichste Formulierung dieses zentralen Prinzips für die Lehre von der Suggestion gab *Forel,* indem er die in Frage stehende seelische Urreaktion als *„Ideoplasie"* kennzeichnete, ein Terminus, durch den auch dem vielfach schöpferischen Charakter solcher Abläufe gut Rechnung getragen wird. Ähnlich allgemein vertrat *Th. Lipps* die Anschauung, es komme allen Vorstellungen die Tendenz zu, „Wahrnehmung zu werden".

Wir besitzen über dieses ehrwürdige Phänomen außerordentlich exakte und wertvolle Untersuchungen von *R. Allers* und seinem Mitarbeiter *F. Scheminzky.*

Diese Autoren (Pflügers Arch. ges. Physiol. 212 [1926], 169) stellten spezielle experimentelle Untersuchungen im Wiener Physiologischen Institut (Geheimrat *Durig*) an: „Über *Aktionsströme der Muskeln bei motorischen Vorstellungen* und verwandten Vorgängen." Es handelt sich um über 200 Versuche an 7 Versuchspersonen. *Allers* und *Scheminzky* verwandelten die Aktionsströme der Muskeln mittels Verstärkerröhren in akustische, mit dem Telephon abhörbare Phänomene und machten zur Kontrolle auch Aufnahmen mit dem Saitengalvanometer. Wegen der technischen Versuchsanordnung sei auf das Original verwiesen. Die Versuchspersonen saßen bequem auf einem Sessel, den zu untersuchenden Arm leicht auf das Knie oder ein untergeschobenes Brett gelegt. Abgeleitet wurde der Strom von der Mitte des Oberarmes und vom unteren Drittel des Unterarmes. Störende äußere Bewegungsunruhe des Armes verriet sich sogleich durch charakteristische akustische Phänomene, Knattern und Rauschen im Telephon. In diesem Falle erhielt die Versuchsperson den Auftrag, die Hand in eine neue, oft nur ganz wenig veränderte Stellung zu bringen, worauf die Geräusche prompt verschwanden. (Diese Bewegungsunruhe trat bei den Versuchspersonen auf, weil ihr Bewußtseinszustand von den Versuchsleitern nicht konzentrativ verändert wurde.) In der Tat ist ja, wie z. B. die im Kap. I angeführte Selbstschilderung von *Bleuler* zeigt, der Ausfall des Bedürfnisses nach Lageveränderung eines der ersten Kennzeichen echter konzentrativer Umstellung („Entspannung").

Allers und *Scheminzky* gaben ihren Versuchspersonen fünf verschiedene Instruktionen:

„1. Wirkliche Ballung der Faust;
2. Vorstellung der geballten Faust (entsprechend den verschiedenen Typen wurde die Art der Vorstellung der Versuchsperson überlassen);
3. wiederholtes, innerliches Sprechen des Satzes: jetzt will ich die Faust ballen; dann als Kontrollversuche:
4. Vorstellung der Kniebeuge;
5. wiederholtes, inneres Sprechen des Satzes: jetzt will ich das Knie beugen.

Diese Aufträge wurden der Versuchsperson in verschieden kombinierter Weise ohne vorheriges Wissen der Reihenfolge dadurch erteilt, daß ihr ein Zettel mit der Abkürzung des Auftrages gezeigt wurde..., die Versuchsperson hatte die entsprechende physische oder geistige Handlung so lange auszuführen, als ihr der Zettel durch eine dritte Person (Versuchsleiter) vorgelegt wurde"[1]. Es zeigte sich, daß nicht alle Menschen für diese Experimente gleichmäßig geeignet sind, doch heben *Allers* und *Scheminzky* ausdrücklich hervor, daß man nicht annehmen dürfe, die Versuche gelängen nur mit sog. „motorischen" Typen im Sinne von *Bärwald;* sie fanden vielmehr auch „ausgezeichnete Resultate" bei ziemlich reinen optischen Typen, ein Befund, auf dessen theoretische Bedeutung die Autoren selbst verweisen. Vorwiegend akustische Typen befanden sich unter den 7 Untersuchten nicht, doch nehmen die Autoren an, es sei kaum zu erwarten, daß gerade dieser Typus sich anders verhalten sollte. Unsere Massenuntersuchungen klinischer Art bestätigen diese Ansicht durchaus; wir verfügten über zahlreiche akustische und akustisch-motorische Typen, die das Training ausgezeichnet durchgeführt haben. Die Experimente von *Allers* und *Scheminzky* ergaben zunächst, daß, wie zu erwarten, die willkürliche Faustbewegung immer zu sehr lebhaften elektrischen Erscheinungen führt. Die Vorstellung der Faustballung war bei der großen Mehrzahl der Versuchspersonen in fast allen Fällen wirksam, z. B. bei Versuchsperson I 21mal positiv, 1mal fraglich, 1mal negativ; bei Versuchsperson II 9mal positiv, keinmal fraglich, 3mal negativ; nur bei einer Versuchsperson blieben stärkere myelektrische Erscheinungen bei der Vorstellung der Faustballung aus. In der Gesamtübersicht ergaben sich für die Vorstellung der Faustballung 46 positive Resultate, wenn die „fraglichen", d. h. nicht sehr deutlichen akustischen Reaktionen zu gleichen Teilen auf die positiven und die negativen Fälle verteilt wurden, obwohl sie nach der experimentellen Beobachtung durchweg als positiv gewertet werden dürften. Das wiederholte innere Sprechen „jetzt will ich die Faust ballen" führte in der gleichen Gesamtübersicht zu 37 positiven und 11 negativen Resultaten. Interessanterweise ließ auch die intensive Vorstellung der Kniebeuge myelektrische Armschwankungen erscheinen, wobei allerdings nur 10 positive 7 negativen Resultaten gegenüberstehen, ein Verhältnis, das sich für das wiederholte innere Sprechen des Satzes „jetzt will ich das Knie beugen" noch dahin verschlechterte, daß sich nur 8 positive gegenüber 15 negativen Resultaten ergaben. Im Verlaufe fortgesetzter und vertiefter Experimentalerfahrungen konnten *Allers* und *Scheminzky* feststellen, daß die myelektrischen Geräusche nur im Zusammenhang mit bestimmten Worten auftreten; „in der Tat konnten wir bei 3 Versuchspersonen folgendes feststellen: Wenn der Beobachter den Augenblick, in welchem das Knattern auftrat, signalisierte und die Versuchspersonen angewiesen wurden, anzugeben, welches Wort sie in diesem Augenblick innerlich gesprochen haben, so zeigte sich, daß nur bei dem Worte ‚Faust' und ‚ballen', einmal auch bei ‚jetzt' das Geräusch auftrat"[2].

Hier ist nur wesentlich, darauf hinzuweisen, daß die „Ideoplasie" *Forels* in weitem Maße objektiv experimentell demonstriert wurde. Einer mündlichen Mitteilung von *Allers* verdanke ich die Kenntnis, daß die Intensität der elektrischen Muskelerscheinung durchaus davon abhängig war, wieweit die Versuchspersonen die in Frage stehenden Vorstellungen oder Gedanken in der Präsenz erlebten. Der Gedanke etwa:

[1] l. c. S. 175.
[2] l. c. S. 178. Ein interessanter experimenteller Beleg für *Dessoirs* Theorie der „Suggestion als magischer *Wort*wirkung".

„Gestern bewegte ich meine Faust“ blieb unwirksam. Damit ist von einer ganz anderen Seite her ein zweiter, für das echte konzentrative Arbeiten entscheidend wichtiger Punkt getroffen. *Von der Intensität der Vergegenwärtigung hängt alles für das Gelingen unserer Versuche ab.* Die Untersuchungen von *Allers* und *Scheminzky* lassen ferner eine Reihenbildung erkennen, in der an erster Stelle das rein vorstellende Vergegenwärtigen und die worthafte Gestaltung, erst an zweiter das innere Denksprechen steht; doch dürften hier typologische Momente von erheblichem Einfluß sein. In neuerer Zeit beobachtet *W. A. Shaw* (Psychol. Rec. Bloomington II, 195, 1938) bei Vorstellungen von Aktionen und Bewegtheiten mehr diffuse, nicht der verrichtenden Muskelgruppe entsprechende myelektrische Erscheinungen, die er als Spannungstotalerlebnis deutet.

In sorgfältigen physiologischen Experimenten konnten *K. Harano, K. Ogawa, G. Naruse* (Correlationes Psychosomaticae, S. 55) nachweisen, daß die passiv-kontemplative konzentrative Einstellung beim Autogenen Training sich auch hinsichtlich Durchblutung und Hauttemperatur signifikant von der aktiv-konzentrativen Zuwendung unterscheidet.

Die Vergegenwärtigungsleistung läßt sich bei primitiven Versuchspersonen dadurch erleichtern, daß der Versuchsleiter mit leichten, gleichmäßigen Strichen die Armoberfläche berührt.

Die so gesetzten äußeren Wahrnehmungsvollzüge fördern die konzentrative Hinwendung auf den Versuchsarm, ähnlich wie unter gleichen Umständen die leichte Handberührung der Stirn „das Arbeiten im Kopfe“. Diese Feststellungen sind von erheblichem Belange für die Theorie der Hypnose, auf die im Kapitel X im Zusammenhang mit unserm Training zurückzukommen sein wird. Die „Stirnhand“ und die „passes“ werden so zu psychologisch rational fundierten Anwendungen.

Neben diesen allgemeinen Gesichtspunkten ist eine Reihe mehr *speziellphysiologischer Beobachtungen* bemerkenswert, zuerst die Feststellung, daß praktische Arbeit der hier geschilderten Art mit zahlreichen V. P. auf bestimmte *„Muskeltypen“* führt. Es ist dies einmal ein solcher, der charakterisiert ist durch mittlere, an mäßiger Muskelhärte und deutlichem Bremsen des herabfallenden Armes erkennbare Gewohnheitsspannung, der also einer mittleren Tonuslage angehört, wenn wir ihn unbeeinflußt in sitzender Haltung untersuchen. Hier schafft die gelungene Schwereeinstellung für die beiden erwähnten Prüfungen einen deutlichen Unterschied. Neben diesem „Mitteltyp“ finden wir einen zweiten, der schon bei unbeeinflußtem Sitzen durch Weichheit und Schlaffheit der Muskulatur auffällt. In der ersten Gruppe traf ich häufiger pyknisch-kräftige Individuen, in der zweiten mehr asthenische. Unter einem durchschnittlichen Menschenmaterial von 1500 Personen war der erste Typ in 60 %, der zweite in 30 % anzutreffen; unter den restierenden 10 % befinden sich Personen mit ungleichmäßigem Verhalten nach dieser Richtung, ferner relativ sehr selten, in meinem Durchschnittsmaterial etwa zu 1 %, Versuchspersonen, die jede passiv erteilte Bewegung haltend bewahren, die sozusagen spontan kataleptisch sind. Bei diesen letzten Fällen ist es mir nie gelungen, ein Schwereerlebnis darstellen zu lassen. Über die beiden ersterwähnten Gruppen läßt sich nur sagen, daß „Mittelspannung“ der geeignetste Ausgangspunkt für unsere Übungen ist. Wie *Oluf Brüel,* Kopenhagen (Z. Psychother. med. Psychol. 3 [1953], 43) aus persönlicher Arbeitsgemeinschaft mitteilt, hat der phantasiereiche und eigengängige Analytiker *Georg Groddeck* aus Erfahrungen bei der Massage ähnliche Beobachtungen gemacht und ihre Bedeutung für Behandlung und Krankheitsverlauf nach vielen Richtungen hin betont.

Theoretische Überlegungen über die hier skizzierten Unterschiede haben zum Teil schon ein ehrwürdiges Alter. So finden wir etwa bei *Boerhave* (1708) bereits den Versuch, die Menschen aufgrund seines Elementarphänomens, der „kontraktilen Fiber“, zu klassifizieren. *Tandler* legte seiner Gruppierung der Konstitutionsanomalien den verschiedenen Skelettmuskeltonus zugrunde, *Ganter* die Reaktionsbereitschaft der glatten Muskulatur, nach der er Apo- und Anatoniker unterscheidet. Wir bewegen uns hier auf dem Grenzbereich von Tonusfragen und *allgemeiner Motorik;* neben den schönen Darlegungen von *Homburger* in seiner bekannten Kinderpsychopathologie über die Entwicklung der Motorik ist hier besonders der bereits kurz erwähnten Untersuchungen von *O. Löwenstein* zu gedenken, die sich in seiner „experimentellen Hysterieanalyse“ (Bonn 1924) im Zusammenhang dargelegt finden. Er konnte nachweisen, daß zwischen Muskeltonus und Konstitution nahe Beziehungen bestehen. Wie er in der Mschr. Psychiatr. 70 (1928), 35 näher ausführte, ergab die Bewegungsuntersuchung von zwölf eineiigen Zwillingspaaren eine weitgehende Ähnlichkeit von Tonusschwankung und Tonusverteilung, eine Verwandtschaft der *„Tonusgestalt“. Löwenstein* konnte ferner objektiv feststellen, daß jedem Affekt eine bestimmte Tonusverteilung zukomme und daß jeder Bewußtseinsvorgang von Tonusschwankungen begleitet sei. Zu denselben Resultaten führten die Studien von *E. Duffy* aus dem Psychologischen *John-Hopkins*-Laboratorium, Baltimore (1930). Sie arbeitete an Kindern von 3–5 Jahren, weil bei ihnen Muskelspannungen sich stärker in der gesamten Haltung ausdrücken als im allgemeinen bei Erwachsenen. Hierbei ergaben sich sehr weitgehende individuelle Differenzen, aber ein überraschend konstantes Verhältnis für jedes Individuum während der gesamten Dauer der Versuche an elf verschiedenen, nicht aufeinanderfolgenden Tagen. Nur zwei motorische Typen, einen hyper- und einen hypotonischen, beschreibt *Bruns* (Psyche, Stuttgart 11 [1930], 63) bei Kindern. Ähnlich den Tonusgestalten *Löwensteins* hat *F. H. Lewy* in seiner bekannten Monographie über Tonus und Bewegung auf Vorhandensein und Entstehung *„individueller Bewegungsfiguren“* hingewiesen.

Resultate ähnlicher Art finden wir ferner in den Handstudien von *A. Friedemann* (Arch. Psychiat. Nervenkr. [D.] 82 [1928]) sowie in einem sehr viel weiteren Sinne im Gesamtbereich der Erforschung von Ausdrucksbewegungen. Systematisch und unter Anstrebung objektiver experimenteller Messungen haben russische Autoren das Gebiet der *Psychomotorik* bearbeitet. *Oseretzky* hat (Z. ang. Psl., Beih. 57 [1931]) alle diese Forschungen zusammengefaßt. Er berührt hier, wie er selbst hervorhebt, weitgehend mit den bekannten Feststellungen von *Kretschmer* und seinen Mitarbeitern, besonders *Enke* (Barth Verlag, Leipzig 1930) über die Psychomotorik der Konstitutionstypen. Die Besonderheiten der psychomotorischen Typen beeinflussen auch die speziellen Bewegungsformen, z. B. die Handschrift; doch kann Beruf und Übung die psychomotorische Formel in gewissen Grenzen abändern!

Für die Bearbeitung und Beurteilung des autogenen Trainings dürfen wir diesen Untersuchungen in Übereinstimmung mit den vorgenannten Forschungen von *Löwenstein* das Resultat entnehmen, daß *zwischen Bewegungsverhalten und biologischer Persönlichkeit regelhafte Beziehungen bestehen,* wie sie uns ja in den praktischen Massenversuchen des klinischen Trainings deutlich entgegentreten. Wir arbeiten hier, um einen fast vergessenen Terminus von *E. Storch* aus seiner Studie über Muskelfunktion und Bewußtsein (Bergmann, Wiesbaden 1901) zu benutzen, mit der *„Myopsyche"* unserer Versuchspersonen. Besonders wertvolle Beiträge zum biologischen und medizinisch-psychologischen Problem des *Tonus* verdanken wir *E. Kretschmer* und seinen Mitarbeitern. Sie finden ihre gewohnt meisterhafte Darstellung neuerdings zusammengefaßt in „Psychotherapeutische Studien" (Georg Thieme Verlag, Stuttgart 1949), in denen *Kretschmer* seine und seiner Mitarbeiter Erfahrungen zu einem „Psychophysischen Gesetz" ineinanderschließt: „Die konstitutionstypischen Tonusregulierungen der willkürlichen Muskulatur, des vegetativen Systems und des psychischen Affektablaufs stehen mehrfach in korrelativem Zusammenhang." Die *tonusregulierenden Studien* aus der Leidener Psychiatrischen Klinik (Prof. E. A. D. E. *Carp*) von *B. Stokvis* gelten seit den 30er Jahren gleichen Problemen.

Nur hingedeutet sei an dieser Stelle auf die bereits im Schrifttum der Römer und Griechen und seither unausgesetzt bis heute erörterte Frage von *Haltungstypen* als *Ausdrucksphänomen.* In dem deutschen Schrifttum der letzten Jahrzehnte sei besonders auf die Studien von *Rutz,* Vater und Sohn (*O. Rutz,* Menschheitstypen und Kunst. Diederichs Verlag, Jena 1921), sowie die ihm nahestehenden, wissenschaftlich viel bedeutungsvolleren Arbeiten von *Sievers* (Leipzig) hingewiesen. Gerade ein Blick auf diese Unternehmungen zeigt uns, wie die ausgangs getrennten Fragestellungen mehr physiologisch-neurologischer Art auf der einen Seite und weit mehr künstlerisch-menschenkundlicher auf der anderen Seite sich bei einem gewissen Fortschreiten beider Arbeitsrichtungen notwendigerweise berühren müssen. Man könnte gewissermaßen als Schnittpunkt beider Linien die Werke von *Kretschmer* betrachten.

Nicht minder wichtig sind für die ganze Einordnung unserer Bestrebungen die Arbeiten über das *Tonusproblem* und über die Physiologie *muskelelektrischer Erscheinungen.*

Im Anschluß an die Daten über verschiedene muskuläre und motorische Typen sei hier kurz erwähnt, daß *F. H. Lewy* in seiner bekannten Monographie über Tonus und Bewegung myelektrische Typenunterschiede aufzeigen konnte; insbesondere stellte er bei ausgesprochen asthenischen Versuchspersonen, die sich ja auch in der klinischen Praxis des Trainings vielfach herausheben, einen eigenartigen myelektrischen Befund fest, dessen Einzelheiten wegen auf seine Monographie verwiesen sei. Eine souveräne Übersicht über die „Grundprobleme der allgemeinen Elektro-Biologie" verdanken wir *Hans Schäfer,* Heidelberg (Dtsch. Nat. Forsch. Ärzt., Essen 1952), auf die hier besonders hingewiesen sei und der wir nur den für uns wichtigsten kurzen Satz entnehmen: „Wir erkennen ferner, welche ungeheuere Bedeutung Affekte und Suggestionen haben, welche das ganze Bild des Muskeltonus gegen die gleichwertige Situation ohne Suggestion oder Affekt verändern."

In der allgemeinen Tonusforschung ist für unsere Arbeit die Feststellung von *Magnus* bedeutsam, daß der *Tonus einer Muskelgruppe den der übrigen gesetzmäßig beeinflußt.*

Aus der *Elektrophysiologie* der Muskeln interessiert uns im vorliegenden Zusammenhang der moderne Stand der Lehre von Haltung und Bewegung.

Wir folgen hierin den ausgezeichneten Darlegungen von *Wachholder* in *Asher-Spiros* Ergebnisse d. Physiologie 26, 568 (1928). Der auf diesem Gebiet so verdienstvolle Forscher hebt zwar ausdrücklich hervor, daß recht komplizierte Beziehungen vorliegen, wenn man versucht, aus den modernen Muskelstromuntersuchungen auf die Physiologie des lebendigen Muskels zurückzuschließen; aber wenn auch keine mathematisch strenge Proportion zwischen der Amplitude und der Frequenz der Aktionsströme eines Muskels und der Stärke seines Kontraktions- oder Spannungszustandes besteht, ist doch zweifellos bei der normalen Willkürbewegung ebenso wie bei Zu- und Abnahme der Kontraktionsstärke ein Parallelismus von lebenstätigen und elektrischen Erscheinungen nachweisbar. Die myelektrische Forschung bestätigte die Bedeutung der durch *v. Weizsäcker* im Anschluß an *Sherrington* hervorgehobenen grundsätzlich verschiedenen psychomotorischen Einstellungen, die durch *G. Soeken* (Forsch. Fortschr. 371, [1938]) als „gerichtete" und „ungerichtete" Reaktionen erforscht wurden. Ein Muskelwesen kann nämlich mechanischer Bewirkung einen Gegenhalt entgegensetzen, also sich auf *Kompensation* einstellen, es kann aber auch im Gegensatz dazu einer mechanischen Bewirkung folgen, mit ihr mitgehen, also eine Einstellung auf *Adaptation* einnehmen; besonders im letzteren Falle entwickeln sich durch reine Elastizitätsmomente bedingte *Ruhelagen,* in denen alle beteiligten Muskeln stromlos sind. In diesem Sinne können lebende Gliedmaßen in ganz lockerem Zustande stromlos passiv bewegt werden, bei ganz leichten Belastungen *(Haas, Wachholder* und *Altenburger)* tritt nur eine, die agonistische Muskelgruppe, in Tätigkeit, bei stärkerer auch der Antagonist, eine Erscheinung, die besonders intensiv wird, wenn die Versuchsperson ein Gelenk willkürlich „versteift". Die Ruhelage ist nicht an eine bestimmte Muskellänge gebunden, sondern wie *Springer* durch Härtemessungen nach *Gildemeister* zeigen konnte, z. B. im Bizeps, bei einer Ellbogenwinkelung von 80–150° möglich. Gerade dieser Befund ist für den Schwereversuch von erheblicher Bedeutung, weil er uns die objektive Unterlage dafür gibt, daß in bestimmten mittleren Bewegungslagen stromlose Ruhehaltungen ohne absolute Bindung an eine bestimmte Muskellänge darstellbar sind. *Wachholder,* dem wir so viele wertvolle Erkenntnisse auf dem Gebiete des Tonusproblems verdanken, hat (Fortschr. Neurol. 8, 345–355 [1936]) dieses Gebiet dahin zusammengefaßt, daß bei der Muskeltätigkeit drei verschiedene Aufgaben vorliegen; der Muskel soll

1. gegen die Umwelt bewegen, also Spannungsentwicklungen und Längenänderung leisten *(„Motilität"),*
2. die Körperhaltung gegen Umweltkräfte behaupten, was nur durch Spannungsentwicklung ohne Längenänderung möglich ist *(„Tonus")* und

3. widerstandslose Anpassung an einen Wechsel der Umweltkräfte gewährleisten, wobei Längenänderung möglichst ohne Spannungsentwicklung erstrebt wird (*„Plastizität“).*

Die plastische Veränderung der Ruhelage beim Menschen erfolgt niemals rein passiv, sondern auf Grund zentralnervöser Entspannung *(Wachholder* und *Altenburger);* es sind „träge kontrakturähnliche“ Zusammenziehungen der meist eingelenkigen Haltemuskeln anzunehmen, während ein „Sperrtonus“ *(von Uexküll)* abgelehnt wird. Auch für den Schwereversuch ist die Plastizität, besonders als Fehlerquelle, von Bedeutung; sie ergibt *„Katalepsie“.*

Wir dürfen die Mitwirkung eines kontrakturähnlichen Momentes bei allen im übrigen tetanischen Muskelleistungen annehmen.

So wesentlich uns der periphere Mechanismus beim autogenen Training im ganzen und speziell beim Schwereversuch erscheint, möchten wir doch nicht unterlassen, darauf hinzuweisen, daß *Wiersma* bei kompletter Radialislähmung auf den Impuls zur Streckung myelektrisch eine antagonistische Erschlaffung nachweisen konnte. *Wiersma* entnimmt hieraus, da ja durch die Lähmung die Peripherie ausgeschaltet war, daß die *Koppelung von Agonisten und Antagonisten primären zentralen Impulsen* zugehört, ebenso wie die Synergistenkoppelung. Gerade dieser Befund erleichtert uns das Verständnis für unser Grundphänomen, nämlich die Darstellung von Muskelspannungsveränderungen lediglich auf Grund zentraler Vergegenwärtigung. Allerdings darf man sich nach den Feststellungen von *Höfer,* USA (Ges. Berlin. Nerv. Ärzte 1953), diese Verbindung nicht als in jedem Falle notwendig vorstellen, da es *Höfer* gelang, bei isoliertem aktivem Fußheben im Liegen nur im Agonisten Aktionsströme nachzuweisen.

Physiologisch wesentlich ist für die *Klinik des Schwereversuchs,* daß objektive Muskelentspannung und subjektives Entspannungs-(Schwere-)Erlebnis durchaus nicht in jedem Falle aneinander gebunden sind.

Wir finden wohl Versuchspersonen, besonders solche mittlerer Tonushaltung, bei denen das objektive Weichwerden und der Haltungsnachlaß beim Hebeversuch mit der subjektiven Entwicklung des Schwereerlebnisses parallel gehen; nicht selten begegnen uns aber auch, besonders im Anfang des Trainings, Versuchspersonen, bei denen entweder der objektive Befund nur wenig ausgesprochen erscheint, obwohl subjektiv ein Schwereerlebnis dargestellt wird, oder umgekehrt solche, bei denen eine sehr deutliche objektive Muskelentspannung auftritt, ohne daß ein Schwereerlebnis vollzogen wird. Die Eignung zu diesem ist offenbar, abgesehen von objektiv nachweislichen technischen Fehlern oder konstitutionellen Unzulänglichkeiten, an Faktoren gebunden, die zur Zeit nicht übersehbar sind.

Die Erörterung der Schwierigkeiten der allgemeinen Technik im Kapitel IV wird uns auf diese Punkte zurückführen; hier genügt es, allgemein hervorzuheben, daß zwischen *„objektiver Entspannung“* und *„subjektiver Entspannung“* (Schwereerlebnis) Ungleichmäßigkeiten bestehen können, ohne daß dadurch der durchschnittliche Verlauf gestört würde.

Ein weiteres interessantes physiologisches Phänomen beim Schwereversuch ist die verschiedene *Lokalisation der subjektiven Schwereerlebnisse.*

Im Beginn des Trainings in unserem durchschnittlichen Material fanden wir zu 60 % das erste Auftreten in Unterarm-Ellbogengegend, bald mehr nach der ulnaren, bald mehr nach der radialen Seite zu; etwa 10 % erleben das erste Auftreten der Phänomene gelenkhaft rund um den Ellbogen oder um das Handgelenk herum, weitere 10 % lediglich in der Hand, 10 % ausgesprochen im Schulter- und Oberarmgebiet und endlich 10 % im gesamten Arm ohne örtliche Differenzierung. Alle diese Befunde beziehen sich auf Versuchspersonen, bei denen ich persönlich den Verlauf kontrollierte, so daß es ausgeschlossen ist, diese Unterschiede auf grobe Differenzen der Versuchsanordnung, insbesondere der äußeren Körperhaltung zu beziehen. Es unterliegt für mich vielmehr keinem Zweifel, daß wir hier sehr bemerkenswerte individuelle Differenzen darstellen. Im Prinzip ordnen sie sich dem Grundphänomen der Ichnähe ein. Das deutliche Überwiegen des Unterarm-Hand-Gebietes entspricht der Tatsache, daß Unterarm-Hand und etwa noch Ellbogen „am bewußtesten" zu sein pflegen, doch dürfte dieses allgemeine Prinzip zur vollen Erklärung der hier angedeuteten Differenzen nicht ausreichen. Es wäre außerordentlich wesentlich, wenn es gelänge, zwischen diesen Lokalisationstypen, soweit man von solchen sprechen darf, und anderen typologischen Merkmalen eine Korrelation nachzuweisen.

Bei dem weiteren im folgenden näher zu erörternden Übungsverlauf erfahren die Versuchspersonen nun bald, daß die nach der Instruktion auf den ichnäheren Arm beschränkte Übung nicht auf diese Extremität begrenzt bleibt, sondern daß sich *ohne bewußte selbsttätige Einstellung*, „spontan", *Schwereerlebnisse auch in anderen Extremitäten* geltend machen. Ich bezeichne diese Erscheinung im autogenen Training als *„Generalisierung"*.

Auch hier handelt es sich um ein in anderem Zusammenhang bereits vielfach beschriebenes Phänomen, das unter wechselnden Bezeichnungen behandelt wurde. Die ältere Psychologie stellt es meistens unter den Sammelbegriff der sog. „Mitübung", womit ausgedrückt werden soll, daß Übungstätigkeiten spezieller und umgrenzter Art auch scheinbar abliegende Funktionen fördern. *Fechner* sprach im selben Sinne von einem „psychologischen Transfer". Die Bearbeitung dieses interessanten Gebietes ist von *Charles Bray* 1928 in seiner Arbeit über „Transfer of learning" (J. Exper. Psychol. [Am.] 11, 443) vorgenommen worden, wobei auch eine gründliche kritische Sichtung des gesamten vorhandenen Schrifttums erfolgte. *Bray* erweiterte unsere Kenntnisse auf diesem Gebiete des Transfers, indem er nachweisen konnte, daß nicht nur, wie schon früher bekannt, eine solche unbemerkte Mitübung von Hand zu Hand stattfindet, sondern auch von Hand zu Fuß und umgekehrt. Prinzipiell dieselbe Erfahrung bietet uns die Graphologie. Sehr einfach und anschaulich ist ein kleiner Versuch, den man bei interessierten Versuchspersonen einschieben kann. Setzen wir beliebige Versuchspersonen vor eine fixierte Schreibunterlage und lassen sie in jede Hand einen Bleistift nehmen, so ist die große Mehrzahl mühelos in der Lage, *gleichzeitig* rechts in gewöhnlicher, links in Spiegelschrift zu schreiben. Dabei zeigen die Produkte der Linksspiegelschrift nicht selten eine weitgehende Ähnlichkeit mit der Kinderschrift der Versuchsperson[1]. Eine sehr umfangreiche Studie über das Problem des psychologischen Transfers, der als Generalisierung eine so ent-

[1] Zur Spiegelschrift vgl. *Hanse* (Arch. Psychiat. Nervenkr. [D.] 93 [1931], 34), *Quinan* (Arch. Neurol. Psychiatr., Chic. [Am.] 34 [1935], 318) und *Waters* u. *Sheppard* (J. genet. Psychol. 63 [1952]), die das Phänomen zum Studium des Übungstransfers benutzten.

scheidende Rolle im autogenen Training spielt, mit eingehender Kritik und sehr umfangreicher amerikanischer Literaturzusammenstellung von 136 Nummern, brachten *R. M. Gagné, H. Foster* und *M. Crowley;* „Measurement of transfer of training" (Psychol. Bull. 45 [1948], 97).

Die dem Transferphänomen zugrunde liegenden neurophysiologischen Gesetzmäßigkeiten können hier außer Betracht bleiben, nur muß an dieser Stelle auf neurologische Grundphänomene der Mitbewegungen verwiesen werden, wie sie uns besonders durch die schönen Studien von *Otfried Foerster* erschlossen wurden; nicht nur gewinnt durch isolierte Übungsvorgänge das Zentralnervensystem *„Gelegenheitsapparate"* im Sinne von *E. Bleuler,* in denen zentrale Funktionen das Verhalten des Organismus regulieren, sondern umgekehrt gestaltet auch periphere Aktion als Anteil lebendigen Gesamtvollzuges das Zentralnervensystem, so daß eben nun in ihm die angedeuteten Apparaturen entwickelt werden. Innigstes Zusammenspiel von Peripherie und Zentrum, durchaus einheitlich lebendiges Reagieren muß hier wie überall Grundlage unserer Auffassungsversuche bleiben. Zu erinnern ist hier endlich an die gesetzmäßige gegenseitige Tonusbeziehung (*Magnus,* S. 32).

Praktisch-klinisch spielt sich im Übungsverlauf des Trainings die *Generalisierung* so ab, daß bei 80 % durchschnittlicher Versuchspersonen die ersten Schwereempfindungen außerhalb des Versuchsarmes im Arm der Gegenseite wahrgenommen werden; bei weiteren 10 % kommt hierbei eine Disposition zu Halbseitenerscheinungen zur Geltung, indem zuerst außerhalb des Übungsarmes im gleichseitigen Bein Schwereerlebnisse deutlich werden. Die restlichen 10 % verhalten sich wechselnd; bald finden wir Versuchspersonen, denen es schwerfällt, während des Übens beim einzelnen Arm zu verweilen; sie erleben die Schwereeinstellung von vornherein diffus im ganzen Körper. Auch allgemeine Einflüsse von Gewöhnung und Umwelt sind bei psychomotorischen Einstellungen von Bedeutung.

So trat z. B. bei einem Rechtshänder, der sich gut auf den rechten Arm konzentrierte, die erste außerhalb der selbsttätigen Übung liegende Schwereempfindung im linken Bein auf. Es handelte sich um einen Herrn, der jahrelang Auto steuerte und gewohnt war, mit dem rechten Arm das Steuerrad, mit dem linken Fuß die Fußbremse zu bedienen. Hier war also durch Besonderheiten persönlicher Gewöhnung das linke Bein „ichnäher" geworden und ließ demzufolge zuerst die Generalisierung erfühlen.

Auch die Generalisierung stellt wie die Lokalisation im Erstversuch aussichtsreiche Fragestellungen für eine nähere Typenforschung, die um so mehr neuropathologisches Interesse hat, als wir vermuten dürfen, daß die Versuchspersonen mit Tendenz zu halbseitiger Form der Generalisierung auch sonst zu funktionellen Halbseitenstörungen disponiert sind, wie wir sie besonders aus der Pathologie der Hysterie kennen.

Damit soll gewiß nicht bezweifelt werden, daß sehr vielfach die Halbseitenerscheinungen hysteropathischer Individuen iatrogener Natur sind, sich aus ärztlichen Prüfungen, besonders der Sensibilität, herleiten, bei denen ein Halbseitenvergleich angeregt wird. Daß in unseren klinischen Massenuntersuchungen, bei denen keinerlei spezieller Hinweis erteilt, sondern nur die Aufgabenstellung vermittelt wird, durch Selbstbeobachtung zu kontrollieren, ob bei isoliertem Üben mit einem Arm auch sonst im Körper irgendwo Schwereerlebnisse auftreten, sich die besprochene Gliederung in „Quertypen" mit beginnender Generalisierung im Gegenarm und „Längstypen" mit Halbseitenausbreitung im Beginn zeigen, weist jedenfalls darauf hin, daß hier wesentliche individuelle Differenzen vorliegen.

T. W. Cook konnte in lehrreichen Versuchen über „cross education", d. h. überkreuzte Übung (J. exp. Psychol. 16 [1933], 144) feststellen, daß die Erlernung komplizierter Spiegel-Labyrinthbewegungen sich durchschnittlich am stärksten an symmetrischen synergischen Apparaten der anderen Körperseite zeigt; eine „Längsübertragung" in unserem Sinne trat insofern deutlich hervor, als z. B. bei Übungen der rechten Hand der rechte Fuß weit mehr Vorteil gewann als der linke. Es finden sich also die gleichen Grundgesetze wie beim autogenen Training.

Auch der Ablauf der Generalisierung läßt sich rein klinisch durch die Hilfsmittel kontrollieren, die wir für die Beobachtung des Erstversuches empfahlen: Muskelbetastung und Halteprüfung.

Ein weiteres bemerkenswertes physiologisches Moment dürfen wir besonders mit fortschreitender Übung und Generalisierung in der *Beeinflussung des Gesamtzustandes* durch *weitgehende Entspannung peripherer Muskelgebiete sehen.*

Wir erinnern nur kurz daran, daß die Kreislaufuntersuchungen von *Eppinger* und seinen Mitarbeitern sowie gleichgerichtete aus der Klinik *v. Bergmanns* uns genauere Unterlagen für das Verständnis tiefgreifender Wirkungen peripherer Umstellung gaben. In diesem Sinne wird ja die oft sehr wesentliche Rolle peripherer Massage bei Herzkranken oder äußerer Diathermieanwendung in den gleichen Fällen erörtert. Den Schlafkreislauf bearbeitete besonders *Gollwitzer-Meyer* (Klin. Wschr. 10 [1931], 341). Einen bemerkenswerten „Negativversuch" zu unseren Bemühungen stellen die Untersuchungen von *Abrami, Wallich* und *Bernal* (Presse méd., Paris, 321 [1936]) über *willkürliche Blutdrucksteigerungen* dar. Sie leiteten Versuchspersonen an, alle Muskeln zunehmend anzuspannen, ohne daß dabei eine äußere Versteifung in den Gelenken oder ein Bewegungseffekt entstand oder die Atmung verändert wurde. Dabei entsteht subjektiv Wärme und Euphorie und eine Steigerung des Blutdruckes bis 270 mm Hg. Die Autoren beschreiben beim Versuche Tachykardien, Temperatursteigerung, Erhöhung des Liquordruckes und gelegentlich Mydriasis; sie beziehen die Phänomene auf eine direkte Beeinflussung der vegetativen Nerven vom Zentralnervensystem aus. Man könnte von einem aktiven Selbstspannungsversuche sprechen.

Die reziproke Verbundenheit von *Zentrum und Peripherie* tritt an dem hier gewählten Beispiel des *Kreislaufs* besonders deutlich in Erscheinung; die physikalische Eigenart der Kreislaufphänomene bedingt es ferner, daß gerade an ihnen die in Frage stehende gestalthafte Gebundenheit beider Anteile objektiver Erforschung besonders gut zugänglich ist; doch wäre es irrig, deswegen das Grundgesetz innerer sich bedingender Abhängigkeit von Peripherie und Zentrum etwa nicht auf das Nervensystem ausdehnen zu wollen. Gerade hier zeigt sich u. E. die völlige Überlegenheit der neuro-dynamischen Erfassung der Nerventätigkeit in der synallaktischen Theorie von *Walter Scheidt,* Hamburg.

Wir erinnern nur an die physiologischen Untersuchungen von *Sherrington,* aus denen hervorgeht, daß zwischen Muskel und Zentralorgan antidrome intensive Verbindungen bestehen; *I. v. Uexküll* entwickelte 1904 die Anschauung, Bewegungen und Spannungen der Muskeln würden ihnen von dem Stück grauer Substanz gewissermaßen vorgemacht, von dem die motorischen Fasern ausgehen, und erst dann von den Muskeln in Wirklichkeit überführt. Er nannte dieses Stück graue Substanz den „Repräsentanten" des Muskels. Dieser wird aber nun, wie *Magnus* 1909 zeigte, von den zentripetalen Muskelnerven beeinflußt, „eingestellt". Auch hier sehen wir also innigstes Aufeinanderangewiesensein von Zentrum und Peripherie, so daß auch im Rahmen neurobiologischer Betrachtung Umstellungsarbeiten, die äußerlich überwiegend an der Peripherie ansetzen und ihre Einstellung verändern, nicht ohne Einfluß auf das Zentrum bleiben. So bleibt ja auch die isolierte Dehnung eines Armes beim Schlangenstern nicht ohne Einfluß auf die Erregbarkeitsverteilung im Zentrum *(I. v. Uexküll).* Auch die Entwicklungsphysiologie und die Pathophysiologie angeborener oder sehr früh gesetzter Defekte peripherer Sinnesaufnahmeapparate hat schon seit vielen Jahren entsprechendes Tatsachenmaterial geliefert.

Endlich wäre von allgemein physiologischen Punkten noch auf einen Zusammenhang hinzuweisen: *Die einschläfernde Wirkung äußerer Muskelentspannung.* Daß „die Glieder im Schlaf sich lösen, ist eine banale Tatsache", meint *Ebbecke* (Handbuch d. Physiologie, hrsg. v. Bethe/v. Bergmann S. 564). Vom Standpunkt allgemeiner *Schlafphysiologie* aus betrachtet, ist die muskuläre Spannungsverminderung lediglich ein Teilphänomen der Ruhigstellung, Innenwendung und Passivierung. Doch kann, dem organismisch-ganzheitlichen Wesen des Lebendigen gemäß, durch Akzentuierung dieses „Teilphänomens" der Gesamtvollzug in Gang gesetzt werden. Nicht umsonst sind Muskelrelaxanter und Tranquilizer chemisch nahe verwandt. Die spezielle neurophysiologische Forschung kann hier nicht erörtert, sondern nur auf *B. Stokvis* und *E. Wiesenhütter* „Der Mensch in Entspannung" (Hippokrates, Stuttgart 1961, 384 S.) hingewiesen werden.

Unbeschadet der komplizierteren Zusammenhänge dürfen wir als ein wesentliches Moment die mindestens sehr feste funktionelle Verbindung von Muskelentspannung und Einschlaferlebnis im Auge behalten, die auch zum Teil die einschläfernde Wirkung langer indifferenter warmer Wasserprozeduren erklärt. Daß diese einen ausgesprochen muskelentspannenden Effekt hervorrufen, ist ja unter anderem in der Wasserpalpation praktisch ausgenutzt.

Wir geben endlich eine von *Trömner* 1911 bei seinen Studien über die Vorgänge beim Einschlafen (J. Psychol. Leipzig 17, 356) veröffentlichte Tabelle, die wörtlich von sieben psychologisch unvoreingenommenen Versuchspersonen diktiert wurde, denen nicht „einzelne Empfindungen suggeriert worden waren, sondern nur allmählich fortschreitende Müdigkeit. Nach einigen Minuten wurden sie etappenweise geweckt und nach ihren Empfindungen befragt". Auch sie zeigt die spontane Vordergrundsbedeutung muskulärer Erlebnisse.

Offenlassen dürfen wir für unsere Arbeit die sinnespsychologisch sehr interessante Frage, ob bei der Darstellung der Muskelentspannung ein besonderer *„Muskelsinn"* notwendig angenommen werden muß oder ob die von uns gesetzten Veränderungen den Versuchspersonen auf anderm, indirektem

Tabelle der Müdigkeitsempfindungen

1.	Angenehme Ruhe	Wärme im Körper	Schwere der Beine	Gefühl als wenn der Körper gestreckt wird	Gefühl als wenn der Kopf gedreht wird	Gedankenruhe	Hände und Füße schlafen	Gedanken schwinden
2.	Müdigkeit	Spannung über den Augen	Schwere der Lider	Erschwerung der Bewegung		Gedankenruhe	Atem leicht	Gedanken schwinden
3.			Die Augen gehen von selbst zu	Man kann sich nicht rühren		Man kann nicht denken		Man schläft ganz schnell ein
4.			Schwere der Lider	Lähmungsgefühle		Leicht im Kopf		
5.					Es geht im Kopf herum wie Schwindel	Dann gehen die Gedanken weg		
6.			Schwere der Glieder	Besonders der Arme	Druck im Magen	Kopf leicht	Immer müde	
7.		Trockenheit	Schwere der Augen					

Wege (Gelenk-, Haut-, Gelenksehnen-Druckempfindung usw.) wahrnehmbar werden. *Die hier versuchte skizzenhafte Zusammenfassung einiger wich-*

tiger Daten der Physiologie und Pathologie soll — das sei gewissen abwegigen „kritischen" Äußerungen gegenüber ausdrücklich betont — *dazu dienen, den wundersamen Reichtum einer scheinbar so einfachen allgemeinen Umstellungsreaktion, wie des „Schwereversuches", deutlich zu machen, seine universelle Eigenart als einer Lebensreaktion zu verdeutlichen und die Problemfülle zu kennzeichnen, die für sachliche und besonnene biologisch-psychologische („bionome") Erfassung notwendig gegeben ist.* Das gleiche gilt für die entsprechenden Ausführungen in der folgenden Darstellung.

Mit der Erwähnung des „Muskelsinnes" haben wir noch deutlicher als mit einigen anderen vorherigen Ausführungen das rein physiologische Gebiet verlassen und uns mehr *psychologischen Fragestellungen* zugewandt. In der Tat vermittelt der Schwereversuch auch für die *psychologische Betrachtung* eine große Anzahl von Befunden, eine noch größere von Fragestellungen. An erster Stelle ist daran zu erinnern, daß unser Hinweis an die Übenden, sich den rechten Arm zu „vergegenwärtigen", unmittelbar auf das allgemeinere Problem führt, was wir denn überhaupt unter verschiedenen Bedingungen von unserem Körper wissen, Probleme, die unter den Stichworten *Körperbewußtsein* und *Körperschema* in den letzten Jahren verschiedentlich Bearbeitung fanden.

Schilder hat sich in seiner anregenden Studie über „Wahn und Erkenntnis" (Springer, Berlin 1918) ausdrücklich mit einer Phänomenologie des körperlichen Ichbewußtseins beschäftigt, um von hier Beiträge zum Halluzinationsproblem zu liefern. Er gab einer Reihe von Versuchspersonen die Instruktion, sich *optisch* folgende Vorstellungen zu bilden:

„1. Sie stellen sich ihren eigenen Körper in den eines Weibes verwandelt vor;
2. Sie stellen sich vor, Sie hätten weibliche Brüste;
3. Sie stellen sich vor, keinen linken Arm zu haben;
4. Ihre linke Hand ist dreifach vergrößert;
5. stellen Sie sich Ihren Magen im Leib vor;
6. stellen Sie sich Ihre Hirnwindungen vor."

Die ersten beiden Fragen wurden nur an drei Ärzte gestellt. Die Versuchspersonen saßen mit geschlossenen Augen bequem und gaben an, wenn es ihnen gelungen war, das optische Vorstellungsbild hervorzurufen. Dann wurden die Resultate unter Vermeidung von Suggestivfragen protokolliert. Wegen der Einzelheiten dieser interessanten Versuche verweise ich auf das Werk von *Schilder*. Das wichtigste Resultat seiner Beobachtungen war, „daß bei allen Versuchspersonen durch die Vorstellung einer Veränderung am Körper Empfindungen hervorgerufen werden, welche sich der Vorstellung anpassen. Am instruktivsten sind jene Versuche, in denen den Versuchspersonen aufgetragen wurde, sich ihre Hand dreifach vergrößert vorzustellen. Es ist hierbei besonders bemerkenswert, daß bei einzelnen Versuchspersonen nicht bloß ein unbestimmtes Kribbeln auftritt, sondern eine dem Sinn der Vorstellung entsprechende Wahrnehmung, als ob die Hand ausgeweitet würde oder als ob die Hand aufgedunsen sei." Hierbei machte *Schilder* noch eine Reihe von Beobachtungen, die für unsere Arbeit von Interesse sind. „Sehr merkwürdig ist es, wenn z. B. eine Pflegerin angibt, sie spüre neben ihrer eigenen Hand noch eine zweite, größere und habe in dieser zweiten, größeren Hand das Gefühl der Schwere. Wiederum handelt es sich zweifellos um eine Wahrnehmung der Schwere der vorgestellten Hand. Ich habe darauf den Versuch bei einer anderen Pflegerin in der Art wiederholt, daß ich dieser auftrug, sie sollte sich vorstellen, sie hätte neben ihrer eigenen Hand noch eine zweite Hand am gleichen Arm. Wieder traten Wahrnehmungen auf, sie spürte, wie die Hand gleichsam hervorwuchs." Auch bei der Aufgabe 3, keinen linken Arm zu haben, fanden sich eigenartige Resultate. So stellte sich eine Versuchsperson den fehlenden linken Arm neben sich liegend vor, hatte aber in diesem, in der Vorstellung von ihr getrennten Körperstück, Empfindungen, die sich anders „anfühlten" als in einem Körperglied. Vielfach konnten die Versuchspersonen die Vergrößerung der Hand sich besser vorstellen, wenn sie unter den Rock gesteckt oder hinter den Rücken gelegt wurde. *Schilder* weist mit Recht darauf hin, daß seine Versuchspersonen ja nur den Auftrag hatten, sich bildhaft Vorstellungen zu erzeugen. Alles sonstige „Empfindungsmaterial" wurde spontan durch die Einstellung oder im Vollzug der Einstellung produziert. Es schien uns bedeutsam, auf die schönen Untersuchungen von *Schilder* hinzuweisen, aus denen er mit Recht schließt: „Das willkürliche Hervorrufen von Vorstellungsbildern ist eine Methode, welche der breiten Anwendung empfohlen werden muß. Die willkürlich produzierten Vorstellungen enthalten eine Fülle nicht direkt gewollter Momente. Es sind zunächst in einigen Vorstellungen wahrnehmungsmäßige Elemente enthalten. Diese Vorstellungen sind in Teilen ihres inhaltlichen Bestandes ebensowenig Produkt der Willkür des Individuums wie die Wahrnehmung. Hier liegen wie bei der Halluzination nicht näher bekannte bereitgestellte Mechanismen zugrunde." Nahe Beziehungen zu hypnotischen Erscheinungen sind *Schilder* nicht entgangen, etwa in dem Sinne, wie ich sie in meinen Studien über Schichtenbildung im hypnotischen Selbstbeobachten zwischen den Tiefenmaterialien der dritten Schicht und optischen halluzinatorischen Erlebnissen hervorhob.

In weiteren Forschungen hat *Schilder* sich dann mit verschiedenen Mitarbeitern mit dem Problem des *Körperschemas* näher auseinandergesetzt, worüber er 1923 (Springer, Berlin) kurz zusammenfassend berichtete. Nach diesen Untersuchungen ist das eigene Körperbild zunächst in seinem Aufbau ein psychologisches Problem. „Es ist eine allmähliche Differenzierung eines zunächst vagen und unbestimmten Eindrucks. Optisches und kinästhetisches Erfahrungsmaterial wird besonders zur Differenzierung herangezogen. Sie erfolgt nur, wenn eine Berührung mit der Außenwelt stattfindet." Das Körperschema „gehört zur impressiven Seite des Seelenlebens. Es ist Wissen und Erlebnis des eigenen Körpers. Es ist selbstverständlich, daß jeder Eindruck bereits eine Antwort motorisch in sich schließt, aber der Akzent liegt auf dem Eindruck und nicht auf der motorischen Antwort". In einem groß angelegten Versuch, gemeinsam mit *Hoff*, die Lagereflexe des Menschen (Springer, Wien 1927) darzustellen, hat *Schilder* besonders auch die sehr wesentliche Rolle des Tonusgeschehens für das Körperschema dargelegt. Mit *Hartmann* (Z. ges. Neurol. Psychiat. 109 [1927], 667) stellte *Schilder* ferner Untersuchungen über die Wahrnehmung des Körperinnern an, wenn Versuchspersonen flach ausgestreckt liegen. Hierbei ergaben sich gemischte Vergegenwärtigungen und besonders ein starkes Hervortreten von *Schwereerlebnissen*, so daß das Eigenerlebnis des Körperinnern von den Autoren als *„beseeltes Schwereerlebnis"* gekennzeichnet wird. Das *Körperinnere* wird nämlich als schwere Masse erlebt. Seine Wahrnehmung ist vielfach mit optischen Massenvorstellungen durchsetzt und wird von einer einheitlichen Gefühlsempfindung der Vitalität begleitet, eben der „belebten Schwere". Organempfindungen wurden in den Untersuchungen von *Hart-*

mann und *Schilder* durchschnittlich etwa 2 cm unterhalb der Körperoberfläche erlebt; das Erlebnis der Haut war wolkig, diffus, nicht scharf abgegrenzt und lag unterhalb der bewußten oder vorgestellten Körperoberfläche. Jenseits der psychologischen Bewertung ist mit *Schilder* darauf hinzuweisen, daß bestimmte organische Hirnerkrankungen, ja anscheinend auch spinale Läsionen, das Körperschema zerstören. Es handelt sich also auch hier — wie nach unserer Auffassung in der gesamten Psychologie — um ein einheitliches Phänomen. Sehr beachtlich ist der Versuch von *Scott* (Internat. J. Psycho-Anal., London 1948), eine psychoanalytische „Embryologie des Körperschemas" zu erfassen. *E. Opitz* und *H. Kroll* berichten 1952 (Nervenarzt, Berlin 26) über „Körperschemastörungen bei einer Hyperthyreose", bei der sich besonders deutlich der Einfluß seelischer Angstabwehr auf das körperliche Eigenbild zeigt, und weiter leichtere Bewußtseinstrübungen seine einheitliche Gestaltung erschwerten. Die große Bedeutung der „*Körperbilder*" für die oft zu „leibferne" Psychoanalyse betonte mit Recht *Gisela Pankow* („Dynamische Strukturierung", Huber Verlag, Bern 1956) und verband so autogene und analytische Psychotherapie; ähnlich *B. This,* Paris (Rev. Méd. ps. som. II, 177 [1960]).

Die wertvollen Untersuchungen von *Schilder* und seinen Mitarbeitern, in denen sich auch eine Zusammenfassung des wichtigeren hierher gehörigen Schrifttums *(Head, Pick, Goldstein* u. a.) findet, stellen unseres Wissens den ersten systematischen Versuch dar, dem verwickelten Gebiet des Leibesbewußtseins beschreibend näherzukommen. Wichtig für unsere Arbeit ist besonders, daß in Übereinstimmung mit der Wendung der Psychologie zur Ganzheits- und Gestaltsauffassung in den sorgfältigen Protokollierungen *Schilders* und seiner Mitarbeiter ein Hinweis liegt, bei Beobachtungen auf diesem Gebiet nicht in einer falschen Elementarpsychologie steckenzubleiben. Was unsere Versuchspersonen als Schwereerlebnisse zu schildern versuchten, ist nicht als eine Summe von Sinnesempfindungen und ebensowenig als rein vorstellungshaftes Material richtig einzuordnen, sondern nur, wenn wir das *Erlebnis* als Ganzes unter Berücksichtigung seiner individuellen Struktur aufzufassen suchen, werden wir dem Tatbestande gerecht. Die Veränderungen der „Empfindungen", die unsere Versuchspersonen angeben, werden ja nicht abstraktiv aus dem Leeren gewonnen, sondern sie haben zur Voraussetzung ein gestaltetes, wenn auch oft unklares Bewußtsein eigener Leiblichkeit, eben das Körperschema. Hier sei besonders auf den großartigen Klärungsversuch dieser Problematik von *Hermann Schmitz,* Kiel, in seinem fünfbändigen „System der Philosophie", namentlich Band 2, hingewiesen (Bouvier, Bonn 1965–1968).

Allerdings wäre es ein Irrtum, anzunehmen, daß diese Zusammenhänge vor den Untersuchungen von *Schilder* ungesehen waren. Wir finden z. B. in einer längst vergessenen Arbeit von *Hilger* (Dtsch. Z. Chir. 65 [1902]) hypnotherapeutische entsprechende Erfassung des Phantomgliedes, ferner etwa in der Allgemeinen Sinnespsychologie von *J. v. Kries* (Vogel Verlag, Leipzig 1923) diese Probleme an vielen Stellen gewürdigt. Es sei an das *Aubert*sche Phänomen erinnert. Wird in einem dunklen Raum eine allein sichtbare senkrechte Linie exponiert, so können stehende Versuchspersonen etwaige Abweichungen dieser Linie gegen die Senkrechte sofort und genau erkennen. Wird der Kopf stark auf die Seite geneigt, so erscheint die in Wirklichkeit senkrechte Linie im entgegengesetzten Sinne geneigt und demgemäß wird eine Linie für senkrecht gehalten, die in Wirklichkeit in demselben Sinne wie der Kopf gegen die Senkrechte gedreht ist. Für unsere spezielle Arbeit sei noch unterstrichen, daß schon in dem allgemeinen, das Körperbewußtsein des Leibinnern tragenden Vitalgefühl *„belebter Schwere“* nahe Anknüpfungen zu unseren *Schwereerlebnissen* gegeben sind. Begreiflich, daß dem Normalcharakter der von *Schilder* beobachteten Erscheinungen entsprechend gerade die Etablierung des Schwereerlebnisses einen besonders günstigen Ausgangspunkt für unsere Bemühungen bildet. Es ist, abgesehen von Entspannungs-, Müdigkeits- und ähnlichen mehr örtlichen Erlebnissen schon allgemein im Körperschema vorbereitet. Eine eingehende Analyse „Zur Phänomenologie des Phantomgliedes“ von eigenen Erlebnissen ausgehend verdanken wir *E. Stetter* (Dtsch. Z. Nervenheilk. 163 [1950], 141), die für die hier erörterten Zusammenhänge sehr aufschlußreich ist, ebenso die Beobachtung von *Herta Lange-Cosack* über „Untersuchungen an körperbehinderten Kindern“ (Dtsch. Ver. Jugendpsychiatrie, Marburg, April 1952); Krüppelkinder formen aus Plastilin vielfach unbewußt das eigene Körperschema nach. Besonders verwiesen sei hier ferner auf die Studien von *A. Derwort* „Bewegungsstörungen im anthropologischen Aspekt“ (Handb. Neurosenlehre II c, Urban & Schwarzenberg, München 1959), *H. Plügge* „Phänomenologie des Leibeslebens“ (Jb. Psychol. V, 155 [1958]) und *H. Becker* „Leibesempfindungen“ (Dtsch. med. J. 11 [1958]); sie erweisen die außerordentliche Weite der Problematik. *K. Poeck* und *B. Orgass* entwickelten auf Grund sehr interessanter Beobachtungen an gesunden und blinden Kindern die Ansicht, das Körperschema reife autonom als geschlossene Funktion (Fortschr. N. Psat. XXXII 1964. 538).

Allerdings wurde ich nicht durch diese Befunde dazu veranlaßt, vom Schwereerlebnis auszugehen, sondern durch eine andere psycho-physiologische Überlegung. Stellen wir uns in einem groben Schema den Körper mit seinem Funktionssystem von einem Ichbewußtsein beseelt vor, so dürfen wir fragen, welche Systeme am nächsten mit einem solchen schematischen Ich verbunden sind. Es ergibt sich dann eine sehr eindeutige Gruppierung. Am nächsten dem fiktiven Ichmittelpunkt liegt die Skelettmuskulatur, deren Gewohnheitsfunktion uns ja den trügerischen Schein willkürlicher Bewegung vermittelt. Etwas entfernter vom theoretischen Ichpunkt sehen wir das Kreislaufsystem, das noch in ganz direkter unausgesetzter Verbindung zum Erlebnisbestand des Ichs gehört. Weniger direkt ist dagegen in Alltagsbeobachtung, Klinik und Experiment die Ichverbindung zu den allgemeinen vegetativen Abläufen, und mit ihnen verglichen am entferntesten dürfen wir die eigentlichen Stützungssysteme des Skeletts usw. einordnen. Wir können diese grobe Abstufung veranschaulichen, wenn wir in eine Reihe konzentrischer Kreise die in Frage kommenden Systeme um den fiktiven Ichmittelpunkt einordnen, wie es im folgenden, später zu korrigierenden Schema geschieht (Abb. 5).

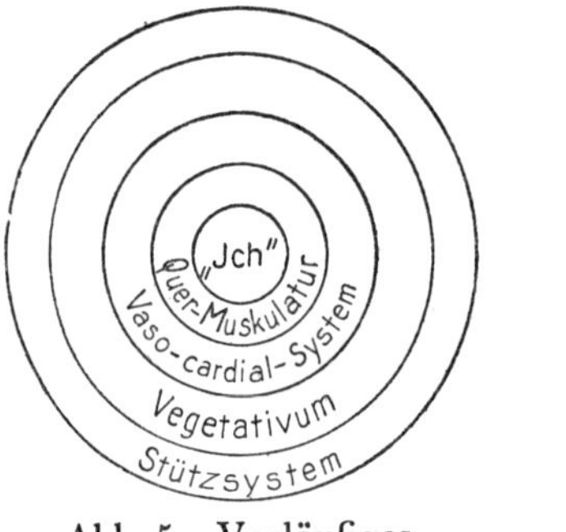

Abb. 5 Vorläufiges Ich-Körper-Schema

Gewiß entgeht uns nicht, daß wir hier – wie so oft in der Besinnung über das autogene Training – an letzte Probleme rühren; wir möchten daher auch hier nachdrücklich auf das u. E. hervorragende Werk des Kieler Philosophen *Hermann Schmitz* hinweisen, der in seinem auf 5 Bände angesetzten „System der Philosophie", von dem bereits 3 Bände (davon Band 2 als Doppelband) erschienen sind (Bouvier, Bonn), zum ersten Male eine „Philosophie des Leibes" zu geben versucht und gewichtige Gründe für eine begriffliche Scheidung des Körperlichen, Leiblichen und Seelischen bringt, wobei autogene Protokolle sich dienlich erwiesen. Jedem denkfreudigen Leser sei dringend zum Studium des Werkes geraten.

Lassen wir uns von unsern Versuchspersonen direkte Schilderungen ihrer Selbstbeobachtungen beim Schwereversuch geben, so werden wir beim *Erstversuch* in etwa 60 % auf positive Angaben rechnen dürfen, wenn wir es verstehen, die oben erwähnten Widerspruchs- und Verheimlichungstendenzen auszuschalten. Allerdings tritt die Schwereempfindung nur bei etwa einem Fünftel durchschnittlicher Versuchspersonen *rein* in Erscheinung. Weit häufiger ergeben sich Schilderungen komplexerer Art, durchaus in Übereinstimmung mit den Feststellungen von *Schilder,* der bei der Anforderung optischer Vergegenwärtigung vielfältiges anderes seelisches Material erhielt. Das Schwereerlebnis selbst wird ganz verschieden geschildert.

So gibt ein 35jähriger Diplomat an: „Arm scheint angeklebt am Bein, die Verbindung zwischen Unterarm und Körper völlig gelöst"; ein 40jähriger Bankbeamter: „nach dem ersten erfolgreichen Versuch machte sich ein heftiges Schweregefühl bemerkbar in beiden Armen, so als würden die Arme gewaltsam nach der Erde gezogen"; 43jähriger Akademiker: „beim ersten Versuch das Gefühl, als ob etwas in den Arm flösse, wodurch er auch schwer wird"; 25jähriger Beamter: „ich merke während der Versuche deutlich ein schlaffes Gefühl in beiden Armen, beim Beendigen der Versuche habe ich jedoch keinen Widerstand zu überwinden"; 30jähriger Arzt: „das Schweregefühl beim Entspannen kommt mir gelegentlich bis zu dem Grade zum Bewußtsein, daß ich meinen Arm wie ein leichtes Buch auf meinem Leib liegen fühle, doch kann ich auch dann, ohne mir irgendwelchen Ruck erst zu geben, jede Bewegung sofort ausführen"; andere schildern „ein Gefühl absoluter Schwere"; 37jähriger Diplomat erlebte „keineswegs dort (Stirn) irgendwelches Gefühl einer Konzentration (wie z. B. bei scharfem Nachdenken), vielmehr war alles Erleben im Arm selbst, der sich unmittelbar bildhaft als schwere Masse darstellt"; 42jähriger Kaufmann: „bei der Armübung hatte ich das Empfinden, daß langsam vom Ellbogen nach dem Handgelenk ein Gefühl der Schwere eintritt; das Gefühl erinnert, natürlich nur ganz leicht, an das Schweregefühl, das man bei Schmerzen durch Schlag hat"; 52jähriger Studienrat: „die Schwere des Armes empfand ich fast unmittelbar, es war wie eine Art magnetischer Anziehung zu der Unterlage der Knie"; 36jährige Sekretärin: „der Arm wurde angenehm schwer"; 34jähriger Kaufmann: „sofort stellte sich ein Gefühl der Müdigkeit ein, der Arm wurde schwer, drückte stärker als gewöhnlich auf den Oberschenkel"; 20jähriger Psychologe beobachtete folgende Erscheinungen:

„1. Empfindung der Schwere in beiden Armen, besonders im rechten;
2. Kribbeln in den Fingerspitzen;
3. Temperaturerniedrigung, Gefühl der Kälte in beiden Unterarmen;
4. Empfindung des rechten Armes als eines Fremdkörpers."

20jährige Kandidatin der Medizin: „ein leichtes Gefühl der Schwere in der Bizepsgegend des rechten Armes; Distanzierung der Außenerlebnisse, leichtes Schwebeerlebnis etwa in Form eines ganz leichten Schwindels"; 23jähriger Psychologe: „das Schweregefühl wird relativ leicht erzeugt, ich fühle mich irgendwie schwebend, ein kaum merkliches Kribbeln in der *linken* Hand wird wahrgenommen" (Übungsarm rechts). 23jähriger Mediziner (Linkshänder): „ich hatte das deutliche Empfinden, daß die linke obere Extremität *anders* wurde als die rechte; ich hatte Parästhesien, Kribbeln, ein Gefühl, als ob die Extremität einschlafen oder erfrieren würde und das Empfinden, daß sie *körperfremd* wäre"; 30jährige Ärztin: „bei dem Versuch ‚Schwere im Arm' habe ich das Empfinden, als würden kolossale Gewichte am Ellbogen hängen; leises Schmerzgefühl in Schulter und Oberarm; das Schmerzgefühl bleibt auch einige Zeit nach der Beendigung des Versuches".

In manchen Protokollen wird das Erlebnis ausdrücklich anders gedeutet oder das spezifische Schwereerlebnis gegenüber andern Eindrücken in den Hintergrund geschoben.

So z. B. 40jähriger Bankangestellter: „beim Versuch hatte ich allerdings nur sehr schwach das Gefühl, als wenn ein elektrischer Strom durch den Arm kreiste"; 43jähriger Nervenarzt: „nur im Unterarm *Empfindung von Gefäßfüllung* (kein Muskelgefühl)"; 36jährige Schriftstellerin: „Gefühl des in den Finger fließenden Blutes, leichte Schwere an den Fingerspitzen, zuletzt Verschwinden jeden Armgefühls".

Vielfach führt der Erstversuch die Beobachter in kritische Zweifel.

So 35jährige Gymnastin: „ich fühlte im Arm einen ganz leisen Druck im Ellbogen, aber so minimal, daß ich nicht einwandfrei behaupten könnte, habe ich mir es eingebildet oder war es wirklich"; ähnlich formuliert 56jähriger Zahnarzt: „mir kam ziemlich plötzlich zum Bewußtsein, daß mein Unterarm auf dem Oberschenkel liegt; eine Wahrnehmung dieser Art machte ich vorher nicht, durch das natürliche Gewicht des Unterarmes, den ich völlig lose ließ, hatte ich das Gefühl, der Arm ist schwer".

Die *Fehlerquelle der Kursgemeinschaft* hinsichtlich eigentlich suggestiver Fremdbeeinflussung zeigt etwa das Protokoll eines 42jährigen Industriellen aus einem Trainingskurs der Lessing-Hochschule: „beim Versuch (Schweregefühl) unverkennbares Gefühl der Schwere im Arm; *schon vorher* beim Betrachten des erst angestellten Versuches dieselbe Empfindung bis zu dem Maße, daß die Hand, die hinter dem Rücken den andern Arm umspannte, ‚abrutschte'". Schon das Schwereerlebnis an und für sich führt gelegentlich zu eigenartigen Ausbreitungen. So berichtet 28jährige Frau: „als ich auf ‚schwer' eingestellt war, hatte ich das schwer zu beschreibende Empfinden, als ruhte mein Oberkörper bis zum Magen senkrecht auf einer waagerechten Fläche, dem übrigen Körper".

Wie schon einige der vorstehenden Protokolle zeigen, ist das Schwereerlebnis schon beim Erstversuch vergesellschaftet, ja vielfach fast verdeckt in andern Eindrücken. Sehr häufig bringt es bereits die Übung des nächsten Punktes spontan mit sich, ein strömendes *Wärmegefühl,* in meinem Material durchschnittlicher Versuchspersonen etwa bei einem Drittel. Ferner finden wir Angaben über „Kribbeln", „wie im Winter bei Rückkehr ins warme Zimmer nach Schneeballen" (reaktive Erweiterung kleiner Gefäße), „Ziehen" oder „scheinbares Zucken", „Vibrieren". *P. Polzien* (Corr. psycho., S. 53) konnte diese begleitende Wärme bei der Schwereübung durch experimentelle Hauttemperaturmessungen objektivieren.

48jähriger Kaufmann: „es zeigte sich ein Kribbeln und Ziehen im rechten Fuß, eine Spannung auf dem Rücken der rechten Hand, ein Ziehen besonders im rechten Handteller, das Gefühl, als höhle sich der Handteller. Abends sind diese Symptome etwas stärker. Wenn ich mich auf die rechte Hand konzentrierte, fühlte ich ein stärkeres Kribbeln, eine gewisse Schwere, wie wenn das Blut nach diesem Teil stärker hinströmte"; 53jähriger Arzt: „nach geraumer Zeit tritt ein Gefühl ein, daß die Hand wie ein leerer Handschuh herabhängt und daß sie gar nicht zum Körper gehört; man könnte glauben, sie sei ganz unempfindlich geworden; das Gefühl geht aber nicht so intensiv auf den andern Arm über".

An dieser Stelle ist besonders auf eine Erscheinung hinzuweisen, die sich in diesem Stadium der Übungsarbeit bei etwa einem Drittel durchschnittlicher Versuchspersonen findet: Eine bald anscheinend mehr rein subjektive, bald auch bei grober klinischer Beobachtung deutliche *Volumenvermehrung des Übungsarmes.* Sie wird subjektiv als Gefühl der Verdickung, des Angeschwollenseins, der Blutstauung (siehe oben), des Vergrößertseins usw. geschildert und zeigt sich nicht selten daran, daß unmittelbar nach dem Versuche ein sonst nicht beengender Fingerring nicht abgezogen werden kann oder auch an einem veränderten, oft leicht bläulich-gedunsenen Aussehen der Hand.

Wir dürfen hierin den Ausdruck zirkulatorischer Veränderungen erblicken, die zweifellos den zuerst von *E. Weber* nachgewiesenen, mit Aufmerksamkeitszuwendung verbundenen aktiven Blutzuströmungen nahestehen. Bei dem nächsten Teilversuche, dem Wärmeversuch, treten diese Reaktionen noch weit stärker in den Vordergrund und werden Gegenstand systematischer Übungsarbeit, doch sollen sie ihrer Häufigkeit wegen bereits hier Erwähnung finden. Auf ähnliche Erfahrungen bei Vergiftungen, wie sie etwa von *Mayer-Groß* und *Stein* (Dtsch. Z. Nervenheilk. 89 [1926]; Z. ges. Neurol. Psychiat. 101 [1926]) bei ihren Meskalinstudien beobachtet wurden, kann hier nicht eingegangen werden; es genügt der prinzipielle Hinweis, daß im autogenen Training identische Erscheinungen wie bei diesen organisch toxischen Veränderungen auftreten, ein Hinweis auf den Charakter des Trainings als physiologische Umschaltung.

Schon beim Erstversuch finden wir, wie bereits einige der vorstehenden Protokolle andeuten, *auffallende Allgemeinerlebnisse.*

So protokolliert 50jähriger Frauenarzt: „etwa 1/2–3/4 Minute nach Schließen der Augen steigt es wie etwas Schweres von der Mitte des Schädelinnern zur knöchernen Schädeldecke hinauf. Kurz darauf beginnt eine Schwere im rechten Unterarm und unmittelbar danach wird auch der linke Unterarm von der Hand aus schwer". 39jähriger Arzt: „bei dem Entspannungsversuch erlebte ich ein leichtes Schwindelgefühl, das im Kopf selbst lokalisiert erschien; ein Gefühl der Schwere im Arm oder irgendwelche anderen im Arm lokalisierten Empfindungen traten nicht auf, vermutlich deshalb nicht, weil die auf den Versuch verwendete Zeit nicht ausreichte zur Versenkung in das suggerierte Gefühl" (der weitere Verlauf war regelrecht). Ein 49jähriger kaufmännischer Angestellter schildert: „der rechte Arm wurde ziemlich rasch schwerer, mir schien es, als ob sich der ganze Körper dadurch nach rechts gezogen fühlte; dabei war es mir wie beim Einschlafen, wo das Bewußtsein nach und nach aufhört. Ich hatte noch etwa 10 Minuten später anhaltend ein Schweregefühl im rechten Arm verspürt"; 36jähriger Kaufmann: „ich empfinde die Gleichgewichtsstörung des Oberkörpers, ein Herübersinken des ganzen Oberkörpers nach der Seite des sehr schwer empfundenen Armes"; 40jähriger Redakteur: „willenloses Schwereempfinden gleich zu Beginn, der Arm fällt wie ein totes Gewicht herunter, der Körper wird fremd"; ähnlich 30jähriger kaufmännischer Angestellter: „persönliches Erlebnis fast nicht — *vielleicht* ein Gefühl der Schwere im Arm — ziemlich stark geistige Abwesenheit während des Versuchs, so daß ich mich nicht besinnen konnte, vielleicht positiv"; 35jähriger Diplomingenieur und Architekt: „langsam auftretendes Gefühl der Schwere des Armes, Empfindung der Falltendenz".

Hierher sind die zum Teil sehr anschaulichen Schilderungen zu rechnen, daß bereits der Erstversuch Allgemeinerlebnisse auslöst, die spontan mit Einschlaferlebnissen, Schwindelsensationen, allgemeiner Umweltentfremdung usw. verglichen werden. Ein interessantes Grenzphänomen stellt die häufige Spontanangabe dar, daß der Arm „fremd" werde. Hier ist entsprechend der Unnatürlichkeit einer Trennung von Teil und Ganzem nicht ohne weiteres zu entscheiden, ob „die äußere Extremität" fremd wird oder die selbstbeobachtende Versuchsperson von ihr entfremdet, getrennt wird. Sicher verdient im allgemeinen die letztere Schilderung den Vorzug. Handelt es sich doch bei diesen Selbstbeobachtungen um die Wiedergabe unseres Zentralphänomens, der konzentrativen Umstellung, die besonders anschaulich von dem 50jährigen Frauenarzt gegeben wird, der vor dem Einsetzen des Schwereerlebnisses eine eigenartige Veränderung im Kopfinnern angibt.

Gleichgültig, ob sich im Erstversuch bereits das Zielerlebnis der „Schwere" bemerkbar macht, lassen wir unsere Versuchspersonen im Anfang des Trainings nur kurz in der Übungshaltung verharren und geben ihnen nach 2 bis 5 Minuten den Auftrag *„zurückzunehmen"*. Das *Zurücknehmen* geschieht so, daß die Versuchspersonen

1. *den Versuchsarm kräftig mehrfach mit schnellem Ruck im Ellbogen beugen und strecken,*
2. *tief atmen* und
3. *die Augen öffnen.*

Ist schon vorher vielfach zu beobachten, daß die vom Versuchsleiter vorgenommenen Entspannungsprüfungen als Hilfe dienen, so gilt dies nicht minder für das Zurücknehmen. Es seien ein paar kurze Protokolle eingefügt, aus denen die unterstützende Wirkung der objektiven Entspannungsprüfung hervorgeht.

50jähriger Arzt: „ich empfand beim Berühren des Armes durch den Versuchsleiter Frosthaut, danach Wärmegefühl und schließlich Ameisenkribbeln in beiden Armen, rechts stärker als links“; 40jähriger Nervenarzt: „ich empfand beim Streichen der Arme allmähliche Hyperästhesie an beiden Oberarmen, die zuletzt als lästig empfunden wurde“; 45jähriger Kaufmann: „ein allerdings geringes Gefühl, daß beim Fallenlassen der Unterarm schwer wird“; 33jährige Lehrerin: „beim Anheben des Armes empfand ich die Schwere des Unterarmes als Last“.

Während diese Protokolle nahe Beziehungen zu eigentlich suggestiven Erscheinungen offenlassen, führen uns die Selbstschilderungen unserer Versuchspersonen über das spannende Zurücknehmen wieder in den Bereich eigentlich konzentrativer Übung.

So gibt der erwähnte 50jährige Frauenarzt zu Protokoll: „bei energischer Kontraktion und tiefem Atmen ist die Schwere in dem Unterarm sofort verschwunden, an dem Oberarm war nichts zu bemerken“; 38jährige berufstätige Ehefrau: „bei dem Zurücknehmen durch Armbewegung empfinde ich eine Spannung der Muskeln und die Schwere der Arme“. Nicht selten bleibt anfangs die Versuchserscheinung noch eine Zeitlang bestehen. So protokolliert 20jähriger Psychologe: „nach Zurücknahme des Versuchs:

1. Zuschnürung der rechten Ellbeuge,
2. Fremdkörperempfinden derselben Hand,
3. bei der energischen Streckung und Beugung nachfolgende ganz leichte Katalepsie“.

23jähriger Mediziner: „das Empfinden der Körperfremdheit verschwand nach dem Zurücknehmen, dagegen blieb das Empfinden des ‚Andersseins‘ des Versuchsarmes noch einige Zeit (etwa 1/2 Stunde) bestehen“; 28jährige Gymnastin: „das Empfinden der Schwere, besonders im rechten Arm, hielt auch nach dem Zurücknehmen der Vorstellung durch Armbeugung beider Arme, Tiefatmen und Augenaufschlagen, an“; 33jähriger Kaufmann: „nach Aufhören der Übung bleibt meistens ein leichtes Gefühl der Gespanntheit im Oberkörper trotz mehrmaliger Armbeuge“ (hier bestanden objektiv Spannungsreste). 28jährige Graphikerin: „bei dem ersten Versuch, den Arm durch Entspannung schwer werden zu lassen, hatte ich ein Gefühl der Schwere im ganzen Arm; nachdem durch Anspannung die Schwere wieder fortgenommen war, hatte ich nach einigen Minuten eine deutliche Wärmeempfindung, die ungefähr 15 Minuten stark anhielt. Die Wärmeempfindung hielt sich zuerst an der Außenseite des Armes bis über den Handrücken hinunter, dann durchströmte die Wärme auch den Arm in seinem Innern und nahm ganz allmählich ab.“

Wir sehen in diesen Protokollen gleichfalls die nahe Verbindung zwischen Schwere- und Wärmeerlebnissen, wenn auch hier das Wärmeerlebnis, wohl infolge intensiver Konzentration auf die Schweresensation, erst als allerdings sehr deutliches und nachhaltiges Nachläufersymptom in Erscheinung tritt. Es sei hier nur allgemein bemerkt, daß die kleinen individuellen Eigenarten des Erstversuchs sich in der Mehrzahl der Fälle zum typischen Allgemeinverlauf abschleifen. Gar nicht selten teilen uns Versuchspersonen schon nach dem Erstversuch spontan mit, daß die entspannende Umstellung einen *erholenden* und erfrischenden *Effekt* habe. So 33jähriger Arzt: „nach dem Zurücknehmen des Schwereerlebnisses deutliches Gefühl allgemeiner Erfrischung"; 52jähriger Sanitätsrat: „straffte ich die Bizepse, tat einen tiefen Atemzug, öffnete die Augen und fühlte mich ganz erfrischt".

Ebenso wie Körperhaltung, Einstellung und innere Hingegebenheit an den Versuch und seine formelhafte Vergegenwärtigung unerläßliche Vorbedingung für spätere gute Fortschritte sind, muß in den ersten Übungsmonaten sorgfältigst darüber gewacht werden, daß die zurücknehmende Aktion genau und gewissenhaft in jedem Falle durchgeführt wird. Ist doch der Sinn der ersten Übungswochen, den Versuchspersonen die konzentrative Selbstschaltung Entspannung—Spannung vollkommen einzuarbeiten, was nur gelingt, wenn wirklich systematisch, konsequent und genau nach Vorschrift geübt wird. Gerade beim „Zurücknehmen" kann man sehr lehrreiche Erfahrungen darüber machen, wie vielen Menschen selbst ein so einfacher Vollzug wie das geschilderte Zurücknehmen in drei Etappen: „Arme fest hin und her! Tief atmen! Augen auf!" große Schwierigkeiten macht.

Auch hier bestätigt sich wieder die vorher über die Selbstangabe von Schwereerlebnissen gemachte Beobachtung. Selbst wenn wir mehrfach eindringlich bei Gruppenversuchen darauf hinweisen, daß die geschilderte einfache Stufenfolge des Zurücknehmens so häufig verfehlt werde, wird mehr als die Hälfte der Versuchspersonen von unserer Anleitung abweichen, namentlich zuerst die Augen öffnen („Menschlicher Widerspruch"). Gerade dieser Fehler führt besonders leicht zu einem Weiterbestehen von Schwere-, Fremdheits- und andern störenden Empfindungen im Arm. Der Erfolg der Entspannungszurücknahme ist an das Bestehen des Allgemeinzustandes leichter Versenkung gebunden, der durch verfrühtes Augenöffnen bei Anfängern durchbrochen wird. Diese Tatsachen stellen eine Analogie zu vielen posthypnotischen Beschwerden dar, für die sich anschauliche Belege in dem gesamten Schrifttum über Hypnose, insbesondere in meiner Darstellung von „Gesundheitsschädigungen nach Hypnose" (Marhold, II, Berlin 1952) finden. Hier ist eine Reihe von Fällen mitgeteilt, wo im Anschluß an technische Versehen beim Wiederaufheben des hypnotischen Zustandes tage- bis wochenlang dauernde Störungen des Allgemeinbefindens und der Leistungsfähigkeit zurückbleiben.

Die Reihenfolge der zurücknehmenden Maßnahmen ist deswegen so wesentlich, weil im gesamten lebendigen Vollzuge nicht nur periphere Muskelentspannung in Spannung verwandelt wird, sondern zu gleicher Zeit die Versuchspersonen aus der passiven Haltung konzentrativer Hingegebenheit in aktive Willkürhaltung hinüberwechseln. Das bedeutet ein tiefgreifendes

Kontrasterlebnis vom Charakter allgemeiner Umstellung, und eben das Erobern selbsttätiger Bestimmung dieser Umstellung ist das Ziel der ersten Übungstage.

Kurz mögen hier einige statistische Daten über den Erstversuch durchschnittlicher Versuchspersonen mitgeteilt werden, die aus der Bearbeitung von 200 entsprechenden Protokollen gewonnen sind. Sie ergeben sehr starke subjektive Reaktionen beim Erstversuch in 4 %, deutlich positive in 60 %, spurweises Schwereerleben in 15 % und endlich negatives Verhalten in 21 %. Von diesen 21 % negativen Fällen zeigen zwei Drittel objektive muskuläre Spannungen. Die Statistik der Begleiterlebnisse, gewonnen aus dem gleichen Material, ergibt neben der Schwere Angaben über Fremdheit oder Losgelöstsein des Übungsarmes in 30 %, Schwäche- und Lähmungsempfindungen in 3 %, Taubheit und Empfindungslosigkeit in 3 %, Parästhesie im Sinne von Kribbeln, Ziehen, Reißen usw. in 28 %; nur in 1 % der Fälle treten beim Erstversuch die Erscheinungen im Gegenarm auf, wobei die Versuchsaufgabe so gelöst wird, daß der Gegenarm eigenartig leicht erscheint.

Zeigen unsere Versuchspersonen im Einsatz der Arbeit und beim Zurücknehmen entsprechendes Verhalten, so lassen wir sie in die eigentliche *Übungsarbeit* eintreten.

Im durchschnittlichen Verlauf weisen wir unsere Versuchspersonen an, zwei-, höchstens dreimal täglich die konzentrative Übung vorzunehmen, wobei sich zeitlich die Termine morgens früh, nach der Mittagsmahlzeit, nach dem Abendessen und vor dem Einschlafen empfehlen. Wichtig ist, den Versuchspersonen einzuschärfen, daß die Übungen anfangs nicht zu lange gemacht werden, um das Einschießen von willkürlichen Spannungen zu vermeiden, die das Entspannungserlebnis in sich selbst aufheben würden. Der Arzt empfiehlt, die einzelne Übung etwa 5 bis 15 Minuten lang zu machen, jedenfalls nur so lange in der Übung zu bleiben, als das „wohlige", organisch-euphorische Entspannungs-Ruheerlebnis besteht; wissen wir doch aus den experimentellen Untersuchungen von *Jost* (1907), daß kürzere, durch Wochen regelmäßig angestellte Übungen i. A. die besten Ergebnisse liefern, während „krampfiges" überlanges Üben an einem Tage sehr wenig einbringt. Bemerken Versuchspersonen beim Erstversuch subjektiv nichts von Schwere, obwohl objektive gute Entspannung besteht, so ist dies kein Gegengrund gegen selbsttätiges Üben. Ist die Arbeit störungsfrei eingelaufen, so können V.P. beliebig lange in der Entspannung verweilen, die sie nur bei jedem irgendwelchen Störungserlebnis durch Zurücknahme beenden.

Die Entspannung der Kopf-Nacken-Muskulatur im Verlaufe autogener Umstellung der Muskulatur zeigt sich bei durchschnittlichem Verlaufe noch in einem sehr charakteristischen Phänomen. Tasten wir bei einem gut Entspannenden vorsichtig und ohne die Umschaltung zu stören, die Kiefer durch die Wange ab, so stellen wir fest, daß mit zunehmender Übung die Zahnreihen sich mehr und mehr unmerklich voneinander entfernen. Es kommt dabei nur ausnahmsweise zu einem Öffnen des Mundes, meistens bleibt der Unterkiefer ohne Mundöffnung lose in dem Gewebeapparat hängen. Den Versuchspersonen ist dieser Vorgang völlig unbemerkt. Sie können ihn nur kontrollieren, wenn sie zu einer Selbstbeobachtung nach dieser Richtung angeleitet werden oder durch Besonderheiten ihres Berufes mit der Funktion ihrer Hals-Mund-Muskulatur besonders vertraut sind, wie es etwa bei Sängern, Kunstrednern usw. der Fall ist. Das unbemerkte *Sinken des Unterkiefers* ist ein sehr brauchbares objektives Merkmal für die Kontrolle muskulärer Entspannung im Kopfgebiet und praktisch besonders gut verwertbar, weil durchschnittliche Versuchspersonen bei seiner Prüfung annehmen, man kontrolliere den Puls (*„Kieferphänomen“*). Hier liegt ein Hinweis auf die nicht selten günstige Wirkung autogener Behandlung bei dem für die Entstehung der Parodontose oft so wichtigen nächtlichen *Zähneknirschen (I. H. Schultz, Walter Drum;* Psychotherapie 1956). Gerade während der Herausgabe der X. Auflage sehe ich bei einer 30jährigen „eigensinnig-heftigen“ Akademikerin ein seit Jahren bestehendes *Knirschen* bereits in Übung 1 verschwunden.

In gleicher Richtung weist die nicht seltene Angabe Durchtrainierter, ihr *„Hals sei länger geworden“*. Ihr liegt die richtige Beobachtung zugrunde, daß in der autogen erworbenen gelösten Haltung der vorher verkrampft hochgezogene Schulterarmgürtel natürlich locker hängt, also im Sinn von *H. Stolze* „Das obere Kreuz“ (Lehmann, München 1953) spezifisch gelockert ist. Ist die Schwere gut generalisiert, so daß sie Leib und Gliedmaßen gleichmäßig erfüllt, so kann der *„Venus-von-Milo-Versuch“* angestellt werden. Läßt man den Liegenden nun willkürlich eine oder beide Schulter anspannen, als wollte er die Schultern nach vorn oben anheben, so verschwinden die Arme subjektiv. „Der Wollende ist bewußtlos“, das aktiv auf Ziel eingestellte Glied entzieht sich der subjektiven Kontrolle. Spontaner „Gliedverlust“ im Training ist dementsprechend meist Folge unkontrollierter Schultergürtelspannungen.

Zur Veranschaulichung mögen hier zunächst eine Reihe von Protokollen folgen, in denen Versuchspersonen den Übungsverlauf der ersten Tage darstellen.

1. *21jähriger cand. med.*

1. Tag: Pulsieren an den Fingerspitzen.
2. Tag: Pulsieren an den Fingerspitzen, Schwere des Unterarmes an der gewünschten Seite (rechts) und Schmerzen an der linken Seite.
3. Tag: Intensives Schweregefühl in dem rechten Arm, Pulsieren in den linken Fingerspitzen.
4. Tag: Intensive Schwere in beiden Armen, Gefühl, daß ich nach hinten unten sinke.

5. Tag: Schwere in beiden Armen und linkem Fuß; Wärme in beiden Armen (ohne Intention); leichte Schmerzen in den Armen.

2. *36jährige Ehefrau*
1. Tag: Schwere in einem Arm.
3. Tag: Schwere in beiden Armen.
5. Tag: Schwere in den Beinen, zuerst im rechten mit dem rechten Arm zusammen.

Besondere Bemerkungen

Leichtes Einschlafen mit den Übungen und während der Zeit der Übungen geringeres Schlafbedürfnis und größere Leistungsfähigkeit körperlich sowohl als geistig.

3. *50jährige Sozialbeamtin*
1. Tag: Schwere im rechten Arm.
2. Tag: Schwere im rechten und linken Arm.
3. Tag: do. und Wärme; Beine schwer.
4. Tag: do., do., do., und warm.
5. Tag: do., do., do., do., Kribbeln in Händen, Daumen wie Säulen (heben sich ab – auch am 6. Tag).
6. Tag: Dasselbe; Unterschenkel wie Säulen.
7. Tag: Dasselbe.

4. *49jährige Modistin*
1. Tag: Kein Empfinden.
2. Tag: Kein Empfinden.
3. Tag: Schwere im rechten Unterarm.
4. Tag: Schwere im rechten Unterarm.
5. Tag: Schwere im rechten Unterarm.
6. Tag: Schwere im rechten Unterarm und in den Füßen.
7. Tag: Schwere in beiden Armen und Füßen.

Nebenempfindungen: Herzklopfen. – Allgemeingefühl: Allgemeine Mattigkeit.

5. *25jähriger Direktionsassistent*
1. Tag: Geübt 14, 19, 22 Uhr. Schwere im rechten Unterarm.
2. Tag: Geübt 14, 20, 23½ Uhr. Schwere im rechten Unterarm und Hand.
3. Tag: Geübt —, 19, 24 Uhr. Schwere im rechten Unterarm und Hand.
4. Tag: Geübt 14, 19, 23½ Uhr. Schwere im rechten Unterarm, Oberarm. Schlaffheit auch links.
5. Tag: Geübt 12, 19, 24 Uhr. Schwere im rechten Unterarm und Oberarm.
6. Tag: Geübt 14, 19, 23 Uhr. Schwere im rechen Unterarm und Oberarm.
7. Tag: Geübt 14, 19, — Uhr. Schwere im rechen Unterarm und Oberarm.

Bemerkungen

Ich merke während des Versuchs deutlich ein schlaffes Gefühl in beiden Armen. Beim Beendigen des Versuchs habe ich jedoch keinen Widerstand zu überwinden. Der Arm ist schlaff und scheint sein Volumen vergrößert zu haben.

6. *37jährige Graphikerin*

1. Tag: Geübt 3mal täglich zu versch. Zeiten. Schwere im ganzen rechten Arm.
2. Tag: Schwere im ganzen rechten Arm.
3. Tag: Schwere im ganzen rechten Arm.
4. Tag: Schwere auch allmählich im ganzen rechten Bein.
5. Tag: dto., dann auch im ganzen linken Arm.

In der zweiten Woche Schwere im ganzen Körper.
Nebenempfindungen: Zugleich Wärmeempfindungen. – Allgemeingefühl: Wohltuend beruhigend.

Bemerkungen

Nach den Übungen ein Gefühl angenehmer Belebtheit.

7. *43jähriger Kaufmann*

1. Tag: Geübt 10, 2, 6 Uhr abends. Schwere in beiden Armen.
2. Tag: Geübt 10, 2, 6 Uhr abends. Schwere in beiden Armen, dann Füßen.
3. Tag: Geübt 10, 2, 6 Uhr abends. Schwere im ganzen Körper.

Nebenempfindungen: Nervöse Störungen, wie Kribbeln im Arm. – Allgemeingefühl: Zuckungen in den Füßen.

8. *49jähriger kaufmännischer Angestellter*

Erstes Auftreten im rechten Unterarm, dann später Ausbreitung nach der Schulter und nach dem rechten Bein. Nebenempfindungen: Keine.

9. *38jährige Ehefrau*

1. Tag: Schwere im linken Arm.
2. Tag: Schwere im linken Arm.
3. Tag: Schwere im linken Arm.
4. Tag: Schwere im linken Arm.
5. Tag: Schwere im linken Arm, auch im rechten Arm.
6. Tag: Schwere im linken Arm, auch im rechten Arm.
7. Tag: Schwere im linken Arm, auch im rechten Arm.

Nach etwa 14 Tagen auch Schwere in den Beinen.

10. *41jähriger Bankbeamter*

1. Tag: Keine subjektive Wahrnehmung.
2. Tag: Keine subjektive Wahrnehmung.
3. Tag: Keine subjektive Wahrnehmung.
4. Tag: Geübt mittags, abends. Schwere im rechten Unterarm und Handballen.
5. Tag: Geübt früh, mittags, abends. Schwere im rechten Unterarm und Hand.
6. Tag: Geübt früh, mittags, abends. Schwere im rechten ganzen Arm; auch der linke Unterarm ergriffen.
7. Tag: Geübt früh, mittags, abends. Schwere in beiden Armen.

Bemerkungen

Die Versuche schienen anfangs nicht zu gelingen. Nach dem ersten erfolgreichen Versuch machte sich ein sehr heftiges Schweregefühl bemerkbar in beiden Armen, so, als würden die Arme gewaltsam nach der Erde gezogen.

11. *43jähriger Justitiar und Rechtsanwalt*

Beim ersten Versuch das Gefühl, als ob etwas in den Arm flösse, wodurch er auch schwerer wird.

Bereits beim zweiten und dritten Versuch ist die Schwere in der Hand aufgetreten, und zwar nicht nur in der rechten, sondern gleichzeitig auch in der linken. Man hat das Gefühl, daß die Hände schwerer und wärmer sowie daß die Finger dicker werden, etwa wie man sich Fleischerhände vorstellt.

Schwere und Wärme scheinen sich schwer trennen zu lassen.

Erst nach etwa drei Wochen Übung machen sich die Schwere- und Wärmeempfindungen in beiden Beinen geltend, im rechten etwas stärker als im linken.

12. *45jähriger Kaufmann*

1. Tag: Schwere tritt sofort ein in Unterarm und Händen.
2., 3., 4., 5., 6. und 7. Tag: Dasselbe.

Empfindungen der Schwere, sofortiges Wärmegefühl an den Armen und auf den Handrücken, leicht ziehendes Gefühl auf den beiden Handrücken, scheinbar Zucken, Vibrieren.

Im folgenden Protokoll finden wir bei objektiv guter Entspannung subjektiv fast keinerlei Erscheinungen; der spätere Übungsverlauf war ungestört.

13. *35jährige Medizinerin*

1. Tag: Übung allein, völlig ruhig und ungestört, keinerlei Sensationen.
2. Tag: Übung allein, ganz ruhig und entspannt, leichtes Kribbeln in der rechten Hand, nach Beendigung in beiden Unterarmen schlaffes Gefühl.
3. Tag: Übung allein, bei guter Entspannung nicht das Geringste zu fühlen.
4. Tag: Übung allein, der rechte Arm deutlich schlaff und „willenlos".
5. Tag: Übung allein, gar keine Sensationen.
6. Tag: Übung allein, nicht das Geringste zu fühlen.
7. Tag: Übung allein, ganz leises Gefühl der Schwäche im rechten Arm.

14. *37jährige Ehefrau*

1. Tag: Mittags: Schnell Schwere, Hände und Füße wie abgefallen, aufzuckender Schmerz im Knie, Leichtigkeit im Kopf, dann eingeschlafen.
1. Tag: Abends: Schwere in den Gliedern, keine Empfindung, sofort eingeschlafen (Morgens Durchfall, nachmittags richtige Verdauung.)
2. Tag: Mittags: Schwere gut, leichter Schwindel, Empfindung des tiefen Hinabfallens und Aufsitzens, dann eingeschlafen.
2. Tag: Abends: Schwere, Kreisen des Körpers, eingeschlafen. (Morgens von Leibschmerzen aufgewacht, Durchfall, abends heftiger Durchfall.) Leichtes Zittern der Hände.

3. Tag: Mittags: Konzentration mangelhaft, Zucken im linken Fuß, Gedanken gewandert, Verdauung richtig.
3. Tag: Abends: Ohne Training sofort eingeschlafen.
4. Tag: Mittags: Ohne Training sofort eingeschlafen.
4. Tag: Abends: „Ich bin ruhig“ eingeschlafen.
5. Tag: Mittags: „Ich bin ruhig“ eingeschlafen; morgens Durchfall.
5. Tag: Abends: Sofort eingeschlafen; sehr erschöpft.

Einen gestreckten Verlauf zeigen folgende Angaben:

15. *40jähriger Diplomkaufmann*

1. Bewußtsein der Schwere im rechten Arm erst nach einer Woche.
2. Desgleichen in beiden Armen erst nach drei Wochen.
3. Zuerst: Hand (Handrücken) rechts, dann: Hand links, dann: Körper.

Sehr geringen Übungsfortschritt bei guter primärer Einstellung illustriert der folgende Bericht:

16. *61jähriger Arzt*

Das Schweregefühl trat gleich beim ersten Versuch auf und blieb in Intensität und Ausbreitung während der ganzen Versuchswoche gleich. Dagegen trat es allmählich prompter auf, zum Schluß schon bei Einnahme der vorgeschriebenen Haltung, ohne bewußte Konzentration. Das von lebhaftem Ziehen begleitete Schweregefühl blieb auf den Vorderarm beschränkt; im Oberarm war bis zuletzt nichts zu spüren. Dagegen griff Schwere und Ziehen in etwas geringerer Intensität auf den *linken* Vorderarm über, gleich vom ersten Versuch an und bis zuletzt in gleicher Stärke.

Nebenempfindungen: Außer den erwähnten keine. — Allgemeingefühl: Nicht verändert.

17. *43jähriger Kaufmann*

1. Tag: Kein Erleben des Schweregefühls im Versuchsarm.
2. Tag: Leichtes Erleben; begleitet von Wärmegefühl in den Fingerspitzen beider Hände.
3. Tag: Leichtes Erleben; nach einiger Zeit Schmerz in der rechten Schulter (Rheuma).
4. Tag: Leichtes Erleben; nach dem Zurücknehmen leichtes Abschnürungsgefühl in den Oberarmmuskeln.
5. Tag: do., do.
6. Tag: do., do.
7. Tag: do., do.
8. Tag: Schwereerlebnis ausgesprochener. Schmerz in der Schulter verschwindet.
9. Tag: Schwerwerden des linken Armes; ebenfalls Abschnürungsgefühl in den Oberarmmuskeln. Wärmegefühl in beiden Händen.
10.–14. Tag: do., do., do.
15. Tag: Linkes Bein wird schwer, Wärmegefühl in beiden Armen und Füßen. Spannungen in den Oberarmmuskeln beim Zurücknehmen verschwinden. Nervöses Gefühl in den Waden, woran ich seit etwa acht Monaten leide, wird scheinbar günstig beeinflußt.
16. Tag: Rechtes Bein wird schwer.
17.–19. Tag: Arme und Beine schwer. Wärme in Händen und Füßen.

18. *46jähriger Kaufmann*

1. Tag: Schwere in rechter Hand, rechtem Arm.
2. Tag: Schwere in rechter Hand, rechtem Arm.
3. Tag: Schwere in rechter Hand, rechtem Arm, auch in linker Hand und linkem Arm.
4. Tag: Schwere in rechter Hand, rechtem Arm, do., do.
5. Tag: Schwere in rechter Hand, rechtem Arm, do., do., auch im linken Fuß.
Nach 14 Tagen in beiden Füßen.

19. *36jährige englische Psychologin*

At first it was necessary to think for several moments that the right arm was heavy, before any sensation appeared. Then came a slight prickling feeling, turning into a sense of blood running down the arm, accompanied by warmth. In the beginning it was possible to make the right hand warm to the touch while the left one remained cold. Also, occasional feelings of heaviness in the stomach or bad taste in the mouth disappeared during the relaxation, and in some cases did not return. With practice, it came to be hardly necessary to think of heaviness, merely assuming the position made the blood go down into both hands. It became also possible to arouse the same feeling of blood circulating through the body and into the legs, in fact to cause the whole body from the neck down to become thumb, and as if detached. The head, however, remained unaffected, thoughts continued as usual, and so far it has not been possible to warm the feet.

20. *38jähriger Physiker*

Schwereerlebnis gleich von Anfang an sehr deutlich, und zwar beginnend in der rechten Hand, beim ersten Versuch schon bis etwa zum Ellbogen fortschreitend und gleichzeitig auf den linken Arm übergehend. Begleiterscheinung: Leichtes Kribbligwerden der Finger. Keine Nachwirkungen irgendwelcher Art, auch später nie.

Ich muß allerdings bemerken, daß ich vor einigen Monaten wegen nervöser Störungen etwa ein Dutzend leichte hypnotische Sitzungen durchgemacht habe, so daß mir das Schwereerlebnis, allerdings vom Arzt vermittelt, nicht fremd war. Ich hatte aber bisher nie versucht, dasselbe an mir selbst zu erzeugen und war überrascht, wie leicht dies möglich war.

Im Laufe der ersten Übungswoche übertrug ich die Schwereempfindung von den beiden Armen auch auf das linke Bein, nicht aber auf das rechte. Letzteres ist nämlich, als Folge einer spinalen Kinderlähmung (im Alter von 1 Jahr), teilweise gelähmt, und es ist wohl nicht verwunderlich, daß die atrophierten Muskeln nicht reagieren.

Immerhin habe ich meine besondere Aufmerksamkeit auf diesen Körperteil gelenkt. Um es vorwegzunehmen, ich habe bis jetzt im gelähmten Bein nicht nur keine Schwereempfindung, sondern auch keine Wärme- oder Kälteempfindung auslösen können, während der übrige Körper prompt reagiert.

21. *Dr. med., 40jährig*

1. Tag: Rechter Arm:
2. Tag: Rechter Arm, linker Arm, Wärme Oberarm.
3. Tag: Rechter Arm, linker Arm, Wärme Oberarm, Wärme linkes Bein.

4. Tag: Rechter Arm, linker Arm, Wärme Oberarm, Wärme linkes Bein.
5. Tag: Rechter Arm, linker Arm, Wärme Oberarm, Wärme linkes Bein.
6. Tag: Rechter Arm, linker Arm, Wärme Oberarm, Wärme linkes Bein.
7. Tag: Rechter Arm, linker Arm, Wärme Oberarm, Wärme linkes Bein. (rechtes Bein alte Ischias!).

22. *Arztgattin, 24jährig*

1. Tag: Rechter Arm schwer.
2. Tag: Rechter Arm evtl. links.
3. Tag: Rechter Arm links 0.
4. Tag: Rechter Arm und linker Arm und ganzer Oberkörper.
5. Tag: Rechtes und linkes Bein 0.
6. Tag: Rechtes und linkes Bein 0.
7. Tag: Rechtes und linkes Bein 0.
   Tageweise wechselnd.

23. *35jähriger Regisseur*

Sonnabend 27. 7.	Leicht Schwere erzielt in Armen	Leicht Schwere. Besonders Gelenke.	Körper schwer. Gedanken sehr zerstreut. Kältegefühl in Gliedern.
Sonntag, 28. 7.	Schwere im ganzen Körper. Gedanken zerstreut.	Schwere im ganzen Körper. Besonders Fesselgelenke.	Ganzer Körper. Große Ruhe. Eingeschlafen. Tiefer Schlaf.
Montag, 29. 7.	Ganzer Körper. Gedanken zerstreut.	Ganzer Körper. Ausatmung verkrampft.	Ganzer Körper. Gedanken sehr schwach zu konzentrieren. Allerhand Pläne.
Dienstag, 30. 7.	Ganzer Körper. Kältegefühl. Muskelzuckungen (rheumatisch?).	Ganzer Körper. Schwere im Nacken.	Ganzer Körper. Ausatmung störend. Zu bewußt??
Mittwoch, 31. 7.	Ganzer Körper. Ruhe. Besonders Schwere in den Schultern.	Ganzer Körper. Kältegefühl. Ausatmung besser.	Ganzer Körper eingeschlafen.
Donnerstag, 1. 8.	Ganzer Körper. Ruhe. Schwere im Hinterkopf. Warm.	Ganzer Körper apathisch. Ohne greifbare Gedanken.	Ganzer Körper. Arm- und Schultergelenk links müder Schmerz.

24. *52jähriger Sanitätsrat* (1. Übungstag)

„Nach geraumer Zeit tritt das Gefühl ein, daß die Hand wie ein leerer Handschuh herabhängt und daß sie gar nicht zum Körper gehört. Man könnte glauben, sie sei ganz unempfindlich geworden. Das Gefühl geht – aber nicht so intensiv – auf den anderen Arm über."

25. *42jähriger Industrieller* (1. Übungstag)

„Schweregefühl. Unverkennbares Gefühl der Schwere im Arm.“

26. *38jährige höhere Angestellte* (1. Übungstag)

„In den drei Fingergliedern stellt sich Zucken ein, do. im unteren Handteller, Pulsschlag und ein Gefühl, als wenn sich die Hand nach innen dreht. Manchmal erwärmt der Arm sich im gleichen Moment, wo er beginnt, schwer zu werden.“

27. *36jähriger Kaufmann* (1. Übungstag)

„Der Unterarm wird schwer, der untere Teil wird warm, bleibt noch längere Zeit nach dem Versuch warm.“

28. *24jähriger Medizinpraktikant* (5. Übungstag)

„Zur Zeit der gewohnten Mittagsruhe trainierte ich im Liegen. Nachdem zuerst im Übungsarm und bald darauf auch im linken Arm ein mäßig starkes Schweregefühl zustande gekommen war, muß ich eingeschlafen sein. Beim Erwachen hatte ich ein Schwereerlebnis in allen vier Extremitäten, das ‚alles bisher Dagewesene‘ übertraf und mich sehr in Erstaunen setzte, weil ich mich doch soeben in einem gar nicht konzentrierten Zustand ertappt hatte.“

Die Betrachtung zeigt sehr schön, wie die in das Training eintretende Schlafumstellung zu einer Entspannungsvermehrung mit plötzlicher Generalisierung führt.

Die vorstehenden Protokolle zeigen anschaulich die individuellen Unterschiede des Übungsverlaufs, sowohl nach Reinheit des darzustellenden Schwereerlebnisses als nach Verschiedenheit des Ersteintritts, Zeit und Form der Generalisierung und Mannigfaltigkeit des Fortschritts.

Zur prinzipiellen Einwertung derartiger Bestrebungen erscheint es unumgänglich, sich kurz mit dem *Gesamtproblem der Übung* auseinanderzusetzen.

Hier kommt uns ein grundlegendes Werk zu Hilfe, in dem von einem bestimmten Gesichtspunkt aus das Problem der Übung Bearbeitung fand: die Studie von *Benno Kern* über „Wirkungsformen der Übung“ (Helios-Verlag, Münster i. W. 1930). *Kern* wurde zu einer zusammenfassenden kritischen Bearbeitung des Übungsproblems durch die Fragestellung geführt, wieweit denn die in den üblichen psychotechnischen Eignungsprüfungen festgestellten Leistungen wirklich als Begabungsmaß angesehen werden dürfen.

Besonders wichtig sind *Kerns* folgende Ausführungen: „Nicht jede kürzere oder längere Zeit durchgeführte Tätigkeit (auch nicht die dauernde Wiederholung solcher Tätigkeiten) kann als Übung bezeichnet werden. Erst dann, wenn ein ‚*Übungswille*‘, ein Wille zur Leistungssteigerung vorhanden ist, kann von einer Übung gesprochen werden.“ Wir verstehen demnach unter ‚Übung‘ eine einmal oder mehrfach wiederholte Tätigkeit, die durch den Willen zur Leistungsverbesserung (den sog. ‚Übungswillen‘) angeregt oder zum mindesten von diesem Übungswillen begleitet wird und deren Wirkung in einer Leistungssteigerung, dem sog. ‚Übungseffekt‘, zum Ausdruck kommt“ (S. 43 ff.).

Als Übungseffekt *(Ebbinghaus)* stellen wir fest: 1. Verfeinerung der Leistung, schwächere Reize, geringere Reizunterschiede können wahrgenommen werden; 2. Beschleunigung des zeitlichen Verlaufs der Übungstätigkeit; 3 Erweiterung des Leistungsumfanges und 4. zunehmende Ökonomie der Leistung (Korrekturen erfolgen müheloser und leichter).

Dabei kann die Beschleunigung erstens in einem Absinken der Zeitwerte für gleichen Leistungseffekt oder einem Zunehmen der Leistungswerte in gleicher Zeit bestimmt werden. *Einzelübungen* ergeben eine *Arbeitskurve, Reihenübungen* die spezifische *Übungskurve.* Hinsichtlich der Arbeitskurve erinnern wir nur an die grundlegenden Feststellungen *Kraepelins* über *Antrieb, Anregung* und *Gewöhnung.* Unter *Antrieb* verstehen wir die Erscheinung, daß in den ersten Minuten oft ein Absinken der Leistung festzustellen ist, dadurch begründet, daß jede Tätigkeit zunächst mit einem zu großen Aufwand von Willensspannung eröffnet wird, dessen Nachlassen dieses Anfangsabsinken bedingt. Ähnlich diesem „Anfangsantrieb“ sehen wir gegen Ende einer fortlaufenden Leistung Leistungsanstiege im Sinne eines Sichausgebens zur Erzielung eines guten Abschlusses. *Anregungen* werden durch Pausenwirkung deutlich, da sie nur bei relativ kurzen Pausen hervortreten, bei denen die tätige Einstellung bestehen bleibt, während sie bei längeren Pausen verschwinden. Die *Gewöhnung* endlich ist in ihrem fördernden Einfluß, besonders in den ersten Versuchstagen einer Reihenübung, darauf zurückzuführen, daß die störende Eigenart der Versuchsbedingungen zunehmend überwunden und ausgeschaltet wird. Bei *Reihenübungen* ist die Pausenwirkung von Interesse. Sie ist hier vielfach im Sinne einer *produktiven Pause (Klatt)* nachweisbar, indem nach einer Pause plötzlich Leistungen gelingen, die vorher fehlgingen. Hier spielen nicht nur Ermüdungsmomente *(Kraepelin)* eine Rolle, sondern Selbststörungen, „assoziative Hemmungen“ *(Ebbinghaus),* Erscheinungen, die *Kern* glücklich als *„psychische Hemmungen und Friktionen“* bezeichnet; doch weist er darauf hin, daß Reihenübungsverläufe zweifellos gewisse selbstgestaltende, dem Erleben unbewußte Fortbildungen in Gang setzen, so daß für die produktive Wirkung längerer Pausen lediglich die Auffassung einer Störungsbeseitigung nicht ausreichen dürfte. Er verweist hierbei auch besonders auf unsere Erfahrungen im autogenen Training. Interessant ist die von *Kern* exakt gestellte Frage nach der *Übungspotenz.* „Die Übungspotenz eines bestimmten Individuums ist eine Fähigkeit oder – besser – die nach seiner Veranlagung in ihm ruhende Möglichkeit, bei einer bestimmten Funktion durch Übungsprozesse Leistungsverbesserungen zu erzielen. Je nach dem Ausmaß dieser möglichen Leistungsverbesserungen ist die Übungspotenz des betreffenden Prüflings groß oder klein (S. 55). Sie kann bestimmte Funktionen betreffen: *spezielle,* oder alle Funktionen umfassen: *generelle Übungspotenz.* Hier wird das Problem der Übung recht eigentlich zum Menschheitsproblem. Unter den experimentellen Psychologen hat *Meumann,* wie *Kern* hervorhebt, die Übungspotenz als unbegrenzt bezeichnet. *R. H. Goldschmidt* stellt in ähnlichem Sinne fest: „Übbar sind alle Lebensvorgänge, die wiederholbar sind.“ Demgegenüber betonen andere Psychologen die individuelle Begrenzung der Übungspotenz. *Fröbes* verweist in diesem Zusammenhang auf die ziemlich stabilen sportlichen Grenzleistungen, und *W. Stern* warnt vor dem „Glauben an die Allmacht der Übung“. Wir möchten hier besonders an die schönen Studien aus dem Laboratorium von *R. H. Goldschmidt* erinnern, in denen *Kern* und *Schöne* (Abh. Psychotherap. med. Psychol. 2, 1925 *[Moll].* Enke, Stuttgart) selbst bei Farbblinden deutliche übungstherapeutische Erfolge feststellen konnten.

Wir werden als Biologen nicht geneigt sein, der Übung wundersame Möglichkeiten jenseits der Grundgesetzmäßigkeiten des Lebens zuzuschreiben, aber um so nachdrücklicher verlangen, daß im Bereich des Möglichen die Bedeutung des Übungsfaktors nicht unterschätzt werde. Konnte doch *Kern* mit seinen Mitarbeitern in keiner einzigen seiner Übungsreihen an die Übungsgrenze kommen, trotzdem einzelne Übungsversuche immer wieder verlängert und bis auf 1/2 Jahr ausgedehnt wurden. Hierbei zeigte sich eine außerordentlich lange, positive Übungsnachwirkung *(„Übungsfestigkeit“),* selbst nach 8 1/2 monatiger Unterbrechung, wobei besonders wesentlich ist, daß es sich um *ganz kurze Übungsprozesse* handelte, deren Gesamtarbeitszeit nur wenige Minuten umfaßte.

Für alle diese Fragen ist der *Übungswille* entscheidend, wie *Meumann* schon früher meinte, „der zentrale Vorgang der Übung ist als ein Willensphänomen anzusehen“. Hier sehen wir die nahe Verbindung des Werkes von *Kern* mit gestaltpsychologischen Feststellungen, etwa *Kurt Lewins* Beobachtung, daß selbst „mechanische“ Gedächtnisleistungen *Tätigkeitsbereitschaft* zur Voraussetzung haben, Gedankengänge, mit denen sich *Kern* nicht näher auseinandersetzt. Kurz entnehmen wir noch dem grundlegenden Werk von *Kern* den Hinweis auf gewisse allgemeine Übungsgesetzmäßigkeiten. Er unterscheidet erstens das *ontogenetische Übungsgesetz,* besagend, daß je jünger der Übende, um so geringer seine Anfangsleistungen und um so höher seine prozentuale Leistungszunahme ist, so daß die *Übungsspanne,* die Differenz zwischen Anfangsleistung und Übungswirkungsgrenze, während der kindlichen Entwicklung mit zunehmendem Alter absinkt, wie in allen Versuchen von *Kern* und seinen Mitarbeitern bestätigt werden konnte, besonders bei Betrachtung der Durchschnittsleistungen verschiedener Altersstufen. Auch abgesehen vom Lebensalter sollen nach dem zweiten *differentiellen Übungsgesetz* hohe Anfangsleistungen mit niedrigem Übungsgewinn und umgekehrt verbunden sein. Dies Gesetz konnte *Kern* auf den Einfluß von Anfangshemmungen zurückführen, da es beim Vergleich von Wochenleistungen verschwindet. Daß endlich die beobachteten Leistungszunahmen im Verlaufe der Übung abnehmen *(Übungsfolgegesetz),* ließ sich darauf zurückführen, daß hier verschiedene Übungskomplexe entscheidend sind. Es sei dieser Frage wegen auf das Werk von *Kern* verwiesen, da sie für unsere Arbeit nicht unmittelbar bedeutsam ist.

V. Der Wärmeversuch

Haben unsere Versuchspersonen im durchschnittlichen Verlauf und auf dem Wege störungsfreier Generalisierung das Schwereerlebnis ausreichend gelernt, so sind sie imstande, durch momentane geistige Konzentration ein Gesamtschwereerlebnis des Körpers und der Gliedmaßen zu errichten. Wir regen sie dabei an, mit dem Hinzutreten weiterer Gliedmaßen im Sinne der Generalisierung die Formel zu ändern. Beginnt etwa eine Versuchsperson mit dem rechten Arm und bemerkt nun, daß regelmäßig, *ohne bewußtes Zutun ihrerseits,* auch der linke Arm entspannt, ein ebenso intensives subjektives Schwereerlebnis darbietet, so empfehlen wir, mit der konzentrativen Einstellung *„die Arme sind schwer“* oder weiter *„beide Arme (sind) schwer“*

die Übungsarbeit fortzusetzen. Treten dann auch die unteren Extremitäten subjektiv in die Umstellung mit ein, so wird über die Durchgangsformel *„Arme, Beine (sind) schwer“* die endgültige konzentrative Vergegenwärtigung *„Körper schwer“* oder nur *„Schwere“* gewählt. Damit ist der erste spezifische Schritt des Trainings gemacht; wir geben nun die Aufgabe, auch das zweite Körpersystem in selbsttätige konzentrative Beherrschung zu bringen, und lassen als Ausgangskonzentration wieder anschließend an das allgemeine Schwereerlebnis konzentrieren: *„der rechte (linke) Arm ist ganz warm“*. Ebenso wie das Schwere- wird das Wärmeerlebnis 5—6mal eingestellt und dann *„Ich bin ganz ruhig“* einmal. Dann wieder „Schwere“ 6mal. Einmal „Ruhe“, dann wieder „Wärme“ usw.

Schon bei der Beispielsammlung zu den Selbstbeobachtungen der ersten Übungstage wiesen wir darauf hin, daß bei einer erheblichen Anzahl durchschnittlicher Versuchspersonen dieser Effekt sich spontan als Begleitphänomen einstellt, was neuestens durch die schönen Experimentaluntersuchungen von *P. Polzien* noch eine allgemeine Erklärung dahingehend erfuhr, daß jede echte konzentrativ suggestive Umschaltung an sich mit einer Schaltung auf „Wärme“ verbunden ist. *Auch in diesen Fällen lassen wir aber nochmals nach genauer Darstellung der bisherigen Phänomene das Wärmeerlebnis speziell und systematisch üben.* Geht doch unser Training prinzipiell auf eine ganz methodische und stufenweise Erwerbung der in Frage stehenden Funktionsbeherrschungen aus.

Von ähnlichen, rein übend(?) erworbenen Leistungen bei *Artisten* berichtet *von den Velden* (Dtsch. med. Wschr. 61 [1935], 381) im Anschluß an spanische Arbeiten: *„H. Sicart* beschreibt einige recht unterhaltsame und interessante Beobachtungen (Rev. españ. med. 189 [1934]). Er hatte bereits 1914 über den ‚Aquariumsmenschen’ Mac Norton eine Veröffentlichung gebracht. Dieser schluckte bei Schaustellungen 3–4 Liter Wasser, auch mit darin enthaltenen kleinen Tieren, und gab nach kurzer Zeit alles mit Leichtigkeit wieder von sich. Er brachte seine Leistungen zustande infolge starker Magenerweiterung und der Fähigkeit, seinen Magenmund willkürlich zu öffnen. Dagegen speicherte der Varietékünstler *Kanichka,* der zur vorliegenden Veröffentlichung Anlaß gab, die verschluckten Gegenstände nicht im Magen, sondern in einem *Speiseröhrendivertikel* auf. *Kanichka* besitzt die Fähigkeit, den oberen Schließmuskel des Ösophagus willkürlich zu kontrahieren und so die eingeführten Gegenstände bis zur Wiedergabe zurückzuhalten. Es waren dies 7–8 Fünfpesostücke, ein Hühnerei, eine Taschenuhr mittlerer Größe, eine Elfenbeinkugel von 4,5 cm Durchmesser, schließlich eine brennende Glühbirne gleicher Größe; letztere wurde durch Ziehen an der Leitungsschnur wieder zum Vorschein gebracht. Nach dem Röntgenbilde lagen die Gegenstände in der Höhe des 6. und 7. Halswirbels. Das Wiederhochbringen erfolgte mit Leichtigkeit, unter Zuhilfenahme der Schlund-, Hals-, ja selbst Brustmuskulatur. Ferner weist der Autor auf die Schmuggler und Verbrecher hin, die geübt waren, eine Wertgegenstände oder Feilen enthaltende Kapsel, die in den Anus eingeführt wurde, durch antiperistaltische Bewegungen bis zum Colon transversum zu bringen. Das für den Physiologen Beachtenswerte an solchen Fällen ist, daß es gelingt, Funktionen, die im allgemeinen völlig unabhängig vom Willen verlaufen, ihm durch Übung in weitgehendem Maße zu unterwerfen." „Über angebliche körperliche Unverletzlichkeit" (Tier-Experimente zur Demonstration Mirin Dajo) berichtet *E. Schläpfer* aus der chirurgischen Universitätsklinik Zürich (Schweiz. med. Wschr. 78 [1948], 352). Ein holländischer Artist *(Hensker Arnold)* läßt sich einen runden, äußerst spitzen Degen durch den Leib bohren, der „durch Trennung von der Seele" unverletzlich ist. Der große, „sehnige" Mann wurde in der Psychiatrischen Poliklinik (Professor *Glaus*) begutachtet: „Der verschrobene Fanatiker mit überwertigen Ideen steht sicher unter fremd- und autosuggestiven Einflüssen". Entsprechende Tierversuche (Kanin) zeigten, daß die bei dem Artisten röntgenoskopisch kontrollierten Leberdurchstechungen usw. bei langsamer Ausführung ohne Nachteil sind. A. hat inzwischen seine „Unverletzlichkeit" mit dem Leben bezahlt. Dr. *Kurt Eckel* aus der Neurologisch-Psychiatrischen Abteilung des Krankenhauses Bad Ischl 1947 (Klin. Med., Wien, 388: „Willkürliche Auslösung vegetativ gesteuerter Vorgänge, Herzfrequenzänderung und Pupillenerweiterung") beobachtete im Physiologischen Institut der Universität Wien an einem Medizinstudenten *willkürliche Pupillenerweiterung.* Es handelte sich um einen praktisch gesunden, sportlich gut leistungsfähigen jungen Mann, der, außer einer leichten psychischen Erregbarkeit, „keine nennenswerten Angaben zu machen" hatte. Es bestand keine besondere Beweglichkeit der Skelettmuskulatur, wie sie *Tarchanoff* bei allen seinen Versuchspersonen fand. Vp. gab an, vor 4 Jahren, angeregt durch eine hypnotische Vorführung in der Schule, vor dem Spiegel einen Versuch mit Selbsthypnose gemacht zu haben; dabei bemerkte er eine Erweiterung der Pupille. Bei der Demonstration nahm Vp. bequeme, ungestörte Sitzhaltung ein und suchte sich einen Fixationspunkt in einigen Metern Entfernung. In dieser Situation konnte Vp. jederzeit nach Aufforderung beide Pupillen weiter werden lassen. Dabei wurde der Rhythmus der Atembewegung unterbrochen, es trat Tachykardie auf, der systolische und der diastolische Blutdruck stieg an, und es waren leichte Zitterbewegungen des Kopfes und Halses zu beobachten. Über seine subjektiven Empfindungen befragt, gab M., der sehr intelligent und aufgeschlossen ist, an, daß er sich „nach innen konzentriere" und dabei ein weiter nicht beschreibbares Spannungs- und Beklemmungsgefühl verspüre. Irgendwelche gefühlsbetonte Vorstellungen oder Denken an Affekte verneinte M. entschieden und bestärkte diese Aussage mit der Angabe, daß zum Erreichen der Pupillenerweiterung ein Willensakt nötig sei, der völlige Konzentration verlangt und im Augenblick des Versuches die ungeteilte Aufmerksamkeit, „das ganze Bewußtsein", in Anspruch nimmt. Er selbst verglich den seelischen Vorgang mit einem Willensimpuls zu einer schwierigen Muskeltätigkeit, welche die Überwindung eines gewissen Widerstandes verlangt. Der gesamte Symptomkomplex, den Vp. willentlich einschalten konnte, bestand aus Pupillenerweiterung, Herzbeschleunigung, Hebung des Oberlides und Blutdruckanstieg, wobei der Moment zum Beginn und zur Beendigung dieser Erscheinungen völlig vom Versuchsleiter festgesetzt werden konnte. *Eckel* faßt diese interessante Beobachtung so auf, daß, wie genaue Einzelanalyse bestätigt und Berichte ähnlicher Beobachtungen in der Literatur zeigen, es sich in dem beschriebenem Falle „um eine vom Willen abhängige direkte Beeinflussung des vegetativen Nervenzentrums handelt, ohne daß vorher planmäßige Übungen, z. B. in Form des autogenen Trainings, angestellt worden wären". Eine gleiche Beobachtung teilt *F. Scheminzky* (Wien. klin. Wschr. 60 [1948], 398–400) mit.

Daß intensive *psychische Einstellung auf Temperaturerlebnisse* physiologisch nachweisbare Gesamtschwankungen des Organismus setzt, ist psychologisch längst bekannt. *E. Ostwald* (Med. Klin. 44 [1949], 861) konnte in klinisch-experimentellen

Untersuchungen wieder den Einfluß der Stimmungslage auf Blutdruck und periphere Durchblutung nachweisen und erörtert in diesem Zusammenhang besonders auch die Frage, wieweit derartige Veränderungen bei längerem Bestehen in organische Dauerschäden übergehen können. Wir besitzen nicht nur ein sehr ausgedehntes experimentell-psychologisches Schrifttum über diese „Begleitphänomene", sondern namentlich aus der praktischen Suggestivarbeit, vor allen Dingen hypnotischer Art, sind die in Frage stehenden Zusammenhänge wohlbekannt. Was nach unserer Ansicht im allgemeinen nicht genügend beachtet wurde, ist der Umstand, daß wir von der Basis dieser bekannten Tatsachen her den *Ansatz zu spezifischen Übungswirkungen* besitzen. *P. Christian* gab 1954 eine ausgezeichnete Übersicht über „Die funktionelle Bedeutung der Hirnrinde für die Kreislaufregulation" (Arch. Kreislaufforsch. 174). Sehr interessante Anregungen verdanke ich *S. Soennichsen,* Chicago, der mich 1952 darauf aufmerksam machte, daß Dr. *Harden B. Jones* am Donner-Laboratory (California) mit Hilfe von radioaktiven Basen, die, inhaliert, in Spuren in die Blutbahn gelangten und mittels *Geiger* gemessen wurden, die aktuelle Blutversorgung der Muskelgewebe studierte. Es wäre in der Tat sehr zu wünschen, wenn diese außerordentlich subtile Methode einmal auf das autogene Training angewendet werden könnte, das ja überhaupt nach vielen Richtungen hin dankbare experimentelle Fragestellungen eröffnet. Sehr komplizierte Auswirkungen haben operative Eingriffe am Sympathikus hinsichtlich der Gefäßreaktion *(Schulten, Stüttgen,* Med. Klin. 49 [1954], 2034, *Werner Block,* der sehr interessante paradoxe Reaktionen im vegetativen Bereich beschrieb [Arch. klin. Chir. 248 [1953], 726, Act. neuroveg. Wien 219, [1953]).

Für unsere Arbeiten sind besonders experimentelle Studien über die *Gefäßübungsfähigkeit* von Belang. *During* und *Lode* verdanken wir hierüber eingehende Untersuchungen *(Isenschmid).* So betont *M. Ratschow* (Periphere Durchblutungsstörungen, Steinkopff 1946), das „Physikalische Training der Blutgefäße". Besonders *Goldscheider* hat in diesem Zusammenhang die Bedeutung von Übungseinflüssen hervorgehoben. *Plesch* hat in seinen Ausführungen über die psychophysische Reaktion als Heilfaktor (Dtsch. med. Wschr. 83 [1958], 1924) direkt den theoretischen Vorschlag gemacht, der sich im Prinzip mit unserer Arbeit berührt, bei Kranken mit Bewegungshemmungen und Neigung zu Gefäßstörungen, also etwa bei älteren Leuten mit Beinbrüchen, durch lebhafte Vergegenwärtigung von Bewegungsvorstellungen eine heilsame Gefäßreaktion anzuregen. Eine sehr gute kurze Zusammenfassung für den Praktiker gaben 1952 (Münch. med. Wschr. 95 [1953], 24) *E. Schliephake* u. *R. Smets:* „Wärme- und Kältebehandlung".

Für das autogene Training ist zu beachten, daß hier die Gefäßentspannung des Wärmeversuchs nach vorhergehender Muskelentspannung erfolgt. Die Muskelentspannung aber ist nicht nur als zentrale Koordination nahe mit der Gefäßentspannung verbunden, wie schon die spontanen Wärmeerlebnisse beim Schwereversuch zeigen, sondern verminderter Muskeltonus schafft auch peripher andere Verhältnisse.

Bei muskelhypotonen Individuen tritt in aufrechter Haltung ein *„Gravitationsschock"* des Kreislaufes ein *(Mateeff-Pettkoff,* Klin. Wschr. 13 [1934], 217), indem das Blut „in die Kapillaren fällt"; elastische Bandagierung der unteren Extremitäten läßt die Erscheinung verschwinden. Daß umgekehrt eine Steigerung der Hautdurchblutung durch Einreibung höhere Muskelleistungen im Sport vermittelt, zeigte der österreichische Sportarzt *Prokop* (Med. Klin. 49 [1954], 420).

Auf der anderen Seite muß der Kreislauf in sich selbst so regulieren, daß nirgends störende Druckschwankungen zustande kommen. So steht das lebende Gesamtgefäßsystem unter den beiden Prinzipien des *Nutritionsreflexes,* der den lebendigen Gesamtbestand garantiert, und des *Entlastungsreflexes,* welcher die Hämodynamik steuert.

Trotz der biologischen Allgemeingültigkeit der hier herrschenden Fundamentalgesetze darf niemals die oft entscheidende *Bedeutung individueller* und *typologischer Differenzen* vernachlässigt werden. Klinisch wird immer entscheiden eine entsprechende Berücksichtigung der konstitutionellen Vasolabilität, die besonders von *F. Curtius* vorbildlich bearbeitet wurde (Sudhoffs Arch. 170 [1953]).

Sehr wichtig für das autogene Training sind die Studien von *W. S. Schlegel* (Westerland [Sylt]) über „Konstitutionelle Blutverteilungsunterschiede als Grundlage innerer Erkrankungsneigungen" (Klin. Wschr. 122 [1950]). Thermo-elektrische Hauttemperaturmessungen mit gleichzeitiger Messung der Rektaltemperatur an 62 Athletikern und Asthenikern ergaben bei den ersten deutlich größere Temperaturgefälle zwischen Haut- und Darmtemperatur als bei den zweiten. Es scheinen gewisse Beziehungen zum vegetativen Tonus vorzuliegen; besonders wird auch der Hautdurchblutung der Hände und Füße die Aufgabe einer Feinregulation im Wärmehaushalt des Körpers zugeschrieben. Hier ergeben sich objektive Grundlagen für das Verständnis einer *„autogenen Prophylaxe"* gegenüber *„psychogener Angina"* und anderen ähnlichen Fehlreaktionen.

Die *alten hypnotischen Erfahrungen* sind hier nicht nur insofern für uns von Belang, daß es auf diesem Wege besonders gut gelang, psychisch vermittelte Temperaturumschaltungen objektiv zu studieren *(H. Berger, Eichelberg),* sondern es liegt umgekehrt auch eine große Anzahl von Beobachtungen vor, daß äußere Wärmeeinwirkungen auf die Herbeiführung des hypnotischen Zustandes fördernd wirken können. So empfahl der alte Hypnotherapeut *W. Berger* eine Hypnotisierung durch Auflegen warmer Metallplatten. Sehr bedeutsam für das Verständnis des Wärmeversuches sind die schönen Untersuchungen des Heidelberger Physiologenkreises *(Hensel, Schäfer* u. a.) über die Temperaturempfindung, die intrakutane Temperaturbewegung bei Temperaturreizen und ganz besonders über den „Einfluß der *Hypnose* auf Temperaturempfindung und Wärmeregulation" von *A. W. von Eiff* (Z. exp. Med. 117 [1951], 261). Diese zentraltheoretischen Fragen zugestellte Arbeit benutzte hypnotisierte Versuchspersonen, von denen zwei auch das autogene Training beherrschten. Gerade diese beiden fühlten sich bei äußerer Abkühlung in *Hypnose* „gut warm", zeigten aber eine tiefere Senkung der integralen Hauttemperatur, die der Autor als einen durch autogenes Training erarbeiteten Schutz gegen stärkeres Auskühlen der *Kerntemperatur* auffaßt. Die sehr interessanten Untersuchungen sprechen dafür, daß physikalisch oder psychonervös vermittelte Temperaturempfindungen auf dem Umwege über Erhöhung des reflektorischen Muskeltonus die chemische Wärmeregulation in Gang setzen, während eine „chemische Wärmeregulation im engeren Sinne" „unter physiologischen Bedingungen bei Menschen nicht" besteht. Jedenfalls zeigt es sich, daß die Allgemeinempfindung und die Temperaturempfindungen auch bei einer Kälteeinwirkung von +10 Grad Celsius und 0 Grad Celsius auf den nackten Körper psychisch beeinflußbar sind; der psychisch-nervöse Faktor gehört „zu den Bedingungen für die Temperaturempfindung"; die chemische Wärmeregulation kann durch Hypnose weitgehend ausgeschaltet werden, die physikalische Wärmeregulation dagegen nur beeinflußt werden. Die auch für unsere Betrachtungen so sehr wichtige Trennung von Temperaturverhältnissen in *Körperkern* und *Körperschale* fand in der Medizinischen Klinik Heidelberg *(Siebeck)* besonders eingehende Bearbeitung (Klin. Wschr. 210 [1952]). Demgegenüber steht das Problem von „Temperatursteigerungen bei vegetativ-endokrinem Syndrom", aus der Klinik von damals *F. Curtius,* Lübeck, durch *R. Haag* kritisch erörtert (Med. Klin. 401 [1925]), noch zur Diskussion. Gefäßentspannungen im Schlafe sind oft nachgewiesen, so in den sorgfältigen Studien von *G. Magnussen* (Acta psychiatr. neurol., K'hvn. [Dän.] 14, 39 [1939]).

Wichtig sind ferner in diesem Zusammenhange die von *Busch* und *Plaut* in *Kraepelins* Psychologischen Arbeiten (5, 505 [1910]) eingehend psychologisch und physiologisch analysierten *Warmbadewirkungen* mit ihrer spezifisch entspannenden und umschaltenden Wirkung. Hier wird wohl *subjektive Müdigkeit, nicht aber Ermüdung* herbeigeführt.

Ebbecke[1] hält für die einfachste Form analoger Wirkung den am Rückenmarkpräparat angestellten Versuch der Hinterwurzeldurchschneidung, welcher eine Abnahme des Reflextonus zur Folge hat. Eine Extremität, deren Sensibilität aufgehoben ist, verhält sich nahezu wie gelähmt, so daß die einfachste Deutung für die subjektive Ermüdung im warmen Bade in den Momenten der Indifferenz und Reizausschaltung liegt. Sehr bedeutsam sind die Feststellungen von *E. Koch,* Nauheim, und seinen Mitarbeitern, daß Hunde bei künstlicher arterieller Blutdruckerhöhung im Karotissinus schlaff zusammensinkend einschlafen, also in einem Zustande, der durch Zunahme des parasympathischen Tonus gekennzeichnet ist. *Koch* weist nachdrücklich darauf hin, alle diese Abläufe nicht nur „vom Großhirn aus" einzuordnen, sondern „diese Wechselbeziehungen auch so zu betrachten, als ob das ganze animale Nervensystem ein Erfolgsorgan des vegetativen Nervensystems sei" (IX. Lehrgang, Bad Nauheim).

Für den Psychotherapeuten sind diese exakt experimentellen Beiträge zur *Einheitsreaktion in „Peripherie" und „Zentrum"* von grundlegender Bedeutung; das Lebensgeschehen kann in den bionomen *„Vitalzirkeln"* nach wechselnder Richtung kreisen.

J. Stracke (Nervenarzt, Berlin 333 [1947]) hat in schönen Versuchen über das Sinneserlebnis der Haut die Körperoberfläche als Raum- und Erlebnisträger untersucht und im Sinne von *V. von Weizsäcker* neue psychische Bereiche angerührt, die in weiterer Ausgestaltung vielleicht auch für diese Seite des autogenen Trainings sehr bedeutsam werden können. Eine besonders klare, souveräne und umfassende Übersicht gab *P. Christian* „Herz und Kreislauf" in neuester Zeit (Hdb. Neurosenlehre, Urban & Schwarzenberg, München II, C. 1959).

[1] l. c. S. 583.

Wir dürfen nach diesen Vorbemerkungen zusammenfassen, daß die *Etablierung eines zunächst örtlichen, dann mehr und mehr generalisierten Wärmeerlebnisses aufgrund bekannter psychologischer und physiologischer Tatsachen als wirksame Maßnahme betrachtet werden darf, die ihrerseits wieder ihrem Wesen nach schlafähnlich beruhigenden Effekt bedingt.*

Daß es sich dabei um eine ausgesprochen körperliche Umstellung handelt, konnte ich 1925 durch Messung der Wärmestrahlung mit dem *Mechau*-Apparat nachweisen. Hierbei zeigte sich, daß in das Wärmeerlebnis eingeschaltete Körperteile psysikalisch meßbare stärkere Wärmeausstrahlung besitzen, wie mein Mitarbeiter *H. Binswanger* später quantitativ feststellen konnte, bis zu Beträgen von über 1° C. Besonders wertvolle neuere Experimentaluntersuchungen von *P. Polzien*, Würzburg (J. Exper. Med. 125, 469 [1955]) zeigten, daß die autogene (ebenso wie die hypnotische) organismische Umstellung so regelmäßig mit Kern-Temperatursenkung (rectum) einhergeht, daß ein Absinken um 0,2° ein objektives Umschaltungssymptom darstellt. Autogen Trainierten gelingt auch im Alltagszustand örtliche Selbsterwärmung, wie gleichfalls *P. Polzien* in exakten Versuchen nachwies (Dtsch. Ges. Inn. Med. 61. Kongreß 1955; „Physiologie des hypnotischen Zustandes", Karger, Basel 1959).

Zunächst möge hier wieder eine Reihe von Protokollen folgen, die in anschaulicher Weise die ersten Übungstage mit dem Wärmeerlebnis demonstrieren. Es handelt sich, wie schon allgemein bemerkt, immer nur um Versuchspersonen, die den Schwereversuch ausreichend beherrschten und in jedem Versuch zunächst Ruhe und Schwere, dann anschließend Wärme etablierten.

1. 25jähriger Direktionsassistent

1. Tag:	Geübt 14, 19, — Uhr.	Nichts zu merken.
2. Tag:	Geübt 14, 19, 23 Uhr.	Nichts zu merken.
3. Tag:	Geübt 14, 19, — Uhr.	Prickeln in Unterarm und Hand.
4. Tag:	Geübt 14, 19, 21 Uhr.	Prickeln in Unterarm und Hand.
5. Tag:	Geübt 14, 19, — Uhr.	Deutliches Wärmegefühl in Unterarm und Hand, Fingerspitzen.
6. Tag:	Geübt 14, —, 23 Uhr.	do., do., besonders um 23 Uhr.
7. Tag:	Geübt 14, 19, — Uhr.	14 Uhr deutliches Wärmegefühl in der Hand, 19 Uhr nichts zu merken.

Bemerkungen

Zuerst konnte ich ein Wärmegefühl nicht feststellen; bei den Versuchen in den letzten Tagen war es jedoch sehr deutlich wahrnehmbar.

2. 37jährige Graphikerin

1.–7. Tag: Je dreimal geübt. Wärmeempfinden schon beim Schwereversuch; zuerst im rechten Arm, dann im rechten Bein, dann in linker Schulter, linkem Arm, linkem Bein, dann Rücken und Vorderseite des Körpers.

Nebenempfindungen: Sehr angenehm – Allgemeingefühl: Belebend.

Bemerkungen

Das Gefühl angenehmer Wärme hält etwa 1/2 Stunde nach den Versuchen an.

3. 49jähriger kaufmännischer Angestellter

1.–7. Tag: Je mittags und abends geübt. Erstes Auftreten im rechten Arm und Unterarm, Ausbreitung nach der Schulter.

Bemerkungen
Ich habe das Empfinden, daß sich Wärme schneller bei mir einstellt als Schwere.

4. 43jähriger Justitiar und Rechtsanwalt

Beim ersten Versuch warmer Strom von Schulter über den unteren Teil des Unterarmes zur inneren Hand, wo er sich auf die einzelnen Finger verteilte.

Bei den nächsten Versuchen war Wärmeempfindung nie so stark (erster Versuch fand im Hörsaal statt). Beim 2. und 3. Tag breitete sich Wärmeempfinden auf linke Hand aus; etwa 8 Tage lang war ein Prickeln in den Fingerspitzen wahrzunehmen, das sich legte.

Erst nach 14tägiger Übung (3 Wochen nach erster Schwereübung) macht sich geringe Wärmeempfindung in beiden Beinen geltend.

5. 61jähriger Arzt

Resultat der ersten Übungswoche: Erst in den letzten Tagen, nach vielfachem Üben, ist es mir gelungen, ein Wärmegefühl, und zwar auch nur angedeutet, zu verspüren; öfter war damit die Empfindung leichten Brausens verbunden. Diese Empfindungen beschränken sich auf den rechten *Vorderarm.* Nach den letzten Versuchen schien mir auch objektiv die rechte Hand wärmer als die linke.

6. 38jähriger Physiker

Die *Wärmeempfindung* stellte sich zunächst nicht ein, und auch heute, nach 14tägigem Üben, ist sie nicht sehr stark, aber meistens doch ganz deutlich wahrzunehmen. Die ersten Anzeichen habe ich am 4. Tage verspürt, und zwar gleichzeitig in beiden Händen, nach etwa 10 Tagen dann auch schwach im linken, nicht gelähmten Bein.

7. 54jähriger Kaufmann

1.–7. Tag: Jederzeit geübt. Erstes Auftreten im Arm. Ausbreiten auf das Bein.

Bemerkungen
Generalisation der Schwere in gleichem Verlaufe.

8. 46jähriger Innenarchitekt

1. Tag:	Geübt früh, mittags, abends.	Ständig in beiden Füßen.
2. Tag:	Geübt früh, mittags, abends.	do., do.
3. Tag:	Geübt früh, mittags, abends.	do., do.
4. Tag:	Geübt früh, mittags, abends.	do., do.
5. Tag:	Geübt früh, mittags, abends.	Ganz leichtes Prickeln in den Fingerspitzen; Wärme in den Füßen bleibt.
6. Tag:	Geübt früh, mittags, abends.	do., do.
7. Tag:	Geübt früh, mittags, abends.	do., do.

Nebenempfindungen: Keine. – Allgemeingefühl: Gut.

Bemerkungen

Ich führe die Wärmeempfindlichkeit auf frühere Tätigkeit als Leichtathlet zurück. In den letzten Tagen war das Wärmeempfinden in der Hand bedeutend stärker.

9. 43jähriger Kaufmann

1. Tag: Geübt 10, 2 Uhr. Wärme in den Armen.
2. Tag: Geübt 6 Uhr abends, 12 Uhr nachts. Wärme in den Armen, dann auch Füßen.
3.–7. Tag: Geübt 6 Uhr abends, 12 Uhr nachts. Ausbreitung auf den ganzen Körper.

Nebenempfindungen: Nervöse Unruhe. – Allgemeingefühl: Befriedigend, jedoch etwas nervöser als früher.

Bemerkungen

Ich habe gleichzeitig mit dem Beginn der Übungen das bisher ziemlich stark ausgeübte Rauchen eingestellt. Das Wärmegefühl wird jetzt ziemlich leicht hervorgebracht; jedoch ist das Gefühl, ein warmes Bad zu haben, noch sehr, sehr schwach.

10. 52jähriger Fabrikdirektor

Wärmegefühl nehme ich prompt wahr, hauptsächlich im unteren Teil des Unterarmes und in der Hand bzw. in den Fingern. Hier habe ich auch das Gefühl, welches man bei einem laufenden Dynamo haben kann, falls man dicht an ihn herantritt. In diesem Falle fühle ich auch für Sekunden eine leichte Starrheit der Finger.

11. 25jährige Graphologin

1. Tag: Schwereerlebnis wird weniger bewußt, weil man meint, daß man sich auf die Arme „stützt"; Wärmegefühl ist zwar noch schwach, aber ungewohnt, daher kommt es mehr zum Bewußtsein.
2. Tag: In „Kutscherstellung" ist das Wärmeerlebnis stärker als im Sessel, Schwereerlebnis noch unsicher.
3. Tag: Deutlich folgender Ablauf: Schwere längs der Stützfläche der Unterarme, an der Oberfläche der Unterarme wird Schwere nicht sicher wahrgenommen, aber bald eine Wärmestrahlung, mit deren Zunahme das Schweregefühl sich auf die ganzen Arme verteilt; langsam breitet sich die Wärme über die ganzen Arme aus, während das Schweregefühl unmerklich aufhört (Konzentration war nicht speziell auf einen Arm gerichtet).
4. Tag: Gleicher Ablauf; Füße und Hände empfinden ein schwaches Kribbeln.
5. Tag: Nach wenigen Sekunden bereits ein deutliches Ausstrahlen von Wärme (die wie eine „Schicht" über der Haut liegt), zunächst an den Händen, dann an Armen und Füßen; Unterschenkel kaum. Links erwärmt sich viel stärker als rechts, auch wenn die Absicht, den rechten Arm stärker zu erwärmen, vorliegt. Plötzlich beim Versuch die Vorstellung: „Noch etwas länger – dann kommt man zur Nabelschau!" Angst vor dem Einschlafen. Hinterher zum ersten Mal ein Erholungsgefühl.
6. Tag: Wärmeerlebnis außer in Händen, Armen und Füßen auch deutlich im linken Bein. Erholungsgefühl folgt jedem Versuch.
7. Tag: Die linke Hand ist noch etwa $1/4$ Stunde nach dem Versuch bedeutend wärmer als die rechte. Bei einem späteren Versuch gelingt es zum ersten Mal, sogar kalte Füße in wenigen Minuten zu erwärmen. Gleichzeitig ist eine Erwärmung der Unter- und Oberschenkel wahrnehmbar (aber schwach).
8. Tag: Ohne Besonderheiten. Durch Überanstrengung der Augen entstandene Kopfschmerzen und Müdigkeit verschwinden 5–10 Minuten nach dem Versuch.
9. und 10. Tag: Ohne Besonderheiten.
11. Tag: Ohne Besonderheiten.

12. 36jährige Bürovorsteherin

Ich habe die Übungen regelmäßig zweimal täglich gemacht und das Gefühl der Entspannung sofort, das der Schwere nach verhältnismäßig kurzer Zeit dabei beobachtet. Anders verhält es sich mit dem Gefühl der Wärme, an dessen Stelle sich ein zeitweise ziemlich heftiges Kribbeln in der Hand – manchmal sogar bis zum Unterarm – zeigte, begleitet von einem Anschwellen. Dieses Gefühl der Vergrößerung war manchmal so stark, daß ich die Empfindung hatte, als ob meine rechte Hand doppelt so dick bzw. hoch wie die linke sei. Nach dem Gesetz der Ausdehnung bei Wärmeentwicklung nehme ich an, daß Kribbeln und das Vergrößerungsgefühl bei mir das eigentliche Wärmegefühl darstellt.

13. 35jähriger Regisseur

Sonnabend, 27. 7.	Leicht Schwere erzielt in Armen.	Leicht Schwere. Besonders Gelenke.	Körper schwer. Gedanken sehr zerstreut. Kältegefühl in Gliedern.
Sonntag, 28. 7.	Schwere im ganzen Körper. Gedanken zerstreut.	Schwere im ganzen Körper. Besonders Fesselgelenke.	Ganzer Körper. Große Ruhe. Eingeschlafen. Tiefer Schlaf.
Montag, 29. 7.	Ganzer Körper. Gedanken zerstreut.	Ganzer Körper. Ausatmung verkrampft.	Ganzer Körper. Gedanken sehr schwach zu konzentrieren. Allerhand Pläne.
Dienstag, 30. 7.	Ganzer Körper. Kältegefühl. Muskelzuckungen (rheumatisch?).	Ganzer Körper. Schwere im Nacken.	Ganzer Körper. Ausatmung störend. Zu bewußt??
Mittwoch, 31. 7.	Ganzer Körper. Besonders Schwere in den Schultern.	Ganzer Körper. Kältegefühl. Ausatmung besser.	Ganzer Körper eingeschlafen.
Donnerstag, 1. 8. usw.	Ganzer Körper. Ruhe. Schwere im Hinterkopf. Warm.	Ganzer Körper. Apathisch. Ohne greifbare Gedanken.	Ganzer Körper. Arm und Schultergelenk links müder Schmerz.
Mittwoch, 7. 8.	Keine wesentlichen Veränderungen in den einzelnen Übungen		

14. 28jährige Ärztin

„Bald nach dem Beginn stellte sich lebhaftes Kribbeln in den äußersten Fingergliedern ein, zugleich mit einem leichten Schweregefühl in den Fingern. Dabei leichte Muskelspannung am Unterarm. — Darauf starke Wärmeempfindung im Unterarm, besonders in der Hand, und das Gefühl, als ob die Venen sich mit Blut füllten. Nach Beendigung des Trainings war die Hand *viel* wärmer als die andere und blieb es auch etwa $^1/_2$ Stunde. Die Venen traten an dem Unterarm stärker hervor als an dem andern. Auch das Gefühl der leichten Anschwellung des Armes, das an einem geringen Druck des Uhrarmbandes fühlbar gewesen war, blieb kurze Zeit bestehen. Im Hinterkopf zeigte sich eine gewisse Schwere und das Gefühl der Blutleere. (Etwa wie nach einer leichten Ohnmacht.)"

15. 40jähriger, akademisch gebildeter Kaufmann

„*Produktion von Wärme.*" Am ersten Versuchsabend in der Lessing-Hochschule, als dieses Experiment unter Anleitung das erstemal vorgenommen wurde, zeigte sich bei mir ein sehr merkwürdiges Phänomen. Nachdem der rechte Arm schwer geworden war und ich mich ganz auf die Produktion von Wärme konzentrierte, hatte ich das Gefühl, als ob im Oberarm ein Ventil aufginge und eine warme, breiige Masse nach unten strömte. Die Hand kam mir vor wie ein formloser Klumpen, gleichzeitig hatte ich das Gefühl, als ob sie unwiderstehlich nach unten gezogen würde. Bei meinen häufigen Versuchen hatte ich das Gefühl, als ob im Augenblick, wo ich mich zu der Übung hinsetzte, meine Arme bereits wüßten, um was es sich handelte. Sie wurden nämlich schon schwer, wenn ich die Versuchshaltung einnahm. Die Wärme mußte ich gesondert produzieren.

16. 45jähriger Industrieller (2. Übungswoche)

„Vom Ellbogen ab nach der Hand zu ging eine Wärmewelle. Dann im Augenblick kein weiteres Wärmegefühl. Hinterher aber wieder die ganze rechte Hand offenkundig erheblich wärmer als die linke."

17. 30jähriger Kaufmann (5. Übungswoche)

„Die Arme werden sofort schwer — es ist manchmal fast, als ob die Unterlage dagegendrücke —, ich atme ruhig und tief, die Arme werden ordentlich warm, ich höre auf, richtig zu denken, und schlafe im Bett abends sehr schnell ein. Am Tage bisher während des Versuches vollständige Entspannung, aber ohne Schlaf."

18. 35jähriger Arzt (3. Kurswoche)

„Beim Üben des Wärmeerlebnisses blieben die Ellenbogenspitzen immer kalt. Einmal übte ich im Zug von Zürich nach Basel. Der rechte Ellbogen war gegen das Fenster gerichtet, wo ein leichter Luftzug herrschte. Er blieb völlig kalt. Ich ging dann in den Speisewagen und nahm eine Portion Tee. Der rechte Ellbogen war wieder gegen das Fenster gerichtet. Auf einmal wurde er so heiß, daß ich nachschaute, ob ich an heißes Eisen gekommen sei. Es war dies aber nicht der Fall. Es kam nur ein leichter Warmluftstrom von unten. Als ich begann, mich auf das Sonnengeflecht zu konzentrieren, und an die Organe dachte, die damit im Zusammenhang stehen, konzentrierte ich mich auf das männliche Glied. In dem Moment wurden beide Ellbogen ganz warm, und das hat sich seither immer wiederholt. Ich habe tatsächlich Schwierigkeiten, zu „ellbögeln", was mir meine Frau immer wieder vorwirft als ungenügend männliches Verhalten."

Die Protokolle zeigen übereinstimmend mit denen der Schwereerlebnisse systematische oder sprunghafte Generalisierung im Sinne der beim Schwereerlebnis gekennzeichneten verschiedenen Typen.

Während das Schwereerlebnis durch energische, aktive Anspannung in jedem Falle systematisch nach Schluß der Übungssitzung *zurückgenommen* wird, kann das Wärmeerlebnis sich selbst überlassen bleiben, da es durch allgemeine Regulierung bald wieder der Mittelstellung zugeführt wird. Dementsprechend finden wir, wie auch in den obenstehenden Protokollen, nicht selten ein Nachdauern des Wärmeerlebnisses von in meinen Beobachtungen höchstenfalls 1/2 Stunde.

Hat der durchschnittliche Übungslauf zu guter Generalisierung des Wärmeerlebnisses geführt, wobei jedesmal die Ruhe- und Schwereeinstellung als Ausgangspunkt dienten, so haben wir im allgemeinen einen Übungslauf von 4 Wochen; nur unter besonderen Umständen, auf die später einzugehen sein wird, erfordern schon diese ersten Umstellungen eine längere Zeit. Es bleibt nun bei durchschnittlichem Verlauf der Einfluß der Übungen nicht auf ihr eigentliches Ziel beschränkt. Wir erhalten vielmehr von unsern Versuchspersonen eine Fülle ergänzender Schilderungen und Angaben, die prinzipiell dahin zu charakterisieren sind, daß mit zunehmender selbsttätiger Umstellung der in Frage stehenden Reaktionen das *Allgemeinerlebnis* im Versuch sich wandelt. Auch hierfür finden sich in den mitgeteilten Protokollen Belege. Gelegentlich werden diese Erlebnisse schon sehr zeitig, ja sogar im Erstversuch hervorgehoben; durchschnittlich hat ihre Darstellung einige Wochen Übung zur Voraussetzung. Die Veränderung allgemeiner Art soll hier zunächst nur von zwei Gesichtspunkten her kurz erörtert werden. Wir finden erstens der passiv entspannend gelösten Haltung entsprechend Erscheinungen, die aus dem Studium der *Einschlaferlebnisse* bekannt sind, zum andern eigentümliche Beobachtungen im Selbsterleben der Körperlichkeit. Es treten *Scheinglieder,* besonders im Zusammenhang mit dem ersten Übungsarm auf, Befunde, die nahe Beziehungen zu dem so viel bearbeiteten Problem des *Phantomgliedes* haben.

Die allgemeine Bedeutung des *Einschlaferlebnisses* und seiner Beziehung zu systematisch gesetzten Erlebnisänderungen ist in der alten Hypnotismusforschung vielenorts eingehend dargelegt worden.

Auf Grund psychoanalytischer Anregungen haben *C. G. Jung* u. a. diese Phänomene mit der Psychologie der Psychosen in Verbindung gebracht und auch diesem Arbeitskreise fernerstehende Autoren wie *Bumke, Carl Schneider, Beringer, Géza Schultz* u. a. Parallelen zwischen dem Einschlafdenken und den Denkstörungen der Schizophrenie hervorgehoben. Insbesondere hat *Mayer-Groß* durch systematische Eigenbeobachtungen im Einschlafen wichtiges Material beigebracht, über das er 1926 und 1928 in Baden-Baden berichtete (Südwestdeutsche Psychiater).

Schon 1926 hob *Mayer-Groß* hervor, daß — in enger Analogie zu alltäglichen psychotherapeutischen Erfahrungen — Eigenbeobachtungen über Einschlafergebnisse trotz der Amnesie bei anschließendem Tiefschlaf sehr wohl möglich sind, wenn man dem Einschlafenden aufgibt, sich von Zeit zu Zeit aufzuraffen und das Erlebte mitzuteilen, das dann sogleich protokolliert wird. Dabei zeigt sich, daß der Mangel an Gliederung des Materials, das Fehlen einer „Rangordnung" im Sinne von *Bumke* auf genauer faßbare Einzelheiten rückführbar wird. „Der *zeitliche Ablauf* des reproduktiv Gegebenen vollzieht sich entweder so ungeheuer schnell (exakt prüfbar), daß ein auswählendes Verweilen, oszillierendes Denken an einen Inhalt, Zuordnungsakt der Reproduktion unmöglich ist; oder er gerät plötzlich fast völlig ins Stocken, es tritt Haften, Pausen völliger Leere oder kreisförmige Gedankenbewegung auf." Hierunter versteht *Mayer-Groß* ein immer wieder zum selben Punkt zurücklaufendes Gedankenspiel. „*Die räumliche Gegebenheit des Erlebten* zeigt zwei charakteristische Abwandlungen: einmal Neigung zur Projektion, auch des unanschaulich Gedachten, in den äußeren Raum seitlich um den Kopf, vor der Stirn, ins Augenschwarze oder ähnliches; dort Anordnung um einen zentralen Kern, räumliche Scheidung von Wichtigem und Unwichtigem, plötzliches Auftauchen von affektiv Betontem in der Peripherie. Wir verweisen auf die Beziehungen zu unseren Beobachtungen über „Schichtenbildung im hypnotischen Selbstbeobachten" 1920. Zweitens ohne klare Scheidung von dieser Projektionsneigung eigenartig ‚flächiger' nivellierter Charakter auch lebhafter Vorstellung, fehlende Raumakzente, mangelnde Gliederung nach der Tiefe. Auch die Bewußtheit des objektiven Raumes (Versuchszimmer) nimmt diesen flächigen Charakter an. — *Intentionen* und die Akte werden selten, oft nur als leere Hülsen erlebt: die Interpunktion eines Satzes, schemenhafte Gedankensätze ohne inhaltliche Füllung. Endlich ist für das Charakteristikum der ‚*Flüchtigkeit*' des Einschlafdenkens (neben der zeitlichen Beschleunigung) die amnesierende Wirkung der heraushebenden Intention von Bedeutung. Das Entfliehen des reproduktiven Materials vor dem intentionalen Zugriff des Klarbewußtmachenwollens macht einschleichende Kunstgriffe des Selbstbeobachters notwendig." Diese Feststellung hat *Mayer-Groß* 1928 noch erweitert und allgemein ausgewertet, und gerade die hierbei gewonnenen allgemeinen Anschauungen sind für uns von besonderer Bedeutung, so daß wir sie gleichfalls nach dem Eigenbericht des Autors folgen lassen:

„1. Die von *Claparède, Trömner, Carl Schneider* behauptete Affektlosigkeit, Abschwächung der Gefühle, ‚Affektlahmheit' war in unseren Versuchen nicht nachzuweisen. Alle Versuchspersonen berichteten von Stimmungslagen und Gefühlsregungen, ohne daß besonders danach gefragt wurde. Sowohl spontane Einbrüche von Angst, Dysphorie, Spannung, Erlösung, Heiterkeit und Beruhigung werden geschildert, als adäquate Begleitgefühle bestimmter Gedankengänge. Ja mitunter waren bestimmte auftauchende Erinnerungen nur durch wohlcharakterisierte gefühlsmäßige Haltungen repräsentiert. An zahlreichen Beispielen läßt sich zeigen, daß eine gewisse Vorherrschaft des Gefühlslebens, welche den Traum kennzeichnet, auch beim Einschlafen schon in Erscheinung tritt. Das ‚désintérêt' des Einschlafenden *(Claparède, Bergson)* bedeutet nur eine Richtungsänderung der Gefühle, nicht ein Mattwerden oder gar Schwinden der Affektivität.

2. Auch angebliche Beziehungslosigkeit (Dissoziation *Trömner*) charakterisiert das Einschlaferlebnis nicht. Kann man schon von einem Fehlen aller Beziehungserlebnisse sicher nicht sprechen, so ist sogar fraglich, ob die Beziehungserlebnisse überhaupt vermindert sind. Vielfach besteht im Gegenteil eine übergroße Beziehungsbereitschaft, z. B. auf Reize, die unter anderem zu andeutend wahnhafter Eigenbeziehung (im Zusammenhang mit der Versuchssituation) Anlaß geben. Einmal gesetzte Beziehungen zeigten sich von besonderer Stärke, wurden festgehalten und in der früher beschriebenen kreisförmigen Gedankenbewegung zu ihnen immer wieder zurückgekehrt. Gegen eine Beziehungsverminderung spricht aber vor allem das oft beobachtete Auftreten von reinen Beziehungen

ohne Inhalt, ‚intentionalen Hülsen', welche entleert vom Inhalt als erlebte Interpunktionen eines Satzes ohne Worte oder ähnlich beschrieben werden. Ein Beispiel: ‚... ich fühle Gedanken — Kraftfelder — ein dialektisches Hin und Her — eine Spannung von zwei Gefühls- und Impulspaaren — Gedanken, die ich passiv erlebe, ganz inhaltlos, vollkommen leer — jetzt zwei- bis dreimal hintereinander: aha — oho — als ob mir etwas eingeleuchtet hätte — aber rein begrifflich — ich weiß nicht was ...' — Jedenfalls ergibt sich aus unseren Beobachtungen, daß die Beziehungsstörung beim Einschlafen als eine quantitative (Beziehungslosigkeit, -schwäche, -armut) nicht aufgefaßt werden kann.

3. Erlebnismäßig ist das Einschlafen keine *Hemmung*. Wohl wird Bewegungslosigkeit und Schwere der Glieder mitunter als solche kurz erlebt, ebensohäufig ist von klarem, leichtem Körpergefühl des Schwebens, gelöstem Versinken gesprochen. Im Gedankenablauf wechselt Haften, Stocken mit rasender, drängender Fülle. Es herrscht eher zügellose Freiheit der Mechanismen und Funktionen, Enthemmung; mit dem zu Versuchszwecken hervorgerufenen Erwachen aber setzen Bremsungen, Kontrollen, Dämpfungen besonders des zeitlichen Ablaufs ein. Durch solche Beobachtungen kann zwar eine Hemmungstheorie des Schlafes nicht widerlegt werden, sie dürfen aber bei einer physiologischen Betrachtungsweise auch nicht schlechtweg unbeachtet bleiben: wie ja auch *Economo* neuerdings wieder betont hat, daß der Schlaf immer noch am besten durch das psychische Verhalten charakterisiert werde."

Mit diesem Hinweis auf eine mögliche *Enthemmungstheorie schlafähnlicher Zustände* trifft sich *Mayer-Groß* mit den Ausführungen von *Küppers*, der 1929 im darauffolgenden Kongreß desselben Ortes den selbstbeobachteten Narzylen-Rauschzustand auf zwei nicht notwendig miteinander verbundene Grundveränderungen zurückführt, nämlich auf eine Steigerung der Vitalität oder des Lebensgefühls und eine Herabsetzung der Ansprechbarkeit für Reize jeder Art. Beide Autoren haben Phänomene im Auge, die als *Steigerungen des Innenerlebens in Versenkungszuständen* verschiedenster Art geschildert, aber zeitweise von psychologisch-wissenschaftlicher Seite in Frage gezogen wurden. *G. B. Pascal*, Montevideo, widmete dem Problem der *Einschlafbilder* im autogenen Training eine wertvolle Studie (Revis. lat.-am. d. hipnos. clin. II, 86 [1961]). Bemerkenswert ist ferner der Versuch von *Angyal* (Zschr. Psychol., Leipzig 1, 103 [1927]), die Eigenheit des Schlummerzustandes in drei Verlaufsperioden zu kennzeichnen:

1. Reduktion der Denk- und Willensfunktionen, Ausfall der determinierenden Tendenzen, Herabsetzung der Empfindlichkeit der Sinnesorgane.
2. Das Denken ist ausgeschaltet, die Vorstellungen bestehen ohne Bedeutungsbewußtsein.
3. Es stellen sich einzelne Szenen in Traum überleitend ein, das *Selbstbewußtsein kehrt zurück.*

Ähnlich hatte schon früher *Schilder* die theatralischen Somnambul- und Tiefenhypnosen im Sinne einer Rückkehr zum gesammelten Bewußtsein charakterisiert. Endlich sei hier hervorgehoben, daß vielfach von psychologischer Seite, so besonders anläßlich der großen Pariser Schlafdiskussion, von *Ley* (Rev. neurol. Paris [Fr.] 1, 6 [1927]) betont wurde, daß in Schlaf- und schlafähnlichen Zuständen auch Individuen zu optischen Erlebnissen fähig sind, denen dies im Wachzustand völlig unmöglich ist. Dieser Punkt ist prinzipiell von großer Bedeutung, weil er uns zeigt, daß die von uns angestrebte *Umschaltung unter Umständen* geeignet ist, Menschen *über* die im Wachzustand bestehenden *Grenzen ihres psychologischen Typus* hinauszuführen.

Zu der in dem zweiten Selbstbericht (1928) von *Mayer-Groß* erwähnten Beobachtung, daß Bewegungslosigkeit und Schwere der Glieder mitunter als solche kurz erlebt werden, ebensohäufig aber von einem klaren, leichten Körpergefühl des Schwebens, einem gelösten Versinken gesprochen wird, können wir auf Grund unserer Erfahrungen im autogenen Training sagen, daß hier ja die Intention eben systematisch auf die Vergegenwärtigung von Schwere und Wärme gelenkt wird, so daß diese verschiedene Einstellung Unterschiede der Selbstberichte erklärt. Wo wir im autogenen Training die von *Mayer-Groß* geschilderten *Phänomene des Schwebens,* der Leichtigkeit usw. antreffen, handelt es sich nach meinen Beobachtungen entweder um die in den Protokollen über das Schwereerlebnis so oft erwähnten Fremdheitsgefühle oder, dies meistens nach längerem Übungsverlauf, darum, daß die Versuchspersonen überwiegend in liegender Haltung einen unbewußten aktiven Druck auf die Unterlage ausüben, besonders mit dem Ellbogen. Dies ist objektiv feststellbar in Verhärtungen der in Frage kommenden Muskeln, besonders des Trizeps. Das Erlebnis dürfte psychophysiologisch so zu deuten sein, daß der im übrigen entspannte Körper keine feste Raumordnung erleben läßt. Der Spannungsdruck auf die Unterlage wird für den Erlebenden (vgl. das *Aubert*sche Phänomen, S. 44) unmerklich zur Grundlage einer neuen Raumorientierung, was sich subjektiv darin äußert, daß der im übrigen entspannte Körper über der Unterlage zu schweben scheint. Damit geben wir einem ehrwürdigen Phänomen eine physiologische Erklärung, das als *Levitation,* als mystisches Schweben, oft beschrieben wurde. Besonders ein Zusammenwirken von „erleichternder“ Körperfremdheit mit solchen Levitationsmechanismen dürfte bei den von *Mayer-Groß* so anschaulich geschilderten Erlebnissen anzunehmen sein, bei denen auch vasomotorische, labyrinthäre (*Hoff* und *Pötzl,* Mschr. Psychiatr. 97, 193 [1937]) und andere Umschaltungen mitspielen können, worauf *H. Jantz* und *K. Beringer* über „Das Syndrom des Schwebeerlebnisses unmittelbar nach Kopfverletzungen“ (Nervenarzt, Berlin 197 [1944]), *Pötzl* bereits 1942 in seiner Arbeit über „Hirnpathologie der Schwebesensationen“ bei gefäßbedingten Herden hinwiesen.

Sehr interessant ist der Bericht des Direktors der französischen Schule für Orthopädie und Massage, *M. D. Dolto,* Paris, der durch unseren Mitarbeiter *Durand de Bousingen* in das Training eingeführt wurde und ihm als Mitarbeiter von *R. Desoille* aus drei Gründen skeptisch gegenüberstand: In dieser Arbeit ging man in Anlehnung von *Milton Ericson,* dem bekannten Hypnotherapeuten in USA, von einem *Levitationserlebnis* aus, also einer partiellen, unkontrollierten, motorischen Aktivierung. Bei den gelenkten Träumen von *Desoille* schildert er ein ausgesprochenes *„Schweben“* über dem Diwan, auf einem „matelas aérien“, was er als authentische Spannungsempfindung bezeichnete. „Schwere“ als Widerstandssymptom in der Gymnastik erschien ihm auch verdächtig, und in der Arbeit bei *Desoille* war der dort dargestellte Zustand von „Entspannung“ mit Kälteempfindung verbunden; endlich hatte er die bekannten Bedenken, die Herzübung könne hypochondrisieren. Auch die bekannte Tatsache, daß im Training Erinnerungsbilder alter Leiden aufwachen, beunruhigte, obwohl er sie andererseits diagnostisch benutzen konnte, ebenso zur feineren Lokalisation allgemeiner Beschwerden. Spezieller physiologischer Überlegungen wegen sei auf das Original verwiesen (Cahiers Psychiatrie [Prof. *Th. Kammerer*], Nr. 16, 17, S. 203 [1962], Bericht über den Kongreß für Relaxation, Strassbourg 9. 6. 1962).

Das selbständige sinnenhafte Erleben einzelner Körperteile ist uns verschiedentlich begegnet, so in *Schilders* Studien über das Körperschema, in unseren Protokollen und in den hypnotischen Selbstbeobachtungen. Es leitet unmittelbar zum Problem des *Phantomgliedes* über, wenn auch die Forschungen, die es betreffen, zunächst von etwas anderen, wohl mehr spezielleren Gesichtspunkten ausgingen.

Die merkwürdige charakteristische Haltung der Phantomglieder legt auch *Foerster* den Gesichtspunkt nahe, daß noch andere Faktoren von Bedeutung sind. So kann man durch Reizung eines Armnerven reflektorisch eine Bewegung hervorrufen, welche der Stellung des Phantomgliedes entspricht. *Foerster* nimmt an, daß durch das Trauma vor dem Verlust des Gliedes eine ähnliche Stellung des Gliedes bewirkt wurde und nun eine Fixation eintrat. Hier wie in anderer Beziehung kommen noch „Rindenfaktoren" in Frage. Eingehende neuere Untersuchungen über die Phantomglieder verdanken wir *W. R. Henderson und G. E. Smyth* (J. Neurol. 11, 88 [1948]) und besonders *A. Prinz Auersperg* (Nerv. Arzt 31, 19 [1960]).

Head beobachtete (*Schilder,* Körperschema) beim Eintreten einer Hirnrindenverletzung, welche die Gliedempfindung aufhob, das Verschwinden eines Phantomgliedes. *Zádor* (Mschr. Psychiatr. 77, 71 [1930]) wendet sich gegen die von *Head* und *Schilder* vertretene Auffassung des Körperschemas als eines starren, fest organisierten Modells, was nach meiner Auffassung von den erwähnten Autoren nie behauptet wurde, und konnte bei zwei Amputierten unter dem Einfluß von *Meskalin* zahlreiche Veränderungen des Phantoms feststellen (Kürzerwerden, Lageveränderung, Spontanbewegungen, Verlust willkürlicher Bewegung der Phantomglieder usw.). Auf Grund dieser Veränderungen, deren speziellere physiologische Auswertung hier nicht verfolgt werden soll, tritt *Zádor* für eine lebendigere und beweglichere Auffassung des Phantomgliedes ein. Für unsere Arbeit sind diese Versuche bedeutsam, weil sie Veränderungen der Phantomerlebnisse unter Bedingungen enthalten, die in ausgesprochenem Maße den Charakter einer Bewußtseinsstörung tragen, so daß auch hier wieder der wesentliche Zusammenhang von Bewußtseinszustand und Phantomerlebnis erhellt. Es zeigt sich also, daß periphere und zentrale Mechanismen bei dem Erlebnis durchaus ineinandergreifen. So konnte *Riechert* (Nervenarzt, Berlin 7, 506 [1934]) den Phantomarm eines Amputierten durch Eintauchen des Stumpfes (oder des anderen Armes) in warmes Wasser zu einem „Klumpengefühl" zerfließen lassen, eine Beobachtung, für deren Erklärung er besonders peripher-vasomotorische Veränderungen heranzieht. Dieselbe Auffassung vertreten *Adler* und *Hoff* in ihrem „Beitrag zur Lehre vom Phantomglied" (Mschr. Psychiatr. 76, 80 [1930]). Auch sie nehmen an, daß das Phantomgefühl wohl durch einen zentralen Mechanismus zustande kommt, aber der Impulse von der Peripherie zu seiner Entstehung bedarf. Gerade derartige theoretische Klärungsversuche lassen erkennen, wie glücklich für viele nicht allzu massive Funktionsveränderungen des Zentralnervensystems *v. Weizsäckers* Konzeption eines *„veränderten Erregungsbildes"* ist. So faßt *P. Christian* die Phantomerscheinung ganz allgemein als ein Figur-Hintergrundproblem auf; es habe sich nach *v. Weizsäcker* eine „funktionale Un- und Umordnung der Zentripetalität" vollzogen. Nur wenn wir uns einer Begriffsbildung bedienen, die den fließenden Gestaltungen des *allgemeinen Funktionswandels* gerecht wird, können wir hoffen, in der theoretisch physiologischen und der praktisch klinischen Erfahrung Übereinstimmung zu behalten. Die merkwürdige Tatsache, daß Amputierte das Phantomglied in einer charakteristischen, gelegentlich der Unfallsituation entsprechenden *(Riese)* Haltung erleben, brachte *Pötzl* in seiner Studie über Aphasie und Mehrsprachigkeit (Zschr. Neurol., Berlin 124, 145 [1930]) in Analogie zu der Fixierung einer bestimmten Sprache beim aphatischen Insult. Aus der sehr umfangreichen neueren Literatur sei hier nur kurz auf die Arbeiten von *E. Menninger-Lerchenthal* (Wien. klin. Wschr. 265 [1948]) und *G. Ziese* (Ges. Psychiatrie, Berlin Febr. 1949) hingewiesen, die in Fortführung der grundlegenden Konzeption von *H. Plügge* (Dtsch. Zschr. Nervenhk. 154, 199 [1943]) die tiefen Übereinstimmungen der Phantomgliedgestaltung mit regenerativen Vorgängen bei niederen Organismen betonen, wichtiger und schöner Hinweis auf das immerwährende Hineinragen tiefster *bionomer Gesetzhaftigkeiten* ins lebendige Geschehen. Literatur von monographischem Umfange findet sich in der interessanten neuen Studie von *B. Cronholm* (Acta psychiatr. neurol., K'hvn. 72 [1951]). *K. Poeck* lieferte ganz neuerdings (Nerv. Arzt 241 [1963]) eine sehr schöne Erörterung über das „Phantomerlebnis" unter ausgiebiger Benutzung neuerer Literatur. Sowohl eine „rein periphere" wie eine „rein psychologische" Auffassung wird als unzulänglich abgelehnt; nicht minder eine rein „zentral organische". Besonders auch die Bearbeitung von Träumen der Phantomträger läßt die Phantome „als positive Leistung" auffassen, die darin besteht, daß „eine psychische Instanz ... die Phantome entwirft ..." und sich dabei „des gesamten sensomotorischen Apparates bedient, der den fehlenden Körperabschnitt repräsentiert." Die autogenen Erfahrungen werden nicht verwertet.

Daß der therapeutisch so ungemein schwierige *Phantomschmerz* gelegentlich auch suggestiv beeinflußbar ist, betonten *J. Guillaume, Froideveaux* und *Mazars* (Rev. neur. 79, 213 [1947]), *H. Strotzka* (Klin. Med., Wien III, 172 [1948]) bei 50 von 100 Phantomschmerzkranken (Wien. med. Wschr. 284 [1956]) u. a. Sicher hat *H. Reissner* (Wien. med. Wschr. 1956) recht, daß „eine Skala" vom „malignen" zum „benignen" Phantom reicht. Verf. kann leider derartige günstige Erfahrungen nicht melden, obwohl es im Training (und hypnotisch) mehrfach gelang, die Gestalt des Phantomgliedes bei solchen Kranken zu ändern („Psychotherapie" II, 52, 1957). Bemerkenswert sind die Beobachtungen von *J. G. Sevčenko* (Zbl. Ges. Neurol. 117 Bd. H. 1/2, 1952, S. 10) über plethysmographische Messungen bei Amputierten, die nahe Beziehungen zwischen Phantomschmerzen und Gefäßreaktionen nachwiesen, und zwar ebensosehr bei Schmerzanfällen als auch bei der nur vorgestellten Bewegung amputierter Gliedmaßen, die ihrerseits wieder Schmerzen auslösten. Gewissermaßen eine spezielle Neuanwendung der alten Befunde von *E. Weber,* 1900. Erfreulicherweise mehren sich im neueren Schrifttum Mitteilungen über psychotherapeutische Erfolge bei Phantomschmerz, so daß ich wohl annehmen muß, daß es sich bei den von mir persönlich beobachteten Kranken um besonders schwere Fälle handelte; *K. Arentsen* (Nord. med. 39/36 [1948]) und *M. Bachet* (Bull. méd., Paris 63/19, 433–434 [1949]) machten gute Erfahrungen mit Hypnose und Psychotherapie, und ganz besonders konnte *H. J. Weiland* (Zschr. Psychotherap., Stuttgart 100 [1952]) nicht nur sehr mit Recht auf den *Ausdruckswert des Phantomschmerzes* und seine psychologische Eigenart als demonstrative Gebärde hinweisen, sondern auch in mehreren schönen Beobachtungen den psychologischen Hintergrund im Sinne von Rand- und Fremdneurosen aufklären und mit kleiner Psychotherapie gute Erfolge erzielen. Während *Creutzfeld* (Med. Klin. 158 [1963]) nur leichte Fälle für geeignet hält, schätzt *Meyer-Borchert* (S. W. Deu. Neurolog. Baden-Baden V. 1959) die Heilkraft der Psychotherapie „vielleicht" nicht für geringer als die operativen Eingriffe, ebenso *J. F. Vereeken* (Encéphale, 47, 88 [1958]). In der medizinisch-psychologischen Analyse begegnet sich *Weiland* mit *J. R. Ewalt* (J. Oklahoma Med. Ass. 409–414

[1948]), der sehr beachtliche Hinweise besonders auch auf den *zweckneurotischen Sinn* des Symptoms macht. Sehr mit Recht weisen *Bachet* und *Weiss* (Brit. J. Med. Hypnot. 15 [1955]) darauf hin, daß bei Amputierten die Aussichten für Suggestivtherapie häufig deswegen günstig sind, weil es sich um vordem psychisch unauffällige Kranke handelt. „Zur biographischen Genese des Phantomschmerzes", die einen dem „Heim-Weh" vergleichbaren Schmerz im verlorenen Glied „und positive Auswege durch Eröffnung neuer Lebensmöglichkeiten" erkennen ließ, brachte *O. Hallen* aus der Heidelberger Nervenklinik (Prof. *P. Vogel*) neuestens einen sehr wertvollen Beitrag (Zschr. Psychotherap., Stuttgart 3 [1956]). In gleichem Sinne sprechen die interessanten Mitteilungen von *Winkler* und *Lensler* aus der Klinik von *E. Kretschmer* (ib. S. 1 [1954]). *M. L. Simmel* (Am. J. Psychoth. XIII, 603 [1959]) weist mit *Schilder, Riese* u. a. auf den „triebbedingten Sinn" der Phantome hin.

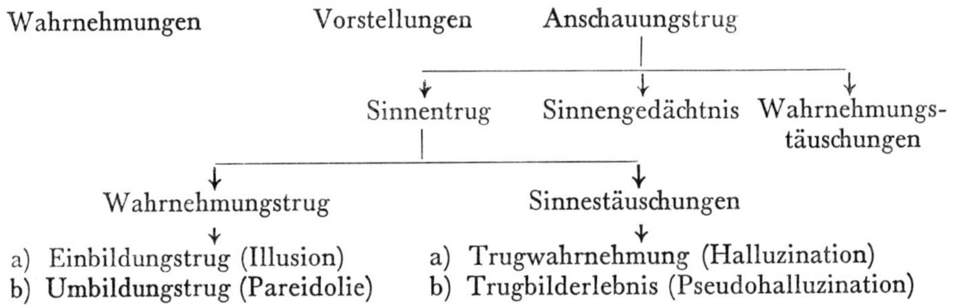

Weisen diese Auffassungen schon wesentlich über eine allzu mechanische neurologische Einordnung der in Frage stehenden Erscheinungen hinaus, so erweitert sich die Problemsphäre noch ganz erheblich, wenn wir das Phänomen des *Phantomgliedes* mehr von *psychologisch-psychiatrischer* Seite zu betrachten versuchen. Besonders verwiesen sei in diesem Zusammenhang auf die schöne Studie von *Carl Schneider* über Sinnentrug (Zschr. Neurol. Berlin 131, 719 [1931]). *Schneider* gibt hier im Verfolg prinzipieller Klarlegung ein übersichtliches Schema (s. oben), welcherlei Erlebnisse auf diesem Gebiet zu erwarten sind. Eine umfangreiche Materialsammlung legten *H. Ahlenstiel* und *R. Kaufmann* 1962 vor „Vision und Traum" (Enke, Stuttgart).

Im Bereiche der so abgegrenzten Erscheinungen, über deren genauere Umschreibung im Anschluß an *Jaspers* von *C. Schneider* Grundlegendes entwickelt wurde, würden die uns hier interessierenden Phänomene einen *Grenzfall zwischen Sinnentrug und Sinnengedächtnis* bedeuten.

Ähnlich wie wir bei der Besprechung der myelektrischen Studien von *Wachholder* der Feststellung begegneten, daß die Darstellung stromloser Armbewegungen einen bestimmten psychischen Allgemeinzustand zur Voraussetzung hat, finden wir auf dem hier in Frage stehenden Gebiet vielfach Hinweise auf besondere „Einstellungen", die das Beobachten von Sinnesgedächtniserscheinungen begünstigen. So sagt *Schneider* „erleichtert wird die Einstellung oft durch Entspannung oder durch alle Einflüsse, welche das eng begrenzte zielbewußte Denken ausschalten oder behindern und durch lockere Gedankenführung ersetzen. Daher die Erscheinungen oft abends und in der Müdigkeit auftreten". *W. Jaensch* weist in ähnlichem Zusammenhang darauf hin, daß die zu willkürlicher Erzeugung von Sinnengedächtnisbildern fähigen Versuchspersonen oft erst bestimmte Bewegungen machen oder Haltungen einnehmen müssen; auch die Typendurchbrechung, die wir in der Versenkung gegenüber dem Wachzustand beobachten, findet ihre Analogie in den Forschungen von *Jaensch* und seinen Vorgängern, die feststellten, daß sehr häufig Menschen, welche auf einem Sinnesgebiet Sinnesgedächtniserscheinungen erleben, auf demselben Sinnesgebiet nicht gut anschaulich vorstellen können *(Schneider).*

Eine weitere Voraussetzung ist die Hingabe an den anschaulichen Teil der Wahrnehmung, wenn es später zu einem Sinnengedächtnisbild kommen soll; die gleiche Haltung finden wir in unsern Bestrebungen einer „Somatisierung".

In anregenden „Beobachtungen über Trugwahrnehmungen bei Erblindeten und Amputierten" weist *G. Kujath* (Zschr. Psychotherap., Stuttgart 116 [1940]) auf die Ähnlichkeit der Phantomerlebnisse mit den Anschauungsbildern der Eidetiker hin. *Henning* charakterisierte eine bestimmte geistige Haltung als besonders günstig für die Beobachtung von Sinnengedächtniserscheinungen dahin, daß der Erlebende die Frage Wirklichkeits- oder Subjektivitätscharakter ausschaltet *(Schneider).*

In diesem Rahmen betrachtet, ist das Nacherlebnis des Phantomgliedes trotz seiner Eindringlichkeit — die ja unter besonderen Umständen so weit führen kann, daß ihr Träger das fehlende Glied benutzen will und etwa nach einer Beinamputation auf diese Weise zu Fall kommt — und trotz seines Reichtums an „empfindungshaften" Elementen überwiegend als ein Spezialfall des Sinnengedächtnisses aufzufassen.

Mayer-Groß (Nervenarzt, Berlin 4, 1 [1931]) hat daher in ähnlichen Gedankengängen das Phantomglied der Amputierten zum Ausgangspunkt anregender Erörterungen über das *Halluzinationsproblem* genommen. *Schneider* ist mit ihm einig in der Bedeutsamkeit bestimmter besonderer Erscheinungen des anschaulichen Anteiles. So veröffentlichte *Mayer-Groß* einen Fall, der seinen Phantomarm „dünn und lumpig wie einen leeren Rockärmel" erlebte. Wir möchten betonen, daß in unsern Protokollen über das Schwereerlebnis durchaus gleichlautende Beobachtungen mitgeteilt sind. Weitere finden sich von anderen Autoren und mir selbst in den drei Bänden der *Psychotherapie* 1956 bis 1958, auf die als Materialsammlung für alle Fragen unseres Verfahrens besonders hingewiesen sei (Verlag Huber, Bern). Auch die sonstigen Unterschiede im Erleben der amputierten Extremität gegenüber dem erhaltenen Glied, auf die *Mayer-Groß* und andere Beobachter hinweisen, so das Fehlen bestimmter Teile, Gefühl, als sei das Glied verkürzt, geschwollen, taub, tot steif, wie eingeschlafen, vergrößert und dergleichen, können wir ausnahmslos in unseren Protokollen wiederfinden.

Wir dürfen also feststellen, daß die entspannt konzentrative Hinwendung auf das Erleben der Körperlichkeit ohne irgendeine organische periphere oder zentrale Störung Phänomene bemerken läßt, die unter den eigenartigen Umständen der Amputation besonders häufig und eindringlich zu entstehen scheinen. Auch die völlige Trennung des so erlebten Phantomgliedes von dem „Wissen" um die reale Extremität, das eigenartig zwingend Wahrnehmungsartige in diesem „Fühlen" des Phantoms, wie die Versuchspersonen meistens sagen, ist im autogenen Training durchaus keine seltene Feststellung. Daneben begegnen wir Versuchspersonen, die eigentümliche Zwischenerlebnisse zu Protokoll geben. Etwa sie „fühlen", daß die Hand des Versuchsarmes um einen erheblichen Betrag gedreht ist, obwohl sie „wissen", daß die reale Extremität unbeweglich liegenbleibt.

34jähriger Nervenarzt (6. Übungswoche)

„Die Muskeln entspannen sich auf die innere Einstellung ‚Ruhe! Schlaf!' prompt, besonders rasch bei starker Exspiration. Den gelösten Arm empfinde ich als schweres Etwas, das in der Schulter aufgehängt ist. Irgendwelche Gliederung empfinde ich an ihm nicht. Er ist kürzer als ihn die Vorstellung im hellwachen Zustand schätzt. Aber handelt es sich um eine einfache Empfindung? Oder um eine verwickelte Verarbeitung, in welcher der wirkliche oder vermeintliche Abstand derjenigen Punkte die Hauptrolle spielt, an denen Sinnesempfindungen ausgehen; nämlich erstens die Schulter, zweitens die Auflage auf dem Oberschenkel in sitzender ‚Droschkenkutscher'-Haltung?

Der andere Arm entspannt sich nicht mit. Er erscheint weniger schwer. Der Kopf (Hals- und Nackenmuskeln) folgt ohne Schwierigkeit. Er wird dann als sehr schwer, ich möchte sagen, als Schwerezentrum, empfunden. Die Linie Hinterhaupt–Nacken–Rücken nimmt die embryonale Gestaltung an, d. h. der Kopf sinkt maximal zur Brust. Wärmeempfindungen treten erst einige Zeit nach der Muskellösung ein. Sie sind mit unbestimmten Dehnungsgefühlen der Oberfläche verbunden, wie man sie etwa bei ungewohnter, körperlicher Arbeit, z. B. nach Holzhauen, in den Händen wahrnimmt.

Ein von mir Trainierter empfindet gleich mir die Verkürzung des Armes, verlegt aber die Schwere in die Hand. Eine trainierte Frau fühlt auch die Schwere in der Hand und den Arm selbst als dicker. Eine andere Frau empfindet Schwere und den Arm, als ob er schwillt. Die Angaben erfolgten ganz von selbst. Ich hatte Suggestivfragen streng vermieden."

Ein 47jähriger Nervenarzt schildert (7. Übungswoche)

„Nicht unerwähnt lassen kann ich sehr eigenartige Erlebnisse von eigentümlichen körperlichen Doppelgefühlen; so hatte ich z. B. beim Üben mit dem rechten Arm und in vollkommen klar erhaltenem Bewußtseinszustand die unabweisliche Erfahrung, ‚als ob' sich außerhalb des leiblichen Armes, welcher auf dem Stuhl ruhte, noch ein zweiter um etwa ½ m tiefer befände; die ‚Erfahrung' hatte durchaus den Charakter eines gefühlhaften, sehr wahrnehmungsnahen Erlebens, keinesfalls den einer ‚bloßen Vorstellung'. Der Nebenarm, wenn ich so sagen darf, ließ sich leicht durch entsprechende innere Einstellung bewegen. Ein Leibhaftigkeitsunterschied deutlich erfaßbarer Art zu der ‚gewußten' Realextremität konnte in der Selbstbeobachtung nicht konstatiert werden. Bei anderen Versuchen erschien das Phantom in einer Entfernung von schätzungsweise 1½ m vom Körper entfernt, ohne daß dadurch seine Zugehörigkeit zum Ich irgendwie anders gewesen wäre als im eben geschilderten Falle."

Ein 36jähriger Dr. phil., Psychologe, schildert (12. Übungsmonat)

„Über einige interessante Beobachtungen möchte ich noch kurz berichten. Bei tiefer Versenkung hatte ich einige Male das Erlebnis, als ob in meinem Körper noch ein zweiter Körper liege, desen Füße ich besonders deutlich spürte. Ich lag auf dem Rücken, die Füße leicht nach außen geöffnet, und die Phantomfüße waren leicht nach innen gerichtet, spiegelbildlich zur Lage der realen Glieder. Diesen zweiten Körper bezeichne ich zu meinem Privatvergnügen als ‚alter ego'. Er ist wahrscheinlich die Aktualisierung des Spiegelbildes, das jeder Mensch von sich entwicklungsmäßig erfahren und gestaltet hat. Auch die Füße des ‚alter ego' waren entspannt und warm. Diesen Zustand empfand ich keineswegs als Störung, sondern ich halte diesen ‚Spiegelmenschen' für das ganz normale Erlebnis einer tieferen psychischen Schicht und glaube, daß die Meinung von einem Astralleib auf ähnlichen Beobachtungen beruht. — Überhaupt finden durch Ihre Forschungen Erscheinungen eine wissenschaftliche Erklärung, die in der Parapsychologie oder in der Anthroposophie in verworrener und überspannter Weise dargestellt werden. Da ich von der Philosophie und Psychologie herkomme, ist mir nicht nur der Heilwert, sondern auch der Erkenntniswert Ihrer Forschungen sehr wichtig und interessant."

Eine kopfwärts gerichtete Verschiebung der linken Körperhälfte erlebte eine meiner V.P., 31jähriger Kollege, bei der Generalisierung (Psychotherapie II, 52 [1957], Abbildung). Der niederländische Nervenarzt *M. Callens* beobachtete beim *„Venus-von-Milo"-Versuch* (aktive örtliche motorische Innervation ohne äußeren Effekt, s. S. 50): „Nach Anweisung konzentriere ich mich auf die Kontraktion der Schultermuskeln zum Hochheben des Armes, ohne aber meine Lage zu ändern. Ich empfinde sofort, daß der Arm kürzer wird, oder genauer beschrieben, daß die rechte Hand näher an die Schulter kommt. Der Arm selbst ist ein kurzes Organ geworden, das spitz zuläuft, an dem die Hand hängt. Auch die Hand ist kleiner geworden und kommt fast bis an die Schulter. Das ganze erscheint mir artrophisch und sogar nutzlos, etwas beängstigend." Dabei der reale Arm klar empfunden, Finger können bewegt werden, aber „Lage und die Bewegung haben einen zweifelhaften Realitätscharakter". Schwere und Spannung im obersten Oberarmdrittel, Unlustgefühl, „beim Zurücknehmen bleibt ein Bandgefühl bestehen im obersten Drittel des Oberarmes."

Diese Erfahrungen lassen sich in Übereinstimmung mit den schönen Beobachtungen von *Schilder* über die Wahrnehmung des eigenen Körpers unseres Erachtens nicht anders auffassen, als daß der in uns entwicklungsmäßig gestaltete Niederschlag eines Bildes vom eigenen Körper unter verschiedenen Umständen stärker aktualisiert werden kann. Zu diesen gehört *auch* die Katastrophe der Amputation mit ihren peripheren Komplikationen. Damit befinden wir uns in Übereinstimmung mit *C. Schneider,* der seine Besprechung des Problems der Phantomglieder dahin zusammenfaßt: „Nachdem wir die besondere anschauliche Erscheinungsweise der Sinnengedächtnisbilder des Gesichts und Gehörs kennengelernt haben, ist die besondere Erscheinungsweise der Phantomglieder keine ganz alleinstehende Tatsache." *Schneiders* Annahme, daß Phantomglieder nur nach Verlust der Gliedmaßen erlebt würden, „weil sie sonst vom leibhaftigen Gliederlebnis zu sehr überdeckt werden", dürfen wir nach unseren Feststellungen als zu eng zurückweisen. Für die Eigenart des autogenen Trainings und die Einordnung seiner speziellen Erscheinungen in allgemeine Feststellungen möchten wir noch einmal besonders auf die Bedeutsamkeit bestimmter Einstellungen und Haltungen für die Sinnengedächtniserscheinungen im allgemeinen hinweisen. Was hier sozusagen als ein bemerkenswerter Nebenbefund angemerkt wird, so daß etwa *Skola* von einer „besonderen

Konzentration" spricht *(Schneider)*, stellt ja gerade für die Arbeit des autogenen Trainings das zentrale Prinzip dar. Dementsprechend dürfen wir darauf rechnen, in der Versenkung des autogenen Trainings Erscheinungen zu begegnen, die aus den hier erwähnten verwandten Studien bekannt sind, allerdings in besonderer Weise durchsetzt mit echten Selbstwahrnehmungsmomenten.

Endlich ist hier noch kurz der Studie von *R. Klein* „Über die Empfindung der Körperlichkeit" (Zschr. Neurol., Berlin *126*, 453 [1930]) zu gedenken, die sich mit solchen Fällen beschäftigt, „in denen der Körper in ungewöhnlicher Weise wahrnehmungsgemäß zur Darstellung kommt". *Klein* hebt besonders hervor, daß bei diesen Fällen schwere organische Störungen vorlagen. *Klein* widerspricht mit Recht einer einseitigen lokalisatorischen Betrachtung und verweist ebenso wie wir auf die Bedeutung des Gesamterlebnisses und seiner physiologischen Fundierung. Er erblickt in gewissen Parästhesien, insbesondere den Gefühlen der Taubheit, des Pelzigseins, der Empfindung der Körperlichkeit nahestehende Vorstufen eines Phantoms, eine Anschauung, die bei der Häufigkeit solcher Erlebnisse in den Anfangsstadien der Versenkung, wie dies besonders unsere Protokolle über die ersten Schwereübungen zeigen, durchaus naheliegt. Im autogenen Training sehen wir oft mit zunehmender Ausgestaltung des Versenkungszustandes aus diesen Parästhesien später Phantomgliederlebnisse sich entwickeln, so daß der zeitliche und Übungsverlauf unserer Beobachtungen die Annahme von *Klein* wahrscheinlich macht.

Mit diesen kurzen Bemerkungen möchten wir zunächst die theoretischen Betrachtungen unterbrechen und den weiteren Verlauf durchschnittlicher Trainierung verfolgen.

VI. Vervollständigungen des Übungsverlaufs

Beherrscht eine Versuchsperson die selbsttätige Darstellung von Schwere und Wärme, kann sie also in Bruchteilen einer Sekunde ein subjektiv und objektiv deutliches generalisiertes Schwere- und Wärmeerlebnis etablieren: „(ganzer) Körper schwer und warm", „ich bin ganz ruhig", oder einfach „Schwere", „Wärme", „Ruhe", so verfügt sie über die wesentliche und grundlegende *Selbstumschaltung* und wird eine ganze Reihe primitiver Leistungen auf diese Weise vollziehen können. Eine vollständige allgemeine Umschaltungstechnik muß aber noch eine Reihe von anderen Punkten enthalten, auf die im folgenden näher eingegangen werden soll. Auch für sie gilt, wie schon mehrfach hervorgehoben, stets als Voraussetzung die vorbereitete Darstellung der bisher erarbeiteten Umschaltungen, auch sie entwickeln sich nur gut und erfolgreich in durchaus gewissenhafter und sorfältiger Übungsarbeit.

a) Herzruhigstellung

Betrachten wir das autogene Training in einer doppelten Bedeutung, einmal als übungsmäßig erworbene Umschaltung von Körpersystemen, deren Funktionsänderung wieder den Gesamtzustand in erwünschter Weise beeinflußt, auf der anderen Seite als eine *Umkehrung des Ausdrucksgesetzes*, indem Funktionen, die sonst unter dem Einfluß affektiver Erregungen sich verändern, nunmehr durch selbstgesetzte Veränderungen gewissermaßen einen rückwirkenden Einfluß ausüben, so bietet sich nach den Skelettmuskeln und dem Gefäßapparat vor allen Dingen das Herz als geeignetes Objekt an. Die Abhängigkeit seiner Tätigkeiten von psychischen Momenten ist eine Selbstverständlichkeit und ebenso die außerordentliche psychologische Wertigkeit von Funktionsstörungen des Herzens, besonders bei Stigmatisierten. Namentlich *L. Delius* lieferte hierzu wertvollste Beiträge hinsichtlich *„gespannter Erschöpfung"* (Z. Krslf. 47, 346 [1958]) und *„Herzphobie"* (Med. Klin. 58, 693 [1963]).

Speziellere Daten über die *Beeinflußbarkeit der Herztätigkeit* auf *psychischem*, besonders *suggestivem Wege* liegen sehr zahlreich vor. So wurde häufig im Anfang von Hypnosen eine leichte Pulsbeschleunigung gefunden, die am besten als Erwartungs- oder Einstellungseffekt aufgefaßt werden kann. In der *Hypnose* selbst besteht bei störungsfreiem Verlauf schlafähnliche Abgleichung und Verlangsamung; kleine Abweichungen vom Durchschnitt gleichen sich aus. Diese Erfahrungen entsprechen der allgemein herrschenden Auffassung der störungsfreien Hypnose als eines Ruhezustandes. Werden dabei ausgesprochene Ruhesuggestionen gegeben, so sinkt die Pulszahl deutlich, wie *Bier* eingehend beobachtete (Zschr. klin. Med. 113, 762 [1930]). Am Elektrokardiogramm wurden bei Leerhypnose keine nennenswerten Änderungen gefunden, dagegen erhebliche bei Setzung von Affekten. *Cramer* und *Wittkower* (Klin. Wschr. 1296 [1930]) konnten unter gleichen Umständen sogar vorübergehende Herzvergrößerungen demonstrieren. Auch *Deutsch* und *Kauf* legten in ihren psychophysischen Kreislaufstudien (Zschr. exper. Med. 32, 197; 34, 71 [1923]) den wesentlichen Einfluß rein psychischer Momente auf die Herztätigkeit exakt fest. Für unser Training haben die Untersuchungen von *Astruck* über vegetative Reaktionen in Hypnose besondere Bedeutung; (er berichtete darüber im Arch. Psychol. [Halle] 45, 266 [1923] und kurz in der Münch. med. Wschr. 1730 [1922]). *Astruck* arbeitete mit Kardio-, Sphygmo- und Pneumographie an hypnotisierten Versuchspersonen und ergänzte diese Messungen durch Röntgenbeobachtung und Elektrokardiographie. Dabei zeigte sich, daß der Puls entsprechenden Suggestionen gut gehorchte. Bei Verlangsamungen durch psychischen Einfluß fiel der Puls jäh ab; bei dieser Arretierung verschwand die Vorhofszacke im Elektrokardiogramm, im Röntgenbild zeigten sich Zwerchfellschwankungen, bei suggestiver Atembeschleunigung bis zum Zwerchfellflattern. Für unser Training besonders bemerkenswert ist die Feststellung von *Astruck*, daß es in seinen exakten Versuchen wohl gelang, durch Herzsuggestionen Atemumschaltungen auszulösen, nicht aber von suggestiv gesetzten Atmungsschwankungen her Veränderungen der Herzfunktion. Erinnern wir an unsere prinzipielle Scheidung direkter, indirekter (über Gemütsbewegungen geleiteter) und sekundärer, über physiologische Organverbindungen dargestellter Konzentrations- und Suggestiveffekte, so würden die Befunde von *Astruck* besagen, daß es wohl gelingt, durch suggestive Veränderung der Herztätigkeit sekundär die Atmung zu beeinflussen, nicht aber umgekehrt. Die Frage „willkürlichen" Sterbens, eines gewissermaßen *psychogenen* Todes wurde in der medizinischen Psychologie bereits zu Zeiten des alten Magnetismus lebhaft erörtert. Einen beweisenden Fall dieser Art beobachtete der bekannte Kreislaufforscher *Hubert*, früher Nauheim, an einem Ministerialrat eines asiatischen Staates, der seinen eigenen Tod monatelang vorher voraussagte und zur festgesetzten Stunde in Anwesenheit des Arztes und der herbeigerufenen Ehefrau vollzog, ohne daß irgendein erklärender organischer Befund vorgelegen hätte. Es sei auf die Dissertation von *Johannes Reimann* „Beitrag zur Kenntnis des akuten *Vagustodes*" (Würzburg 1939) hingewiesen. Angesichts dieser und vieler analoger wissenschaftlicher Veröffentlichungen ist es erstaunlich, daß Selbst-Herzregulierungen echter oder getarnter Art als Wunderleistungen von *Yoga*-Vertretern diskutiert werden.

Entsprechend der prinzipiellen Richtung unseres Trainings auf die Darstellung eines konzentrativen Ruheentspannungszustandes wird die selbsttätigeRegulierung des Herzens gleichfalls zum Träger einer Selbstberuhigung gemacht.

Das *Wissen um die eigene Herztätigkeit* ist an und für sich von Mensch zu Mensch sehr verschieden. Stigmatisierte oder durch besondere physiologische oder pathologische Erfahrungen ausgezeichnete Individuen vermögen ohne weiteres auf Befragen über *„Herzempfindungen"* Auskunft zu geben; aber ihnen steht eine erhebliche Anzahl anderer gegenüber, denen jede Kenntnis dieser Art abgeht, und auch Menschen, die gelegentlich Herzsensationen erleben, sind durchaus nicht immer in der Lage, sie sich beliebig zu vergegenwärtigen. Für die Hälfte durchschnittlicher Versuchspersonen ist die Aufgabe, sich das eigene Herz vorzustellen, das eigene Herz zu „fühlen", zunächst unlösbar. Sie befinden sich in der Situation eines Menschen, der etwa bestimmte Verwendungen seiner Bewegungsmuskulatur noch nicht vollzogen hat und beim Herantreten einer entsprechenden Aufgabe plötzlich bemerkt, daß seine „willkürliche" Muskulatur ihm den Dienst versagt.

Bewegungserlernung zu bestimmtem Zweck und identisch Bewegungserwerbung in der Kinderzeit müssen zunächst ein Stadium durchlaufen, das aus der allgemeinen Kinderpsychologie *(Ch. Bühler)* wohlbekannt ist. Erst durch ziellose, oft fast rein mechanische, oder wie der Mediziner gerne sagt, „reflektorische" Betätigung muß der Mensch den Anschluß an seine eigenen Funktionsmöglichkeiten gewinnen; aus dem Funktionsstadium mit *„Funktionslust" (Ch. Bühler)* entwickelt er sich erst in einem langen und mühseligen Verlauf zu zielgerechter und werkhafter Betätigung; aus ungeordnetem Zappeln des Säuglings gestaltet sich Greif- und Gehverlauf, aus unbeholfenen, ungenauen, ungegliederten Bewegungsansätzen die präzise motorische Leistung geübten Bewegungsvollzuges, dessen Besitz uns den trügerischen Schein der Willkür vorspiegelt. Es ist daher irrig, zwischen willkürlichen und unwillkürlichen Funktionen eine prinzipielle Grenze ziehen zu wollen oder etwa gar eine bestimmte anatomische Körpergruppe, die quergestreifte Muskulatur, als willkürliche Muskulatur zu bezeichnen. Nur die besondere Lebensdringlichkeit gerade des äußeren Bewegungsvollzuges bedingt es, daß dieser schon so frühzeitig kindlich erworben wird und in seinen einmal erworbenen Zusammenhängen zur Verfügung steht. Ich befinde mich mit den hier entwickelten Gedanken, über die ich in der „Deutschen Gesellschaft für Nervenheilkunde" 1928 in Hamburg näher berichtete, in voller Übereinstimmung mit führenden Neurologen, so besonders mit *O. Foerster,* der meinem Vorschlage beipflichtet, die irreführende Bezeichnung „willkürliche Muskulatur" ganz aus dem medizinischen Sprachgebrauch auszumerzen. Ähnliche Anschauungen von anderem Ausgangspunkte bei *Spiegel, „Zentren des vegetativen* Nervensystems".

Hier interessiert uns die umgekehrte Fragestellung. Wenn die scheinbar so völlig gehorchende „willkürliche" Muskulatur eigentlich gar nicht „willkürlich" ist, so muß prinzipiell der Bereich übungsmäßig zu erobernder Funktionen sehr viel weiter sein. Der Wärmeversuch hat uns hierfür schon lehrreiches Material geliefert; doch ist er in seinen physiologischen Grundlagen nicht absolut durchsichtig. Weit eher ist dies bei der Erlernung selbsttätiger Schaltung des Herzschlages der Fall. Nur dürfen wir nicht den technischen Fehler begehen, an dem begreiflicherweise auch viele Versuche fremdsuggestiver Beeinflussung der Pulsfrequenz scheitern, nämlich den Versuchspersonen ohne nähere Hilfen den Auftrag zu geben, „ihr Herz umzustellen". Auch dieses Erlebnis ist nur möglich, wenn eine intensive Vergegenwärtigung gelingt; da aber nur eine gewisse Zahl durchschnittlicher Menschen von ihrem Herzerlebnis weiß, stellt die Aufgabe, fremdsuggestiv oder konzentrativ eine Umschaltung der Pulsfrequenz zu realisieren, eine rein technische Unmöglichkeit dar. Wir werden daher in völliger Analogie zum funktionsentdeckenden Zappelstadium des Säuglings solche Versuchspersonen zunächst einmal zur *„Entdeckung ihres Herzerlebnisses"* führen müssen. Technisch geschieht dies am besten so, daß beim Erstversuch der Versuchleiter der gut entspannten Versuchsperson eine Hand auf die Herzgegend legt und die Anweisung gibt, sich ungeteilt und ohne irgendwelche Vorurteile selbstbeobachtend, „selbstfühlend" auf diese Gegend einzustellen.

Wir bekommen dann oft schon beim Erstversuch, sehr regelmäßig nach einigen Übungstagen, an denen der Übende bei jedem Versuche seine rechte Hand auf die Herzgegend legt, Berichte über das Eigengefühl der normalen Herzarbeit; am häufigsten wird angegeben „ich fühle einen dumpfen Stoß", „ich merke, wie das Herz an die Brust anschlägt", „mir ist, als wäre der Brustkorb ganz groß, weit, warm und dunkel; in diesem weiten, dunklen Raum schlägt ein großer Ball weich und dumpf an die Wand". Optisch veranlagte Versuchspersonen sehen häufig ein Bild des Herzens, das meist aus irgendwelchen Abbildungen oder dergleichen entnommen ist, Ärzte verwenden oft Erinnerungsbilder an Sektionsmaterial. Es bleibt nun nicht bei diesen reinen Iktussensationen, sondern wir gewinnen manchmal schon bei Erstschilderungen, vielfach im weiteren Verlauf sehr viel eingehendere Darstellungen, etwa „eine Welle geht immer wieder hin und her, als wenn Brandung immer wieder ans Ufer rollt". Hier wie in den ersten Materialien kann man, wenn die Versuchspersonen diese Phänomene taktmäßig zählen, feststellen, daß sie gleichzeitig mit dem Puls auftreten. „Mein ganzer Körper, mein Ich, wird immer abwechselnd größer und kleiner, wie ein Gummischweinchen, das immerzu aufbläst und wieder nachläßt"; „ich sehe einen Autobus, ich höre seinen Motor; immer, wenn der Motor faucht, wird der Autobus größer; dann wird er von selber wieder kleiner, dann faucht der Motor wieder". „Eine ganz leise Welle geht von links von der Taille nach der rechten Brust hinauf; es ist, als wenn mein Körper wie eine wehende Fahne leise flatterte; das Flattern kommt ganz regelmäßig". Andere Versuchspersonen, besonders durch Konstitution oder Erlebnis stigmatisierte, schildern ein spezifisches Kontraktionsgefühl, etwa: „es zieht sich immer so zusammen, das ist so ähnlich, als wenn ich die Faust machte". „Ich fühle ein Drücken und Engwerden, das ist nicht unangenehm; es erweitert sich nach der Brustmitte, ich glaube, es ist mein Herz, das sich zusammenzieht".

Bei diesen Versuchen, „das Herz zu entdecken", muß der Arzt Psychologe genug sein, um hinter auch ganz phantastisch klingenden Schilderungen echte Erlebnisse zu erkennen; setzen hier doch häufig scheinbar phantastische Veranschaulichungen ein, darauf zurückgehend, daß die Schilderung solcher Selbstwahrnehmungen durchaus keine einfache Aufgabe bedeutet. In weiteren Fällen, und zwar scheint dies namentlich Menschen mit erhöhter vasomotorischer Erregbarkeit zu betreffen, wird das Herzschlagerlebnis weit weniger im Herzen, sondern mehr diffus, etwa in den Extremitäten als Pulsieren, Klopfen, Stoßen oder dergleichen, angegeben: im durchschnittlichen Verlauf stellen sich diese mehr peripheren Pulsations- und Sensationserlebnisse als Ergänzung des Herzerlebnisses ein, so daß die Versuchsperson gewissermaßen mehr und mehr Herz und Schlagadern „fühlen" kann. Damit erst haben wir die Basis für selbsttätige Umschaltung der Herztätigkeit gewonnen. „Totale organismische Volumpulsation, ein Ausdehnen und Kontrahieren gleich einer Amöbe" beobachtet (*H. Binder,* Psychotherapie III, 39 [1958]) ein 24jähriger Student bei der Herzübung; die „Kontraktion" wurde erlebt, wenn der Herzschlag am Puls fühlbar wurde; ein „außerordentlich angenehmes, wiegendes, einschläferndes, rhythmisiertes Gefühl".

Bleibt auch das Üben mit aufgelegter rechter Hand erfolglos, so lassen wir V. P. in Selbstbeobachtung suchen, ob irgendwo (Hals, Bauch, Handgelenk usw.) ein Pulsieren spürbar ist, und dann „in diesem Pulsieren" die „Herzformel" konzentrieren. Bleibt die Suche nach „Pulsieren" auch erfolglos, so kann die Zufallsbeobachtung eines trainierenden Kollegen helfen. Auch er „fand" weder „Herz" noch „Puls"; als er aber einer Fingerverletzung wegen einen Gummifingerling trug, konnte er hier das „Pulsieren" „entdecken". Hieraus entwickelt sich in der Regel bei weiterem Üben auch das „Herzerlebnis".

Wir verwenden die Eroberung des Herzens nur insoweit, daß auch dieses Erlebnis mit einem intensiven Ruhegefühl verbunden wird: *„das Herz schlägt ganz ruhig"* oder *„Herz schlägt ganz ruhig und kräftig";* bei Neigung zu Palpitationen, Herzunruhe u. dergl. empfiehlt sich *„Herz schlägt ruhig, regelmäßig"*, um unnötigen und störenden Überbetonungen vorzubeugen; das bedeutet beim ruhig Liegenden oder Sitzenden *keine Verlangsamung;* die Übung soll für unerwünschte Herzunruhen eine Abstellung, nicht aber im Ruhezustand eine (widernatürliche!) Verlangsamung vermitteln! Zweckmäßig benutzen wir schon in der ersten Übungszeit die selbsttätige Veränderung des Pulsschlags dazu, um der Versuchsperson zu demonstrieren, wie weit sie bereits Herr dieser Funktion geworden ist. Bei gut allgemein antrainierten und auf ihr Herzerlebnis in lebhafter Vergegenwärtigung fest eingestellten Versuchspersonen gelingt nach meinen Erfahrungen ausnahmslos eine recht weitgehende Verschiebung der Pulszahl. Im allgemeinen genügt es, dementsprechend eingestellten Menschen die Formel zu geben: „Herz schlägt schneller" oder „Herz schlägt langsamer", um sofort den gewünschten Erfolg herbeizuführen. Wird regelmäßig im Üben der Fehler gemacht „langsamer“ einzustellen, so ergeben sich erhebliche Störungen im Ekg, wie zwei meiner Mitarbeiter experimenti causa demonstrierten!

Mein Mitarbeiter *Herbert Binswanger* hat in seinen schon erwähnten Studien diese Frage objektiv weiter verfolgt und insbesondere nachgewiesen, daß die in Frage stehenden Umschaltungen der Pulsfrequenz ohne irgendwelche Veränderungen der Atmung vor sich gehen. Er empfiehlt, zur Bahnung des Erlebnisses den selbstgefühlten Puls von der Versuchsperson in Gedanken zählen zu lassen, eine Hilfe, die nach meinen Erfahrungen vorwiegend für Menschen von stark gemischtem oder von akustischem Typ zweckmäßig ist. Die näheren Materialien werden bei Besprechung der physiologischen Kontrollversuche mitgeteilt werden. Hier genügt es, darauf hinzuweisen, daß etwa ein 40jähriger Ingenieur, der 5 Jahre zuvor trainiert worden war, seinen Normalpuls von 76 auf 44 hinab- oder auf 144 hinaufstellen konnte. Es handelt sich dabei immer um völlig direkte konzentrative Leistung, ohne daß irgendwelche affektbetonten Erlebnisse eingeschoben würden, bei denen ja kaum von vornherein mit Sicherheit anzunehmen wäre, ob sie eine Pulsbeschleunigung oder Pulsverlangsamung herbeiführen. Außerdem sei nochmals an die Befunde von *Astruck* erinnert, der wohl bei starkem suggestivem Pulsverlangsamen sekundäre Atemveränderungen darstellen konnte, nicht aber umgekehrt von der Atmung her den Puls zu beeinflussen imstande war. Es ist nach diesen allgemeinen und den speziellen exakten Beobachtungen von *Binswanger,* die sich mit der klinischen Beobachtung decken, daß im Normaltraining bei der Pulsumschaltung die Atmung unverändert bleibt, kein Zweifel, daß mit der hier beschriebenen Technik der Normalmensch lernen kann, die Schlagfolge seines Herzens selbsttätig umzustellen.

Auch für das selbsttätige Üben der Versuchspersonen bedeutet es anfangs eine große Erleichterung, wenn sie bei der konzentrativen Hinwendung auf die Herztätigkeit durch einen äußeren Druckreiz der Herzgegend unterstützt werden. Am besten läßt man daher in dieser Phase des Trainings im Liegen üben und leitet die Versuchspersonen in einer gemeinsamen Sitzung dazu an, den rechten Ellenbogen durch untergelagerte Kissen oder dergleichen so zu unterstützen, daß der Unterarm auf Brusthöhe angehoben wird; nun legt die Versuchsperson ihre rechte Hand *vor* dem Beginn des Schwere-, Wärme- usw. Versuchs auf die eigene Herzgegend und kann den so gesetzten leichten Außendruck als Hilfe für die Auffindung des Herzerlebnisses benutzen (s. Abb. 6). Dabei ist genau zu beachten, daß der Unterarm waagrecht liegt; ist der Ellenbogen tiefer gelagert, so tritt das sehr störende Erlebnis ein, daß mit zunehmender Entspannung der Arm ins Bodenlose zu versinken scheint; liegt die Hand tiefer, so übt der entspannende Arm einen zuneh-

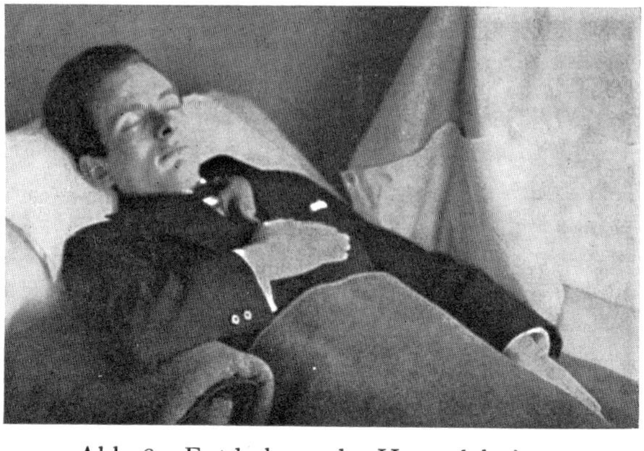

Abb. 6 Entdeckung des Herzerlebnisses

menden Druck auf die Brust aus, der Oppressions- und Beklemmungserlebnisse auslöst.

b) Die Atmung

Der tiefgreifende Einfluß gewaltsamer Änderungen der Atemtätigkeit, mag es sich um einen erzwungenen Atemstillstand oder um das andere Extrem, die Hyperventilation, handeln, ist allgemein bekannt.

Frühzeitige Beachtung der Atmung ist schon bei Übung 1 und 2 nicht selten: *H. Binder* empfiehlt dann, die Atem- vor der Herzübung einzusetzen (Psychotherapie III, 93 [1958]). In neuester Zeit (Dtsch. med. Wschr. 2276 [1948]) verdanken wir *G. von Stockert* sehr interessante Hinweise auf die besonders deutliche Reaktion depressiver Zustände in Hyperventilationen. Das hier so wesentliche „Tonusproblem der Atmung" ist in klarer und gründlicher Weise von *R. Schoen* (Klin. Wschr. 1341 [1936]) erörtert worden. Die von *Veil* und *Sturm* vertretene Auffassung aktiver Lungenmuskeltätigkeit ist noch in schwebender Diskussion. Der organismische Lebensvollzug *„Atmung"* wurde neuestens von *P. Christian* vorbildlich abgehandelt (Hdb. Neurosenlehre, Urban & Schwarzenberg, München, B. II, C, 2, d [1959]).

Wer bei geeigneten Patienten *Atemübungen* durchzuführen gewohnt ist, weiß auch aus der Behandlungserfahrung, wie häufig Menschen auf derartige Beeinflussungen mit starken allgemeinen Reaktionen antworten, die bald mehr nach der Richtung allgemeiner Exzitation, bald nach der Richtung synkopaler Zustände liegen. *Alle derartigen groben körperlichen Veränderungen sind mit dem Prinzip unseres Trainings unvereinbar.* Wir regen daher unsere Versuchpersonen an, die Atmung völlig sich selbst zu überlassen und in keiner Weise willkürlich zu beeinflussen; doch soll andererseits von den Kranken keine Hemmung gesetzt werden, wenn ein Antrieb zu einer besonderen Atmungsform besteht.

Nicht selten finden wir in Übereinstimmung mit *Golla* und *Antonovitch* (Zbl. Neurochir. 58, 15 [1930]) ein Unregelmäßigwerden des Atemtypus, wenn die Versuchsperson vor eine Aufgabe gestellt wird, die ihrem Typus nicht entspricht oder sonstwie irritierend wirkt. *Golla* und *Antonovitch* beobachten dies besonders in Verbindung mit der größeren oder geringeren Fähigkeit zu optischen Vorstellungen; Individuen mit dominierend optischem Vorstellungsvermögen zeigten im allgemeinen regelmäßigeren Atemtypus.

Sehr wesentliche „Untersuchungen über den handlungsartigen Charakter der Atembewegung" verdanken wir *Bruno zu Jeddeloh* (Dstch. Zschr. Nervenhk. 164, 525 [1950]).

Er konnte in sorgfältigen Beobachtungen herausstellen, daß jedem Menschen eine persönliche Form der Atmung eigen ist, die durch Lageänderung nicht beeinflußt wird und weitgehend von der Sensibilität der oberen Luftwege unabhängig ist, wie sich z. B. daraus ergibt, daß eine Vagotomie keine Änderung bringt. Er glaubt daher, daß wesentliche Afferenzen für die Gestaltung des Atmens in der Atemmuskulatur und ihrem Skelettapparat zu suchen sind, wofür auch ältere tierexperimentelle von ihm nicht erwähnte Befunde sprechen.

Bei der von uns gesuchten Einstellung wird die Atmung nach den Schilderungen der Versuchspersonen sehr häufig gewissermaßen zu einem Medium, in dem sie sich bewegen. Sie geben etwa an: „mein Körper ist ganz schwer, ganz warm, das Herz arbeitet ganz ruhig, die Atmung hebt und senkt mich wie ein Schiff auf ruhiger See“ oder „jetzt bin ich ganz Atmung; es ist schwer zu beschreiben, ich fühle mich als schwere, ruhige, warme Masse liegen, es ist, als wäre mein Atmen mystische Kraft geworden, die den Kosmos hebt und senkt. Meine Beziehung zum Umgebungsraum und zum Sofa ist dabei unverändert; es ist gleichsam das Atmen der Welt, das mich hebt und senkt“. Daß krankhafte Zustände der Atemtätigkeit besondere Maßnahmen erfordern, braucht hier nicht näher ausgeführt zu werden. Im durchschnittlichen Verlauf genügt die Formel: *„(die) Atmung (ist) ganz ruhig“*, wobei die innere Selbständigkeit des Atemrhythmus durch die Formel *„es atmet mich“ später* oft gefördert werden kann, die *in gelungenem Training* oft *spontan* gebracht wird. Allerdings darf *diese Formel nie als „Aufgabe“* gesetzt werden, sondern muß einer organischen Selbstentwicklung entfließen, die in sehr vielen Fällen gerade mit der Ausgestaltung der ganz individuell gemäßen, gelösten Atemführung zu einer sehr deutlichen Intensivierung der bisherigen Übungen und der autogenen Umschaltung im Ganzen führt. Sorgfältige Experimente über autogen gestaltete Atmung verdanken wir *W. Luthe* (Zschr. Psychotherap., Stuttgart VIII, 89 [1958]).

Eine gute Schilderung des Atemerlebnisses gibt der Bericht einer 36jährigen Ausbildungskandidatin 1942 („Atmungs-Ganzheitserlebnis“, V. P. ist Psychologin):

„Ich hatte das Gefühl, von etwas Großem, fast Unendlichem, geatmet zu werden, von dem ich nur eine Durchgangsstation war. Auch atmete ich nicht durch die Nase, sondern die Luft strömte in mich ein, als ob ich durchlässig wäre, wobei die Strömung von unten nach oben ging. Vor allem waren es die Poren, die Fuß- und Fingerspitzen, durch die ich atmete. Auch schien mir die Luft fast eine andere Qualität zu haben, leichter und intensiver als sonst. Körperlich hatte ich die Empfindung größter Leichtigkeit und Beschwingtheit. Das zweite Erlebnis war völlig anders. Ich fühlte mich wie eine Unterwasserpflanze, die gleichmäßig langsam bewegt wird. Es war so etwas wie Atemschaukeln. Die beiden Erlebnisse sind natürlich in völlig verschiedenen Schichten.“ Folgen die Versuchspersonen durchschnittlicher Art diesen Anordnungen, so wird von ihnen häufig spontan eine eigenartige Beobachtung angegeben. Die in unserem Training gesetzten Einstellungen, besonders die der Schwere und Wärme, werden im subjektiven Erleben wechselnd deutlich, und zwar in unmittelbarem *Anschluß an die Atmung.* So gibt ein 35jähriger Nationalökonom zu Protokoll: „Atmen mit dem Bauch – (ganz leises!) – intensives Wärmegefühl in der Gegend des Sonnengeflechtes – besonders bei dem *Ausatmen* – verbunden mit dem Gefühl der Trockenheit, trockene Wärme – im Unterschied zu den Armen und Beinen (dort: ‚Selterwasser‘). – Gleichsam ein *Glühkörper,* der langsam und ruhig trockene Wärme ausstrahlt“.

J. Jastram, Assistent an der Lungenheilstätte Edmundsthal/Hamburg (Chefarzt *H. Wulf),* teilte sehr bemerkenswerte Beobachtungen darüber mit, daß die allzu technische Vorstellung von Patienten aus der mechanischen Welt, als erfolge die Atmung „in einer eisernen Lunge", wohl vorübergehend zu der erwünschten Verselbständigung der Atmung führte, aber mit dem Verschwinden dieses Bildes zu Atemstörungen führte. Erst als in den beiden von ihm beobachteten Fällen das Bild einer eisernen Lunge völlig verlassen war, stellte sich eine wirklich gelöste Atementwicklung ein, ein schönes Beispiel für die Gefährdung der Übungen durch persönlichkeitswidrige Verbilderung („Psychotherapie" Vol. I, 181 [1956], Huber Verlag, Bern).

Ähnliche Schilderungen in etwas kürzerer und einfacherer Form werden uns oft von selbst geliefert, stets dahin gehend, daß besonders die Wärmeempfindung in der Ausatmungsphase deutlicher werde. Auf Befragen können durchschnittliche Versuchspersonen fast ganz regelmäßig dieses Phänomen der *Ausatmungsverstärkung* angeben.

Die theoretische Deutung dieser Erscheinung kann ich bisher nicht eindeutig geben. Sie knüpft einmal an das aus der Sinnespsychologie bekannte Phänomen rhythmischen Erlebens konstanter Reize, etwa physikalisch völlig gleichmäßiger Tonreize an. Doch sind die hier beobachteten Oszillationen sehr viel schneller und meist nur bei besonderer selbstbeobachtender Zuwendung wahrnehmbar. Näher liegt es, an physiologische Zusammenhänge zu denken. Mir erscheint es am naheliegendsten, in der mit der Ausatmung verbundenen entspannenden Senkung des Schultergürtels das Wesentliche zu sehen, doch ist auch an die aus der Kreislaufphysiologie bekannten großen Atemschwankungen der Pulswelle zu denken. In schönen Maß-Untersuchungen über Atmung und Fingerplethysmogramm wies *G. Peters* (Pflügers Arch. Physiol. 241, 201 [1938] nach, daß „der Inspiration eine Senkung, der Exspiration ein Anstieg des Volumens entspricht" und hierbei Brustwand-, Nerven-, Gefäßreflexe beteiligt sind, und gab eine kritische Übersicht über das Schrifttum. Je mehr thorakal geatmet wird, desto deutlicher sind daher schon spontan die wellenförmigen Schwankungen. Sie bleiben, wie *Mulinos* und *Shulmann* (Amer. J. Physiol. 125, 310 [1939]) zeigten, bei sympathischer Entnervung aus. Periodische, mit dem Atemrhythmus synchrone Extensionsbewegungen der Extremitäten beobachtete *Olerefirenko* (Zschr. Neurol., Berlin 88, 560 [1938]) bei nach *Sherrington* dezerebrierten Hunden. Wichtige Hinweise auf russische Arbeiten aus der Tradition von *Pawlow* über die entscheidende Bedeutung rhythmischer Impulse des Atemzentrums für die Erhaltung der Erregbarkeit von Hirnrinde und Rückenmark finden sich in der Arbeit von *A. Smirnow* (Dtsch. Gesd.wes. 37–40 [1952]); sie geben eine experimentelle Bestätigung zu der bekannten These von *Walter Scheidt* über die zentrale Stellung des Atemvorgangs in der Biorhythmik des Nervenleitwerks. Endlich ist hier auf die Befunde von *Colucci* (Zschr. Neurol., Berlin 59, 418 [1931]) hinzuweisen. Er studierte bei Trepanierten am offenen Gehirn die Kurven bei modifizierter Ex- und Inspiration und stellte dabei fest, daß in der Einatmungsphase eine abfließende, in der Ausatmungsphase eine zufließende Verschiebung des Blutstromes nachweisbar ist, wodurch er die Tendenz zu tiefen Atembewegungen beim Erwachen aus Schlaf und Ohnmacht erklärt. Daß bei tiefer Einatmung eine Gefäßverengerung in den Fingern auftritt, demonstrierte *R. W. Gilliatt* in schönen Experimenten (J. Physiol. 107, 76 [1948]). Absinken des Atem-Minuten-Volumens, besonders bei Hyperthyreosen stellte *P. Polzien* (Corr. Psych. S. 94) in exakten Messungen fest.

Entspannende, dem Nachtschlafatmen nahestehende Veränderungen des Atemrhythmus schildert der

34jährige Nervenarzt (5. Übungswoche) *Dr. Würfler*

„Als ich auf meinem Ruhebett liegend übte, und zwar länger als bisher, so lange bis ich ein deutliches Schwere- und Lösungsgefühl des ganzen Körpers wahrnahm, bemerkte ich eine Veränderung der Atmung. Diese Veränderung ist ganz unwillkürlich geschehen, ich wurde ja erst aufmerksam, als sie sich vollzogen hatte. Mir fiel zuerst auf, daß die Exspiration etwas Ruckartiges erhielt, während die Inspiration ruhig ‚anzog' und wesentlich thorakal war. Sodann bemerkte ich deutlich eine Pause zwischen Ex- und Inspiration. Zur Veranschaulichung des eigenartigen Verhältnisses zwischen Ex- und Inspiration fällt mir ein Vergleich aus der Technik ein. Die Atmungsluft sei eine Kugel, die allmählich, z. B. von einem Paternosterwerk, gehoben wird. Vom höchsten Punkt fällt sie, der Schwere folgend, frei herab. Unten bleibt sie liegen, bis die Schale des Paternosterwerkes sie wieder erreicht und von neuem hebt.

Graphisch dargestellt würde die veränderte Atmungskurve so aussehen (die Zeit als Abszissen, das Atemvolumen als Ordinate) (Abb. 7).

Der veränderte Typ, der gekennzeichnet ist durch

1. rasche ‚fallende' Exspiration,
2. prä-spiratorische Pause,
3. Thorakalatmung, auch beim Manne!

kommt wohl infolge einer prompten Lösung der gesamten Atemmuskulatur auf dem Gipfel der Inspiration zustande und kann daher als Indikator für einen besonderen Abschnitt der Versenkung dienen. Die Exspiration ist ungehemmt passiv, sie wird ganz den Kräften der Elastizität (Lungengewebe, Rippen, Bänder usw.) und der Schwere (Eingeweide) überlassen. Die Muskelarbeit begnügt sich mit dem Notwendigsten; sie ist optimal ökonomisch, wenigstens für diesen Zustand der Ruhe; nicht z. B. für die Sprechfunktion, die das genaue Gegenteil verlangt" (Abb. 8).

Es handelt sich um eine Annäherung an die Nachtschlafkurve.

Damit werden wir noch stärker als bei den Herzerlebnissen auf ein Problem geführt, das in sehr vielfacher Weise für unsere Arbeit von Belang ist, den *Rhythmus.* Rhythmus und Suggestion (vgl. *I. H. Schultz,* Lebensrhythmus und Psychotherapie (Dtsch. Med. Wschr. 996 [1938]); *Chersonskij* und *Vecner,* (Zschr. Neurol., Berlin 59, 56 [1931]; Hippokrates Verlag, Stuttgart [1935]). Wichtige Hinweise auf die Beziehung zwischen psychomotorischem Tempo und Erlebnisverarbeitung bei *H. Baitsch* aus dem Münchener anthropologischen Institut (Zschr. menschl. Vererb.-Konst.lehre 30 [1952], 608).

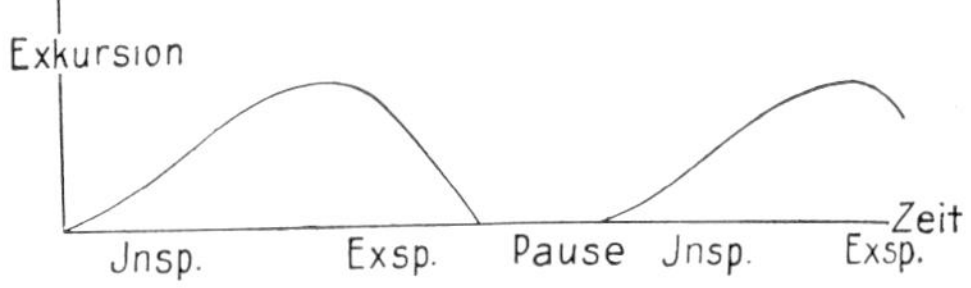

Abb. 7

Es kann nicht unsere Aufgabe sein, dieses ungeheure Problem im allgemeinen hier anzugehen. In unserer Arbeit, die ja in vieler Beziehung eine „innere Gymnastik" darstellt, ist das rhythmische Moment mit der Substanz der ganzen Arbeit verbunden. Es wird immer die Aufgabe sein,

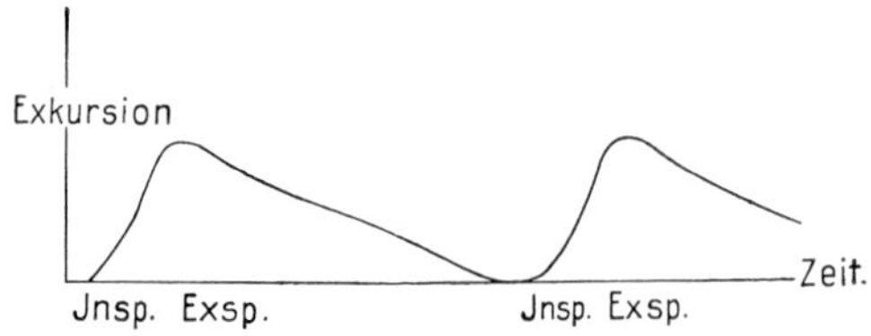

Abb. 8

den fließenden, gerade an den Atemwellen gut erkennbaren entspannten Rhythmus möglichst harmonisch in den Dienst unseres Trainings zu stellen. Ganz besonders gilt dies für Versuchspersonen von ausgesprochen motorischem Typus im Sinne von *Bärwald.* Die Empfindlichkeit solcher Menschen für rhythmisches Geschehen kann gelegentlich zu Störungen führen, indem etwa die gleichzeitige Einstellung auf Puls- und Atemrhythmus gewissermaßen Interferenzerscheinungen ergibt.

Es sei bei dieser Gelegenheit besonders hervorgehoben, daß auch bei der Bildung von Vergegenwärtigungsformeln in der Arbeit sehr häufig rhythmische Momente vorteilhaft sein können; die stärkere und leichtere Einprägsamkeit rhythmisch-organischer Wortgebilde ist ja eine in der allgemeinen und angewandten Psychologie bekannte und viel bearbeitete Tatsache. So protokolliert der schon erwähnte 35jährige Nationalökonom, ein ausgesprochen motorischer Typ: „Vorteilhaft ist Anpassen der gedachten Sätze an die Herztätigkeit, so daß jede Silbe mit einem Herzschlag zusammenfällt, oder auch so, daß nur das letzte (bedeutendste) Wort gleichzeitig mit einem Herzschlag gedacht und dadurch besonders betont wird, z. B.:

0 0 0 0 /
Mein rechter Arm ist . . . schweeer!

0 0 0 /
Mein Kopf ist . . . kühl!"

Etwa von der Atemübung an kann man, wie *H. Stolze* mit Recht (Psychotherapie I, 102 [1956]) empfahl, die *bildhaften Organrepräsentationen* im Sinne *G. R. Heyer* als *Anregung, nicht etwa als Auftrag,* besprechen, besonders in der Gruppenarbeit.

c) Das Abdomen

Die Richtung der von uns gesuchten Einstellungen entnahmen wir den Erfahrungen der Hypnose, des *Ruhebades* und des Nachtschlafes sowie der Gesamttendenz allgemeiner Entspannung. In diesem Sinne leiten wir die Versuchspersonen an, die gesamte Bauchgegend mit einer intensiven strömenden Wärmesensation zu erfüllen.

Der allgemeine Effekt einer solchen Einstellung zeigt Beziehungen zur schon erwähnten Warmbadwirkung, besonders aber zu der allgemeinen ärztlichen Erfahrung der beruhigenden und schlaffördernden Wirkung warmer Leibumschläge. *Prengowski* empfahl (Psychiatr. neurol. Wschr., Halle 27, 212 [1925]) zu besonders wirksamer Förderung des Einschlafens Kranke in Bauchlage für 10–30 Minuten auf einem Thermophor liegen zu lassen.

In derselben Richtung ist diese Übung angesetzt, deren Erlernung bei durchschnittlichen Versuchspersonen, ebenso wie die der Herz- und Atemregulierung etwa zwei Wochen in Anspruch zu nehmen pflegt. Technisch geht man so vor, daß dem konzentrierten Patienten, wenn ihm die freie Darstellung der Übung ohne Hilfe nicht gelingen will, die Hand des Arztes zwischen Nabel und Brustbein auf den Leib gelegt und die Anweisung gegeben wird, das von Arm und Bein bekannte Wärmeerlebnis intensiv nach dieser Richtung zu konzentrieren. Als Formel empfiehlt sich unter Vermeidung des Wortes „Bauch" zu kurzer Verständigung: *„(das) Sonnengeflecht (ist) ganz warm"* oder, oft besser *„strömend warm"*. Versuchspersonen ohne alle anatomischen Kenntnisse wird zweckmäßig der Plexus solaris in einem Atlas gezeigt, um die Einstellung zu konkretisieren. Nicht selten kann die Erwerbung dieser Einstellung der V. P. dadurch erleichtert werden, daß man sie anleitet zu „phantasieren", als ströme die Ausatmung nach unten in den Oberbauch (*„Prana"* – Mystik!). Als Illustration folgende Protokolle. Verwiesen sei auch auf das Protokoll der englischen Psychologin, die über mittels dieser Technik abgestellte störende Bauchsensationen berichtet (S. 51, Nr. 19). Die Hinlenkung auf das „Sonnengeflecht" im autogenen Training läßt Untersuchungen von *E. Hagen* (Klin. Wschr. 127 [1947]) „Zur normalen und pathologischen Histologie des Ganglion solare beim Menschen" sehr beachtlich erscheinen.

1. *45jähriger Psychologe* (4. Übungswoche)

„Sonnengeflecht ist strömend warm." „Hätte man mir vor dem nachfolgend geschilderten Erlebnis die Aufgabe gestellt, im Leib-Seele-Raum das Icherlebnis zu lokalisieren, so hätte ich einen Raum um den Punkt auf der Stirn zwischen den Augen angegeben – einen kreisförmig sich ausweitenden Erlebnisraum. Nachdem ich monatelang (3 Monate etwa) die Übung mit dem Wortlaut: ‚Sonnengeflecht ist ganz warm' geübt hatte, übte ich sie 8 Tage lang als ‚strömend warm'. Diese Formulierung war mir sofort annehmbarer, blutvoller; bisher war sie mir ein wenig suspekt gewesen. Ich erlebte dann eines Tages so etwas wie ein neues Erlebniszentrum im seelisch-leiblichen Raum. Es war wärmer ausstrahlender wie das Kopfzentrum. Wenn dieses mehr einziehend, festhaltend war, so hatte jenes eine unmittelbar bewegte, wellenartig sich hergebende Tendenz. Das Ergebnis war ein Ausstrahlungserlebnis; nach unten zur Erde hingehende strömende Linien. Wie Wurzeln, die eine Pflanze zur Erde aussendet."

2. *40jährige Psychologin* (10. Übungsmonat)

„Sonnengeflecht strömend warm." („Alle Übungen des autogenen Trainings gelingen mir nur liegend.")

„Die Übung ‚Sonnengeflecht strömend warm' gelang mir beim erstenmal. Die Glieder lagen schwer und entspannt, als fielen sie ganz tief, und der Rumpf würde gehoben, läge auf einem Plateau, das auf der Gliedschwere ruhte. Dann stellte sich recht bald ein Gefühl ein, als sei der Leib eine eherne Schale, die mit lebendigem Inhalt gefüllt sei. Mir kam als vergleichendes Bild: Eherne Opferschale, mit Opfergekröse gefüllt! In das Opfergekröse kam bewegtes Leben, wie eigengesetzliches

Leben empfunden. Es war, als könne ich die Bewegungen in ihren Gängen und Windungen verfolgen. Die Bewegungen wurden recht rumorend und laut. Je bewegter ich den Inhalt der Schale empfand, desto fester und umfriedender empfand ich das eherne Becken. Zwei völlig voneinander verschiedene Empfindungstöne hafteten an Becken einerseits und Inhalt andererseits (Starre und Bewegung). Die Eingeweide, die mir bisher ganz unbewußt in der Bauchhöhle als rein vegetative Tatsache und Selbstverständlichkeit im Rahmen des Gesamtorganismus erschienen sein mußten, hatten mit einemmal eine intensiv betonte Eigengesetzlichkeit. Das Erlebnis war für mich die Offenbarung eines neuen Organempfindens."

3. *43jähriger Arzt* (5. Übungswoche)

Das fließende Wärmegefühl war während der Einatmung stärker als während der Ausatmung. Es sei jedoch bemerkt, daß ich meine Übungen zu Hause nur im Liegen durchführe, da ich bei der Droschkenkutscherhaltung einmal fast kollabiert wäre. Außerdem ergab sich bei der Überprüfung der geschilderten Eigenbeobachtungen, daß sie nur dann auftrat, wenn die Atmung vollständig auf die Zwerchfellatmung umgestellt war.

d) Die Stirnkühlung

Als letzte Ergänzung der durchschnittlichen Technik fügen wir noch eine Einstellung bei, die ebenfalls in Analogie zum *Dauerschlafbade* geschaffen wurde. Die bisherige Technik führt dazu, daß der gesamte Körper schwer, warm, mit ruhiger Herz- und Atemtätigkeit und strömend-warmer Bauchgegend entspannt ruht. Wir grenzen nun bewußt den Kopf von diesem Allgemeinerlebnis ab, und zwar besonders die Gegend, in die wir das Icherlebnis zu lokalisieren pflegen *(Claparède)* und wohin auch beim Einschlaferlebnis *(Mayer-Groß)* sinnenhaft projiziert wird: die Stirngegend. Zum Träger dieser Abgrenzung bedienen wir uns der Formel: *„die Stirn ist ein wenig kühl"*, in Analogie zur Kopfkühlung beim warmen Bade. Auch dieser Schritt der Technik pflegt meistens zwei Wochen regelmäßigen Übens zu erfordern; vielfach sind längere Übungszeiten notwendig. Bei besonders empfindlichen Kranken hat sich vielfach die Formel *„Stirn angenehm kühl"* als sehr brauchbar erwiesen. *H. Binder* empfiehlt vorbereitend die Formel „Kopf leicht und klar, Gesichtszüge ganz glatt und entspannt" einspielen zu lassen (Psychotherapie III, 93 [1958]). „Entspannt" als Formel wird leicht zu intellektuell erlebt: „Gesicht hängt angenehm schwer" oder dgl. wäre vorzuziehen. Es hat sich mir in den letzten Jahren sehr bewährt, *in jedem Falle zunächst die Stirnkühle nur 2mal* einstellen zu lassen und den Übenden nach einigen Versuchen zu fragen, ob er bereits etwas wahrnimmt. Ist dies nicht der Fall, so lassen wir die Formel 3mal einstellen und uns gleichfalls wieder nach einigen Versuchen berichten und steigen so ganz vorsichtig bis zu der Zahl von Wiederholungen an, bei der eine, wenn auch nur ganz geringe und angedeutete Kühle erlebt wird. Ebenso soll bei den selbständigen häuslichen Übungen verfahren werden.

Wie wir aus hypnotischen Erfahrungen wissen – erinnert sei besonders an die schönen Studien von *Geßler* und *Hansen* (Zbl. inn. Med. 48, 27 [1927]) –, führt die intensive Vergegenwärtigung von Temperaturerlebnissen zu sehr deutlichen Veränderungen der Wärmeregulation, die mit größter Wahrscheinlichkeit überwiegend vasomotorisch aufzufassen sind. Es ist deshalb, das sei schon hier kurz erwähnt, bei der Durchführung von Kältekonzentration zu größter Vorsicht zu raten, weil auf diesem Wege höchst unangenehme vasospastische Zustände ausgelöst werden können. Ich warne vor allen Formulierungen, die zu einer Vergegenwärtigung sehr intensiver Kälteerlebnisse führen können, mag es sich um allgemeine Formulierungen, wie „ist ganz kalt" oder um illustrierte Formeln, etwa „kalt wie Eis", „als wenn ich im Schnee läge" und dergleichen handeln. Namentlich die Darstellung der Stirnkühle muß vorher mit der Versuchsperson dahin besprochen werden, es solle nur ein ganz leichtes, flüchtiges Kühleerlebnis etabliert werden, etwa wie nach Bestreichen mit dem Migränestift oder nach Betupfen mit etwas Kölnisch Wasser. Läßt man diese *Vorsicht außer acht, so kann man sehr unangenehme und heftige Reaktionen erleben,* wie Schwindel, ohnmachtähnliche Zustände, langdauernde Kopfschmerzen und dergleichen, auch wenn es sich um durchschnittliche Versuchspersonen handelt, deren vorhergehende Untersuchung und Schilderung keinerlei Anhaltspunkte für eine besondere Empfindlichkeit gaben. Daß alle Versuchpersonen mit deutlichen Zeichen gesteigerter Vasolabilität, so z. B. alle *Migränekranken,* bei diesen wie auch schon bei den allgemeinen Wärmeentspannungsversuchen besondere Vorsichtsmaßregeln erfordern, sei hier nur kurz angemerkt. Sind die Versuchspersonen über diese Schwierigkeiten hinreichend aufgeklärt und versuchen sie der Anleitung entsprechend wirklich nur ein leichtes Kühleerlebnis darzustellen, so ist bei durchschnittlichen Versuchspersonen nur mit vorübergehenden leichten unangenehmen Empfindungen, nicht aber mit irgendwelchen Störungen zu rechnen. In einem 1950 abgehaltenen Ärztekurs erlebte ein spezifisch belasteter, bisher anfallfreier Kollege nach der ersten von ihm überdosierten „Stirnkühle" seinen ersten Migräneanfall! Eine zweite völlig analoge Selbstbeobachtung teilt *F. Lüdemann* (Psychotherapie II, 59 [1957]) mit. Geben kritische und zuverlässig selbstbeobachtende Patienten an, es führe regelmäßig äußere Kälteanwendung bei ihnen zu Beschwerden migränöser oder ähnlicher Art, während Wärme ausgesprochen lösend und wohltuend wirke, so empfiehlt es sich, diesen Anregungen zu folgen und Formeln zu benutzen wie etwa „Stirn angenehm warm" oder dergleichen.

Das subjektive Erlebnis bei der Vergegenwärtigung „die Stirn ist ein wenig kühl" wird von der Mehrzahl gut beobachtender Versuchspersonen so geschildert, als streiche ein leichter, kühler Hauch über die Stirn („Geisterhauch" der Spiritisten).

Wir dürfen dies so auffassen, daß der konzentrativ auf die Stirngegend eingestellte Mensch die stets vorhandenen leichtesten Luftbewegungen und Verdunstungskühlungen wahrnimmt, ein Punkt, der auch für die Aurasymptome eigentlichen Sinnes entscheidend sein dürfte. Im weiteren Verlauf grenzt sich der „kühle Kopf" von dem „schwer-warmen Körper" ab. Fast ausnahmslos geben uns gute Selbstbeobachter das Erlebnis so an, es liege der Körper schwer-warm irgendwo unten, der Kopf schwebe kühl darüber, so daß häufig zum Vergleich mit Mondlandschaften usw. gegriffen wird.

Damit haben wir ein Bild der durchschnittlichen Technik gegeben. Jeder Schritt muß in systematischer Übung erkämpft werden und hat die vorhergehenden nicht nur allgemein zur Voraussetzung, sondern es muß in jeder Übungssitzung von Ruhe über Schwere und Wärme einmal der Gesamtablauf gewissenhaft dargestellt werden. Nachher ist die Reihenfolge beliebig: „in den Übungen spazierengehen". Begreiflich, daß Versuchspersonen, die genügend Ausdauer und Selbsterziehung haben, um in entsprechender Weise durchzuhalten, nicht allzu häufig sind, und in der Mehrzahl der Fälle auch bei gutwilligen Versuchspersonen eine Anregung der Übungsarbeit durch gelegentliche kurze gemeinsame Kontrollübungen notwendig wird. Es ergibt sich weiter, daß durchschnittliche Aneignung der allgemeinen Technik einen Zeitraum von 12 bis 18 Wochen erfordert; erst nach 3–4 Monaten ist im allgemeinen die Selbstumschaltung so geläufig, daß erhebliche Leistungen möglich werden; doch können schon etwa von der dritten oder vierten ergänzenden Übungssitzung ab Versuche der Selbstruhigstellung, der Schlafregulierung, der Herzruhigstellung usw. gestattet werden, wenn die Versuchspersonen sich darüber klar sind, daß zu sicherer und weitgehend erfolgreicher Leistung längeres konsequentes Üben unerläßlich ist.

Der Versuch, die Stirn kühl zu stellen, führt etwa zu folgenden Schilderungen:

1. *43jähriger Justitiar und Rechtsanwalt* (4. Übungswoche)

Stirn kühl: Beim ersten Versuch.
Bemerkungen: Kälte-Hauch-Gefühl, etwa wie in der vordersten Reihe im Theater, wo ab und zu solche Luftwellen von der Bühne kommen.

2. *37jährige Graphikerin* (6. Übungswoche)

Stirn kühl: Sofort, über die ganze Stirn.
Bemerkungen: Beruhigend.

3. *43jähriger Kaufmann* (6. Übungswoche)

Stirn kühl: Zunächst sehr schwach.
Bemerkungen: Die späteren Versuche ergaben leichtere Einstellung auf Kühle, jedoch immer noch sehr schwaches Empfinden.

4. *49jährige Modistin* (5. Übungswoche)

Stirn kühl: Ja, kühler Wind an der Stirn, dazu ganz kalte Beine.

5. *40jähriger, akademisch gebildeter Kaufmann* (6. Übungswoche)

„Kühle der Stirn: Das Gefühl der Kühle hervorzubringen gelang mir erst beim dritten Versuch. Ich spüre deutlich einen angenehmen kühlen Hauch, der aber, von rechts kommend, in der Mitte der Stirn nicht weiterwollte. Wir stellten in der gemeinsamen Unterhaltung fest, daß hieran wahrscheinlich ein Schmiß die Schuld trage, der gerade in der Mitte der Stirn diese in zwei ziemlich gleiche Hälften teilt. Bei meinen weiteren Versuchen habe ich bis jetzt wohl feststellen können, daß ich das Gefühl der Kühle auch ein wenig auf der linken Stirnhälfte produzieren kann, bisher habe ich aber die Intensität wie auf der rechten Stirnhälfte nicht erreichen können."

6. Mein Mitarbeiter *Nervenarzt Dr. Klaus Hoppe* gibt folgenden anschaulichen Selbstunterricht aus der 14. Übungswoche:

„Zunächst innerer ‚Kampf‘ zwischen Solarplexus und Stirn, kühl zu werden. Nach Anregung, erst Kühle in die Hand zu schicken, dies erreicht bei beiden Händen; dann wurde Stirn kühl, schließlich strömte das Sonnengeflecht warm. Beim Rückgang erst beide Hände warm, dann Beendigung des autogenen Trainings.“

Für weitere Verläufe, bei denen besonders optische Erscheinungen mitgeteilt werden, geben die beiden folgenden, täglich geführten Protokolle Auskunft:

35jähriger Regisseur

Donnerstag, 8.	Optische Erscheinung	—
Freitag, 9.	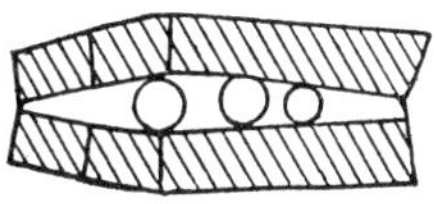 Abb. 9	Gefühl des Körpers: leicht, fast schwebend. Leichtes Zittern, wie in elektrischem Strom.
Sonnabend, 10.	Optische Erscheinung	—
Sonntag, 11.	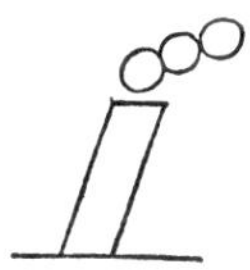 Abb. 10	
Montag, 12., bis Mittwoch, 14.	—	—
Donnerstag, 15.	Optische Erscheinung	—
Freitag, 16.	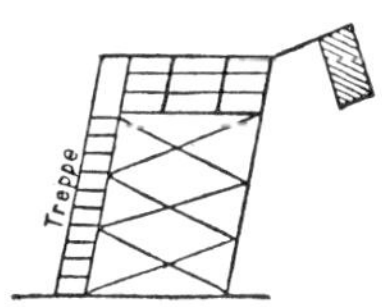 Abb. 11	—
Sonnabend, 17.	Traum in der Erinnerung nicht mehr feststellbar	—
Sonntag, 18.	—	Wunderbarer Zustand. Vollkommen abgeschlossen von der Außenwelt. Körper leicht, angenehm warm. Leicht transpirierend. —
Montag, 19., bis Dienstag, 27.	—	—

25jährige Graphologin – a) erste, b) zweite Übung

b) 11. Tag: Beim Versuch merkwürdiges *optisches Phänomen:* Plötzlich steht vor mir eine Kugel – viel größer als ich – nicht sehr weit; auf einmal bewegt sie sich, schwankt von einer Seite zur andern, immer heftiger, als ob sie sich losreißen wollte – nicht wie gerissen, sondern wie aus eigener Kraft mit gewaltigen, sehr eindrucksvollen Bewegungen – langsam, bewußt, gewaltsam, zäh. Im Augenblick, wo sie sich ganz von dem Erdboden abgelöst hat, fängt sie an, sich zu drehen, erst langsam seitlich links herum, dann immer rascher und entfernt sich dabei nach links. Sie wirkt ruhig, sicher nicht „schwebend". Als die Bewegung mich nicht mehr fasziniert, sehe ich Farben, denke an einen sich drehenden Globus, kann Einzelheiten aber nicht erkennen. Indem die Kugel sich nach rückwärts leicht links gerichtet entfernt, wird sie kleiner und undeutlicher, verlöscht.

a) 12. Tag: Ohne Besonderheiten. b) 12. Tag: Am selben Platz zu etwa gleicher Tageszeit (etwa 17 Uhr) ein ähnliches Phänomen: Diesmal ist es deutlicher ein Globus; wie ein Schulglobus auf einer schwarzen Achse hängend, ziemlich klein und weit entfernt, halbschräg links; dreht sich auch links herum um seine Achse ziemlich rasch, aber ohne sich von dem Platz zu entfernen. Einzelheiten sind durch die rasche Drehung nicht zu unterscheiden. Das Bild wird bald undeutlich, verschwindet, wird nochmals sichtbar und zerrinnt wieder. a) 13. Tag: Bemerke nur, daß Versuch besser glückt, wenn Atmung vermindert wird. Sonst ohne Besonderheiten. a) 15. Tag: Versuch, die Herztätigkeit herabzusetzen, entzieht sich durch Einschlafen der Beobachtung. a) 16. Tag: Ebenso. Kopfschmerzen lassen sich in 5 Minuten beseitigen. b) 16. Tag: Optisches Phänomen: Plötzlich rechts vor mir ein riesiger Tierkopf, nicht genau erkennbar, ob Zeichnung, Plastik, aber nicht lebendig. Erst ist der Kopf (richtiger die Maske oder das „Gesicht" – Hinterkopf oder Hals kann ich trotz aller Mühe nicht sehen) viel größer als ich selbst, dann wie ein Pferdekopf groß, immer nur einzelne Züge erkennbar, nie das Ganze deutlich, zuerst der Mund: eine Fabelkarikatur, Erinnerung an vorgeschichtliche Tiere, eckiger Mund, sehr breit mit winkliger statt gerundeter Unterlippe: Kinn auch kantig; Nase rund mit riesigen Nasenlöchern, Augen ebenso, nur große runde Höhlen, ich weiß plötzlich nicht, ob ich Augen sehe oder Nasenlöcher. Das Bild löst sich auf. a) 17. Tag: Ohne Besonderheiten. b) 17. Tag: Optisches Phänomen ähnlich. Wieder Tierkopf, Andeutung der Kopfformen. Gesichtszüge als Gesamtheit nur so kurz, daß nicht sicher und deutlich erinnerbar. Der Kopf ist meistens klein, wechselt zwischen Kalbs- und Schafsgröße. Alle Augenblicke ein anderes Gesicht. Formen meistens rundlich, nie scharfkantig wie am Vortage. a) 18. Tag: Ohne Besonderheiten. b) 18. Tag: Optisches Phänomen, ähnlich wieder wie die Tage vorher, rechts, doch nur für Bruchteile von Sekunden, so daß nie deutlich genug erkennbar, um es zu beschreiben. a) 19. Tag: Ohne Besonderheiten; Herzversuch entzieht sich immer noch der eigenen Kontrolle (d. h. der gefühlsmäßigen Sicherheit). b) 19. Tag: Optisches Phänomen wieder rechts, deutlicher, aber auf kurze Augenblicke beschränkt. Erst wieder eine Art Tierkopf, aber viel menschenähnlicher, bewegte Gesichtszüge, Mienenspiel verwandelt sich in einen Faunkopf, bewegt sich, wird plötzlich viel weiter entfernt gesehen als ganze tanzende Faungestalt, Bild verlöscht. a) 20. Tag: Das „Strahlen" wird an den Händen selbst dann noch gefühlt, wenn – durch ungenügende Zimmerwärme – die Hände tatsächlich eher kalt sind. Gleichzeitig spüre ich aber ein feines Kribbeln oder Vibrieren in Händen und Füßen. b) 20. Tag: Optisches Phänomen: teils starr, teils bewegt, für kurze Augenblicke Faune und Putten. Putten viel näher, fast deutlich; in Größe und Art an Barockbauten erinnernd; sie scheinen sich mit dem Rücken an eine Wand anzulehnen. Ich sehe sie seitlich – immer nur eine einzelne –, dann drehen sie mir den Rücken und verlöschen sofort.

VII. Zusammenfassung

Zu besserer Übersichtlichkeit sollen hier noch einmal kurz die *Etappen des typischen durchschnittlichen Übungsverlaufs* zusammengefaßt werden, die oben durch die notwendigen allgemeinen Beifügungen und die Protokolle stark auseinandergezogen sind. Der typische Übungsverlauf hat als Ausgangspunkt richtige Haltung, Augenschluß, Ruhetönung („ich bin ganz ruhig") und Schwereerlebnis des ichnäheren Arms: „der rechte (linke) Arm ist ganz schwer". Wobei nochmals darauf hingewiesen sei, daß die „Schwere"-Einstellung völlig beherrschend im Mittelpunkt stehen muß, also fünf- bis sechsmal gesetzt wird, während „Ich bin ganz ruhig" nur nebenher als „Zielanregung" einmal vergegenwärtigt wird. Nach etwa 14 Übungstagen mit zwei- bis dreimal täglichem Üben (anfangs nicht zu lange Sitzungen!) darf mit ausreichender Generalisierung gerechnet werden. Es folgt der zweite Schritt: Ruhe – Schwere; Darstellung des Wärmeerlebnisses: „der ... Arm ist ganz warm". Diese Arbeit wird systematisch durchgeführt, gleichgültig, ob sich schon in der ersten Übungswoche begleitende Wärmeerlebnisse einstellen oder nicht. Nach weiteren etwa 14 Tagen und guter Schwere- und Wärmegeneralisierung wird das Herzerlebnis erarbeitet und durch mindestens 14tägiges entsprechendes Üben der gesamten Ruhestellung angeschlossen: „Herz schlägt ruhig, kräftig", bei Tendenz zu erregter Herztätigkeit „ruhig, regelmäßig". Die nächsten 14 Tage dienen zur Einbeziehung der Atemruhe: „Atmung ist ganz ruhig" und die darauffolgenden zwei Übungswochen der Wärmekonzentration ins Abdomen: „Sonnengeflecht ist ganz warm". Ist auch dieser Schritt unmittelbar selbsttätiger Umschaltung erreicht, so folgt als abschließende, wiederum 2 Wochen vorsichtig schrittweise zu trainierende Ergänzung: „Stirn ein wenig kühl". In jedem Falle ist in den ersten Übungsmonaten in jeder Einzelübung der gesamte Aufbau gewissenhaft und systematisch darzustellen und bei Abschluß der Übung durch energische aktive Beugung und Streckung der Arme im Ellbogen (1), tiefes Atmen (2) und Augenöffnen (3) die Entspannungsschaltung wieder zurückzunehmen. Etwa von der 2. Woche störungsfreien Verlaufes an sind Sitzungen bis zu 1/2 Stunde erlaubt, wenn nicht irgendwelche störende Momente auftreten, über die wir bei der Behandlung der Schwierigkeiten der allgemeinen Technik (Kapitel IV) Näheres mitteilen werden. Nach etwa 1/4 Jahr glatten Verlaufs können durchschnittliche Versuchspersonen bis zu 1 Stunde und länger in der Versenkung verweilen. Nach Übungen im Liegen sind einige Minuten *Nachruhen* dringend ratsam.

Um dem Arzte die Arbeit zu erleichtern, wurde im gleichen Verlage ein *„Übungsheft für das autogene Training"* herausgegeben, das in völlig allgemeinverständlicher Form eine Art Fibel für Übende der Unterstufe sein soll und für den Kranken bestimmt ist. Das wohlfeile Heftchen hat also rein praktisch-psychagoge Zwecke und ist in seinem Dasein nur durch diese ausführlichere Darstellung gerechtfertigt (was einige „Kritiker" nicht verstanden haben). *Selbstverständlich darf es nie einfach Patienten oder anderen Versuchspersonen zu unkontrolliertem Alleinüben gegeben werden!*

Eine besonders lebendige und anschauliche Selbstschilderung von *Dorothea Heugel* „Autogenes Training als Erlebnis" erschien 1938 zugleich als Beiheft zum „Zentralblatt für Psychotherapie" (Leipzig, S. Hirzel Verlag).

Endlich sei hier noch eine kurze Bemerkung gerechtfertigt: Das autogene Training hat sich durch meiner Mitarbeiter und meine Arbeit in bald 5 Jahrzehnten systematischer Bemühungen zur jetzigen Form entwickelt; das für den Unkundigen vielleicht schematisch aussehende Verfahren erfährt bei richtiger ärztlicher Führung, genau wie die ja auch „schematisch" gelehrte Handschrift, in jedem Falle durchaus individuelle Gestaltung. *Ausdrucksgeschehen* und *Persönlichkeit* sind aber individuell sehr wechselnd verbunden; trifft dies z. B. schon für die Ausdrucksdiagnose der menschlichen Persönlichkeit zu, indem der eine Mensch sich mehr graphologisch, der andere mehr optophantastisch, der dritte mehr stimmlich in seinem inneren Wesen kundtut, so daß immer nur eine Kombination verschiedener Methoden zuverlässige Resultate verspricht, wie z. B. Prof. *August Vetter* in seinen Vorlesungen und Kursen immer betonte, so ist auch die Eignung, dieses oder jenes organismische Gebiet mehr oder weniger zu „beseelen" – entscheidende Grundlage des ganzen autogenen Trainings, die *„Somatisierung!"* – individuell so verschieden, daß *dringend geraten* werden muß, in *jedem Falle für die Eroberung der Unterstufe alle sechs Übungen genau und sorgfältig* durchzuführen. Nur so leistet das Verfahren das ihm Mögliche. Deshalb, nicht aus irgendwelchen kleinlichen Motiven, möchten wir dringend vor allen „Verbesserungen" des Verfahrens nach kurzem Gebrauch und ohne Anleitung durch einen wirklichen Sachverständigen warnen, nicht minder im Interesse der Kranken (oder V. P.) als der Ärzte (oder V. L.). Daß innerhalb exakter und kritischer Grenzen ein durchaus individuelles Vorgehen erforderlich ist, betonen *M. Sapir, R. Philibert, N. Gueullette* und *J. J. Prevost* (Correl. psycho, 1965, S. 163) unter Beiziehung geistvoller Überlegungen und feinsinniger Beobachtungen.

Besonders beachtenswert ist, daß *Gruppen* von 20 bis 30 und mehr (bis 60, 70) V. P., die in vierzehntägigen Abständen zum Kontrollieren und Üben kommen, die schnellsten Fortschritte im Erwerb des Verfahrens und seiner Auswirkung machen. Mein langjähriger Mitarbeiter Dr. *Klaus Wegscheider* hat hierüber (Kongr. dtsch. Psychiat. Tübingen, 1947; Therapiekongreß Karlsruhe 1949) aufgrund seiner großen persönlichen Erfahrungen besonders eingehend berichtet und auch seine Kriegserfahrungen mit Dr. *Heinz Wiegmann* zugrunde gelegt. *Heinz Wiegmann* baute auch die Anwendung des Verfahrens in psychotherapeutischen Fachkliniken weiter aus (Psychotherapie III, 171 [1959]); ferner in seiner erfahrungsreichen, kritischen Übersicht: „Der Neurotiker in der Klinik“ (Verlag für medizinische Psychologie, Göttingen 1968); ebenso Doz. Dr. *G. Kühnel,* Chefarzt Tiefenbrunn, Rosdorf/Göttingen. Die so sehr dankenswerte Gründung einer Sonderabteilung für Psychotherapie Innerer Krankheiten an der Medizinischen Universitätsklinik Freiburg durch Prof. *L. Heilmeyer* gab Priv.-Doz. *G. Clauser* fruchtbare Gelegenheit zu echter aktiv-klinischer Psychotherapie ohne psychoanalytische und ohne antipsychoanalytische Vorurteile. (VI. „Freiburger Symposion“, Springer, Berlin 1958); *G. Clauser, H. Enke,* „Psychotherapie“ („Praxis der Psychotherapie“ I, 1, 8 [1959]). Dr. *Eva Frings-Baumann* (Therap. Gegenw. 44–47 [1952]) teilte in einer sehr lebendigen und praktisch beweglichen Darstellung ihre guten therapeutischen Erfolge mit Gruppentraining aus der Kassensprechstunde mit. Diese decken sich mit den Mitteilungen, die ich von meinen bewährten Mitarbeitern aus der allgemeinen Praxis und aus der nichtnervenärztlichen Fachpraxis laufend erhalte; *K. Arnold, G. Biermann, H. Hengstmann, V. Kristek, I. Rüttgers* gaben mit *mir* (Medizinische, Stuttgart 88 [1953]), *Arnold* außerdem anderenortes (Dtsch. med. Wschr. 1953) kurzen Bericht, und besonders eingehend äußerte sich weiter mein treuer Mitarbeiter *H. Hengstmann,* Hamburg, auf der 2. Psychotherapiewoche in Lindau. *H. Kleinsorge* spricht von „gezieltem Gruppentraining“ (Zschr. Psychotherap., Stuttgart 184 [1954]). Wichtig ist bei der Gruppenarbeit, die Teilnehmer vor falschem, geltungsbedingtem Nachahmen oder Erzwingenwollen der „Leistungen“ anderer zu bewahren und jedem Mut (und Pflicht) zur *persönlichen Eigenentwicklung* zu geben; *H. Stolze* betonte dies mit Recht besonders (Psychotherapie II, 228 [1957]). *E. Pensel,* Coburg hob nachdrücklich die Vorzüge autogener Arbeit hervor (Ärztl. Praxis 749 [1959]). *G. S. Barolin* stellte fest, daß autogenes Training in Kombination mit Gruppentherapie anderen Einzelpsychotherapieverfahren deutlich überlegen ist (Praxis Psychoth. VII, 19 [1962]); *G. Rothmann* empfiehlt autogene Enthemmung für das Psychodrama *Moreno's* (Group Psthp. XIV, 20 [1961]). Wertvolle Beiträge zur autogenen Gruppenarbeit lieferten *P. Geissmann,* Straßbourg und Mitarbeiter 1962 auf dem Relaxations-Congreß Straßbourg (Cah. Psychiat. 16/17, 1962, 227), ferner *G. Lehmann*-Brandenburg. Als Gruppen*leiter* erlebte *H. Binder* besonders intensive Leibdurchwärmung bei sich selbst (briefliche Mitteilung). *W. Ahlbrecht* betonte die besondere Brauchbarkeit der Methode für Heilverfahren (Ther. Woch. 1963, 1055). Außerordentlich wertvolle und gründliche Untersuchungen über autogene Gruppenarbeit in der psychiatrischen Poliklinik verdanken wir *Th. Kam-*

merer, M. Ritter, R. Botz und *J. Fétique* (Correl. psycho., S. 113, 1965); namentlich auch Angstneurosen, leichte Depressionen und neurotische Hypochondrien zeigten gute Resultate, ferner besonders Schlafstörungen und leichte psychosomatische Leiden; Gruppen- und Einzelbehandlung empfiehlt *G. Crosa* (Correl. psycho., S. 157, 1965) unter Betonung der Gruppen-Sonderproblematik; wertvolle Anregungen zur klinischen autogenen Arbeit gab 1965 *D. Langen* (Correl. psycho., S. 192, 1965). Auf die 1966 in 2. Auflage erschienene, in langjähriger Erfahrung gründende, klare und anregungsreiche Broschüre meines Mitarbeiters *Hellmut Binder* „Seminar über Gruppentherapie mit dem Autogenen Training" (Lehmann, München) sei auch an dieser Stelle nachdrücklich hingewiesen.

Besonders wertvolle Beiträge zur autogenen Gruppenarbeit verdanken wir neuerdings *G. S. Barolin* u. a. „2. Jahresbericht" (Öst. Ärztezeitg. 1967, 1627); *G. Biermann* „Kinderpsychotherapie" (Pädiat. Prax. 1967, 445); *G. S. Barolin* u. a. „Alternierende Therapeuten in Gruppentherapie" (Int. Kongr. Wien 1968), „Asthma-Gruppe" (Wien. med. Wschr. 1968, 850); *K. Thomas* „Training autogène" (I. Kongr. Paris 1969); „Praxis der Selbsthypnose des autogenen Trainings, 2. Aufl. (Thieme, Stuttgart 1969); *H. Wallnöfer* (Öst. Ärztezeitg. 1967, 1627).

In dem ausgezeichneten Handbuch der Psychologie von *David Katz,* Stockholm (Basel, Schwabe Verlag, 1951) findet sich S. 211 der Hinweis, daß bereits *William James* vor Jahrzehnten von einem *„gospel of relaxation"* gesprochen hat; auch das eindrucksvolle Lebenswerk von *E. Jacobson* über systematisch fortschreitende Muskelentspannung, das in Kapitel 12 eingehend gewürdigt wird, hat sicher dazu gedient, in USA dem Entspannungsproblem im ganzen Beachtung zu verschaffen. So wird von den verschiedensten Seiten das zentrale *Problem der Entspannung* mehr und mehr theoretisch und praktisch beachtet. Wenn hier immer wieder eine genaue Einhaltung der nunmehr durch fast 50 Jahre erprobten Technik empfohlen wird, so hat dies keinerlei doktrinäre oder „narzißtische" Motive, sondern ist lediglich das Ergebnis jahrzehntelanger gründlicher Prüfung durch meinen Arbeitskreis. Die Zuhilfenahme von *Schallplatten (H. R. Teirich,* Psyche, Stuttgart 715 [1955]; Gravesaner Bl. IV, 106 [1959]; *H. G. Schmidt,* Psychotherapie II, 241 [1957]) dürfte die Grenze des eigentlich selbständig übenden autogenen Arbeitens zur Fremdhypnose hinüber unscharf machen und nur als Hilfe bei Zeitmangel indiziert sein. Hierzu kritisch *H. Binder* (Prax. Psth. VI, 124 [1961]). *Musikbegleitung* empfehlen *H. Kleinsorge* und *G. Klumbies* für eine permanente *Trainingsschule* ohne „gelegentliche" autogene Kurse („Psychotherapie in Klinik und Praxis", 415, Urban & Schwarzenberg, München 1959).

Vor allem ist für autogenes Üben völlig *schweigende Innenwendung* unerläßlich; irgendwelches Begleitsprechen von V. L. oder Platten verwandelt das Verfahren in ein heterogenes Hypnoidisieren, ein leichtes Fremdhypnotisieren alten Stiles zurück. Eine einwandfreie Platte entwickelte unter meiner Mitwirkung *Ch. Staewen* (Lindauer Woche 1963) Klinik Wittgenstein, Berleburg/Westfalen, aber nur als Gedächtnishilfe für ärztlich Trainierte!

Gewiß ist gegen bewußte und kritische Kombination des autogenen Trainings mit anderen, etwa hypnotischen oder gymnastischen Verfahren nichts einzuwenden; der Arzt muß sich aber klar sein, nun nicht mehr im eigentlichen Sinne „autogen“ zu arbeiten.

KAPITEL III

Durchschnittliche Leistungen der Unterstufe

Ist in 2½—3 Monaten die typische Technik von durchschnittlichen Versuchspersonen erworben, so können wir ihnen die *charakteristischen Leistungen* der Unterstufe *des Verfahrens* vermitteln. Bei ihrer Erörterung möchten wir *zunächst die Leistungen darstellen, die von Normalpersonen* erreicht werden können, und daran *anschließend eine Übersicht über klinische Erfahrungen* geben.

I. Normalpersonen

a) Selbstruhigstellung (Resonanzdämpfung der Affekte)

An erster Stelle ist als Leistung des Verfahrens bei durchschnittlichen Versuchspersonen die *Selbstruhigstellung* zu erwähnen.

Sie entwickelt sich auf zwei parallel gestalteten Wegen, einmal durch die übungsmäßig gefestigte, allgemein stimmungshafte Vergegenwärtigung der Formel: „ich bin ganz ruhig“; darüber hinaus wird diese allgemeine Stimmungseinstellung substantieller, indem mit fortschreitender Beherrschung der Technik ein zunehmender Entspannungseinfluß im ganzen Organismus eintritt, der Organismus entspannt wird. Das Wesentliche dieser Leistung ist darin zu sehen, daß alle affektiven Erregungen ihrem innersten Wesen nach Totalschwankungen des Organismus sind. Sie bleiben, „physiologisch“ gesprochen, nicht wie eine abstrakte Überlegung auf die Hirnrinde beschränkt, sondern stellen Erregungswellen dar, die alle Systeme des Organismus in tiefgreifender Weise erschüttern. Wenn wir auch *James* und *Lange* nicht in der oppositionell einseitigen Formulierung folgen können, daß eben in diesem Körpersturm das *allein* entscheidende Moment der Affektivität liege, daß wir, um ihr typisches Beispiel zu zitieren, nicht weinen, weil wir traurig sind, sondern traurig sind, weil wir weinen, so müssen wir doch unbedingt anerkennen, daß bei einer einheitlichen Auffassung des Lebendigen nicht zwar „der Körper“ auf „die Seele“ wirkt, aber doch beide Anteile, beide Betrachtungsweisen bei einem so ausgesprochen einheitlichen Lebensvorgang wie dem Affektverlauf zu ihrem Rechte kommen müssen. Es ist daher ohne weiteres einleuchtend, daß eine Technik, die es dem Geübten erlaubt, durch einen Akt momentaner geistiger Konzentration so wesentliche Ausdrucksträger wie Muskeln, Gefäße, Herz und Atmung, ja zum Teil den Tonus der Bauchorgane entsprechend ruhigzustellen, dem Affektgeschehen wesentlichste Anteile nimmt. Aus der Erregungswelle, die den Organismus durchbrandet, und eben in diesen Organismusschwankungen wieder eine Fülle von Sensationen, Gleichgewichtsstörungen, Erregungseinstellungen usw. erzeugt, wird durch Teilentspannung ein mehr gedankliches, vorstellungshaftes Gebilde. Man darf in nicht ganz einwandfreiem Vergleich, der der Einheitsbetrachtung des Organismus etwas widerspricht, sagen, daß die „leibliche Resonanz" der Gemütserregung abgedämpft wird, so daß wir prinzipiell diese Seite unserer Arbeit als *„Resonanzdämpfung* der *Affekte"* bezeichnen. Sie steht damit in diametralem Gegensatz zu allen Versuchen einer gewaltsam spannenden Niederkämpfung des Ausdrucksbedürfnisses, zu allem krampfenden *Sichzusammennehmen.* Hierbei bleibt der Affektverlauf unverändert; der Erlebende müht sich nur, durch aktive Hemmung seinen Ausbruch zu verhindern. Demgegenüber wird bei der affektiven Resonanzdämpfung der Affekt in sich aufgelöst; der Erlebende sucht nicht durch gewaltsame aktive Willensüberspannung Drang und Erregung der tobenden Affekte einzuengen, sondern er löst das Spannungssystem des Affektes in sich selbst auf.

Der einzige Autor, der meines Wissens außer mir diese Möglichkeit prinzipiell gesehen hat, ist *Jacobson,* dessen wertvollen Muskelentspannungsstudien wir bei Behandlung verwandter Methoden eingehende Würdigung widerfahren lassen werden (Kap. XII). Allerdings unterscheidet sich unser Verfahren in wesentlichen Punkten von der „progressive relaxation" *Jacobsons. Jacobsons* Arbeit ist durchaus auf eine psychophysiologische Muskelarbeit abgestellt und gelangt von dort aus zu einem allgemeinen Entspannungsbegriff, erörtert aber die unseres Erachtens grundlegende Frage der Bewußtseinsveränderung nur als Nebenbefund. Ebenso wie *Wachholder* bei seinen myelektrischen Studien und *Jaensch* mit seinen Mitarbeitern im Verfolge ihrer Beobachtungen über Eidetik gewissermaßen als Nebenbefund die Bedeutung allgemeiner seelischer Haltung und spezifischer Bewußtseinszustände feststellten, ist es auch *Jacobson* nicht entgangen, daß seine *„relaxation"* zu Schlafzuständen führt. Er sucht dies dadurch zu erklären, daß er in ähnlichen Gedankengängen, wie sie *Storch* in seiner oben erwähnten Konzeption einer Myopsyche leiteten, ein motorisches Moment als jedem psychischen Lebensvorgang wesentlich zugehörig postuliert, so daß die Ausschaltung der Motorik durch Entspannung Bewußtseinsleere ergibt. Ähnlich hat *A. A. Grünbaum* (Zschr. Neurol., Berlin 130, 385 [1930]) das Primat der Handlung für aphatisch-gnostische Störungen, die elementare *Sinngebung der reinen Motorik* vertreten, allerdings von weit allgemeineren Grundlagen ausgehend als *Jacobson,* bei dem die Gesamtauffassung mehr auf eigentlich muskuläre Abläufe eingestellt ist. Die gesamte Problematik zielgerechter Inangriffnahme selbsttätiger Schaltung der Vasomotoren, die Abstellung einer systematischen Technik auf die Erreichung eines Ruhe- und Versenkungszustandes durch konzentrative Vergegenwärtigung fehlen bei *Jacobson,* der sich nur begnügt, kurz darauf hinzuweisen, daß die mit seiner „relaxation" erzielten Resultate nichts mit *Suggestion* zu tun hätten, sondern Auswirkung eines rein psychophysiologischen Übungsverfahrens seien. Trotz dieser Unterschiede des Ausgangsstandpunktes und der Technik ist voll anzuerkennen, daß *Jacobson* die prinzipielle Möglichkeit einer Resonanzdämpfung der Affekte auf seinem Wege gesehen und in den Rahmen seiner Arbeit bewußt eingestellt hat.

Die Bedeutung der affektiven Resonanzdämpfung kann im praktischen Leben sehr erheblich sein. Sie kann sowohl zur Abstellung störender Affektreaktionen dienen, wobei je nach dem Grade technischer Vollendung nur mittlere oder auch sehr erhebliche Affektschwankungen ausgeschaltet werden können, wenn sie den Erlebenden belästigen; sie kann auch vor besonderen Situationen belastender Art als prophylaktische Sicherung angewendet werden. Einzelheiten wegen sei auf die dem Abschnitt folgenden Protokolle hingewiesen. Hier möchte ich nur einige besonders typische Verwendungsmöglichkeiten nennen. So gelingt es z. B. recht häufig, Menschen, deren Beruf zu bestimmter Zeit wichtige Leistungen vor kritischen oder gar feindlichen Zeugen verlangt, durch vorhergehende Selbstruhigstellung für die Situation zu sichern. Hier kommen alle Leistungen des Podiums, der Bühne, der Kanzel, des Rednerpultes usw. in Frage. Für diese mehr prophylaktischen Zwecke können Versuchspersonen die typische Übung in typischer Haltung vornehmen und je nach dem Grade der Beherrschung der Technik längere Zeit in der Versenkung verweilen.

Ein besonders erschütterndes Beispiel aus den Kämpfen der Gegenwart gibt das folgende Protokoll einer jetzt 55jährigen, sehr differenzierten jüdischen Patientin:

„Im Jahre 1929 habe ich einen Kurs ‚Autogenes Training' durchgemacht und dann mehrere Jahre lang täglich die Entspannung geübt. Sehr bald merkte ich einen nützlichen Erfolg, da es mir gelang, Müdigkeit zu überwinden und Anstrengungen deshalb länger und leichter auszuhalten. Die wichtigste Wirkung hatten die Übungen aber in einer für mich sehr kritischen Zeit.

Als Rasseverfolgte mußte ich unter Hitler furchtbare Zeiten der Angst aushalten. Durch Entspannung gelang es mir aber immer wieder, wenn die akute Gefahr vorüber war, in die seelische Ruhelage zurückzufinden, so daß ich auf diese Weise von neuem Kraft sammeln konnte. Im Jahre 1942 mußte ich von zu Hause fliehen, da ich von Deportation bedroht, also in unmittelbarer Lebensgefahr war. Ich habe dann $2^1/_2$ Jahre illegal unter großen Gefahren, Angst und Entbehrungen gelebt, z. B. jeden Bombenangriff allein oben in einer Wohnung, zum Teil im Dunkeln durchgemacht. Hier erwies sich das Autogene Training als entscheidend wirksam. Ich weiß nicht, ob ich dieses immer wiederkehrende Grauen sonst hätte aushalten können. Ich hatte ja nicht nur Angst, von einer Bombe getroffen zu werden, sondern mehr noch, daß ich verletzt werden könnte und dadurch die Menschen ins Unheil bringen würde, die mich beherbergten, um mich vor der Gestapo zu retten.

Sobald der Alarm einsetzte, stieg die entsetzliche Angst auf, aber ich konnte sie immer sehr schnell durch die Entspannungsübungen auf ein erträgliches Maß abklingen lassen und sie von mir wegstellen. Es gelang mir, ganz ruhig zu bleiben und mich fast nicht zu fürchten, bis der Angriff direkt in der Nähe war. Dann konnte natürlich auch kein Training mehr helfen. Aber wurde der Angriff ferner, konnte ich durch die Entspannung, zu der ich in sehr kurzer Zeit gelangte, schnell wieder in eine seelische Ruhe zurückfinden.

Die letzten Tage und Nächte des Krieges erlebte ich im Bunker am Nollendorfplatz: ohne Nahrung, unter wie bekannt unbeschreiblichen hygienischen Verhältnissen und dem Wissen, daß wir in die Luft gesprengt werden sollten, wenn die Verteidiger die Stellung nicht mehr halten könnten. (Oben auf dem Bahnhof befand sich ein Gefechtsstand, unten am Bunker aber war das Rote Kreuz angebracht.) Es kam glücklicherweise anders – der Kommandant wurde kurz vor der Sprengung von seinen eigenen Leuten erschossen.

Auch in diesen entsetzlichen Tagen erwiesen sich die Trainingsübungen als eine große Hilfe. Durch sie gelang es mir immer wieder, die Seelenruhe und damit die

Kraft wieder zu finden. Ich bin überzeugt, daß ich es zum Teil dem Autogenen Training verdanke, daß ich die Jahre des Grauens aushalten konnte und verhältnismäßig wenig psychisch geschädigt durchkam. Dadurch, daß ich die schreckliche Anspannung immer wieder durch eine weiche Entspannung ausgleichen konnte, kam es nicht zu einem Verschleiß der inneren Kraft."

Entsprechende Erfahrungen berichtet Dr. *Wolf*, Berlin, aus dem KZ (Hdb. d. Neurosenlehre, Urban & Schwarzenberg, München, Bd. IV, VI E, *V. E. Frankl*).

Handelt es sich darum, Affektstöße aufzufangen, die unvorhergesehen eintreten, so wird oft die Situation nicht erlauben, typische Übungshaltungen einzunehmen. Wir ergänzen daher speziell für diesen Zweck die Technik dahin, daß wir unsere Versuchspersonen zu einer *Teilentspannung* anleiten, die bei genügender Übung das Gesamterlebnis der Ruhigstellung vermitteln kann. Besonders bewährt hat sich mir hierfür das folgende Verfahren: Lassen wir bei einem stehenden Menschen in der Ausatmung den Schultergürtel passiv schwer am Brustkorb so langsam wie möglich niedergleiten, wobei besonders darauf zu achten ist, daß dem Körperbau entsprechend beide Schultern einem fließenden Absinken nach vorn folgen, so wird im Schulternackenfeld ein außerordentlich intensives fließendes Entspannungsgefühl erlebt: „Schultern schwer. Ich bin ganz ruhig."

Gute Selbstbeobachter schildern etwa: „Es ist, als würde meine Schultergegend ganz breit und weich, als flösse irgend etwas Strömendes von Schulter und Nacken vorn zur Brust. Ich kann nicht genau fühlen, ob durch die Brust oder um die Brust herum" oder „mein Rumpf sinkt zusammen, die Schultern fließen ganz hinab, ich würde glauben, das gehe halbwegs bis zur Taille, oben im Nacken fühle ich mich ganz warm und schwer" oder „es sinkt eine warme Last dicht unter meinem Nacken über den Schultern auf die Mitte meines Körpers; diese Last fließt über und durch die Schultern nach vorn, als wenn angenehm warmes Wasser mich nach vorn überrieselte."

Auf dem so schwierigen Gebiet „Die Pubertät als kritisches Stadium" (Lehmann, München 1967) erwies sich den Autoren *D. Langen* und *H. Stolze* das autogene Training oft als sehr brauchbar zur affektiven Resonanzdämpfung und vegetativen Regulation.

Je mehr mit fortschreitender Übungsfestigkeit die gesamte Umschaltung ein momentan einsetzender Vorgang, ein ganz einheitliches Erlebnis wird, um so wirksamer gelingt es, seine Eigenart an die hier geschilderte partielle Entspannung zu binden. Der gut Durchtrainierte braucht daher, wenn er eine überraschend eintretende Gemütsbewegung abstellen will, nur die beschriebene gleitende Schultergürtelsenkung vorzunehmen, was in jeder Körperhaltung so unauffällig geschehen kann, daß nur der Eingeweihte diese Haltungsänderung wahrnehmen dürfte.

Die Wahl gerade des *Schulternackenfeldes* geschah mit Rücksicht auf die Untersuchungen von *H. Königsfeld* (Arch. Dermat. Syph. [D.] 1912), der nachwies, daß beim Menschen das Schulternackenfeld eine Sonderstellung einnimmt. Wir können

z. B. durch Kältereiz dieser Körperstelle, etwa durch Auflagen von Eisstückchen, eine Gänsehautreaktion der gesamten entsprechenden Körperhälfte auslösen, während auf andern Körperstellen der gleiche Reiz nur zu einer mehr örtlichen Kontraktion des Arrectores pilorum führt. Die besondere Empfindlichkeit vieler Tiere und Menschen für liebkosende Behandlung dieser Körperteile dürfte mit den experimentellen Daten von *Königsfeld* in Zusammenhang stehen. Aus diesem Grunde wurde die Partialentspannung des Schulternackenfeldes als technische Hilfe für die Selbstruhigstellung ausgebildet (s. a. S. 300 *Pietsch*). *V. de Corona,* Melbourne, gab 1953 eine praktisch wertvolle Anregung: Durch Tragen eines *„Erinnerungszeichens“*, z. B. eines Pappkärtchens mit hinweisenden Buchstaben in der Tasche wird der Durchtrainierte immer wieder an die Partial-Entspannung erinnert, wenn ihm die Kärtchen auffallen, und so gewissermaßen in gelöster Dauerbereitschaft gehalten. Der Kunstgriff ist nicht nur rein technisch sehr brauchbar, sondern gibt einen Beitrag zur Psychologie von *Amulett* und *Talisman.*

Konsequente Trainierung durch Jahre führt zu *„Gelassenheit“;* der *„erworbene Vollzugszwang im normalen Seelenleben (“I. H. Schultz)* – wir *müssen* lesen, wenn wir lesen lernten und einen Buchstaben sehen! — führt bei Durchschnittlichen unausweichlich zu diesem Ergebnis, wie es am schönsten *Gustav Richard Heyer* formulierte: „Wer es gelernt hat, im autogenen Training „sich-zu-lassen“ wird „ge-lassen“.

b) Erholung

Fassen wir Spannungsgabe im Organismus ganz allgemein als eine Form von Aktion und Leistung auf, so leuchtet ohne weiteres ein, daß ihre Beseitigung einen Leistungsausgleich, wenigstens eine Leistungsverminderung bedeuten muß; dem entspricht ja auch die allgemeinbiologische Tatsache, daß alle naturhaften Ruhezustände, insbesondere der pysiologische Nachtschlaf, neben ihren oben charakterisierten allgemeinen Eigenheiten durch das Moment der Spannungsverminderung, bei Tagesunterspannung durch Spannungsregulierung gekennzeichnet sind.

So wissen wir durch Untersuchungen der *v. Bergmann*schen Klinik, daß Menschen mit konstitutionellem Unterdruck der Gefäße im Normalschlaf zur mittleren Blutdruckhöhe regulieren. *Ebbecke* wies in seinen öfters erwähnten zusammenfassenden Erörterungen darauf hin, daß eben diese Seite des Schlafmechanismus nicht ein schematisches Herabsinken auf Nullspannung bedeuten kann, die ja dem Optimum biologischer Leistung entgegen sein würde, sondern daß es sich nur um Spannungsregulierungen zu einem positiven Leistungsminimum handelt. Speziell für dic Muskeln wies *Tschmarke* in interessanten experimentellen Untersuchungen über die Rolle des Muskeltonus in der Gelenkchirurgie (Arch. klin. Chir. 159 [1930], 4) tierexperimentell nach, daß es gelingt, eine Hypertrophie derjenigen Muskelgruppen zu erzielen, die durch wiederholte Novokaininjektionen in das Kniegelenk ihren Tonus einbüßten, ihre zentrale Innervation, Durchblutung und Bewegungsfreiheit jedoch erhalten hatten. *Tschmarke* erklärt dies nach *A. W. Meyer* durch den verringerten Abbau des Muskels nach Aufhebung des Tonus bei erhaltenem Anbau. Diese Beobachtungen liefern einen schönen objektiven Nachweis für Vitalverbesserungen tiefgreifender Art durch Tonusherabsetzung, durch Entspannung.

Der erholende Einfluß des autogenen Trainings wird diesen Voraussetzungen entsprechend von vielen Versuchspersonen oft schon nach relativ kurzer Übungszeit, ja gelegentlich nach Erstsitzungen spontan hervorgehoben, wie ja auch eine Reihe der obenstehenden Protokolle, besonders bei der Darstellung der Schwereerlebnisse zeigt. Klinisch begegnen wir der im Einleitungskapitel kurz erwähnten Fragestellung, die prinzipiell von *O. Vogt* gesehen wurde: dem Problem der *„prophylaktischen Ruhepause"*.

Schematisch dürfen wir uns vorstellen, daß mit einer relativ ununterbrochenen Leistung, gleichgültig welcher Form, ein dauernder Spannungszuwachs verbunden ist, so daß mit zunehmender Leistungsdauer jeder neue Vollzug auf höherem Spannungsniveau beginnt, mag auch durch Übung und andere Einflüsse sein Spannungseinfluß, an und für sich genommen, ein relativ geringer sein. Besitzt der Leistende mittels unserer Technik die Fähigkeit, momentan sein Gesamtspannungsniveau zu senken, so wird dadurch die neu einsetzende Leistung in einem tieferen Kraftfelde eröffnet. Sie beginnt mit der Spannung a, statt $n \times a$. Dies gilt nicht nur für die Beseitigung „notwendiger" Spannungen, d. h. etwa bei isolierter Arbeit des rechten Armes eben für diese Extremität, sondern – ich neige dazu, diesen Punkt für wichtiger zu halten – noch viel mehr für nachbleibende unbemerkte „verkrampfende" Spannungen anderer vordem benutzter Systeme. An einem primitiven Beispiel demonstriert: Wir lassen eine Versuchsperson rechtsarmig arbeiten und dann zu linksarmiger Arbeit übergehen; legen wir zwischen den Arbeitswechsel eine prophylaktische autogene Entspannung, so beseitigen wir Restspannungen des vorher arbeitenden rechten Armes und entlasten dadurch den Leistungsvorrat für den linken Arm. Wie lange Leistungshaltungen im Organismus nachdauern können, ist eine meines Wissens noch ununtersuchte Frage. Wir erinnern an das bis halbstündige Nachdauern der Wärmeeinstellung im durchschnittlichen Übungsverlauf, das wenigstens einen gewissen Hinweis nach dieser Richtung gibt.

Die klinische Erfahrung mit durchschnittlichen Versuchspersonen zeigt jedenfalls, daß ein kurzes Umschalten in eine Tiefentspannung von wenigen Minuten subjektiv zu außerordentlicher Erfrischung und Leistungssteigerung führt. Dabei erlaubt der „Kopfuhr"-Mechanismus *Terminerwachen*.

Für die Hygiene des Alltags vermittelt daher das autogene Training die Möglichkeit erholender und erfrischender Entspannungszustände, mit deren Hilfe ungewöhnliche Leistungen durchführbar und sehr erhebliche Schlafeinschränkungen ausgleichbar sind. Die Beziehungen dieser Feststellungen zur Klinik der Schlafstörungen sollen weiter unten bei der Darstellung klinischer Anwendung der Unterstufe des autogenen Trainings Platz finden, so daß hier dieser kurze Hinweis genügt. Besonders eindrucksvoll ist die *Überquerung des Atlantik* im Serienfaltboot, die dem Oldesloeer Arzt Dr. *Hannes Lindemann* 1957 mit Hilfe prophylaktischer autogener Ruhepausen in 72 Tagen und Nächten gelang („Allein über den Ozean", Scheffler, Frankfurt 1958; Psychotherapie III, 34 [1958]). Nach Presse-Meldungen haben auch die beiden russischen Astronauten *Nikolajew* und *Popowitsch* das outogene Training analog benutzt (Hamb. Abd.Bl. 18/19, August 1962 und persönliche

Mitteilung an *I. H. Schultz* (Prax. Psychother. 1969, S. 185). In einer interessanten Studie berichtet *R. Durand de Bousingen* über Gruppenarbeit zur Prophylaxe gegen Manager-Erkrankung in der Betriebsmedizin (Correl. psycho., S. 247, 1965) und mit *J. S. Bauer* und *J. M. Wetta* über gute autogene Erfolge in der Studenten-Sprechstunde besonders auch bei Examensängsten (Correl. psycho., S. 150, 1965).

Von ganz anderen Voraussetzungen aus hat der einer einseitig physiologischen Auffassung zuneigende *Dattner* (Klin. Wschr. 12 [1929]) auf die große Bedeutung kurzer Tagesschlaferholung, besonders für „Vagotone", hingewiesen. Versuche, diese erholende Wirkung durch objektive Leistungsprüfungen zu unterlegen, waren von *H. Binswanger* in Angriff genommen, ohne daß sie aus äußeren Gründen zum Abschluß kamen. Sie wurden unseren Anregungen entsprechend in den letzten Jahren von *D. Müller-Hegemann* (Leipzig) und seinen Mitarbeitern durchgeführt (s. S. 107, 251, 287).

c) Katalepsie

Da die allgemeine Technik des autogenen Trainings sich prinzipiell im Sinne lösend entspannender Ruhigstellung bewegt, könnte leicht der Eindruck entstehen, als sei seine Bedeutung in dem Problem der Entspannung erschöpft und das ganze Verfahren lediglich zureichend, diejenigen Leistungen alltäglicher Hygiene und fremdsuggestiver Umschaltung zu erlauben, bei denen Entspannung und Ruhigstellung entscheidend sind. Diesen Irrtum können wir durch ein Experiment widerlegen, das im Gegensatz zum bisher geschilderten durchschnittlichen Verlauf des Trainings nicht als eigentliche und allgemeine Übungsaufgabe, sondern als Demonstration anzusehen ist. Wir meinen die *Darstellung aktiver, spannender Muskelleistungen auf konzentrativer Basis,* Phänomene, die aus dem Suggestivarbeiten alten Stiles als Darstellung der *hypnotischen Katalepsie* bekannt sind.

Klinisch gehen wir zu ihrer Darstellung im autogenen Training folgendermaßen vor. Gut durchtrainierte Versuchspersonen durchschnittlicher Art, insbesondere ohne neurotische Zeichen, werden ersucht, sich in typischer Weise zu „versenken", und zwar in sitzender Haltung. Haben sie die Umschaltung durchgeführt, so konzentrieren sie typisch „rein gedanklich im Kopf": *„der... Arm ist ganz steif".* Im allgemeinen bleibt diese Umschaltung zunächst ohne tastbaren Einfluß auf die Muskulatur. Heben wir aber nun nach vorsichtiger, fixierender Stützung des Oberarmes der V. P. langsam-gleitend, ohne jeden Ruck ihren Unterarm exakt in der Führungsebene des Ellbogengelenkes an, so begegnen wir einem deutlichen, oft ganz enormen Muskelwiderstand. In einem Falle meiner Beobachtung, einen bekannten Sportsmann betreffend, war diese Gegenspannung so gewaltig, daß es einer sehr kräftigen männlichen Kontrollperson kaum gelang, sie zu überwinden, obwohl die Kontrollperson sich mit voller Kraft, allerdings gleichmäßig einschleichend ohne jeden Ruck, gegen den Unterarm stemmte. *Von diesen vielfach ganz erstaunlich massiven Muskelleistungen wissen die Versuchspersonen nichts.*

So schildert eine 25jährige Versuchsperson: „Bei langsamem Druck gegen den Arm merkte ich von dem Druck selber nichts, sondern fühlte nur die Annäherung des Armes und hatte die Vorstellung, als ob der Arm im Schultergelenk gedreht würde"; oder 30jähriger Kaufmann: „Ich hatte sofort das Gefühl, daß der Arm schwer sei, danach, daß er fast nicht mehr zu mir gehöre, bei der Beugung des Armes spürte ich zwar eine gewisse Drehung im Gelenk, doch keinerlei Anstrengung; hinterher eine geringe Müdigkeit im Arm". Gerade in diesem Falle war eine ganz massive, nur mit großer Anstrengung der Kontrollperson überwindbare Spannung zu beobachten.

Ist der Versuchsarm mit mehr oder minder großer Gewaltanstrengung passiv zusammengebogen, so regen wir die Versuchsperson an, auf „Schwere" zu konzentrieren und können dann ein sofortiges Schwinden der oft eisenharten Kontraktion des Trizeps und Wiedereintreten völliger Muskelweiche feststellen. Die Versuchsperson wird dann angewiesen, eine Zeitlang recht intensiv Schwere und Wärme zu vergegenwärtigen und gut zurückzunehmen. In absolut typischer, sich jedesmal wiederholender Weise sehen wir dann die Versuchsperson mit einem meist etwas verlegenen Lächeln bestreiten, daß irgend etwas Besonderes mit dem Arm vorgegangen sei. Gelegentlich wird Druckgefühl im Unterarm angegeben, gelegentlich Gefühle einer unklaren Veränderung des Armes, etwa eine Verstärkung eines Fremdheitsgefühls; aber jede Versuchsperson bestreitet energisch, daß irgendwelche wesentlichen Muskelspannungen vorhanden gewesen seien.

Arbeitet man in einer *Gruppe,* so läßt man nun zweckmäßig eine der Kontrollpersonen, die vorher durch Gegendruck die Intensität der Spannung prüften, erneut einen gleichstarken Druck auf den Unterarm der Versuchsperson ausüben und fordert diese auf, den Druck durch *willkürlich* aktive Muskelspannung auszugleichen. Stets ergibt sich dasselbe Resultat: ein völlig fassungsloses, regelmäßig von „ungläubigem" Lächeln begleitetes Staunen der Versuchsperson, daß sie eine derartig massive Leistung gänzlich ohne ihr Wissen vollzogen habe. *H. Binswanger* konnte mit dem Saitengalvanometer nachweisen, daß bei diesen kataleptischen Muskelleistungen Aktionsströme nur einseitig, nur im Antagonisten auftreten, während bei gleichstarken willkürlichen Anstrengungen beide Muskelgruppen Strom geben, ein Befund, auf den wir in seinen Beziehungen zur Neuro- und Elektrophysiologie bei der Erörterung der Kontrollversuche (Kapitel VII) näher zurückkommen werden. Hier genügt es, die klinische Seite des Katalepsieversuches darzulegen. Bei Anwesenheit verschiedener Versuchspersonen rate ich besonders dazu, dieselben Teilnehmer an der Übungsarbeit bald als Versuchspersonen und bald als Kontrollpersonen mitarbeiten zu lassen. Überaus typisch und lehrreich ist es dann, immer wieder zu beobachten, wie die erstbenutzte Versuchsperson völlig überrascht ist, wenn sie bei der nächsten Versuchsperson selber objektiv die Mächtigkeit dieser völlig ohne eigene Beobachtungskontrolle verlaufenden Muskelleistungen feststellen und von den anderen Kontrollpersonen erfahren kann, daß bei ihr selbst das Phänomen genau so ausgesprochen gewesen sei. Die *Bedeutung dieses Demonstrationsversuches* liegt, abgesehen von seinem allgemeintheroretischen Interesse, worauf weiter unten zurückzukommen sein wird, einmal in dem Umstande, daß wir mit seiner Hilfe unsern Versuchspersonen sehr eindrucksvoll dartun können, wie wenig das subjektive Urteil über Art und Umfang eigener Leistung beweist, und welche massive Erscheinungen mit unserer Technik darstellbar sind.

Prinzipiell liefert das Experiment den Beweis, daß der Leistungsbereich unserer Arbeit nicht schematisch mit „Entspannung" und Ruhigstellung, selbst weitesten Sinnes, erschöpft ist, sondern daß sie *bei genügender Beherrschung und richtiger Technik auch die Anschaltung aktiver „spannender" Reaktionen* erlaubt. Hier ist die allgemein entspannende Technik nur vorbereitende Aktion; sie dient zur Etablierung des typischen Zustandes konzentrativer Versenkung, als dessen spezifische Leistung *auch* die Darstellung von erwünschten Spannungsphänomenen anzusehen ist. Sehr deutlich ergibt sich dies aus Parallelversuchen mit untrainierten oder mit trainierten Versuchspersonen im gewöhnlichen Zustande. Hier bleibt die „abstrakte" Vergegenwärtigung: „der Arm ist steif" durchaus abstrakt und ohne Auswirkung in der Vitalhaltung. Wie bedeutsam gerade die Möglichkeit der Errichtung erwünschter aktiver Leistungs- und Spannungsphänomene für die normale Hygiene und weit mehr noch für klinische Aufgabestellungen sein kann, braucht hier nicht näher ausgeführt zu werden.

d) Veränderung von Sinneserlebnissen

Schon die Darstellung unserer Versenkungszustände ist innigst mit sinnenhaften Erlebnissen verknüpft. Die konzentrative Hinwendung auf das Körpererleben, die *„Somatisierung"*, bedeutet ja ein wesentliches Moment der eigentlichen Technik.

Die dabei an und für sich gegebenen Veränderungen decken sich weitgehend mit den Erfahrungen von *Schilder* u. a. über das Körpererleben, mit denen von *Mayer-Groß* und seinen Mitarbeitern über das Einschlafen und mit älteren Erfahrungen aus dem fremdsuggestiven Arbeitsgebiet. Der versenkte Mensch ist außen-abgewendet und in sich gekehrt; so entgehen ihm vielfach Außeneindrücke völlig, oder sie finden mindestens nur ganz geringe Beachtung im Sinne einer nach außen gerichteten Indifferenz. Dafür wird das Selbst- und Innenerleben reicher, anschaulicher, „farbiger", und es entsteht eine eigenartige gegensinnige Veränderung des Erlebens.

Der versenkte Mensch kann ebensowohl weite Gebiete der Sinnesempfindungen ausschalten als auch umgekehrt nach innerer Einstellung sich einer bestimmten Seite oder einem bestimmten gemischten Teilgebiet mit konzentrativ gesteigerter Hingabe zuwenden. Dadurch ergibt sich, daß wir unsern Versuchspersonen durch das Training die Möglichkeit vermitteln, sinngemäß Eigensensationen zu „verstärken" oder „abzuschwächen"; ganz identisch können wir ja auch dieselben gegensinnigen Leistungen auf fremdsuggestivem Wege anregen.

Als einfache *praktische Demonstration* empfiehlt sich im Anschluß an alte Erfahrungen der Suggestivtherapie etwa von Übung 4 oder 5 an die Etablierung einer *Hyp-* oder *Analgesie.*

Methodisch gehen wir am besten vor wie folgt: Die Versuchsperson oder bei kursmäßigem Arbeiten die Versuchspersonen werden angeregt, sich in typischer Weise so weitgehend zu versenken, als es ihnen die Beherrschung der Technik erlaubt. Ist der Zustand nach subjektivem Urteil vollständig erreicht, so wird auf einer dem Versuchsleiter nicht bekannten Körperseite der Handrücken in derselben Weise und mit der gleichen Vorsicht wie beim Stirnversuch kühlgestellt und nun die konzentrative Formel eingeschaltet „Handrücken ist schmerzfrei" oder „kein Schmerz am kühlen Handrücken" oder dergleichen. Der Versuchsleiter prüft nun unwissentlich, da er ja nicht weiß, welche Seite zum Versuch gewählt wurde, die Empfindlichkeit gegen Nadelstiche so, daß quer über jeden Handrücken eine Reihe von 6–8 Nadelstichen gesetzt wird. Die Versuchsperson registriert das subjektive Schmerzerlebnis, schaltet von der Kühle sorgfältig auf Wärme zurück, verweilt noch einige Augenblicke in der typischen Versenkungshaltung und nimmt energisch zurück. Die klinische Erfahrung an 1500 Normalpersonen lehrt, daß wir bei 50 % solcher bereits im Erstversuch eine deutliche Herabsetzung der Schmerzemfindung erreichen. Die Schilderungen sind dabei verschiedenartig; bald wird lediglich ein Matter- oder Dumpferwerden der spezifischen Schmerzempfindung angegeben, bald eine Allgemeinveränderung in dem Sinne, als seien die Stiche an der Versuchshand wie durch eine darüberliegende schützende Hülle erfolgt, in etwa 8 % ganz charakteristisch so, daß nicht nur jede Schmerzempfindung ausfiel, sondern auch die rein taktile Wahrnehmung des Hautreizes abgewandelt erschien. Es wird nicht ein Spitzenerlebnis, sondern eine stumpfe, undeutliche, matte allgemeine Berührung empfunden.

Damit stehen wir vor Erscheinungen des *Funktionswandels,* wie ihn *Stein* im Arbeitskreise von *Mayer-Groß* an der Heidelberger Klinik beim Einschlaferlebnis so schön demonstriert hat.

So schildert eine 29jährige Sängerin aus dem 8. Übungsmonat:

„Es bleibt mir noch zu berichten, daß ich den Eindruck habe, im Zustande der Spannung anders zu *hören* als in dem der Entspannung. Besonders deutlich tritt diese Verdumpfung, Verdunkelung oder Verschleierung des Tones im entspannten Zustand bei der *eigenen Stimme,* insbesondere beim *Gesang* hervor. Aber auch die von außen kommenden Töne scheinen mir verändert; sie sind nicht wirklich tiefer – aber sie *scheinen* mir tiefer. (Das ist sehr schwer zu beschreiben, ich höre nicht wirklich veränderte Tonhöhen, sondern diese werden irgendwie körpernäher.)"

In einem ausreichend großen Kreise von Versuchspersonen durchschnittlicher Art wird man bei etwa 10-15 % der Fälle beobachten können, daß bei der Nadelprüfung der Empfindung auf dem Handrücken nicht nur die subjektive Differenz des Schmerzerlebnisses, sondern *auch eine ohne weiteres merkbare objektive Differenz der vasomotorischen Stichreaktionen* festzustellen ist. In charakteristischen Fällen sehen wir an der unbeeinflußten Hand die Stichreaktionen als rote Höfe den Versuch oft mehrere Minuten überdauern, während an der abgestellten Hand keinerlei Stichreaktion wahrnehmbar ist.

Diese Beobachtung ist beachtlich für die funktionelle Fehlerquelle bei Anstellung klinischer Stichreaktionen. Leider war es mir nicht möglich, einen solchen Befund photographisch festzuhalten. Es handelte sich bei meinen Versuchspersonen stets um Persönlichkeiten mit gut ansprechenden Gefäßnerven. Ähnliche Erfahrungen sind in der Hypnose lange bekannt. *F. Diehl* und *W. Heinichen* (Heidelberg) konnten (Münch. med. Wschr. 24 [1931]) zeigen, daß allergische Intrakutanreaktionen durch hypnotische Beeinflussung in ihrem Ausmaß abgeschwächt und verstärkt werden konnten; nur ein quantitativer Einfluß gelang.

Die *technische Anordnung*, daß wir die Hypalgesie mit einer vorbereitenden *Kühleempfindung* darstellen lassen, bedarf noch kurzer Begründung.

Wie für die Gesamterhaltung in der autogenen Versenkung die physiologische Schlaf- und Warmbadhaltung vorbildlich war, so ließen wir uns für die Hypalgesierungstechnik von den Erfahrungen örtlicher Anästhesierung leiten. Sie ergeben ja übereinstimmend, daß äußere Abkühlungsergebnisse Anästhesierungen ermöglichen. In derselben Weise gehen wir technisch vor, wenn es sich um Anästhesierung äußerer Körperhüllen handelt, also für die Herabsetzung oder Beseitigung störender Empfindungen im Hals-Rachenraum, im Bindehautsack oder an den äußeren weiblichen Genitalien. Stehen wir dagegen vor der Aufgabe, störende Sensationen des Körperinnern anzugehen, so werden wir nicht schematisch mit Kühleerlebnissen arbeiten, sondern zu fragen haben, ob ein entspannend hyperämisierender Einfluß zweckmäßig erscheint. In diesem Falle werden wir das Wärmeerlebnis als Träger von Hypalgesierungseinstellungen benutzen.

Auch die Darstellung konzentrativer Hypalgesie ist ein sehr zweckmäßiger Demonstrationsversuch, um den Versuchspersonen deutlich zu machen, zu welchen Leistungen sie bei genügender Ausdauer das autogene Training befähigt.

Wir erwähnen nur kurz die schönen Befunde von *Altenburger* und *Kroll* (Dtsch. Zschr. Nervenhk. 111, 144 [1929]) über das Verhalten der Chronaxie bei hypnotischer Veränderung der Empfindlichkeit. Den Autoren gelang der Nachweis, daß die sensible Chronaxie durch die Suggestion zum Besserfühlen vermindert, durch die entgegengesetzte Suggestion verlängert wird; doch ist dieser Effekt nur in Hautgebieten nachweisbar, deren sympathische Innervierung ungestört ist und die in natürlicher Verbindung mit dem Vorderseitenstrang stehen. Ist dies nicht der Fall, so ist der Suggestionseffekt aufgehoben oder in sein Gegenteil verwandelt. Dabei ist, wie dieselben Autoren (Zschr. Neurol., Berlin 121, 139 [1929]) nachweisen, die Gesamtsituation biologischer Art gleichfalls von großer Bedeutung, da z. B. das Eintauchen der vorher zimmerkühlen Hand für einige Minuten in warmes Wasser schon einen deutlichen, abkürzenden Einfluß auf die Chronaxie erkennen läßt. Wir erwähnen diese Befunde hier kurz, um vor einer „allzu psychologischen" oder gegenteilig ausgedrückt, unbiologischen Auffassung der hier in Frage stehenden Vitalerscheinungen zu warnen.

Praktisch ergibt sich, daß bei genügender Ausdauer jeder normale Mensch lernen kann, störende Empfindungserlebnisse weitgehend abzudämpfen oder zum Verschwinden zu bringen. Voraussetzung ist allerdings dabei, daß es sich nicht um unausgesetzte schwerste Schmerzreize handelt, die begreiflicherweise auf diesem Wege nicht angehbar sind. Besonders geeignet sind unangenehme oder schmerzhafte Alltagserlebnisse, deren Eintritt vorhergesehen werden kann, also etwa kleinere äußere Eingriffe, besonders zahnärztlicher Art usw. Auch hier gilt das für die Resonanzdämpfung der Affekte prinzipiell Ausgeführte. Die im Training angestrebte Leistung ist nicht etwa das Unterdrückenwollen störender oder schmerzhafter Erlebnisse oder der durch sie gesetzten Reaktionsausbrüche, sondern das Erlebnis selbst wird aufgelöst, der Vitalstrom, bildhaft gesprochen, sehr viel näher seiner Quelle abgedrosselt. So ist bei *Schwangeren* eine *autogene Vorbereitung auf die Geburt* eine sehr dankbare Aufgabe und führt oft zu sehr guten Resultaten. Doz. *H. J. Prill,* Würzburg, hat hierzu besonders wertvolle Beiträge geliefert und die Technik den Spezialumständen angepaßt (Psychotherapie I, 165 [1956]; Med. Klin. 1957, 28; Geburtsh. und Frauenhk. XVIII, 76 [1958]). Ferner *Henry Faure* (Évolut. psychiatr., Paris 771 [1957]); *P. Aboulker, L. Chertok* u.a. (Analgésie psychol-obstétrique Pergamon Press, Paris 172 [1959]), denen wir gemeinsam mit *M. Sapir* eine schöne Studie über „la relaxation, Rééduration psychotonique" (Paris, III, 1964, 320) verdanken; nach kritischer Methodenübersicht durch 8 Autoren stellen u. a. *W. Luthe* „autogene Abreaktion", *R. Held* psychoanalytische Probleme und *A. Friedemann* technische Probleme unserer Methode dar.

Die *Schmerztheorie* der modernen medizinischen Psychologie, besonders im Sinne *V. v. Weizsäckers* hilft hier unserem Verständnis; sie sieht im Schmerz viel weniger etwas Empfindungsmäßiges, sondern erblickt sein Wesen in einer Gesamtreaktion (die hirnpathologisch eine klare Lokalisation noch nicht besitzt), einer Abwehr. *J. D. Achelis* formuliert „Schmerz scheint mehr eine qualvolle vergebliche Tätigkeit zu bedeuten, als ein bloßes Erleiden" (Nervenarzt, Berlin 9, 559 [1936]). So ist „Spannung" wesentlicher Gehalt des Schmerzphänomens und „Entspannung" oft „Entschmerzung". Herabsetzung der Schmerzempfindlichkeit ist in der Tat auch bei Muskelentspannung verschiedenster Art festgestellt; daher ist der im Training „Entspannte" zur Schmerzabstellung besonders gut imstande.

Stehen solche durch autohypnotische konzentrative Selbstentspannung (wie ebenso in der Fremdhypnose) erreichte Leistungen etwa der Hyp- oder Analgesie neurophysiologisch in irgend näherer *Analogie* zur *„psychochirurgischen" Schmerzqualbefreiung* durch *Leukotomie?* Eine überaus interessante, sicher nicht unberechtigte, aber in hier nicht abschreitbare Weiten führende Frage.

Die vom *Verf.* (Med. Ges. Berlin 1948, Diskussion „Lobotomie") kurz gezeichneten, hier gegebenen äußerst interessanten, praktisch und wissenschaftlich gleich wesentlichen Beziehungen zwischen Schmerzbeseitigung durch Hypnose, autogenes Training oder Lobotomie wurden besonders von angelsächsischen Autoren näher erörtert, so von *John B. Dynes* und *James L. Poppen* in „Lobotomy for Intractable pain". J. Amer. Med. Ass. 1440 (1949), *E. B. Strauß,* „Intractable pain", Brit. Med. J. August 20 (1949), 411, und Dtsch. med. Wschr. 1948, 145; 1954 haben wir im Anschluß an einen Vortrag im Deutschen Verein für Psychiatrie die *„hypnotische Leukotomie"* nochmals eingehend erörtert (Zschr. Psychotherap., Stuttgart, 4. Jahrg., 4, 150/162), wobei besonders interessante Mitteilungen meines Mitarbeiters *H. Hengstmann* berücksichtigt wurden. Er berichtete erneut sehr wesentlich 1963 (Ärztl. Praxis 912). Autogene Schmerzabstellung in *zahnärztlicher Behandlung* im Sinne innerer „Absetzung" vom wahrgenommenen Bohrschmerze (analog entsprechender Leukotomieerfahrungen) teilte *H. Schlicht* mit (Psychotherapie III, 39 [1958]). *R. Heidrich,* Nervenklinik Erfurt, berichtete Erfolge bei Neuralgien nach Herpes zoster und Operationen. (Deu. Ges Wo, XIV, 902 [1959]). Im weiteren Sinne gehört hierher die autogene „Selbstruhigstellung" während einer mehr als vier Stunden dauernden

Herzkatheterisierung (via Armvene), die Herr Kollege *W. Bier,* London, bei sich selbst leistete (Psychotherapie II, 86 [1957]).

Der *Bereich dieser Leistungen* erstreckt sich bei durchschnittlichen Versuchspersonen und für den Alltagsbedarf so weit, wie aus den älteren hypnotischen Arbeiten bekannt. Gut durchtrainierte Versuchspersonen sind in der Lage, auch außerordentlich schmerzhafte Eindrücke vollkommen aufzulösen, etwa drei schmerzhafte Zahnhalsplombierungen ausführen zu lassen, ohne daß das geringste Schmerzgefühl erlebt wird. Sensitive Versuchspersonen sind allerdings nach solchen Leistungen nachher ein wenig angegriffen und ruhebedürftig, während robuste nichts Derartiges berichten. Sicher spielt bei diesen Leistungen ein Umstand mit, auf den ich seit 1919 in meiner „Seelischen Krankenbehandlung" hingewiesen habe, daß nämlich die Schmerzerlebnisse des Alltags keinesfalls mit der exakten Situation schmerzprüfender psychologischer Experimente gleichgesetzt werden dürfen. Hier fehlt das im praktischen Leben oft entscheidende Moment der Angst, so daß ich für die Schmerzerlebnisse des praktischen Lebens die schematische Formulierung empfahl, sie bestünden zu einem wesentlichen Teil überhaupt aus Angst. Trotzdem steht die Möglichkeit der hier geschilderten und von mir an einem sehr großen durchschnittlichen Menschenmaterial kontrollierten Erfahrung einer spezifischen konzentrativen Schmerzaufhebung außer allem Zweifel.

Namentlich Zahnärzte haben mir gelegentlich ihr außerordentliches Erstaunen ausgesprochen, wenn sie an einer von mir genügend trainierten Versuchsperson zu arbeiten Gelegenheit hatten und feststellen konnten, daß erfahrungsgemäß sehr schmerzhafte Eingriffe völlig reaktionslos ertragen wurden; des öfteren zeigt wohl bei sensitiven und vasomotorisch empfindlichen Versuchspersonen ein starkes Erblassen und gewisses Verfallen des Gesichts die Intensität der vollzogenen Leistung.

D. Langen hat diesen Fragen 1966 ein äußerst fruchtbares Symposion in seiner Klinik gewidmet (Psthpy. and Psychosomat. 14, 475), *H. J. Prill* (s. dort S. 429) berichtet über 1000 autogen geleitete Entbindungen, *E. Schaetzing* über günstige Erfahrungen mit A.T. in der Gynäkologie (s. dort S. 437); ebenso *H. Roemer* (s. dort S. 412). *W. P. Victor* u. *J. M. Zwart* (s. dort S. 471) erklären A.T. und Hypnose für die beste Therapie, um „den Angst-Schmerz-Zirkel" zu durchbrechen:

Genau umgekehrt kann nun die autogene Konzentration auch dazu benutzt werden, *Empfindungserlebnisse* durch konzentrative Hinwendung zu *steigern.* Damit leisten wir dasselbe, was gleichfalls aus der alten Hypnotherapie rationeller Art bekannt ist.

Hypnotisch gelingt es in vielen Fällen unschwer, etwa die Sensibilitätsstörungen einer Syringomyelie *(Inglessis,* Mschr. Psychiatr. 60, 59 [1925]) oder Tabes regionär einzuengen, eine Leistung, die nur so verstanden werden kann, daß in der gesteigerten Hinwendung des fremdsuggestiven Zustandes Empfindungsreste belebt werden können, die im Wachzustande unterschwellig bleiben. Die Bedeutung für die Übungstherapie leuchtet ein und ist seit Jahren vielfach erwiesen. Vgl. *J. H. Schultz:* „Hypnosetechnik für Ärzte" III (Piscator, Stuttgart 1952), „Seelische Krankenbehandlung" VIII (Fischer, Stuttgart 1963).

Durchaus übereinstimmend sind wir in der Lage, den autogen konzentrierten Menschen ganz einseitig auf ein Sinneserlebnis einzustellen und dieses damit gewissermaßen unter die Lupe zu nehmen. Im Alltagsleben des Durchschnittlichen kommt ein solches Verfahren überall in Frage, wo Lebendigkeit und Eindringlichkeit von Sinneserlebnissen angestrebt wird, mag es sich um Einzelheiten des Bewegungs- und Haltungsapparates im eigenen Leibe handeln, wie etwa im gymnastischen Arbeiten oder bei anderen körpertechnischen Leistungen (Stimmbildung und dergleichen), oder die intensive Vergegenwärtigung äußerer Sinneseindrücke von Belang sein. So können wir Ton- und Farberlebnisse oder Tastempfindungen zum Gegenstand konzentrativer Übungsarbeit machen. Dabei wird ein doppelter Weg beschritten; es kann einmal durch konzentrative Hinwendungsübung das in Frage stehende Gesamterlebnis zunehmend vervollständigt, verfeinert, vertieft und erleuchtet werden, oder es kann auch die Versuchsperson den Versenkungszustand an sich einschalten und mit seiner Gesamthilfe in entsprechenden Situationen Leistungssteigerungen, „Vertiefungen des Erlebens", herstellen.

Ich erwähne als Beispiel typischer Art einen sehr gewissenhaften Kunstkritiker, der vielfach beim Betrachten von Bildwerken in Urteilsunsicherheiten geriet. Nach einem autogenen Training von 4 Monaten empfahl ich ihm, sich dem zu prüfenden Kunstwerk gegenüber in typischer Weise tief zu versenken und nun die Augen zu öffnen. Es ergab sich dadurch eine ganz außerordentlich gesteigerte, unmittelbare, von störenden intellektuell kritischen Beimengungen freie Hingabe an das Kunstwerk an und für sich, gewissermaßen eine unio mystica. Ihr Einfluß blieb nicht etwa subjektiv auf die Versuchsperson beschränkt, sondern es zeigte sich im Laufe der Jahre, daß sein Urteil bei Fachgenossen und bei zu beurteilenden Künstlern an Wert gewann; insbesondere geschah es ihm in diesen Jahren nicht mehr, daß ein Künstler bei ihm mit Erfolg Klage darüber führte, sein Werk sei nicht verstanden worden. *Loumis,* Philadelphia, konnte (Brit. J. Med. Hypnot. II, 22 [1950]) bei einem Schriftsteller, dessen Arbeit durch mangelnde optische Phantasie litt, durch entsprechende hypnotische Übungen eine wesentliche Besserung erzielen.

Speziell im Rahmen unseres Trainings beansprucht die hier geschilderte Übungsarbeit besonderes Interesse, weil sie uns erlaubt, die für die Arbeit so wichtigen psychischen Repräsentanzen von Organen und Organfunktionen zu finden, die sonst der Selbstbeobachtung entgehen, vielleicht in manchen Fällen überhaupt unzugänglich sind. Wir verweisen für die prinzipielle Bedeutung dieses Umstandes auf unsere Ausführungen über die Eroberung des Herzerlebnisses und werden im klinischen Teil dieses Kapitels Gelegenheit haben, auf Einzelheiten zurückzukommen.

e) Gefäßregulierung

Beobachtungen an pathologischen Fällen sowie der Umstand, daß der Wärmeversuch mit objektiv meßbarer Veränderung der vitalen Wärmestrahlung bis zu 1,1° C verläuft, ferner die Feststellung obligater thermoregulatorischer Grundvollzüge in autogenem Training und Hypnose *(P. Polzien)* lassen den

Schluß berechtigt erscheinen, daß die so vielfach in der Erfahrung des autogenen Trainings belegte Möglichkeit der Selbstruhigstellung sich nach der Eigenart des Verfahrens nicht auf die hierbei (s. oben a) angedeuteten Mechanismen der Etablierung psychischen Ruheerlebnisses und muskulärer Entspannung beschränkt, sondern daß auch die in den Versuchen von *Tigerstedt* (Zschr. Neurol., Berlin 43, 770 [1929]), *Schellong* (Klin. Wschr. 518 [1929]) und *Scott* (J. Comp. Psychol., Baltimore [Am.] *10,* 97 [1930]) erwiesenen Gefäßschwankungen bei Affekten entspannender Abstellung zugänglich sind. Hierdurch wird die oft ganz außerordentlich weitgehende sichernde Wirkung der autogenen Selbstruhigstellung physiologisch noch besser verständlich. Hier sei an die schönen neuen experimentellen Studien von *K. Harano, Ogawa* und *G. Naruse* erinnert (s. S. 30). *M. Sapir* und *F. Reverchon* („Correl. psychosom.", S. 59) wiesen pletysmographisch im autogenen Zustande eine Vergrößerung der systolisch-diastolischen Amplitude und radiokinetisch gastrointestinale Aktivitätsänderungen nach. *Y. Ikemi, S. Nakagawa, M. Kimura, H. Dobeta, Y. Ono* und *M. Sugita* (Correl. psycho., S. 64) konnten mit Hilfe neuer Meßmethoden im autogenen Training Durchblutungsanstiege der Finger bei vielen, bei 5 V. P. immer eine Durchblutungssteigerung im Oberbauch feststellen. Kontrolluntersuchungen bei der Stirnübung waren uneinheitlich, ein Patient mit Magenfistel zeigte vermehrte Durchblutung und Motorik des Magens.

Verlaufsbeobachtungen an trainierten durchschnittlichen Versuchspersonen lassen häufig erkennen, daß gerade mit dem Erarbeiten sicherer und sofort eintretender Wärmeumschaltung das Erlebnis der Selbstruhigstellung viel nachhaltiger und tiefgreifender wird. Allerdings darf dabei nicht vergessen werden, daß eben dieses bessere Erlernen des Wärmeerlebnisses auch äußeres Anzeichen allgemeinen Übungsfortschrittes, allgemeiner erhöhter Geläufigkeit und Übungsfestigkeit ist. Es kann daher in dem erwähnten Befunde wirksamerer Ruhigstellung in der Übungsphase, die eben durch die Erarbeitung des Wärmeerlebnisses charakterisiert ist, ein zwingender Beweis für die Wichtigkeit etwa der vasomotorischen Komponente nicht erblickt werden; doch muß unbedingt zugegeben werden, daß die an Hunderten von normalen Versuchspersonen immer wieder gemachte Erfahrung des Zusammeneintretens von Wärmeversuch und Ruhigstellung den Gedanken an eine tiefere Beziehung außerordentlich nahelegt.

Abgesehen von der Vertiefung, die der autogene Umschaltungszustand durch die Erarbeitung des Wärmeerlebnisses gewinnt, ist für seine Verwendung bei durchschnittlichen Versuchspersonen ein großes *Anwendungsfeld im täglichen Leben.* Ich verweise auf die unten folgenden Protokolle und betone hier nur kurz, daß gut durchtrainierte Versuchspersonen ohne weiteres in der Lage sind, ***kalte Füße*** beim Sitzen oder vor dem Einschlafen abzustellen, Witterungsschädigungen abkühlender Art entgegenzuwirken usw., Erfahrungen, die ja aus der wissenschaftlichen Erforschung der Hypnose wohlbekannt sind, wie besonders auch die schon erwähnten schönen Untersuchungen von *Geßler* und *Hansen* dargetan haben. Die guten Erfolge mit gefäßerweiternden Mitteln (Dilatol) bei Erkältungskrankheiten, die *B. Spelleberg* in der Sportmedizin feststellen konnte (Medizinische 819 [1955]) sind in diesem Zusammenhang lehrreich.

Gründlich durchtrainierte Versuchspersonen sind gerade hinsichtlich des *Selbstschutzes durch Etablierung von Wärmeerlebnissen* oft wesentlich unterstützt. So wurde ein bekannter Sportsmann, der das A. T. nur zwecks Leistungssteigerung erwarb, nach drei Jahren regelmäßigen Übens mit einer Reihe Kameraden von einer Schneelawine verschüttet und gezwungen, mehrere Stunden bei etwa –30 Grad regungslos unter Schnee zu verharren. Er stellte sorgfältig alle paar Minuten intensive Wärme in Ohren, Nase, Fingern und Zehen dar und war der einzige, der ohne Erfrierungen davonkam. Eine ganze Reihe gleichlautender Beobachtungen wurden von gründlich Trainierten aus langjähriger Kriegsgefangenschaft berichtet, so etwa von einem nunmehr 60jährigen Diplomingenieur, der 1937 und 1940 unter Aufsicht trainierte und berichtet, daß ihm das Training „immer wieder sehr nützlich war. Beispielsweise ist es mir dadurch während meiner zweijährigen russischen Kriegsgefangenschaft gelungen, ohne jede *Erfrierung* durchzukommen." Ein Konzertvirtuose, den jeder *Schnupfen* berufsunfähig macht (Blasinstrument), wurde durch Jahre 2- bis 3mal jährlich für 2 bis 3 Wochen von Schnupfen befallen. Seit seiner Durchtrainierung ist er nun über 3 Jahre schnupfenfrei, ohne daß seine sonstigen Lebensumstände geändert wären (Gefäßtraining? Erwartungsangstausschaltung? Beides?). Erfolgreiche autogene Abschirmung gegen plötzliche Belastung durch *Tropenklima* bei einem 60jährigen Trainierten teilte *H. Hengstmann* mit (Psychotherapie III, 39 [1958]). Dr. Dr. *K. Thomas* berichtete persönlich zur Klimafrage: Beobachtungen im Sommer 1960 in Ägypten, im Sudan, in der Jordantiefebene, die zu den heißesten Gebieten der Erde gehört, sowie Rücksprachen mit einem Kollegen in Israel (mit seinem vielfach recht feucht-heißen Klima) ergaben eindeutig: Die Wärmeübungen des Trainings sollten bei tropischem Klima nicht in der sonst gültigen Form angewandt werden.

1. Die allgemeine Durchführung der Übungen. Eine Warmstellung der Extremitäten oder des Sonnengeflechtes, wie es im Rahmen der zweiten und fünften Übung des Trainings geschieht, kann in tropischem Klima zu zusätzlichen Schweißausbrüchen und so unangenehmem Wärme- bis Hitzegefühl führen, daß die Übung abgebrochen werden muß. Für das Lernen des Trainings kann man die zweite und fünfte Übung überhaupt fortlassen, da sie ohnehin intensiv erlebt wird. Der Zusatz „Arm (Bein) ganz angenehm warm" hat sich nicht bewährt, da der Begriff der Wärme ausgesprochen unlustbetont ist. Eine solche Formulierung weckt inneren Widerspruch.

2. Die Anwendung der Übungen auf die Belastung durch das Klima. Selbstbeobachtungen in Zeiten, in denen die nächtlichen Tiefsttemperaturen nicht unter 30–35° C absanken, zeigten, daß es wesentlich leichter war, sich dem Klima mit Hilfe des Trainings anzupassen. Während sich sonst mit der ersten Formel die anderen fünf zugleich einzustellen pflegen, ging ich nun von der sechsten Formel aus: „Die Stirn ist angenehm kühl". Diese Formel wurde schrittweise über die gesamte Körperoberfläche ausgedehnt und endete mit den Worten: „Die ganze Haut ist angenehm kühl". Auch als formelhafte Vorsatzbildung bewährten sich die Worte: „Die Hitze ist ganz gleichgültig".

Diese Formeln lassen sich verbinden mit der Möglichkeit, autogen zu jeder Zeit und an jedem Ort erquickenden Schlaf herbeizuführen. Mehrstündige Autofahrten durch die sommerliche Mittagsglut der Sahara oder entsprechende Bahnfahrten im Assuan-Expreß stellen an den Europäer fast untragbare klimatische Anforderungen. – Wird – unterstützt durch die eben genannten Formeln – autogen ein tiefer Schlaf herbeigerufen und für die Dauer solcher Reise beibehalten, so wacht man erquickt und erfrischt auf, statt völlig erschöpft zu sein. Ähnliches gilt vom Nachtschlaf.

Insgesamt also vermag das Autogene Training nicht nur bei niedrigen Temperaturen die bekannten wesentlichen Erleichterungen zu gewähren, sondern es ermöglicht auch eine wirksame Anpassung an tropisches Klima. *E. B. Stresemann-Deninger* beobachtete Autogene *Schnupfenbekämpfung* (Zschr. Psychotherap., Stuttgart 222 [1959]).

f) Gedächtnisleistung

Die Bedeutung hypnotisch suggestiver Zustände für Gedächtnisleistungen ist sehr vielseitig experimentell studiert worden.

Für das ältere Schrifttum verweise ich auf das Handbuch von *Moll,* auf die Schrifttumsberichte von *Hilger* im J. Psychol. Leipzig und auf die große Zusammenfassung von *Trömner* im Arch. Psychol. Leipzig (D.) 1913. Als wesentlichstes Allgemeinergebnis dieser ausgedehnten und mühsamen Studien darf angesehen werden, daß der hypnotische Zustand an und für sich offenbar je nach Richtung der in ihm bestehenden Einstellung von wechselndem Einfluß sein oder auch jede Besonderheit vermissen lassen kann. Wird dagegen die Versuchsperson auf Merk- oder Gedächtnisleistungen konzentriert, so ergeben sich Leistungssteigerungen. Sie betreffen die Anregbarkeit von Erinnerungsbildern ebensosehr wie Aufnahme und Reproduktion beim Auswendiglernen. Unbeeinflußtes Zahlenmerken war in den Versuchen von *Trömner* in und außerhalb der Hypnose ohne sicheren Unterschied. Auch *Chojecki* (Arch. Psychol. 2, 12 [1912]), *Young* (Amer. J. Psychol. 36, 214 [1925]), *Wells* (J. Abnorm. Psychol. 23, 264 [1929]), *Huse* (J. exper. Psychol. [Am.] 13, 519 [1930] u. a. konnten bei Lernversuchen grobe Unterschiede nicht feststellen. Sie heben nur übereinstimmend hervor, daß in Hypnosen mittlerer Tiefe ohne besondere Anregung Lern- und Merkleistungen herabgesetzt erscheinen, während im eigentlichen Somnambulismus *(Young)* Wachleistungen geliefert werden. Dieses Bild ändert sich bei entsprechend intensiver suggestiver Beeinflussung. In Übereinstimmung mit der jetzt allgemein-psychologisch anerkannten Auffassung (s. oben unsere Ausführungen über den Übungsvorgang, besonders *Benno Kern),* daß für jede Merk- und Lernleistung der „Leistungswille" von entscheidender Bedeutung ist, werden wir diese speziellen Suggestivverfahrungen zwanglos einordnen können. Ferner kann die bildhafte innere Schau in versenktem Zustande wesentlich unterstützen; *Susukita* (Zschr. Neurol., Berlin 89, 137 [1938]) stellte bei berufsmäßigen japanischen Mnemotechnikern „eine versunkene, hingegebene Aufmerksamkeitskonzentration ohne Willensspannung" fest, ein „ichloses Sichhingeben der ganzen Seele", wobei „wahrnehmungsmäßige Vorstellungsbilder von Wirklichkeitscharakter" eine bedeutsame Rolle spielen.

Die Hauptbedeutung unseres Trainings für das Gedächtnisproblem ist mithin weniger in einer Erleichterung oder Verbesserung der Aufnahmeleistung als darin zu sehen, daß die konzentrative Versenkung den Vorgang der Reproduktion außerordentlich fördert, durchaus analog zur *„hypnotischen Hypermnesie“*. Für den Alltag durchschnittlicher Versuchspersonen bedeutet die Möglichkeit, sich selbst eine solche Reproduktionserleichterung geben zu können, oft eine sehr schätzenswerte Hilfe.

Als *Demonstrationsversuch* läßt man Versuchspersonen Gedächtnismaterial im durchschnittlichen Zustand reproduzieren, etwa in der Schule gelernte Gedichte und dergleichen, das nur noch unvollkommen und lückenhaft zur Verfügung steht. Ist etwa von einem Gedicht im gewohnten Zustand nur der Anfang reproduzierbar, so lassen wir die Versuchsperson etwa 2 Minuten lang im Wachzustande suchen, um eine gewisse Kontrolle zu haben und weisen dann an, sich momentan so tief wie möglich zu versenken. In 60 % durchschnittlicher Fälle tritt dann schlagartig die Fortsetzung des Reproduktionsvorganges ein, so daß es Versuchspersonen von mir gelungen ist, Kinderverse aus der 30 Jahre und mehr zurückliegenden Vorschulzeit lückenlos zu reproduzieren.

Ebenso häufig handelt es sich in der Praxis nicht darum, *Gedächtnismaterialien*, die früher gestaltet und wortgetreu aufgenommen waren, wiederzugeben, sondern es ergibt sich die Schwierigkeit, in einem im übrigen freien Produktionsverlauf eine mechanische exakte *Einzelheit* einzusetzen, etwa einen Eigennamen, eine Zahl, eine Vokabel oder dergleichen.

Erlaubt die Situation systematische Ganzumschaltung, so ist dies der geeignete Weg; handelt es sich aber um einen freien Vortrag, eine Diskussion oder eine sonstige Situation, wo die Gesamtumschaltung nicht durchführbar ist, so kann für diesen Zweck mit oft ausgezeichnetem Erfolge die Teilentspannung benutzt werden, die wir bei der Besprechung der Selbstruhigstellung erwähnten. Sehr häufig wird Versuchspersonen bei einer *Partialentspannung* des Schulter-Nackenfeldes irgendein vorher unklares oder aus irgendeinem Grunde unzugängliches Gedächtniselement schlagartig sicher und klar. Auch hier wären selbstverständlich systematische und exakte Prüfungen außerordentlich bedeutungsvoll. Ich muß mich aus dargelegten Gründen auf diesen prinzipiellen Hinweis beschränken.

g) Die formelhafte Vorsatzbildung

In den Untersuchungen zur Handlungs- und Affektpsychologie von *K. Lewin* hat im achten Beitrage *Birnbaum* (Psychol. Forsch. 13, 128 [1930]) aus dem Psychologischen Institut Berlin über Untersuchungen berichtet, die das *Vergessen* einer *Vornahme* zum Gegenstand haben.

Das Ziel ihrer Studien war, das Wesen einer Vornahme zu erklären. Ihre Ausführung hängt nach *Birnbaums* Befunden ab von der allgemeinen Tendenz zum Behalten der Vornahme, von ihrem Inhalt, ihrer Lustbetonung und ihrem Zusammenhang mit verschiedenen Teilbereichen des Gesamterlebens. Gerade diese „Einbettung“ der Vornahme in umfassendere seelische Bereiche („Feldfaktoren“) macht den Hauptinhalt der Untersuchung aus. Das Wesen der *Vornahme* ist für *Birnbaum* im Zustandekommen eines *„bedürfnisartigen Spannungssystems“* aufgrund des Vornahmeaktes gegeben. Dem Zentralerlebnis „Vornahme“ entspricht im psychischen „Umfelde“ ein Gesamt von Aufforderungscharakteren; bestehen hier vornahmefremde

Charaktere, so kommt es leicht zum Vergessen; individuelle Differenzen ergibt besonders die Affektivität.

Die Sonderstellung *formelhafter Vorsatzbildungen* im autogenen Zustand erheischt noch ein kurzes Eingehen darauf, was wir über die Besonderheit solcher Vorgänge in kontrollierbaren psychischen Ausnahmezuständen wissen. Ihnen entspricht auf fremdhypnotischem Gebiete die sogenannte *posthypnotische Suggestion.* Hier wie dort ist der Idealfall dann gegeben, wenn eine Vorsatzformel in konzentrativ versenktem Zustande so intensiv „assimiliert" wird, daß sie nachher zu gewünschter Zeit ohne willkürlich spannendes Zutun der Versuchsperson automatisch zur Auswirkung kommt. In der Terminologie von *G. Birnbaum:* Das bedürfnisartige Spannungssystem muß durch den versenkten Zustand so eingebettet werden, daß es unter Berücksichtigung der Aufforderungscharaktere des Umfeldes mit an Sicherheit grenzender Wahrscheinlichkeit aufgabegemäß zur Befriedigung führt.

Es haben sich namentlich amerikanische experimentielle Psychologen um dieses Problem bemüht. So gaben *Hull* und *Huse* (Amer. J. Psychol. 42, 279 [1930]) acht Studenten der Universität Wisconsin die Suggestion, im Stehen vorwärts zu fallen, und maßen Zeit und Intensität des Verlaufs exakt. Die Versuchsanordnung war derart, daß nach Erteilung der Suggestion unmerklich am Rock der Versuchsperson ein Häkchen befestigt wurde, das zu einer Registriervorrichtung führte. So wurden die Rumpfbewegungen der Versuchspersonen quantitativ festgelegt. Dabei zeigte sich, daß die mit verbundenen Augen vor dem Versuchsleiter stehenden Versuchspersonen in deutliche Schwankungen gerieten, bis sie der Beeinflussung im Wachzustande oder in Hypnose gehorchten. Im Wachzustande bedurfte es durchschnittlich 2 $^1/_2$mal so langer Zeit bis zum Umfallen als im Trancezustand, und sowohl im Wachzustande wie in Trance ist die Reaktionszeit bei Wiederholungsversuchen am gleichen Tage um etwa ein Viertel gekürzt, ein Beweis dafür, daß in und außerhalb Hypnose Verläufe wie die in Frage stehenden übungsfähig sind. Uns interessiert hier besonders ein weiterer Befund. Es gelang *Hull* und *Huse* nachzuweisen, daß ein vorhergehender Tranceversuch stärker und bahnend auf eine nachfolgende Wachsuggestion wirkte als umgekehrt. Während diese Untersuchungen speziell einem Vergleich der „Suggestibilität" im Wach- und Trancezustand galten, ging *Burnett* bei experimentellen Untersuchungen, die uns hier gleichfalls interessieren, von einem anderen Problem, dem der Bewußtseinsspaltung aus (Zschr. Neurol., Berlin 44, 553 [1926]). Ihn regten die bekannten Befunde von *Morton Prince* über Doppel-Ich an. *Burnett* suchte experimentell nachzuweisen, daß Ansätze zu einer solchen Bewußtseinsspaltung auch normalerweise vorkommen. Seine Experimente betrafen gut hypnotisierbare gesunde Studenten. Sie erhielten in der Hypnose 1 eine Rechenaufgabe, die im folgenden Wachstadium gelöst und durch automatisches Schreiben fixiert werden sollte; in der anschließenden Hypnose 2 und dem folgenden posthypnotischen Stadium wurde protokolliert. So erhielt etwa eine Versuchsperson in Hypnose 1 die posthypnotische Suggestion, nach dem Erwachen zwei Zahlen zu multiplizieren; von diesen war eine unauffällig auf die Ecke eines Buches geschrieben, das der Versuchsleiter der Versuchsperson überreichte, die andere Zahl wurde vom Versuchsleiter unauffällig mit dem Finger auf die Tischplatte geklopft. Die Versuchsperson sollte das Resultat „unbewußt" automatisch aufschreiben. Dieser Auftrag wurde richtig ausgeführt. Die Versuchsperson las während dieser Leistung in dem überreichten Buch eine Fabel und merkte weder von dem Schreibakt, noch viel weniger vom Inhalt des Geschriebenen etwas; in der folgenden Hypnose 2 wußte die Versuchsperson alle Einzelheiten, einschließlich dessen, daß sie „unbewußt" geschrieben hatte. Posthypnotisch bestanden aber große Gedächtnislücken. *Burnett* warnt davor, seine interessanten Befunde allzu schematisch assoziationspsychologisch im Sinne getrennter Psychismen aufzufassen und betont, daß die beiden „Persönlichkeiten" unter einer „vereinheitlichenden Idee" stehen. *Feuchtwanger,* der diese Arbeit eingehend referierte, wies sehr mit Recht darauf hin, daß für unser heutiges Denken die Annahme besonderer Zustände einer einheitlichen Persönlichkeit befriedigender sei als die ältere von „mehrfachen Persönlichkeiten". Wichtig für unsere Arbeit ist nur der hier besonders exakt geführte Nachweis von Leistungsvollzügen, die ohne Wissen der Versuchspersonen gelangen. Sicher muß man bei derartigen Untersuchungen mit der Einschätzung des amnestischen Faktors sehr vorsichtig sein. *Strickler* (J. Abnorm. Psychol. 24, 108 [1929]) hat an leicht hypnotisierbaren gesunden Studenten die Unvollständigkeit der hypnotischen Amnesie demonstriert. Die Versuchspersonen erhielten in tiefer Hypnose entsprechend den bekannten Versuchen von *Ach* über Begriffsbildung eine Reihe von Zeichen vorgelegt, deren jedes mit einer sinnlosen Silbe verbunden war und dies so oft, bis die Silbe im Sinne fester Namengebung mit dem Objekt verbunden war. Obwohl die Versuchspersonen nach Schluß der Hypnose sich zunächst für völlig amnestisch hielten, zeigte sich bei genauer Untersuchung, daß sie nicht nur das in der Hypnose Erlernte im Wachzustand viel schneller wiedererlernen konnten, sondern daß sie darüber hinaus imstande waren, auch einige Einzelheiten im gewohnten folgenden Wachzustande richtig anzugeben.

Auf den ersten Blick mußte in der alltäglichen Feststellung, daß schlafähnliche Zustände eher eine Beziehung zum Vergessen haben, eine Schwierigkeit für das Verständnis liegen.

In der Tat zeigt ja die Alltagsbeobachtung, daß besonders gewisse Psychopathen mit geringer Geschlossenheit der Persönlichkeit, die ich in meiner „Seelischen Krankenbehandlung" als mnemisch dissoziiert kennzeichnete, durch den Ausnahmezustand des Schlafes direkt gefährdet sind, indem feste Vorsätze des vorigen Tages und Abends einfach verschwunden sind, eine schmerzliche Erkenntnis, die ja schon in den unheimlichen Folgen des Zauberschlafes alter Märchen und Mythen Gestalt gefunden hat. Auch diese Erscheinung ist von amerikanischen Psychologen besonders studiert; so haben *Jenkins* und *Dallenbach* (Amer. J. Psychol. 35, 605 [1924]) experimentell den Einfluß des Schlafes auf das Vergessen studiert. Sie fanden dabei, daß wesentliche Unterschiede des latenten Wissens nicht auftreten, sondern am Tage und nach dem Schlafe im allgemeinen gleich viele Wiederholungen zum Erlernen nötig sind. Auslöschend wirken mehr neue Eindrücke als der Schlafzustand an sich. Man dürfte hieraus schließen, daß ungerichtete Zustände schlafähnlicher Art, die einen „Durchbruch aus dem Unbewußten" mit sich bringen, ebenso wirken wie neue Eindrücke, während ein gerichteter Versenkungszustand umgekehrten, steigernden Einfluß haben kann, wie ihn die Praxis der post-hypnotischen Suggestion ja oft genug erwies.

Gewisse Eigenheiten des Erlebens in versenktem Zustand lassen solche Vorsatzsteigerungen verstehen. Es ist nicht nur die allgemeine konzentrative Hinwendung auf gewisse erwünschte Gegebenheiten, sondern sicher auch nicht selten das *Anschaulichwerden psychischer Vorgänge an sich, das hier von Bedeutung* ist, wie wir 1961 näher ausführten („Autogene *Bilderschau*", Act. Psthp. IX, 111 [1961]).

Kollarits (Zschr. Neurol., Berlin 54, 281 [1920]) wies im Anschluß an Überlegungen über das Ausfüllen von Erinnerungslücken darauf hin, daß bildhafte Vergegenwärtigung für solche Leistungen sehr dienlich sei und empfahl eine *Visualisation.* Eben in dieser Richtung verändert die Versenkung gleich verwandten Zuständen den inneren Ablauf. Entscheidend ist immer nur, daß aus der Sphäre allzu schematischer, abstraktiver Wachbegriffe hinübergeschritten wird in eine sinnenhafte, den Erlebenden zwanglos fesselnde Vergegenwärtigung. Endlich dürfen wir die alten Erfahrungen über die Strukturierung *automatischer Ablaufsweisen* nicht ganz ignorieren; ihnen ist es eben zu danken, daß gleichsinnig mit dem Übungserwerbe irgendwelcher neuen Funktionen bis zur Automatisierung und zum trügerischen Schein müheloser willkürlicher Beherrschung Gestaltungen sich entwickeln, die gewissermaßen mechanisch und außerpersönlich erwünschten Zielen zustreben.

So dürfte es dem wissenschaftlichen Verständnis keine erheblichen Schwierigkeiten machen, daß die bekannte Besonderheit gerichteter Umschaltungszustände in geeigneten Fällen Erleichterungen und Sicherungen formelhafter Vorsatzbildungen erlaubt.

Als *Demonstrationsversuch* für die *Wirksamkeit formelhafter Vorsatzbildungen* bedienen wir uns im Einzel- wie im Gruppentraining zweckmäßig eines psychologischen Phänomens, das im Erfahrungskreise praktischen suggestiven Arbeitens schon oft gleichen Zwecken diente, aber erst in den letzten Jahren auf allgemeiner Basis wissenschaftlich bearbeitet wurde. Es handelt sich um das *Terminerwachen* aus vordem ungestörtem Nachtschlaf, eine Leistung, die als „unbewußte *Kopfuhr*" bis in das alte magnetistische Schrifttum zurück bekannt ist.

Mit Recht sieht man in der Möglichkeit dieser Demonstrationen einen der wesentlichen Beweise dafür, daß der schlafende Mensch keinesfalls „bewußtlos" ist, sondern daß auch beim Schlafenden mit völliger Amnesie für den größten Teil der verschlafenen Zeit ein Persönlichkeitsrest in Funktion bleibt. Gerade mit Rücksicht auf solche Erscheinungen ist die Konzeption von *Freud,* daß auch im *Schlafe* gewisse kontrollierende Persönlichkeitsanteile den Hüter spielen, nicht so phantastisch, wie manche Kritiker möchten. Auf breiterer Basis wissenschaftlich ist das Phänomen der Kopfuhr von *Ehrenwald* aus der *Pötzl*schen Klinik (Arch. Psychol. [Am.] 45, 144 [1923]), von *Frobenius* an der Heidelberger Klinik (Zschr. Psychol., Leipzig 103, 17 [1927]) und *Brush* (Amer. J. Psychol. 42, 408 [1930]) bearbeitet worden. Das Resultat ist bei allen drei Autoren übereinstimmend; Normalschlafende haben in einem hohen Prozentsatz die Möglichkeit, „erstaunlich scharf", wie *Ehrenwald* sagt, zu einer bestimmten Zeit des Nachts zu erwachen. Wir lassen den Versuch des Terminerwachens aus dem Nachtschlaf in der 4.–5. Übungswoche durchschnittlichen Verlaufs machen und erhalten dann in 50 % sogleich, in 76 % bei mehrfachem Üben positive Resultate. *G. Clauser* hat in einer sehr gründlichen und anregenden Dissertation aus der Freiburger Psychiatrischen Klinik *(Beringer)* 1951 das *Zeiterlebnis* in Hypnose und das Terminerwachen nochmals eingehend bearbeitet und dabei eine Reihe neuer Feststellungen gemacht, auf die hier ausdrücklich verwiesen sei.

Sie ist 1954 als selbständige Broschüre erschienen „*Die Kopfuhr*" (Enke, Stuttgart) und wird durch die gründliche Studie von *R. Wiegand* über „Erlebte Zeitdauer" (Zschr. psychol. Forschg. XXIV, 230 [1953]) fruchtbar ergänzt. Störungen des Zeitbewußtseins durch Narkose legen die Annahme einer Dissoziation in eine bewußte und eine primitiv-unterbewußte Komponente nahe, wie *E. Bünning* in seiner umfassenden Studie „Die physiologische Uhr" (Berlin, Springer Verlag) 1958 hervorhob.

Im Verlaufe der Untersuchungen über das Terminerwachen habe ich mich um die Ausarbeitung einer *Sprechstundenmethodik zur Prüfung* dieses Phänomens bemüht. In Übereinstimmung mit den neueren Bearbeitern dieses Phänomens kann auch ich es nur so deuten, daß ihm eine irgendwelche absolute *Zeitregistrierung* zugrunde liegt, die, wie alle entsprechenden Phänomene, nicht den Ausnahmezuständen an und für sich eigen ist, sondern hier nur besonders auffallend hervortritt und in ihrer Präzision durch Übung verbessert werden kann. Dabei zeigte sich bald, daß es von entscheidender Wichtigkeit ist, alles oberbewußt-kritische Überlegen der Versuchsperson auszuschalten und sie durch Überrumpelung zu einer rein intuitiv schätzenden, gewissermaßen instinktiven Reaktion zu führen.

Zuerst stellte ich meine Versuche so an, daß ich aus einer ganz anders gerichteten Unterhaltung heraus unvermittelt die Instruktion gab: „Sagen Sie ohne jede Überlegung, wieviel Uhr es jetzt ist." Noch besser bewährte sich später die Versuchsanordnung, eine allgemeine Einstellung des Ratens und Schätzens zu geben, etwa „Raten Sie, wieviel Stufen Sie bis in dies Zimmer gegangen sind", „raten Sie, wieviel Knöpfe Ihr Paletot hat" und dergleichen. In diese Serie hinein gibt man dann die Instruktion: „Raten Sie, wieviel Uhr es jetzt ist." Wie ich mich an 400 Versuchspersonen überzeugen konnte, bekommt man mit Hilfe dieses Kunstgriffs 76 % Treffer, die entweder ganz genau oder um nur wenige Minuten unexakt sind. Wie ich schon anderen Ortes (Klin. Wschr. 1864 [1931]) hervorhob, stellt dieses Verfahren eine Sprechstundenprüfung des Zeitsinnes dar, die uns eine schnelle Orientierung darüber gibt, ob eine positive Zeitschätzung besteht. Sie kann als diagnostischer Vorversuch klinisch empfohlen werden, besonders innerhalb eines *Assoziationsversuches.*

Das bedürfnisartige Spannungssystem von *Birnbaum* tritt in Selbstschilderungen gut beobachtender Versuchspersonen beim autogenen Training oft sehr deutlich hervor, so daß etwa eine Versuchsperson, die sich allabendlich in gutem autogenem Versenkungszustande des 5. Übungsjahres regelmäßig eine bestimmte, sonstigen Neigungen und der „Trägheit des menschlichen Herzens" zuwiderlaufende, formelhafte Vorsatzbildung vergegenwärtigt, erst durch einige Tage eine ziellose Unruhe registriert, bis sie sich am 5. Versuchstage plötzlich bei der Ausführung der sonst verabscheuten Tätigkeit überrascht.

Nicht bestätigen kann ich nach meinen Erfahrungen die vielfach in dem Suggestivschrifttum bestehende Behauptung, daß nur positive Vorsatzbildungen („positive Suggestionen") Erfolge versprechen.

In geeigneten Fällen können vielmehr gut trainierte Versuchspersonen sich genau sowohl durch formelhafte Vorsatzbildung ein *Ver*bot wie ein *Ge*bot errichten. *Franz Hamburger* (Wien. Z. prakt. Psychol. I, 101 [1949]) hat bekanntlich in seinen „Neurosen des Kindesalters" diesem Problem vom entwicklungspsychologischen Standpunkte aus besondere Aufmerksamkeit geschenkt. Daß dabei kompensative Vorgänge entstehen, ist praktisch ohne Belang. Praktisch ist es wichtig, bei negativen formelhaften Vorsatzbildungen Einstellungen anzuregen, die nicht Kampf und Spannung, sondern Indifferenz ergeben, also etwa bei konzentrativer Abstellung unzweckmäßiger Rauchgewöhnung „Zigaretten sind ganz gleichgültig" und dergleichen. Sind mehrere Vorsatzbildungen zu erwerben, so wird die erste für etwa 4 Wochen allein eingestellt und, wenn sie mechanisiert ist, ihr die zweite für wieder etwa 4 Wochen jedesmal angefügt: dem Einbau von mehreren Neuformeln auf einmal ist zu widerraten. Näheres zur „Redaktion" der Formeln findet sich in unserer „Hypnosetechnik für Ärzte" (III, Stuttgart, Fischer Verlag, 1952), sowie „Psychotherapie" I–III, 1956–1958.

Dem Problem der *formelhaften Vorsatzbildungen* haben meine Mitarbeiter und ich in den letzten anderthalb Jahrzehnten besondere Aufmerksamkeit gewidmet. Nicht nur Einzel-Fehlreaktionen oder Fehlhaltungen erweisen sich bei richtiger Technik als angehbar, sondern auch bei genügendem Zeitaufwand und ausreichender Konsequenz tiefgreifende Persönlichkeitshaltungen. Egozentrische und abnorm Introvertierte entwickeln sich an der Formel „Ich sehe den anderen" mehr und mehr zu einer realitätsgerechten Totalhaltung, wobei häufig anfangs ausgesprochene Unruhezustände krisenhaften Charakters auftreten. Anankastische Gerechtigkeits- und Vollkommenheitsfanatiker mildern ihre Fehlhaltung durch die aus dem Religiösen bekannte „Annahme" der Formel „Es gibt nichts Vollkommenes" oder „Recht wird Unrecht". Bei Selbstwertunsicheren leistet die Formel „Ich bin ich" Gutes, indem sie dem unermüdlichen, krampfhaften Geltungsvergleich mit den einseitig bewerteten Vorzügen anderer vorbeugt u. v. a. m. In den ersten drei Bänden der „Praxis der Psychotherapie", die 1956 bis 1958 als Vierteljahresschrift „Psychotherapie" bei *Huber* in Bern erschien, finden sich zahlreiche Einzelheiten, auf die hier besonders hingewiesen sei. Mit *W. Luthe* wurde das Problem 1962 noch einmal besonders erörtert (Acta Psychother. X. 419, 1962); sehr brauchbare Anregungen gab *H. W. Rechenberger* („Praxis" VII, S. 7, 1962). Zweifellos liegt hier eine an fruchtbaren Fragestellungen außerordentlich reiche Problemgruppe vor.

So können *formelhafte Vorsatzbildungen* vielfach *Persönlichkeitsumstellungen* vermitteln, die *durch einfache Beratung nicht zu erreichen* wären und in der *„mikropsychologischen" Arbeit sehr große Zeiträume* beanspruchen würden; so etwa im folgenden Selbstbericht einer 50jährigen Lehrerin:

„Nach einhalbjährigem autogenem Training kann ich schon viele Erfolge bei mir feststellen. Ich bin sehr viel ruhiger, rege mich nicht auf und bin auch nicht mehr so gehemmt. Einer Bekannten, die ich seit langer Zeit nicht gesehen habe, fiel es auf, daß ich viel freier und nicht mehr so verkrampft bin, wie es nach ihrer Aussage früher der Fall gewesen sein soll. — Sehr wirksam ist auch bei mir das Einarbeiten der mir gestellten Formel: ‚Ich vertrete mein Recht.' Während ich früher meiner Gutmütigkeit wegen viel ausgenutzt wurde und mich offensichtlichen Ungerechtigkeiten wohl empört aber wie hilflos, gelähmt gegenüber befand und mich nicht wehren konnte, bin ich jetzt ruhig und überlegen und erreiche ohne Anstrengung und Mühe das, was mir früher unmöglich erschien."

Ein 70jähriger Geheimrat teilt mit, daß er 30 Jahre zuvor an Normalkursen für autogenes Training teilgenommen und sich dort die Formel erarbeitet habe „Ich weiche keiner Situation aus". Diese Formel habe ihm „in vielen Situationen geholfen, und durch bestimmte Zusammenhänge hatte ich das namentlich in der Nazizeit sehr nötig. Aber auch in der Zeit nach 1945 habe ich dieses wunderbare Leitwort nicht vergessen".

h) Selbstschau

Viele Gesichtspunkte, die wir bei der Gedächtnis- und Vorsatzfrage anzudeuten versuchten, haben nun für einen weiteren Teil unserer Arbeit Geltung. Wir können, wie es etwa in der hypnotischen Persönlichkeitsforschung von *O. Vogt* und seinen Mitarbeitern geschah, der die *Hypnose* als sein *„seelisches Mikroskop"* bezeichnete, in diesen Ausnahmezuständen unsere Versuchspersonen „enthemmt" produzieren und erleben lassen. Wir verweisen hier besonders auf die erwähnten neueren Studien über das Einschlaferlebnis, über produktive Verläufe in Rausch und Schlaf und nicht zum mindesten auf die grundlegenden Erfahrungen der Psychoanalyse. Was allen diesen Erfahrungen gemeinsam erscheint und in der Welt der Mystik oft rätselhaft zu uns spricht, ist das Grundphänomen einer *bildhaft anschaulichen, aus den Tiefen der Persönlichkeit flutenden Produktivität.* Ziellos oder mit gewisser Richtung auf *Selbstschau* in Versenkung eingestellt, erlebt der Trainierte, und dies um so intensiver, je weiter er in der Technik fortgeschritten ist, beglückende oder bestürzende Bereicherungen aus seiner Unterwelt.

Was *C. G. Jung* und seine Mitarbeiter durch freie Phantasiezeichnung zu objektivieren suchen, ist in der Zeichnung wohl zu konservieren und längerer Einzelverarbeitung zugänglich — in der Verinnerlichung versenkter Haltung steigen diese Dinge noch unmittelbarer auf, wenn auch oft nur schwer zu schildern, und zerfließen wie alles strömende Leben; dafür aber fehlt der „Weg bis zur Hand" und zum Papier. So wird die eine wie die andere Methode von Fall zu Fall mehr leisten können. In schönen psychologischen Untersuchungen zeigte *J. Bordeaux* (Brit. J. Med. Hypnot. I, 7 [1950]), daß in hypnotischen Zuständen Farberlebnisse nur bei äußerer Belichtung auftreten (?) und ihnen eine diagnostische Bedeutung für den Typus der Persönlichkeit nicht zukommt, sehr wesentlich dagegen für die individuelle Persönlichkeit.

Hier soll die Selbstschau, deren eigentliche Verwendung nicht mehr der Unterstufe, sondern der Oberstufe unseres Trainings angehört, nur prinzipiell angedeutet sein.

Kretschmers an *unsere* „Schichtenbildung im hypnotischen Selbstbeobachten" anschließenden Arbeiten über *Bildstreifendenken* seien nur kurz erinnert, und die gelegentlich seiner Besprechung der hypnagogen *„Weckblitze"* (Nervenarzt, Berlin 124 [1949]) von *H. Ahlenstiel* gegebene glückliche Formulierung, daß es sich hier zum Teil um *„stilisiertes Erinnerungsgut entoptischer Formen"* handle. *Psychokathartisch* sind uns hier wesentliche Möglichkeiten offen, und auch im *psychoanalytischen* Arbeiten vermögen wir nicht selten durch Einschaltung von Versenkungsstadien Materialproduktionen anzuregen, wenn dies erwünscht erscheint. Oberhalb dieser speziellen Methoden kann die Selbstschau in der Versenkung bereits auf der Unterstufe der Technik allgemein menschliche *Selbstklärung* erleichtern, Fragestellungen verschärfen, Entscheidungen reinigen, Unklarheiten auflösen. In der Medizinischen Klinik berichtete *Walter Frederking* „Über die Tiefenentspannung und das Bildern" (1947, S. 778), wobei allerdings im Sinne der alten *Narkohypnose* chemische Hilfsmittel wesentlich benutzt wurden. Die bereits von den alten *Hypnoseärzten* eingehend gewürdigte besondere Brauchbarkeit *innerer Bilderschau* für die Psychotherapie, das „seelische Mikroskop" von *Oskar Vogt*, fand in den letzten Jahren zunehmende und fruchtbare Beachtung. *Ziolko* zeigte an einigen Beobachtungen die Ausdruckshaftigkeit und Innenwertigkeit *(Kroh)* spontan-eidetischer Erscheinungen (Zschr. Psychotherap., Stuttgart 171 [1953]), nachdem *J. E. Meyer* den „Bewußtseinszustand bei optischen Sinnestäuschungen" einer sehr sorgfältigen systematischen Kritik unterzogen hatte (Arch. Psychiatr. 477 [1952]), und ergänzte diese Studie 1960 durch einen wertvollen Beitrag „Über den emotionalen Untergrund visionärer Erscheinungen" (Z. Psychotherapie X, 238). Über diese allgemeinen wissenschaftlichen Arbeiten hinaus brachten eine Reihe Autoren mehr spezielle psychotherapeutisch eingestellte Beiträge, so *Ahlenstiel* und *Kaufmann* (Arch. Psychiatr. 503 [1953], *Brachfeld* (Zschr. Psychotherap., Stuttgart 79 [1954]), *Fernandez* (ibid. 39 [1956]) und besonders eingehend und wertvoll *K. H. Leuner*, Göttingen, der sich um die methodische Entwicklung eines „experimentellen katathymen Bilderlebens" verdient gemacht hat (Zschr. Psychotherap., Stuttgart V, 185 [1955]). Immer handelt es sich um eine Erschließung und Verwertung der *„Welt der Bilder" (Ludwig Klages)*. Ebenso ist namentlich *G. Clauser*, Freiburg, in diesem Bereich mit wertvollen Beiträgen erschienen (Freiburger Symposion VI, Springer, Berlin 1958); *E. Grünthal*, Bern, ordnete die „phantastischen Gesichtserscheinungen bei langdauerndem Augenschluß" in 3 Gruppen: 1. Spontan auftauchende, endgültig gestaltete Realbilder; 2. stilisierte, oft farbige, emotional-ausdruckshaltige und 3. am häufigsten sich aus „Wolkenhaftem" gestaltende Bilder (Psychiatr. Neurol. med. Psychol., Leipzig 193 [1957]). *W. S. Boernstein* (Excerpta med. VIII, XII, 95 [1959]) weist auf die Beziehung zwischen optischem Selbstgestalten und Tonushaltung hin. Hier schließen ferner die methodischen Anregungen von *Desoille* („Rêve éveillé" Paris, 1950) und *Guillerey* (Schweiz. Arch. Neur. 103 [1960]) an. Sie fanden durch meinen langjährigen Mitarbeiter *K. Thomas* („Praxis der Selbsthypnose des autogenen Trainings", 2. Aufl. Thieme, Stuttgart 1969) weitgehende Erfüllung und Bereicherung bis hinüber ins Grenzgebiet. Bei allen diesen Verfahren ist über dem „Inhaltlichen", dem „Sinn" der Bilder, die *hypnoide Umschaltung* nicht zu vergessen, die nicht selten *an sich* Auswirkungen hat (*I. H. Schultz* „Inwart Seeing", Brit. J. Med. Hyp. XI, 4 [1962], 25). Nicht minder ist an die Möglichkeit zu denken, im autogenen Zustands„abreagieren" psychokathartische Erlebnisse geschehen zu lassen; *W. Luthe* schilderte mehrfach überwiegend „physiologisches" *autogenes Abreagieren*, welches dem „inhaltlosen Abreagieren" der alten Hypnokatharsis nahestehen dürfte. Er gab neuestens (Correl. psycho., S. 22–52) eine gründliche kritische Übersicht über das ganze Gebiet der autogenen Entladungen während der Unterstufenübungen. Es handelt sich um 1500 Auswertungskategorien nach kontrollierten Selbstschilderungen der VP., wobei motorische Entladungen der Bewegungsmuskulatur, reflex- und viscero-motorische Reaktionen gesondert berücksichtigt werden, ferner im sensiblen Gebiet der Übung entsprechend oder „formelfremd". Die Erscheinungen werden mit entsprechenden hirnphysiologischen Befunden besonders von *Penfield* lokalisatorisch in Beziehung gebracht, und Gleiches erfolgt mit den „autonom gesteuerten Begleiterscheinungen" und den viscerosensorischen Symptomen. Auch Reaktionen höherer psychischer Bereiche finden entsprechende, gedankenreiche und kritische Einordnung. Erforderlich sind lange Sitzungen mit völlig freiem Blick nach innen.

Mit Recht empfiehlt der Autor zur Kennzeichnung des rein kontemplativen, „empfangenden" autogenen Zustandes eine „formelfreie passive Akzeptation", also eine „carte blanche" bei Beherrschung der Unterstufe, auch zur Förderung selbstheilender Entladungserlebnisse.

Endlich sei schon hier bemerkt, daß bei primitiven Versuchspersonen bereits auf der Unterstufe gelegentlich die Durchführung einer *„Nirwanatherapie"* gelingt. Ich verstehe darunter die bewußte Hinleitung von Versuchspersonen in völlig unmöglicher innerer und äußerer Lebenssituation zu einer beglückenden Traumwelt, eine Anwendung also, die durchaus der Verordnung von scheinbeglückenden Rauschmitteln gleichkommt. Sie ist völlig und in jeder Beziehung das genaue Gegenteil sonst sachgemäßer Neurosentherapie und Menschenbehandlung; sollen diese doch immer zur Wirklichkeit und Lebensbewältigung führen. Die hier angedeutete therapeutische Möglichkeit darf selbstverständlich nur bei hoffnungslosem Siechtum erwogen werden.

Zur Veranschaulichung des bisher über die Leistungen der Unterstufe bei durchschnittlichen Versuchspersonen Gesagten geben wir eine Reihe typischer Protokolle:

Zu a) Selbstruhigstellung

1. 50jähriger Studienrat (12. Übungsmonat)

„Zunächst erlernte ich unter Ihrer Leitung das autogene Training, um das nervöse Zittern meiner Hand, das auf einer Zwangsvorstellung beruht, zu überwinden. Dies gelang mir bis zu dem Grade, daß ich die Anforderung einer vierwöchigen militärischen Übung in bezug auf Grüßen, Schießen usw. erfüllen konnte. Die ‚Ruhigstellung des Körpers' bewirkte auch eine wesentliche Beruhigung meiner rechten Hand. Während ich früher nach körperlichen Anstrengungen infolge beschleunigter Herztätigkeit erst nach längerer Zeit oder nach Anwendung von Kompressen einschlafen konnte, ermöglichte mir Ihre ‚konzentrative Selbstentspannung' selbst nach außergewöhnlichen Anstrengungen der militärischen Übung ein *sofortiges Einschlafen,* was natürlich sehr günstig für meine Frische und Leistungsfähigkeit war. Diese stärkende Wirkung Ihrer Methode wurde besonders für meinen Beruf als Lehrer wichtig. Völlig *schlaflose Nächte* habe ich nach Kennenlernen des autogenen Trainings nicht mehr erlebt; seit Jahren ist mein Schlaf nicht so gut und ausreichend gewesen wie in diesem Jahre. Im Zusammenhang damit ist meine frühere Reizbarkeit und häufige Abgespanntheit, gerade für den Lehrer sehr hemmende Zustände, sehr stark zurückgegangen: Ich ärgere mich in meinem Beruf nur noch wenig, was sicher meinen Schülern und mir zugute kommt. So möchte ich Ihr autogenes Training geradezu als *Nervenheilmittel für viele Berufskrankheiten der Lehrer bezeichnen, sicher für die vielen Leiden, die auf nervöser Grundlage beruhen.* Ich wünschte jedem Berufskollegen in seinem und seiner Schüler Interesse die Kenntnis und tägliche Anwendung Ihrer Methode."

Die autogen sich entwickelnde *Gelassenheit (G. R. Heyer)* ist von *W. Luthe* in gründlichen projektiven Teststudien schön objektiviert (Lindauer Woche 1957, 197).

Zu c) Erholung

1. 42jähriger Arzt (3. Übungswoche)

„Wärmeempfinden und Schweregefühl ist sehr leicht zu erzielen, gerade die neue Wärmeempfindung bringt sehr rasch ein Gefühl der Erholung und Erfrischung."

2. 36jähriger Arzt (3. Übungswoche)

„Ich spüre das Wärmegefühl gleichmäßig stark in beiden Armen, und zwar hauptsächlich in Unterarmen und Händen. In diesen am stärksten. Ich fühle deutlich, wie die Unterarme und Hände stärker mit Blut angefüllt werden, was sich außerdem durch Kribbeln in den Händen bemerkbar macht. Nach der Übung stellt sich ein wohltuendes Gefühl von Erleichterung ein. Die geistige Ermüdung ist zum größten Teile gewichen. Der praktische Wert der Übung scheint mir neben der vorstehend angegebenen günstigen Wirkung vor allem in einer Stärkung des Konzentrationsvermögens zu liegen."

3. 41jähriger Prokurist (nach 1/2 Jahr Übung)

„Das ‚Entspannen' habe ich regelmäßig mittags und abends geübt, und ich kann sagen, daß ich bei angestrengter beruflicher Tätigkeit frisch und leistungsfähig geblieben bin. Das Gefühl der Schwere in den Armen stellte sich in der ersten Zeit nicht immer ein, jetzt bin ich so weit, daß ich die Schwere in den Armen schnell empfinde; auf das Wärmegefühl reagierte ich bereits von Anfang an bedeutend leichter; anfangs trat es im rechten Arm schneller auf, jetzt in beiden Armen gleichmäßig."

4. 50jähriger Zeichner (nach 2 Monaten Übung)

„*Entspannungsunterbrechung* der Arbeitszeit. Mehrfach geübt; guter Erfolg, gegen Anwandlungen von Müdigkeit und Arbeitsunlust; hilft zu ruhigem und konzentriertem Arbeiten."

5. 40jähriger Universitätslehrer (5. Übungswoche)

„Einschlafen nach ausgiebiger Entspannung zuerst gestört. Jetzt in Ordnung. Suggerieren des frischen Erwachens scheint zu helfen, obwohl ich ein besonders übler Fall von Schläfrigkeit am Morgen bin. Gute Erholung nach der Entspannung an arbeitsreichen Tagen."

6. 31jähriger Beamter (9. Übungswoche)

„Der Versuch, in bestimmter Zeit frisch zu sein, scheint Erfolg zu haben. Ich bedurfte zur Frischerhaltung bei geistiger Anstrengung des Bohnenkaffees. Die Autosuggestion scheint zwar nicht den gleichen, aber doch einen Erfolg zu haben."

7. 43jähriger Arzt (1. Übungswoche)

„Die geistige Ruhe war bei mir vollkommen. Das Streben zu beobachten, war wohl zu lebhaft. Nach etwa 5 Minuten straffte ich die Bizeps, tat einen tiefen Atemzug, öffnete die Augen und fühlte mich erfrischt."

8. 33jähriger Arzt (3. Übungswoche)

„Nach der Entspannungsübung: Gefühl der Erfrischung."

9. 29jährige Akademikerin (2. Übungsjahr)

„Eine Erholungswirkung gelingt immer, wenn der Entschluß zur Ruhigstellung gefaßt ist. Am besten geht es liegend, aber auch sitzend kann eine Erholung erreicht werden. Wenn ich liege, schlafe ich meistens ein, und zwar kann ich die Dauer des Schlafes vorher bestimmen."

Zu d) Hypalgesie

1. 30jähriger Kaufmann (4. Übungswoche)

„Der Versuch, eine Hand gegen Schmerz unempfindlich zu machen, bewirkt eine Herabminderung der Empfindlichkeit, wobei gleichzeitig das Gefühl, als ob die Hand kalt und etwas feucht wird, erscheint."

2. 30jährige durchschnittliche weibliche Versuchsperson ohne Beruf (4. Übungswoche)

„Als meine rechte Hand mit der Nadel geprüft wurde, hatte ich nicht den Eindruck, daß es eine Spitze wäre, sondern daß ein kleiner Knopf oder ein stumpfer Bleistift mit Hülse mich berührte. Als die linke Hand mit der Nadel berührt wurde, fühlte ich sehr deutlich und natürlich einen feinen spitzen Stich, der etwas schmerzhaft war. Der Unterschied war so groß, daß ich zuerst glaubte, es sei mit verschiedenen Instrumenten berührt worden, doch konnte ich mir nicht erklären, weshalb gerade für die Hand ein stumpfes Instrument genommen wurde, an der ich den Schmerz herabgesetzt hatte. An der linken Hand zeigten sich von den sieben Stichen deutlich kleine rote Flecke, die etwa 20 Minuten bestehen blieben. An der rechten Hand war nichts zu sehen."

3. 50jähriger Zeichner (4. Übungswoche)

„Kälte, Empfindungslosigkeit. Die kalte Hand ist mir etwas Fremdes. Das schwache Pieken mit der Nadel erscheint nicht als Schmerz, sondern als Betastetwerden."

4. 42jähriger Kaufmann (4. Übungswoche)

„Die Schmerzaufhebung ist fast vollkommen, das kühle Empfinden auf dem Handrücken sehr deutlich. Bei Umschaltung auf Wärme bemerke ich dann die Stichempfindung mit ganz leichtem Schmerze wie an dem nicht abgestellten Arme an den berührten Stellen."

5. 45jähriger Kaufmann (4. Übungswoche)

„Die Kälteerscheinung tritt leicht ein, wirkt sich aus wie ein leichter, kühler Hauch auf dem Handrücken. Die Nadel wird zwar erkannt, sie fühlt sich spitz an, aber ich empfinde keinerlei Schmerz, während auf der anderen, nicht abgestellten Seite die normale leichte Schmerzemfindung deutlich zutage tritt."

6. 38jährige Dame (4. Übungswoche)

„Der Versuchsleiter berührt mit einer Nadel beide Hände, deren eine gespannt und kalt vorgestellt worden war. Ich bemerke, daß ich die Berührung der Nadel an der

Hand, die kalt ist, weniger deutlich spüre. So etwa ist das Gefühl, als ob die Haut der Hand dicker, etwas steif und undurchdringlicher geworden wäre."

7. 30jähriger Künstler (4. Übungswoche)

„Geminderte Schmerzempfindung. Erst nach sehr langer Zeit und sehr schwer eine Abstellung *eines* Armes möglich; sehr geringes Kältegefühl, Schmerzempfindung an *beiden* Händen etwas, an abgestelltem Arm eine Idee mehr gemindert. Ich hatte die Vorstellung, die Stecknadel müsse stumpf gewesen sein."

8. 26jährige Arztfrau (3. Übungsjahr)

„... Die Konzentrationsvorstellung bestand darin, daß ich mir das ganze Mundhöhlenfeld als großen kühlen Raum vorstellte und dauernd das Gefühl vollkommener Reflexlosigkeit betonte. Die Übungen haben mich so weit gebracht, daß ich mir jetzt zweimal Diphtherieabstriche ohne jeglichen Reflex machen lassen konnte."

Zu e) Gefäßregulierung

35jähriger Nationalökonom (3. Übungsmonat)

„Mein Herz schlägt ruhig. — Das Halten der Hand auf der Herzgegend entbehrlich, daher Möglichkeit der (vorteilhafteren) Sitzlage. — Hören der Herzschläge durch den Kehlkopf; dann — Gefühl des unmittelbaren Vernehmens der Herztätigkeit. Dabei eine bildliche Vorstellung: Herz — eine Pumpe, welche das Blut aus dem Kopf einsaugt und es in die Extremitäten treibt. Gelungene Versuche: ‚Hören' der Herzschläge beim Gehen, beim Straßenlärm, während der Fahrt usw. In allen diesen Situationen auch Bremsen der Herztätigkeit. Die Übungen vermitteln mir Frische und Wohlgefühl."

Zu f) Gedächtnis

1. 42jährige Künstlerin (5. Übungswoche)

„Ich bin durch Versuch mit der Entspannungsmethode auf einen vergessenen Namen gekommen; ich las den Namen des Malers Lautrec und konnte durchaus nicht auf den dazu gehörigen ‚Toulouse' kommen, bis mir eine Minute der Ruhe dazu verhalf."

2. 40jähriger Universitätslehrer (6. Übungswoche)

„Das gesuchte Gedicht, das mir in der letzten Vorlesung nicht einfiel, erschien am nächsten Morgen, d. h. die nächsten vier Zeilen und der Schluß; obwohl es, da nicht gereimt, ein schwierig zu lernendes Ding ist und ich es vor 26 (!) Jahren zuletzt gesprochen habe. Es fehlen mir immer noch etliche Zeilen, die wohl ganz verschüttet sind."

3. 60jähriger Schriftsteller (5. Übungsjahr)

„Im Frühjahr 1940 wurde ich bekannt mit der von Ihnen entwickelten Methode der konzentrativen Selbstentspannung und ihren Möglichkeiten. Fünf Jahre später, nachdem ich mir die ersten Stufen des autogenen Trainings verhältnismäßig schnell erarbeitet hatte und sie sicher beherrschte, verlor ich eines Morgens meine Brille, ohne die ich arbeitsunfähig bin. In der damaligen schwierigen Situation — ich war mit einem Labor verlagert in ein kleines Dorf an der Elbe, in der russischen Zone — gab es keinen Ersatz. Der naheliegende Versuch, beim Kaufmann, auf der Postagentur, bei dem einen oder anderen Bauern, wo immer ich an dem Vormittag gewesen war, die offenbar verlorenen Augengläser wiederzufinden, blieb ergebnislos. Von dem in dieser Situation schwerwiegenden Verlust recht beeindruckt, kam ich in meine Wohnung zurück und entsann mich dort des Auftauchens verdrängter Wahrnehmungen in der Versenkung. Ein lege artis durchgeführter Versuch mit dem autogenen Training reproduzierte, aus dem Unbewußten auftauchend, folgendes „Erlebnis“: Ich sah mich den hohen Kachelofen heizen und, indem ich mich über den großen Korb mit Holzscheiten beugte, hörte ich einen Laut wie „Klacks“, als ob meine Brille, die für gewöhnlich in der Außentasche meines Rockes steckte, in den Holzkorb gefallen sei. Darauf stand ich auf, wühlte den Korb durch und fand an seinem Boden die vermißte Brille. Ganz offenbar hatte ich am Morgen den Fall der Brille zwar perzipiert, aber nicht apperzipiert. In der Versenkung wurde das ganze Erlebnis wiederholt und — wenn auch undeutlich — zum Bewußtsein gebracht.“

4. 48jähriger Dr. jur. (3 Jahre autogenes Training)

In der seit 2 Jahren laufenden psychoanalytischen Behandlung erwies folgendes Protokoll die Brauchbarkeit des autogenen Trainings zu Materialgewinnung und Selbstklärung: In einem Traum erschien eine Verkäuferin in einem Bäckerladen. — Ich wußte im Wachzustand, daß Verkäuferin und Bäckerladen tatsächlich existierten und ich dort Brötchen gekauft hatte, konnte mich aber bei bestem Willen nicht entsinnen, wo dies gewesen war. Dieser Gedächtnismangel beunruhigte mich. Auf Anraten des V.L. stellte ich mir die im Traum erschienene Person bei Beginn einer autogenen Übung vor. Im Verlauf der Übung fiel es mir ‚wie Schuppen von den Augen‘, in welcher Stadt und in welchem Laden ich vor vielen Jahren bei diesem Mädchen gelegentlich Brötchen gekauft hatte. Gleichzeitig kam eine Erinnerung, daß ich vor Jahren dieses Mädchen einmal von der Straßenbahn aus auf der Straße laufend gesehen hatte und bereits damals nicht wußte, wo ich diese mir mit Bestimmtheit bekannte Person „hintun“ sollte. Dies beunruhigte mich damals ähnlich, wie jetzt das Nichtwissen nach dem Traum. Damals fand ich die Lösung nicht. — Im Zusammenhang mit den Verhältnissen des nunmehr georteten Bäckerladens ergab sich für die Analyse eine Anzahl aufschlußreicher Beziehungen.“

Zu g) Vorsatz, 1. Kopfuhr

1. 38jährige Ärztin (5. Übungswoche)

„Der Versuch des Terminerwachens durch Vorsatz in entspanntem Zustande direkt vor dem Einschlafen führte zu sehr interessanten Ergebnissen. Das erste Mal erwachte ich genau 10 Minuten zu früh; ich war um 12 Uhr eingeschlafen, hatte 4 Uhr 23 als Termin gesetzt und erwachte ohne irgendeine vorhergehende Störung genau 4 Uhr 13. Schon beim zweiten Versuch, drei Nächte später, erwachte ich genau auf die Minute. Ich hatte mich 11 Uhr 45 schlafen gelegt, und unmittelbar vor dem Einschlafen auf 5 Uhr 37 eingestellt, wo ich auf die Minute genau erwachte. Der Schlaf vorher und nachher bis zur Weckzeit des folgenden Sonntags 8 Uhr 40 war völlig ungestört. Ich bemerke, daß mir früher ein Terminaufwachen nie möglich war.“

2. 38jähriger Diplomat (Schluß der 3. Übungswoche)

„Bezüglich des Versuches des Aufwachens zu einer bestimmten Zeit ist zu berichten, daß er beim zweiten Mal sehr gut auf die Minute gelang. Vorgenommen war 4 Uhr 32 früh. Aufwachen erfolgte nach meiner Uhr, von der ich wußte, daß sie 2 Minuten vorging, genau 4 Uhr 34. Bei Kontrolle meiner Uhr sah ich dann, daß ich mich insofern geirrt hatte, als sie beinahe 3 Minuten vorging (vorausgesetzt, daß die Kontrolluhr genau ging, was aber anzunehmen ist). Also war, was vielleicht von Interesse ist, das Zeiterlebnis unmittelbar auf die eigene Taschenuhr abgestellt."

3. 30jähriger Kaufmann (3. Übungswoche)

„Bei dem Versuche, zu bestimmter Zeit aus dem Schlafe zu erwachen, werde ich regelmäßig auf die Minute genau, 1 Stunde zu zeitig munter. Der Schlaf vor dem Erwachen ist ungestört."

4. 48jähriger Redakteur (3. Übungswoche)

„Während einer bestimmten Minute der Nacht aufzuwachen, wirkte insofern, als ich während der Nacht aufwachte, nach der Uhr sah, und dann wieder einschlief. Es war jedoch stets 1–2 Stunden früher oder später, wobei auffiel, wie häufig die vorgenommene Minutenzahl genau eingehalten wurde."

5. 30jähriger Künstler (3. Übungswoche)

„Erwachen des Nachts zu bestimmter Stunde. Da sehr nervös und leicht gestörter Schlaf, durch äußere, ungünstige Umstände unterstützt, war ich uneinig, ob ich das Experiment machen sollte und erwog, ob ich nachts 1 Uhr 30, wo ich sonst bestimmt schlafe, erwachen solle. Unentschieden, entspannte ich mich zunächst. Ich muß dann sofort eingeschlafen sein. Jedenfalls erwachte ich 1 Uhr 30 zu meinem größten Erstaunen. Da das Einschlafen nicht so ohne weiteres gelang, habe ich den Versuch nicht wiederholt, sondern möchte ihn erst wieder experimentieren, wenn die äußeren Umstände (ruhiges Wohnen) sich gebessert haben."

6. 50jähriger Zeichner (4. Übungswoche)

„Ich werde 2 Uhr 43 nachts erwachen. Gelingt mit Fehler von 3–10 Minuten. Das Wiedereinschlafen danach gelingt erst nach längerer Zeit, wie auch sonst nach nächtlichem Aufwachen. Der Gedanke Erwachen 2 Uhr 43 saß sehr fest und auch bei der Gegenvorstellung: Ich werde die Nacht gleichmäßig durchschlafen, geriet ich noch einige Nächte um 2 Uhr 43 herum in ein halbes Erwachen und öfter auch in ein ganzes."

7. 38jährige Privatiere (4. Übungswoche)

„Ich bin nach der bewußten Einstellung auf Erwachen um 9 Uhr erst um 1/2 4 Uhr eingeschlafen und um 1/2 8 Uhr aufgewacht. Sonst kann ich nie vor 10 Uhr aufwachen."

Zu g) Vorsatz, 2. Allgemein

40jähriger Maler (5. Übungswoche)

„Ich habe das Gefühl, daß die starken nervösen Spannungen, die mich bei meinem reichlich lebhaften Temperament manchmal recht ‚kribbelig' machten, ganz bedeutend nachgelassen haben. Ich bin viel ruhiger und vor allem frischer geworden. — Eine besondere Nutzanwendung konnte ich insofern machen: eine mir oft wenig angenehme, aber leider meine Haupttätigkeit, ist die politische Karikatur. Mir besonders ekligen Arbeiten laufe ich gewöhnlich x-mal davon, und der Konsum riesiger Mengen von Zigarren ist die Folge. Bei solcher Gelegenheit konzentrierte ich kürzlich ‚Durchhalten ohne Unterbrechung' und ich blieb wirklich, ohne daß ich es merkte, dabei bis zum Schluß."

Zu h) Selbstschau. (S. a. Verlaufsprotokolle Kap. III, VI. Ende!)

1. 46jähriger Kaufmann (14. Übungsmonat)

„Schwarze Tücher, Inneres einer schwarzen Halbkugel.
Ruhe: Lange graue Röhren, gleich Trichter mit kleiner Mündung, einfach, zweifach, dreifach. Schwer: Jemand zieht am Arm. Arm mit Gewicht beschwert. Schwer abklingend.
Nachlassen der Lebensenergie verschwunden (war depressiv)."

2. 31jähriger Arzt (2. Übungswoche)

„Wärmegefühl, links stärker als rechts. Violettrotes Sehen."

3. 61jähriger Nervenarzt (5. Übungswoche)

„Wiederholt bin ich beim Entspannen in eigenartigen Zustand gekommen, ich weiß nicht, ob ich ihn in Trance nennen soll, indem ich das Gefühl der Schwere, ähnlich wie nach einer Morphiumspritze, wie ich sie im 19. Lebensjahr wegen sehr schmerzhafter Zystitis bekommen habe, verloren hatte und in der Luft wandern konnte."

4. 51jähriger Prof. med. (2. Übungsmonat)

„Die Übung gelingt jetzt gut. Um so deutlicher, je mehr ihrer schlafmachenden Tendenz nachgegeben wird, und es kann durch Verlängern bisweilen ein Zustand erzeugt werden, der ähnlich wie beim Erwachen mitten in der Nacht, in einer Schwerelosigkeit und Gefühllosigkeit (als ob keine Extremitäten da wären) bei vollem Wachbewußtsein besteht."

5. 30jähriger Gerichtsassessor (5. Übungswoche)

„In dieser Woche war ich besonders und auch erfolgreich bemüht, die allgemeine Übungseinstellung noch mehr als bisher zu passivieren, die einzelnen Übungsvorstellungen nicht zu erzwingen oder auch nur zu wollen, ließ sie also zwanglos, insbesondere zwanglos auch in der Reihenfolge, auf mich zukommen und erreichte dadurch, daß das Herz, das bis dahin immer noch ein Unruheherd gewesen war, nun tatsächlich *ruhig*-kräftig arbeitete. Hierbei war ich vielleicht nicht ganz frei von Furcht vor falscher Verspannung. Hatte mir doch mein Arzt erklärt, daß nach kürzlich überstandener Grippe und infolge allgemeiner Schwäche, mein Herz ‚unrationell arbeite', und mir Mittel ‚zur Beruhigung des sympathischen Nervensystems' verschrieben."

Verlauf der Sitzung: Zunächst wie gewöhnlich: Schwere und ruhiger selbsttätiger Atem. Dann das Gefühl eines ruhigen und kräftigen Herzschlages, der seinerseits kräftige Wärme in die Arme treibt. Nunmehr dramatisiert sich die Schau: ich befinde mich auf einem Wandelgang. Gleichgültige Personen gehen durch Türen aus und ein. Plötzlich steht jemand vor mir: ein heftiger Schreck durchfährt mich. (Gleichzeitig oder bald darauf konstatiere ich Verspannungserscheinungen am Herzen.) Der Schreckliche trägt eine feuerrote Kutte und Kapuze. Er hat ein infernalisches Gesicht: ein ganz spitzes Kinn, darüber breitausladende Kinnbacken und einen stechenden Blick. (Wie ein unerbittliches Raubtier, das zupacken, wie eine Katze, die über ihr Opfer herfallen will.) Ich rufe: hinaus mit dir! In diesen heiligen Hallen der Ruhe hast du nichts zu suchen! Und im autogenen Training schon gar nichts! Nächster Gedanke: Ich darf ja nicht ‚wollen', darf ihn also nicht hinauswerfen wollen. Nächster Gedanke: Komm nur her! Ich steche dich ab. In der rechten Faust habe ich einen langen Degen, dessen Griff ich fest umfasse. Meine Kleidung scheint die eines fahrenden Scholaren zu sein: Samtbarett, Samtwams, Samtumhang. — Die höllische Spottgeburt jedoch, sie ist bereits verschwunden. Ich habe versucht, so naturgetreu wie möglich zu schildern, aber alle Worte müssen unzulänglich bleiben: was hier als ein Nacheinander in der Zeit geschildert wird, war in Wahrheit ganz anders: alles war fast auf einmal da; so plötzlich, wie ein Blitz; wie der Bruchteil einer Sekunde.“

6. Eine autogene Selbstklärung

Bei einer 50jährigen akademisch gebildeten Beamtin teilt Dr. *Käthe Weber* (Psychotherapie II, 227 [1957]) mit, „die Ruhe ist Gott“ gestaltete sich als inneres Höhenerlebnis.

II. Klinische Erfahrungen

Die *Darstellung der klinischen Erfahrungen mit Hilfe der Unterstufe unseres Trainings* hat in sich eine Reihe von *Schwierigkeiten.* Einmal greifen die verschiedenen technischen Maßnahmen vom Zentralpunkt des Ruheerlebnisses aus ineinander, so daß es bei *klinischer* Verwendung schwer oder gar nicht zu entscheiden ist, ob die klinisch festgestellte Leistung mehr dem allgemeinen Ruheerlebnis oder mehr speziellen Seiten des Verfahrens, etwa der Muskel- oder der Gefäßentspannung, oder spezieller Tonusveränderung im Leibesinnern zuzuschreiben ist.

Besonders drastisch demonstriert den Einfluß einfacher Schlaf-Schmerz-Entspannungsruhigstellung die oft überraschend günstige Beeinflussung akuter innerer Erkrankungen (Polyarthritis, Pleuritis, Cholezystitis u. a. m.) durch Pantopon-Scopolamin, die *K. Weidner,* Passau, empfahl (Klin. Wschr. 865 [1947], 441 [1948]). Weitere Mitteilungen von *K. Weidner* (Med. Klin. 958 [1950], 240 [1951], 1093 [1952]) vertieften den Einblick in seine wertvollen Arbeiten und enthielten technisch und indikatorisch Neues; seine prinzipielle Absetzung der chemischen Methode gegenüber der ihm offenbar weniger geläufigen psychologischen überzeugt nicht; schon die alten magnetistischen Ärzte erreichten Erstaunliches bei Pneumonien und dgl. Durch diese kleinen Bewertungsunterschiede verlieren die Befunde von *K. Weidner* grundsätzlich nichts an Bedeutung.

D. Loos (Therap. Gegenw. 354 [1950]); *W. Menzel* (Medizinische, Stuttgart 583 [1951]); *W. Heymach* (Ärztl. Praxis, Wörishofen 3 [1952]) und besonders in souveräner Weite *F. Lommel* (Med. Welt 143 [1951]) haben sich mit dieser für den Wirkungswert des autogenen Trainings so wichtigen Problematik auseinandergesetzt, die an die Mechanismen der *Schlaftherapie* von *J. Klaesi* grenzt. Nicht minder nahe sind in jedem klinischen Falle auch physiologische Abläufe miteinander verkoppelt, so daß etwa Entspannung äußerer Atemmuskulatur Heileffekte bei einem Asthmatiker bringen kann, die klinisch die Deutung einer Bronchialentspannung nahelegen. Wichtig, an dieser Stelle auf die modernen experimentell-hypnotischen Studien in klinischen Anstalten hinzuweisen, aus denen hervorgeht, daß prinzipiell alle funktionellen Innen- und Außenabläufe von der psychologischen Seite her beeinflußt werden können.

Zahlreiche ähnliche Versuche im Anschluß an *Pawlow* teilen russische Autoren mit (*S. Chaznas, N. Bazenow, B. N. Bizman, A. A. Visnevskij, Zobelava* u. a. m.). Eine gewisse Hilfe gibt in der Anwendung des autogenen Trainings der *zeitliche Verlauf*, wie wir ja schon bei der Frage der Erholungswirkung hervorhoben. Wird etwa der Effekt der Herzruhigstellung bei einer leichten Hyperthyreose erst mit der typischen Erarbeitung des Herzerlebnisses darstellbar, ohne daß sie vorher bei der Etablierung allgemeiner Entspannung und Selbstruhigstellung auftrat, so spricht zweifellos dieser Verlauf sehr für die Annahme, daß eben die Erarbeitung des Herzerlebnisses für den *Heileffekt* entscheidend ist. Doch kann diesem Beweis volle Stringenz nicht zugesprochen werden. Ich habe daher oft genug in allgemeinen Darlegungen betont, daß klinischen Erfahrungen kaum je die Sicherheit voller wissenschaftlicher Zuverlässigkeit zukommt, ganz besonders nicht auf unserm Arbeitsgebiet, wo es sich der Natur funktioneller Störungen entsprechend fast immer um fließende, launenhafte und wechselvolle Verläufe handelt, die von einem vielfachen *Bedingungsspiel* abhängen. Endlich liegt es mir ob, hervorzuheben, daß gerade die psychotherapeutische Spezialpraxis der klinischen Prüfung besondere Schwierigkeiten setzt. Jedenfalls sollten diese prinzipiellen Bedenken deutlich unterstrichen werden, wenn ihnen auch abschwächend der Umstand entgegensteht, daß es sich in den im folgenden angeführten Fällen ausnahmslos um Patienten handelt, die von bekannten internen Klinikern gemeinsam beobachtet und kontrolliert wurden, wobei von seiten des internen Facharztes an der wesentlichen Rolle des autogenen Trainings nicht gezweifelt wurde. Nicht grundlos wird das Verfahren als *„Basismethode“* der Allgemein- (*O. Meier*, Praxis 48, 199 [1959]) und *Kassenpraxis* empfohlen (*H. Stolze*, Ärztl. Mittlg. 2502 [1961]; *H. Binder* [ib. 509, 1962]; *F. Pensel* [Heilkd. 75, 50, 1962]).

An *erster Stelle* sind klinische Erfahrungen geeignet, uns darüber zu belehren, welche *organisch-strukturellen Schädigungen* unserer Arbeit eine *absolute Grenze* setzen. Hier, wie in mancher anderen Beziehung, deckt sich der Bereich unseres Verfahrens mit dem der *Neuraltherapie* (*W. Blunck*, Hippokrates, 516 [1961]). Seine besonderen Aufgaben „bei chronischen organischen Erkrankungen“ legte *H. Marchand* vorbildlich dar (Münch. Med. Woch. 2412 [1960]).

Ein 35jähriger Physiker mit sehr erfolgreichem allgemeinem Training protokolliert: „Im Laufe der ersten Übungswoche übertrug sich die Schwereempfindung von den beiden Armen auch auf das linke Bein, nicht aber auf das rechte. Letzteres ist nämlich als Folge einer spinalen Kinderlähmung (im Alter von einem Jahr) teilweise gelähmt, und es ist wohl nicht verwunderlich, daß die atrophierten Muskeln nicht reagierten. Immerhin habe ich meine besondere Aufmerksamkeit auf diesen Teil gelenkt; um es vorwegzunehmen: Ich habe bis jetzt im gelähmten Bein nicht nur keine Schwereempfindung, sondern auch keine Wärme- oder Kälteempfindungen auslösen können, während der übrige Körper prompt reagiert.“ Pyramidenstörungen erlauben im allgemeinen eine abgeschwächte Schwere und leidliche Wärme, während striärer Rigor erheblicheren Grades die Möglichkeit zu jeder Schwereempfindung aufhebt, ohne die Darstellung des Wärmeerlebnisses zu beeinflussen. Periphere motorische und sensible Lähmungen geben, wenn komplett, völlige Sperrung für die Arbeit; Fälle mit Sympathikusausschaltung oder sicherer isolierter Vorderseitenstrangläsion wie in den interessanten Studien von *Alten-*

burger und *Kroll* standen mir nicht zur Verfügung; auch die Anzahl der obenstehenden Feststellungen, abgesehen vom Parkinsonismus, ist zahlenmäßig sehr gering; exakte Nachprüfungen an größerem Material lieferte besonders *I. v. Hattingberg* (s. S. 135). In anderer Beziehung grenzt sich unsere Arbeit darin ein, daß in ihrem Verlaufe vordem unbemerkte organische Störungen hervortreten. Beschränkt sich diese Erscheinung auf Zustände funktionellen Charakters, so können sie im weiteren Training häufig wieder völlig verschwinden, wie ja schon in verschiedenen Protokollen hervortrat. In anderen Fällen führt die autogene Versenkung, vergleichbar analogen Traumerfahrungen, zur *Frühdiagnose schwerer organischer Veränderungen*, die ihrer Prozeßentwicklung entsprechend dann weiter vorbrechen. So protokolliert 46jähriger Arzt nach regulärem achttägigem Schweretrainieren am 6. Tage eine lokalisierte Schwellung und Schmerzhaftigkeit in der Mitte des linken Radius und bemerkt am Schluß der 1. Übungswoche: „Ins Gewicht fällt diesmal eine wohl vom Typhus zurückgebliebene Myalgie des ganzen linken Unterarms, die unter der Mitwirkung des autogenen Trainings allmählich in eine sicht- und tastbare, etwa pflaumengroße Schwellung zwischen mittlerem und unterem Drittel der Speiche übergegangen ist." Am Schluß der 2. Übungswoche, die ein ungestörtes Wärmetraining mittlerer Art schildert, protokolliert der Kollege bei den Sitzungen ein „Pieken im linken geschwollenen Unterarm" und bemerkt dazu, die „angegebene Schwellung des linken Unterarmes hat sich röntgenologisch am 2. 12. definitiv als eine periostitische auf Grund zweier osteomyelitisch posttyphöser Abszesse im unteren Drittel herausgestellt; zunehmende Schmerzhaftigkeit und die Gefahr einer Operation mit nachhaltig kosmetischen und beruflichen Folgen, die durch Röntgentiefenbestrahlungen tunlichst vermieden werden sollen, haben mir seit Ende November Ruhe und Konzentration zu autogenen Trainingsversuchen geraubt. Gestern (3. 12.) erneute Übung mit Beschränkung auf den rechten Arm!"

Weitere organische Grenzen für unser Verfahren liegen in der *Regulationsfestigkeit des Organismus*, die sich in vielen Fällen darin offenbart, daß die Versuchspersonen z. B. sehr leicht und sicher eine durch Nikotin, Koffein und dergleichen gesetzte Pulsveränderung regulieren können, aber *Schwierigkeiten* haben, ihren *Normalpuls* umzustellen. Hier ist die Übungszeit von entscheidendem Belang, so daß ich bei ausreichender Dauer immer positive Resultate beobachten konnte.

Die klinischen Erfahrungen sollen in einigen klinischen kurzen Proben veranschaulicht werden, zunächst Fälle mit mehr *allgemeinen Organfunktionsstörungen* betreffend, anschließend solche mit mehr *speziell neurofunktionellen Störungen.*

Allgemeine Organfunktionsstörungen

An erster Stelle sind hier *vasomotorische Betriebsstörungen* zu erwähnen, für deren Gesamtbeurteilung besonders auf *L. Delius* zu verweisen ist (Deu. Ges. In. Med. 1961, Bergmann, München, S. 269); 1963 (Med. Kli. 1020) nahm er besonders kritisch gegenüber *Auswüchsen der „Psychosomatik"* zugunsten universell-ärztlich-organismischer Auffassung Stellung.

1. Ein *27jähriger akademisch gebildeter Kaufmann* wird wegen störender Kongestionen mit Gesichtsschwitzen überwiesen. Beide Erscheinungen waren so ausgesprochen, daß sie zu erheblichen sozialen Störungen im Sinne der Gesellschaftsscheu, Beobachtungsfurcht und entsprechender Angst- und Unsicherheitsentwicklung führten. Die wesentlichsten Punkte der Vorgeschichte sind: Seit der Kinderzeit chronisch rezidivierende Otitis mit viel Schmerzen, Fieber und Komplikationen; *seit 14 Jahren ausgesprochene und quälende vasomotorische Störungen* der verschiedensten Art; vor 15 Jahren schwere eitrige Otitis mit Sinusthrombose und allgemeiner Sepsis; seit dieser sehr schmerzhaften und lebensgefährlichen Erkrankung im 13. Lebensjahre Angst vor Erkältungen, Schwäche und Unsicherheit, viel Ohrensausen; mehrfach Bildung von Cholesteatomen; 17jährig Hydronephrose, 5 Jahre lang nicht erkannt, als „nervös" behandelt, vor 4 Jahren mit Dauererfolg operiert; im Sommer vor einem Jahr Gallensteinattacke; im Verfolg dieser körperlichen Schädigungen Raumangst verschiedener Form und Situationsunsicherheit mannigfaltiger Färbung; in den Wallungszuständen Druckgefühle auf dem Scheitel mit Verschleierung des Sehens; schon morgens beim Erwachen Selbstquälerei und Unsicherheit, häufige Befürchtung, einen Schlag zu bekommen (Vater nach Schlaganfall 5 Jahre gelähmt, vor 4 Jahren †), Mutter in der Kinderzeit durch Unfall gestorben, in der Familie Fälle von Affektstörungen und neuropathischen Eigenheiten verschiedener Form. Mannigfache therapeutische Versuche mit Gymnastik, Bestrahlung, Hypnose und Wachsuggestion von sehr erfahrenen Kollegen ohne Erfolg; subjektives Befinden morgens am besten, im Laufe des Tages absinkend. Behandlung setzte in Form des ganz typischen Trainings Anfang März 1926 ein und vermittelte bereits Ende März die Möglichkeit, leichtere Störungen selbst abzustellen. Im Juni zeigte sich eine sehr deutliche allgemeine Besserung, sowohl hinsichtlich der Selbstbeherrschung der vasomotorischen Funktionen als hinsichtlich der neurotischen Lebenshaltung. Im September war das Befinden fast völlig störungsfrei mit tadelloser Lebensbewältigung. Diese Umstellung hielt sich bis zum Jahre 1928, wo, zunächst unerkannt, ein großes neues Cholesteatom auftrat, das einen erneuten schweren operativen Eingriff nötig machte. Nach seinem Abschluß ist bis heute Allgemein- und Sonderbefinden ungestört. Nachbeobachtung 5 Jahre. Als wesentlicher Punkt dieses Heileffektes ist die selbsttätige Verfügung des Kranken über seine vorher so quälenden Vasomotoren zu bezeichnen. Die lange Beobachtung erlaubte, genau festzustellen, wie mit zunehmender Beherrschung dieser Funktionen Sicherheit im Eigenbetrieb des Organismus und parallel Gesamtsicherung auftrat.

2. *43jährige ausländische Ehefrau.* Aus neuro- und psychopathischer Familie, sensitiv, einziges Kind; früher gallenleidend und Appendektomie; 20 Jahre gute Ehe, keine groben Konflikte; vor 16 Jahren Sepsis nach 8 Tage abgestorbener Totschwangerschaft, septische Embolie in Lunge und Herz, Behandlung von autoritativer Seite; langdauernde Leistungsstörungen und besonders sehr störende, ohnmachtähnliche *vasomotorische Schwächeanfälle* mit Versagen der Sprache, Gedankenhemmung und Todesangst; vor 1/2 Jahre schwerer Zusammenbruch entsprechender Form. Lernt gleichfalls im typischen Training selbsttätige Regulierung der Vasomotoren; hier wurde besonderer Wert auf häufige und gründliche prophylaktische Ruhepausen gelegt sowie auf eine außerordentlich vorsichtige und konsequente Steigerung der vasomotorischen Selbstbelastung durch anfangs räumlich nur ganz begrenzte Wärme- und Kühleerlebnisse; völlig gleichmäßiger konsequenter Übungsanstieg in 3 Monaten, nach 1/2 Jahre volle Leistungsfähigkeit, keinerlei vasomotorische Anfälle mehr, auffallende Besserung des Allgemeinzustandes. Nachbeobachtung 7 1/2 Jahre.

Analoge Beobachtungen von sehr störenden funktionellen vasomotorischen Beschwerden im Anschluß an schwere Infektionen und Vergiftungen konnte ich noch in 17 Fällen machen. Hiervon ergaben, die beiden erwähnten eingerechnet, 11 sehr gute Resultate, so daß praktisch von Heilung gesprochen werden kann, 4 eine deutliche Milderung, der Rest blieb unbeeinflußbar. Hier wie in vielen Fällen ist nicht zu entscheiden, ob psychologische Einheiten der Versuchsperson oder nicht feststellbare strukturelle organische Veränderungen für den negativen Verlauf verantwortlich sind. *Barilari* und *Margulis* (Sem. méd. Veracruz [Arg.] 46 [1937]) erzielten durch konsequente Anwendung des autogenen Trainings im Rahmen allgemein roborierend-gymnastischer Schulung sehr gute Resultate beim „Morbus asthenicus" Jugendlicher.

Ein häufiges, den Psychotherapeuten viel beschäftigendes Krankheitsbild stellt die *Errötungsfurcht* dar. Wenn sie auch sehr häufig Teilsymptom einer schweren Gesamtneurose und nur tiefenpsychotherapeutisch angreifbar ist, so bleiben doch Fälle übrig, wo in ziemlich primitiver Art die vasomotorische Überempfindlichkeit sich mit allgemeiner Unsicherheit mäßigen Grades zu dem typischen Symptomenbilde vereinigt. Es kann daher bei etwas primitiveren Patienten dieser Art dringend zu unserer Technik geraten werden.

3. *24jähriger Kaufmann von außerhalb.* Stammt von einer Mutter mit *nervösem Erröten;* der Vater wird als nicht nervös bezeichnet. Patient ist der zweite Sohn, nach ihm folgt ein weibliches Zwillingspaar. Schon in der frühesten Schulzeit wurde er bei Fragen des Lehrers anfangs, besonders wenn er nicht vorbereitet war „konfus", wobei er heftig errötete. Diese Erscheinung breitete sich aus. Bis zum 18. Lebensjahr bestand allnächtliches Bettnässen. Gegenüber dem anderen Geschlecht völlige Hemmung, angeblich auch totale Onanieabstinenz in der Gegenwart, in der ersten Schulklasse mutuelle Onanie mit einem Kameraden, von der die Mutter erfuhr, die ihn anschließend mit Krankheit und Sünde bedrohte; wegen der Enuresis Trinkverbot am Abend, das ihn in Gesellschaft genierte; schwere Skrupel, daß er das väterliche Geschäft schädige, wenn er mit seinem roten Kopf die Kunden bediene. Die körperliche Untersuchung zeigte nur gesteigerte vasomotorische Ansprechbarkeit, etwas Zittern, Glanzaugen und Rosenbach. Typisches Training im Februar 1928; Bericht Ende Juni 1928 teilt mit, „daß ich von dem krankhaften Erröten vollkommen geheilt bin; in Fällen, bei denen ich früher errötete, wird jetzt in meinem Unterbewußtsein die Blutwelle statt in den Kopf in die Beine geschickt". Nachbericht 1930: Heilung war bis dahin beständig; vor 1 1/2 Jahren Tod des Vaters gut überstanden; nur noch gelegentliche Schwankungen der Arbeitsdisposition.

Die Ablenkung der störenden Blutwelle in die Beine, gewissermaßen ein *„Erden"* der falschen Funktion, bewährt sich im Rahmen des autogenen Trainings sehr vielfach, so z. B. häufig bei den entsprechenden Beschwerden der Wechseljahre.

Die Umstimmung der vasomotorischen Funktionen führt in geeigneten Fällen auch zu wesentlichen Veränderungen bestimmter Empfindlichkeiten.

4. *41jähriger früherer Offizier.* Geschickter Landwirt. Großtierjäger in verschiedensten Erdteilen mit vielfachen Tropenfiebererkrankungen; vor 17 Jahren beim Rennen Hirnerschütterung; im Krieg Fliegersturz, vom Tank des Flugzeugs auf den Rücken getroffen, mit dem Kopf aufgeschlagen, über 1/2 Stunde bewußtlos; psycho- und neuropathische Heredität; neurologisch keine Herderscheinungen; extreme Empfindlichkeit gegen Temperaturen, Reizbarkeit, absolute Nikotinüberempfindlichkeit, so daß schon eine Zigarette zu Kollaps führt; seit vielen Jahren täglich mindestens eine Flasche Wein und 4–5 Kognaks. Training von 2 Monaten; kein Alkoholbedürfnis mehr, normaler Zigarettenkonsum ohne irgendwelche Beschwerden.

Allgemeine vasomotorische Zustände der geschilderten Art in den verschiedensten Lebensaltern bei Männern und Frauen wurden in 34 Fällen trainiert. Es ergaben sich 21 klinische Heilungen, 4 Besserungen, der Rest blieb unbeeinflußbar. Nicht selten erlaubt die Beherrschung unserer Technik, wofür schon bei der durchschnittlichen Leistung in der Gefäßregulation Beispiele gegeben wurden, einen *Selbstschutz gegen physikalische Schädigungen.* So protokolliert 34jährige Bürovorsteherin nach einem Jahr konsequenten Trainings: „Einmal schützte mich die Nutzanwendung der Technik vor dem Erfrieren der Füße; mit ganz leichten Schuhen mußte ich im Winter einmal 1 1/2 Stunden durch etwa 5 cm hohen Schnee laufen. Ich ließ das Blut in die Füße spazieren und hörte nicht auf, während des ganzen Marsches dieses Experiment zu wiederholen; der Erfolg war: total durchnäßte Schuhe und Strümpfe, aber warme Füße."

Erhöhte Festigkeit gegen kaltes Klima und bessere Wundschmerzbeherrschung zeigt das folgende Protokoll eines 21jährigen Gefreiten von der Ostfront 1943:

„Ende 1937 bis Anfang 1938 machte ich einen Kursus mit... Ich habe nun Ihre Methode auch nach meiner Einberufung weiter geübt und kann Ihnen mitteilen, daß ich (im Vergleich mit meinen Kameraden) wenig unter der Kälte im Osten zu leiden hatte und es außerdem nach meiner Verwundung allgemein auffiel, daß ich weniger unter Schmerzen zu leiden hatte."

Gelegentlich fordern besondere berufliche Umstände eine überdurchschnittliche vasomotorische Festigkeit.

So konsultierte mich ein 46jähriger früherer Offizier mit normalem Organbefund wegen einer Depression. Ihre wesentliche Ursache lag darin, daß es dem Kranken mit vieler Mühe gelungen war, als Vertreter einer großen Weingesellschaft fest angestellt zu werden. Seine Tätigkeit bestand im Besuch von Hotelkundschaft, und er war genötigt, seine Abschlüsse unter Alkoholkonsum zu tätigen; hierbei störten ihn zunehmend Erscheinungen, die er schon zu seiner Fähnrichzeit als lästig empfunden hatte. Nach relativ geringem Weingenuß trat eine enorme Kongestion zum Kopf mit sehr störenden subjektiven Beschwerden auf: Benommenheit, unklares Denken, Schwindel Unsicherheit. Der Kranke sah keine Möglichkeit, seinen Beruf weiter zu versehen und sorgte sich andererseits mit Recht, ob es ihm gelingen würde, eine andere Möglichkeit zu finden, um seine Familie und sich zu erhalten. Auch hier ergab ein vom Kranken sehr konsequent durchgeführtes Training so sichere selbsttätige Beherrschung der Vasomotoren, daß er jederzeit seine „Weinfahne" erden konnte; er ist noch heute, nach 4 1/2 Jahren, störungsfrei in seinem Beruf tätig.

Ein besonders verantwortungsvolles und schwieriges Kapitel stellt die Anwendung des Trainings, wie übrigens jeder Psychotherapie, bei *Herzstörungen* dar. Nicht umsonst wies *Bürger* auf dem Internisten-Kongreß 1951 darauf hin, „die seelischen Kräfte zumindest zu vermitteln, Sorge und Angst soweit zu bannen, wie es in unseren Kräften steht, sind Aufgaben des Arztes“ und machte diese Erkenntnis zum Ausgangspunkt des Kongresses. Einleuchtend, daß gerade für diese Aufgabe auch das autogene Training, kritisch und methodisch einwandfrei angewandt, im entsprechenden Rahmen beitragen kann. Der im Ekg von *P. Polzien* (Corr. Psy. so. S. 67) geführte Nachweis, daß bei der Schwereübung nicht nur trophotrope Zeichen auftreten, mahnt besonders zur Vorsicht.

Der nervenärztliche Psychotherapeut ist insofern in einer relativ günstigeren Lage, als er hier die klinische Verantwortung dem Internisten überlassen kann und darf. Dabei zeigt sich gar nicht selten, daß Fälle, die von hervorragenden Spezialisten als rein funktionell angesehen werden, durch plötzlichen Exitus das Gegenteil beweisen. Zum andern spielt bei vielen zweifellos schwer organisch veränderten Herzen das funktionelle Moment eine große Rolle, so ganz besonders bei der echten *Angina pectoris. H. Schaefer* wies auf dem Kongreß für innere Medizin 1948 (Dtsch. Arch. klin. Med. 195, 181 [1949]) nachdrücklich darauf hin, daß jeder pathologische Herzschlag durch gleichzeitige Aussendung sensibler Impulse eine Aktivierung der Herzleistung im Sinne eines krankhaften „Vitalzirkels“ * herbeiführt, so daß gerade bei Herzkranken die „Sensibilität als Krankheitsfaktor“ ernsthafte Berücksichtigung verlangt, ein Hinweis, der geeignet ist, das Verständnis der erfahrungsgemäß so sehr guten Erfolge des autogenen Trainings bei organischen Herzleiden verständlicher zu machen. Reagieren die Anfälle eines solchen Kranken bei nach allen Richtungen völlig gleichbleibender Medikation und Lebensbelastung gut auf Psychotherapie, so bedarf es genauester gemeinsamer Überlegung und Beobachtung, um zu verhindern, daß der Kranke seine funktionelle Entlastung mißversteht und unvorsichtig wird. Aus einem Material von 23 gleichen Fällen möchte ich einige typische hier anführen, um das allgemein Gesagte zu veranschaulichen.

5. *50jähriger Kaufmann.* Bericht des überweisenden Internisten: „Persönliche Klagen: Allgemeine Abgespanntheit, dauernde Müdigkeit und Schlafbedürfnis, oft ein ödes, leeres Gefühl im Kopf, allgemeine Nervosität und häufig auftretende *Anfälle von Atemnot und Brustbeklemmung,* die mit Herzangst und Sterbegefühl verbunden sind und in letzter Zeit regelmäßig täglich zu bestimmter Stunde jeden Abend um $^1/_2$ 11 Uhr einsetzen. Früher starker Raucher, vermehrter Durst. Befund: Guter Allgemeinzustand. WR 00. Urin E. o. Zeitweise Spuren (0,1–0,9 $^0/_0$) Zucker, nach leichter Diät Verschwinden. Syst. Blutdruck 205/180. Röntgen: Herzvergrößerung nach links, mäßige Erweiterung des Aortenbogens. Voller, ziemlich kräftiger Puls, 64/82 rhythmisch, isochron, keine Extrasystolen, keine Geräusche. Patient reichlich nervös, gegen alle Krankheiten sehr anfällig, gesteigerte Selbstbeobachtung. Diagnose: Mäßige Arteriosklerose mit Verengung der Koronararterie, sekundäre Herzmuskelentartung, geringe Herzerweiterung und Blutdrucksteigerung. Daneben große allgemeine Nervosität, mangelnde körperliche Widerstandsfähigkeit und deshalb Anfälligkeit gegen alle Körperstörungen in ihm selbst und Krankheiten in

* Siehe *I. H. Schultz,* Bionome Psychotherapie (Thieme, Stuttgart 1951).

seiner Umgebung. Therapie kombiniert Cardiaca, Beruhigungsmittel, Nitroglycerin."

Hier fiel auf, daß der Kranke wesentlich älter aussah als seiner Jahresklasse entsprach. Neurologisch erschien der rechte Optikus eine Spur rötlich. Die Lichtreaktion der Pupillen nicht sehr ausgiebig und mäßig schnell (Alkohol!). Die Anfallschilderung enthält ein fast reines Bild von Todesangst mit nur zeitweise Vernichtungsgefühlen. Die geschilderten Anfälle bestehen seit 2 Jahren, in den letzten Monaten auch unregelmäßig am Tage und führten zu schwerer Berufsstörung. Im Verlauf eines durchschnittlichen Trainings mit entsprechend herabgesetzter Dosierung wurde der Kranke für sechs Wochen fast völlig anfallsfrei, insbesondere schlief er abends regelmäßig ohne Anfälle (keine chemische Hilfe) ein. Unter dem Einfluß dieser Besserung begann er vorsichtig wieder mehr berufliche Leistungen aufzunehmen. In der 10. Trainingswoche am Arbeitstisch plötzlicher Tod unter dem Bilde schwerster Angina pectoris.

Die Bedeutung des Schmerzes bei Anfällen von Angina pectoris sowie ihr Einhergehen mit Hauttemperaturstörungen wurde vielfach bearbeitet, so von *Mládek*, Lugano, und besonders *Hans Schäfer*, der aus dem *Kerkhoff*-Institut Nauheim betonte, daß jeder pathologische Herzschlag durch gleichzeitige Aussendung sensibler Impulse eine Aktivierung der Herzleistung herbeiführt. So ergibt sich eine Erregung der Vorhoffasern, welche den *Bainbridge*-Reflex auslösen, der im Gegensatz zu der herzschonenden Wirkung des *Jarisch-Bezold*-Reflexes steht und eine sympathische Übererregung schafft. So stellt die Sensibilität einen sehr ernsthaften Krankheitsfaktor dar (Dtsch. Arch. klin. Med. 195, 181 [1949]).

6. *52jähriger Schriftsteller.* Vor 30 Jahren Lues. Neurologisch o. B. Internistisch nach Röntgenbild, Elektrokardiogramm und klinischer Beobachtung „Herzneurose". Klagen: Angstanfälle mit Brustbeklemmung, Erschöpfungsgefühl nach längerem freiem Sprechen, Lufthunger bei körperlichen Anstrengungen, Sexualneurose, Angstanfälle ausgesprochen von Situation abhängig. „Affektiv". Körperliche Gesamtleistungsfähigkeit sehr launisch. Training Januar 1928, gute Aneignung, störungsfreier Verlauf. Starkes Zurücktreten, zeitweise Verschwinden der Angstanfälle. Potenzstörung beseitigt. März 1929 in einem „nervösen Angstanfall" Exitus mit den typischen Erscheinungen der echten Angina pectoris.

7. *49jähriger Kaufmann.* Manisch-depressive Vorgeschichte mit zeitweise schweren Depressionen. Seit seinen 20er-Jahren „Herzdruck" mit sehr belästigenden Angstbeschwerden, die in den depressiven Phasen sich weit über das Zustandsbild verbreiterten. Vielfach Sanatoriumsaufenthalt. Häufig und gründlich untersucht. Internistischer Befund Januar 1927: „An der Grenze der Norm stehende geringe Herzvergrößerung, Herzfigur unauffällig, Aorta frei, systol. Blutdruck 150/140. Elektrokardiogramm regulär, Resultat der Herzfunktionsprüfung ausreichend. Diagnose: Neurasthenie."

Hier kein neurologischer Befund; deutlich depressive Verstimmung mit hypochondrischer Färbung. Syst. Blutdruck 150/160. Patient schildert „Herzanfälle" mit schwerem Engegefühl auf der Brust, die besonders bei Erregungen so bedrohlich werden, daß schwere Berufsstörungen einsetzen. Von internistischer Seite wurde lediglich Schonung sowie Behandlung der „Neurasthenie" empfohlen. Trainingsverlauf glatt. Patient beherrscht von der 5. Woche ab Pulsfrequenz sehr gut und sicher, der Blutdruck sinkt in der Entspannung meist um 15–20 mm. Patient empfindet Ruhigstellung und prophylaktische Ruhepausen sehr wohltätig und bleibt für 1/2 Jahr anfallfrei und leistungsfähig. Dauernde Kontrolle durch einen erfahrenen Internisten. Dann aus vollem Wohlbefinden plötzlicher Exitus in einem „nervösen Angstzustande", der die typische Form eines schwersten Anfalles von Angina pectoris annahm.

8. *49jähriger Kaufmann.* Wird von erfahrenen Herzspezialisten wegen Ejaculatio praecox überwiesen. Intern leichte Zeichen oxalatischer Diathese, sonst völlig normal, in dauernder fachärztlicher Kontrolle. Hier klagen: Schlafstörungen, Erschöpfungsgefühle nach Aufregung und Anstrengung, leeres, schlechtes Gefühl in der Herzgegend, das sich anfallsweise zu ausgesprochenen Angstzuständen steigert, dabei gelegentlich Vernichtungsgefühl, schwere Ehe mit einer Morphinistin, tiefe Lebenskonflikte, Widerstreit zwischen beruflicher Energie und übermäßiger Gefühlsweichheit. Störungsfreies Training, gute selbsttätige Herz- und Pulsbeherrschung, völliges Verschwinden der Angst- und Herzanfälle Dezember 1924. Fortlaufende Beobachtung, Wohlbefinden, ununterbrochene internistische Kontrolle. März 1926 nach schweren Aufregungen Exitus in typischem Anfall schwerster Angina pectoris.

Fast identisch lauten acht weitere Krankengeschichten; bald handelt es sich – stets bei Männern um das Alter von 50 Jahren – um Fälle von bereits diagnostischer echter Angina pectoris, die bei sonst völlig gleichbleibenden Lebensverhältnissen unter dem Einfluß des Trainings wochen- und monatelang symptomfrei wurden, bald um „Herzneurosen" – fortlaufend kontrolliert von erfahrensten Spezialisten –, die nach gleichfalls sehr günstigem Ansprechen auf das Training durch den plötzlich eintretenden Exitus ihre Zugehörigkeit zum Krankheitsbild der echten Angina pectoris tragisch beweisen. So stellt die Übernahme der Psychotherapie in jeder Form bei Herzanfällen eine sehr schwierige und heikle Arbeit dar, ganz gleichgültig, ob wir uns dabei des hier interessierenden autogenen Trainings oder, je nach Lage des Falles, anderer Methoden bedienen. Umgekehrt sind diese Beobachtungen bemerkenswert als Beleg dafür, daß *auch bei echter Angina pectoris psychische Behandlung Beachtung verlangt.* Diese allgemeinen Überlegungen beschränken sich nicht auf die Angina pectoris. So konnte in einem Falle von Aortenstenose mit Lebervergrößerung und allgemeinen Stauungserscheinungen durch Training und prophylaktische Ruhepausen eine wesentliche subjektive und Leistungsverbesserung vermittelt werden. Hier zeigte sich in jedem tieferen Versenkungszustande typisches *Cheyne-Stockes*sches Atmen. Ein halbes Jahr nach der Behandlung Exitus unter dem Bilde der Insuffizienz. Auf dem Pariser Neurologenkongreß 1950 schilderte *Stokvis* einen sehr bemerkenswerten schweren Fall von paroxysmaler Tachykardie in der psychosomatischen Sektion, wobei er auch Gelegenheit fand, nachdrücklich auf das autogene Training hinzuweisen.

I. von Hattingberg berichtete auf dem Kongreß für Innere Medizin, Wiesbaden 1967, über gute Erfolge bei der Rehabilitation nach Herzinfarkt.

Vielfach wird irrtümlich angenommen, daß Patienten des höheren Lebensalters für ein Training nicht mehr geeignet seien. Als Gegenbeispiel diene der folgende Fall:

9. *71jähriger Akademiker.* Überwiesen von Internisten: In Jugend Lues. Neurasthenische Kopfschmerzen, derentwegen ein hervorragender Neurologe aufgrund von Tumorverdacht Morphium verordnete. Seit etwa zehn Jahren Ösophagospasmus mit erneutem Tumorverdacht und Pantopongebrauch. Seit einem Jahre Herz-

schmerzen mit präanginösem Charakter, Verfall, erheblichem Vernichtungsgefühl und vollständigem Allgemeinbankrott. Sehr belästigende Ermüdungsgefühle; noch berufstätig. Ende Juni 1926 typisches sehr glatt verlaufendes Training. Nach Beherrschung der Muskelentspannung für einen Tag, nach Erlernung der Gefäßentspannung 14 Tage ganz frei, zum erstenmal seit Jahresfrist. August 1926 und dann fortlaufend für 14 Monate vollkommenes Verschwinden der Herzanfälle. Nach mehreren Jahren Exitus unter dem Bilde seniler Insuffizienz.

W. Schumacher (Zt. Psychother. XV, 1965, S. 12) konnte mit anderthalb Jahren Nachkontrolle Ängste eines *Herz-Operierten* autogen durch psychophysische "Ich-Stärkung" abstellen und einen Batterieschrittmacher-Wechsel überstehen lassen. Prophylaxe und Therapie bei Herzkrankheiten behandelte 1965 *K. Kenter,* auch z. B. bei paroxysmaler Tachycardie (Correl. psycho., S. 196); *J. A. Laberke* (ibid. S. 201) berichtet aufgrund einer souverän gemeisterten 17jährigen Erfahrung mit Autogenem Training über erfolgreiche autogene Arbeit an bis 1960 etwa 1250 Patienten, eine überaus wichtige Arbeit so dichter Form, daß eine weitergehende Kürzung nicht mehr möglich erscheint. Eindrucksvolle Erfolge bei organischen und funktionellen Kreislaufstörungen berichten 1968 *J. Bobon* e. a. (Rev. Méd. Psyso. II, 149, 1969).

Im Gegensatz zu den Schwierigkeiten bei gemischten Bildern und scheinbar rein funktionellen Herzanfällen unerkannt schwer organisch Leidender stellen Zustände von *Angina pectoris nervosa* ein außerordentlich dankbares Objekt für das Training dar. Dies bestätigt neuerdings *H. Kenter* aus der *Knipping*schen Klinik (Psychotherapie I, 177 [1956]). Bei 21 seiner 27 Patienten mit *Infarktphobie* genügt autogenes Training (Prax. P.thp. 5, 173 [1960]). Von ganz anderer Seite scheint *G. Schoenewald* (Brit. Med. J. 251 [1948]) Ähnliches anzustreben, wenn er im Anschluß an amerikanische Anregungen durch Herabsetzung des Sauerstoffbedarfes (Thiouracil) Besserungen bei Angina pectoris anstrebt.

Es erübrigt sich hier, Kasuistik zu bringen. Es stehen mir 37 länger als drei Jahre nachkontrollierte Fälle zur Verfügung, die auf diesem Wege völlige Symptomfreiheit erreichten. Das psychopathologische Bild ist dabei überaus wechselnd von mehr physiologisch gefärbten, vielfach deutlich mit toxischen und postinfektiösen Momenten zusammenhängenden Bildern ohne viel psychisches Material über Mechanismen der Gewöhnung und falschen Einstellung bis hinauf zu solchen Zustandsbildern, wo die Kreislauferscheinung nur als Anhängsel allgemeiner schwerer Persönlichkeitsverbindung erscheint.

An fünfter Stelle sei hier *hypertonischer Zustände* gedacht, bei denen sich neuerdings *S. Betlheim,* Zagreb, das Verfahren besonders bewährt (Rev. Méd. psso. II, 2, 197 [1960]).

Hier steht mir ein beträchtliches Krankenmaterial mit jahrelang kontrolliertem Verlauf zur Verfügung. Im Gegensatz zur Stabilität des normalen Blutdrucks zeigen Fälle von reiner Hypertonie meist sehr ausgesprochene positive Reaktion auf das

Training, so daß systol. Blutdrucksenkungen in der Sitzung von 190 oder 200 auf 140 oder 130 nichts Seltenes sind und bei konsequenter Übungsarbeit der mittlere Blutdruckspiegel sich häufig erheblich senkt. Prognostisch kann diese Ansprechbarkeit nicht verwertet werden, da neben Fällen mit jahrelangem günstigem Verlaufe ebensolche stehen, die, ohne Unterscheidbarkeit durch erfahrene Internisten, plötzlich ad exitum kommen.

Als anschauliches Beispiel der praktischen Anwendung des Trainings gebe ich den Bericht einer 38jährigen berufstätigen Frau (Gymnastin). „Immer viel Krankheiten in der Kinderzeit, 22–24jährig zwei Nierensteinoperationen mit schwerer Rekonvaleszenz. Jetzt sehr arbeitsreiches Leben, bis zu 14 Stunden täglich, mit starker körperlicher Leistung. Seit zehn Jahren Blutdruck von 230 ohne sonstige Komplikationen; in internistischer Dauerkontrolle. Kopfschmerzen und Kongestionen, die durch Umstellung zu den Füßen fast verschwanden. An besonders anstrengenden Tagen gehe ich zwischen zwei Unterrichtsstunden auf einige Minuten in ein anderes Zimmer, entspanne dort nur auf wenige Minuten und kehre völlig erfrischt an die Arbeit zurück. Früher vor öffentlichem Auftreten erhebliche nervöse Störungen: Erregung, Reizbarkeit, grundlose Heftigkeit gegen die Umgebung. Jetzt jeden Abend vor dem Schlafengehen auf Besonnenheit und Ruhe für die Aufführung konzentriert. Ich habe entgegen früheren Jahren die Nächte vor der Aufführung gut geschlafen, der Inhalt der Rollen drängte sich nicht in die Nachtruhe oder in freie Augenblicke; schon die Hauptprobe verlief ganz glatt, ruhig und störungsfrei. Bei der Aufführung fehlten noch kurz vor Beginn drei Mitwirkende. Ich harrte in Ruhe aus. Die Aufführungen klappten tadellos und führten zu großem Erfolge, wobei mich besonders freute, daß alles in größter Ruhe und Harmonie verlief."

Während die Milderungen und Besserungen ausgebildeter hyptertonischer Zustände mit Hilfe des Trainings außer Zweifel stehen, ergibt das Wesen unseres Verfahrens als einer Methode der Tiefenentspannung im Prinzip die Möglichkeit einer *Prophylaxe.*

Bedenken wir, daß jetzt von allen führenden Klinikern die große Bedeutung spannender und erregender Affekte für die Entwicklung reiner *hypertonischer Zustände* anerkannt wird, so muß zugegeben werden, daß eine Methode wie die unsrige in geeigneten Fällen durch Abbau von Affektspannungen und von Nachwirkung sicher die Fixierung zum eigentlichen Bilde der Hypertonie verhindern kann. In einer mit *Biehn* zusammen herausgegebenen Notiz über häufige und typische Punkte in der Vorgeschichte Hypertoniekranker (Dtsch. med. Wschr. 48 [1924]) habe ich diesen Gesichtspunkt bereits hervorgehoben. Wenn sich die Erfahrung bestätigt, daß bei Patienten, die nach Richtung der Hypertonie gefährdet sind, sich die Schlafentspannungsamplitude vermindert, so wären gerade diese Fälle das geeignete Material, um die hier gegebene Anregung zu prüfen, worauf ich neuestens wieder hinwies (Deu. Med. 7, 507 [1962]).

Über die Psychotherapie bei *Asthma bronchiale* habe ich mich schon vielfach in einzelnen Arbeiten geäußert, zusammenfassend im Zbl. inn. Med. 344 (1929), worauf ich der allgemeinen Gesichtspunkte wegen verweise. Gerade über erfolgreiche Asthmabehandlung durch Ergänzung der sonstigen Therapie mittels konsequentem autogenem Training liegen sehr zahlreiche positive Berichte vor.

Besonders bemerkenswert ist die Mitteilung von Dr. med. *Kibler* (Med. Klin. Nr. 15 [1946]), dem es gelang, 30 Fälle in einem Interniertenlager aus allen sozialen Schichten, von denen sechs über 60 Jahre alt waren, zur Heilung zu bringen. Die schöne Mitteilung von *Kibler*, der gleiche, günstige Erfahrungen von *Herbert Trautwein* aus der Medizinischen Universitätsklinik Marburg entsprechend (Ärztl. Forschg., Wörishofen 3, 189 [1949]), bestätigt die 1932 nach dieser Richtung ausgesprochenen Erwartungen, die auch von vielen Praktikern sowie aus anderen Kliniken bestätigt werden. Gleichlautende Mitteilungen u. a. von *Brock*, Ergebnisse Innere Med. u. Kinderhk. aus der *Pädiatrie;* die gute Eignung auch kleinerer (4½–7 Jahre) *Kinder zu autogener Gruppenarbeit* stellte *G. von Staabs* vor vielen Jahren, z. T. in Anlehnung an ihren „Szeno Test" fest; *Dogs*, Hippokrates 386 [1949]; *Kibler*, Klin. u. Praxis, München 6 (1946), und *Naber*, Dtsch. med. Rdsch. 10 (1950); *G. Biermann* (Hamburger Internisten, März 1952), *O. Bossert* (Medizinische 1147 [1952]; *G. A. v. Harnack* (N-W-Dtsch. Ki. Arzt 31. 1. 1954). Ferner Psychotherapie II, 113 (1957); *Th. Schenk* (ibid. IV, 148 [150 Fälle]); *G. Pankow* (Zschr. psycho.-som. Med. 191 [1959]), *H. Epping* (D. Med. 7, 213 [1963]), *G. Schwöbel* (Correl. Psycho 1965, S. 209) der in 50 Behandlungen dem autogenen Training einen „großen Platz" einräumt, u. v. a.

Hier interessieren nur die Erfahrungen mit dem autogenen Training, die ich an 28 Fällen mit mehr als vierjähriger Nachbeobachtung kontrollieren kann. Zur speziellen Technik sei bemerkt, daß schon die Trainierung durch Ruhigstellung, Muskelentspannung (Atemmuskulatur!) und entspannende Gefäßumstellung, die gewissermaßen „ableitend" wirkt, einen therapeutischen Faktor bedeutet. Im Speziellen stellen wir den Asthmatiker darauf ein, den gesamten Nasen-Rachen-Raum bis zum Kehlkopf mit einem Kühleerlebnis unterempfindlich zu machen und eine entsprechende Schleimhautabschwellung zu begünstigen; Luftröhre, Bronchien und Lungenraum werden dagegen intensiv wärmend durchströmt. Gelingt es bei Asthmatikern, die internistisch von erfahrenen Spezialisten behandelt und kontrolliert sind und die nötigen Hinweise auf Atemtechnik verwertet haben, diese innere Einstellung konsequent und nachhaltig zu erarbeiten, so ergeben sich oft sehr schöne Erfolge.

Parästhesien in den Respirationsorganen, denen wir ja häufig im Beginn asthmatischer Attacken begegnen, schwinden unter Kühleanästhesie häufig prompt und dauernd.

So berichtet ein 33jähriger Universitätslehrer nach ½ Jahr Üben: „Es gelang mir zu meiner Überraschung schon in der zweiten Woche, eine leichte, vom Arzt als sympathikotonisch bezeichnete Störung zu beseitigen. Ich hatte seit vielen Jahren morgens beim Erwachen meistens ein sehr unangenehmes Kitzeln im Halse, das sich oft zu Husten und Brechreiz steigerte und gewöhnlich mehrere Minuten dauerte. Auf entsprechende Konzentration ‚Hals ist kühl, Hals ist ruhig' hörte das unangenehme Gefühl momentan auf und ist auch bisher nicht mehr zurückgekehrt bzw. es kann beim leisesten Anflug sofort behoben werden."

10. *50jährige früher berufstätige Arztgattin.* Sämtliche Kinderkrankheiten, Neigung zu Katarrhen. Mütterlicherseits bis zu den Großeltern Asthma. Erster Anfall mit 14 Jahren im Anschluß an starke seelische Erregung verbunden mit Angstgefühlen, dann zunächst keine echten Anfälle, aber geringe Kurzatmigkeit nach Anstrengung. 24jährig Lungenentzündung. Vom 29. Jahre ab Asthmaanfälle, die

sich immer mehr häuften. Zunächst Kupierung mit Morphium. Intoxikation, Klimakur und Entwöhnung mit Erholung. Etwa ein Jahr Ruhe, dann wieder Anfälle. Kupierung mit Adrenalin und Hypophysin. 39jährig Grippe mit Lungenentzündung, mehrere Kuren, Ponndorf-Impfung, ohne Besserung. 41jährig Ehe. Völlig entlastende Lebensverhältnisse. Vielfachste Klima-, Injektions- usw. Behandlungen. Zunehmende Verschlechterung. Atemnot vielfach so stark, daß Gehen beinahe unmöglich. 48jährig glattlaufendes Training in vier achttägig getrennten Sitzungen. Konsequentes Weiterüben, nach zwei Monaten vollkommen frei von jeder Atemnot für zwei Jahre. Treppensteigen, Tanzen, Hausarbeit ohne Beschwerden. Dann infektiöse Gastritis, Darmgeschwür, 21 Pfund Gewichtsverlust, leichter Rückfall, erneutes intensives Training, weitere 2½ Jahre völlig gesund und leistungsfähig.

11. *35jährige Büroangestellte.* Seit 18. Lebensjahr Heufieber mit asthmatischen Beschwerden. Seit vier Jahren gehäufte schwere asthmatische Anfälle, zeitweise starker Morphiumgebrauch, universale Therapie an den verschiedensten Kliniken und Krankenhäusern. Ausgleich verschiedenster Überempfindlichkeiten erfolglos, Versuche mit Diätbehandlung, Hydrotherapie usw. 28jährig trainiert. Glatter Verlauf, gute Darstellung der typischen Haltung. Unterstützung durch analytische Konfliktberatung. Fünf Jahre völlig asthmafrei. Voll berufsfähig.

12. *60jährige Professorentochter* mit schwerem Asthma seit der Pubertät; universelle Therapie an führenden Universitätskliniken, trotzdem Weiterbestehen des oft wochenlang völlig lebenzerstörenden Leidens, bis Frühjahr 1926. Systematische typische Trainierung, Bericht jetzt mit 66 Jahren: „Anfälle von Asthma habe ich in der Zeit nicht mehr gehabt. Die früher oft eintretende Schlaflosigkeit ist behoben, die Qualität des Schlafes sehr verbessert. Allgemeine Widerstandsfähigkeit der Nerven sehr gestärkt, keine schlaflosen Nächte vor Reisen, kein Reisefieber; größerer Gleichmut gegen äußere und innere Störungen. Im zweiten und dritten Trainingsjahre schwere infektiöse Bronchitis zeitweise an der Grenze von Bronchopneumonie. Nur noch gelegentlich leichte Spannungsgefühle in den Atmungsorganen bei besonders schweren körperlichen oder seelischen Belastungen." Die Kranke blieb bis zu ihrem Ende, Dezember 1936, das durch ein Darmkarzinom herbeigeführt wurde, hinsichtlich ihres Asthmaleidens praktisch gesund. Sie war „aus ihrem Asthmaelend befreit", wie ihre Schwester, Witwe eines bekannten Klinikers, schrieb, die mit ihr in dauernder Hausgemeinschaft lebte.

Sicher ist es kein Zufall, daß es sich bei diesen besonders eindrucksvollen Fällen um berufstätige Frauen, also um Menschen handelt, die durch jahrelange Selbsterziehung so viel Disziplin erwarben, daß sie zu einer wirklich konsequenten und ausdauernden Übungsarbeit fähig waren. Gerade die Abstellung der falschen asthmatischen Haltungen und Reaktionen erfordert ein sehr konsequentes und genaues Übungsarbeiten, wenn ein durchschlagender Erfolg erzielt werden soll.

Das hierzu notwendige Gemisch von Disziplin, Energie und Geduld wird sich aber gerade bei intelligenten arbeitenden Frauen besonders häufig finden. Auch der Gesichtspunkt, daß weibliche Menschen in der ertragenden passiven Energie dem männlichen Geschlechte meist überlegen sind, darf gerade bei der Bekämpfung des Asthmas mit unserer Methode nicht übersehen werden. Unter den 28 genau verfolgten Fällen befinden sich 11 männliche und 17 weibliche Patienten; völlige Symptomfreiheit über mindestens vier Jahre erreichten 4 Männer und 7 Frauen, wesentliche Besserung, d. h. nur von ganz seltenen, bei überstarken psychischen Erregungen auftretenden Anfällen unterbrochene, sonst völlige Lebens- und Leistungsfähigkeit nach früherer jahrelanger schwerer Krankheit 5 Frauen und 2 Männer; bei dem Rest der Fälle wurden zwar zeitweise Besserungen angegeben, die sich aber bei dem bekannten launenhaften Verlaufe des Leidens nicht verwerten ließen, nur 3 Frauen und 1 Mann zeigten überhaupt keinerlei Reaktion. Über gute Erfahrungen mit autogenem Training bei Asthma hat *Berberich* (Wien. med. Wschr. 46 [1935]) berichtet.

Außerordentlich gründliche und exakte Forschungen über „psychologische Desensibilisierung" bei Allergie durch Autogenes Training teilten *Y. Ikemi, S. Nakagawa, T. Kusano* und *M. Sugita* mit (Correl. psycho., S. 228, 1965) und wiesen zugleich mit Recht auf die große Rolle allgemein psychophysischer Einflüsse bei diesen Zuständen hin.

Funktionelle Störungen des Magen- und Darmkanals fordern zunächst eine möglichst gute Entdeckung des Organerlebnisses. Der Nachteil pathologischer Störungen ist hier, wie bei den Asthmatikern, insofern ein Vorteil, als die Kranken durch ihre Beschwerden meistens mit ihren Organerlebnissen weit besser vertraut sind als der Normalmensch. Daß gerade funktionelle Magenstörungen vielfach ein dankbares Objekt für das autogene Training sind, wird auch durch die neue Mitteilung von *Hochrein* und *Schleicher* (N. med. Welt 161 [1948]), daß Magentemperatur und Magenazidität in enger funktioneller Verbindung stehen, um einen weiteren Schritt unserem Verständnis nahegebracht. Grundsätzlich besonders wichtig sind die Erfahrungen von *F. Curtius* und *Rohrmoser* über die Brauchbarkeit von Hypnose und autogenem Training bei *Colitis ulcerosa* (Monographie *F. Curtius*, Berlin 1962).

Patienten mit *Ösophagospasmus* verfügen, wie ich in acht fortlaufenden Beobachtungen feststellen konnte, über sehr genaue und eindrucksvolle Repräsentanzen des funktionell gestörten Organs. Sie können sehr lebhaft schildern, wie meist in der Leibesmitte ein schnürendes, knotendes, beinahe an Atemnot erinnerndes, aber ohne jede Atemstörung einhergehendes „drückendes", „ballendes", „wie geschwollenes", „quetschendes" Gefühl bei den Anfällen auftritt, manchmal mehr, als wenn etwas an der Stelle „zu groß" sei, manchmal „als wenn die Leibesmitte sich spindelförmig verenge" usw. Wir trainieren dahin, daß ein breitfließender Wärmestrom fühlbar von der beim Schlucken wahrnehmbaren Organregion niederfließt und unterstützen, ähnlich wie wir bei Hemmungen in der Errichtung von Temperaturerlebnissen physikalische Außenreize zu Hilfe nehmen, nötigenfalls den Fortschritt durch Schluckenlassen kleinster Mengen von Markierungsflüssigkeit, etwa einem Teelöffel eines konzentrierten alkoholischen Getränkes und dergleichen.

Als Kern der Heileinstellung wird ein strömendes Gefühl lösender und fließender Wärme benutzt und, wie immer, wenn gute Schilderungen vorliegen, in jeder Beziehung das *Kontrasterlebnis der Störungsempfindungen* so intensiv wie nur irgend möglich mit allen Hilfsmitteln zur Vergegenwärtigung gebracht. Auf diesem Wege ergaben sich die folgenden Resultate:

47jährige Frau: deutliche Besserung. 50jährige Frau: kein Erfolg. 56jährige Frau: Heilung in Weiterbeobachtung von 3½ Jahren nach 2½jährigem Bestehen. 60jährige Frau: so weitgehende Besserung, daß nur ausnahmsweise ein Nahrungsmittel Schwierigkeiten macht, während vordem nur mit Schwierigkeit Flüssigkeit genossen werden konnte. 62jährige Frau: fragliche geringe Besserung. 43jähriger Mann: nach 1½jährigem Bestehen völlige, über vier Jahre kontrollierte Heilung. 66jähriger Mann: fragliche Besserung. 70jähriger Mann: Heilung für ein Jahr, bis zu dem an Schlaganfall erfolgten Tode. Neben dem isolierten Speiseröhrenkrampf können *Darmfunktionsstörungen der allerverschiedensten Art* sehr dankbare Objekte für das Training bilden. *N. Henning,* Würzburg, und *R. Polzien* (Gastroenterologia Basel 1953, Kongr. Inn. Med. 1953) teilten neuestens besonders eindrucksvolle Erfolge bei Obstipation mit, ferner *K. A. Neuss* (Psychotherapie II, 174 [1957]).

Auch hier mögen zunächst einige Beispiele folgen:

13. *68jähriger Kaufmann.* Seit seinem 60. Lebensjahr Magen- und Darmbeschwerden. Im 61. Lebensjahr von Oberarzt Dr. L. als Verwachsungsbeschwerden infolge alter Kolitis gedeutet. Diagnosen der nächsten Jahre: Ulcus duodeni; Cholelithiasis larvata; Ulcus parapyloricum; Appendicitis chronica. Endlich nach längerer klinischer Beobachtung Karzinom in der Gegend des S. romanum. Hierauf nach sechsjähriger Leidenszeit ausgedehnte Laparotomie, die keinen Tumor, sondern in Bestätigung der ersten Diagnose ausgedehnte, breite, flächenhafte Verwachsungen am Colon descendens ergab, die nicht zu lösen waren. 66jährig in Beobachtung des überweisenden Internisten Dr. S.: Deutliche Steifung, Stuhlverhaltung, kein örtlicher Druckschmerz, keine Resistenz, heftigste und quälende Schmerzanfälle, besonders in der Deszendensgegend und im Kreuz. Schonungsdiät; Atropin, Paraverin und Brom brachten für drei Monate Ruhe, dann traten erneut Anfälle zunehmend schwerer und gehäufter Art auf, so daß schließlich nur noch Morphium in erheblichen Dosen vorübergehend Ruhe brachte, obwohl weiterhin zahlreiche Konsilien stattfanden. Nach 1½ Jahren, 68jährig, Eintritt ins autogene Training. Sehr ruhige, sachliche und konsequente Einstellung, guter Fortschritt; nach 1½ Monate Üben vollständige Ruhe, Wohlbefinden und Symptomfreiheit bis zum 71. Lebensjahr, nur unterbrochen von einem kurzen Rückfall 5 Monate nach Beginn, wobei sich ein schon früher häufiges Symptom wieder zeigte, eine schwere Gastrosuccorrhoe. Gegen dieses Symptom wurde eine spezifische Konzentration ausgebildet, die darin bestand, daß der Kranke durch Betasten und Vorstellen von trockenem Löschpapier das Erlebnis der Trockenheit in lebhafter Weise sich vergegenwärtigte und nun mit dem Magenerlebnis vereinigte. Der Saftfluß stand nach 10 Tagen Üben.

14. *50jähriger Kaufmann,* zugewiesen von Internisten Prof. S. In der Vorgeschichte vor 15 Jahren Nierensteine mit gelegentlichen Koliken. Vor drei Jahren nach früher auftretenden Phosphatsteinen ein Oxalphosphatstein, alljährliche Kuren in Karlsbad, der Nieren wegen. Bei dieser Gelegenheit mehrfach Hyperazidität. In letzter Zeit zunehmende Magenbeschwerden. Flüssiges Erbrechen, besonders bei Erregung. Darmträgheit. Röntgenbefund: Äußerst hypermotiler und hyperperistaltischer Magen mit ausgesprochener Stenosenperistaltik. Tief einschneidende und persistierende Wellen, namentlich im Antrumanteil, der zeitweise ballonartig aufgetrieben erscheint. Druckempfindlichkeit in der Höhe des Pylorus, bulbus horizontal ausgezogen mit deutlichem Niveau. Diagnose: Ein dicht hinter dem Pylorus lokalisiertes altes Ulkus. Passageprüfung nach 1 Stunde ergibt nur noch einen kleinen sichelförmigen Breirest im Magen, der auch nach 7 Stunden noch nachweisbar ist. Colon

descendens außerordentlich spastisch. Aufgetriebener Leib, ab und zu einige Steifungen, auch Colon ascendens etwas spastisch. Magenspülung mißlingt infolge außerordentlicher Spasmen. Allgemeine nervöse Empfindlichkeit, Krebsangst, in der Familie gehäufte Krebsfälle. Drei Monate nach Abschluß der internen Behandlung Beginn des autogenen Trainings. Überweisungsdiagnose von Prof. S.: Pylorospasmus, Supersekretion, allgemein-spastische Magen-Darm-Störungen. Hier neurologisch normaler Befund. Sohn übernervöser Mutter. Mutter und ein Bruder an Karzinom gestorben, immer heiter, energisch, lebensbejahend, gab mit Rücksicht auf seine Angehörigen seinen Lebensplan auf, Ingenieur zu werden, und übernahm das väterliche Geschäft. Äußerlich gewandt, aber immer innerlich einsam, sensitiv und nach innen gewendet. Bis zu dem 30. Lebensjahr häufig äußerlich reizbar und explosiv. Dann durch bewußte Selbstbeherrschung Zurückhaltung, „alles nach innen, aber das ist viel schlimmer". Sehr zahlreiche ärztliche Versuche der verschiedensten Richtung. Auch in Kliniken und Sanatorien, aber immer ohne durchgreifenden Erfolg. Ruhigsachlicher Mensch mit großer Konsequenz. Trainingsverlauf durchaus glatt und typisch. Patient ist durch sein jahrelanges Leiden in der Lage, die Tätigkeit seines Magens, besonders in der Pylorusgegend, genau zu fühlen und wird mit besonders intensiver Übung auf diese Gegend eingestellt. Es gelingt bereits nach fünf Wochen, die Spannungen abzustellen, die Neigung zu vermehrter Sekretion wird wie im vorstehenden Falle beeinflußt und besonderer Wert auf vollkommen sorgfältige Entspannung und Selbstruhigstellung gelegt. Bereits nach $^1/_2$ Jahr fast völlig beschwerdefrei, nur noch bei groben Diätfehlern Beschwerden mäßigen Grades. Kontrolle des Fortschrittes durch fünf Jahre, dann plötzlich sehr viel stärkere Beschwerden und plötzlicher Tod unter Zeichen akuter Verblutungen in den Leib. Fünf Stunden vor dem Exitus Entleerungen großer Mengen von Pechstuhl.

15. *42jähriger Dr. jur.* Überwiesen von Internist Prof. S. Aus sensitiver Familie. Der einzige Bruder machte eine schwierige Blinddarmoperation durch und hat Magenbeschwerden. 22jährig unklare Baucherkrankung. Blinddarm? Ulkus? 28jährig aufgrund chirurgischer Röntgendiagnose Gastrostomie ohne Besserung des Befindens. Mußte Sport aufgeben. Dann vielfach internistische Behandlungen. Launischer Wechsel von Spasmen und Durchfall, einmal im Anschluß an sehr schmerzhafte Spasmen eine Ohnmacht. Vielfache Röntgenkontrolle. Novoprotinkur ohne Erfolg. Ebenso Versuch mit Mastkur. Starke Schmerzen am Pylorus bei Leere und starker Füllung des Magens. Überweisungsbefund Prof. S.: Spastische Diathese, Asthenie, vagotone Reaktion. Erneute Operation erwogen, gelegentlich Blutspuren im Stuhl, Pylorusverschluß durch derbe alte Ulkusnarbe mit Adhäsionen. Nach $2^1/_2$ Monaten interner Beobachtung Beginn mit Training, zunächst etwas Schwierigkeiten mit dem Schwereerlebnis. Wärmeerlebnis glatt, Selbstruhigstellung schrittweise. Hat durch seine Leiden sehr genaue Gefühlskontrolle über die Tätigkeit seiner inneren Organe. Neurologisch kein organischer Befund. Gewichtszunahme und allgemeiner Fortschritt, frei von irgendwelchen schweren Zufällen über die nächsten sieben Jahre.

16. *53jährige ausländische Kaufmannsgattin.* Aus sensitiver Familie, in der bei gutem Wirklichkeitskontakt vielfach depressive Zustände vorkamen. Seit 17 Jahren häufig nervenärztlich beraten, vor sieben Jahren künstliches Klimakterium durch Röntgen. Seit fünf Jahren Blutdruck von über 180 festgestellt. Jodkuren und Aufenthalt in Tölz ohne guten Erfolg. Mäßiger Gebrauch von Schlafmitteln; psychisch: überaus schwierige Ehe mit einem primitiven, jetzt oft gewalttätigen (Revolver), vielfach trunkfälligen Manne, bei dem bereits eine Reihe von Schlaganfällen geschahen. Internistische Kontrolle durch Prof. S.: *Schwere Darmspasmen,* chronische

Gallenentzündung, Hypazidität, gelegentliche Albuminurie, die vom Konsilarius als Symptom der allgemeinen Sklerose aufgefaßt wird. Mai 1926 sehr konsequentes und gleichmäßiges Training mit besonderer Konzentration auf Ruhigstellung, affektive Resonanzdämpfung und intensive Selbstdurchwärmung des Abdomen. Die sensitive Kranke erlebte ihre Darmspasmen in Form von „wandernden Beengungen, namentlich in den Flanken“, es erschienen ihr vielfache symbolische Vergegenwärtigungen von Klammern, Schnürringen, Fesseln und ähnlichen Objekten, wenn sie sich in autogener Versenkung ihren Darmerlebnissen zuwendete. Hieran anknüpfend sehr erfolgreiche Erlernung selbsttätiger Umstellung, vollkommenes Schwinden der Darmspasmen, obwohl zeitweise noch deutliche, verständliche Depressionen aus den ehelichen Konflikten erwuchsen. Nachbeobachtung drei Jahre.

17. *52jähriger Apotheker,* überwiesen von Prof. S. wegen Herzbeschwerden, die sich im Anschluß an ein *Ulcus ventriculi seu duodeni* entwickelten und durch verständiges Magenregime Besserung zeigten. Komplizierter funktioneller Überbau mit vielfachsten Situationsängsten bis zu schwerer Berufsstörung. Hier neurologisch normaler Befund, deutliche weit zurückreichende Angstdisposition. Besonders störend ein allabendliches schreckhaftes Erwachen zwei Stunden nach dem Einschlafen, mit schwerer Angst und heftigem *Ruktus.* Glattes, sehr gewissenhaftes Training mit völliger Beschwerdefreiheit in dreijähriger Nachkontrolle. „Hypnotically indured relaxation“ bei *Ulkus* empfiehlt *H. Moody* (Brit. J. Med. Hypnot. 23 [1954]).

18. *35jähriger Spezialarzt für innere Medizin.* Überstrenger Vater, passiv weiche Mutter, ältestes Kind, eine jüngere Schwester mit offenkundigen hysterischen Symptomen. Allgemeine Unruhezustände, „kann nicht warten“, gute intellektuelle Begabung, zeitweise Schlafstörung, seit fünf Jahren röntgenologisch nachgewiesene, örtlich wechselnde, subjektiv sehr quälende *Darmspasmen, launischer Wechsel zwischen Durchfall und Verstopfung,* Störungen, die so stark belästigten, daß der Patient eine Urlaubsreise abbrach und einen Internisten in Berlin aufsuchte, der ihn zur Psychotherapie überwies. März 1925 störungsfreies typisches Training. Patient ist seitdem völlig frei von Spasmen und hat ganz regelmäßige Darmfunktion. Nachkontrolle vier Jahre, auch röntgenologisch.

19. *51jährige schwer psychopathische Prokuristin,* die seit Jahren alle Kliniken und Krankenhäuser frequentiert. Vater und ein Bruder Asthma. Schwierige Ehe mit einem Alkoholiker, die vor Jahren zur Scheidung und viel Konflikten führte. Internistischer Befund: *Funktionelle Magen- und Darmstörung* bei normalem Organbefund, *„Vagusneurose“*. Hier auch neurologisch normaler Befund, bis auf Zeichen allgemein erhöhter Erregbarkeit. Führendes Symptom seit vielen Jahren ein anfallsweise auftretendes Schlucksen, das häufig am Tage zu einem berufsstörenden *„Sirenenrülpsen“* ausartet und auch die Nachtruhe empfindlich stört. Training launenhaft mit vielen Widerständen, aber nach vier Monaten immerhin mit dem Erfolg, daß der Tagesverlauf völlig ungestört wurde und nur zeitweise nächtliche Beschwerden bestanden. Nachbeobachtung zwei Jahre.

20. *51jährige Ehefrau,* überwiesen vom Chirurgen Prof. B. wegen *Bauchbeschwerden.* Vater an Magenleiden gestorben, mehrere magenleidende Geschwister. 19jährig Neigungsehe mit einem gesunden, aber zarten, sympathischen Mann; von drei Kindern eines tuberkulös. Chronische Ohreneiterung. „Stand mehrfach vor Operation.“ Glaubte Gicht zu haben. Ein hervorragender Spezialist, Prof. U., meinte, die Nerven seien schlimmer als die Gicht; mäßige Wanderniere rechts. Ein

erfahrener Internist empfahl nach $^1/_2$jähriger Beobachtung operative Lösung der bestehenden *Verwachsungen,* die nach seiner Ansicht mit einer vor drei Jahren vorgenommenen operativen „Raffung des Unterleibes" *(Alexander Adams)* zusammenhingen. Vor zwei Jahren brennende Schmerzen in der linken Brust; ein Chirurg vermutete Karzinom, öffnete und durchsuchte die Brust, fand aber nichts. Die vorher mehrere Monate lang bestehenden Schmerzen verschwanden. Es bestehen Klimaxbeschwerden. Patientin kommt direkt aus der chirurgischen Klinik, wo sie jeden Tag auf die Operation gewartet hat. Hier neurologisch normaler Befund, bis auf Zeichen erhöhter Erregbarkeit. Erwartungsneurose, Angst, Pedanterie. Seit vier Jahren die erwähnten *Schmerzen rechts oben im Leibe,* die bei blähender Kost stärker werden. Längere Behandlungsversuche im anthroposophischen Institut in Stuttgart ohne Erfolg, ebenso Saprovintan, Tierkohle, Einläufe, Diät, Sanatoriumsbehandlung usw. Erstes Auftreten der Symptome vor vier Jahren, als ihre Mutter am Gardasee an Magenkrebs erkrankte; „es wuchs was an im Leibe". Starker Einfluß von Erregung, besonders ängstlicher Art. Training Mai 1928. Wohlbefinden kontrolliert bis 1930.

21. *28jährige Dr. phil., Ehefrau.* Aus psychopathischer Familie, von jeher empfindlich und eigenwillig, verschlossen und abweisend. Während der Ehe Philosophiestudium, Doktorarbeit über Logik. Dauernde Übelkeit und Würgen, kein Erbrechen, „fühlbares Zittern des Sympathikus oben im Leib", *chronische nervöse Durchfälle* bis zehnmal täglich. Normaler Organbefund, keine Anzeichen für endokrine Störungen, neurologisch regelrechter Befund bis auf Zeichen erhöhter Empfindlichkeit. Zeitweise Schlafstörungen. Neigung zu Schlafmittelgebrauch. Schwieriges, aber nach einigen Wochen erfolgreiches Training unter besonderer Betonung der Leibdurchwärmung Juli/August 1924. Verschwinden der Darmstörung, Nachbeobachtung bis 1928.

22. *42jähriger Kaufmann* mit Zeichen allgemeiner Nervosität bei normalem Organbefund. Wochenbericht über das Wärmeerlebnis: „Nach kurzer Zeit im Ellbogen und dann sich allmählich nach der Hand zu ausbreitendes Wärmegefühl. Nach etwa 3–4 Tagen trat das Gefühl einer Schwellung des ganzen Unterarmes und der Hand auf. Die Berührungsstellen der Finger an jeder Hand wurden schweißig und klebrig. Es tritt eine starke Unruhe und Bewegung im Darm auf. Ich leide seit Jahrzehnten an mangelnder Darmtätigkeit, habe einmal Typhus und mehrmals Ruhr durchgemacht und nach Ansicht der Ärzte *Verwachsungen* und *Senkung des Querdarms.* Nach dem Zurücknehmen wesentliche Erleichterung der Darmspannung."

23. *35jähriger Akademiker* im 28. Trainingsmonat. Neurologisch und intern normaler Befund, leichte Tendenz zu (familiärer) Fettleibigkeit, etwas Glanzauge, erhöhte Gefäßerregbarkeit, Neigung zu Bewegungs- und Herzunruhe sowie vermehrtem Schwitzen. Sehr geringe Struma, Grundumsatz normal, erhebliche allgemeine Psychopathie. Seit mehr als 20 Jahren vielfach ärztlich kontrollierte, auch im Röntgenbild festgestellte spastische Obstipation, die durch keinerlei Maßnahmen beeinflußbar war (Abführmittel, Diät, Massagen usw.). Ohne irgendwelche Diät oder ähnliche Maßnahmen stellte Patient durch die monatelang angewandte Konzentration „täglich reichlich und leicht Stuhl bis $^1/_2$8", eine seit Monaten bestehende Regelung der Darmtätigkeit her, die oft genau bis zum Termin, manchmal 1 oder $1^1/_2$ Stunden später, aber jedenfalls absolut regelmäßig täglich erfolgte. Ein schöner Beleg für die Möglichkeit einer *„Darmdressur"* im Sinne von *Leubes* und von *Bergmanns* durch autogenes Training.

24. *40jähriger Ingenieur* mit normalem internistischem und neurologischem Befund. Allgemein vegetativ stigmatisiert, in Kindheit und Jugend Neigung zu Katarrhen und Infektionen. Seit vielen Jahren Störung des Schlafes und des Tagesbefindens durch Zustände von *Harn-* und *Stuhldrang*, oft mit lästiger Flatulenz. Bericht aus der 10. Trainingswoche: „Vor dem Einschlafen wird der Bauch durch Entspannen, ‚weich gemacht' und intensiv durchwärmt. Ich gebe mir die Einstellung, nachts tief durchzuatmen, was ich seit fünf Wochen durchführe. Seitdem sind alle Bauchbeschwerden beseitigt, ich brauche keinen Nachttopf mehr." Erfolgskontrolle fünf Jahre.

25. *39jähriger Bankdirektor.* Sohn nervöser Mutter. Stets Unfähigkeit zum Erbrechen, auch bei Fingerreizung des Rachens. Vor fünf Jahren Tod der ersten Frau nach zehnjähriger glücklicher Ehe, vor vier Jahren zweite glückliche Ehe. Wird von hervorragendem Internisten als *„Magen-Darm-Neurose"* überwiesen. Neurologisch regelrechter Befund. Klagen: Plötzlich beim Essen Widerwillen, Hochkommen der Speisen und Würgen; nur ganz selten, mit großen Schwierigkeiten, Erbrechen. Launischer Wechsel von Verstopfung und Durchfall. Erster Zusammenbruch vor zwei Jahren im Anschluß an geschäftliche Aufregung. Die geschilderten Symptome und zeitweise Schwindel und Mattigkeit. Erholungsfahrt ins Riesengebirge half etwas. Januar 1924 Prof. K.: „Überarbeitung". Auf ärztlichen Rat Reise nach Italien. Schlechtes Befinden, angeblich der Kost wegen. In Italien März 1924 unversehens Herzbeschwerden, so daß Digitalis und Koffein verordnet wurde. April 1924 Klinik Prof. E.: „Magenneurose". Verdacht auf Blinddarm, der sich nicht bestätigte. Juni bis August berufstätig. Magenspezialist Dr. E. erzielte durch Diät Gewichtszunahme. Empfahl Hochgebirge. Dort Januar 1925 Magenauftreiben, Sodbrennen, Übelkeit. Januar 1925 wieder Klinik Prof. E.: „Magenneurose", Ruhe und Luftbehandlung. Training Februar 1925. Ausgezeichnetes Resultat, bis Juli 1925 beschwerdefrei. Hat alles gegessen. Gewichtszunahme. Jetzt einmal Durchfall nach beruflichem Ärger. Ruhigstellung bis Dezember 1925. Jetzt wieder Verschlechterung. Schwangerschaft der Frau. Viel Sorgen. Merkwürdige Bewegungsstörungen. Befund: Schlechter Allgemeinzustand. Fersenreflexe wenig lebhaft, keine Pyramidenzeichen, keinerlei isolierte neurologische Symptome, Patient gibt an, stundenweise keinerlei Herrschaft über Arme und Beine zu haben, zu taumeln und zu zittern und starke Schwindelsensationen zu erleiden. Augenhintergrund frei. Die Schilderung des Kranken war so eigenartig und stand mit dem damals zu erhebenden objektiven Befund so in Widerspruch, daß an eine katatone Anfallsstörung gedacht wurde oder an eine genetisch unklare hysterische Bewegungsstörung. Erneute Vertiefung des Trainings führte wiederum zu völligem Wohlbefinden. Gewichtszunahme und Leistungszunahme. 13. April 1926 schwere akute Erkrankung mit Fieber, Erbrechen, Taumeln, Seh- und Sprachstörung, bettlägerig. Grober universeller Wackeltremor aller vier Extremitäten, subjektiv rechts stärker. Völlige Unfähigkeit, sich aus dem Liegen aufzurichten, deutlich bulbäre Sprachstörung schweren Grades, konjugierte Blicklähmung nach rechts, Augenhintergrund links normal, rechts fragliche Rötung des Sehnervenkopfes bei erhaltenen Grenzen und ohne charakteristische Gefäßstörung. Auch jetzt keine Pyramidenstörung. Keine Zeichen von Tastlähmung. Sensibilität völlig normal bis auf Herabsetzung des Kornealreflexes beiderseits. 18. April 1926 Exitus unter den geschilderten Erscheinungen. Autopsie: Kleine ältere und mehrere frische Herde von multipler Sklerose im Gebiet der Brücke und der Oblongata. Diagnose: *Akuter Schub einer bulbären multiplen Sklerose.* Zweifellos hatte diese seltene Herderkrankung den eigentlichen tieferen Grund zu der „Magen-Darm-Neurose" gege-

ben. Es ist sehr bemerkenswert, daß auch ein so schwer organisch begründeter Fall von Funktionsstörung der inneren Organe zeitweise so gut auf das Training ansprach.

26. *36jähriger Dr. phil., Psychologe.* „Da ich das autogene Training ungefähr ein Jahr lang durchgemacht habe, so habe ich nun einen Überblick über die Wirksamkeit bei mir erhalten. Da kann ich nur versichern, daß ich sehr zufrieden bin. Besonders das letzte halbe Jahr war ich besonders leistungsfähig und dabei gleichmäßig gestimmt, wie ich es in meinem Leben zuvor kaum je erfahren habe. Die nervöse innere Unruhe, die meine Gedanken sonst immer abschweifen ließ und mich zu starken Körperbewegungen (Wanderungen, Sport) zwang, ist ganz weggefallen, und die Beruhigung kam meiner Arbeitskraft zugute. Da sich meine Lebenshaltung sonst nicht geändert hat und meine äußere Notlage eher noch gestiegen ist, kann ich diesen guten Zustand nur als Erfolg des autogenen Trainings ansehen. ... Die Vorstellung des Sonnengeflechtes ließ mich das berüchtigte Reisegefühl und die allgemeine Schwäche in der Magengegend wunderbar loswerden. ... Ganz hervorragend habe ich erreicht, den Darm in Schach zu halten. Die Ursache für die meist morgens plötzlich einsetzenden Verflüssigungen des Darminhaltes ist immer eine auf besonderes Tagesvorhaben bezogene nervöse Unruhe. ... Durch autogene Umschaltung legt sich die beginnende Revolte sehr schön." *H. Enke,* Freiburg, verwandte das autogene Hypnoid mit Erfolg bei Colitis ulcerosa (Med. Klin. 478 [1963]) analog den bekannten schönen Erfolgen mit autogener und hypnotischer Therapie von *F. Curtius* und *H. Rohrmoser* bei diesen Leiden; *L. A. Pavilli,* Nicaragua, beobachtete bei gemischt-internen Fällen 20 % sehr gute, 10 % gute, 40 % befriedigende Resultate (Act. Hypnol. Lat. Am. III 261, [1962]).

Günstige Erfahrungen mit konservativer Therapie der *Hämorrhoiden* durch autogenes Training teilte *W. Luthe* (Zschr. Psychotherap., Stuttgart VII, 155 [1957]) mit. Bei abgedämpfter Allgemeinwärme wurde „Darmausgang schwer", später „Becken-Binnenraum warm – Darmausgang kühl" gesetzt.

Eine Sperrung der Generalisierung des Wärmeerlebnisses auf der durch Operation und chronisches Organleiden veränderten Körperseite zeigt folgendes Protokoll:

38jähriger Schriftsteller. 1913 Gallenoperation (17jährig), 1917/18 alle vier Wochen Kolik. Regelmäßiges Training mittags und abends. Sehr bald schon bei Ruhestellung Wärmegefühl, aber nur in den Handflächen. Training bis Sonnengeflecht durchgeführt, hier nach längerem Üben Wärme in den Händen und Unterarmen (links stärker als rechts), im linken Fuß und Unterschenkel; rechter Fuß und Schenkel bleiben ganz kalt. Intensives Wärmegefühl, verbunden mit leichtem Kribbeln und Spannen, hält auch nach der Zurücknahme eine Zeitlang an.

Während bei den meisten klinischen Behandlungen entweder die Schwere des Krankheitszustandes oder die zeitliche Beschränkung des Klinikaufenthaltes eine wirklich gründliche Anwendung des Trainings erschweren oder verbieten, so daß in diesen Fällen meist eine Kombination mit Hypnotherapie empfehlenswert ist, halten sich die Patienten in *Lungenheilstätten* meistens so lange auf, bis eine wirklich gediegene autogene Arbeit möglich ist.

In diesem Sinn empfahl *Roloff* bereits vor Jahren seine Benutzung. *Langen* (Zschr. Psychotherap., Stuttgart 1951) gab Anregungen nach der gleichen Richtung, und *G. Fischer, Hoppenworth*, berichtete 1953 (ib. 62 [1953]) ausführlich über die Verwendung des autogenen Trainings, das er als „Grundmaßnahme" nach Erfahrung an 60 Kranken in zwei Jahren empfiehlt; daß es in der Mehrzahl der Fälle mit psychagogen Hilfen kombiniert werden muß, ist nach unseren Abgrenzungen der aktiv klinischen Psychotherapie durchaus erwünscht und selbstverständlich. 1961 hob er besonders den Wert der *„Resonanzdämpfung* der Affekte" hervor (Z. Psth. 11, 100 [1961]). *A.* und *J. Begoin* sahen Günstiges bei *autogener Gruppenarbeit* in ihrer Tb-Klinik (Vittel, Rev. Méd. ps. som II, H. 2, 66; H. 3, 65 [1960]). Sehr eingehende Studien wurden weiter an der Lungenheilstätte Edmundsthal/Hamburg (Chefarzt Dr. *H. Wulf*) angestellt, deren Ärzte zu meinem persönlichen Arbeitskreise gehören. Druckmessungen bei Pneumothorax-Trägern ließen keine Änderung des endopleuralen Druckes bei Einschaltung des Trainings erkennen. Gerade die Arbeit an den Lungenheilstätten eröffnet u. E. besonders günstige Aussichten für sachgemäße Verwendung des A.T., wie namentlich die Erfahrungen von *H. Marchand*, Ballenstedt (Psychotherapie I, 154 [1956]) und *E. Melzer*, Fürstabt-Gerbert-Haus, St. Blasien (Hippokrates 39 [1957]) zeigen.

Kurz erwähnt sollen hier endlich bei der Besprechung der durchschnittlichen Leistungen der Unterstufe unseres Trainings bei allgemeinen Organfunktionsstörungen einige Fälle werden, die den *verschiedensten* Organgebieten angehören und geeignet sind, als Beispiel zu dienen.

An erster Stelle sei hier an funktionelle Störungen *gynäkologischer Art* erinnert. Hier leistet die Entspannung oft Ausgezeichnetes. Wie etwa der folgende Bericht zeigt:

36jährige Gattin eines bekannten Frauenarztes: „Seit Eintritt der Menstruation im 15. Lebensjahr an dysmenorrhoeischen Beschwerden leidend, hat mir das autogene Training, das aus anderweitigem Anlaß (Magenbeschwerden) unternommen wurde, Gelegenheit gegeben, folgende Beobachtung bei der Menstruation zu machen: Die Beschwerden bestanden in der Hauptsache in stundenlangen, bis zu einem Tag andauernden, sehr schmerzhaften Krämpfen vor Eintritt der Hämorrhagie. Durch die regelmäßig 2- bis 3mal täglich vorgenommene Entspannung ergab sich so ganz nebenbei, nicht beabsichtigt, aber natürlich begrüßt, daß die Hämorrhagie schon nach zweistündiger ‚Eröffnungsperiode' sofort flott einsetzte und sich schnell und ohne nennenswerte Schmerzen erledigte. Bei den folgenden Menstruationen stellte sich die Hämorrhagie, da ich nun schon mehr im Training war, überhaupt ohne jede Voranmeldung ein. Ich kann auf den Uterus einstellen und ihn entspannend öffnen. Auch brauchen keinerlei Medikamente mehr genommen zu werden, wie sonst stets." Ebenso berichtet *32jährige Ärztin:* „Beim Beginn des Menses sonst regelmäßig auftretende Schmerzen verschwinden nach wenigen Minuten." Entsprechende Erfahrungen teilten *H. Goecke* und *E. Schaefers* (Med. Klin. 1465 [1953]) mit. Z. T. angeregt durch *Read* hat die autogene Entbindungserleichterung in den letzten Jahren durch *Erbslöh, Wiekening, Hellmann* und besonders *Prill* (Vierteljahresschrift f. akt. klin. Psychother. 1956; Heilkd., 1961, H. 12) fruchtbare Bearbeitung gefunden. „Selfhypnosis" bei der Entbindung empfiehlt *A. Hammel* (Brit. J. Med. Hypnot. 31 [1953]). „Selfhypnosis in childbirth" fanden *M. V. Kline* und *H. Guze* in 30 Fällen als „prenatal preparation" brauchbar (J. clin. exp. Hypnos 1955). *V. S. Sbriglio* konnte von 115 in der Frauenklinik Turin auto- und heterogen vorbereiteten Schwangeren bei 70 % totale oder teilweise Analgesie erreichen, bei den restierenden 30 % war das allgemeine Verhalten sehr gut, so daß dies Vorgehen als die *rationellste Methode für „Schmerzlose Geburt“* angesehen wird (Minerv. Ginecol. XIII, 776 [1961]; Riv. lat. am. hipn. II, 241 [1962]). Auch *W. Geisendorf* und *Ph. Kocher,* Genf (Rev. Méd. psso. II. 3. 179 [1960]) teilten günstige Erfahrungen mit.

1965 berichtete *H. J. Prill* erneut über seine großen Erfahrungen mit Autogenem Training in der Frauenheilkunde (Correl. Psycho., S. 234, 1965). Bei 302 Entbindungen gelang zu 70 % völlige oder fast vollkommene Schmerzfreiheit. Bei dem schwierigen Wege durch Schwangerschaft und Entbindung ist ganz besonders auf Pflege des Selbstwerterlebens der Frauen zu legen.

Ein Fall schwerer *Otosklerose* mit starken, *quälenden Ohrgeräuschen* bei sonst regelrechtem Befunde, eine *40jährige Frau* betreffend, wurde August 1925 trainiert. Schon in der 4. Trainingswoche, in der intensive Schwere und „schießende, strahlende Wärme“ generalisiert erlebt wurden, gelang es dreimal, stark quälende Geräusche abzustellen. Dabei trat eine Leere im Kopfe ein, „wie aufgenommen“, darauf völlige Frische und Fähigkeit zu störungsfreien sportlichen Höchstleistungen. Nach zwei Monaten wurde auch subjektive Verbesserung der Gehörfähigkeit angegeben (?). Der Fortschritt blieb durchaus konstant. Beobachtungskontrolle bis 1930 einschließlich.

Günstige Erfahrungen in der *Dermatologie* berichtet *W. Reinhardt* (Zschr. Haut-Geschl.-Krkh., Berlin 349 [1953]), gleiches bei *funktionellen Gangstörungen A. Köhler* (Klinik *H. Wiegmann)* bei mehreren Fällen (Zschr. psycho.-som. Med. 1955, 194). *U. Diesing* konnte im Selbstversuche *operative Harnverhaltung* autogen lösen („Praxis Psthp.“ IX, 1964, 183); Bei *Enuresis* sind auch in seinen Beobachtungen die Fehlgewöhnungs-bestimmten Fälle („physiogene Randneurosen“) am geeignetsten für autogene Therapie („Ki. ärztl. Prax.“ XXXIII, 1965, 193). Überraschend gute Erfolge bei sonst *chronisch rezidivierender Ohrfurunkulose* erreichte *H. Heimann* (Psychotherapie III, 212 [1958]). Gebißgefährdendes *nächtliches Zähneknirschen* wird öfters durch autogene Entspannung aufgehoben, wie gemeinsame Beobachtungen mit *W. Drum* (Psychotherapie II, 212 [1957]) zeigten.

Auch in der *Augenheilkunde* erweist sich das Training zunehmend als dienlich, wie in einer besonders schönen Studie *R. Kraemer* bei *Schielen* zeigte (Nervenarzt, Berlin 423 [1955]). Es gelang ihm bei *Schielenden* autogen vordem äußerst störende Doppelbilder auszuschalten (Psychotherapie I, 93 [1956]); ausgedehnte Studien lieferte *O. Mentz* aus der Augenklinik Virchow-Berlin *(K. Vogelsang)* namentlich auch über *Glaukom* (Psychotherapie I, 220 [1956]; II, 21 [1957]).

Die reaktive, oft neurotische Persönlichkeitsveränderung *Blinder* wurde zuerst von meinem Mitarbeiter *K. Thomas* mit z. T. überraschendem Erfolge autogen angegriffen (ibid. II, 1957, 161; Wege z. Menschen 1954, 170). Über allgemeine Ruhigstellung hinaus wurden die Umwelt-Erwartungsspannung, die Überraschungsempfindlichkeit, die Enttäuschungs- und Hilflosigkeitserregungen gedämpft und Selbstsicherung erarbeitet. *H. G. von Schumann* bestätigte diese Erfahrungen („Träume der Blinden" Karger Verlag, Basel, 152 [1959], Zschr. Psychotherap., Stuttgart 75 [1955], Ärztl. Mit. 2071 [1961]), ebenso *J. Seabra-Dinis,* Lissabon, (Rev. Méd. pr. so. II, 2, 188 [1960], Correl. Psycho. 1965, 223).

Eine *46jährige Künstlerin* klagte seit 14 Jahren über sehr quälenden *Pruritus vulvae,* Röntgenbestrahlung brachte vor zehn Jahren zunächst Erfolg, führte dann aber zu Verbrennungen, derentwegen zahlreiche Spezialisten konsultiert wurden. Es gelang, die Röntgengeschwüre zur Heilung zu bringen, das Jucken bestand unverändert fort. Training im Juni 1925. Konzentrative Kühl- und Ruhigstellung der juckenden Regionen. Völliges Verschwinden des Pruritus. Nachkontrolle bis Juni 1931 (sechs Jahre)

Dr. med. *Werner Causse,* Zahnarzt in Berlin, veröffentlichte (Med. Klin. 564 [1948]) folgende interessante Selbstbeobachtung über *„Warzenbeseitigung"*.

„Anfang 1946 bekam ich auf der Streckseite des rechten Mittelfingers eine Warze, die schließlich fast die Größe einer Kirsche erreichte. Da sie mich bei der Arbeit störte, ließ ich sie Ende Juli 1946 von einem Dermatologen mittels Diathermie entfernen. – Die Warze schien zunächst beseitigt, obwohl eine stecknadelkopfgroße Hautstelle nicht restlos heilen wollte. Etwa 6–8 Wochen später begann sich an genau derselben Stelle von neuem eine Warze zu entwickeln, die fast noch größer als die erste wurde. Da ich seit einigen Jahren das ‚Autogene Training' übe, machte ich nun den Versuch, mittels der dabei üblichen formelhaften Vorsatzbildung die Warze zu beseitigen: Dreimal täglich vergegenwärtigte ich mir während der ‚Versenkung': ‚Die Warze wird von Tag zu Tag kleiner und kleiner.' Nach etwa drei Wochen stellte ich eine auffallende Verkleinerung der Warze fest und änderte die Vorsatzformel in: ‚Die Warze verschwindet restlos.' Nach weiteren 3–5 Wochen war die Warze tatsächlich vollkommen verschwunden, und die Haut bekam an der Stelle nach und nach wieder die normale Felderung. Die Heilung ist bis April 1948 beständig und erforderte keinerlei Berufsunterbrechung usw."

Von besonderer *sozialer Bedeutung* dürften die sehr günstigen Erfahrungen bei *Versehrten* sein, über die der beinamputierte *G. Quandt* in der Versehrten-Sport-Zeitschrift „Du und Ich" 1955, S. 5, berichtet. Er wurde in der „Klinik für psychogene Erkrankungen" meines Mitarbeiters *H. Wiegmann* in das Verfahren eingeführt und selbstverständlich auch psychagogisch unterstützt.

Er schreibt: „Mit den vorgeschriebenen Übungen gelang es mir langsam, eine von innen kommende Umstellung des Organismus zu erreichen, die es mir erlaubte, Ungesundes zu mindern und Gesundes zu stärken. Allmählich verloren dadurch meine Beschwerden an Bedeutung." Über die Vorzeit berichtet er: „Meine ständigen Begleiter in den vergangenen Jahren – Kreislaufstörungen, Verstimmungszustände und Gleichgewichtsstörungen – zwangen mich dazu, 1954 die Klinik aufzusuchen."

Eine wichtige Übersicht über autogene Arbeit bei *Muskelerkrankungen* verschiedener Art gab *I. von Hattingberg* 1958 (Arch. Phys. Therap., Leipzig 253) im Gesamtgebiete der Neurologie auf der Tagung für neurovegetative Therapie, Homburg, Oktober 1962.

Sehr dankbar sind begreiflicherweise *funktionelle Blasenstörungen* der verschiedensten Form, mögen sie sich im Anschluß an örtliche Behandlung und Erkrankung oder sonstwie entwickelt haben. Namentlich funktionelle Tenesmen geben oft ausgezeichnete Resultate (s. bes. *A. Friedemann,* Psychotherapie I, 58 [1955] und *G. Koldewey* und *K. Wegscheider* (Zeit. Psthp. 18, 27 [1963]).

Als letztes Beispiel möchte ich einen Fall anführen, über dessen problematischen Charakter ich mir selbstverständlich klar bin, den ich aber aus prinzipiellen Gründen hier erwähnen möchte. Es handelt sich um eine 50jährige schwer psychopathische Frau, Kind einer sehr nervösen Mutter und eines unbeherrschten Vaters. Zwei Vatersgeschwister starben durch Selbstmord. Die Kranke leidet seit zwei Jahren an *anfallsweiser Gewichtszunahme* mit *Kopfschmerzen,* links im Hinterkopf beim Wirbel. Erbrechen tritt dabei nicht auf, nur zeitweise unklare Übelkeiten. Röntgenuntersuchung des Schädels ergab nur allgemeine Zeichen von Rachitis. Patientin gibt an, sie sei schon als Kind immer zart gewesen, was sie besonders empfand, da sie nur Brüder hatte. In den Entwicklungsjahren viele Ohnmachten, seitdem Kopfschmerzen, oft mit Flimmern vor den Augen, Müdigkeitsgefühle. Ruhe besserte. 18jährig lange dauernde Blinddarmentzündung. 19jährig Diphtherie und Nierenbeckenentzündung schwerer Form. 25jährig Ehe mit geschätztem, aber nicht voll harmonischem Manne. Vor zehn Jahren nach vorheriger Frigidität Trennung. Normaler frauenärztlicher äußerer Befund. Zwei nervöse Söhne, schwere Geburten. Myom; immer Konzeptionsangst. Von erfahrenen Internisten überwiesen und vielfach internistisch untersucht und beobachtet; *monströse allgemeine Adipositas.* Neurologisch regelrecht, insbesondere keine Gesichtsfeldstörungen; sehr vielfache Versuche mit Hormonpräparaten. Hier wurde, abgesehen von Ruhigstellung und allgemeiner Psychotherapie, der auf den ersten Blick phantastische Versuch unternommen, bei völliger Konstanz von Lebensweise, Medikamenten usw. die Tätigkeit der Schilddrüse dadurch anzuregen, daß dauernd in intensivster konzentrativer Einstellung eine *Heißdurchwärmung der Schilddrüsengegend* dargestellt wurde, mit der Absicht. durch aktive *Hyperämie* eine *Funktionssteigerung der Schilddrüse* anzuregen. In der Tat kam es im Verlauf dieser konzentrativen Arbeit zu sehr erheblichen *Gewichtsverlusten,* bedingt durch Erscheinungen intensiver *Harnflut,* und häufig auch bei kühler Witterung zu profuser universeller *Schweißsekretion.* Selbstverständlich ist eine solche Beobachtung in *keiner Weise verwertbar.* Sie sollte hier nur kurz Platz finden, um eine *prinzipielle Verwendungsmöglichkeit* des Trainings zu demonstrieren, die, wie leicht begreiflich, in geeigneten Fällen von außerordentlichem Einflusse sein könnte. Die moderne wissenschaftliche Bearbeitung des Hatha-Yoga (s. Kapitel XI) enthält vielfach ähnliche Gedankengänge, wenn auch mehr in bewegungsgymnastischen Zusammenhängen.

Autogene *„Durchwärmungen" der Leber* mit objektiv nachweisbaren Stoffwechselveränderungen stellte *Hans Marchand* in sorgfältigen klinischen Beobachtungen fest (Psychotherapie 154 [1956]) und lieferte damit den ersten *exakten Beweis* für die vorstehend *(1932) gemachte Hypothese.* Er beobachtete bei 5 V. P. übereinstimmend Blutzuckererhöhungen um mindestens 30 % bei „gesteigerter Leberdurchblutung", Senkungen bis 20 % bei „erhöhter Pankreasdurchblutung"; von 11 weiteren V. P. wurden in spezieller Versuchsanordnung 7 zu Blutzuckererhöhungen von im Durchschnitt 40 %

und gleichsinniger Veränderung der Leukozytenkurve bestimmt. Auch der Nachweis von *P. Polzien,* daß autogene Arbeit den G. U. bei Hyperthyreosen senkt (Corr. Psycho. 1965, S. 20 A) erscheint in diesem Zusammenhang wichtig.

Diese experimentelle Bestätigung einer kühnen klinischen Hypothese regt mich an, zwei sehr auffällige Beobachtungen *mit aller nötigen Reserve* mitzuteilen:
1. Die Kollegin *H. M. Kirsch,* Berlin, stellt zur Diskussion, daß bei einem 66jährigen infolge operativ gesicherten Magenkrebses und zahlreicher Netzmetastasen eßunfähigen, schwer leidenden Kranken (63 kg) im Verlaufe der zur Schmerzbeseitigung eingeleiteten hypnotischen und autogenen Behandlung klinisch nach 2 Hypnosen völlige Schmerzfreiheit, nach 1½ Jahren völlige Erholung (98 kg), Verschwinden des Palpationsbefundes und praktisch unauffälliges Röntgenbild eintraten (Z. ärztl. Fortbild. 1967, 302); anschließend warnte ich vor falscher vorzeitiger Pseudokritik in der gleichen Zeitschrift.
2. Ein ausländischer Kollege, Dr. med. Dr. phil., berichtet aus einer psychotherapiefeindlichen Klinik, daß bei einem schwer Nierenkranken (Parenchymschaden) im Verlauf monatelanger autogener Nierenmehrdurchblutung Heilung eintrat, so daß Chefarzt und Urologe von einem Wunder sprachen (Prax. Psychother. 1969, S. 97).

Von Anführung weiterer Kasuistik soll hier Abstand genommen werden. Doch scheint es wesentlich, die Besprechung der *allgemeinen organischen Funktionsstörungen* vom Standpunkt des *autogenen Trainings* aus nicht ohne einige *zusammenfassende Bemerkungen* zu verlassen. Vor allen Dingen möchte ich betonen, daß bei der ungeheuren Ausdehnung des wissenschaftlichen *Schrifttums* gerade auf diesem Gebiete von jedem Hinweis auf verwandte Studien abgesehen wurde. Kurz erwähnt sei nur die klinische Studie von Dr. *Günter Bodek,* Facharzt für Nervenleiden: *„Psychotherapie der vegetativen Neurosen"* (Jahrbuch 1926/27 der Ambulatorien des Verbandes der *Krankenkassen* Berlin).

Bodek hat über 100 vegetative Neurosen mit der Methode des autogenen Trainings behandelt. In fast allen geeigneten Fällen stellte er die Übererregbarkeit des vegetativen Nervensystems durch klinische (Dermographismus, Phänomene nach *Aschner, Czermak, Erben,* respiratorische Arrhythmie usw.) und durch pharmakologische (Adrenalin-, Pilocarpin-, Atropinversuch) Untersuchungen sicher, bevor er sich zur Aufnahme der Psychotherapie entschlossen hatte. Alle Fälle wurden auf das genaueste untersucht, ob eine vegetative Neurose allein für die geklagten Beschwerden verantwortlich gemacht werden mußte oder ob eine organische Krankheit neben der Neurose bestand. Die Patienten wurden hiernach in drei Gruppen eingeteilt:

Gruppe I: Reine vegetative Neurosen.
Gruppe II: Vegetative Neurosen bei organischer Erkrankung.

Gruppe III: Organische Erkrankung mit Symptomen, die sich nicht mit Sicherheit auf das Vorhandensein einer vegetativen Neurose beziehen ließen.

Obwohl die letzte Gruppe ebenfalls zu Versuchen mit dem autogenen Training herangezogen wurde, ist das Resultat hier nicht klar genug, um daraus Schlüsse zu ziehen. Gruppe III wird deshalb in den folgenden Mitteilungen nicht mehr berücksichtigt.

Es wurden behandelt:

Gruppe I	Gruppe II
2 Angina pect. vasomot.	1 Angina pect. vasomot. mit hohem Blutdruck und präsklerot. Erscheinungen.
2 Enuresis noct.	1 Enuresis mit Verdacht auf Spina bifida occulta.
4 essentielle Hypertonien.	3 „essentielle" Hypertonien bei Präsklerose.
8 Tachykardien.	7 Tachykardien bei Basedow, altem Vitium cordis u. a.
4 Hypersekretion des Magens.	1 Hypersekretion des Magens mit Verdacht auf Ulcus ventriculi.
34 vegetative Neurosen in der Klimax.	12 Klimaxneurosen mit Störung auch in anderen endokrinen Drüsen.
17 vegetative Neurosen bei Menstruierenden.	5 vegetative Neurosen bei Menstruierenden mit Störung anderer endokriner Drüsen.
Gruppe II	**Gruppe I**
6 Hyperhidrosis.	4 Asthma nervosum mit chron. Bronchitis oder beginnendem Emphysem.
2 leichte Akroparästhesien.	
3 Ösophagospasmen.	
3 nächtliche Pollutionen.	
4 Colica mucosa.	

Besonders instruktiv ein Fall der Gruppe I:

F. L., Näherin, 45 Jahre, letzte Regel vor vier Monaten, verheiratet, ein Kind. Nie ernstlich krank gewesen. Familie o. B. Nie nervös gewesen. Syphilis, Tuberkulose bestritten. Klagt jetzt über häufige, anfallsartig auftretende Hitzewallungen zum Kopf mit Schweißausbruch über den ganzen Körper. Diese „Anfälle" treten so häufig auf und sind so heftig, daß die Patientin sich gar nicht mehr aus dem Hause wagt. Ferner klagt die Patientin noch über Herzklopfen und Unregelmäßigkeiten des Herzschlages. Alle Erscheinungen bestehen seit etwa sechs Monaten. Der Schlaf ist im allgemeinen gut, ohne Träume. Leichte Verstopfung. Keine häuslichen Aufregungen.

Status: Mittelgroße Patientin in gutem Ernährungszustand. Haut gut durchblutet. Während der Untersuchung 3 bis 4 anfallsartige starke Wallungen mit Rötung von Kopf, Hals und Brust; dabei allgemeiner Schweißausbruch. Pupillenreaktion normal. Rachenorgane o. B. Schilddrüse nicht vergrößert. Herz: Normale Dämpfungsfigur, Töne rein. Aktion kräftig, deutlich beschleunigt (104 in der Minute), Andeutung von respiratorischer Arrhythmie. Blutdruck R. R. 150/100. An anderen inneren Organen kein pathologischer Befund. Reflexe allgemein gesteigert. Dermographismus ++; Aschner +; Erben, Czermak nicht deutlich +.

15. 11. Adrenalinversuch (0,001): ++.

16. 11. Pilocarpinversuch (0,01): ++.

18. 11. Beginn mit autogenem Training (keine andere Therapie); Vorbereitung. Schwereversuch.

25. 11. Patientin hat regelmäßig geübt, entspannt sich vollkommen. Autogenes Training: Wärmeversuch.

30. 11. Patientin hat bei ihren Übungen subjektiv starkes Wärmegefühl in beiden Armen. Sie klagt darüber, daß bei jeder Wärmeübung Wallungen und Schweißausbruch auftreten. – Autogenes Training: Während des heutigen Wärmeversuches keine Wallung, kein allgemeiner Schweißausbruch, aber isoliertes Schwitzen zunächst des rechten, später des linken Handtellers. – Kühlekonzentration.

7. 12. Patientin teilt mit, daß die Kühlekonzentration besonders dann gut gelingt, wenn sie sich einen kalten Gegenstand auf die Stirn legt bzw. dort befestigt. Die Wallungen sind zurückgegangen. Autogenes Training: Kühlekonzentration besonders für Kopf und Hals. Konzentration gegen das Schwitzen. Bei der Kühlekonzentration für den rechten Arm wird Erblassen der Haut sichtbar, die Haut fühlt sich kühler an als die des linken, für den Wärmekonzentration besteht.

14. 12. Patientin schwitzt nicht mehr so stark, die Wallungen haben an Zahl und Heftigkeit bedeutend nachgelassen. Autogenes Training: Beginn mit Beeinflussung der Herztätigkeit.

21. 12. Patientin hat eifrig geübt, konnte aber keine Veränderung im Herzrhythmus wahrnehmen. Autogenes Training: Weitere Beeinflussung der Herztätigkeit. Puls läßt sich von 100 auf 110 steigern und auf 90 herabdrücken: Der Befund wird der Patientin mitgeteilt. Sie wird veranlaßt, den Puls während der Übung zu kontrollieren.

4. 1. Puls heute in der Ruhe 90. Keine respiratorische Arrhythmie. Subjektiv ohne Beschwerden. Sehr selten eine Wallung, kein Schweißausbruch mehr. Keine Herzbeschwerden. Entlassung mit der energischen Mahnung, weiter zu üben.

15. 3. Patientin stellt sich wieder vor. Es geht ihr sehr gut. Puls: 86. Herzbefund normal. R. R. 135/90. Haut ziemlich trocken. Sonst Befund wie vorher.

Bodek schließt:

„Was die übrigen Fälle anbetrifft, so zeigt sich ganz allgemein, daß reine vegetative Neurosen meist erstaunlich schnell und dauerhaft zu beeinflussen sind, wenn die Intelligenz der Patienten dem Gang der Behandlung zu folgen versteht, wenn ferner die Beschwerden nicht so überstark sind, daß sie eine besonders eilige Hilfe verlangen. In dringenden Fällen habe ich stets zunächst mit medikamentöser und physikalischer Therapie begonnen und bin erst allmählich zum autogenen Training übergegangen. Schließlich ist Ausdauer und Zuverlässigkeit der Patienten unbedingte Voraussetzung. Gerade dadurch unterscheidet sich ja das autogene Training von Suggestionsbehandlungen, daß an die Stelle überraschender Augenblickserfolge, hervorgerufen durch die überragende Autorität des Arztes, die eigene Kleinarbeit aufgrund eines sich mehr und mehr entwickelnden Gesundungswillens tritt. Geduld ist hier ebenso erforderlich auf seiten des Arztes, wie auf der des Patienten. Dafür sind die Erfolge unbestreitbar. Natürlich wird niemand verlangen können, daß durch die Behandlung eine vegetative Disposition beseitigt werden könnte. Das ist ja unmöglich. Aber den akuten Zustand der vegetativen Neurose kann man nach meinen Erfahrungen fast immer günstig beeinflussen, ja heilen, wenn die oben angeführten Bedingungen erfüllt werden ... Die Sprechstunde wird durch die schnell ausführbaren psychotherapeutischen Anleitungen nicht übermäßig belastet. Im Neuköllner Ambulatorium, das eine hohe Frequenz und allerdings damit übereinstimmend auch ein vorzügliches Krankenmaterial hat, ließ sich das autogene Training ohne Störungen und mit gutem Erfolge durchführen."

Die Brauchbarkeit autogener Arbeit in großen Kassenpraxen betont neuerdings *H. Dinkelacker* („Landarzt", 1968, 1456).

Daß viele Störungen der in Frage stehenden Art durch geeignete psychische Beeinflussung angehbar sind, dürfte heute nirgends mehr ernsthaftem Widerspruch begegnen; im Zusammenhang dieser Darstellung genügt es, die Verwendung unserer speziellen Methode für allgemeine Organfunktionsstörungen darzutun.

Organfunktionsstörungen zeigen in ganz besonders hohem Maße die großen *prinzipiellen Schwierigkeiten für die wissenschaftliche Verwertung aller klinischen Erfahrungen,* indem entweder *Spontanheilungen* und *-besserungen* oder *somatische Momente unbekannter Art* den Verlauf beeinflussen oder *allgemeinere psychische Momente,* etwa einschießende *fremdsuggestive Einflüsse* entscheiden. Selbstverständlich sind die oben geschilderten positiven Erfolge vielfach auch mit *andern Methoden* erreichbar. Doch bietet unser *Training gewisse spezielle Vorzüge.* Seinem Wesen nach ein *rationelles Übungsverfahren,* macht es den Kranken nicht wie primitive Suggestivmethoden abhängig vom Arzte, sondern schafft selbständig erworbene rationale Dauereffekte. Tiefenpsychotherapie ist nicht nur des großen Zeitaufwandes wegen, sondern auch deshalb häufig weniger angezeigt, weil nicht immer die Persönlichkeitslösung von entsprechender somatischer Umstellung begleitet wird, so nötig sie auch oft als Vorbereitung für das Training ist. Neben dem Erwerben selbsttätiger Beherrschung der Organfunktionen, die schon in ihrem Ansatze als *Demonstration* wichtig ist, erscheint weiter die Technik der *Selbstruhigstellung* bei den Kranken dieser Gruppe besonders wichtig. Endlich ergibt unsere Technik, wie bei der Besprechung der hypertonischen Störungen schon angedeutet, *prophylaktische Möglichkeiten.*

Sehr gute allgemein klinische Erfahrungen mit dem autogenen Training berichteten Dr. Dr. *Johannes A. Laberke* (Eßlingen) in mehreren Arbeiten (Dtsch. med. Wschr. 550 [1949]; Therap. Gegenw. 1950, 4; Südwestdtsch. Ärztebl. 12 [1950]), *G. Clauser* (Klin. Wschr. 438 [1951]; Münch. med. Wschr. 698 [1953]; VI. Freiburger Symposion 1958, 367; Therap.woche Karlsruhe 1958), *Curtius-Krüger:* „Das vegetativendokrine Syndrom der Frau" (Urban & Schwarzenberg, München 1952), Psychotherapiewoche Lindau 1952 und v. a. m. *J. A. Laberke* (Therap. Gegenw. 4 [1950]) konnte durch das Tagesberuhigungsmittel Sedestal die Eignung seiner Versuchspersonen zur Umschaltung fördern, so daß auf diesem Umwege das autogene Training sogar seinen Weg in die Prospekte der pharmazeutischen Industrie gefunden hat. Auf nahe Beziehungen zwischen „Annahme" von A. T. und von Neuroleptica wies *D. Bente* (Zschr. Psychotherap., Stuttgart 127 [1958]) hin. Die von der Nervenärztin *S. E. Guinazu,* Buenos Aires, empfohlene Kombination mit transzerebraler Kalzium-Jontoforese besonders bei Psychosen (200 Fälle) kann hier nur mitgeteilt werden (Act. hipnol. Lat. Am. I, 4, 66 [1960]). Kritische Kombination mit Hypnose empfiehlt *G. Schaeffer,* Medizinische Poliklinik Jena, auf Grund von 600 Fällen. (Correl. Psycho. 1965, S. 214).

Aus der unübersehbaren Fülle neuerer Beiträge zur allgemein klinischen Brauchbarkeit seien genannt *S. Borelli,* Hdb. Hautkrankh., Bd. 16, 264 (Berlin 1968); *Boruchin,* AMIT 170 (1968), 2025; *G. Crosa,* Rassegna ipnosis 9, S. 4606, 4614, 16 145; *Th. Kammerer* e. a., Rev. Méd. Ps. 9 (1967), 117; *F. Kielholz,* Mon. Kurs. Fortb. 17 (1967), 639; *St. Lesse* u. *W. Wolf,* Psy. Th. and Psso. 16 (1968), 47; *R. A. Satschepitzki,* Leningrad, Exerpt. Med. 10 (1968), 513; *M. Spiegelberg,* Ther.Woche 18 (1968), 1061; *T. Taschev*-Plodiv, Z. f. Ps. Th. 18 (1966), 30.

Für die zweckmäßige *„Redaktion" von Vorsatzformeln oder allgemeinen Einstellungen im Training* empfiehlt sich eine *genaue Erforschung der subjektiven Beschwerden,* und auch hier fordert diese Aufgabe, jedes unpsychologische Vorurteil auszuschalten und in den noch so phantastisch klingenden Schilderungen des Kranken das Spiegelbild funktioneller, sehr schwer schilderbarer Störungen zu sehen. Man wird i. A. dann den Kranken autogen gerade in die *entgegengesetzte Erlebenswelt zu steuern* versuchen; also bei funktionellen oder „neurotischen" Kälteerlebnissen „Wärme", bei „Enge" „Weite", bei „Druck" „Leichtigkeit", „Lösung" und dgl. zu etablieren suchen; ganz besonders, wenn derartige Störungsempfindungen als „aura" anfallsartigen Störungen (Asthma, Migräne, Menière usw.) vorhergehen. Gelang es doch einem Berliner Kursteilnehmer bei einer *Mastfettsucht* durch die vor jeder Mahlzeit gesetzte Formel „Ich bin satt" eine Abnahme von 50 kg ohne Störung zu erreichen. *H. Kleinsorge* und *G. Klumbies* geben in ihrer schönen „Psychotherapie in Klinik und Praxis" (Urban & Schwarzenberg, München 1959) unter dem Stichwort „Gezieltes Organtraining" sehr brauchbare nähere Anregungen für dieses wichtige Kapitel autogener Arbeit.

Gelegentlich begegnet man bei Kollegen der Besorgnis, es könne die konzentrative Hinwendung auf das Körpererleben zu *hypochondrischen Störungen* führen. Genau das Gegenteil ist der Fall; die von der Hypochondrie regellos und lebenswidrig in Betrieb gesetzte Funktionserregung der Organe wird im Verlauf des Trainings zu zielbewußt beherrschtem Persönlichkeitseigentum. Endlich sei hier eine oft vernachlässigte psychotherapeutische Selbstverständlichkeit hervorgehoben: daß nämlich das Bestehen nachgewiesener struktureller Organveränderungen an und für sich niemals ein Gegengrund gegen psychotherapeutische Behandlung sein kann; es fragt sich vielmehr, wieweit neben diesen endgültigen Defekten Störungen der Funktionen im Krankheitsbilde von Bedeutung sind.

Als Beispiel systematisch fortschreitender Entspannung diene folgender (Med. Klin. 45 [1935]) Bericht von Dr. med. *Martha Schultze-Niemann,* Görlitz: „Frau M. V. konsultierte mich im September 1934 wegen anfallsweise auftretender Atembeklemmungen, die sich insonderheit bei schlechtem Wetter einzustellen pflegten. Die 44jährige Patientin aus gebildetem Stande, früher berufstätig, seit etlichen Jahren kinderlos verheiratet, in geordneten Lebensverhältnissen, ist typologisch zu fassen als pyknische Überkreuzung eines im wesentlichen schizothymen Temperaments mit deutlicher Verschiebung nach dem hyperästhetischen Pol. Die Untersuchung ergibt außer einer gesteigerten nervösen Erregbarkeit keine organischen Erkrankungen; grobe inkretorische Störungen sind nicht vorhanden. Die *asthmatischen Beschwerden* bestehen seit mehreren Jahren und sind wiederholt behandelt worden. Die Anfangsübungen, allgemeine Ruhigstellung, Schwere- und Wärmeerlebnis, brachten in wenigen Wochen eine merkliche Erleichterung. Die Anfälle traten nicht mehr konstant und nicht mehr so schwer auf. Es gelang hier und da, darüber wegzukommen und auch während einer Schlechtwetterperiode sich nicht dauernd mit physischen Anfechtungen, seelischer Labilität und daraus resultierender Leistungsunfähigkeit herumzuschlagen. Die völlige Sicherheit brachte die Trainingsübung „Es atmet mich". Mit ihrer Beherrschung waren die Anfälle verschwunden. Die Patientin wagte die Probe aufs Exempel: sie unternahm im Januar 1935 eine von Hamburg ausgehende Schiffsreise, die anfallsfrei und in völliger Genußfähigkeit verlief. Eine Belastungsprobe, die wohl als positiv gelten kann.

Ermutigt durch den guten Fortgang und Erfolg des Trainings, hatten wir mittlerweile bereits eine andere nervöse Störung in den Blickpunkt unserer Arbeit miteinbezogen, und zwar handelte es sich um eine *Schlafstörung* mittleren Grades. Sie schlief seit etwa 20 Jahren unregelmäßig, unruhig, ohne genügende Schlaftiefe, häufig nur wenige Stunden, und auch das nur mit chemischer Nachhilfe. Nach ihren Angaben hatte sich dieser Zustand zu Kriegsbeginn infolge des Zusammentreffens von beruflicher und seelischer Überlastung eingestellt und war nach Wegfall derselben geblieben. Der Status zu Trainingsbeginn war der, daß sie mit Mühe fünf Stunden unter häufigem Wechsel des Schlafmittels schlief. In diesem Falle bedurfte es längerer und spezieller Arbeit mit Rückschlägen und wechselnden Resultaten, ehe von einer Bewältigung der Aufgabe gesprochen werden konnte. Jetzt, nach zehn Monaten, ist sie so weit, daß sie acht Stunden ohne Mittel schläft, auch unter erschwerenden Umständen, wie Bahnfahrt, Hotel.

Mittlerweile hatte sich noch etwas überaus Bemerkenswertes ereignet. Eines Tages, als die Durchwärmung der Bauchorgane vom Plexus solaris aus erarbeitet worden war, regelte sich zu ihrem großen Erstaunen eine *chronische Obstipation* von selbst. Diese bestand seit dem 10. Lebensjahr und nahm schon damals eine solche Form an, daß ein Arzt befragt werden mußte. Vorübergehende Besserung in der Kriegszeit ließ sehr bald wieder nach. Seither erforderte dieser Punkt ständig Aufmerksamkeit und dauernden Wechsel der Medikamente. Mittel sind seither überflüssig geworden, der Erfolg hält an.

Weiterhin wurden mittels Trainings überaus lästige *Parästhesien* abgearbeitet. Ein quälendes *Rückenjucken* von vielfach einschlafhindernder Wirkung verschwand, ebenso gelang es, einen *Pruritus ani* durch Kühlstellung der betreffenden Zone zum Verschwinden zu bringen. *Kalte Füße* waren schon bei Erarbeitung des Wärmeerlebnisses beseitigt worden.

Das Training dieser Patientin verlief relativ störungsfrei. Sie machte sich alle Übungen der Unterstufe ziemlich mühelos zu eigen, übte von Anfang an mit guter Konzentration, Ausdauer und Freude an den erreichten Resultaten. Ihre beste Übungszeit ist der frühe Morgen, unmittelbar nach dem Erwachen. Die zu dieser Zeit vorgenommene Übung ist nach ihrer Angabe die fruchtbarste, neue formelhafte Vorsatzbildungen fassen von hier aus am besten Fuß. Die Abendübung begegnete hier und da Schwierigkeiten. Ich riet ihr, sie lediglich als entspannende Einschlafvorbereitung zu betrachten, ohne Ehrgeiz, alle Entspannungsstadien noch bewußt zu kontrollieren.

Im Gesamtbefinden der Patientin ist ein wesentliches Plus zu verzeichnen, das von ihr selbst und ihrer Umgebung als stärkere Ausgeglichenheit empfunden wird. Sie ist sehr glücklich über das Freiwerden von Kräften, die sich bisher im Kampfe gegen ihre körperlichen Beschwerden nutzlos erschöpft haben.

Die große Bedeutung abnormer Muskelspannungen bei der Behandlung von Frakturen erhellt besonders aus Arbeiten der Freiburger Chirurgischen Klinik, wie etwa von *Hans Bayer* und *Günther Ihlenfeldt* (Dtsch. Gesd.wes. 489 [1949]).

Daß auch *organdiagnostische Leistungen* autogen möglich sind, zeigten Mitteilungen von *H. Burmeister*, der in der Klinik von *G. Katsch* im autogenen Training die *Head*sche Zone einer Pankreasstörung auffinden konnte (Psychotherapie I, 99 [1956]), *H. Marchand*, der durch auffallende Störungen bei Wärmeversuch auf die Diagnose eines Aortenisthmus geführt wurde (ibid. II, 673 [1957]) und *L. Zumpe*, die analog dem Jendrasseck, aber im gegenseitigen Extrem schwer auslösbare Reflexe nachweisen konnte (ibid. I, 45 [1956]).

Damit verlassen wir die allgemeinen Organfunktionsstörungen und wenden uns zu den mehr speziell *neurofunktionellen Funktionsstörungen und ihrer Bearbeitung durch das autogene Training in der Unterstufe.*

Speziell neurofunktionelle Funktionsstörungen

Als Ausgangspunkt für die Darstellung dieser Gruppe dient am besten das hier besonders wichtige Problem der *Selbstruhigstellung*. Diese Leistung hat begreiflicherweise einen sehr weiten Anwendungsbereich; es sollen zunächst einige Fälle kurz dargestellt werden, bei denen *schwerste organische Erkrankungen* vorlagen. An erster Stelle ein Fall von *Euthanasie.*

26. *28jährige Kaufmannsgattin* aus gesunder Familie, widmete sich im Kriege aus tiefer sozialer Begeisterung sozialer Fürsorge, besonders auch an Tuberkulösen. 1922 Ehe, zwei Kinder. 1923 nach allgemeinen Vorboten schwerer akuter Zusammenbruch der Wirbelsäule; Gibbus aufgrund von tuberkulöser Spondylitis. Conus-Paraplegie mit Totallähmung und Dauerschmerzen. 25. November 1926 konsequentes Training, das zu tiefer Ruhigstellung und deutlicher Schmerzverminderung führte. 16. Dezember 1926 erlösender Tod beim Versuch einer Wirbelsäulenoperation.

27. *49jährige Kaufmannsfrau,* überwiesen von Internisten Dr. Z.: Schwere Erweiterung der Aorta. Keine Anzeichen für Lues, früher vielfach als „Herzneurose" behandelt, seit der Pubertät echte Anämie. Klimaxbeschwerden, erhebliche organisch bedingte Behinderung; vielfache Herzanfälle, die vom Internisten als vasale *Aortenstörungen* gedeutet werden. Trainingsbeginn Anfang September 1925. Januar 1926 schon wochenlang subjektiv wohl, leichter Rückfall im Anschluß an Gemütsbewegung, ab April 1926 völlig beschwerdefrei bis auf die organischen Kreislaufbehinderungen. Die Kranke gewann eine solche Sicherheit, daß sie den Januar 1928 erfolgten Tod ihres geliebten Ehemannes ohne irgendwelche körperlichen Störungen überstand und bis jetzt (Juli 1931) anfallsfrei blieb. Der internistische Befund ist seit 1925 unverändert.

28. *38jähriger Dr. jur.* Überwiesen von Internisten Prof. G.: Kompensierte *Mitralinsuffizienz,* die internistisch versorgt ist. Über den früher organischen Herzbeschwerden komplizierter angstneurotischer Aufbau mit situativen Auslösungen und schwerer Berufshemmung. Trainingsbeginn August 1926, ab Herbst 1926 angstfrei, nach Kontrolle bis Winter 1930.

29. *57jähriger Offizier* a. D. Überwiesen von Internisten Prof. G.: Vor 30 Jahren Lues. 14 Tage danach plötzlicher Tod des Vaters an Schlaganfall. Seitdem Schlagangst. Raum- und Alleinangst, schwere Reisehemmungen. Vor 1/2 Jahr leichter Insult von dem Kranken als „Sonnenstich" mißverstanden. Internistisch: *Aortitis specifica,* Herzerweiterung, starke Verhärtung der tastbaren Arterien. Vor 20 Jahren einmal flüchtige Hemianopsie. Hier neurologisch: Reflektorische Pupillenstarre, etwas Dysarthrie, Gesichtsflattern, Differenz der Achillesreflexe. Sensibilität frei, Romberg nach rechts. Diagnose: Lues cerebri (gemischt mit Metalues?). Liquorbefund: Reine *Lues cerebri.* Internistisch: *Spezifische Arteriosklerose.* Training Herbst 1926 mit sehr weitgehender Beruhigung und Sicherung, kontrolliert bis Sommer 1929.

Selbstverständlich finden sich auch Fälle genug, wo der Versuch mit unserer Methode wirkungslos bleibt und gelegentlich der organische Verlauf das Versagen erklärt. So blieb z. B. bei einem 45jährigen Schriftsteller, der seit über 20 Jahren eine unbeeinflußbare „Herz- und Platzangst" hatte, schon der Versuch der Trainierung fast ergebnislos; der bald danach eintretende Tod an Urämie infolge hier festgestellter Schrumpfniere ließ dies verstehen.

Viel günstiger liegen begreiflicherweise die Fälle, wo erhebliche *Organfunktionsstörungen* als *Ausdruck* allgemein *neurotischer Angstzustände* auftreten.

Es kann sich hier bekanntlich um Störungen aller Organgebiete handeln. Besonders lästig sind erfahrungsgemäß vasomotorische Herz- und Magen-Darm-Symptome. So wichtig in jedem solchen Falle die allgemein psychotherapeutische Umstellung der Kranken ist, so sehr möchte ich doch empfehlen, die auf die allgemeine Persönlichkeit gerichtete Arbeit durch spezifische übende Umstellung im Sinne unseres Trainings zu unterstützen. Bestehen aus Gesichtspunkten der Psychoanalyse Bedenken, die ich in diesem Zusammenhang für unberechtigt halten würde, dagegen, eine Übungsgemeinschaft zu eröffnen, so ist dem Analytiker zu raten, die unterstützende Übungsarbeit durch einen anderen Kollegen vornehmen zu lassen.

Nicht minder dankbar ist die rationelle Verwertung autogener Ruhigstellung bei *affektiven Störungen,* besonders *reaktiver* Art, auf psychopathischer Grundlage. Insbesondere läßt sich die allgemeine *nervöse Reizbarkeit* und *Erregbarkeit* häufig sehr günstig beeinflussen, wenn die Kranken die genügende Konsequenz aufbringen.

So faßt ein 40jähriger Ingenieur das Resultat seines dreijährigen Trainings nach dieser Richtung in die lapidaren Worte zusammen: *„Im Geschäft kann mich kein Mensch mehr ärgern."* Ein 35jähriger Akademiker, in dessen Krankheitsbild Wutanfälle mit Zähneknirschen bis zu Gebißstörungen eine führende Rolle spielten, meldet im 2. Trainingsjahr, seine Wut- und Beißanfälle seien „unmerklich viel seltener und schwächer geworden". Gelegentlich ist es schwer zu entscheiden, ob man die in Frage stehenden affektiven Reaktionen eigentlich pathologisch nennen darf oder besser als normale Ausnahmereaktionen ansieht. So konnte ein 23jähriger Kaufmannssohn seit Jahren mit seinem Vater geschäftlich nicht mehr arbeiten, weil die sehr altmodische und autokratische Wesensart des 60jährigen Vaters bei dem Sohne bald Wutausbrüche, bald, bei ihrer Unterdrückung, schwere depressive Verstimmungen mit Magenstörungen bis zu Erbrechen auslöste. Die 1922 durchgeführte Trainierung führte ohne jede sonstige Psychotherapie zu so vollständiger Selbstruhigstellung – damit verbundener Sicherung und Situationsentlastung –, daß vom 2. Trainingsmonat an weder explosive noch depressive Reaktionen mehr auftraten und störungsfreies Arbeiten in täglicher engster Arbeitsgemeinschaft bis zu dem 1928 erfolgten Tode des Vaters möglich wurde.

Auch *depressive* und *Unsicherheitsgefühle* im Sinne der Minderwertigkeit lassen sich oft durch die Ruhigstellung sehr nachhaltig beeinflussen, obwohl sie scheinbar nur an den sekundär ausgelösten Situationsgefühlen angreift („Zirkeldurchbrechung" *Kohnstamms*).

30. *39jähriger Beamter.* Aus kleinen ländlichen Verhältnissen. Volksschule. Militärmusiker. Autodidaktische Vorbereitungen zum Abitur. Mit Erfolg. Jetzt geschätzter höherer Verwaltungsbeamter. Schwere, genetisch selbstverständliche Situationsunsicherheit, Verlegenheit. Ungewandtheit, glaubt sich der Umgebung und seinen Aufgaben nicht gewachsen. Angst und Unzulänglichkeitsgefühle, besonders auch auf sexuellem Gebiet. Körperlicher Normalbefund. Psychisch ganz außergewöhnlich intelligenter, dabei sensitiver Mensch: eigenes Urteil, kritische Lebensauffassung. Kommt von außerhalb nur einige Male zu kurzer Trainierung, Dezember 1925 beginnend. Gutes konsequentes Training, nach $^1/_2$ Jahr völlige Sicherheit in allen früheren Angstsituationen. Nachkontrolle bis Juli 1931.

31. *35jähriger Lehrer.* Katholisch; aus strengster Beamtenfamilie; schwere Sexualkonflikte. Klagt bei jeder beruflich längeren Trennung von seiner Ehefrau über quälende Sexualimpulse, hat von Kindheit bis jetzt genitale Beziehungen zu Hündinnen. Training 1928. Ruhigstellung, Selbstsicherung, Erarbeitung innerer

freier Selbstbestimmung gegenüber den belästigenden Impulsen unter Freigabe vernünftiger Selbsthilfe im Sinne der „moralischen Onanie" von *Albert Moll.* Seit Sommer 1929 störungsfrei reguliert.

Die innige Beziehung zwischen Muskelspannung, Unruhe und Angst wurde in den letzten Jahren sehr vielfach erörtert.

Besonders bemerkenswert sind die Ausführungen von *T. Braaty* (Nord. Med. 923 [1948]), der darauf hinweist, daß bei Neurotischen eine konstante abnorme Spannungsvermehrung in den Muskelgruppen herrscht, deren Funktion gegen die Schwerkraft arbeitet, wie die altbekannte und vielbearbeitete Schulter-Nackenspannung. Er nimmt hier eine überwiegend extrapyramidale Regulation an. Myelektrische Messungen über Affekteinflüsse teilten neuerdings *L. A. Gottschalk, H. M. Serota* und *L. B. Shapiro* (Psychosomat. Med. 12, 315 [1950]) mit, allgemeine Überlegungen *B. Barlow* (Brit. J. Physic. Med. 81 [1947]). Weitere Beiträge verdanken wir *A. Tallaferro* (psychoanalytische Überlegungen. Med. psicosom. IX, 1952, 4); *J. Wisher* (Rorschachstudie, J. Abnorm. Psychol. 253 [1953]) und *P. Sainsbury* und *J. Gibson* (Electromyographisch, Excerpta med. 8, VIII, 550 [1955]). Allgemeine Hinweise auf die Bedeutung der Muskelentspannung findet man in der heutigen medizinischen Literatur auf Schritt und Tritt, so z. B. bei *W. Neufeld,* der bei Fliegerkadetten auf diesem Wege Übermüdungsunruhe mit Erfolg bekämpfte (Amer. J. Psychiatr. 108, 132 [1951]), bei *Padovani* und *Bachet* (Rev. neurol., Paris 366 [1948]), der auf die entscheidende Bedeutung systematischer Muskelentspannung für die Behandlung des Phantomschmerzes hinweist. Ebenso *E. G. French* (Excerpta med. VIII, IX, 174 [1956]), *J. Martin* (Acta psychiatr. Leidens. 326 [1956]) und *J. A. Southworth* (Excerpta med. VIII, XII, 108 [1959]). Die Ergänzung von chirurgischer Narkose und Elektroschock durch chemische Muskelentspannung hat eine Reihe von entsprechenden neuen Präparaten wie Lystenon, Pantolax, Flaxedyl usw. herstellen lassen, und mit einem verwandten Präparate, Myocain, konnte *V. E. Frankl* „auf diesem medikamentösen Wege das autogene Training imitieren", wie er selbst schreibt (Depressionen, Angstneurosen, zentrale Schmerzen, Regelstörungen) (Wien. med. Wschr. 535 [1952]). Gleichgerichtete „chemische Bahnungsversuche für das Training" wurden mit Magnorbin (Med. Mspieg., Darmstadt 1955, 113) berichtet. Sie berühren sich mit der Anwendung megaphenähnlicher Präparate bei Neurosen, besonders ängstlicher Färbung (Tolserol, Myansin usw.).

Zum Problem der Ruhigstellung gehört auch die Behandlung vieler Fälle der so häufigen *Situationsängste, Erwartungsneurosen* aller Form, wie *Lampenfieber, Sprechangst* usw. Hier verfüge ich über ein sehr großes, jahrelang kontrolliertes Material. Es gelingt sehr vielen Kranken dieser Art, in meinem Material etwas mehr als der Hälfte, durch gewissenhaftes und konsequentes Training die Selbstruhigstellung so vollständig zu erlernen, daß die in Frage stehenden Störungen restlos und dauernd verschwinden, wobei die gründliche *Erlernung der Teilentspannung: „Schulter = schwer; Ruhe"* besonders wichtig ist.

Auch diese Arbeit kann nach Lage des Falles analytisch umbaut und gesichert werden, andererseits im Rahmen einer Gesamtpsychotherapie gerade dieses so lästige Symptom speziell beeinflussen. Die Kranken meiner Beobachtung gehören den Altersklassen von 17–63 an und bestehen etwa zu gleichen Teilen aus Frauen und Männern. Selbstverständlich darf gerade bei dieser Arbeit nicht falsch schematisiert werden, es muß vielmehr die Ruhigstellung in jedem Falle durch entsprechende formelhafte Vorsatzbildung den Bedürfnissen und Schwierigkeiten des einzelnen angepaßt werden. Wichtig vor allen Dingen, sich durch genaue Exploration ein Bild davon zu machen, welches Leistungsziel der gerade vorliegenden Persönlichkeit entspricht, also etwa bei der Podiumangst eines Sängers oder Pianisten, wie sich ihm in formelhafter Konzentration das Ideal musikalischer Leistung darstellt. Man wird etwa dem mehr Introvertierten im Sinne von *C. G. Jung* außer der Ruhigstellung Formeln geben wie „ich lebe in Kunst", „ich bin im Werke", „ich und mein Werk sind harmonisch eins", während man mehr Extravertierte ganz gegenteilig konzentrieren läßt, etwa „Seelen der Hörer gehören mir", „Publikum, Musik und ich sind eins", „wir leben eins in Kunst" und dergleichen mehr.

Wesentlich seltener wird begreiflicherweise die Ruhigstellung auf autogenem Wege bei ausgedehnten *spezifischen Angstneurosen* gelingen, wo, wie bei allen schweren allgemein neurotischen Veränderungen, meist zuerst die allgemeine Persönlichkeitsbearbeitung, nach meinen Erfahrungen im Sinne kritischer Tiefentherapie den Boden bereiten muß; doch sollte man auch hier häufiger, als es besonders von speziell psychoanalytischer Seite geschieht, unser Training als Hilfe in die Heilarbeit einbauen, wenn es der Stand der allgemeinen Therapie richtig erscheinen läßt.

Zur Kasuistik des autogenen Trainings bei Angstneurose (Med. Welt 46 [1933]):

Am 14. November 1924 konsultierte mich der damals 39jährige Ingenieur H. wegen einer schweren Angstneurose, die teilweise sekundären Zwangscharakter angenommen hatte. Sein Vater war ein sehr energischer Mann, der, ursprünglich Geistlicher, seiner liberalen Anschauungen wegen nach Amerika übersiedelte und sich dort nach einigen Jahren erfolgreich derjenigen Industrie zuwandte, in der der Kranke heute noch arbeitet. Die Mutter war von jeher hypochondrisch, äußerst ängstlich, besonders in Ernährungsfragen; sie hatte „alle Krankheiten" und verfiel im Senium in eine schleppende „Melancholie". Die Mutters-Mutter war eine energische, vitale Frau, die aber einen „fliegenden Magen" hatte, so daß sie z. B. plötzlich beim Kirschenpflücken auf dem Baume rief: „Mein Magen fliegt!" und heruntergeholt werden mußte.

Der Kranke verbrachte in einem Landstädtchen eine glückliche Kinderzeit mit drei Geschwistern, die alle, gleich ihm, warmherzige, gutmütige und gemütstiefe Menschen sind. Vor dem Vater bestand sehr hoher Respekt bei guter Herzensbeziehung, die Mutter sah in dem Sohne ihren ausgesprochenen Liebling und verzärtelte ihn sehr. Mit 16 Jahren erkrankte er an prolapsus recti. Der Arzt verbot alles Pressen und empfahl für zwei Jahre täglich Klistiere. Patient war bis zur Reifeprüfung im Elternhause. Er war empfindlich, gewissenhaft und hinsichtlich seiner Gesundheit, insbesondere seiner Magen-Darm-Funktionen, hypochondrisch ängstlich. Die Pubertät brachte ihm die typischen schweren Kämpfe des Pastorensohnes, da er es mit allen ethischen Fragen bis zur Skrupellosigkeit genau nahm. Auf der Technischen Hochschule wurde er viel freier, flotter Zecher und Fechter, blieb aber sexuell sehr zurückhaltend. Auch Vorgesetzten gegenüber bestand oft quälendste Schüchternheit. Am Kriege nahm er aktiv größtenteils an der Front teil, ohne hier und sonst ernste körperliche Schädigungen oder Erkrankungen davonzutragen. Nach dem Kriege in gute, gesicherte Position zurückgekehrt, schloß er eine Neigungsehe, die harmonisch verlief; es wurden zwei gesunde Kinder (damals zwei und vier Jahre alt) geboren. Das Sexualleben war befriedigend und gleichmäßig lebhaft.

Der Kranke hatte oft mit leichteren Angstzuständen verschiedener Färbung zu tun, ohne daß ihn das wesentlich belästigt hätte. Namentlich hypochondrische Reaktionen machten ihm zeitweise zu schaffen. 1917 starb der Vater an „Herzschlag", 1922 die Mutter an Lungenentzündung. Seit 1919 verdichteten sich die angsthaften Beschwerden immer mehr. Der Kranke hatte oft in der Oberbauchgegend aufsteigende Druck- und Engegefühle, die sich häufig mit Schmerzen in der Herzgegend verbanden, wobei Ausstrahlungen in den linken Arm auftraten. Aufstoßen brachte Erleichterung. Die Zustände waren so quälend, daß der Kranke seit 1920 nie mehr einen Schritt allein gegangen war, da „etwas passieren" könnte. Seine Frau brachte ihn zum Büro und holte ihn ab; Alleinbenutzen von Straßen- oder Untergrundbahn, überhaupt Reisen jeder Art war völlig unmöglich. Die Anfälle traten täglich, oft mehrfach auf, der Kranke trug sich mit Pensionierungsgedanken und verbrauchte große Mengen Brom, Adalin u. dgl. am Tage.

Körperlich bestand internistisch, von gelegentlichem mäßigem Meteorismus abgesehen, normaler Befund, neurologisch ebenfalls. Der Kranke befand sich seit vier Jahren unausgesetzt in dem geschilderten schwerneurotischen Zustande.

Experimenti causa wurde von jeder tieferen Psychotherapie abgesehen und der Kranke nur in 5 von je 8 bis 10 Tagen Intervall getrennten Sitzungen autogen trainiert. Bereits mit der Erarbeitung des Wärmeerlebnisses gelang es ihm, die Angstreaktionen stark zu lösen, nach der Erreichung der Selbstregulation des Herzens, der Atem-Bauch- und Stirn-Einstellung noch viel weitgehender.

Die Erkrankung einer seiner Angehörigen erlaubte jetzt nach neun Jahren eine genaue Katamnese. Der Kranke ist frei von allen Raumangsterscheinungen, macht Auslandsreisen allein, hat keinerlei „Todes"-Erlebnisse mehr und bleibt bei gelegentlichen leichten „meteoristischen Unruhebildern" *(Löwy)* vollkommen ruhig und seelisch unberührt. Lebensgefühl, Stimmung, Leistungsfähigkeit lassen nichts zu wünschen übrig, er ist ein durchaus frischer, jugendlich aussehender Fünfziger. Seine allgemeine Hypochondrie ist einer erarbeiteten „Ruhe" gewichen. Sein Verhalten „Vorgesetzten" gegenüber ist seit sechs Jahren völlig frei und ungezwungen. Chemische Beruhigungsmittel braucht er seit der Behandlung überhaupt nicht mehr. Er „kann sich auch nicht mehr ärgern"!

J. C. Benoit, Paris, teilte auf dem Kongreß in Vittel (Rev. psychosom. II, 189, 1960) eine überaus eindrucksvolle Beobachtung mit. In einem schwersten Fall von Angstneurose, den der Autor namentlich im Anschluß an *P. Janet* („Liquidation moral") darstellte, erwies sich das autogene Training als grundlegend wirksam und führte eine fundamentale innere Umstellung herbei. Auf die schöne, wertvolle Studie sei besonders hingewiesen.

Nächst der Ruhigstellung ist die häufigste und dankbarste Anwendung des Trainings in der *Wiedererlernung* der *Schlaffunktionen* gegeben, wie besonders *W. Hollmann* wieder hervorhob („Grundfunktionen", Leipzig, [1960]) und *I. von Hattingberg* an werktätigen Kranken seiner *Versicherungsklinik* bestätigen konnte (Rev. Méd. pssom. II, 2, 193 [1960]), ebenso *P. Sivadon* bei „névroses du travail" (ibid. S. 166). Bei diesen Behandlungen ist auch die Abstellung einer gesteigerten, oft psychogenen Geräuschüberempfindlichkeit sehr hilfreich, wie sie *S. Dongin* (Rev. Méd. Psso. 1967, S. 287) im Hirnstrombild objektivieren und auch mit Mitarbeitern veröffentlichen (ibid. 1967, 143) konnte. Zur Illustration mögen zunächst einige Fälle von *Einschlafstörungen* ohne schweren organischen Befund dienen:

32. *85jährige Ausländerin* mit dem Alter entsprechend normalem internem, neurologischem und psychiatrischem Befunde. Benutzt seit 40 Jahren durchschnittlich 1,0 Medinal pro Abend, nicht selten auch mehr. Vielfache Entziehungsversuche und therapeutische Unternehmungen der verschiedensten Art ohne Erfolg. Die sehr intelligente und energische Patientin trainierte 1923 sehr konsequent und konnte bereits nach $1^1/_2$ Monaten Üben ihr Einschlafen selbst herbeiführen. Berichte über weiter bestehende Gesundung in den drei nächsten Jahren, keine Schlafmittel mehr.

Die Übersicht von 42 Fällen der hier gekennzeichneten Art ergibt bei 34 dauernde Beseitigung der Einschlafstörungen und völlige Unabhängigkeit von Schlafmitteln. In einigen der refraktären Fälle gelang es später, die Ursache des Versagens aufzudecken.

So trat z. B. bei einem 42jährigen Akademiker, der seiner Schlafstörung wegen Hilfe suchte, aber im gutverlaufenden Training nur die allgemeine Ruhigstellung und Erholung erreichte, ohne seine Einschlafstörung beseitigen zu können, nach 2 Jahren eine Beseitigung der Einschlafstörung ein, als der Kranke, der sich früher als sexuell wenig interessiert und wenig leistungsfähig bezeichnete, neben seiner sehr kühlen Ehefrau eine Liebesbeziehung zu einem sehr sinnlichen Mädchen aufnahm. Der (unbewußte) Triebhunger war infolge tiefer Verdrängung unzugänglich, aber doch so stark in Dauerspannung wirksam, daß die autogene Lösung zum Schlafe nicht gelang. Leichte körperliche Stigmatisierungen, etwa im Sinne einer Hyperthyreose und dergleichen, heben die spezifische Wirkung des Trainings gegen Einschlafstörungen ebensowenig auf, wie Zeichen allgemeiner Psychopathie mäßigen Grades. *H. H. Dietrich*, Leipzig, konnte bei einer 65jährigen Zahnarztgattin den seit 25 Jahren regelmäßigen Schlafmittelgebrauch abstellen (briefl. Mittlg.).

Etwas schwieriger zeigen sich in der Bearbeitung mit dem autogenen Training die Fälle mit *verfrühtem Erwachen.*

Hier müssen wir die formelhafte Vorsatzbildung zu Hilfe nehmen, und zwar empfiehlt es sich, wenn etwa ein regelmäßiges Erwachen nach 5 Stunden besteht, den Termin des Schlafenden schrittweise um $^1/_2$ Stunde nach der andern vorwärts zu schieben. Sicher spielen sehr vielfach für den Termin des Erwachens *Schlafgewöhnungen* eine große Rolle. Es ist deshalb an dieser Stelle an die früheren Protokolle zu erinnern, die von einer Durchbrechung von Schlafgewohnheiten berichten. Ein weiteres folge zur Veranschaulichung.

33. *38jähriger Prokurist.* „Die Abendübung lasse ich meist nicht in den Schlaf übergehen, sondern habe den Zustand am Anfang immer genau wie am Tage zurückgenommen, um dann erst die gewohnte Schlafbeginnlage auf der Seite einzunehmen. Ich hatte mich beim Einschlafen schon seit vielen Jahren an gewisse Vorstellungen gewöhnt — z. B. draußen regnet es und stürmt es und du liegst hier im warmen Bett o. ä. —, die innerhalb weniger Minuten zum Schlaf führen und die ich glaubte nicht mehr missen zu können. In letzter Zeit ist zu meiner Überraschung häufig während des Abendtrainings Einschlafen erfolgt."

Ähnlich wie hier analog den Erfahrungen mit der „*Kopfuhr*" der Wecktermin bestimmt wird, kann mittels formelhafter Vorsatzbildung auch vielfach ein Einfluß auf das *Morgenbefinden* gewonnen werden. So berichtet ein 50jähriger Künstler aus der 10. Übungswoche. „Abends im Bett eintretende Schwere im Kopfe, verbunden mit dösigem Gefühl beim Erwachen, bleiben aus nach der Konzentration: ‚Frisch erwachen um 7 Uhr', die jetzt seit 3 Wochen regelmäßig und vollständig wirksam ist."

Am ungünstigsten sind begreiflicherweise die *Schlafstörungen depressiver* Patienten für unsere Arbeit. Hier sah ich bei 23 Fällen 8 Erfolge. Manchmal muß man bei kritischer Betrachtung die Entscheidung offenlassen, ob ein Fall mehr zur Gruppe allgemeiner Schlafstörung eines Nervösen oder zu den depressiven Äquivalenten gehört. Zur Veranschaulichung dieser Schwierigkeiten diene die folgende Beobachtung:

34. *40jähriger Studienrat,* überwiesen Februar 1928 von Internisten Prof. H. wegen „Schlafstörung bei Neurasthenie". Patient ist Sohn eines Volksschullehrers und einer Fabrikantentochter. Er und seine jüngere Schwester kamen als Siebenmonatskinder zur Welt. 29jährig gut behandelte Lues. Wassermannsche Reaktion immer 00. Früher zeitweise leichte Depressionen, kurz vor Promotion 14 Tage Schlafstörung. Vier Jahre Kriegsfront ohne Neurose, einmal Granatsplitter an Schläfe mit Trommelfellriß, ohne Dienstunterbrechung. Noch zeitweise Rauschen im linken Ohr. Soziale Berufsverzichte, sexuelle Unzulänglichkeitsgefühle, keine groben neurotischen Manifestationen. Intern und neurologisch völlig normaler Befund. Selbstbericht im 5. Trainingsmonat. „Herbst 1926 setzte bei mir eine starke und höchst quälende Schlaflosigkeit ein, die ich auf lange dauernde Überarbeitung zurückführte. Seitdem regelmäßiger Schlafmittelgebrauch. Adalin, Noctal, Luminal. Ich versuchte, die Dosen immer wieder von Tag zu Tag herabzusetzen, mußte aber regelmäßig, wenn ich glaubte, mit sehr kleinen Mengen auskommen zu können, wieder von vorne anfangen. Die Schlaflosigkeit verschlimmerte sich mehrfach so, daß ich bis zu zwei Nächten hintereinander gar nicht schlafen konnte. Klimawechsel blieb ohne Einfluß, Hydrotherapie führte zu zunehmender Angst vor dem Einschlafen und dem Zubettgehen. Es bestanden quälende Ermüdungsgefühle im Kreuze und unerträgliche Unruhe in den Beinen. Von den Übungen gelang das Schwereerlebnis sofort. Nicht ganz so rasch ging es mit der Beeinflussung der Blutzirkulation. Nach vier Wochen ging das Einschlafen glatter vonstatten. Trotz vermehrter beruflicher Leistung. Seit der 5. Übungswoche nehme ich keinerlei Schlafmittel mehr, Verschleppungen des Einschlafens kommen nur noch ganz selten vor." Nachbericht aus dem 19. Monat, des Inhaltes, daß nur etwa alle 4–6 Wochen einige Male, etwa 3–4mal, verspätetes Einschlafen eintritt, oft 2–3 Monate gänzlich frei. Leistungsfähigkeit. Wohlbefinden.

Daß auch bei *schweren organischen Störungen* die Abstellung von *Schlafmängeln* mit Hilfe des Trainings gut gelingen kann, hat sich schon in einigen der mitgeteilten Krankengeschichten gezeigt, so z. B. in dem Fall von Angina pectoris mit allabendlichen Anfällen, Nr. 5 dieses Kapitels. Es ist dies gerade für die Therapie der Schlafstörung organisch kranker Menschen im Auge zu behalten, da hier nicht selten regelmäßiger Schlafmittelgebrauch Bedenken unterliegt. Daß Senium an und für sich gleichfalls keine Gegenindikation bedeutet, obwohl hier „organische“ Veränderungen selbstverständlich sind, beweist schon der aus diesem Grunde hier angeführte Fall 32 einer 85jährigen Patientin.

Prompte und haltbare Abstellungen von Schlafstörungen mit Erfolgskontrolle von mehr als 2 Jahren sind mir unter anderem gelungen bei schwerer allgemeiner Arteriosklerose, Diabetes, Hypertonie und Schrumpfniere. *G. Störring* bestätigte diese Dinge neuestens auf der Karlsruher Therapiewoche 1952. Konsequentes Training führt beim Normalen durch Entspannungsvertiefung zu kürzeren Schlafzeiten mit voller Erholung; ein Schönheitsfehler ist das oft dabei auftretende *Schnarchen.* Ob dieses, wie Dr. Dr. *Edam* neuestens empfahl, durch chinesische Akupunktur beseitigt werden kann, vermag ich mangels Erfahrung nicht zu beurteilen, sondern habe bisher empfohlen, etwaige Schlafgenossen auch, und zwar auf die Formel „Schnarchen gleichgültig“, zu trainieren. *K. Vogelsang* empfiehlt (Med. Klin. 1628 [1955]) eine *Schnarchsalbe* nach *Amode, Knaus,* Wien, eine fixierende Binde, *Vasileff,* Genua, ein Selbstabhörgerät (Du und die Welt 22 [1959]). Meinem Mitarbeiter *H. Altmann,* Berlin, gelang Schnarchabstellung durch Formel im autogenen Einschlafen.

Die so häufigen und in ihrer pathologischen Grundlage oft so schwer zu beurteilenden atypischen *Kopfschmerzen, Neuralgien* und *„rheumatischen“ Schmerzzustände* sind in einer für mich oft überraschenden Weise ein dankbares Objekt. Für eine konsequent dynamische Lebensbetrachtung ist es nicht erstaunlich, daß gerade aus dem großen unklaren „Rheuma“-Gebiete sich „Muskelhärten“ als „Eigenreflextetanus“ *(H. Bayer,* Klin. Wschr. 122 [1949]) enthüllen oder bei Frakturheilungen reflektorische Muskelkrämpfe *(Ruf,* Klin. Wschr. 87 [1949]) festgestellt werden, beides Befunde „funktioneller Pathologie“, deren Bereich psychophysischer Übung gute Aufgaben stellt.

So schreibt 38jähriger Akademiker im 2. Trainingsjahr: „Es gelingt mir, Reißen im Schulterblatt, das ich früher wochenlang hatte, in kurzer Zeit zu beseitigen; ich entwickle zu diesem Zweck intensives Wärmegefühl in der betreffenden Körpergegend und achte besonders genau auf sorgfältige Abendentspannung, da nach meiner Erfahrung die Schmerzen besonders morgens auftraten, weil ich mich früher krampfhaft gegen jede Bewegung wehrte.“ Ich lasse die Selbstdeutung des Patienten dahingestellt und beschränke mich, die tatsächliche Beobachtung zu berichten. Eine 50jährige Sozialbeamtin berichtet in der 10. Trainingswoche: „Ich habe bei starker Nerveninanspruchnahme seit Jahren eine schmerzhafte Druckspannung im Kopf, oben auf der Scheitelhöhe, ausstrahlend in die Kiefer- und Ohrengegend. Jetzt ist es mir oft gelungen, diese Beschwerden durch Entspannung zu beseitigen. Manchmal tritt das Symptom während des Übens auf, verschwindet dann aber sofort nach der Sitzung.“ Eine 32jährige Ärztin berichtet aus dem 4. Übungsmonat: „Beim Weitertrainieren jetzt den Erfolg, daß ich ohne weiteres neuralgische Kopfschmerzen beseitigen kann.“

Eine 48jährige Akademikersgattin protokolliert: „Jetzt nach 1½ Jahren gelingt Verdauungsregulierung, bei vielfach ärztlich behandelten rheumatischen Kopfschmerzen führt die Konzentration, Kopf schmerzfrei, Kopf spannungsfrei, schon sehr oft zum Verschwinden der Beschwerden.“ Ähnlich berichtet ein 41jähriger akademisch gebildeter Kaufmann im 6. Übungsmonat: „Bekämpfung der Kopfschmerzen, wenn ich in den Nachmittagsstunden vom Dienst zurückkam, bringt guten Erfolg, nachdem früher Pyramidon, Salipyrin und viele andere Mittel jahrelang in bunter Reihenfolge fast täglich genommen wurden. Ich verbinde die Schmerzabstellung mit einer Erholungsentspannung."

Protokoll einer *autogenen Migräne-Coupierung* gab mein Mitarbeiter *K. Hoppe* (Psychotherapie I, 114 [1956]); eine autogene Arm-Plexus-Schmerz-Coupierung teilte *H. Binder* (ibid. II, 113 [1957]) mit, gute nervenärztliche Erfahrungen bei Migräne *V. Kristek* („Medizinische" 848 [1959]). Der Migräneforscher *H. Heyck* sah „nach Beobachtung an vielen Patienten" aktive, insbesondere autogene Behandlung analytischen Methoden überlegen (Hippokrates 33, 6 [1962]).

Ferner zwei weitere Beobachtungen:

1. Ich litt seit vielen Jahren an Nerven- bzw. rheumatischen Schmerzen in der rechten Schulter, Folge eines Schrapnellschusses aus dem ersten Weltkrieg. Nichts, vor allem auch — wenigstens nicht durchgreifend — Massage und Gymnastik nicht, half, bis ich die Sache systematisch mit Ihren Entspannungsübungen unter Einschaltung des Wärmeerlebnisses in der rechten Schulter angriff. Nach einigen Wochen wichen die Schmerzen endgültig bzw. weichen ohne Schwierigkeiten wieder, wenn sie neu aufzutreten drohen.

2. Ich habe eine sehr lästige Beeinträchtigung meines Schlafs, der in sehr frühen Morgenstunden auszusetzen pflegte, so daß ich oft nur wenige Stunden schlief — allerdings erst nach langen vergeblichen Versuchen — durch Richtung der Vorstellung auf Wiedereinsetzen des Schlafs in der Entspannung, wesentlich gebessert, so daß ich jetzt meist nach verhältnismäßig kurzer Pause wieder einschlafe. Unter Umständen wiederholt sich dieser Vorgang noch ein- oder zweimal in der Nacht. Wesentlich für einen Erfolg aber ist hier eine Klärung des Gemüts durch Meditation, die ich in der Entspannung anschließe.

In eine nähere kritische Erörterung dieser Beobachtungen möchte ich hier nicht eintreten, ihre Mitteilung soll nur als praktischer Hinweis verstanden werden. Doch sei hier betont, daß kein Geringerer als *Veil* (Jena) von „oft zauberhaftem Erfolg" „suggestiver" Maßnahmen bei fiebernden *allergisch-polyarthritischen Kranken* berichtete. *Ratschow* und *Ahrens* (Zschr. Rheumaforsch. II, 430 [1939]) wiesen bei rheumatischen Erkrankungen Störungen der Wärmeregulation nach!

An nächster Stelle ist der *formelhaften Vorsatzbildung* in ihrer Verwendung für *spezielle neurofunktionelle Funktionsstörungen* zu gedenken. Wir berührten diese Frage ja schon an einigen Punkten, so besonders bei den Morgenstörungen, den Erwartungs- und Situationsneurosen.

Hier sei an die sehr ähnlichen Zustände auf dem *Sexualgebiet* erinnert und hervorgehoben, daß einfache Angsthemmungsimpotenzen, Fälle von Ejaculatio praecox affektiver Genese, Zwangsonanie, obsedierenden Fetischismen, um nur einige häufige Zustände zu nennen, hier oft sehr gute Resultate liefern. *W. Luthe* empfiehlt bei *Erektionsschwächen* autogene Kleinbecken-Durchblutung (s. Amerikanische Ausgabe 1959). Es wird sich bald darum handeln, durch den automatischen Antrieb formelhafter Vorsatzbildung Hemmungen zu beseitigen und der normalen Reaktion Ablauf zu geben, bald vordem anscheinend unüberwindliche Abhängigkeit durch *Negierung* oder besser *Indifferenzierung* und *Gegenstellung positiver Kontraste* zu durchbrechen.

Damit ist auch die allgemeine Verwendung des Trainings für die Behandlung von *Süchtigen* gekennzeichnet.

Hier verfüge ich über zum Teil sehr gute, jahrelang nachkontrollierte Erfolge bei Gewohnheitsalkoholismus (3 Fälle), Dipsomanie (4 Fälle), Nikotinismus (8 Fälle, darunter 53jährige Ausländerin, die mit 10 Jahren reichlich Zigaretten zu rauchen begann und seit ihrem 17. Lebensjahr keinen Tag unter 100 schwere Importzigaretten rauchte), sowie in einem Fall von Kokainismus; bei Fällen von echtem Morphinismus habe ich das Training nur zur Unterstützung der in jedem Fall von mir geforderten klinischen Behandlung benutzt, so daß ich hier kein bestimmtes Urteil abgeben kann; ich gewann den Eindruck, daß die so gefürchteten *Abstinenzbeschwerden* meistens nur zu einem sehr kleinen Teile pharmakopathologisch aufzufassen und in der Mehrzahl der Fälle als Tendenzsymptome anzusehen sind.

Günstiger ist begreiflicherweise erworbene Morphiumgewöhnung nicht sicher psychopathischer Patienten. Hier habe ich in 4 Fällen eine klinisch nachkontrollierte Ambulanzentziehung mit Hilfe des Trainings erfolgreich durchgeführt und fortlaufende Kontrollen von über 3jähriger Dauer. *Teirich,* Graz, teilte auf der Lindauer Tagung 1951 und beim Fortbildungskurse in Velden 1960 (Hekst, H. 2 [1961]) besonders gute Erfahrungen mit Vorsatzformeln (s. unsere „Hypnosetechnik!") bei Trinkern, gelegentlich unterstützt von Antabus, mit, ebenso *M. Orme* und *J. Snider* (Quart. J. Stud. Al. 1964, 547), und *K. Wegscheider* (Praxu. Psthp. IX, 1964, 178).

Die durch *von Gebsattel* mit gutem Recht oft betonte nahe Beziehung *sexuell-perverser Haltungen* zur Süchtigkeit läßt verstehen, daß auch bei diesen so sehr quälenden Zuständen aktiv-klinische Methoden nicht selten bessere Erfolge bringen, als heute im allgemeinen angenommen wird. So konnte ich mich in einer Reihe von Beobachtungen überzeugen, daß eine konsequente *innere Gleichgültig-Stellung* gegenüber perversen Sexualzielen gute Dienste leisten kann, wie oft vieljährige Nachbeobachtung zeigte. Gleiches teilte *Teirich* auf der 7. Tagung für Sexualforschung, Hamburg 1962, mit. Auch eigentlich hypnotische Behandlung im Sinne der alten Tradition müßte hier mindestens versuchsweise öfter herangezogen werden.

Bei all diesen Fällen muß die *Vorsatzformel* sehr *individuell* abgestimmt und der Kranke sehr sorgfältig angeleitet werden, die *Vergegenwärtigung so intensiv wie möglich* zu gestalten. So berichtet ein 43jähriger dipsomaner Verleger 8 Monate nach durch Training erreichter Abstinenz:

„Ich bin jetzt im ganzen viel ruhiger geworden, der Schwereversuch tritt sofort und überaus intensiv in Erscheinung, doch macht mir die Wärmedarstellung immer noch große Schwierigkeiten (Alkoholwirkung?). Anfangs fühlte ich deutlich die in mir kämpfende Opposition; ich hatte erst die Formel gewählt: ‚Ich bin entschlossen, nichts mehr zu trinken', fühlte hierbei aber immer noch deutliche Widerstände. Erst die völlig tatsachenmäßige Formulierung: ‚Ich weiß, daß ich keinen Tropfen mehr trinke, keiner Zeit, keinem Ort, keiner Form, keiner Stimmung, keiner Verstimmung, keiner Gelegenheit, keiner Situation; andere trinken; Alkohol ist ganz gleichgültig' führte zu der mir sehr deutlichen inneren Umstellung und völligem Aussetzen der in den letzten Jahren mindestens in 14tägigen Pausen auftretenden schweren Trinkperioden." 23 Monate nach Abstinenzbeginn: „Der Alkohol spielt überhaupt keine Rolle mehr in meinen Gedanken, ich verstehe meine frühere völlige Abhängigkeit überhaupt nicht mehr. Durch die mit den Trinkperioden verbundenen Magen-Darm-Störungen hatte ich 18 Pfund an Körpergewicht verloren. Ich habe jetzt 5 Pfund wieder eingeholt. Jetzt trainiere ich nicht mehr dreimal täglich, aber absolut regelmäßig jeden Abend."

Wesentlich ist bei der Behandlung von Süchtigkeiten durch formelhafte Vorsatzbildung besonders auch die Einstellung: „jeder Augenblick ist wichtig"; sie bildet gewissermaßen ein spezifisches Antidot gegen das in der Psychologie aller Süchtigen so häufige und so verhängnisvolle Motiv „einmal ist keinmal". Klinisches Material zu dieser Frage wurde von uns in einem kleinen Aufsatze über „Die Bedeutung primitiv-aktiver Methoden in der Psychotherapie mit besonderer Berücksichtigung der Behandlung Alkoholkranker" (Zschr. Psychotherap., Stuttgart 9, 193 [1937]) gegeben.

Auch für die Abstellung *kleiner gewohnheitsmäßiger Fehlreaktionen* kann *die formelhafte Vorsatzbildung* sehr Gutes leisten. Als besonders dankbare Objekte nenne ich die Regulierung des morgendlichen Aufstehens, das restfreie Erledigen täglicher kleiner Aufgaben, Einstellung auf Pünktlichkeit, Ordnung, Unabhängigkeit von Störungsreizen, Beseitigung von die Umwelt störenden Gewöhnungen. Es liegt mir besonders daran, diese kleinen Alltäglichkeiten der psychotherapeutischen Praxis hier namhaft zu machen, weil einmal die Anleitung zu ihrer Überwindung den Kranken in seiner ganzen Lebenshaltung aktiviert und außerdem – man mag dies von irgendeinem abstrakten Idealbild der menschlichen Persönlichkeit her bedauern! – gar kein Zweifel besteht, daß die lebensgerechte Einarbeitung entsprechender formelhafter Vorsatzbildungen zu sehr weitreichenden Persönlichkeits- und Lebensveränderungen führen kann. Hier hat eine hochmütig spekulative oder doktrinär verengte Menschenbetrachtung der primitiv zugreifenden Frische einer „mind cure" vieles abzubitten.

Ich verfüge über gewissenhaft kontrollierte Beobachtungen, die sicher beweisen, daß es in geeigneten, durchaus nicht immer primitive Menschen betreffenden Fällen gelingt, etwa durch die rein mechanische formelhafte Einhämmerung: „Ich sehe das Gute und freue mich am Leben", Verstimmungszustände aufzuhellen, die zunächst bei klinischer Betrachtung als „konstitutionell depressiv" imponierten. Es heißt nicht, kritisch sein, wenn man derartige Möglichkeiten aus irgendeiner Voreingenommenheit leugnet, sondern wahre Kritik wird, wie ich es seit vielen Jahren für die gesamte Psychotherapie anstrebe, von Fall zu Fall und von Situation zu Situation aufgrund universeller Prüfung sachlich zu entscheiden haben, wann welches Vorgehen angezeigt ist. „Ich wachse in ein sinnvolles Leben hinein“ erwies sich in einer Beobachtung von *W. Krauser* besonders wirksam (Psychotherapie III, 219 [1958]). Auf 6 eingehende eigene Erörterungen von Einzelfragen der Vorsatzbildung in den Bänden II und III der Vierteljahresschrift sei auch hier hingewiesen. „Ich sehe den Anderen“, „Ich lebe mein Leben“, „Heiliges Wachstum“, u. v. a. m. erwiesen sich als brauchbar.

Allerdings ist es auch mir nicht unbekannt, daß es für den Therapeuten viel interessanter ist, sich in den Höhen und Tiefen der Menschheitsproblematik zu bewegen, als in unermüdlicher Konsequenz den gleichförmigen Weg übender Umstellung zu beschreiten. Näherer Belege wegen verweise ich auf die Erörterung der Technik und Leistungen der Oberstufe unseres Verfahrens in Kapitel V; als Beispiel diene folgender Bericht eines seit 5/4 Jahren trainierenden Akademikers:

„Seit über 40 Jahren *knabberte* ich meine *Nägel* beinahe restlos ab, und alle Mittel, die versucht wurden, erwiesen sich als zwecklos. Jetzt jedoch versuchte ich es mit der Ruhigstellung und bin über ein Jahr von diesem Übel befreit.“

Interessante Beobachtungen konnte mein Mitarbeiter, Nervenarzt *G. Kühnel*, Chefarzt Tiefenbrunn/Göttingen, „über die *Verbindung von autogenem Training und Psychoanalyse*“ an *psychopathischen Jugendlichen* machen (Nerv. Arzt. 77 [1949]).

Bei der Herstellung eines pädagogischen Bezuges, der Voraussetzung für die Bearbeitung der psychopathischen Jugendlichen ist, findet man eine Gruppe wenig Zugänglicher und Ablehnender. Setzt man derartige Jugendliche in eine größere, allgemeine trainingsbereite Gruppe, so bekommen sie aus ihrer Ablehnung heraus ein psychisches Erschütterungserlebnis, das ihnen ihren Widerstand, ihre „innerpsychische Verhärtung“ zum erstenmal als Anteil ihres eigenen Wesens und als innere Unzulänglichkeit erlebnismäßig faßbar macht. Von dem Erlebnis werden die Jungen aufgeschlossen und für psychotherapeutische Bewirkung zugänglich. Psychopathologisch handelt es sich weniger um schizoid Gesperrte oder depressiv Gehemmte, sondern um verkrampfte Stheniker, die eine besonders unangenehme Gruppe jugendlich Verwahrloster, mit Neigung zu aktiver Kriminalität darstellen; es ist für diese Typen etwas völlig Neues, statt wirklichen oder vermeintlichen Umweltfeinden verteidigend gegenüberzutreten, sich der eigenen Person zuzuwenden und deren Problematik (Unzulänglichkeit) zu erleben. — Die Begegnung mit dem eigenen Selbst in dem meist sehr schwierigen ersten Versuche konzentrativer Innenwendung des autogenen Trainings wirkt bei diesen Typen gewissermaßen katalytisch. *G. Thies* bestätigte den Wert unserer Methode für „verwahrloste Jugend“ (Psyche, Stuttgart 1950, 120). Die *Sozialisierung eines psychopathischen Jugendlichen* besonders durch formelhafte Vorsatzbildung teilte mein Mitarbeiter *H. Altmann* ausführlich mit (Psychotherapie III, 145 [1958]); gute Erfolge bei Schulschwierigkeiten *M. Alberts* (ibid. II, 166 [1957]). In der Arbeit mit *Kindergruppen* hatte *H. Altmann* bei „Unsicheren“ gute Erfolge mit einer aufgerichteten „*Königshaltung*“ statt der „im Skelett hängenden“ Droschkenkutscherhaltung. Er begegnet damit alten Yogaregeln, insbesondere der „Alexandertechnique“, auf die mich Dr. *R. A. Baudisch*, Innsbruck, hinwies.

Mit besonderer Freude begrüße ich die zunehmend vielseitige Verwendung unseres Verfahrens in der *Kinderheilkunde,* wie sie schon im vorstehenden Absatz der vorigen Auflage im Beginn mitgeteilt wird (s. S. 125 F. N.). Aus der großen Fülle wichtiger Arbeiten können auch für dieses Gebiet nur einige besonders wesentliche Beispiele gegeben werden. Mein Mitarbeiter *H. Altmann* hat Januar 1961 einen Erfahrungsbericht für die Verwaltung des von ihm geleiteten jugendlichen Hauses angefertigt (verwahrloste Neurotiker), den er mir hier zu benutzen gestattete, ist doch seit 1938 unser Verfahren Hauptinteresse seiner Arbeit. Als Vorteil betont er besonders, daß eine Beeinflussung eindringlich, aber ohne Zwang und ohne nicht-persönlichkeitsgerechte Fremdsuggestion erreicht werden kann. Vorsatz und Erkenntnis als eigene Produktion auftauchend und sich anschaulich in Bild oder Erlebnis darbietend, sind zu Antrieb- und zu Hemmungszwecken leichter zu verwirklichen als die üblichen pädagogischen Hilfen. So entwickelt sich eine Wandlung in entkrampfender, anschaulicher, neuer Erlebnisfähigkeit. Es zeigte sich eine große Fülle interessanter Ergebnisse, wenn etwa in einer Gruppe formelhaft vorgesetzt wird „Schularbeiten machen ist schön“ und ein Kind nach dem Zurücknehmen meldet, es habe eine Tafel mit dem Worte „Nein“ gesehen. In überraschend vielen Fällen, auch bei wenig Begabten, wurde das Training nicht nur vollwertig durchgeführt, sondern als echte Bereicherung erlebt. *G. Biermann* (Z. f. K. 87, 328, 1962) hob aufgrund jahrelanger Erfahrungen den Wert unserer Methode in der Kinderheilkunde hervor, ebenso *M. Alberts* (Psych. som. Med., Kongr. Vittel, 1960; Praxis Psychotherapie 7, 70, 1962); *Durand de Bousinger* (Rev. Neuropsychiat. infant. 10, 321, 1962); *W. Kurth* (Ärztl. Praxis, 729, 1963). *J. Salfield* berichtete gleiche Erfahrungen (Landarzt, 547, 1962) und über die sehr interessante Behandlung eines Kindes mit Entfremdungserlebnissen. An 60 epileptischen Kindern studierte *Stricker-Barolin* 4 Monate lang die Anwendung unserer Methode. Es wurde deutliche Beruhigung und damit erleichterte Sozialisierung erreicht, dagegen hinsichtlich der Anfälle kein sicherer Effekt. Im EEG zeigten sich synchronisierende Tendenzen ohne Aktivierung im klinischen Sinne.

G. Biermann und sein Mitarbeiter *U. Diesing* gaben soeben in dem Handbuch der Kinderheilkunde (Springer, Berlin 1969) Band 8, S. 996, und dem Handbuch der Kinderpsychotherapie (Reinhard, München 2 Bände 1969) von *G. Biermann,* vorbildliche Übersichten heraus; *Durand de Bousingen* und *J. P. Sichel* teilen gute Erfolge bei Tic mit (Rev. Neur.-psatr. Infant 1967, S. 930). Bei noch unselbständigen Kindern empfahl Fr. Dr. *von Staabs* vor Jahren schon eine Kombination mit heterosuggestivem Ergänzen in Gruppen. *H. J. von Schumann* konnte die Therapie von „Sexuellen Fehlhaltungen bei Kindern“ (Landarzt 1968, 839) autogen unterstützen (s. auch S. 143 „Asthma“!). *Bewegungsstörungen, ticartige* Erscheinungen und ähnliches sind durch das Training nur heilbar, wenn sie überwiegend Gewohnheitscharakter haben.

Verbinden sie sich mit stärkeren allgemeinen neurotischen oder organischen Störungen, etwa beim *Stottern,* beim *Situationstremor,* bei der *Schreibangst* usw., so wird in der Mehrzahl der Fälle das Training nur eine unterstützende Rolle spielen können.

Am ehesten kann von ihm etwas in allen Fällen von beruflichem oder gesellschaftlichem Situationstremor erwartet werden, wo gerade das Moment muskulärer Entspannung entscheidet. Besonders zu achten ist z. B. beim Situationstremor von Hand und Unterarm darauf, daß die selbsttätige entspannende Konzentration vor allem auf die proximalen Teile, also hier auf Schulter, Oberarm geleitet wird. Auf diese Weise gelang es z. B., einen 31jährigen Zahnarzt von seinem „Trac" zu befreien. Beim echten heredofamiliären Tremor entwickeln sensitive Träger meistens eine sekundäre Situationsempfindlichkeit mit grober Verschlimmerung in exponierten Lebenslagen; diese Persönlichkeitsreaktion ist ein sehr dankbares Objekt für unsere Methode, da die Entspannung „peripher", die Ruhigstellung „zentral" zusammenwirken.

63jähriger Augenarzt, März 1939:

„Seit Jahrzehnten litt ich an *Zittern der rechten,* zuweilen auch der *linken Hand,* das besonders dann eintrat, wenn man mir beim Schreiben und anderen feineren Hantierungen zusah. Wann es zum ersten Male auftrat, kann ich nicht mehr angeben, doch erinnere ich mich von einem besonderen Falle her, daß es schon im Jahre 1901 dagewesen ist. Im Laufe der Zeit nahm es an Stärke und Häufigkeit des Auftretens zu und wurde schließlich so stark, daß ich alle schwierigeren Augenoperationen aufgeben mußte und auch seelisch tief bedrückt wurde, da ich mich als unzulänglich u. m. Berufe nicht gewachsen empfand. Bemerkt muß werden, daß ich von Jugend auf immer seelisch empfindlich und zu Zaghaftigkeit, Schwarzseherei und Mangel an Selbstvertrauen geneigt war. Vor etwa zehn Jahren versuchte ich, meine Beschwerden durch psychoanalytische Behandlung loszuwerden, doch trat nur ein geringer und vorübergehender Erfolg ein. Arzneilich wirkte nur Abasin wohltätig, das mir Dr. *Seige,* Liebenstein, verordnet hatte. Derselbe Arzt wies mich aber an Prof. *I. H. Schultz.* Prof. Sch. gab mir sein „autogenes Training" auf. Ich habe es nunmehr seit fünf Jahren fast täglich ausgeübt und wesentliche Besserung dadurch erzielt, wenn auch keine wirkliche Heilung eingetreten ist. Ich bin jetzt imstande, viele Verrichtungen mit völlig ruhiger Hand auszuführen, bei denen früher stets das störende Zittern eintrat. Rückfälle treten am leichtesten dann ein, wenn ich mich vor einer neuen Situation sehe, die ich fürchte, oder z. B. dann, wenn ein Patient, den ich behandle, ängstlich ist. Das wirkt gewissermaßen ansteckend auf mich. Die Besserung macht immer noch weitere Fortschritte; ich werde die konzentrativen Selbstentspannungsübungen immer weiterführen, zumal sie mir allgemein körperlich und seelisch sehr wohltun."

„Erwähnt sei noch, daß mein *Schreibkrampf* fast ganz beseitigt ist und daß die *Stuhlträgheit,* mit der ich von Kindheit an zu kämpfen hatte, ebenfalls bedeutend nachgelassen hat. Während ich früher fast täglich 1 Tablette Istizin einnehmen mußte, um die Verdauung in Ordnung zu halten, genügt jetzt dazu $^1/_2$ Tablette alle 3–4 Tage. Auch dies dürfte dem autogenen Training zuzuschreiben sein."

J. de Ajuriaguerra und Mitarbeiter teilten Erfolge bei *Schreibkrampf* mit (Encéphale, Paris 141 [1956]), *H.-J. von Ludwig* veröffentlichte einen entsprechenden Selbstbericht (Psychotherapie II, 231 [1957]); gleiche Erfahrungen bei *I. von Hattingberg* (s. S. 135) und *J. Hirschman* (Med. Kli. 1337 [1962]), ferner bei *K. Uchiyama* in 2 Fällen (Correl. Psy.so. 1965, 133). Das pathogenetisch so außerordentlich differente Syndrom *„Stottern“* erlaubt durch autogen übende Entängstung und Entkrampfung oft gute Erfolge wie *O. Brankel* (Med. Mspiegel, Darmstadt 145 [1957]), *Schönhärl* (Bayrischer Internistenkongreß 1958) mit Recht betonten. Prof. Dr. *A. Schilling †*, Leiter der Universitätspoliklinik für Stimm- und Sprachkranke. F. U. Berlin, berichtete bereits 1959 über gute Erfolge (Kongr.-Bericht Allg. Angew. Phonetik, Hbg. 1960), bearbeitete unser Gebiet im Handbuche der HNO-Heilkunde (Thieme, Stuttgart, 1960, Bd. II), sowie in seiner Habilitationsschrift. Die Erfolgsquote mit unserem Verfahren liegt statistisch signifikant über der anderer Verfahren. Die Sprechpsychologin Dr. *Helene Fernau-Horn* betont mit Recht, wie oft Stotterer bei analytischer Therapie wohl allgemeine Fortschritte machen, aber ihren Sprechfehler unverändert beibehalten, bis aktive Therapie einsetzt. Wie sie in ihrem ausgezeichneten Werk „Die Sprechneurosen“ (Hippokrates, Stuttgart 1969, 275 S.) darlegt, leistet nicht selten das autogene Training entscheidende Dienste. Besonders wesentliche Beiträge im ganzen gab *O. Brankel* (Heilkunst, H. 8, 1, 1962), sowie über dasselbe Thema speziell im Kindesalter *G. Kujath* (Berl. Med. 30, 1959). Als Formeln sind m. E. zu empfehlen „Sprechen ist ganz gleichgültig ... geht von selbst ... ich hauche sprechen“, verbunden mit Partial-Schulterschwere.

Die erwähnten Bewegungsstörungen führen oft schwer unterscheidbar in das unheimliche Gebiet der *Paralysis agitans* und der *Enzephalitis*. Die suggestive Bestimmbarkeit bei diesen Erkrankungen ist nicht zu bestreiten, aber doch durch das Grundleiden sehr begrenzt, so daß wir auch für unser Training nicht viel erwarten dürfen. Immerhin zeigen sich gelegentlich ermutigende Resultate wie sie auch *I. v. Hattingberg* (Psychotherapie IV, 198 [1958]) feststellen konnte, ebenso mein Mitarbeiter *H. Altmann,* ferner *Annekathrin Focken* (ibid. II, 54 [1957]).

So stellte sich ein 48jähriger Vorarbeiter mit einem Wackeltremor beider Hände und des Kopfes vor, der sich angeblich seit 20 Jahren ohne erkennbare Veranlassung und insbesondere ohne erinnerbare Vorerkrankung entwickelt hatte. Interne und ophtalmologische Kontrolle gab normalen Befund, neurologisch zeigte sich auffallend geringe Mimik, Andeutung von Salbengesicht, wenig ausgiebige Lichtreaktion der Pupillen, in der linken Körperseite geringgradiger Rigor bei sonst regelrechtem neurologischem Befunde, so daß mit großer Wahrscheinlichkeit ein postenzephalitischer Zustand angenommen werden konnte. Wie schon erwähnt, ist bei Rigorzuständen die Darstellung des Schwereerlebnisses nach dem Grade der Störung erschwert oder aufgehoben. Hier gelang sie in mäßigem Grade, während sich das Wärmeerlebnis, wie in allen analogen Fällen meiner Beobachtung, gut entwickeln ließ. 6 Trainingssitzungen in 10tägigem Abstande führten zu fast vollständigem Verschwinden des Wackeltremors, der sich nur noch bei schweren Gemütserregungen in abgeschwächter Form zeigte.

Ein bei Behandlungsbeginn 27jähriger Akademiker mit postenzephalitischen *Blickkrämpfen* konnte diese Anfälle durch autogene Konzentration vom 2. Behandlungsmonat ab abstellen, vom 2. Behandlungsjahr ab ihrem Entstehen vorbeugen. Bei der nahen Beziehung gerade dieser Zustände und ihrer Komplikationen zu unserer zentralen Problematik, auf die im Kapitel V näher eingegangen wird, ist die Möglichkeit solcher Leistungen theoretisch einleuchtend. Daß neurotische Begleiterscheinungen bei den striär Erkrankten oft ein dankbares Objekt bilden, ist einleuchtend.

So gelang es bei einem 31jährigen Kaufmann mit einem schweren Parkinsonbilde durch Ruhigstellung existenzbedrohende Affektausbrüche abzustellen, bei einem 61jährigen Geistlichen eine Kanzelangst mit Redehemmung zu beseitigen und bei einem 60jährigen Kaufmann Situationsabhängigkeiten zu durchbrechen. Ganz erfolglos blieb ein gründlicher Versuch mit dem Training in einem typischen Fall von Parkinson mit *Hemiballismus.* Jedenfalls wird man bei dieser ganzen Krankheitsgruppe die therapeutischen Erwartungen in keiner Weise zu hoch spannen dürfen.

Sehr vorsichtiges und individualisierendes Trainieren bei *Hirnverletzten* kann gute Dienste leisten, wie namentlich *H. Binder,* Hamburg (Psychotherapie I, 212 [1956]; L'évolution Psychiatrique 617 [1960]) in schönen Studien an 100 Kranken zeigte. Meine Mitarbeiter *K. Thomas* (Deu. Med. J. 1961, 298) und *H. Altmann,* Berlin konnten die Erfahrung bestätigen. Die guten Resultate von *H. Binder,* kritisch zusammengefaßt 1965 (Correl. psycho, S. 128, 1965), werden in höchst erwünschter Weise durch die aus demselben Arbeitskreise stammende Monographie des Hamburger Nervenarztes *Jürgen P. Reuter* „Psychotherapie bei Hirnversehrten" (Stuttgart, Enke, 1964, 129 S., 3 Abb., 10 Tab.) bestätigt, eine vorbildlich gründliche und kritische Studie, auf die hier besonders nachdrücklich verwiesen sei.

Sie beruht auf über hundert 1954 bis 1956 gründlich behandelten Personen, wobei 16 von 23 krampfkranken Hirnversehrten Besserung zeigten, für die Festigung in der Realität Schulter-, Nackenfeld-Wärme empfohlen wird, namentlich auch gegen die Kopfschmerzen; 49 von 79 abnorm Reizbaren wurden deutlich ruhiger und ausgeglichener, prophylaktische Ruhepausen erwiesen sich als sehr günstig für die Gesamtleistungsfähigkeit, so daß 75% der behandelten Hirnversehrten eine eindeutige Leistungssteigerung nach der Gruppenbehandlung angaben. Sehr mit Recht wird besondere Vorsicht beim Einarbeiten der Stirnübung empfohlen. Vieler Einzelheiten wegen sei auf das Original verwiesen.

Endlich noch ein Wort über *depressive Zustände.* Hier kann man allgemein sagen, daß um so eher eine Möglichkeit erwogen werden darf, je mehr es sich um reaktive Erscheinungen sonst gut erhaltener Persönlichkeiten handelt, doch bleibt die Beurteilung hier begreiflicherweise immer sehr schwer. *R. Battegay* lobt autogene Einzel- und Gruppenarbeit bei Depressiven (Dtsch. med. Wschr. 217 [1960]). *H. Völkel* (Nerv.Klinik Kiel, Prof. *G. Störring*) erreichte bei Depressionen „über symptomatische Besserungen hinaus schöne Erfolge".

„Reifere gelassenere Grundhaltung", bessere „leibliche Gestimmtheit" und „erhöhte psychische Resonanz", so daß es zu einem „positiven Erlebnis der Welt kommt." Formelhafte Vorsatzbildungen erlaubten spezifische Einwirkungen (Z. Psth. XII, 154 [1962], Corr. Psy.so. 1965, 138).

Bei der großen Arztbedürftigkeit dieser Kranken und der außerordentlichen Häufigkeit depressiver Reaktionen hatte ich sehr reichlich Gelegenheit, Versuche mit dem Training anzustellen. Zweifellos ist, daß auf diese Weise störende Einzelsymptome, etwa Insomnien, Organreaktionen und dergleichen gelegentlich mit gutem Erfolge angegangen werden können und subjektiv für den Kranken das Ertragen des quälenden Zustandes erleichtert wird. Fällt die Beendigung eines depressiven Zustandes mit der Einarbeitung des Trainings zeitlich zusammen, so ergeben sich selbstverständlich nur sehr schwer irgendwelche Anhaltspunkte für die Entscheidung des „Post" oder „Propter".

Gute Dienste leistete das Verfahren in der von meinem Mitarbeiter *K. Thomas* begründeten Berliner Gruppe *„Lebensmüdenbetreuung"*, wie Kasuistik zeigt (Psychotherapie III, 211 [1958] und Prax. Psychothpie V, 77 [1960]). Bei einem Kinde mit *Depersonalisation* konnte *D. J. Salfield* einen guten Erfolg erzielen (ibid. II, 232 [1957]). In der „Aktivität für Gesundheitsbildung" (*P. Beckmann*, Ä. M. 2007 [1961]) zu Rehabilitation bewährte sich das Verfahren zahlreicher Autoren wie *L. Delius, I. von Hattingberg, W. Hollmann, O. Lang, H. Masuch* u. a. (Ther.-Woche 433, 1961; Soz.-Vers. 1, 1962; Rehab.-Kongr. 1960 [Med. Kli. 1801, 1960, Wie. Kli. Woch. 969, 1962]). Gutes berichteten ferner *G. S. Barolin*, Leistungssport („Leibesübungen", 68, 1968, Wien); *D. Barrucand*, Kritische Indikation! (Rev. Méd. Pssom. 1967, 197); *I. v. Hattingberg*, Herzinfarktnachsorge und Rehabilitation (Psychoth. u. Psychosom. XVI, S. 237, 1968); *W. Kurth*, Adoleszenten (ibid. XV, S. 37, 1967); *J. A. Laberke*, „Gesamtproblem Gesundheitserziehung" („Rehabilitation" VII, S. 161, 1968; Handbuch „Gesundheitserziehung", Lieferung 21); *R. Lohmann*, „Chronisch Kranke" (Psychoth. u. Psychosom. XVI, S. 271, 1968); *H. Strotzka*, „Soziale Institutionen" (ibid. XVI, S. 23, 1968). Auf S. 155 *Wiegmann* sei gleichfalls verwiesen.

Der erfahrene Psychiater kann auch bei Rest- und schizophrenen Ausgangszuständen ohne groben „Defekt" das autogene Training anwenden, wie ich in mehreren Fällen beobachtete. Eine besonders schöne Erfahrung berichtete Prof. *W. Scholz* (Forsch.-Anst. München) 1953 (Psychotherapie I, 179 [1956]):

Frau X. hat um 1922 während meiner Assistentenzeit bei *Gaupp* in Tübingen eine schwere halluzinatorische Psychose durchgemacht und ist danach autistisch-paranoid mit vielen Beeinflussungserlebnissen geblieben. Den Ehemann, einen gutmütigen, humorvollen Pykniker, habe ich danach vom Potatorium bekehrt. Beide, ehrsame Kleinbürger, sind seither sehr anhänglich an mich geblieben, haben mich in Tübingen, und als ich 1931 von Leipzig nach München übergesiedelt war, hier durchschnittlich zweimal im Jahre aufgesucht. Ich habe mit der Frau nicht allzuviel anfangen können, bis mir die kleine Schrift über das autogene Training in die Hand kam. Ich habe damals mit der intellektuell nicht schlecht begabten Patientin geübt, was sie mit Ernst und Eifer aufgenommen hat. Da ich sie dann doch verhältnismäßig selten sah, hat sie die Methode individuell etwas abgewandelt. Ich bin aber überzeugt, daß sie damit zu einer gewissen Selbstdisziplinierung und allmählich aus ihrem Autismus herausgekommen ist. Jedenfalls ist sie trotz ihrem verschrobenen Denken wieder zur tüchtigen, um ihren Mann besorgten Hausfrau geworden und hat den Kontakt zur Umwelt wiedergewonnen. Sie hatte vorübergehend in einer Freibadeanstalt sogar eine kleine Gemeinde um sich versammelt, der sie ihre „Übungen" beibrachte. Sie ist jetzt äußerlich ganz geordnet und man merkt ihr im Umgang ihre geistige Störung gar nicht an. Bemerkenswerterweise beherrscht sie mit den Übungen im großen und ganzen auch ihre schizophrenen Erlebnisse.

Aus einem 7 Seiten langen, mit recht differenzierten Begriffen, wie Wille, Kraft, Stoff, Kausalität usw. verschroben, aber sinngemäß gefüllten Brief, seien hier nur einige auf die Übungen bezügliche Sätze angeführt. „Das darf ich täglich in meinen Übungen wahrnehmen, wie meine Gedanken die Lenker meines Willens sind und meiner Kraft ... Wenn ich zurückdenke, wo ich mit meinen Übungen angefangen habe, wie lange mußte ich die Ruhe üben, bis mein Körper ruhiger war, innerlich und äußerlich. Dann konnte ich erst mit meinem Ich anfangen üben, und Jahre dauerte es, bis ich diese *Kraft* meines *Ich* in meinem *Körper wahrgenommen habe.* Ich bin zu sehr in das Sinnenleben herausgetreten, leider die meisten Menschen. Muß Geist und Materie ins Gleichgewicht setzen, so daß ich nach freier Willkür in beiden tätig sein kann und meine Beobachtungen zu machen vermag, da lernt man unterscheiden, was geistige und was körperliche Bilder sind. Hierdurch habe ich die Geschicklichkeit erlangt, auch wachend solche Gestalten und Erscheinungen wie vorher im Traum zu sehen und mich auf einen Standpunkt erheben, wo ich einsah, daß die sichtbaren körperlichen Formen nur rohe, unvollkommene Abdrücke jener höheren, geistigen Bilder sind, welche den geöffneten inneren Sinnen sich darstellen. Ich war auf dem niedrigsten Zustand des geistigen Lebens, das ist Träume, wo ich die Tätigkeit guter und böser Geisteskräfte willenlos in mir dulden mußte. Wo ich die *Kraft* meines innerlich *geistigen Ichs* in meinem ganzen Körper wahrnehmen durfte, wurde mir klar, daß ich den höchsten Standpunkt nur dadurch erlangen kann, wenn sich jene *Kräfte* mit meinem *Willen* vereinen und nach reinen Gesetzen sich hinüberleiten zu einem *geistigen Wirken* und zu einem unfehlbaren Hellsehen, -hören und -fühlen ... Dann wurde mir klar, daß ich jetzt die inneren *Naturkräfte* in mir *lebendig* machen muß, welche auch mein ganzer Körper lebendig und fühlen muß und bei allem gingen Jahre dahin in meinen Übungen, bis ich einen wahren Erfolg errungen hatte: denn die Natur geht ihren ruhigen Gang, von ewigen Gesetzen geleitet ... der *geistige* Mensch *gestaltet* alles *Irdische.* Deswegen sind für mich die Übungen so notwendig wie das tägliche Brot und müssen für jeden Tag dankbar sein wo uns noch beschieden ist."

A. Friedemann konnte in autogener Zusammenarbeit einen *Schizophrenen* (oder schwer schizoid Kernneurotischen) sozial anpassen und Körperhalluzinationen gegenüber festigen (Psychotherapie III, 145 [1958]). An zwei sicher Schizophrenen (ein Arzt, ein Beamter) gelang auch in meiner Arbeit autogen eine schützende Absetzung gegenüber halluzinatorischen und „impulshaften", an sich weiterbestehenden Störungen. Es handelt sich um Endzustände nach mehrfachen schweren Schüben mit Internierung. In neuerer

Zeit haben besonders japanische Autoren bei *Schizophrenen* Versuche mit autogenem Training berichtet.

Joseph Shibata (Amer. J. clin. Hypn. 1967, 20) machte günstige Erfahrungen; *J. Izuru, J. Shibata* und *K. Motoda* vermittelten in 2 Monaten die Unterstufe; die Oberstufe ist besonders wirksam, wirkt aber manchmal auch verschlechternd (Amer. J. clin. Hypn., 1967, 15). Über Selbstmord einer Schizophrenen während autogener Arbeit berichtet *J. Shibata* (ibid. 1968, 99). *W. Luthe* studierte mit *Shibata* und *Motoda* die von ihm so gründlich und anregend erforschten „autogenen Entladungen" bei Schizophrenen in Elektroschockbehandlung (Kongr. Mailand 1968).

Eine „seltene Wirkung des autogenen Trainings" beschreibt *R. Naber* (Z. Pstp. IX, 205 [1959]):

Eine 30jähr. streng katholische Patientin wurde 1955 gehäufter Absencen wegen trepaniert, da Verdacht auf Hirntumor bestand. Leichte zentrale Veränderungen ohne Tumorzeichen (Punktionen o. B.) ergaben sich beim Eingriff. Im vorbereitenden Winterschlafe sei sie lesbisch vergewaltigt und zum ersten Orgasmus ihres Lebens gebracht worden. Seitdem intensive Zwangsonanie und Weiterbestehen der Absencen; es gelang, der Selbsthilfe psychagog den Zwangscharakter zu nehmen, aber die Absencen blieben. Ein später nach Versagen vielfältiger medikamentöser Therapie eingearbeitetes autogenes Training ließ „mit seiner charakteristischen Selbstbefreiung" beide Störungen, insbesondere auch die Absencen, verschwinden. Verf. betont sehr zu Recht die heute vielerorts weit unterschätzte klinische Bedeutung der aktiv-klinischen Psychotherapie.

Abschließend sei nochmals besonders betont, daß seinem Wesen als allgemein organismischer Umschaltung entsprechend das Verfahren eine überaus weite Anwendung hat, und daher im Vorstehenden lediglich eine illustrative Beispielsammlung, keinesfalls eine vollständige Übersicht gesehen werden darf. Dementsprechend konnten auch sehr zahlreiche allgemeine Hinweise auf die Brauchbarkeit des Verfahrens nicht berücksichtigt werden.

KAPITEL IV

Häufige Störungen und Schwierigkeiten beim durchschnittlichen Verlauf

Neben den besonderen Schwierigkeiten und Aufgaben, die der durchschnittlichen Technik der Unterstufe durch die Eigenart klinisch-pathologischer Umstände und Aufgaben erwachsen, wie wir sie im zweiten Teil des vorhergehenden Kapitels darzustellen versuchten, gibt es nun noch eine ganze Reihe *typischer Störungen und Schwierigkeiten,* die zum Teil in der *Eigenart unseres Verfahrens,* zum Teil in *Besonderheiten der Versuchspersonen,* in individuellen oder typologischen Eigenheiten ihre Grundlage haben. Von ihnen soll im folgenden kurz die Rede sein. Wir nennen an erster Stelle die *Einstellung der Versuchspersonen zu dem Verfahren im ganzen.*

Wie in der gesamten Psychotherapie nach meiner Formulierung ohne ein gewisses Maß von Einsicht und Bildsamkeit jedes sachgemäße Arbeiten unmöglich ist, so ist auch erfolgreiche Verwendung des autogenen Trainings an die Voraussetzung gebunden, daß die Versuchsperson in einer ihrer ganzen geistigen Art entsprechenden Weise „versteht", welchen Sinn die Arbeit hat. Neben dieser Einsicht muß sie die innere Bereitwilligkeit zu genügend konsequenter übender Betätigung mitbringen. Der Einsicht unserer Versuchspersonen stehen nun nicht nur reine Unkenntnis, sondern noch eine ganze Reihe anderer Faktoren entgegen. Wie ich 1911 eingehend für das hypnotische Arbeiten dargelegt habe *(H. Vogts* Handbuch; Hypnose-Technik), ist sachgemäßes Hypnotisieren an eine vernünftige *psychische Vorbereitung* der Versuchspersonen gebunden. Ob wir etwa dem zu hypnotisierenden Kinde sagen, es werde jetzt durch bestimmte Beeinflussungen beruhigt und gebessert werden, oder ob wir dem kritischen gebildeten Patienten die Grundzüge der Lehre von der Suggestion in entsprechender Form entwickeln: in jedem Falle wird unser Vorgehen vom Verständnis der Versuchspersonen abhängen, mag dies auch wie in manchen Fällen von Faszination instinkthaft sein. So ist mir ein Fall bekannt, wo ein junger Arzt ein junges Mädchen von 19 Jahren auf der Straße durch Blick faszinierte, so daß sie ihm völlig „gebunden" einen Weg von etwa 20 Minuten folgte, dort in den Anlagen auf eine Bank niedersank und amnestisch erwachte.

Ganz im Gegensatz zum hypnotischen Arbeiten, bei dem instinktive und affektive Reaktionen sicher von großem, vielleicht oft entscheidendem Belang sein können, ist das autogene Training eine Übungsarbeit, bei der die Versuchsperson wohl wissen muß, wie sie üben und was sie mit den Übungen erreichen soll, wo aber irgendwelche affektiven Abläufe der eben angedeuteten Art keinen Platz haben. Als ersten Punkt der psychischen Vorbereitung im autogenen Training nennen wir die *Aufklärung* der Versuchsperson über Art und Sinn des Verfahrens.

Hierbei müssen wir darauf bedacht sein, unsere Mitteilung so zu formulieren, daß die Versuchspersonen verstehen können, also etwa für Kinder und Primitive: „Ich werde Ihnen jetzt ein paar Übungen zeigen, mit denen Sie innerlich entspannen können; Spannung und Verkrampfung können vielfach zu Beschwerden führen, wie Sie sie haben." Dies letzte muß durch anschauliche Beispiele belegt werden. Oder: „Ich werde dir jetzt ein paar Übungen zeigen, mit denen du lernen kannst, dein Asthma selbst wegzukriegen; wenn du Asthma hast, ziehst du innen in der Brust so zusammen, wie ich hier meine Faust balle, dann drückt es, und du hast keine Luft; wenn ich die Faust wieder aufmache, ist alles lose, und dann kannst du auch lose atmen." Intelligente Versuchspersonen können dann verlangen, daß man ihnen in kurzen Sätzen Sinn und Entwicklung des Verfahrens darlegt, was mit Nutzen gruppenweise geschehen kann. Dienlich ist dabei das für diesen Zweck verfaßte „Übungsheft für das autogene Training", 14. Aufl. (Thieme, Stuttgart 1969), ferner unsere kurze Neuroseskizze „Arzt und Neurose", 2. Aufl. (Thieme, Stuttgart 1953). Intelligente poliklinische Patienten verstehen den Sinn der Arbeit nach einer einführenden Erklärung von etwa 10 Minuten, so daß damit nicht viel Zeit verlorengeht. Gute praktische Hinweise gibt *K. Thomas* in seiner „Praxis der Selbsthypnose des autogenen Trainings" (2. Aufl. Thieme, Stuttgart 1969).

Trainieren wir Normalpersonen zur Leistungserhöhung und Steigerung der „Selbstbeherrschung“, so wird es sich ja meistens um kursmäßige Veranstaltungen handeln, in denen die allgemeinen Grundlagen des Verfahrens etwas ausführlicher dargelegt werden können. Selbstverständlich liegt in dieser einleitenden Aufklärung eine Beeinflussung, die wir für die praktische Verwendung des Verfahrens nicht zu scheuen brauchen.

Das Experimentum crucis nach dieser Richtung hin stellte ich im psychologischen Laboratorium der Universität Münster bei *R. H. Goldschmidt* 1928 an, indem ich einer Reihe psychologisch geschulter Versuchspersonen lediglich die Anweisung gab, in typischer Weise zu üben, ohne ihnen etwas anderes als das Stichwort „Entspannung“ zu geben. Ausnahmslos führte hier, wie in Kapitel VII näher mitgeteilt werden wird, der rein technische Vollzug zur Errichtung von Versenkungserlebnissen; Beweis, daß die unterstützende Beeinflussung allgemeiner einleitender Erklärung nicht notwendiger Bestandteil unserer Arbeit ist.

Auch wenn Versuchspersonen theoretisch über Sinn und Ziel der Arbeit klar sind, ist damit noch nicht gewährleistet, daß sie wirklich störungsfrei in die Arbeit eintreten. Es entwickeln sich so *Zweifelstellungen* nach zwei Richtungen: entweder in dem Sinne, ob die erreichten Erlebnisse „wirklich“, „richtig“, „echt“ usw., oder „nur Einbildung“ sind, oder ob andererseits die an und für sich wohl akkreditierten Erscheinungen für die Versuchsperson selbst erreichbar seien, die entweder „zu energisch ist, um so etwas zu glauben“, oder „zu nervös“, um sich so stark zu konzentrieren und dergleichen.

Hierzu kommt bei Einzelarbeiten die Schwierigkeit der Demonstration an anderen Menschen; denn wenn der Versuchsleiter sich selbst demonstriert, wird er bei einem voreingenommenen falschen Skeptiker wenig Glück haben; andererseits finden wir in den Protokollen unserer Versuchspersonen aus Gruppenversuchen immer wieder Bemerkungen, daß die schnelle Reaktion anderer Versuchspersonen gerade wieder Zweifel und Unsicherheit hervorruft.

Hier ist der Punkt, wo wir außer der allgemeinen einführenden psychischen Vorbereitung noch einleitende Demonstrationsversuche verwenden, und zwar empfehle ich zu diesem Zweck, wie schon 1923 in der Klinischen Wochenschrift, den *Pendel- und Fallversuch,* ferner den *Kastenversuch. Der Pendelversuch* stammt, wie *Hack Tuke* in seiner Monographie über Geist und Körper (Deutsch von *Kornfeld,* Fischer, Jena 1888) nachwies, nicht von dem *Marquis de Chevreuil,* wie *Baudouin* behauptet, sondern von *Galton.* Erstaunlicherweise fragen jetzt noch Ärzte in Fachblättern, ob sich Mann und Frau beim Pendeln unterscheiden (Med. Kli. 367 [1962]), oder stellen gar „Diagnosen“ mit dem „siderischen Pendel“, allerdings in offenbar abnormem Geisteszustand (Med. Kli. 1515 [1961]).

Der Versuch besteht *im Prinzip* darin, das Grundphänomen der Ideoplasie motorisch zu demonstrieren. Technisch geschieht dies so, daß die Versuchsperson einen an einem Faden von etwa 20 cm Länge hängenden schweren Gegenstand an der Hand befestigt und nun zunächst willkürliche Bewegungen ausführt. Während dieser hat sie in guter Selbstbeobachtung ihre eigene spannende Leistung zu verfolgen. Wird nun der schwingende Gegenstand angehalten und die Versuchsperson angewiesen, sich in einer bestimmten Richtungskategorie, etwa rechts-links oder vorwärts-rückwärts einzustellen oder sich intensiv zu vergegenwärtigen, der aufgehängte Gegenstand schwanke in einer bestimmt gedachten Richtung, so tritt sehr bald die gedachte Bewegung an dem aufgehängten Gegenstand zutage. Die Versuchsperson ist dabei in der größten Mehrzahl der Fälle völlig frei von irgendeinem Aktivitätsbewußtsein und schildert das Erlebnis im Prinzip so, das Pendel fange „von selbst, dem Gedanken gehorchend", an zu schwanken. Für Kurs- und Sprechstundenpraxis empfiehlt sich bei diesem Experiment ein Instrumentarium, das mein verstorbener Freund und Mitarbeiter, *Dr. René Berkow*, 1922 angegeben hat. Es besteht aus einem bogenförmigen, 30 cm langen elastischen Drahtbügel, dessen Enden ohne jede Mühe angenähert oder entfernt werden können. Am Scheitel des Bügels hängt an einem 20 cm langen Faden eine Bleikugel von 2 cm Durchmesser und 40 g Gewicht.

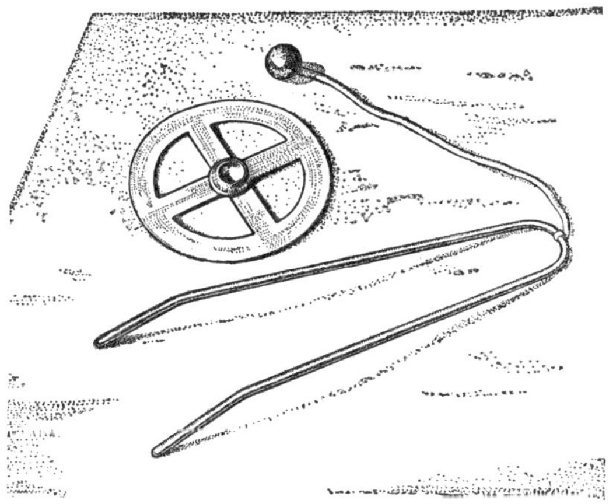

Abb. 12 Pendelgerät nach *Berkow*

(Nach einer Zeichnung von Käthe Droysen, Göttingen)

Dic Bügelform des Trägers ist deswegen gewählt, weil bei irgendeinem festen runden Griff die Anpassung des Griffs an verschiedene Handgrößen zu Unbequemlichkeiten führen und dadurch Verkrampfungen setzen könnte, während der spielend leicht biegsame Bügel sich ohne Mühe jeder Handgröße einpaßt. Um die Konzentration auf bestimmte Richtungskategorien zu erleichtern, ergänzte *Berkow* das Instrumentarium durch Beifügung eines Unterstützungsringes, in dem sich gekreuzte Durchmesser befinden. Der Durchmesser des Ringes beträgt 14 cm, die Ring- und Bogenbreite 1½ cm, im Zentrum trägt der Ring eine 2 cm breite massive Platte mit einer kleinen Höhlung, in der die Kugel ruht, wenn sie nicht gebraucht wird (s. Abb. 12). Ich lasse persönlich den Pendelversuch mit dem *Berkow*schen Instrumentarium in der erwähnten Weise anschließend an die psychische Vorbereitung von jeder Versuchsperson ausführen und rege im allgemeinen einen Vergleichsversuch darüber an, ob die Erscheinung mit offenen oder geschlossenen Augen verschiedene Resultate ergibt.

Für die allgemeinen Erlebnisse bei derartigen Versuchen ist das folgende Protokoll einer Kursteilnehmerin sehr charakteristisch.

1. *38jährige Dame.* „Pendelversuch. Mit Staunen sehe ich, daß bei allen Personen, die vor mir den Versuch machen, das Pendel (nachdem sie zuerst geschwungen und dann wieder festgehalten haben) sich nach kurzer Zeit leise zu bewegen beginnt, wenn sie nur: rechts-links, links-rechts usw. denken. Ich bin überzeugt, mir wird das nicht gelingen, weil ich mich so geniere, sobald ich aus der ‚Schulbank' heraustreten muß, daß ich mich sehr gehemmt fühle. Ich komme dran. Kaum habe ich das Pendel nach den ersten kräftigen Schwüngen festgehalten und angefangen rechts-links usw. zu denken, da sehe ich ‚ihn' schon sehr deutlich und kräftig in Bewegung geraten. Ich bin furchtbar erstaunt und möchte den Versuch zur Kontrolle gern wiederholen."

Ähnlich schildert *ein 40jähriger Arzt:*

2. „Pendelversuch. Beim Pendelversuch konstatiere ich mit Überraschung, daß kurze Zeit nach Einstellung auf eine Bewegungsrichtung das Pendel deutliche Anschläge in dieser Richtung vollführte und daß es beinahe unmittelbar nach Umstellung auf eine andere Bewegungsrichtung seine Bewegung verzögerte, um alsbald die neue Richtung einzuschlagen. Körperliche Empfindungen, die mir zur Erklärung der Bewegung des Pendels dienen könnten, habe ich nicht gehabt."

Dagegen meint ein *45jähriger Kaufmann:*

3. „Pendelversuch. Diese Übung habe ich nicht ausgeführt. Ich bin gehemmt, trotz Alleinseins komme ich mir lächerlich vor."

Demgegenüber berichtet ein *30jähriger Kaufmann:*

4. „Pendelversuch. Gelang bei mir überraschend deutlich, Erstaunen der Umstehenden, aber auch Bemerkungen, ich hätte die Hand mitbewegt. Dies geschah sicherlich unbewußt, denn ein Selbstbetrug wäre ja doch für mich ganz sinnlos."

Ebenso meint ein *40jähriger Arzt:*

5. „Pendelversuch. Zunächst Skepsis, dann sah ich den Beginn einer Bewegung und gab die Vorstellung der Bewegung im Takt der Schwingung. Die Vorstellung war bei mir nicht in Wortform (rechts-links) vorhanden, sondern ich stellte mir vor, das Pendel führe die Bewegung immer stärker aus. Die mir erteilte Hilfe störte etwas, weil sie dem Schwingungstakt nicht entsprach. Bei dem Versuch hatte ich nicht im geringsten das Gefühl, daß zwischen meiner Vorstellung und einer etwaigen – von mir nicht beobachteten – Bewegung meiner Hand ein Zusammenhang bestünde."

Sehr offenherzig meint ein *30jähriger Kaufmann:*

6. „Pendelversuch. Ich bin überrascht über das schnelle Ausschlagen des Pendels in der gedachten Richtung. Ohne eigenes Experiment hätte ich nicht daran geglaubt. (Wenigstens bei mir selbst nicht.)"

Der Einfluß des Augenschlusses ist durchaus wechselnd. Wir finden Versuchspersonen, denen das Experiment mit geschlossenen Augen besser gelingt, neben solchen, die nur mit offenen Augen gut vollziehen können, und solchen, bei denen dieser Faktor ganz irrelevant ist. Gelegentlich hängt der positive Ausfall mit einem direkten Fixieren der Pendelkugel eindeutig zusammen. So meint ein 43jähriger Kaufmann:

„Pendelversuch. Das Pendel reagierte sehr gut, solange ich es anblickte. Wenn ich es jedoch nicht anblickte, so reagierte es so gut wie gar nicht, ganz gleich, ob die Augen geöffnet oder geschlossen waren."

Bei einem 43jährigen Rechtsanwalt führte der Augenschluß zum Ansatz einer konzentrativen Umschaltung. Er protokolliert:

„Pendelversuch. Gelingt gut. Mit geschlossenen Augen. Gefühl einer Zweiteilung. Der Körper ist in Ruhe und nimmt keinen Einfluß auf die Kugel, eine zweite Kraft ist fühlbar. Beim Öffnen der Augen ist man erstaunt zu sehen, daß die Kugel in der gewollten Richtung pendelt."

Ein 22jähriger Student meint:

„Pendelversuch. Mit offenen Augen: Der Versuch ging nicht, wahrscheinlich wegen zu großer Ablenkung und dadurch nicht genügender Konzentration. Mit geschlossenen Augen: Die gedachte Bewegung kam zustande, wenn auch nicht besonders stark; wahrscheinlich war bei geschlossenen Augen größere Konzentration möglich."

Gelegentlich berichten Versuchspersonen auch bei diesem Experiment über Nebenerscheinungen, wie zum Teil schon in obenstehenden Protokollen hervortritt. So gibt 30jähriger Künstler bei positivem Versuchsverlauf zunächst Erregung und Unruhe der Hand und dann bei Eintritt der konzentrativen Bewegungsreaktion „leises, ziehendes Gefühl im Unterarm" an. Ein 43jähriger Kaufmann reagiert sofort positiv und ausgiebig; er hebt in seinem Protokoll „im Arm fühlbare Wärme" hervor.

Ein 35jähriger Diplomingenieur kommt im Verlaufe positiver Selbstversuche zu einem „Gefühl des Nichtvorhandenseins des Körpers". Nur sehr selten werden irgendwelche Bewegungsempfindungen im Versuchsarm angegeben.

So protokolliert 36jährige Dame:

„Pendelversuch. Ich hatte das Gefühl ganz leisen Druckes im Zeigefinger der Nachobenschwingung. Das Pendel reagierte richtig. Seitenschwingung. Ich hatte das Gefühl ganz leichter Bewegungen im Handgelenk. Pulsartig. Pendel ging. Kreisbewegung war sehr gering. Die Vorstellung saß wie immer mehr in der eigenen Hand."

39jähriger Nervenarzt beobachtete bei der positiven Rechts-links-Schwankung „leise schwankende Spannung im Handgelenk". Der Vorwärts-rückwärts-Versuch blieb bei ihm negativ.

Ein 40jähriger Maler protokolliert (1. Übungswoche):

„Pendelversuch. Lot bewegt sich nach Konzentration sofort in gewünschter Richtung. Bei geschlossenen Augen Empfindung der Bewegung in den Fingerspitzen, und zwar ist die Empfindung der Bewegung stärker, als sie in Wirklichkeit geschieht."

Zur mechanischen Theorie des Pendelphänomens gebe ich hier im Original die Ausführungen eines 22jährigen Diplomingenieurs, *Gerhard Pinner,* der 1927 an einem meiner Kurse teilnahm:

„Pendelversuch: Drehbewegung im Uhrzeigersinn. Trat bei geöffneten wie bei geschlossenen Augen sofort ein, im ersten Fall jedoch mit bedeutend größerem Radius. Um Bewegung kontinuierlich zu erhalten, war absolut ruhige Handhaltung notwendig. Jede bewußte Hilfe durch die Hand hemmte die Bewegung.

Hierzu habe ich noch folgendes zu bemerken: Ein Herr aus dem Hörerkreis hatte an sich die Beobachtung gemacht, daß die Pendelbewegung bei geschlossenen Augen schneller und kräftiger verlaufen war als bei offenen, und Sie suchten das durch die Annahme zu erklären, er habe bei offenen Augen die Bewegung zu kontrollieren versucht und dadurch unwillkürlich gehemmt. Ich kann mir nicht vorstellen, daß eine derartige zweckwidrige Reaktion möglich sein sollte, und erlaube mir, Ihnen eine andere Erklärung vorzuschlagen, zu der ich durch mein Studium der Mechanik, das ich unter anderem an der hiesigen Technischen Hochschule betrieben habe, veranlaßt werde. Man spricht in der Mechanik von sog. ‚erzwungenen Schwingungen' und meint damit irgendwelche, bereits vorhandene Schwingungen, die einem schwingungsfähigen System aufgedrückt werden. Der Schwingungszustand, in den dann das schwingungsfähige System gelangt, ist von zweierlei abhängig, erstens von der Eigenfrequenz, und zweitens von der Frequenz der aufgedrückten Schwingung. Es ist nun eine Tatsache – die sich durch Gleichungen wie durch jeden Versuch unschwer beweisen läßt –, daß die Frequenz der resultierenden Schwingung umgekehrt proportional derjenigen der aufgedrückten ist, d. h. daß das schwingungsfähige System um so schneller schwingt, je langsamer das „erzwingende" schwingt und umgekehrt. In unserem Fall ist das schwingungsfähige System das Pendel, die „erzwungene Schwingung" rührt von der Hand her. Will man also das Pendel in schwingenden Zustand – sei es geradlinig, sei es kreisförmig – versetzen, so muß die Bewegung der Hand minimal, unmerklich für den Ausübenden selbst, sein. Da diese Gesetzmäßigkeit jedoch nicht jedermann bekannt sein dürfte, ist es zu erwarten und läßt sich auch vielfach beobachten, daß dem schwingungsfähigen System unwillkürlich eine viel zu große Frequenz aufgedrückt wird, und zwar durch zu schnelle Bewegung der Hand, weil der Betreffende glaubt, je schneller er die Hand bewegt, desto schneller wird das Pendel mitschwingen, und weil er das dann auch, wenn vielleicht auch unbewußt, tut; da es hierbei wohlgemerkt nur auf die Frequenz, nicht auf die Amplitude der Handbewegung ankommt, genügt es bereits, wenn diese nur stark vibriert, um den Versuch zum Scheitern zu bringen." Ich glaube, daß diese Erklärung zweifellos ein wichtiges Moment trifft, aber die von mir vertretene Ansicht der Selbsthemmung nicht ausschaltet. Es dürfte wichtig sein, beim Pendelversuch beiden Prinzipien der Erklärung Beachtung zu schenken.

Fassen wir die Ergebnisse des Pendelversuchs ganz kurz zusammen, so liegt seine Bedeutung für die Praxis darin, daß auch psychologisch völlig unorientierte Menschen mittels dieses Experimentes sich „handgreiflich" im wahrsten Sinne des Wortes überzeugen können,

1. daß „reines Denken" wirksam im Körpergeschehen ist (Vorurteil der „Einbildung"),
2. daß jeder, auch der „Normale", Reaktionen gesetzmäßig liefert, die seiner bewußten Kontrolle ganz entzogen sind,
3. daß eben diese „unbewußten", „unwillkürlichen" Reaktionen durch geistige Konzentration lenkbar sind, während sie sich prinzipiell vom spannenden Willensverlauf des Alltags unterscheiden.

Bemerkenswerterweise ist mir bei einem sehr großen, sicher nach mehreren Tausend zählenden Menschenmaterial nur eine völlig und dauernd negative Versuchsperson begegnet. Es handelt sich um eine prominente Schauspielerin, die auch in ihrem

Berufskreise dafür bekannt ist, daß sie eine ganz außerordentliche bewußte Beherrschung ihrer gesamten Körpermuskulatur besitzt. Hier ist der Bewegungsapparat offenbar so weitgehend bewußt regulierbar, daß jede kleinste Bewegungsänderung sofort bemerkt und ein „unbewußtes" Reagieren unmöglich gemacht wird. Selbstschilderungen von Pendelversuchen führen, wie die unten folgenden Proben zeigen, von ganz primitiven positiven Tatsachenschilderungen bis zu komplizierteren Abläufen. Auch hier werden schon eigenartige Nebenerscheinungen erwähnt, so z. B. Wärmegefühl im Arm, Wahrnehmung leiser „schwankender Spannung im Handgelenk", „Gefühl des Nichtvorhandenseins des Körpers", „leise ziehendes Gefühl im Unterarm" oder „bei Richtungsänderung ein Veränderungsgefühl im Gehirn". Anfangs zeigt sich gelegentlich eine gewisse Unruhe. Beschäftigt man sich näher mit Versuchspersonen, die Unterschiede beim Pendelversuch mit und ohne Augenschluß angeben, so kann man häufig feststellen, daß für gemischte und optische Typen das Mitwirken des Gesichtssinnes unterstützend wirkt, während namentlich Versuchspersonen mit Neigung zu Hemmungszuständen, Verlegenheit, Schüchternheit usw. häufig nach Augenschluß bessere Resultate liefern.

Zur Veranschaulichung mögen die folgenden Resultate dienen:

7. *36jähriger Kaufmann.* Pendelversuch: Ring ging „von selbst" in die gewünschte Bewegung über, also ohne daß es mir ins Bewußtsein gekommen wäre, daß ich meine Hand in Bewegung gesetzt hätte.

8. *37jährige Graphikerin.* Pendelversuch. Gelingt mit geschlossenen und offenen Augen.

9. *40jähriger Kaufmann.* Pendelversuch. Die Pendelschwingungen habe ich zweimal probiert, allerdings mit fast negativem Erfolg. Das Pendel folgte zwar anfangs meinen Gedanken, hauptsächlich der Bewegung rechts-links, ging dann aber, ohne daß ich – wenigstens bewußt – daran dachte, auch nach allen möglichen anderen Richtungen.

10. *39jähriger Nervenarzt.* Pendelversuch. Richtung rechts-links: positiv. Empfindung: Leise schwankende Spannung im Handgelenk. Richtung oben-unten: negativ.

11. *35jähriger Diplomingenieur.* Pendelversuch. Mit Uhr an Kette über Aschenbecher. Die Uhr schlägt absolut nach der gedachten Richtung. Ich habe sie nach jeder Richtung, auch stark im Kreise schwingen lassen können. Anschlag von der Achse beiderseits bis Gefühl des Nichtvorhandenseins des Körpers.

12. *Künstler, 30 Jahre alt.* Pendelversuch. Zunächst Erregung, unruhige Hand; dann Schwingen des Pendels in gedachter Richtung, dabei leise ziehendes Gefühl im Unterarm.

13. *36jähriger Arzt.* Pendelversuch. Bei Richtungsänderung ein Veränderungsgefühl im Gehirn.

14. *43jähriger Kaufmann.* Pendelversuch. Gelingt sofort. Bei offenen Augen. Pendel gehorcht sehr leicht. Im Arm fühlbare Wärme.

15. *42jähriger Legationssekretär.* Pendelversuch gelingt, und zwar besser mit offenen als mit geschlossenen Augen.

16. *32jährige Ärztin.* Pendelversuch. Die Schwingungsrichtung entspricht ganz prompt der Richtungsvorstellung. Dabei habe ich nicht – wie beim Fallversuch – das Gefühl einer besonderen Konzentration, sondern sehe nur zu.

17. *61jähriger Arzt.* Pendelversuch. Gelingt. Mit geschlossenen Augen ebenfalls, doch sind die Ausschläge nicht ganz so stark.

18. *36jähriger Handelsredakteur.* Pendelversuch. Kommt nur zu zögernd in Gang und nur wenn ich die Kugel ansehe, seitwärts leichter als rückwärts. Sobald die Schwingung im Gang ist, wird sie mit Leichtigkeit fortgesetzt.

19. *23jährige Dame.* Pendelversuch. Ich hielt die Gabel ruhig in der Hand, schloß die Augen und dachte ganz stark: Immer rund ... und sah innerlich, wie ein Kreis gezogen wurde, immer wieder der gleiche Kreis nachgezogen wurde. Ich fühlte dann bald, daß die schwere Kugel in lebhafter Bewegung war. Danach stellte ich mir vor: Hin und her, hin und her, öffnete die Augen und sah, daß die Kugel auch diesen Weg beschrieb.

20. *39jähriger Industrieller.* Beim Pendelversuch hatte ich zuerst etwas Herzklopfen, dann wurde ich aber ganz ruhig. Mit offenen Augen bewegte sich das Pendel etwas schneller wie mit geschlossenen Augen. Der Unterschied war nicht groß.

21. *41jähriger Inspektor.* Pendelversuch gelingt mit geschlossenen und mit offenen Augen.

Bei besonders Leibfremden, Ungeschickten ist im Anschluß an den Pendelversuch der Arm-schwer/leicht-Versuch (S. 24) ratsam.

Eine weitere, sehr geeignete einleitende Demonstration ist der *Kastenversuch* nach *Koseleff*, dessen Kenntnis ich meinem verstorbenen Mitarbeiter, dem Psychologen Dr. phil. *Spiegel* verdanke.

Zwei Kästen gleicher Breite und Länge, einer 3, einer 8 cm hoch, stehen aufeinander. Der obere ist mit Blei gefüllt, der untere, größere, leer. Läßt man erst beide, dann nur den oberen, dann wieder beide langsam gewichtsschätzend anheben, so wird der kleine obere allein schwerer empfunden als beide. Das kleinere Maß des oberen löst (ohne Eigenkontrolle!) eine schwächere Innervation aus, und da das Gewicht nur durch den oberen, kleineren, schweren Kasten bestimmt wird, erscheint das „unveränderte" Gesamtgewicht größer, wenn nur der obere, kleine schwere Kasten angehoben wird. Der Versuch ist 100%ig und sehr eindrucksvoll gleich den bekannten optischen Täuschungen. *R. Nyssen* und *J. Bourdon*, Brüssel (Acta psychol. Haag 1955, 467), sprechen dem Versuch (mit Recht) *klinischen* diagnostischen Wert ab. Für die demonstrative Verwendung in der Vorbereitung zum autogenen Training bleibt sein Wert dadurch unberührt.

Während Pendel- und Kastenversuche bei durchschnittlichen Versuchspersonen in 100 % positive Resultate ergeben, liefert unser dritter Demonstrationsversuch, der von *Hack-Tuke* stammende *Fallversuch*, unter gleichen Umständen nur 60 % Treffer.

Seine Ausführung geschieht so, daß man die Versuchspersonen vor einem weichen Stuhl oder dergleichen sich in *Romberg*haltung (Fuß-Augen-Schluß) aufstellen läßt und ihnen die Anweisung gibt, sich ohne jede Ablenkung und nach Möglichkeit für eine gewisse Zeit pausenlos auf den Satz zu konzentrieren: „Ich falle rückwärts". Bei Versuchspersonen von guter Konzentration beobachten wir dann ein blitzartiges Niederfallen nach rückwärts. Es erfolgt mit solcher Plötzlichkeit, daß der Versuchsleiter sich schon vor Anregung der inneren Versuchseinstellung neben die Versuchsperson stellen und den Arm zum Auffangen hinter ihrem Rücken halten muß, um Schockerlebnisse zu vermeiden. Sehr oft geben uns gerade diese Versuchspersonen spontan sehr deutlich an, daß sie einen „Zug nach hinten" verspürten, ein „Gefühl, nach hinten gezogen zu werden"; auch „Schwindel" wird häufig angegeben und gar nicht selten nach dem erfolgten Niederfallen Herzklopfen und Schreck, wie etwa das letzte Protokoll der Grupppe 1 besonders deutlich zeigt. Andere Versuchspersonen (s. Gruppe 2) erleben deutlich den Widerstreit zwischen konzentrativem Hingabewillen an die Vergegenwärtigung „ich falle rückwärts" und den normalen reflektorischen Mechanismen der Aufrechterhaltung; sind wir doch alle durch jahrelange Erfahrung darauf eingestellt, jeder Verlegung des Schwerpunkts hinter die Unterstützungsfläche der Füße durch reflektorische Abwehr zu begegnen. Besonders möchte ich in der Gruppe 2 auf das letzte Protokoll verweisen, wo mit Einsetzen von Gleichgültigkeit" und einem gewissen „Müdigkeitszustand" ein momentanes Umfallen eintritt, durch das die 30jährige männliche Versuchsperson „ziemlich erschrocken" war. Zeigt uns Gruppe 2 außer dem Kampf mit der reflektorischen Erhaltung der Aufrechterhaltung „Konzentrationsschwankungen", so ergeben die Fälle der Gruppe 3 darüber hinaus noch mehr Einzelheiten: Zweifel, ob es „bei mir funktionieren würde", „unbehagliches Gefühl in Erinnerung an militärische Massenuntersuchungen", „Zwischengedanken im Versuchsverlauf", „dieser Versuch wird aber bei mir nicht gelingen", Unruhe- und Umschaltungsphänomene, wellenförmiger Konzentrationsverlauf, beginnende Unruhe, Störung durch die Umgebung oder den Versuchsleiter. Die folgende Gruppe 4 liefert uns über die Gruppe 3 hinaus nicht nur ergänzende Einzelheiten, sondern sehr interessante allgemeine Erlebnisse. Da zeigen sich Empfindungen, frei zu schweben, Erinnerungen an Erlebnisse im Gebirge, Gefühl „des Fallens in die Unendlichkeit", etwa „wie man im Traum von einem Berg fällt"; oder es wird „Leere im Kopf" angegeben, der Fallvollzug durch die Annahme erklärt „als wenn ich durch das scharfe Denken bei geschlossenen Augen in einen Schlafzustand verfalle, etwa wie wenn beim angestrengten Lesen die Augen momentan zufallen und das Buch aus der Hand fällt". Wieder andere Versuchspersonen meinen nach einleitenden Schwierigkeiten: „... in der Erinnerung kein Wissen von sich selbst während des Versuchs, nur wohliges Empfinden; wohl die Wahrnehmung eines gewissen Kräftespiels zwischen dem disziplingewohnten Ich und dem Es, das sanft und werbend nach rückwärts zieht". In einem Falle wird der Verlauf in Stichworten angegeben: „Ausschaltung des Denkens. Bewußtlosigkeit. Mangel an Gefühl. Ruckweises Fallen. Erwachen." Diesen vier vollkommen oder ziemlich glatt positiven Verlaufsgruppen folgt eine fünfte, bei der der innere Kampf längere Zeit unentschieden bleibt, bis doch schließlich das Versuchsresultat eintritt. Wir erhalten bei diesen Versuchspersonen sehr anschauliche Schilderungen über den Kampf der widerstrebenden Motive, über die Erregung durch den inneren Widerstand, über verkrampfte Versuche, sich „förmlich mit körperlicher Anstrengung aufrechtzuerhalten" oder ein „halbbewußtes" Rückwärtstreten, das den endgültigen Fall verhindert. Hier ist bei der Mehrzahl der Versuchspersonen das objektive Endresultat nicht erreichbar, obwohl subjektiv die Vergegenwärtigung fast zwanghaft wirksam wird. In der folgenden Gruppe 6 bleibt das Umfallen durchweg aus. Bald gibt die Versuchsperson an, daß ein Schwanken bestand, „bis ein starker Ruck mich sozusagen wieder ins Bewußtsein brachte", bald, daß ein Fall „durch unbeabsichtigte Spannung der Oberschenkelstreckmuskulatur ausgeglichen wird" oder daß im Moment ersten Fallempfindens „der Wille" einsetzt, „einen Fall zu verhindern". In der letzten, Gruppe 7, endlich geben wir Protokolle von Versuchspersonen mit inneren Zweifeln und schlechter Konzentration. Sie meinen etwa „der Fallversuch war vollkommen negativ, ich hatte, obwohl ich es sehr gern erlebt hätte, nicht das geringste Gefühl des Fallens" oder „Gefühl, daß es nur mit Fallenlassen bewußter Art möglich wäre" und dergleichen.

Der Versuchsleiter kann sich ein sehr genaues Bild der inneren Vorgänge seiner Versuchspersonen verschaffen, wenn er an ihnen vorbei auf einen festen Punkt visiert. Es zeigt sich dann je nach dem Gelingen der Vergegenwärtigung eine entsprechende Fall- oder Pendelbewegung des stehenden Körpers, eine Reaktion, die ja in den erwähnten Versuchen von *Hull* und *Huse* bei der Suggestion des Vorwärtsfallens quantitativ registriert wurde. Besonders amüsant für den Versuchsleiter sind primitiv beschränkte Versuchspersonen von entschlossener Opposition, die in dem Versuch nur eine Art von Ringkampf mit dem Versuchsleiter sehen. Man kann sie sogleich daran erkennen, daß sie mit deutlich vorwärts geneigtem Körper unter überwiegender Belastung der Zehen dastehen und schon durch diese Haltung beweisen, daß sie in keiner Weise geneigt sind, auch nur den Ansatz einer inneren Vergegenwärtigung des Rückfallens zu versuchen, sondern „mit jeder Fiber" ihre Unerschütterlichkeit dartun wollen. Man muß diese kleinen Lageunterschiede kennen und derartige freundliche Mitarbeiter durch die Bemerkung ausschalten, man bestreite ihnen gewiß nicht, daß sie noch einige Stunden absichtlich in dieser Haltung stehenbleiben könnten.

Als Belege folgen hier die Protokolle der erwähnten sieben Gruppen, wobei besonders darauf hinzuweisen ist, daß es sich ausnahmslos um Protokolle über Fallversuche handelt, die vor Beginn irgendeines Trainings im Anschluß an die erste psychische Vorbereitung gewonnen wurden; um so bemerkenswerter ist bereits in diesen Protokollen die Selbstfeststellung von Umschaltungs- und anderen Allgemeinerlebnissen.

Gruppe 1

1. *37jährige Graphikerin.* „Fallversuch. Gelingt ohne Schwicrigkeiten. Ich habe das Gefühl, nach hinten gezogen zu werden."

2. *46jähriger Architekt.* „Fallversuch. Macht keine Schwierigkeiten. Ein langsames Fallen des gestreckten Körpers."

3. *42jähriger Kaufmann.* „Fallversuch. Nach ganz kurzer Zeit fühle ich im Rücken einen deutlichen Zug nach hinten und unten. Auch ein Gefühl von Schwindel. Umfallen."

4. *32jährige Ärztin.* „Fallversuch. Nach einigen Sekunden habe ich das Gefühl, daß ich ganz stark nach hinten gezogen werde und knicke in den Knien ein."

5. *42jähriger Industrieller.* „Fallversuch. Zunächst leichtes Schwanken nach links und rechts. Dann plötzlich ein Ruck nach rückwärts, als ob ich fiele. Umfallen."

6. *23jährige Dame.* „Fallversuch. Ich versuchte es zweimal, kurz nachdem ich die Vorstellung festhielt, ich falle jetzt rückwärts, schwankte ich mehrere Male nach rechts und links, schließlich sank ich rückwärts. Beim zweiten Male dachte ich: Stelle dir vor, du fällst jetzt nach hinten. Ich schwankte dann nur einmal nach rechts und links und fiel in den Stuhl."

7. *22jähriger cand. ing.* „Fallversuch. Umfall nach hinten erfolgte augenblicklich. Daß ich hinterher Herzklopfen bekam, setzt mich einigermaßen in Erstaunen, da ich

das sonst nicht kenne. Ich vermute, daß es in dem Schreck seinen Grund fand, den ich bei der plötzlichen Lageveränderung (törichterweise) empfand. Übrigens habe ich diesen Versuch schon früher mit anderen Personen angestellt und gefunden, daß alle einigermaßen sportlich trainierten Menschen darauf sofort reagieren."

Gruppe 2

8. *36jähriger Kaufmann.* „Fallversuch: Erst Kampf zwischen 1. ich will umfallen, 2. dem gewohnten Imperativ ‚halt dich senkrecht'. Bei stärkerer Konzentration auf 1 fast sofortiger Beginn eines Zuges von hinten, der schnell zum Umfallen führt."

9. *61jähriger Arzt.* „Fallversuch gelingt. Ich konnte mich zuerst nicht genügend konzentrieren, fühlte ein gewisses Widerstreben, dann war dieser Widerstand plötzlich zu Ende, ich fiel."

10. *43jähriger Kaufmann.* „Fallversuch. Der innere Widerstand ist ziemlich stark. Die Vorstellung des Fallens war gegen die innere Einstellung ‚ich will nicht fallen' durchzusetzen."

11. *30jähriger Kaufmann.* „Fallversuch. Den Abwehrwillen: Ich will nicht zurückfallen, konnte ich zunächst nicht beiseite schaffen. Allmählich trat Gleichgültigkeit ein, der Abwehrwille ließ nach, ein gewisser Müdigkeitszustand war fühlbar und gleich darauf fiel ich um, in diesem Moment schien mir nicht die geringste Spur von Abwehrwillen mehr da zu sein. Durch das tatsächlich erfolgte Umfallen war ich ziemlich erschrocken."

12. *40jähriger Maler.* (2. Übungswoche.) „Fallversuch. Nach Konzentration macht sich Opposition bemerkbar: Vor- und Zurückschwanken des Körpers, dann unwiderstehlicher Zug nach rückwärts, dem der Körper nachgeben muß. Das Experiment glückt immer ziemlich schnell."

Gruppe 3

13. *47jähriger Arzt.* „Fallversuch. Ich schien mich wohl etwas krampfhaft anzustellen und hatte das Gefühl, daß es bei mir nicht funktionieren würde, obgleich ich mich fest darauf konzentrierte, bis mir nach einer kurzen Weile, was ich kaum selbst merkte, der Herr Assistent sagte, ich sei hintenüber gefallen."

14. *36jähriger Handelsredakteur.* „Fallversuch. Anfangs vorher unbehagliches Gefühl in Erinnerung an militärärztliche Massenuntersuchungen, die mit ähnlichen Fallversuchen begannen. Nach wenigen Sekunden falle ich wie ein Klotz nach hinten."

15. *38jährige Dame.* „Fallversuch. Mit geschlossenen Augen und Füßen vor einem Stuhl stehen, denken: Gleich werde ich umfallen. Eine kurze Zeitlang stehe ich ganz fest, denke, dieser Versuch wird aber bei mir nicht gelingen. Ich versuche, mich ganz auf den Gedanken ‚ich werde umfallen' zu konzentrieren – da plötzlich und im Augenblick überraschend geht ein Ruck durch meinen Körper, ich falle."

16. *46jährige Dame.* „Fallversuch. ‚Ich falle nach hinten' gelingt. a) Starke Unruhe. b) Schwere im ganzen Körper. c) Starkes Ziehen im Unterkörper nach hinten. d) Gefühl des versenkten Zustandes."

17. *50jähriger Zeichner* (1. Übungswoche). „Fallversuch: Der Gedanke ‚ich falle' arbeitet nicht mit gleichmäßig zunehmender, sondern mit wellenförmig zunehmender

Kraft. Das ergibt vor dem endgültigen Umfallen Schwankungen in wachsender Größe von vorn nach hinten."

18. *30jähriger Kaufmann.* „Fallversuch. Beim Versuch starkes Herzklopfen. Vorstellung des hinter mir stehenden Stuhles und der umstehenden Personen konnte ich zeitweise nicht ausschalten. Also keine reine Gedankenkonzentration. Dazwischen ein leises Schwanken des Körpers. Schließlich doch Fall nach rückwärts. Beim zweiten Versuch schneller ein Zug nach hinten."

19. *50jähriger Holzhändler.* „Fallversuch. Zunächst bemerkte ich ein starkes Schwanken des ganzen Körpers nach verschiedenen Richtungen, wohl infolge des Fußschlusses. Das fortgesetzte: ‚Ich falle rückwärts' des Trainingsleiters rief unwillkürlich meine Opposition hervor und ich empfand, daß die Schwankungen nachließen. Ein Fallen nach rückwärts konnte ich nicht feststellen. Beim zweiten Versuch waren die Schwankungen von Anfang an geringer und ich konnte mich stärker konzentrieren. Schließlich empfand ich ein im Gesäß beginnendes Ziehen, das das Fallen hervorrief."

Gruppe 4

20. *40jähriger Arzt.* „Fallversuch. Beim Stuhlversuch stellte sich sehr bald die Empfindung, frei zu schweben, ein. Dazu kam alsbald eine Empfindung, wie ich sie gelegentlich auf steilen Berggipfeln, Aussichtstürmen und in Verbindung mit der Vorstellung, herunterfallen zu können, gehabt habe. Gleich darauf erfolgte ein Einknicken der Knie, so daß nur ein schnelles Umklammern der Lehnen des Sessels den Fall auf den Stuhl verhinderte."

21. *43jähriger Rechtsanwalt.* „Fallversuch. Gelingt gut, ohne Schwierigkeiten. Man hat das Gefühl des Fallens in die Unendlichkeit, etwa wie man im Traum von einem Berg fällt."

22. *37jähriger Kaufmann.* „Fallversuch: Stets prompt. Fühle völlige Leere im Kopf."

23. *49jähriger Kaufmann.* „Fallversuch. Der Versuch, durch intensives Denken umzufallen, der bei mir positiv war, erscheint mir, als wenn ich durch das scharfe Denken bei geschlossenen Augen in einen Schlafzustand verfalle, etwa wie wenn beim angestrengten Lesen die Augen momentan zufallen und das Buch aus der Hand fällt."

24. *40jähriger Arzt.* „Fallversuch. Etwa 3 Sekunden nach der Vorstellung – ohne Begleitworte –, daß ich rückwärts fiele, – trat der ‚Fall' ein. Ich wiederholte sofort mit dem gleichen Erfolg. Nicht das Gefühl des Gezogenwerdens, eher das des Schwankens infolge fehlenden Gleichgewichtes."

25. *30jähriger Künstler.* „Fallversuch: Zunächst starke Erregung, Herzklopfen, leichtes Zittern des Kopfes. Erst nach Überwindung dieser Hemmungen Konzentrationsmöglichkeit und guter Erfolg. In der Erinnerung kein Wissen von sich selbst, während des Versuches nur wohliges Empfinden; wohl die Wahrnehmung eines gewissen Kräftespiels zwischen dem disziplingewohnten Ich und dem Es, das sanft und werbend nach rückwärts zieht."

26. *36jähriger Arzt.* „Fallversuch. Ausschaltung des Denkens. Bewußtlosigkeit. Mangel an Gefühl. Ruckweises Fallen. Erwachen."

Gruppe 5

27. *35jähriger Legationssekretär.* „Fallversuch. Ich schwanke eine Zeitlang auf den Fersen; gewisser innerer Widerstand, der mich im letzten Augenblick vor dem Fallen bewahrte. Nachher Handzittern (vgl. z. B. noch in den ersten Worten der Niederschrift). Ausdruck der Erregung noch durch leichten Schweiß in den Händen. Ergebnis positiv."

28. *48jähriger Redakteur.* „Bei ‚ich falle rückwärts' habe ich ein Schwanken gespürt, dem ich unwillkürlich den Willen, nicht zu fallen, entgegengesetzt habe."

29. *30jähriger Kaufmann.* „Fallversuch. Ich habe das Gefühl zu fallen, fast wie schwindlig, und muß mich förmlich mit körperlicher Anstrengung aufrecht erhalten."

30. *44jähriger Kaufmann.* „Fallversuch. Ich merkte nach kurzer Zeit, daß ich im Stehen unsicher wurde, hauptsächlich nach hinten, etwas aber auch seitlich neigend. Es trat aber dann sofort eine gewisse Gegenwirkung ein, die ein völliges Umfallen verhinderte."

31. *45jähriger Kaufmann.* „Fallversuch. Ich fühle einen leichten Zug nach rückwärts, auf eine etwas größere Schwungbewegung hin trat aber sofort eine Reaktion ein, die ein Wiedergradestehen bewirkte."

32. *39jähriger Arzt.* „Fallversuch. Ziehen nach rückwärts, durch einen halbbewußten Schritt wurde Fallen vermieden.

33. *35jähriger Diplomingenieur.* „Fallversuch. Zuerst Gefühle des Schwankens, dann Empfindung der Neigung und der Starrheit im Kreuz, Rückwärtsgreifen der Arme und Suchen nach einer Stütze."

Gruppe 6

34. *39jähriger Nervenarzt.* „Fallversuch. Nur geringes, zirkuläres Schwanken. Empfindung: Schwindel."

35. *49jähriger Kaufmann.* „Fallversuch. Der Körper wurde mir leichter und leichter und fühlte sich allmählich stärker nach rückwärts gezogen. Anfangs nahm ich das Schwanken des Körpers noch wahr, bis ein starker Ruck mich sozusagen wieder ins Bewußtsein brachte."

36. *38jährige Ärztin.* „Fallversuch. Allmählich leichte Verlagerung des Körpergewichts rückwärts, die aber durch unbeabsichtigte Spannung der Oberschenkelstreckmuskulatur ausgeglichen wird."

37. *38jähriger Industrieller.* „Fallversuch. Ich empfinde eine Kraft, die mich langsam rückwärts neigt, im Moment dieser Empfindung setzt der Wille ein, ein Fallen zu verhindern."

Gruppe 7

38. *40jähriger Kaufmann.* „Fallversuch. Der Fallversuch war vollkommen negativ, ich hatte, obwohl ich es sehr gerne erlebt hätte, nicht das geringste Gefühl des Fallens."

39. *36jährige Dame.* „Fallversuch. Ein Gefühl von Unsicherheit, von Schwanken im ganzen Körper, ein Rückwärts-Gezogenwerden. Gefühl, daß es nur mit Fallenlassen bewußter Art möglich wäre."

40. *29jährige Ärztin.* „Fallversuch. Ich habe dabei stets das Gefühl, ich lasse mich nach hinten fallen, aber nicht, ich falle nach hinten, oder gar, es zieht mich nach hinten."

Damit wären wir auf den zweiten für unsere Arbeit wichtigen Punkt geführt, der nächst dem bisher dargelegten „Vorurteil" unsere genaueste Beachtung fordert, auf den *Widerstand* unserer Patienten und Versuchspersonen. Allgemeine Formen des Widerstandes sind uns schon bei der vorstehenden Erörterung der Vorurteile begegnet. Wir sehen von diesen mehr allgemeinen und – mindestens scheinbar – der Sache geltenden Oppositionen und Unsicherheiten ab und möchten etwas näher auf spezielle Formen des Widerstandes im autogenen Training eingehen. Die Stellung der Versuchsperson zur Trainingsarbeit ist durch verschiedene Gesichtspunkte charakterisiert. Verständnis ist ebensosehr Voraussetzung wie innere Bereitschaft und Fähigkeit zu der notwendigen konzentrativen Hingabe an die Arbeit selbst. Allgemein geschildert ist die Lage der Versuchsperson völlig identisch mit der Einstellung des normalen Menschen zum abendlichen Einschlafen, wie wir sie im Kapitel I charakterisierten. Es handelt sich um ein inneres *Einwilligen in naturhafte Verläufe erwünschter Richtung*, nicht um ein irgendwie spannendes oder gar verkrampftes Wollen, aber selbstverständlich kann das Eintreten der gesamten Verläufe durch Willkürakte vermieden oder durch willkürliche Abschaltung unterbrochen werden, leiten wir doch unsere Versuchspersonen an, sich in die entspannende Lösung hineingleiten zu lassen und dann wieder aktiv zurückzunehmen.

Neben dieser prinzipiell spezifischen Einstellung gegenüber unserer Arbeit setzt die Aufgabe des autogenen Trainings alle die Anforderungen, die überhaupt ein *technisches Üben* vom Menschen fordert. Hierbei teilen sich die „oppositionellen" Menschen in eine Reihe wohl unterscheidbarer Gruppen. An erster Stelle nennen wir den überwiegend gehemmten, unsicheren, ungewandten, scheuen und verlegenen Typ, der in unserer Arbeit besonders große Schwierigkeiten findet, wenn ihm, wie so häufig, und namentlich in den neuen Studien über Psychomotorik vielfach objektiv untersucht, noch eine besondere körperliche Ungeschicklichkeit eignet. Hier bestehen fließende Übergänge zu der abnormen Motorik Schizoider oder etwa gar Schizophrener. Für diesen Menschentyp ist durch Selbstunsicherheit an sich schon jede Übungsarbeit wesentlich schwieriger als für den durchschnittlichen Menschen, und diese durch mangelnden *Selbstwert* bedingte Erschwerung wird noch durch die technische Unzulänglichkeit erhöht. Ganz anders verhält sich der aus irgendwelchen affektiven Widerständen allgemeinerer Art opponierende motorisch und körperlich mehr unmittelbare Mensch. Ihm gehorchen wohl die in Arbeit genommenen Reaktionen; aber er mißbraucht sie gewissermaßen neurotisch, indem er entweder trotz objektiv deutlich guten Erfolges den Entschluß zur Bejahung nicht aufbringt oder den Verlauf selbst eigentlich neurotisch fälscht.

Dann bekommen wir sehr bemerkenswerte Symptomveränderungen, an erster Stelle typische Verlegungen der positiven Reaktionen auf die „falsche" Körperseite. Die Versuchsperson trainiert etwa „der rechte Arm ist ganz schwer" und konstatiert, daß der linke Arm deutlich schwer wird, während im rechten Arm nichts wahrzunehmen ist; oder es wird die Einstellung gesucht „der rechte Arm ist warm"; der Verlauf ergibt aber, daß der linke Arm deutlich von Wärme durchströmt, der rechte aber abgekühlt wird. Hier steht die Opposition gewissermaßen zwischen der Versuchsperson und ihrem eigenen Organismus, wir haben es mit einer typisch neurotischen Reaktion zu tun. Ich habe eine ganze Reihe solcher Fälle näher psychologisch und namentlich psychoanalytisch klären können.

Dabei ergab sich ausnahmslos das Bestehen einer neurotisch übermäßigen Feindschafts- und Haßeinstellung gegen autoritative Persönlichkeiten, die so weitgehend zu einer selbstverständlichen und fast instinktiven Verhaltensweise geworden war, daß nun die Versuchspersonen sozusagen zwangsläufig sich selbst opponieren mußten. Der schwerste Fall dieser Art betraf einen ausländischen Spezialkollegen, dessen gesamter Trainingsverlauf ein lückenloses negativistisches Reagieren darstellte. Erst die tiefenpsychologische Auflösung einer fundamentalen schweren *Vaterhaßeinstellung* führte zu einer so weitgehenden inneren Ausgleichung, daß nun störungsfreies Trainieren möglich war.

Selbstverständlich kleiden sich diese inneren Widerstände auch gern in die Form von scheinsachlichen Zweifeln, von *Pseudokritik* usw.

Immer kehrt die Frage wieder, ob die gesuchten Erlebnisse nicht „lediglich Einbildung sein sollten – ich traue mir in dieser Hinsicht nicht" (28jährige Hortnerin) oder etwa beim Fallversuch, der ja diese Dinge oft ganz grob bewegungsmäßig ablesen läßt, meint ein 31jähriger Diplomat, der Versuch „rief zunächst Befürchtungen des Nichtgelingens hervor, anschließend den Vorsatz, der jedenfalls nicht als Vorstellung im Sinne eines Bildes des Fallens bezeichnet werden kann, unter allen Umständen mich fallen zu lassen; das glückte denn auch im Augenblick des Versuchs, in dem ich völlig ruhig war, sehr prompt. Es ist aber keinerlei Erinnerung eines inneren Erlebnisses (also z. B. des Gefühls des Rückwärtsgezogenwerdens) vorhanden, daher Zweifel bezüglich der richtigen Ausführung: War nicht ausschlaggebend für den Fall nur der *Wille*, es auf alle Fälle zu ihm kommen zu lassen, also *nicht die lebendige Vorstellung?*" Andere Versuchspersonen nehmen die im Beginn der Arbeit selbstverständlich nur sehr schwache Ausprägung der gesuchten Erlebnisse zum Ausgangspunkt solcher Widerstandszweifel. So meint eine 35jährige Schriftstellerin: „Ich fühle im Arm einen ganz leisen Druck im Ellbogen, aber so *minimal*, daß ich nicht einwandfrei behaupten könnte, habe ich es mir eingebildet oder war es wirklich?" Sehr anschaulich schildert eine 32jährige Ärztin ihre ersten Schwereversuche in einem Ärztekurs. Sie bemerkt einleitend, daß ihre Entspannungserlebnisse an sich durch mehrjähriges *Mensendieck*gymnastik-Training erleichtert seien und fährt dann fort: „Beim erstenmal auf dem Podium wird der Arm nur wenig schwerer; Ihr Zureden stört mich, weil ich denke, jetzt suggeriert er es mir; nachher versuchte ich es noch einmal unten auf meinem Platze, da geht es besser; gehindert hat mich zuerst die Vorstellung: wenn ich nur nicht die Frauenbewegung kompromittiere und das ‚Aufwachen' falsch mache. In der Tat habe ich es auch nicht richtig gemacht."

Neben diesen mehr allgemeineren Widerstandsreaktionen finden wir für die erwähnten mehr örtlichen, neurotischen, Schilderungen wie die folgende: 42jähriger Industrieller (3. Übungswoche): „Als der linke Arm Kühlegefühle bekommen sollte, wurde der rechte Arm kühl, während ich am linken Arm nichts empfand"; oder 38jährige Hausfrau (1. Übungswoche):

„Entspannung eines Armes. Beim ersten Versuch gelingt es nur unvollkommen. Der Versuchsleiter fühlt an der Muskulatur die Entspannung, aber ich habe selber noch kein bestimmtes Gefühl davon. Bei späteren Versuchen zu Hause stelle ich bald ein Gefühl von Schwere, bald von Dumpfheit, bald von Prickeln in der entspannten Hand fest. Manchmal, wenn ich mir vornehme, den rechten Arm zu entspannen, merke ich plötzlich, daß der linke entspannt ist, und zwar mehr als der andere, auf den ich mich konzentrieren wollte, und umgekehrt."

Sehr häufig wird beim Ansatz des Trainings das Mitwirken und Sprechen des Versuchsleiters störend empfunden, so daß wir nur sehr selten Berichte erhalten wie von einem 30jährigen Künstler, der meint: „Berührung und Kontrolle durch den Versuchsleiter nicht störend, sondern helfend." Ein sehr interessantes Oppositionsphänomen gibt 42jähriger akademisch gebildeter Kaufmann (3. Übungswoche):

„Kopfuhr: Der Versuch mißlang vollkommen, hatte aber ein anderes Ergebnis, das vielleicht nicht ohne Interesse ist. Ich war an dem dem Experimentierabend folgenden Morgen einfach nicht wach zu bekommen. Seit Jahren hatte ich keinen so festen Schlaf gehabt."

Endlich bemächtigen sich gelegentlich die Versuchspersonen durch ein „neurotisches Mißverständnis" der Technik, um dem Versuchsleiter ihren Widerstand darzutun. So hatte ein 35jähriger Nationalökonom die Anweisung erhalten, lediglich seine Stirn in der typischen Weise kühl zu stellen. Er veränderte diesen Auftrag zu Haus in die Formel: „Mein Kopf ist kühl" und ist nun in der Lage, den Versuchsleiter wie folgt durchaus treffend zu korrigieren, wobei eben gerade die vom Versuchsleiter gegebene Einstellung herauskommt:

„Mein Kopf ist kühl; zweckmäßig: Zerlegen in einzelne Kopfteile; z. B. meine Stirn, mein Nacken, meine linke Schläfe usw. *ist kühl.*"

In anderen Fällen zeigt sich der *Widerstand der Versuchspersonen* weniger in Störungen des speziellen Übungsverlaufes, sondern in oft mehr alarmierenden Unruhesymptomen. Man sieht dann das aus hypnotischen Erfahrungen schon lange geläufige Phänomen der *Initialunruhe.* Beispiele hierfür finden sich bereits reichlich in den mitgeteilten Protokollen; die Versuchspersonen geben an, daß sie teils im Beginn der Einzelübung, teils allgemein in den ersten Übungswochen beim Eintritt in das Training typische Angst- und Unruheerscheinungen erleben: Herzklopfen, Zittern, Schweißausbruch, ohnmachtähnliche Anwandlungen und Übelkeit leichter Form werden etwa ebenso häufig angegeben wie allgemeine, mehr affektive Erlebnisse im Sinne allgemeiner Unruhe und Beängstigung, oft mit dem Charakter erwartungsneurotischer Einstellung. Die nähere psychologische Analyse solcher Versuchspersonen läßt erkennen, daß es sich hier nur zum Teil um die Auswirkung allgemeiner Schüchternheit, Verlegenheit und Unsicherheit handelt, und nicht selten die geschilderten Reaktionen als Ausdruck mehr oder weniger bewußter Oppositionseinstellung zu werten sind.

„Hysteroneurotisch" gestörter Übungsverlauf bei 40jähriger Akademikerin

Die vorbesprochenen Übungen werden morgens und abends im Bett in Liegehaltung vorgenommen.

Am 3. Mai 1943 erste Übungsbesprechung

Vorversuche und erste Übung (Schwereerlebnis).

Die Schwere wird zuerst im rechten Ellenbogengelenk und von dort sich weiter ausbreitend empfunden, sie geht bei den folgenden Übungen auf den linken Arm und späterhin auf die Beine über. In 14 Tagen geht diese Übung ohne besondere Erscheinung in Ordnung. Im allgemeinen wird sie als angenehm empfunden.

Am 17. Mai 1943 zweite Übungsbesprechung

Bei der Ausführung der zweiten Übung – Gefäßentspannung – (Wärmeerlebnis) setzen sofort Schwierigkeiten ein.

1. Tag: Die beiden Versuche haben keinen Erfolg. Im rechten Arm tritt kein Wärmeempfinden ein.

2. Tag: Bereits bei der Einstellung „Ich bin ganz ruhig" tritt Unruhe ein, die Gedanken irren ab, so daß der Versuch nicht durchgeführt werden kann. Der Morgenversuch wird daher abgebrochen. Beim Abendversuch anstatt der üblich gewesenen Ruhestellung in den Gedanken wieder Zersplitterung, Unkonzentration, weiter Unruhe und Herzklopfen, als Folge davon erschwertes Einschlafen.

3. Tag: Der Morgenversuch schlägt fehl wegen Mangel an Konzentrationsfähigkeit. Beim Abendversuch trat nach der anfänglich wieder erlebten Unkonzentrierbarkeit folgender Ablauf ein:
Vor den geschlossenen Augen der V.P. erschien plötzlich eine weiße Wand — eine völlige Leere andeutend —, dann kam ein Erlebnis im Sinne eines abgrundtiefen Sturzes (V.P. denkt sich etwa als Erlebnisvergleich einen Absturz in den Bergen). Der Ablauf dieses Erlebnisses hatte sich so eindrucksvoll vollzogen, daß V.P. anschließend das Bett abtastete, ob auch alles in Ordnung sei. Beim Durchdenken der Situation: Erstaunen, Erschrecken, Ermattung. Keinen Mut zur Wiederholung der Versuche. Daraufhin zwei Tage Pause.

6.–9. Tag: Bei den Versuchen trat immer wieder Konzentrationsunfähigkeit, Herzbeschleunigung, allgemeine Unruhe schon bei der Grundeinstellung „Ich bin ganz ruhig" auf. Daher gelang auch nun das Schwereerlebnis nicht mehr und von Wärme zeigte sich keine Spur. Unlustgefühle, depressive Gemütsstimmung, Überlegungen in dem Sinne, daß andere Situationen des Lebens gemeistert werden und eine einfache Wärmeerzeugung nicht gelingen will. Äußerlich: mattes, blasses Aussehen.

Die Versuche werden daraufhin ohne das Ziel der Wärmeerzeugung erneut begonnen und auf Schwere abgestellt, was leidlich gelingt. V.P., die sonst fast keinerlei Träume in ihr Bewußtsein bekam, hatte in diesen Tagen zwei bemerkenswerte Träume:

1. Traum: Sie sitzt allein an der Spitze eines bootsähnlichen Schiffes, welches plötzlich vornüber ins uferlose Wasser stürzt. Sie muß unweigerlich in den Abgrund. Erregendes schreckliches Gefühl.

2. Traum: V.P. sieht ihre verstorbenen Eltern — erst den Vater und dann die Mutter im Bett schlafend oder tot liegen. In großer Verzweiflung klammert sie sich an die Mutter, deren Gesicht sich unter ihren Händen in einen Totenkopf verwandelt. Beim Erwachen in der Nacht: Erschütterung, Verzweiflung und Hunger.

31. Mai 1943 dritter Übungsabend

Bei der Besprechung deutet V.L. die vorgetragenen Erscheinungen in dem Sinne: keine Möglichkeit der Wärmeerzeugung infolge Mangel an weiblicher Hingabefähigkeit, früherer Wunsch in der Jugend, ein männliches Wesen zu sein pp. Die Deutung stimmt u. a. auch in dem Sinne, daß V.P. keine Neigung zum passiven Erdulden oder Erleiden in sich hatte.

Nach diesen Feststellungen, die der V.L. mit dem Hinweis ergänzte, daß die erlebten körperlichen Erscheinungen sich nach der Klarstellung kaum wiederholen würden, werden die Versuche um das Wärmeerlebnis mit neuem Mute wieder aufgenommen.

Im übrigen wird als nächste Übung zusätzlich die Herzregulierung gewünscht.

1. Tag: Die gehabten körperlichen Erscheinungen wiederholen sich tatsächlich nicht. Als auffällige Neuerscheinung tritt nunmehr nach dem Schwereerlebnis Herzverlangsamung ein, infolgedessen anstatt des gewünschten Wärmeempfindens eine Abkühlung des Gesamtorganismus. Beim Abendversuch kommt es zu der gleichen Erscheinung.

2. Tag: Beim Morgenversuch beginnt die Verlangsamung des Herzens bereits vor dem Schwereerlebnis und wirkt sich störend aus. Abends vollzieht sich der gleiche Ablauf mit anschließender Unruhe vor dem Einschlafen. Belastende, unangenehme Gefühle.

3. Tag: Derselbe körperliche Vorgang in verstärkter Form. Das Herz geht nach dem Morgenversuch so langsam, daß V.P. durch Körperbewegung und Atmung eine schnellere Herztätigkeit zu erreichen sucht.

Abends: Die Verlangsamung des Herzens vollzieht sich bei Versuch um das Wärmeerlebnis beinahe bis zur Pulslosigkeit. Auch ein Versuch, auf das Herzerlebnis überzugehen, konnte keine Abhilfe bringen, da das Herz sich auf „ganz ruhig und kräftig" nicht einstellt, sondern in dem übermäßig langsamen Pulsschlag weitergeht. Keine Neigung zur Ohnmacht oder zum Einschlafen, sondern Angstgefühle und migräneähnliche Zustände, Kopfschmerzen in der Schläfengegend, Magenempfindungen bis zur Übelkeit. Daraufhin zwei Tage Pause, um Abstand zu gewinnen.

6. Tag: Am Abend erneuter Versuch. Wieder beginnt bereits beim Schwereversuch die Verlangsamung des Herzens, die sich nach und nach bis beinahe zur Pulslosigkeit ausdehnt. Daraufhin Angst und Empfindungen in dem Sinne, das Herz könne stehen bleiben, Ratlosigkeit und Unruhe. Das Herz wird anschließend als Hohlmuskel, der sich langsam ausdehnt und in dem Zustande eines Ballons verharrt, empfunden.

Schreckliche Beklemmung und Angstempfindung! Nach zweistündigem unruhigem Schlaf Erwachen, depressive Gemütslage und Hunger. Nach diesem Ergebnis vorläufiger Abbruch der Versuche.

Die Befragung einiger Ärzte im Deutschen Institut gab auf die erlebten Vorgänge keine genügende Erklärung. Da bis zum nächsten Übungsabend noch beinahe 14 Tage Frist sind, *wird der V.L. um Rat gefragt.*

Durchsprechen der letzten Berufssituation, Familienverhältnisse, Abstammung im Sinne der Rasse und der landschaftlichen Zugehörigkeit, Kindheitserlebnisse, Schwierigkeiten im Leben, Verwicklung in Gerichtsverfahren in Verbindung mit Intrigen und erotischen Beziehungen.

Beim anschließenden Üben des autogenen Trainings zeigte sich bei der Kontrolle durch den V.L. keine Veränderung des Pulses. Nach Bewußtmachung der belastenden Vorgänge aus der Vergangenheit werden vom V.L. keine erneuten Widerstände beim Training vermutet.

Am *21. Juni* treten bei den Versuchen die früher erlebten Herzbehinderungen nicht mehr auf. Beim Wärmeversuch wird immerhin ein leichtes Kribbeln, zuerst im rechten Ellenbogengelenk, spürbar. Um etwaigen Schwierigkeiten aus dem Wege zu gehen, wird bald auf das Herzerlebnis übergegangen. Das Herz schlägt nun ruhig und kräftig, das Einschlafen geht glatt vonstatten.

Nach etwa drei Stunden Erwachen mit sehr warmem Körper, Herzbeschleunigung, Übelkeit. Kopfschmerzen. Völlig depressive Gemütsverfassung, Neigung zum Weinen, Verzweiflung!

Beim Nachdenken über Klärung dieser körperlichen Zustände kommt V.P. auf dem Umweg über die beim V.L. gehabte Besprechung auf schwerwiegende Vorgänge aus ihrer Vergangenheit, die in der Aussprache nicht erwähnt worden waren. Diese Vorgänge tauchten nun fast bildhaft aus dem Unterbewußtsein auf und treiben die V. P. weiter in eine uferlos scheinende depressive Stimmung. In dieser verzweifelten Lage der erhellende Gedanke: auch die belastenden Vorgänge der Vergangenheit noch auszusprechen. Unter dem Gesichtspunkt „es muß ausgesprochen werden, dann verschwinden auch die körperlichen Hemmungserscheinungen", schlief V.P. bald ruhig ein.

Am *26. Juni.* Beim Morgenversuch nach dem Schwereerlebnis, Kribbeln in beiden Ellenbogengegenden, am Abend auch schon in den Beinen spürbar. Um Komplikationen zu vermeiden, wurde das Wärmeerlebnis immer nur kurz geübt und gleich darauf auf die Herzregulierung übergegangen. Das Herz schlägt ruhig und kräftig. In der Nacht nach dem Abendversuch Aufwachen nach etwa zwei Stunden mit erhitztem Körper, Herzbeschleunigung und leichter Übelkeit. Wieder depressiver Zustand, aber schnell abklingend in dem Gedanken, daß die Körperfunktionen beherrscht werden können, wenn Vorgänge aus dem Unterbewußtsein bewußt gemacht werden. Schon der Gedanke, daß die Möglichkeit der Abstellung besteht, beruhigt V.P.

Von da ab keine unangenehmen körperlichen Hemmnisse mehr bei den Versuchsübungen, keine „Anfälle aus dem Unterbewußtsein" mit spürbarem nachfolgendem Hunger.

Das Wärmeerlebnis kündigt sich nach dem Kribbeln, welches nunmehr auch auf beide Beine übergegangen war, durch ein den ganzen Körper durchströmendes Gefühl an. Kein Erwachen mehr nach den abendlichen Übungen und bei der V.P. die Hoffnung, es mit der Wärme doch noch zum richtigen Zeitpunkt zu schaffen.

Am 28. Juni vierte Übungsbesprechung

Der V.L. ist mit dem vorgetragenen Ergebnis zufrieden.

Als weitere zusätzliche Übung wird die Atemeinstellung gefordert. Die Wärme läßt sich immer noch nicht zur Zeit und nicht gleichmäßig erzielen, öfters kommt sie nur wie andeutungsweise und stellt sich anschließend an Herzregulierung und Atemeinstellung ein. Sie wird aber wahrscheinlich noch nach und nach regulär eingebaut werden. Die Herzregulierung macht der V.P. in den folgenden 14 Tagen weniger Schwierigkeiten, nachdem die vorher geschilderten störenden Herzerscheinungen beseitigt sind. Das „Herzerlebnis" ist ihr durch eine Schilddrüsenerkrankung in Verbindung mit Kreislaufstörungen in sehr unangenehmem Sinne bekannt und wird durch geforderte Herzregulierung in das Gegenteil — zu einem angenehmen Erlebnis — verkehrt. Die Atemeinstellung hat sich dann fast wie selbstverständlich ergeben. Es ist somit nach den krisenhaften Erscheinungen beim Üben um das Wärmeerlebnis eine gewisse Ruhe in die Übungen gekommen. Nach bewußtem Durchdenken der Gesamtsituation kam V.P. zu der Überzeugung, daß es im Sinne des weiteren Ablaufs des Trainings besser sei, die belastenden Vorgänge aus ihrer Vergangenheit beim V.L. auszusprechen, um sich in noch freierer Weise den Übungen hingeben zu können. Die Aussprache wird am 10. Juli beim V.L. erwirkt und dabei die hauptsächlichsten bedrückenden Probleme der Vergangenheit — Krankheit, Liebeserlebnisse — erörtert.

Am folgenden Tage hat die V.P. einen unangenehmen Traum. Sie sieht einen schwarzen Dackel und einen großen schwarzen Kater vor sich auf einem Lehnsessel. Der Dackel wird gestreichelt, während der Kater als unsympathisch empfunden wird. Nachher hält die V.P. den mit einem Beil abgehauenen Katerschwanz in der Hand und ist über diese Tatsache entsetzt. Der Kater ist verschwunden.

Am 13. Juli fünfte Übungsbesprechung

Mit dem bisherigen Ergebnis ist der V.L. zufrieden. Als zusätzliche Übung wird „Sonnengeflecht strömend warm" gefordert.

1. Tag. Beim Morgenversuch gelingt das Wärmeerlebnis im Verlauf der Gesamtübung völlig zur rechten Zeit. Herzregulierung und Atemeinstellung folgen wie selbstverständlich. Es wird die Wärme im Sonnengeflecht empfunden; die V.P. liegt mit durchströmendem Wärmegefühl bis zur Zurücknahme.

Am Spätnachmittag macht sich bei der V.P. eine allgemeine Unruhe bemerkbar. Dann setzten allmählich ziehende Schmerzen ein, die sich in die Gegend des Sonnengeflechtes konzentrieren. Zwischen 20 und 21 Uhr verdichten sich die zuerst noch erträglichen Schmerzen zu Schmerzzuständen krampfähnlichen Charakters, die sich mehr und mehr verschlimmern. Schließlich wird das Sonnengeflecht als eine glühende eiserne Klammer erlebt, die nur noch in gebückter Haltung ertragen werden kann. V.P. kann einer Vorlesung im Deutschen Institut gedanklich nicht mehr folgen und ist nicht fähig, den Heimweg alleine zu bewältigen. Nach Hause begleitet, wird sie von einem derartigen Krampfanfall geschüttelt, daß sie nicht fähig ist, sich auszukleiden, sondern sich zunächst aufs Bett wirft und sich einem unerhörten Schmerz- und Krampfanfall überlassen muß. Der Anfall wirkt sich unter lebhaften Bewegungen des Unterkörpers aus, die durch die schmerzhafte Eisenklammer im Sonnengeflecht ausgelöst werden. V.P. weiß sich in ihrer verzweifelten Lage nicht anders zu helfen, als daß sie ein lautes Gestöhne beginnt (etwa in der Art einer kranken Kuh), in der Annahme, daß diese vernehmliche Schmerzäußerung eine Erleichterung bringen wird. Nach zwei Stunden tritt eine Ermattung ein und der Anfall wird von einer schweren Migräne abgelöst. Nach einer weiteren Stunde beginnen die vorher beschriebenen Krampfzustände von neuem und werden in der gleichen Art unter lautem Stöhnen überstanden. Etwa nach ein und einer halben Stunde tritt eine allgemeine Erschlaffung ein und darauf folgt wieder ein schwerer Migränezustand, der bis in die frühen Morgenstunden anhält, bis sich schließlich ein leichter Schlaf einstellt.

2. Tag: Am nächsten Tage in den Vormittagsstunden noch Schmerzen in allen Gliedern und blasses, schlechtes Aussehen. Erst in den Nachmittagsstunden wird V.P. wieder aktionsfähig, fühlt sich dann allerdings erheblich wohler und erleichtert. Die gestern erlebte Situation erinnert bei normaler Überlegung an gewisse Verzauberungen wie sie bei den Wilden durch Medizinmänner vorkommen. Nach den erheblichen Reaktionen des gestrigen Tages ist sie indessen unsicher geworden, wie sie sich weiter verhalten soll. Da der V.L. einige Tage verreist war, fragte sie den ihr zufällig bekannten Dr. *Kühnel* telephonisch um Rat. Er riet, die Übungen nicht zu unterbrechen, aber nicht mit dem Wärmeversuch abzubrechen, sondern von der Wärme bis auf das Schwereerlebnis abzubauen und dann zurückzunehmen. Im übrigen meinte er, daß sich die beschriebenen schweren Reaktionen nicht wiederholen würden. Daraufhin wird am Abend erneut geübt und „Sonnengeflecht strömend warm" gelingt fast mühelos und wird so lebhaft empfunden, daß die Wärme vom Sonnengeflecht wie elektrische Ströme bis in die Kniekehlen erlebt wird. Als erstes Bilderlebnis tritt eine sonnendurchflimmerte Landschaft vor die Augen der V.P. Es wird dann bis auf Schwere abgebaut und zurückgenommen. Abschließend sofortiges Einschlafen.

3. Tag. Nach dem letzten gelungenen Versuch tritt eine allgemeine Ermattung als Reaktion auf die erlebte Krise ein und damit der Wunsch einer Ruhepause. Diesem Empfinden gibt V.P. nach und unterbricht die täglichen Übungen vom 3. bis zum 6. Tage.

7. Tag. Der Morgenversuch gelingt, wenn auch längst nicht in der am zweiten Tage erlebten Intensität. Der Abendversuch wird wegen Ermüdung nicht ausgeführt.

Am 19. Juli sechste Übungsbesprechung

V.L. ist mit den vorgetragenen Ergebnissen sehr zufrieden. Er bezeichnet die eingetretenen Körpererscheinungen als eine Reaktion auf einen vorhanden gewesenen Unruheherd, der durch die Wärmeübungen „Sonnengeflecht strömend warm" aufgestört und zur Auflösung gebracht wurde. Er ist der Ansicht, daß nach Beseitigung des Unruheherdes die weiteren Übungen nun müheloser und glatt gelingen werden, daß sich evtl. Bilder und Träume zeigen werden, denen bisher noch Hindernisse entgegenstanden. — Nach erfolgter Aufklärung hat die V.P. ihre Sicherheit wiedergefunden.

Das Stirnkühleerlebnis wird in Gemeinschaft geübt und von der V.P. noch nicht erreicht.

1. Tag: Morgenversuch. Die zusammengefaßten Übungen gelingen allgemein; das Stirnkühleerlebnis wird nur andeutungsweise empfunden. Abendversuch: Die Stirnkühle wird als kühler Lufthauch erlebt, anschließend wird ohne Zurücknahme in den Schlaf übergegangen.

2. Tag: Die Übungen gehen ohne starke Reaktion vor sich. Als Abschluß wird eine mäßige Stirnkühle erreicht.

3. Tag: Die Übungen werden mit Gelassenheit erlebt; es gibt keine Besonderheiten zu bemerken.

Von da ab haben sich in den folgenden Wochen (vom 22. 7. 1943 bis 10. 8. 1943) keine Abwegigkeiten mehr gezeigt.

Die Übungen gingen von da an mit einer gewissen Stetigkeit vor sich und wurden in der geforderten Art mit Gelassenheit und Ruhe zu einem Gesamtkomplex von einer Übung erarbeitet. Nach und nach wurde dabei die Stirnkühle erreicht. Hierbei kam es wie beim Herzerlebnis und der Atemeinstellung zu keiner Schwierigkeit und keiner außergewöhnlichen Reaktion. Auch bildhafte Erscheinungen und Träume haben sich bis dahin nicht wieder gezeigt.

Das Training wird jetzt allgemein als sehr angenehm und fördernd empfunden, wie überhaupt der Erfolg bei der V.P. ganz auffallend war. Die unangenehmen Körpererscheinungen in Verbindung mit einer Schilddrüsenerkrankung wie Kreislaufstörungen, Kapillarlähmungen, Herzbeschwerden, ja sogar der verdickte Hals sind gebessert oder ganz verschwunden.

Von diesen bei Versuchspersonen verschiedenster Art zu beobachtenden Störungen geht eine Reihe hinüber zu schwereren pathologischen Zuständen, die vielfach die oben dargelegten Voraussetzungen der Arbeit aufheben, was näherer Ausführung nicht bedarf.

Besteht dem Anscheine nach lediglich eine *konzentrative „Sammlungsschwäche"*, so kann *vorhergehendes kurzes Fixieren* eines *neutralen Objektes* gelegentlich helfen (*W. Scheidt, H. Stolze,* Psychotherapie I, 47 [1956]). Mein Mitarbeiter *H. Altmann,* der besonders große Erfahrung in der *Arbeit mit Kindern* hat (Heim psychopathischer Kinder), lobt dieses Hilfsmittel gerade hier.

Betrachten wir die *einzelnen Punkte der typischen Technik* daraufhin, welche *charakteristischen Störungen und Schwierigkeiten* bei ihnen erwartet werden dürfen, so wäre zunächst mit der *Haltung* zu beginnen. Hier interessiert besonders die Frage, in welchen Fällen die Arbeit im Sitzen oder im Liegen besseren Erfolg verspricht. Stehen beide Übungsformen zur Verfügung, so zeigt sich meist, daß von Mensch zu Mensch und von Übung zu Übung bei demselben V. P. bald im Liegen, bald im Sitzen besser, bald in beiden Haltungen gleich erfolgreich trainiert wird.

So meint ein 43jähriger akademisch gebildeter Kaufmann: „In liegender Stellung hatte ich bei allen Übungen in der ersten Zeit keinen Erfolg. Ich hatte stets das Gefühl, daß sich dem Entspannen Widerstände entgegensetzten. Nach und nach (Bericht 3 Monate nach Beginn der Arbeit) habe ich jedoch fast die gleichen Ergebnisse wie im Sitzen erzielen können." Demgegenüber gibt ein 43jähriger Obersekretär an, er habe „im Bett zur Nachtzeit bessere Entspannungen und Wirkung".

Gelegentlich werden hier auch Unterschiede nach den verschiedenen Übungsleistungen angegeben, so daß z. B. die Stirnkühle nur im Liegen dargestellt werden kann oder nur im Sitzen eine gute Generalisierung des Schwereerlebnisses erfolgt und dergleichen mehr. Es ist mir bisher nicht gelungen, hier regelhafte Zusammenhänge feststellen zu können.

An zweiter Stelle nennen wir die *Ruhetönung*. Hier kann gelegentlich die Anregung des Versuchsleiters, nichts zu tun, sondern nur „im Kopfe“, „in der Stirne“ zu denken, zu Mißverständnissen führen; so protokolliert eine 38jährige höhere Angestellte: „Wenn ich statt von der Stirn aus zu denken, die Gedanken in den Arm hinein konzentriere, so geht es schneller.“ Ein 38jähriger Diplomat hebt bei allen Versuchen hervor, daß er irgendein Konzentrationsgefühl in der Stirn bei keinem der Experimente wahrnehmen könne. Das „Bewußtsein verlagere sich sozusagen in bildhafter Gestalt des hervorzurufenden Zustandes in den Organismus“. Eine sehr wichtige Fehlerquelle für die ganze Versuchsarbeit soll gerade durch den richtigen Ansatz der Ruhetönung ausgeschaltet werden. *Jedes spannende Wollen geistig denkerischer oder motorischer Art hebt das Training in sich selbst auf.* Das richtige „Nichtwollen“, das „Nichtdenkenwollen“ ist entscheidende Vorbedingung zum Gelingen aller Versuche, die nur aufgrund *passiver schauender Vergegenwärtigung* Aussicht auf Erfolg haben.

Diese Eigenart des Trainings führt namentlich bei solchen Versuchspersonen häufig zu Mißerfolgen, die ihre Sache besonders gut machen wollen und daher in aktiver Spannung verharren. Die hier in Frage kommenden ganz leichten und partiellen Aktivitätseinstellungen sind durch Betastung der Muskulatur häufig gar nicht feststellbar, sie verraten sich aber prompt bei leichtem Anheben des Übungsarmes, das in diesen Fällen sofort zu aktiver Innervation führt. Bei gewissen innerlich gespannten, oft der *Zwangsneurose* nahestehenden nervösen Menschentypen stellt gerade die Erarbeitung dieser ersten Position unserer Übungsarbeit eine wesentliche psychotherapeutische Maßnahme dar, die von Arzt und Patienten große Geduld erfordert. Der Fehler denkerischer Verkrampfung verrät sich oft darin, daß die Versuchspersonen ohne Anregung des Versuchsleiters, ja gegen seinen ausdrücklichen Hinweis die Übungen mit einer falschen Aufgabestellung verbinden. Sie nehmen irrtümlicherweise an, daß bei den Übungen ohne jede Unterbrechung nur die Vergegenwärtigungsformel bewußt sein dürfte und bemühen sich mit aktiver Anstrengung, alle anderen seelischen Inhalte abzuwehren.

Wir bezeichnen diese häufige Fehleinstellung als ein *„absichtliches Nichtdenkenwollen“;* ein derartiger Vollzug hat selbstverständlich aktiven, wenn auch abwehrenden Charakter und hebt die Arbeit ebenso in sich selbst auf wie jede andere Aktivität. Die Versuchspersonen sollen wohl überwiegend bei der gerade bearbeiteten Vergegenwärtigungsformel seelisch verweilen, aber andere Erlebnisse nicht aktiv abwehren. Ziel richtigen Trainings ist mit Bezug auf spontane Innenerlebnisse eine Haltung, die in einem anschaulichen Beispiel so gekennzeichnet werden kann, es solle die Versuchsperson „wie in einem warmen Bade mit Kopfkühlung behaglich liegen und spontan auftretende seelische Erlebnisse nur so registrieren wie einen langweiligen Film“. Eine wesentliche technische Hilfe zur Überwindung der hier geschilderten Schwierigkeit liefert die Eigenart der autogenen Versenkung durch die Wandlung der Innenerlebnisse zur Anschaulichkeit. Der überwiegend *optische* oder gemischte psychologische *Typ* kann z. B. die gerade aktuelle Vergegenwärtigungsformel als optisches Schriftbild in sich auftreten lassen, er kann verschiedene Schriftarten, verschiedenfarbige Leuchtbuchstaben erscheinen lassen, und ist nun in der Lage, zwanglos schauend sich mit diesem mehr sinnenhaften Material zu beschäftigen. *Hörbegabte* lassen eine Stimme oder eine Melodie die Formeln „tragen“ und „an ihnen vorbei“ sonstige Innenerlebnisse „vorbeiziehen“. Die Mehrzahl Übender trainiert in „geistig gesprochenen“ Worten, die zur Automatisierung nach Möglichkeit rhythmisiert werden und „weiter laufen“ sollen, wenn andere Innen- oder Außenerlebnisse intervenieren. So erlaubt die Sinnenhaftigkeit versenkten Erlebens mühelos Leistungen, die im unanschaulich abstrakten Vollzuge des Wachdenkens nur gewaltsam möglich sind. Nicht selten geben uns Versuchspersonen spontan an, daß für sie nicht so sehr die anschauliche Vergegenwärtigung im Schriftbilde, sondern in einem gestalteten Symbole naheliegender und wirksamer sei. Mit Fortschreiten des Trainings stellt schon die Generalisierung des Schwereerlebnisses und in noch höherem Grade die Zusatzergänzung bis zur vollständigen technischen Beherrschung eine Menge von Möglichkeiten zur Verfügung, um sich bald dieser, bald jener Seite des Gesamterlebnisses zuzuwenden und sich so im Gesamtbereiche erwünschter Richtung zu „bewegen“.

Das *Schwereerlebnis* führt zu Störungen und Schwierigkeiten, einmal durch atypische Entwicklungen. So kann zunächst objektiv wie subjektiv Entspannung ausbleiben. Es kann ferner objektiv gute Entspannung bestehen, ein Schwereerlebnis aber ausbleiben, und endlich mit den geschilderten klinischen Methoden eine Entspannung nicht nachweisbar sein, aber doch ein Schwereerlebnis geringer Art etabliert werden. Objektive und subjektive Nulleffekte sind im Beginn des Trainings nicht selten und haben in der Mehrzahl der Fälle ihren Grund in Anomalien des Muskeltonus. Gute objektive Entspannung ohne subjektives Schwereerlebnis erscheint gleichfalls in den ersten Übungswochen nicht selten; bei manchen Versuchspersonen bleibt dieser eigenartige Zustand als Dauerphänomen.

Es muß sich dabei um Menschen handeln, deren *„Muskelsinn“* abnorm gering entwickelt ist oder fehlt. Es ist mir nicht gelungen, in dem mir zugänglichen Schrifttum Hinweise darüber zu finden, ob ein derartiger Sinnesdefekt sonst bekannt und Gegenstand näherer wissenschaftlicher Untersuchung gewesen ist. Klinisch verfüge ich über eine Reihe von Beobachtungen, wo ein derartiges Verhalten in mehrjähriger Beobachtung konstant blieb. Für den Gesamtverlauf der Arbeit ist diese Störung des subjektiven Erlebens ohne Belang, da nach meinen Erfahrungen bei den wenigen Fällen dieser Art die Darstellung des Wärmeerlebnisses keinerlei Schwierigkeiten machte und im Zusammenwirken mit der objektiv guten Muskelentspannung zu ausreichenden Resultaten führte.

Die Mehrzahl der hier geschilderten Versuchspersonen gehörte dem ausgesprochen asthenischen Typus mit konstitutioneller *Muskelschlaffheit* an, so daß die geringe Differenz zwischen konstitutioneller Muskelschlaffheit und autogener Tonusherabsetzung wohl für das Fehlen des Schwereerlebnisses verantwortlich zu machen ist. Hierfür spricht, daß wir durchschnittlich bei asthenischen Versuchspersonen eine etwas längere Übungszeit für die Etablierung des Schwereerlebnisses brauchen. Viel verhängnisvoller für den gesamten Übungsverlauf sind die ausgesprochen *verkrampften* Muskeltypen, die durch Palpation und Spannungsprüfung klinisch ohne weiteres erkennbar sind. *Hellmut W. Schuhmacher* empfiehlt die „Faradische Hand“ in einer

Arbeit aus der Psychiatrischen Klinik Münster (Med. Klin. 545 [1949]) bei Schwierigkeiten der Selbstentspannung im autogenen Training. Zur Veranschaulichung diene der folgende in Wochenberichten abgefaßte Protokollsatz eines 31jährigen Beamten.

„*2. Stunde.*
Der Fallversuch glückte. Andere Empfindungen als die von den Versuchspersonen allgemein genannten waren nicht zu verzeichnen.
Ich glaube, daß man den Willen haben muß, sich nach rückwärts ziehen zu lassen. Erst dann, wenn man will, daß man gezogen wird, geht man nach rückwärts.
Das Schwereempfinden des einen Armes konnte nur ganz schwach und nach längerem Versuch ausgeführt werden.
Der Herr Vortragende erwähnte bereits beim Versuch im Vortrage, daß hochgradige Muskelspannungen bei mir vorlägen.

3. Stunde. Entspannung der Muskeln und Gefäße

Ich hatte das Gefühl, daß das Schwereempfinden in dem betreffenden Arme nunmehr richtig wahrgenommen wurde. Die Entspannung, wenigstens das, was ich dafür hielt, trat erst nach längerer Zeit angestrengter Konzentration ein. Die Schwere macht sich nur im Unterarm bemerkbar, allerdings richtete ich auch die Konzentration nur auf diesen Teil. Später sagte der Herr Vortragende bei einem Versuch, daß noch große Muskelspannungen bei mir vorlägen. Ich entspanne also nicht ‚komplett'. Ich glaube aber trotzdem, daß die Muskelentspannung nach einer gewissen Zeit eintritt; denn der Unterarm wird schwer. Die Muskeln schmerzen aber in den Oberarmen. Später scheint diese Schmerzempfindung nicht mehr einzutreten.

Die Konzentration erfordert gewisse Anstrengung, die sich durch Mißbehagen im Kopfe bemerkbar macht.

Die Gefäßentspannung macht sich kaum bemerkbar. Allerdings glaubte ich da und dort eine Erwärmung zu merken, ich weiß aber nicht, ob ich es mir nicht einbilde. Der bestimmte Wille, daß die Versuche glücken, ist aber immer vorhanden.

4. Stunde. Aufwachen zur bestimmten Zeit

Ich kann schon immer zur bestimmten Zeit erwachen. Ich glaube, daß dieses Erwachen immer ein wenig früher eintritt. Oft bin ich aber unruhig, um auch die bestimmte Zeit nicht zu verschlafen und wache dann oft und bedeutend früher auf. Ob das Erwachen auf die Minute bestimmt eintritt, habe ich nicht genau erproben können.

5. Stunde.

Der Versuch, in bestimmter Zeit frisch zu sein, scheint Erfolg zu haben. Ich bedurfte zur Frischhaltung bei geistiger Anstrengung des Bohnenkaffees. Die Konzentration scheint zwar nicht den gleichen, aber doch einen Erfolg zu haben."

Auch bei den verkrampften Typen finden wir ein inniges Durcheinander von psychischen und physischen Momenten verschiedenster Art und Wertigkeit. Psychisch gesetzte Verkrampfungen erfordern in allen ernsteren Fällen eine vorbereitende Persönlichkeitslösung durch Tiefentherapie, besonders psychoanalytischer Form. Mehr konstitutionell muskulären Spannungen begegnen wir durch *vorbereitende aktive Gymnastik,* die im Prinzip immer so erfolgt, daß wir aktive Maximalanspannungen vornehmen lassen, etwa durch horizontales Heben beider Arme oder maximales Hochziehen beider Schultern, und die Versuchspersonen anweisen, die Glieder auf ein kurzes Signal völlig schlaff niederfallen zu lassen. Es hat sich mir ferner das Vorgehen von *Jacobson* (Chicago) bewährt. Er läßt gegen Widerstand spannen und mit langsam abnehmendem Druck in Entspannung umschalten. Die Versuchsperson wird angewiesen, die bei der Entspannung auftretenden Empfindungen genau zu beachten und auch nach Verschwinden jeden Gegendruckes immer weiter zu steigern. In der Tat kommen Versuchspersonen so oft recht gut auf den Weg der Entspannung. Bleiben diese Hilfen ohne Erfolg, so wird man gelegentlich zu Atemgymnastik oder anderen allgemeinen gymnastischen Verfahren greifen müssen, um das Training zu ermöglichen.

Neben den schlaffen und verkrampften Typen sei hier noch kurz an den seltenen *„plastischen"* Typus erinnert. Hier, in etwa 1 ‰ durchschnittlichen Menschenmaterials, handelt es sich um Individuen, deren Arme passiver Führung ganz gleichmäßig *„spontan kataleptisch"* folgen. Mir ist es in keinem solchen Falle gelungen, ein subjektives oder objektives Entspannungserlebnis herbeizuführen, ein Befund, der sich mit den Erfahrungen bei echten schweren Rigorzuständen deckt. Die Vermutung liegt nahe, daß es sich hier um einen Menschentypus handelt, bei dem die pyramidal-extrapyramidale Tonusverteilung konstitutionell abnorm ist. Ich habe mich daher in jedem solchen Falle nach dem Vorkommen striärer Erkrankungen bei Blutsverwandten erkundigt, aber keine eindeutigen Resultate gewinnen können. Auch diese interessante Spielart abnormer Tonisierung habe ich bisher nirgends erwähnt gefunden.

In geeigneten Fällen kann Versuchspersonen, die besondere Schwierigkeiten mit der Darstellung des Schwereerlebnisses haben, durch *Erfahrungen der Hydrotherapie* geholfen werden; so sei hier an den Vorschlag des so sehr verdienten nervenärztlichen Psychotherapeuten *Max Levy-Suhl* erinnert, der folgende Hilfe empfahl: Hebt ein im Bade sitzender, etwa bis zum Nabel von Wasser bedeckter Mensch eines seiner Beine ganz langsam ausgestreckt nach oben, so verläuft die Bewegung zunächst vollkommen unauffällig, weil der in das Bein gesandte Impuls unbewußt genau auf das rein physikalische Gewicht des Beines eingestellt ist; dieses Gewicht ist aber um den Auftrieb des Wassers vermindert; sobald etwa die Hälfte des Unterschenkels in die Luft ragt, wird das Realgewicht des Beines durch Nachlassen des Auftriebes stark erhöht, eine Veränderung, die entsprechend der unbewußten Impulseinschaltung als völlig unwiderstehlich, oft als „magisch" geschildert wird. Der bekannte Berliner Nervenarzt *Schellworth* benutzt erfolgreich die Alltagsbeobachtung, daß ein bequem im warmen Bade liegender Mensch „unüberwindliches" Schweregefühl des ganzen Körpers erlebt, wenn er bei unveränderter Körperlage das Wasser langsam ablaufen läßt. Diese an sich nützlichen Hilfen unterliegen dem Bedenken, daß Versuchspersonen nun im Training sofort ebenso intensive Empfindungen verlangen, während bei gutem, durchschnittlichem Verlauf langsame Entwicklung besser ist.

Auch wenn subjektive und objektive Entspannung den eben erwähnten Schwierigkeiten nicht begegnet, kann durch eine weitere Besonderheit des Verlaufes eine typische Schwierigkeit entstehen. Wir finden, allerdings ziemlich selten, Menschen, denen es nicht möglich ist, das erstrebte Erlebnis auf den Übungsarm zu beschränken; sie reagieren sofort im ganzen, liefern also in unserer Terminologie sofort eine *„spontane Generalisierung"*, die sich sehr häufig mit unerwünscht schnellen schlafähnlichen Umschaltungen verbindet.

So schildert eine 33jährige berufstätige Dame: „Sehr schnell Schwere, Hände und Füße wie abgefallen, aufzuckender Schmerz im Knie. Leichtigkeit im Kopfe, dann eingeschlafen." Beim zweiten Versuch: „Schwere in den Gliedern, keine Empfindung, sofort eingeschlafen." Bei der dritten Übungssitzung: „Schwere, sehr deutlich in allen Gliedern und im ganzen Körper, leichter Schwindel, Empfindung des tiefen Hinabfallens und Aufsitzens, dann eingeschlafen."

Versuchspersonen mit derartig übertrieben schneller und ausgedehnter Reaktion — nicht zu verwechseln mit dem organisch gewachsenen Schnellfortschritt der „Schwere" bei richtig, z. B. nach *Mensendieck*, gymnastisch Trainierten! — gehören nach meinen Beobachtungen ausnahmslos dem deutlich hysterischen Reaktionstypus an; sie lieferten sämtlich schlechte Übungsresultate, so daß die spontane Generalisierung im Erstversuch und weiteren Beginn der Arbeit als Störungssymptom mit schlechter Verlaufsprognose anzusehen ist.

Ein *45jähriger Akademiker* berichtet über ein *Erlebnis völliger Schwere des ganzen Körpers* bei der Übung: *„rechter Arm schwer"*.

Vorbemerkung: Der Übung, über die hier berichtet wird, gingen voraus:
10 Übungen „rechter Arm schwer": Sitzhaltung, am Tage;
1 Übung „rechter Arm schwer": Liegehaltung, am Tage;
3 Übungen „rechter Arm schwer": Liegehaltung, abends vor dem Einschlafen.

Die Effekte im rechten Arm traten schwach, aber deutlich auf. Während einiger Übungen wurde beobachtet, daß auch der linke Arm schwer wurde, manchmal schwerer als der rechte Arm, so daß Zweifel auftauchten, ob der rechte Arm überhaupt schwer geworden war. Durch Hinwendung der Aufmerksamkeit auf den rechten Arm und entsprechende Einstellung wurde der Effekt im linken Arm ganz oder fast abgestellt. Einige Male wurde die Übung ohne die Rückwendung zum rechten Arm beendet. — Die Rückwendung der Aufmerksamkeit zum rechten Arm erfolgte, weil der eingetretene Effekt im linken Arm der Anweisung nicht entsprach. Etliche Male traten auch unlustbetonte Spannungsempfindungen, die in der Gegend des Herzmuskels lokalisiert waren, auf; sie wurden durch Ruhigstellen wieder zum Abklingen gebracht. Die Schwere im linken Arm (als Mitübung oder Kontrast?) und die Spannungsempfindungen im Herzmuskel wiederholten sich im weiteren Verlauf der Übungen bisher nicht.

Übung am 10. Mai 1943; 22 Uhr 30, vor dem Einschlafen

Infolge der Anweisung stellte sich im rechten Arm, nicht sehr stark, aber deutlich wahrnehmbar, Schwerewirkung ein. Die zunächst etwas gewölbt gehaltene rechte Hand legte sich flach, so daß Handteller und Finger fest auf der Unterlage auflagen, als wären sie mit ihr fest verbunden. Auch im linken Arm wurde Schwere festgestellt; sie klang wieder ab.

Da bemerkte ich plötzlich und zu meinem Erstaunen, daß mein ganzer Leib den nur dem rechten Arm erteilten Schwere-Auftrag realisiert hatte. Ich spürte, daß mein

Leib absolut schwer sei. Das Wortbild „absolut“ stellte sich ein. Es kam der Gedanke: Wenn jetzt mein Körper angehoben werden würde, so würde er so schwer zu heben sein wie ein lebloser menschlicher Körper. Dieses Schwere-Erlebnis unterschied sich quantitativ und qualitativ deutlich von der bisher erlebten Schwere im rechten Arm.

Gleichzeitig tauchte das Bild meines ausgestreckten Körpers in grau-gelber Helligkeit auf; sehr deutlich. Eine Einordnung in den umgebenden Raum war nicht gegeben.

Kälte- oder Wärme-Empfindungen traten nicht auf, auch keine Starre-Empfindung. Es wurde vielmehr die *Abwesenheit* von irgendwelchen Lage- oder Spannungs-Empfindungen festgestellt. Beim gedachten Anblick meines Körpers stellte sich das Bild ein: ich liege da wie ein Sack, dessen Inhalt sich auf einer Unterlage auszubreiten sucht, gehemmt und nur zusammengehalten durch die äußere Hülle des Sackes.

Dieses Erlebnis war ohne jeden Affekt gegeben; es war die Stimmungslage des interessierten Beobachters.

Da aber glaubte ich zu bemerken, daß dieser interessante Zustand der völligen Gelöstheit, der „Entlebung“ — dieses Wortbild tauchte etwas später auf —, auch auf meinen Kopf bzw. das Gehirn und seine Anhangspartien übergriff. Jedenfalls fürchtete ich, daß dieser Übergreifungsprozeß jetzt einsetzte. Ob und in welchem Grade er bereits eingesetzt hatte, läßt sich nicht mehr feststellen. Jedenfalls aber stellte ich eine Abnahme der im Zustand der Gelöstheit und der Beobachtung vorhandenen Bewußtseinsklarheit fest. Diese „Befürchtung“ wurde nicht als Todesangst aufgefaßt, von ihr vielmehr deutlich unterschieden. Ich sagte mir: „Wenn der Prozeß der „Entlebung“ nun fortschreitet, so *ist* es so und wäre hinzunehmen. — Aber mit Unwillen stelle ich zweierlei fest: Der Zeitpunkt käme mir nicht gelegen. Ich bildete mir ein, daß ich noch einige, mir wertvoll erscheinende Aufgaben im Leben zu lösen habe. Zum andern — dieser Gedanke war besonders affektbetont —, erschien mir das ungewollte Übergreifen des Zustandes der Leblosigkeit auch auf die Kopfpartien *gegen die Abmachung* zu sein. Ich wollte beobachten, bis an die Grenzen des Möglichen, aber ich wollte nicht beobachtungsunfähig werden.

Ich riß mich daher, gleichzeitig eine energische Kopfbewegung machend, in den Zustand der Beherrschung des Körpers und der stärkeren bewußten Aktivität wieder zurück. (Daß man den Willen mit Erfolg einspannen kann in den Dienst der Erhaltung der Lebensfunktionen beim Schwinden derselben, war mir bekannt aus erfahrenen sog. Grenzsituationen. Ich erinnerte mich in diesem Augenblick daran.)

Nun stellte sich aber alsbald der Gedanke ein: Sowohl zum Übergang vom Wachen in den Schlaf, wie zum Übergang vom Wachen in den vorher erlebten Zustand der Leblosigkeit des Körpers mit fortschreitender Tendenz gehört „Mut“.

Aber der Mut zum Einschlafen werde täglich seit Lebensbeginn geübt; außerdem bestehe die große Wahrscheinlichkeit des Wiederaufwachens.

Nunmehr wurde die Diskrepanz deutlich, die besteht zwischen der erlebten Leblosigkeit des Körpers und dem Zustande des Einschlafens bzw. Schlafens. Im letzteren Zustande seien einbeschlossen die Lage-, Wärme- und Bewegungsempfindungen, überhaupt das Bewußtsein, daß das organische Leben im Körper weitergehe, während in dem erlebten partiellen Tot-Zustande angenommen wurde, daß im Körper die Lebensfunktionen stillgelegt worden waren.

Eine weitere häufige Schwierigkeit ergibt sich im Schweretraining durch *störende* Erlebnisse von *Empfindungscharakter,* mögen diese nun *örtlich* begleitend oder örtlich nachwirkend auftreten oder mehr die Form belästigender *Allgemeinerlebnisse* haben. Ich gebe an erster Stelle die Selbstschilderung einer 32jährigen Ärztin, die im Beginn der später erfolgreichen Übungsarbeit zu einem Sperrungserlebnis kam:

„Übungen zu Hause. Beim ersten Üben vor dem Einschlafen wird ganz schnell nicht nur der rechte Arm, sondern der ganze Körper so schwer, daß ich die Decke, die etwas heruntergeglitten war, nicht hochziehen kann. Nach einigen vergeblichen Versuchen erinnere ich mich an das ‚Tief-Luft-Holen'. Danach kann ich die Arme wieder bewegen. Ich habe dann die ganze Nacht nicht wieder geschlafen. (Allerdings wurde ich sehr oft durch ein krankes, unruhiges Kind im Nebenzimmer gestört.)

Bei den weiteren Übungen traten ähnliche Erscheinungen nicht auf. Das Schweregefühl beschränkte sich auf den rechten Arm und besonders auf Hand und Unterarm. Nebenerscheinungen sind sonst nicht aufgetreten. Abends schlafe ich nach der Übung sehr schnell ein, aber das ist für mich nichts Besonderes."

Überaus häufig, so daß man von einer normalen Erscheinung sprechen kann, sind leichte allgemeine Parästhesien. Besonders anschaulich schildert sie das folgende Protokoll:

27jähriger Arzt (1. Übungswoche)

„Während des Versuchs bemerkte ich deutlich eine Veränderung im linken Arm, wenn es auch kein Gefühl der Schwere war, wie ich es von Autohypnosen her sehr gut kenne, so hatte ich ganz deutlich gewisse eigenartige Sensationen, so ein Zwischending zwischen Ameisenlaufen und dem Gefühl, wenn man faradisiert wird. Diese Sensationen strahlten vom Oberarm nach der Schulter aus und betrafen vorwiegend die Innenseite des Oberarms — vielleicht war auch ein Gefühl von Wärme mit dabei. Vorübergehend glaubte ich, dasselbe Gefühl auch im Oberschenkel zu fühlen. Ähnliches empfinde ich auch nach langen Märschen und auch dann immer am linken Arm und Bein stärker als am rechten. Während des Versuchs wurde ich vorübergehend abgelenkt, es mag sein, daß ein innerlicher Protest ursächlich mit eine Rolle gespielt hat.

Zu Hause angelangt, wiederholte ich den Versuch, er mißlang hier vollkommen, ich merkte gar keine Veränderung gegen die normale Stellung. Erst am nächsten Tage gelang es mir, eine vollständige Entspannung herbeizuführen. Ich merkte deutlich, wie der linke Arm schwer wurde, es traten die gestrigen Sensationen und Wärmegefühle in verstärktem Maße auf, und ich wäre vielleicht eingeschlafen, wenn ich mir nicht schon vorher eine gegengerichtete Suggestion erteilt hätte. Illusionen oder Halluzinationen hatte ich dabei nicht. Nachher fühlte ich mich zweifellos erfrischt, auch wohl."

Klinisch ist interessant, daß dabei sehr häufig frühere örtliche Erkrankungen subjektiv exakt wieder erlebt werden oder Empfindungsdaten auftreten, die zur Feststellung vorher unbekannter örtlicher Erkrankungen führen. Muskel-, Gelenk- und Nervenanomalien örtlicher Art werden so entdeckt, von einem 43jährigen Kollegen z. B. eine posttyphöse Osteomyelitis, die einige Tage später röntgenologisch nachgewiesen werden konnte. Handelt es sich nur um das „Wiederaufleben“ des *autoplastischen Bildes* früherer örtlicher Erkrankung im Sinne von *Goldschneider*, so verschwinden diese Erlebnisse ebenso wie die gewöhnlichen begleitenden Initialparästhesien im Übungsverlauf. Hierfür ein Beispiel:

40jähriger Universitätslehrer (6. Übungswoche)

„Entspannung. Die anfänglichen Schmerzen im Neuralgiearm, die bei der Übung auftraten, sind geschwunden. Durchblutung des Armes, weniger der Beine, funktioniert gut, auch Kühlung der Stirn, wenn diese auch noch besonders gedanklicher Hilfe bedarf.“

Ungünstiger für den gesamten Übungsverlauf beim Schwereerlebnis pflegen örtliche Empfindungen zu sein, die noch nach dem Zurücknehmen andauern, obwohl auch diese gelegentlich überwunden werden. Hierfür je ein Beispiel:

30jähriger Kaufmann (3. Übungswoche)

„Ich hatte durchaus das Gefühl des Schweren im Arm. Dabei stellte sich ein Kribbeln in den Fingern und ein Ziehen im Arm ein. Letzteres hält mitunter noch stundenlang *nach* der Übung an. Es gleicht dem Schmerz bei Rheumatismus und Reißen. Besonders abends im Bett, wenn ich mit den Armen *nicht* zur Aktivität überging, machte es sich stark bemerkbar. Infolgedessen winkelte ich die Arme in letzter Zeit stets einige Male an, ehe ich mich auf die Seite legte. Während der ersten Male war es so stark, daß es mir beim Einschlafen hinderlich war und ich infolgedessen lange Zeit wachte.“

28jährige Kindergärtnerin (Tbc r. Knie) (4. Übungswoche)

„Nach dem Üben der ersten Woche Schmerzen in der rechten Schultermuskulatur, Arm, Hand, Fingern, rechten Kopfhälfte. Nach jedem Üben leichte Schmerzen in Schulter und Arm. Dauer und Stärke verringerten sich allmählich. Jetzt keine Schmerzen mehr.“

Gerade der Befund, daß schon in der 1. Übungswoche lediglich beim Etablieren des *Schwereerlebnisses* die geschilderten Erscheinungen hervortreten, liefert einen interessanten Beitrag dafür, welche Bedeutung ganz allgemeiner Körperbeachtung für das Körpererleben zukommt. *Schilder* hat ja schon mit Erfolg in gewöhnlicher Wachbeobachtung ähnliches demonstriert und auf die naheliegenden Beziehungen zum Problem der Hypochondrie hingewiesen.

Durchaus nicht immer handelt es sich nur um sensorische Nachwirkungen, wir finden vielmehr nicht selten auch *motorische Nacherscheinungen,* besonders wenn dispositionelle Momente bestehen. So zeigen die folgenden Protokolle in 2 Fällen schreibkrampfähnliche Nacherscheinungen und einmal allgemeine leichte motorische Hemmung nach schulgerechtem Zurücknehmen.

30jähriger Arzt (1. Übungswoche)

„Beim zweiten Versuch der Armmuskelentspannung hatte ich ein deutliches Gefühl der Passivität, wenn auch nicht ausgesprochener Schwere. Nach dem Versuch hatte ich auf der Streckseite des Unterarmes ein Gefühl leicht schmerzhafter Vibration, noch jetzt beim Schreiben die Empfindung einer leichten Hemmung der Muskelarbeit."

42jähriger Nervenarzt (1. Übungswoche)

„Sofort nach Schluß der Übung niedergeschrieben, dabei erhebliche Schwere mit einigen Schmerzen nach Art eines Schreibkrampfes. Ich habe des öfteren bei längerem Schreiben ähnliche Beschwerden."

30jähriger Kaufmann (1. Übungswoche)

„Der Arm wird schwer und muß sich zu schnellen Bewegungen erst wiederfinden."

Daß unvollkommenes Zurücknehmen zu oft sehr störenden nachträglichen Schwereempfindungen führt, ist ein recht häufiger Befund. Es können dann Beschwerden durch mehrere Stunden bestehen bleiben, die erst durch erneutes Errichten einer gründlichen Entspannung und sehr exaktes und gründliches Zurücknehmen aufgehoben werden, Erscheinungen, die wir völlig mit gewissen Gesundheitsschädigungen nach Hypnose identifizieren dürfen.

Sehr zahlreich sind die allverschiedenartigsten *vasomotorischen Störungen* schon im Training auf das *Schwereerlebnis*. Ich gebe als Beispiel das folgende Protokoll, das des weiteren Verlaufes wegen schon hier bis in die 5. Übungswoche mitgeteilt wird. Die Beziehungen der vasomotorischen Störung zum Training und zu anderen, besonders affektiven Momenten ist hier sehr deutlich.

35jährige Pädagogin (8. Übungswoche)

2. Woche: „Schwere im Arm schon beim ersten Versuch schwach fühlbar, jedoch trotz Einstellung auf den linken Arm in beiden Armen. Nach 5tägigem Üben stark fühlbar, verbunden mit Wärmegefühl im Oberarm — stets in beiden Armen. Unangenehmes Kaltwerden und Druckgefühl in der linken Schläfe, das nach dem Zurücknehmen nicht zurückgeht und erst ganz allmählich verschwindet.

3. Woche: Nach weiteren 4 Tagen Schwere und Wärme im ganzen Arm — manchmal Schwere in den Beinen, bisher nur im Liegen.

4. Woche: Kühle Stirn sofort beim Versuch. Stellt sich nach wenigen Tagen automatisch ein, sowie ich entspanne. Kurz darauf Schwere und Wärme des ganzen Körpers. Besonders starkes Wärmegefühl in den Unterarmen und Händen (besonders der linken Hand) sowie den Fingerspitzen, in denen ich den Puls fühle. Es gelingt mir nie, aus der Entspannung ins Schlafen zu kommen. (Geht jetzt.)

Kälte- und Druckgefühl in der Schläfe geht jetzt nach der Zurücknahme fast immer zurück, erscheint aber jedesmal, wenn ich mich aufrege (was leider sehr leicht der Fall ist). Ich muß es wohl schon vorher gehabt haben, doch ist es mir erst seit Beginn der Übungen störend zum Bewußtsein gekommen. — Stirnkühle tritt nicht mehr automatisch mit der Entspannung zusammen ein, sondern hängt von meinem Willen ab. Als erstes wird stets die linke Schläfe kalt und wird kälter als die übrige Stirnpartie.

In anderen Fällen treten analoge Erscheinungen besonders beim Zurücknehmen auf, so in den beiden folgenden Protokollen.

42jähriger Industrieller (3. Übungswoche)
„Die Übung zu Hause, ich bin ganz ruhig, der Arm ist schwer, wenn ich es oft denke, schlafe ich ein.
Die Arme hoch! Die Muskulatur beider Arme spannt sich, man macht eine Faust und wenn die Atmung eintritt, ist eine kleine erhöhte Herztätigkeit vorhanden."

27jährige Dame der Gesellschaft (2. Übungswoche)
„Anstrengungen beim bewußten Anspannen durch Armbewegung."

Sehr anschaulich schildert die vielfältigen schon beim Schwereerlebnis bis zu intensiven Kopfschmerzen führenden vasomotorischen Störungen das folgende Protokoll. Es stammt von einer stark neuropathischen Persönlichkeit mit vermehrter Schilddrüsentätigkeit.

34jährige Ehefrau (6. Übungswoche)

1.–2. Woche: „Erst Schwere im rechten Unterarm, nach weiteren Übungen schnelles Überspringen zum linken Unterarm bis zu den Fingerspitzen, oftmals zugleich Schwere in den Oberschenkeln. Unmittelbares Auftreten eines stark ziehenden Kopfschmerzes, kreisförmig, oben auf der Schädeldecke. Kreis wurde merkbar kleiner und verging am 2. Tag vollständig, nachdem ich die Übung versuchsweise aussetzte.

3. Woche: Entspanne ich, wie bisher, rechten Arm, wird sofort linker Unterarm schwer, greift nur zuweilen zum rechten Arm über. Abermals auftretender, aber leicht ziehender Kopfschmerz, wieder kreisförmig auf der Schädeldecke, ansteigend und am 2. Tag in krampfenden, stark störenden Schmerz über die gesamte Kopfhaut sich ausdehnend. Verschiedene Gegenmittel unwirksam. Am 3. Abend versuchsweise elektrisches Heizkissen, um die Füße gelegt, unmittelbares Aufhören des Krampfes bis auf ganz geringen Kopfschmerz. Ertappte mich noch oft bei einem ungewollten Anspannen der Kopfhaut.

4. Woche: Gelang zum erstenmal ‚Kopf kühl', und zwar so auffallend plötzlich, daß ich starke Zugluft zu spüren vermeinte. Fernere Kopfkühle erreichte ich stets durch Vorstellung an vorstehendes Erlebnis, mit Wirkung, daß ich an der rechten Stirnhälfte kühle Zugluft empfand. — Schwere im Unterarm nicht mehr möglich, sofortiges Überspringen auf die Hände mit verstärktem Wärmegefühl darin. Öftere Übungen vorgenommen mit negativem Ergebnis und unangenehmer Folge, daß sich im rechten Oberschenkel Schmerzen einstellten, wie man solche nach anstrengenden Kletterpartien oder auch im Wachstum verspürt. Wärmekissen verschaffte Linderung. Auffallenderweise verging auch dieser Schmerz erst am 2. Tag. (Also immer nach etwa 48 Stunden.)

5. Woche: Regelmäßige Übungen, keine Konzentration, wechselhafte Entspannung, keinerlei Beschwerden.
Zeitweilige heftige Kopfschmerzen über dem linken Auge müssen meinem Empfinden nach irgendeine andere Ursache besitzen.

Beschwerden und Schmerzen, welche ich *vor* dem Training bereits hatte, habe ich hier *nicht* erwähnt.

Tritt nach den Übungen unmittelbar Schlaf ein, so erlebe ich im Traum quälende Nachwirkungen. Kürzlich spürte ich anschließend an die Übung starkes Hitzegefühl im Kopf, plötzliche Gesichts- und Unterarmlähmung, welche aber schnell vorüberging, und war und bleibt es mir unmöglich zu unterscheiden, ob Traum oder Wirklichkeit vorlag."

Durch das *Rosenbach*sche Phänomen wurde in der 2. Übungswoche ein 42jähriger gesunder Industrieller gestört, bei dem die nähere Untersuchung lediglich Zeichen einer gewissen allgemeinen erhöhten Erregbarkeit feststellen konnte. Der weitere Übungsverlauf war glatt und erfolgreich. Versuchsperson schildert in der 2. Übungswoche: „Während das Schweregefühl sich sofort einstellt, komme ich nicht recht zu dem Ruheerlebnis, weil in dem Augenblicke, in dem ich Ruhe haben will, die Augenlider so zittern, daß mich das an der Ruhe hindert." Auch hier sehen wir das Wahrnehmen eines sonst unbemerkten Körpergeschehens, das aber ebensosehr in den realen Körperfunktionen begründet ist, wie wir dies für die meisten hypochondrischen Erlebnisse annehmen dürfen. Endlich sei hier noch ein Wort über einige *abnorme Menschentypen* gesagt, die *schon beim Schwereversuch* besondere und charakteristische Schwierigkeiten machen.

Es ist dies an erster Stelle der fahrige Nervöse, für den die Primitivaufgabe gleichförmig passiver Zuwendung zu einem einheitlichen Erlebnis vielfach unmöglich ist. Ebenso können aktuell-reaktive oder mehr der Persönlichkeit angehörige neurotisch-affektive Störungen schon den Ansatz der Übung unmöglich machen. Nicht zu vergessen endlich der Zwangsneurotiker, der bereits aus dem Ansatz unserer Übung ein Ritual macht, das er in der für ihn charakteristischen Weise mißbraucht. Für diese und andere psychopathische Menschen ist ein Versuch mit dem autogenen Training therapeutisch aussichtslos, diagnostisch aber oft äußerst interessant. Nachteile können aus der Anstellung des Schwereversuches niemandem erwachsen, es ist daher gegen ein versuchsweises Angehen der hier genannten und anderer verwandter Psychopathengruppen mit dem autogenen Training nichts einzuwenden; es kann im Gegenteil die Beobachtung des Patienten im Training recht lehrreich sein.

Die Beobachtung von *N. Waal* (Zbl. ges. Neurol. 116, 254), daß die bei der Methode von *Schultz* und *Jacobson* erzielte totale Erschlaffung durch eine chronisch herabgesetzte Spannung ähnlich wie eine chronisch vermehrte Spannung zu einer Affektsperrung führen könne, habe ich nie bestätigen können und kann sie mir nur durch Heranziehung ungeeigneter Patienten oder technische Unterschiede (larvierte Trotzhaltung?) erklären.

Nicht minder zahlreich sind gewisse typische und häufige Störungen und Schwierigkeiten beim *Wärmeversuch.* In einem größeren Menschenmaterial finden wir recht häufig durchschnittliche Versuchspersonen, die zunächst mit der Darstellung des Wärmeerlebnisses Schwierigkeiten haben.

Der einfachste Fall ist darin gegeben, daß ein positives Wärmeerlebnis ausbleibt oder nur so schwach angedeutet ist, daß die Versuchspersonen sich nicht entschließen können, den Selbstversuch positiv anzusehen. Besonders unter *vasospastischen Asthenikern* finden wir häufig Versuchspersonen, die in den ersten Übungswochen negative Resultate haben, doch ist das schwere Erlernen des Wärmeerlebnisses nicht gesetzmäßig an diesen Typus gebunden, sondern findet sich gelegentlich auch bei konstitutionell Unauffälligen. Zur Behebung dieser Schwierigkeit ist zu empfehlen, daß die Versuchsperson kurz vor dem Versuche einen intensiven äußeren Wärmereiz benutzt, den Arm in heißes Wasser taucht, strahlender Wärme aussetzt und dergleichen mehr. Der Eindruck des physikalischen Reizes kann dann gewissermaßen nachbildmäßig benutzt werden und außerdem bedeutet die vorbereitende Herbeiführung äußerer Erwärmung eine gleichsinnige Vorübung. Im weiteren Üben wird der physikalische Reiz immer schwächer und in immer größerem zeitlichen Abstande gegeben und so allmählich die autogene Produktion von der Außenhilfe selbständig gemacht. Auf die Dauer vollkommen im *Wärmeversuch* negative Versuchspersonen habe ich bisher nicht beobachten können. Ist der Wärmeversuch deutlich, aber nur „unbefriedigend“, so wird nach 2–3 Wochen mit Übung 3 und dem gesamten weiteren Üben fortgefahren. Dies war auch nach den älteren experimentell-psychologischen Untersuchungen über die Bedeutung psychischer Einstellung für die Blutverteilung nicht zu erwarten, wissen wir doch schon aus den bekannten Untersuchungen von *E. Weber*, daß jede Hinwendung auf einen bestimmten Körperteil mit einer kongestiven Welle verbunden ist.

Da wir mit Rücksicht auf die elastische Selbstregulation des Gefäßsystems den *Wärmeversuch* nicht zurücknehmen lassen, bleibt das charakteristische Erlebnis häufig noch längere Zeit bestehen. Angaben über Nachdauer bis zu 1/2 Stunde sind keine Seltenheit. Gelegentlich wird dies von Versuchspersonen bemängelt; so meint ein

38jähriger Diplomat nach 3wöchigem Üben

„Schwierigkeiten nur gelegentlich bei der Erzeugung normaler Temperatur aus den vorher erzeugten Wärme- bzw. Kältegefühlen; doch deutlicher Fortschritt, indem es gelegentlich schon klappt.“

Häufig wird im Anfang der Arbeit das spezifische *Wärmeerlebnis* von anderen Eindrücken überdeckt, die sehr verschiedenartig geschildert werden, meist im Sinne wenig charakteristischer Parästhesien. Sehr lehrreich ist in dieser Beziehung das folgende Protokoll, das allerdings aufgrund exakter Messungen dahin korrigiert werden muß, daß sehr häufig die physikalische Wärmestrahlung meßbar zunimmt, ohne daß dies durch Betastung wahrnehmbar ist.

32jährige Ärztin (3. Übungswoche)

„Bei der Vorstellung: ‚Der rechte Arm wird warm‘ tritt nach einiger Zeit ein Wärmegefühl in der Ellbeuge schwach auf, dazu etwas Prickeln in den Fingerspitzen. Dagegen wird der Kopf ganz heiß. Bei der ersten Übung, abends, tritt starkes Wärmegefühl in beiden Ellbeugen und beiden Knien auf. Da ich sehr kalte Füße hatte, versuchte ich nun von den Knien aus weiter auch die Füße zu erwärmen.

Es trat aber nur Prickeln auf, während die Füße objektiv kalt blieben. Dabei wurden aber die Hände ganz heiß. An den weiteren Tagen gelingt es immer, bei Konzentration auf Hand oder Fuß oder vielmehr Arm oder Bein, dort ein deutliches Prickeln hervorzurufen und das unangenehme Kältegefühl — ich wollte die Übung an den kalten Tagen praktisch verwerten — zu beseitigen. Objektiv blieben Hände und Füße aber kalt. Nach längerer Zeit, 15–20 Minuten, wurden sie dann plötzlich warm, auch wenn ich inzwischen an ganz andere Dinge dachte oder las. Ich glaube aber, daß das auch ohne Autosuggestion eingetreten wäre. (Im Gegensatz zu dem sofort auftretenden Prickeln.) Heute früh habe ich versucht, nach einer durchwachten Nacht, 10 Zigaretten — ungewohnt — und Mokka, um 1/26 Uhr morgens einzuschlafen. Das gelang nicht. Dagegen hörte das sehr unangenehme Herzklopfen bei jeder Bewegung prompt auf."

In manchen Fällen entwickelt sich im Anfang des Trainings beim *Wärmeversuch* eine störende örtliche Erscheinung, indem eine vermehrte *Schweißsekretion* der Hände auftritt.

Meist handelt es sich nur um ein Durchgangsphänomen, das nach einigen Übungswochen von selbst verschwindet, doch kommen auch Fälle zur Beobachtung, bei denen diese Reaktion in den Dienst des Widerstandes gestellt wird. Die psychische Abhängigkeit der Schweißsekretion je nach Situation usw. ist eine allgemeine Erfahrungstatsache; so ist mir ein Kollege bekannt, der sich im Kriege jahrelang der Einstellung entzog, indem bei jeder Prüfung durch eine Untersuchungskommission von seinen beiden Händen der Schweiß in großen Tropfen auf den Boden fiel, ohne daß ihn in der Praxis ähnliche Erscheinungen jemals belästigt hätten. Liegen tiefere Widerstände hinter diesem Symptom, so müssen sie durch spezielle Psychotherapie entfernt werden; in der Mehrzahl der Fälle dieser Art genügt es, die Vergegenwärtigungsformel: „Der Arm ist ganz warm" zu ergänzen: „Hand ist ganz trocken". Relativ selten sind störende Nachempfindungen beim Wärmeversuch. So protokolliert ein 20jähriger Student der Medizin: „Einmal habe ich nach dem Versuche im Anfang des Übens ungefähr 1/2 Stunde lang einen stechend warmen Schmerz empfunden."

Sehr viel häufiger begegnen wir der Angabe *allgemeiner störender Erlebnisse* beim *Wärmeversuch.*

So geben viele Versuchspersonen an, daß das Wärmeerlebnis nicht auf den Versuchsarm beschränkt bleibt, sondern sich in unangenehmer Weise über Schulter und Nacken nach dem Kopfe ausbreitet. Es entstehen dann ausgesprochene Kongestionen, die bei empfindlichen Versuchspersonen sehr lästige Wirkungen haben können. Lange dauernde Hitze des Kopfes, Schwindel, bei Disponierten Migräneanfälle, ja in glücklicherweise seltenen Fällen so tiefgreifende Veränderungen des Kreislaufs im Kopfe, daß Bewußtlosigkeit eintritt, kommen zur Beobachtung. Den schwersten Fall dieser Art beobachtete ich bei einem 63jährigen Kollegen, der sich bei mir ausbildete. Er erlitt bei Anstellung des ersten Wärmeversuches einen Zustand absoluter Bewußtlosigkeit von über 1/4 Stunde Dauer. Puls und Atmung waren dabei nicht tiefgreifend verändert, die Lippen erschienen etwas bläulich, Reflexstörungen konnten nicht nachgewiesen werden. Auch spätere genauere Untersuchung ergab kein Zeichen eines ernsteren organischen Leidens, sondern nur die Erscheinungen entsprechenden Alters. Anamnestisch ist bemerkenswert, daß es sich um einen

Menschen handelt, der von jeher vasomotorisch empfindlich war und bei Überhitzung und anderen Gefäßbelastungen schon früher gelegentlich mit Ohnmachtszuständen reagierte.

Irgendwelche nachteilige Folgen hat der geschilderte Zufall nicht gehabt, er zeigt nur sehr deutlich, daß gerade der *Wärmeversuch* mit großer Vorsicht gehandhabt werden muß (Kreislauf! Kopfverletzung! Zentrale Regulationsstörung usw.!).

Eine 35jährige ungarische Ärztin, die in der 6. Trainingswoche eine leichte Magen-Darm-Störung ohne Fieber durchmachte, erlebt beim Wärmeversuch an einem Abend ein „leeres, sehr stark unangenehmes Gefühl im Kopfe“, das nach schnellem Zurücknehmen bestehen blieb und in einen Lagewechseldrang mit Unruhe überging. Die Außenweltgeräusche wurden „irreal, etwas unheimlich“, das Einschlafen war erschwert. Am nächsten Morgen erwachte sie frisch, aber bekam wieder beim Wärmeversuch dieselben Störungen, die etwa nach einer halben Stunde abklangen. Der Zustand erinnert an eine beginnende Ohnmacht, die die Versuchsperson mit 16 Jahren einmal erlebte. Sie ist ausgesprochen vasomotorisch labil, Hypotonikerin und leidet an Doigts morts, ihr Vater an Hypertonie.

Es ist daher notwendig, in jedem Falle vor der Anstellung des Wärmeversuches eine genaue Vorgeschichte dahin aufzunehmen, ob Anzeichen für eine Empfindlichkeit auf diesem Gebiete bestehen. Ist eine Versuchsperson nach dieser Richtung hin verdächtig, so arbeiten wir zunächst mit dem *abgeschwächten Wärmeversuch.* Bei diesem werden die Versuchspersonen nicht angeleitet, sich die Formel zu vergegenwärtigen: „Der Arm ist ganz warm“, sondern: „Die rechte (linke) *Hand* ist warm“, und dies nicht 6-, sondern nur 3mal. Wir lassen ferner solche Versuchspersonen wochenlang nur ganz kurze Übungssitzungen von höchstens 60 Sekunden anstellen und leiten sie an, nur alle 14 Tage einen kleinen weiteren Bereich des Übungsarmes für den Wärmeversuch zu benutzen, wenn nicht inzwischen eine langsame spontane Generalisierung die eigene Dosierung überholt.

Wie schon in Kapitel II erwähnt, ist das Wärmeerlebnis ausgesprochen wellenförmig, sowohl nach Intensität der Selbstwahrnehmung als nach der strömenden Art der Ausbreitung. Manchmal wirken äußere Ablenkungen begünstigend auf seine Entwicklung. So schildert eine 38jährige Hausfrau und Mutter (3. Übungswoche): „Das Wärmegefühl läßt sich zunächst nur unregelmäßig darstellen, kommt aber sofort, wenn irgendwelche monotone Bewegungen oder Geräusche in der Umgebung sind (Untergrund oder Auto usw.). In der 3. Woche ist auch die rechte Seite, Arm und Bein, schwer und warm darzustellen, ebenso wie das Kältegefühl auf der Stirn. Durch Darstellung des Wärmegefühls sind des öfteren gute Resultate bei kalten Füßen oder kaltem Rücken erzielt.“

Endlich klagen beim *Wärmeversuch* noch häufiger als beim Schwereversuch Versuchspersonen über belästigende psychische Allgemeinerlebnisse, die ebenso oft nach der Richtung allgemeiner Aufregung, Unruhe, Ängstlichkeit und Verwirrung als nach der Seite unerwarteten Tiefschlafes, der Trancierung, geschildert werden. Alle diese Tatsachen erweisen uns erneut, daß die durch das autogene Training erarbeitete selbsttätige Verfügung über die Vasomotoren im Wärmeversuche ein differentes Verfahren ist, wie auf der anderen Seite auch die Beobachtung der besonders intensiven Erholungswirkung gerade des Wärmetrainings immer wiederkehrt.

Daß die *Herzregulierung* bei allen Versuchspersonen mit nicht ganz intaktem Kreislauf, insbesondere mit Zeichen gestörter Herzfunktion, besondere Vorsicht erheischt, liegt auf der Hand. Es ist klinisch interessant, daß gelegentlich vasolabile Versuchspersonen, die niemals irgendwelche unangenehmen Herzsensationen hatten, im Anschluß an die Erarbeitung des Herzerlebnisses und ganz besonders an Herzbremsungen Beschwerden erleben, die durchaus im Sinne einer funktionellen Angina pectoris geschildert werden: Herzangst, Druck, Oppression, gelegentlich bis zu ganz leichten Vernichtungsgefühlen. Es hat sich mir daher in den letzten Jahren sehr bewährt, in jedem Falle zunächst den Herzversuch nur 2mal einstellen zu lassen und den Übenden nach einigen Versuchen zu fragen, ob er bereits etwas wahrnimmt. Ist dies nicht der Fall, so lassen wir die Formel 3mal einstellen und uns gleichfalls wieder nach einigen Versuchen berichten, und steigen so ganz vorsichtig bis zu der Zahl von Wiederholungen an, bei der irgendwo der Puls erscheint.

Der Übende wird dann veranlaßt, bei jedem Selbstüben zu Hause in derselben vorsichtigen Weise vorzugehen, sich gewissermaßen ganz langsam in die Herzübung einzuschleichen. Besteht bei V. P. Neigung zu betontem Herzschlage, so wird *„ruhig, regelmäßig“*, bei im ganzen mehr „hypotonen“ V. P. *„ruhig, kräftig“* eingestellt. So stellt die Erarbeitung des Herzerlebnisses und die selbsttätige Herzregulierung gewissermaßen eine *psychische Funktionsprüfung des Herzens* dar. Um so dringender muß hier nochmals vor jeder Verlangsamung der Herztätigkeit in der ruhigen Übungshaltung gewarnt werden. Bereits vor Jahren studierte einer meiner Mitarbeiter mit Hilfe des EKG die Folgen einer solchen absichtlichen Fehlhaltung an sich selbst und konnte so deutliche Veränderungen im EKG darstellen, daß sie ohne Kenntnis der Auslösung von kritischen Autoren als Zeichen ernsthafter krankhafter Veränderungen gedeutet wurden. Diese interessanten Materialien sind leider äußeren Umständen zum Opfer gefallen, doch sind z. Z. analoge Selbstversuche wieder im Gange. Neuerdings benutzen *Kleinsorge* und *Klumbies,* Jena, und *P. Polzien,* Würzburg, auch die Hypnose als „psychische Herzfunktionsprüfung“ („psychisches Belastungs-Ekg“).

Die freifließende *Atmung* kann bei motorischen Typen zu Interferenzstörungen mit dem Herzrhythmus führen, wie das folgende Protokoll zeigt:

35jähriger Nationalökonom (5. Übungswoche)

„Meine Atmung ist ruhig. – Überflüssig; unzweckmäßig, insofern dadurch zwei Rhythmen (des Herzens und der Atmung) durcheinanderkommen.“ Eine störende Atempause schildert ein gesunder *praktischer Arzt*, 36 Jahre. „Bisherige Dauer des Trainings 14 Tage. Am meisten Schwierigkeiten und störende Wirkung machte die Atemlosigkeit. Anfangs gelang es mir nur unter Anhalten des Atems, um überhaupt ein Schweregefühl im rechten Arm zu erleben. Das gleiche trifft für die Wärmeempfindung zu, die prompt einsetzte. Auffällig war, daß in dem Moment, wo die Atmung notwendigerweise einsetzte, sämtliche Erscheinungen verschwanden. Es gelang mir erst allmählich, die störende Wirkung der Atemtätigkeit auszuschalten. Schwere- und Wärmegefühl breiteten sich allmählich in wachsender Stärke über alle Gliedmaßen mit Ausnahme des linken Beines aus. Es war mir bisher nicht möglich, hier irgendein Erlebnis zu empfinden. Der Grund dafür, den mir Herr Prof. *Schultz* angab, Operation eines schweren Abszesses in der linken Kniekehle, war mir durchaus einleuchtend. Bezüglich der störenden Atemtätigkeit kann ich keinen Grund in meinem sonstigen Verhalten entdecken. Bei Operationen, schweren Blutungen und sonstigen überraschenden Augenblicken, die meine Konzentration erfordern, reagiere ich, nachträglich beobachtet, häufig durch Anhalten des Atems. Insbesondere beim Schießen passiert es mir häufig, daß ich den Atem anhalte, um im Ziel abzukommen. Ich muß dann gelegentlich das Gewehr absetzen, da ich ebenfalls durch Störung der Atmung gehindert werde. Ich pflege gute Schießübungen zu erzielen."

Ebenso:

35jährige Ausbildungskandidatin des Instituts 1943:

„Je tiefer ich trainiere, desto unversöhnlicher sind Herz und Atem.

Sie fragten mich nach meinem Verhältnis zu Rhythmus und Melodie; ich habe unzureichend geantwortet, weil es mir nicht klar war.

Ich spiele Geige, und Takt zu halten macht mir keine Schwierigkeiten, ja, ich empfinde Ungenauigkeiten als Sünde wider den Heiligen Geist. Furtwänglers ordnende Hand in der entbundenen Klangfülle wahrzunehmen, macht das musikalische Erlebnis vollkommen. Und die durch Metrik am stärksten komprimierte Dichtung ist für mich der gültigste Ausdruck.

Welcher Polarität sind wir im Herzschlag und Atem unterworfen? Das Meer, die große Mutter, unser aller Mutter, wir sind im Atem ihr anheimgegeben, dadurch aber auch miteinander verbunden. Vom Wellengang emporgehoben und hinabgezogen erfahren wir Dauer im Wechsel als Gesetz, dem wir alle unterworfen sind. Demgegenüber der harte, unerbittliche, der vereinzelnde Herzschlag. Ein ordnendes Prinzip. Etwas, das auch mich als (etwas) nicht Anheimgegebenes, sondern als (etwas) Beauftragtes, zu einem Ziel hin Verordnetes, erleben läßt.

Gibt es eine Möglichkeit, diese Spannung in sich auszugleichen? Nur im Schöpferisch-Sein, in der Kunst. Wem das Maß an Kraft, das dazu gehört, nicht zugemessen ist, der wird bald der Großen Mutter, bald dem Großen Vater anhangen, den Sohn nur erahnen können. Führt also nicht dies Stück des Trainings, im Gegensatz zu den anderen, statt in die Entspannung in das Erlebnis der äußersten Spannung, des Ausgespanntseins zwischen zwei Polen? Und liegt nicht ein innerer Gewinn in der Annahme dieser Tatsache, ein Erleiden des Unversöhnlichen?"

Die *Leibentspannung* zeitigt bei vielen lebens- und naturwidrig Verbildeten Schwierigkeiten. So schildert und erklärt:

50jähriger Arzt (16. Übungswoche)

„*Sonnengeflecht ganz warm:* Nach erfolgreichem Üben bis zu dieser Aufgabe *plötzliche Stockung. Übung* gelingt nicht trotz wochenlangen Übens, auch nach Auflagen von Wärmekissen nicht. Nachdem Autor in besonderer Sitzung durch Handauflegen und Anweisung, die Wärme von der Schulter hinabzuführen, auch nicht hat helfen können, erscheint plötzlich Wärme in Leistengegend und Unterbauch mit Ausstrahlung in beide Hoden.

1. Katholische Erziehung – besonderes Tabu der Unterzwerchfellgegend.
2. Unerwünschte Bauchbildung.

Viel später nach diesbezüglicher Besprechung ganz geringe Wärmeempfindung im Plex. sol., herangeführt vom Rücken, Nierengegend."

Das Erlebnis der *Stirnkühle* macht vielen Versuchspersonen schon in der Darstellung große Schwierigkeiten, die wir unter denselben prinzipiellen Gesichtspunkten wie beim Wärmeerlebnis dadurch bekämpfen, daß wir einen leichten Kühlreiz (Kölnisch-Wasser, Migränestift und dergleichen) voranschicken. Manchmal erscheint es an bestimmte Körperhaltung gebunden, so daß es etwa nur im Liegen gelingt. Außerordentlich häufig führt die Darstellung der Stirnkühle im Anfang der Arbeit zu *Kopfschmerzen,* bei stärker zu *Migräne* disponierten Versuchspersonen anfangs fast regelmäßig. Auch hier empfiehlt es sich, mit ganz vorsichtiger Dosierung zu beginnen, die Versuchspersonen sich in den Versuch gewissermaßen einschleichen zu lassen, am besten grundsätzlich immer mit zweimaliger Wiederholung, wie beim Herzversuch *(I. H. Schultz,* Prax. Psthpie., 122 [1963]). Vor allen Dingen muß jedem Versuch, intensive Kälteerlebnisse, vergleichbar mit Eis oder Schnee usw., darzustellen, dringend widerraten werden. Welch unangenehme Erscheinungen gerade bei der Erarbeitung der Stirnkühle auftreten können, zeigt sehr deutlich das folgende Protokoll einer 34jährigen Bürovorsteherin (6. Übungswoche), aus dem sich namentlich auch entnehmen läßt, daß Korrektur eines Haltungsfehlers zu störungsfreiem Üben führt.

„Mit dem Gefühl der Abkühlung, das wir am 20. d. M. zum ersten Mal übten, habe ich bisher keine Erfolge gehabt, es sei denn, daß ich entsprechend den Anregungen des Vortragenden, meine Stirn zuvor mit Kölnisch Wasser angefeuchtet hatte. Aus dem Wunsche heraus, auch letzteres Gefühl zu erleben, sind bei mir krampfartige Erscheinungen im Kopfe aufgetreten, die teilweise sehr unangenehm waren und in heftige Kopfschmerzen vom Genick bis zur Stirn ausliefen, an denen ich vor meinem Training kaum jemals gelitten hatte. Dieser krampfartige Druck hinderte mich zeitweise am Einschlafen, und es ist vorgekommen, daß ich fast ganze Nächte schlaflos verbrachte. Es sei hierbei allerdings bemerkt, daß ich häufig an Schlafstörungen leide bzw. daß der geringste Anlaß mir solche plötzlich herbeiführt. Als äußeres Zeichen des krampfartigen Druckes im Kopfe zeigte sich während der Übung eine ganz auffällige Blässe bei mir, die allerdings nach einigen Minuten wieder verschwand. Die Ursache der Verkrampfung ist außer in dem intensiven Wunsch, ein Gefühl zu erleben, was bei mir noch nicht auftrat, nach meinem Dafürhalten darin zu suchen, daß ich während des Trainings bemüht war, von außen kommende Geräusche willkürlich abzustellen. Wenn ich beispielsweise beim Üben die Hupe eines vorüberfahrenden Autos hörte und der Begriff eines Autos mir dabei erschien, versuchte ich in der Annahme, daß die Wahrnehmung des Geräusches an sich der Beweis für eine schlechte Konzentration sei, dieses Geräusch abzustellen, und mir in diesem Fall das Gefühl, das ich gerade erleben wollte, sozusagen einzuhämmern. Ich habe also gewissermaßen bewußt gearbeitet, anstatt mich in das betreffende Gefühl von selbst hineingleiten zu lassen. Vom Vortragenden in der vorigen Stunde darauf aufmerksam gemacht, daß diese Art des Trainings falsch ist, bin ich jetzt dazu übergegangen, mich bei den Übungen gegenüber Einwirkungen von außen passiv zu verhalten; seit dieser Zeit habe ich Verkrampfungen bei mir nicht wieder beobachtet."

Auch die für die *Schmerzabstellung* als Unterstützung benutzte Kühlstellung des Armes führt gelegentlich zu unangenehmen vasomotorischen Begleiterscheinungen. So schildert ein 35jähriger Arzt (4. Übungswoche): „Kälte vom Mittelarm bis zum Ellbogen aufsteigend, kühl hauchendes Gefühl wie ein Windzug, so daß deutliche Kälte von der linken Hand ausgeht; dabei starkes Hitzegefühl und Unruhe im Kopf. Die Kälte hält trotz Umstellens an, ich habe den Eindruck beschleunigter Herztätigkeit."

Da die Hyp- oder Analgesie nicht absolut an das Kühleerlebnis gebunden ist, können wir bei Versuchspersonen mit Neigung zu Vasospasmen gelegentlich mit Erfolg versuchen, lediglich auf der Entspannungsbasis von Schwere und Wärme Schmerzerlebnisse herabzusetzen. Hierzu berechtigen uns einerseits spontane Angaben von Versuchspersonen, wie etwa die eines 36jährigen Legationssekretärs, der mitteilt, er habe keinerlei Schmerz bei Nadelstich wahrnehmen können, obwohl ihm nicht gelungen sei, das Kühleerlebnis darzustellen, andererseits besonders die Erfahrung von *Jacobson* (Chicago), der bei seinen lediglich auf Muskelentspannung abgestellten Experimenten gleichfalls Herabsetzung der Schmerzempfindungen beobachtete, die er dadurch erklärt, daß auch diese Erlebnisse durch Entzug einer motorischen Komponente abgeschwächt werden. Im durchschnittlichen Verlaufe kann man demgegenüber sehr deutlich beobachten, daß mit steigender Intensität des Kühleerlebnisses das Ausmaß der Schmerzverringerung wächst. Unser Londoner Fachgenosse *E. B. Strauss* betonte in geistvollen „Bemerkungen zum Schmerzproblem" (Dtsch. med. Wschr. 161 [1950]) die Brauchbarkeit autogener Arbeit für Schmerzbeseitigung.

Sehr wesentlich ist es, die Versuchspersonen vor *unvorsichtigem Experimentieren* mit den Temperaturerlebnissen, insbesondere mit dem *Kälteerlebnis,* zu warnen. Allerdings kann eine solche Warnung bei oppositionellen Persönlichkeiten gerade das Gegenteil bewirken; aber wir sind dann der Verantwortung für den Verlauf enthoben. Hierfür möchte ich nur einen sehr charakteristischen Fall anführen.

Eine mir von früheren therapeutischen Gelegenheiten her ärztlich genau bekannte 28jährige Arztgattin nahm mit meiner Einwilligung an einem Normalkurs in der Lessing-Hochschule teil. Es handelte sich um eine etwas überzüchtete, grazile, stark vegetativ stigmatisierte Persönlichkeit mit Zeichen von allgemeinem Infantilismus bei sehr guter geistiger Begabung und vielseitigen künstlerischen Anlagen. Körperlich bestanden Neigung zu typischen Migräneanfällen und, wie hier so häufig *(Ulrich),* die Symptome einer leichten Hyperthyreose, klinisch im übrigen ein Gemisch von neuro- und psychopathischen Symptomen. Diese Versuchsperson machte in striktem Widerspruch zu meiner ausdrücklichen Warnung zu Hause einen Versuch mit einer völligen Totalkaltstellung des einen Armes. Dies führte zu einem schweren Angiospasmus der gesamten Extremität, die noch am nächsten Tage bläulich verfärbt, eiskalt und im Gebrauch schwer behindert erschien. Mit Rücksicht auf die durch die vorhergehende Psychotherapie gegebene Grundlage wurde hier die unerwünschte Nachwirkung des Trainings durch eine hypnotische Gegensuggestion in einmaliger Sitzung dauernd aufgehoben (Nachbeobachtung 4 Jahre).

Sehr häufig begegnen unsere Versuchspersonen im Anfang der Übungsarbeit einer charakteristischen Störung, indem sie durch die bewußte Hinwendung auf den Umschaltungsvorgang zeitweise beim abendlichen *Einschlafen* behindert werden. Dies ist ganz besonders der Fall, wenn abends im Bett trainiert und nach der Übung in typischer Weise zurückgenommen wird; man muß daher die Versuchspersonen darauf hinweisen, daß sie bei *Abendübungen im Bett auf das Zurücknehmen verzichten,* wenn sie bemerken, daß der Versenkungszustand schlafähnliche Formen annimmt. Als Beleg für eine allgemeine Schwierigkeit der geschilderten Art folge hier das Protokoll eines 40jährigen Kaufmanns aus der 2. Übungswoche, der bei der weiteren Durchführung des Trainings in jeder Beziehung die gewünschten Erfolge erzielte:

„Die Übung beim Schlafengehen hat zunächst eine Störung des beim Schlafengehen gewöhnlich bereits vorhandenen Ruhegefühls zur Folge. Das Einschlafen erfolgte anscheinend in derselben Zeitspanne wie gewöhnlich. Während ich bisher keine weiteren Störungen nach der Schlafengehenübung hatte, erwachte ich heute nach 4 bis 5 Stunden mit einem etwas empfindlichen Kopfschmerz im Vorderhirn und Traumphantasien. Nach Aufstehen und Entleeren der Blase (die nicht etwa drückte), versuchte ich darauf einen leichteren Schlaf, der mir auch glückte. Ich erwachte ohne Kopfschmerzen rechtzeitig."

Häufig macht noch ein anderer Punkt im Anfang Schwierigkeiten; die für die Abendübung typische Rückenlage entspricht vielfach nicht der gewöhnlichen *Schlaflage* der Versuchsperson.

Die von *de Sanktis* in seinem bekannten Werk über die Träume (1901) und im Handbuch der vergleichenden Psychologie von *Kafka* (Reinhard-Verlag, München 1922, Bd. 2, S. 256 ff.) hervorgehobene Bedeutung der Schlaflage darf nach den Studien von *Prengowski* (Psychiatr.-neurol. Wschr., Halle 212 [1925]), *Thorner* (Nervenarzt 197 [1931] und *Johnson* (Zschr. Neurol., Berlin 58, 434 [1931]) nicht überschätzt werden. Der normal Schlafende wechselt vielmehr häufig seine Schlafstellung; eher ist eine gewisse Typik der Einschlafhaltung festzustellen, und diese ist es eben, die nicht selten zu Diskrepanzen mit der Liegehaltung des Trainings führt.

Die Versuchspersonen sind daher anzuleiten, das autogene Entspannungserlebnis abends in der Rückenlage so intensiv wie möglich darzustellen und sich nun in ganz gleichförmig fließender Weise in die typische Einschlafhaltung hinüber zu begeben. Hierbei muß jede Art gespannter oder plötzlicher Aktivität vermieden werden, da sonst die erwünschte Einstellung unterbrochen wird. Dies macht begreiflicherweise im Anfang Schwierigkeiten, wie die beiden Protokolle zeigen.

36jähriger Kaufmann (3. Übungswoche)

„Schwierigkeiten habe ich nur beim Einschlafversuch. Meine Schlafstellung ist sehr ungünstig, nämlich: Hände dicht vor das Gesicht, ohne diese Stellung, seitwärts liegend, kann ich nicht ruhig einschlafen. Trotz aller Versuche ist es mir bisher nicht gelungen, mir diese Stellung abzugewöhnen."

42jähriger, akademisch gebildeter Kaufmann (nach 3 Monaten Training)

„Noch nicht gelingt das Übergehen in entspanntem Zustande in die gewöhnliche Schlaflage. Ich habe aber ein anderes günstiges Resultat gehabt. Während ich früher überhaupt nur auf der rechten Körperhälfte liegend einschlafen konnte, gelingt mir dies jetzt auch in der Rückenlage. Bei den Versuchen, in der Entspannung mich, um einzuschlafen, nach rechts zu legen, habe ich das Gefühl, als ob die, wenn auch geringe Anstrengung, die Entspannung aufhebt."

Besondere Schwierigkeiten schildert *H. Schaefer* in einer Studie „Über corticale Nacherregungen und Zwangserscheinungen" (Zschr. Neurol., Berlin 140, 565 [1932]).

Er beobachtete bei seinen Versuchspersonen öfter Krämpfe an vorher angestrengten Gliedern im Training, z. B. einen Wadenkrampf nach Tanzen, einen Schreibkrampf nach langem Schreiben, und nimmt an, daß die Entspannung der Muskulatur einer ideomotorischen oder vielleicht rein motorischen Erregung der Hirnrinde freie Bahn lasse; er vergleicht das Training einem „willkürlich erzeugten Dämmerschlaf, in welchem die Erregungen ungehemmt verlaufen und ideosensorische, kinästhetische und ideatorische Phasen bunt miteinander wechseln". Da ich über analoge Erfahrungen in keinem Falle verfüge, ist mir am wahrscheinlichsten, daß bei den Versuchspersonen *Schaefers* die Entspannung inkomplett oder unsystematisch dargestellt war.

Gelegentlich führt der Widerstreit verschiedener Motive eine Zeitlang zu ausgesprochenen Unruheerlebnissen und Mißempfindungen der verschiedensten Art, so daß hierdurch Einschlafstörungen bedingt werden können. Man vergleiche auch das oben bei fehlerhafter Konzentration verkrampfender Form auf die Stirnkühle gegebene Protokoll einer 34jährigen Bürovorsteherin, die „fast ganze Nächte schlaflos verbrachte". Wieder eine andere Gruppe können wir als *pathophysiologische Komplikationen der allgemeinen Technik* bezeichnen. Unsere Auffassung des spezifischen Erlebnisses im autogenen Training als eines zerebralen Umschaltungsvorganges wird dadurch gestützt, daß alle Momente, die erfahrungsgemäß eben diese Verläufe beeinflussen, von Bedeutung für das autogene Training sind, besonders wenn es sich um Anfänger handelt. So erschweren *Pharmaka,* die kortikal erregend wirken, die Arbeit, so daß namentlich Anfänger z. B. nach großen Tee- oder Kaffeegaben unfähig sind, die Entspannung darzustellen. Ebenso wirken erregende Spirituosen, während dämpfend-ermüdende in manchen Fällen anfangs die Arbeit erleichtern, doch bestehen auch hier typologische Unterschiede, wie das folgende Protokoll zeigt:

43jähriger Obersekretär (4. Übungswoche)

„Geringe Mengen Bier, z. B. zwei Pilsener, machen sich bei der Entspannung bemerkbar, z. B. kommt der Körper erst nach 3–6 Minuten zur vollständigen Entspannung."

Überaus typisch ist die völlige Aufhebung der Versenkungsmöglichkeit bei Anfängern, wenn sie *fieberhafte Infektionskrankheiten* durchmachen oder einer *Inkubation* unterliegen.

So berichtet ein 32jähriger Arzt aus der 3. Übungswoche: „Die Wirkung der Konzentration hat bei mir jetzt mehrfach versagt infolge der Gegenwirkung eines Erkältungszustandes, der mit leichten Temperatursteigerungen einherging.“ Das gleiche gilt von Infektionen, die durch Benommenheit oder ähnliche allgemein-toxische Erscheinungen Störungen setzen. Derartige Beobachtungen kann man namentlich an Patienten mit chronischen Infektionen, wie Lungentuberkulose, machen. Einen anderen Störungsfaktor schildert das folgende Protokoll eines 24jährigen Kunstmalers im 4. Trainingsmonat: „In diesen Monaten nahm ich wieder in vermehrtem Maße allen möglichen Sport auf. Die dauernde Bewegung im Freien und vor allem die Wirkung der Sonne auf den nackten Körper machten eine wirkliche Entspannung fast umöglich, da sich meinem Gefühl nach mein Körper fast immer in einem gewissen Erregungszustand befand. Jedenfalls vermochte ich das Gefühl der Schwere in den Armen nur schwach hervorzurufen. Je mehr der Organismus sich jedoch daran gewöhnte, desto besser wurde es, bis schließlich der alte Zustand wiederkehrte. Das Wecken zu einer bestimmten Zeit gelingt jetzt immer, während es mir früher trotz vielfacher Versuche nie möglich war.“

Sehr häufig wird Versuchspersonen in der Ausbildung erst nachträglich klar, warum eine Zeitlang die Übungen erfolglos blieben, ganz besonders, wenn es sich dabei um Inkubationswirkungen mit verschwommener Symptomatik handelt. Hier sei nur kurz darauf verwiesen, daß die Festigkeit der Umschaltung gegen pharmakologische Störungen im Prinzip die Möglichkeit zu exakten Messungen birgt.

Außerordentlich zahlreich und vielgestaltig sind *Behinderungen der Arbeit durch Affekte.*

So gibt eine 28jährige hysteropathische Dame der Gesellschaft an, daß sie bei jedem Versuche „große Aufregung und Übelkeitszustände, oft Herzklopfen und Angst“ erlebe. Sie motiviert das selbst damit, daß sie „den Gegenwillen nicht ausschalten“ könne, so daß die „Versuche zwecklos blieben“. Als einmal doch eine Entspannung gelingt, erlebt sie „gleichzeitig aber Verzweiflungszustand“. Objektiv verraten sich diese Schwierigkeiten häufig in äußeren Unruheerscheinungen verschiedenster Körperfunktionen. Ähnlich wie die Festigkeit des Trainings gegen Pharmaka einen gewissen Maßstab liefert, kann aus der Affektfestigkeit der Grad der Übungssicherheit entnommen werden. So erlitt eine 33jährige Versuchsperson in der 1. Trainingswoche einen schweren Schicksalsschlag, der völlige innere und äußere Umstellung nötig machte. Dies führte nach gutem und störungsfreiem Ansatz zeitweise zu vollständiger Aufhebung der Übungsmöglichkeit. Bei gut Durchtrainierten können wir umgekehrt aus der Wirksamkeit oder Erfolglosigkeit der Resonanzdämpfung der Affekte einen gewissen Rückschluß auf Mächtigkeit und Tiefgang erlebter Affekte ziehen.

Nicht nur leichte psychopathische *Affektreaktionen* und Gemütserschütterungen physiologischer Art kommen als Fehlerquelle in Frage, sondern vor allen Dingen auch der halb affektive, halb weltanschauliche Mißbrauch des Verfahrens zu Lebensflucht, Realitätsverneinung, Wirklichkeitsentzug und anderen schweren neurotischen Ausweichreaktionen, wie wir sie besonders bei den Sensitivschizoiden besorgen müssen. So ist es schon sehr typisch, wenn ein Teilnehmer eines Normalkurses, ein 26jähriger Ministerialbeamter, die Frage stellt, wieweit es möglich sei, mit dem Training „lästige sinnliche Anwandlungen abzustellen". Hier begegnen wir der Gefahr eines Mißbrauchs, auf die *L. Binswanger* durchaus in meinem Sinn hingewiesen hat, nur muß nachdrücklich hervorgehoben werden, daß es sich hier eben um einen *Mißbrauch* handelt. Man kann nach allgemeiner Richtung von der *autistischen Gefährdung des autogenen Trainings* sprechen. Sehr anschaulich schildert das Grenzbereich dieser Gefahrzone das folgende Protokoll einer 33jährigen Pianistin aus dem 3. Übungsmonat:

„Hände und Füße füllen sich allmählich mit Wärme voll, mit viel Wärme, die allmählich das spezifische Gefühl der Gliedmaßen wegspült, so daß ich nur nachempfinde: dunkel, warm; ohne jede Unterscheidung für Konturen. Langsam kommt eine steinerne Ruhe in meinen Kopf und Körper, ich beginne zu schweben, fühle mich an wie eine flache, gläserne Scheibe. Ich bin durch eine Glaswand von der Welt getrennt. Ärger, Kummer und Lasten, die mir durch den Kopf gehen, werden gegenstandslos, ich bin außerhalb des Lebens. Ich fühle die ruhige Versteinerung meines Gesichts, des Körpers und der Seele, fühle mich wunderbar gestorben an. Ich denke: meine Ichseele hat meinen Körper verlassen, ich liege hier nur als Maske, in einer Art Scheintod. Es ist ein guter Zustand, dieses gläserne Schweben ohne Gefühle. Mein Atem gliedert mich allumspannend ein in das große Leben der Natur. Arme und Beine fangen an, ein ziehendes, verkrustendes Gefühl zu bekommen, ebenso Rücken und der Leib. Alles Leben, das sonst im Körperinnern und im Kopf fühlbar ist, scheint unter dem Einfluß einer magnetischen Kraft an die Peripherie des Körpers zu eilen. Herz, Kopf, Sonnengeflecht werden immer leichter und gefühlsleerer. Ich beginne langsam zu versteinern. Der Körper in gewöhnlichem Ruhezustand verhält sich zu dem jetzt eintretenden Zustand wie ein angebrütetes Ei (innen lebendiges Keimen, Haut, weiche Schale) zu einem ausgeblasenen Ei (innen schwebend, leer, Haut zu Kalk erstarrt). Ich spüre vom Körper nichts mehr als die Wellen des Atmens, gehend in warmer dunkler Leere, und die Hülle des Körpers als dünne Kruste. Alles ziemlich gewichtslos und steinern ruhig."

Hier zum Problem des „Leerwerdens" autogener Formeln ein paar Worte:

Auch wenn der Krankheitsfall an sich für autogene Behandlung geeignet ist, stellt sich nicht selten eine weitere Schwierigkeit ein. Die für eine wirklich erfolgreiche Trainierung notwendige, völlig automatisierende, monotonrhythmische Einstellung der Formeln führt bei gewissen Menschen dazu, daß die Formeln nicht, wie gewünscht, dem *„erworbenen Vollzugszwang im normalen Seelenleben"* entsprechend, tiefer und tiefer einwurzeln, also im wahrsten Sinn des Wortes „in Fleisch und Blut übergehen", sondern es ergibt sich mehr und mehr ein *„Leerwerden"*, ein unwiderstehliches *Abgleiten* von den Formeln, bald verbunden mit ausgesprochenem *Widerwillen,* bald angeblich gedankenlos und ohne weitere Gefühlsbeteiligung.

Das ist um so bedauerlicher, als es sich häufig um Versuchspersonen handelt, die an sich durchaus geeignet sind, aber zwei Extremen nahestehen, entweder dem neuerungssüchtigen hypomanischen Phantasiemenschen oder dem allzu gewissenhaften Anankasten. Im ersten Fall wird das Üben den Versuchspersonen „einfach über", wie sie bei genauer Befragung gut schildern können, im anderen stellen sich mehr und mehr unangenehme Begleiterscheinungen, psychische Gegenimpulse oder leibliche Mißempfindungen ein.

In beiden Fällen empfiehlt sich das gleiche Vorgehen: Die Übungen werden mit kurzen Übungszeiten vom ersten Ansatz her nochmals aufgebaut, also nur geübt „Der rechte (linke) Arm ist ganz schwer", und dann nach kurzer Zeit wieder zurückgenommen. Es kann immer wieder beobachtet werden, daß nun der Übungsvollzug aufs neue lebendig und ansprechend wird und die geschilderten Schwierigkeiten sich auflösen. Das dürfte auf verschiedenen Zusammenhängen beruhen.

Einmal wird die an sich so sehr notwendige Monotonie unterbrochen, und die alte Erstaufgabe gewinnt unter diesen Umständen den Reiz eines neuen Erlebnisses. Zum anderen erlaubt der erneute Eintritt in übenden Ansatz eine psychische Bewegung, die gegenüber dem scheinbar völligen Gleichstand mechanisch automatisierten Übens ein neues Erleben vermittelt. Hinzu kommt, daß in der Mehrzahl der Fälle die nun wieder aufgenommene Anfangsübung einen durchaus anderen Charakter gewinnt. Vertieft und erweitert durch die ausgiebigen vorhergehenden Erfahrungen wird die im Beginn der Übungen scheinbar so einfache und primitive Schwereübung nun erheblich umfassender und eindrucksvoller, so daß auch abgesehen von den angedeuteten Erneuerungserlebnissen qualitativ ein anderes Erleben als solches einsetzt. So ist verständlich, daß diese einfache Anweisung in der großen Mehrzahl der Fälle sehr bald eine grundlegende Besserung herbeiführt. Es braucht wohl nicht besonders hervorgehoben zu werden, daß unter den so veränderten Umständen der Fortschritt von Übung zu Übung nun in Zwischenräumen von etwa je 3 Tagen erfolgen kann. Die Beachtung dieser Anregung ist u. E. geeignet, nicht selten Versuchspersonen für ein positives und erfolgreiches Trainieren zu erhalten, die sonst an der hier geschilderten Klippe scheitern würden (Prax. Psthp. 71 [1963]).

An letzter Stelle erwähnen wir hier endlich noch *Fehlreaktionen,* die darauf beruhen, daß Versuchspersonen *an und für sich normale Phänomene des autogenen Trainings falsch einordnen,* gewissermaßen über sie erschrecken und dadurch belästigt werden.

So schildert eine 29jährige Malerin als störende Einzelerscheinung: „Nach mehrmonatigem Training kam ich beim Entspannen in einen Zustand, den ich als sehr unangenehm empfand. Ich hatte das Gefühl, als ob mein Kopf ganz riesenhafte Dimensionen angenommen habe (sehr großer Wasserkopf). Auch Zunge, Nase und Rachenschleimhäute schienen stark geschwollen zu sein. Die Erscheinung trat vor dem Einschlafen auf, nach Genuß von sehr viel starkem Kaffee und etwas Alkohol. (Kaffee ist sozusagen mein Lieblingsgift, auf Alkohol hingegen reagiere ich nur schwach.) Einfaches Zurücknehmen der Entspannung genügt nicht, um in den normalen Zustand zu kommen. Es war dazu nötig, einige gymnastische Übungen im ungeheizten Zimmer zu machen, wobei ich natürlich ganz frisch wurde."

Hier liegen *Erscheinungen* vor, die sowohl in autogener Versenkung, als auch *hypnagog* bei Versuchspersonen besonders von motorischem Typus nicht selten sind.

Ein 35jähriger Kaufmann schildert in der 4. Übungswoche beim Versuche optischer Vergegenwärtigung der gewünschten Formeln: „Bei der Schriftvorstellung beobachtete ich, daß einzelne Silben in dem Satz ausfallen. Mein Denken im täglichen Leben ist oft sprunghaft – es gelingt schwer, einen Gedanken längere Zeit festzuhalten. Auch beim Reden durch Wiederholen derselbe Fehler. Ich führe nun das Ausbleiben der Silben bei der Übung hierauf zurück. Ich bin bemüht, den Fehler durch tägliche Übungen abstellen zu können."

Es handelt sich um eine Erscheinung, die aus hypnoiden Zuständen wohlbekannt ist und z. B. von *Mayer-Groß* in seinen Studien über das Einschlaferlebnis beschrieben wurde.

Naturgemäß ist mit den hier skizzierten Möglichkeiten nur ein gewisser Überblick über die häufigsten Störungen und Schwierigkeiten gegeben, die sich in der allgemeinen Arbeit immer wieder finden. Dadurch bleibt völlig unberührt, daß jeder Fall wieder individuelle Störungsmomente mit sich bringt, die nur bei sorgfältiger und regelmäßiger Kontrolle des Übungsverlaufes, besonders im Beginn der Arbeit, überhaupt bemerkbar und entsprechender Beeinflussung zugänglich sind. Immerhin dürften die wesentlichsten Störungstypen und ihre Abhilfsmöglichkeiten im vorstehenden angedeutet sein.

KAPITEL V

Technik und Leistungen der Oberstufe

Die Erlangung der Oberstufe unserer Technik setzt eine vollständige, sichere und prompte Beherrschung der allgemeinen Technik der Unterstufe voraus. Die Versuchspersonen müssen in der Lage sein, durch einen kürzesten Akt innerer Konzentration schlagartig die *spezifische Umschaltung* zu vollziehen, so daß der Körper als schwere, warme, ruhende Masse von gleichmäßigem Pulse und ruhig fließender Atmung erfüllt, von dem kühl abkonzentrierten Kopf gewissermaßen getrennt erlebt wird. Der Zustand ist ein so eigenartiger und charakteristischer, daß außerordentlich häufig Versuchspersonen ohne jeden gegenseitigen Kontakt identische Worte der Schilderung finden. Im Prinzip suchen sie alle auszudrücken, daß die kühlgestellte Kopfsphäre irgendwie „über" der formlosen warmen Leibmasse schwebt. Die Belebung des Zustandes durch rhythmisches Geschehen, insbesondere die Atmung, tritt nach Person und Disposition verschieden stark in Erscheinung. Der Gesichtsausdruck der Versuchsperson ist charakteristisch schlafähnlich gelöst, das Kieferzeichen deutlich positiv; die Entspannung der tastbaren Skelettmuskulatur ist eine absolute, meist auch die Rumpfhautfläche fast strömend warm; demgegenüber ist oft die Stirn tastbar kühler. Es ist psychologisch bemerkenswert, daß zur Verständigung über diese eigenartige Erlebnisform mit besonderer Vorliebe Bilder gewählt werden, die entweder einen Schneeberg über blühend warmer Landschaft, bei ostisch interessierten Menschen etwa den Fujiyama, enthalten oder das mehr der deutschen Romantik zugehörige Bild sommerlicher Mondnacht, wobei die oben schwebenden kühlfernen Motive das Kopferlebnis, die unteren Bildteile das Leiberleben symbolisieren.

50jährige Prokuristin nach 1/2 Jahr regelmäßer Übung

„Für das Abschalten des ganzen Körpers habe ich die Formel ‚Arme schwer, Beine schwer, Rumpf schwer' und ‚Körper warm, ruhig' schließlich mit Erfolg angewendet. Jetzt geht es auch schon ohne solche Umständlichkeit, lediglich durch eine innere Hinwendung auf den Zustand. Auch hebt eine Bewegung den Zustand auch bei Einzelgliedern nicht sogleich und völlig auf, doch merke ich, daß noch wesentliche Steigerungen der schwer schreibbaren Sachen möglich sind. Der bildhafte Vergleich mit dem Vollmond über einer dämmerigen Sommerlandschaft drängt sich mir immer wieder auf und gibt den Zustand unmittelbar wieder insofern, als eine sonderbare Ruhe und Unbelastetheit des Kopfes eintritt, die zu dem Gefühl (*nicht* der Vorstellung) nötigt, er befinde sich (beim Liegen etwa rechtwinklig) über dem Körper, und das Gefühl der Ruhe wird mit dem von Klarheit und Größe (auch ohne etwa diese räumliche Vorstellung) identisch."

Für die neurophysiologische Einordnung solcher Erfahrungen sei besonders auf die Untersuchungen von *J. Kollarits* „Über Lagewahrnehmungsfehler und über einige andere Besonderheiten des Hypnopompiums" (Dtsch. Zschr. Nervenhk. 144, 277 [1937]) und *F. A. Quadfasel* über „Statische Haltungsstörung und intermodale Wahrnehmungsstörungen" (Mschr. Psychiatr. 96, 326; 97, 90–129 [1937]) hingewiesen.

Als ersten Schritt zur gehobenen Stufe des Trainings veranlassen wir unsere Versuchspersonen, durch *willkürliche Innervation beide Augäpfel nach innen-oben zu drehen,* „nach der Stirnmitte zu sehen". Dies Verfahren ist bekanntlich uralter Bestandteil aller Versenkungs- und Hypnotisierungstraditionen.

Wir möchten hier nur daran erinnern, daß die neurologische Forschung auf dem Umwege über das Studium der postenzephalitischen Blickkrämpfe eben dem hier lagernden Grundproblem wieder zugeführt wurde *(Bonhoeffer, Trömner, Pötzl, v. Stockert, Velhagen, Stengel, Joßmann, Zutt, Bürger* u. v. a.). Wir haben keinen Grund, für unsere Zusammenhänge die weitreichenden, hier anknüpfenden allgemeinen Fragestellungen zu erörtern. Es ist kein Zufall, daß alle angeführten Autoren sich bald diagnostisch gegen das Bedenken sichern müssen, ob hier vielleicht „neurotische" oder „suggestive" Reaktionen organisch Hirnkranker vorliegen, bald wieder umgekehrt die nahen Beziehungen dieser exquisit pathologischen Erscheinungen neurologischer Art mit normal- und neurosenpsychologischen Erscheinungen betonen. Es handelt sich eben bei diesen zu allgemeinen Umschaltungsvorgängen in Beziehung stehenden Abartigkeiten in ganz besonderem Maße um Reaktionen des

Gesamtverhaltens, deren Verständnis nur einheitlicher und universeller Betrachtung zugänglich ist, und durchaus dasselbe gilt völlig uneingeschränkt für die wissenschaftliche Einwertung unseres Trainings.

In unserer Arbeit bringt die Anleitung zur *Innen-Obenstellung der Augäpfel* bei sonst versenkt entspanntem Zustande eine vielfach ruckhaft einsetzende „überwältigende", wie wir im Kapitel I ausführten, *Vertiefung der Selbstumschaltung.* Echte Trancierungen kommen dabei nicht zustande, wohl aber sehr deutliche Erleichterungen und Verstärkungen vieler Leistungsmöglichkeiten des Trainings.

Analog allgemein bekannten Hypnoseerfahrungen benutzen wir die Innenstellung der Augäpfel nur bei Aufgaben von beschränkter Dauer, also etwa bei Anästhesierungen für stärker schmerzhafte Eingriffe. Auch für das physiologische Experimentieren mit versenkten Versuchspersonen ist diese Verstärkungsmaßnahme empfehlenswert, da sonst sehr häufig durch das Anbringen von Apparaten, das Vollführen von Messungen usw. am Körper der Versuchspersonen die Versenkung gestört und der Erfolg vereitelt wird. Gut trainierte Versuchspersonen sind mit Hilfe der Konvergenzverstärkung zu recht bemerkenswerten Leistungen fähig. So füge ich die Photographie einer Narbe auf dem Handrücken einer Versuchsperson bei, der 1910 in entsprechend dargestellter Tiefenanalgesie eine brennende Zigarette für 1½ Minuten auf den Handrücken gelegt wurde, ohne daß subjektiv irgendein Schmerzerlebnis entstand, obwohl es zu einer Verbrennung dritten Grades kam. Wichtig ist, bei dieser technischen Hilfe zu beachten, daß Myope für diese Hilfe nicht geeignet sind; bei ihnen ist die Ruhestellung der Bulbi divergent und daher die Konvergenzhaltung mit Mißempfindungen erheblicher Art verbunden. Hypermetrope zeigen sich als besonders geeignet für diese technische Hilfe. Über die Darstellung spezieller Organrepräsentanzen, auch gehobener Art, braucht hier nichts mehr beigefügt zu werden (siehe klinischer Teil des Kapitels III).

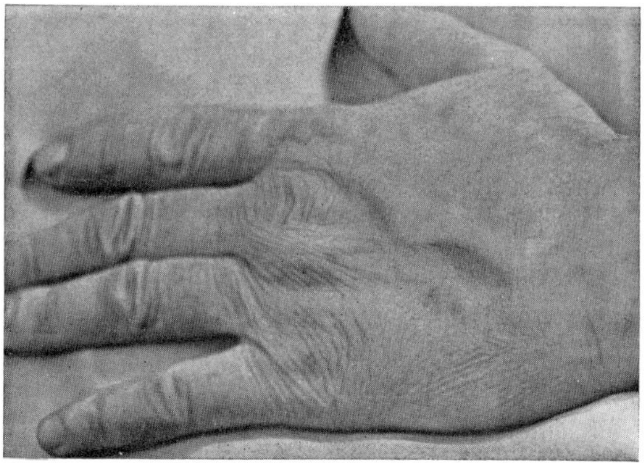

Abb. 13

„Yogin-Narbe" nach analgetischer Verbrennung.

Ganz andere Wege gehen wir, wenn es sich nicht um die Darstellung *gehobener Leistungen* physiologischer Art, sondern um die Benutzung *des besonderen seelischen Zustandes* handelt.

Hier hat sich im Verlaufe der letzten Jahre eine bestimmte Stufenfolge von Übungen als nutzbringend erwiesen, die ich prinzipiell kurz charakterisieren möchte. Den Erfahrungen des Nachttraumes entsprechend ist, wie schon mehrfach hervorgehoben, in gut dargestellter autogener Versenkung der psychologische Typus der Versuchspersonen so weitgehend gelockert, daß wir, von ganz außerordentlichen Ausnahmen abgesehen, immer zur Darstellung von *optischen Erlebnissen* gelangen können, zu einer Innenschau eigentlichen Sinnes, zu bildhaftem Erleben. *W. Luthe* hat den optischen Erlebnissen im autogenen Zustande besondere Aufmerksamkeit gewidmet (Correl. psycho, 1965, S. 171). Er unterscheidet Farb-, Form- und dynamische Motive, die bald mehr der realen, bald mehr der irrealen Welt angehören, und betont mit Recht die Wichtigkeit eines völlig unvoreingenommen innerlich „schauenden“ Gesamtzustandes, „carte blanche“. Dieses Phänomen ist uns sozusagen Rohmaterial. Wir stellen nun als Ansatz für die Technik der Oberstufe zunächst die Aufgabe, in tiefgetriebener Versenkung *irgendeine gleichförmige Farbe vor dem geistigen Auge erscheinen zu lassen.* Dieser und die ihm folgenden Versuche erfordern ein 1/2 bis 1stündiges Verweilen in versenktem Zustande, eine Leistung, die wir unseren Versuchspersonen nur dann ohne Bedenken zumuten dürfen, wenn sie mindestens ein halbes Jahr, besser ein ganzes Jahr oder länger regelmäßig trainiert haben und in den Versenkungsstufen gewissermaßen heimisch geworden sind. Schon die erste Aufgabe der Darstellung eines irgendwelchen beliebigen, aber ganz harmonisch einheitlichen Farberlebnisses gibt uns interessante Aufschlüsse. Wir sprechen in unserer Technik vom *Auffinden der „Eigenfarbe“*. Es hieße, die ganze Psychologie des Farberlebens allgemeiner Art aufrollen, wollten wir hier theoretisch ins einzelne gehen. Wir beschränken uns daher auf den rein tatsächlichen klinischen Hinweis, daß in naher Übereinstimmung mit den Erfahrungen über physikalische Farberlebnisse und ihre affektiven und allgemeinen Beziehungen ganz bestimmte Farbwahlen getroffen werden.

Gestaltpsychologisch wurden „die Erscheinungsweisen der Farben und ihre Beeinflussung durch die individuelle Erfahrung“ zum ersten Male grundlegend erfaßt in der wichtigen Studie gleichen Namens von David *Katz* (Göttingen, 1911). Ihrer psychodiagnostischen Auswertung wegen sei vor allem auf die Untersuchungen hingewiesen, die im Anschluß an den Formdeutversuch von *Rorschach* besonders in der modifizierten *Rorschach-Römer*schen Form sowie an die Studien *K. Goldsteins* über Farbwirkungen angestellt wurden. Auch die aufschlußreichen Forschungen von *G. Anschütz,* Hamburg, über das Farbton-Problem und die Bedeutung synaesthetischer Erscheinungen in der gesamten Psychologie können hier nur als besonders bedeutsam genannt werden. Anregungen von *Schilder* folgend haben sich besonders japanische Autoren mit verwandten Fragestellungen bemüht. Interessante Mitteilungen über die Entwicklung einer Lieblingsfarbe bei Kindern machte *J. Rodriguez,* Madrid (Rev. psicol. Madrid 5/13, 59-67 [1950]), die beweisen, daß auch diese Einstellung einen komplizierten individuellen Entwicklungsweg hat; wesentliche Beiträge verdanken wir ferner in letzter Zeit dem Institut für Farbenpsychologie, *Marquartstein,* Obb. (*Görsdorf,* Med. Klin. 1372 [1951], *H. Frieling,* Med. Mschr.,

Stuttgart 2 [1952]), *H. Sutermeister,* Bern (Grenzgeb. Med. 233 [1949], hier ausgedehnte Literatursammlung), *J. Erbslöh* (Ärztl. Prax. 1619 [1962]) und *M. Lüscher* (Deu. Med. J. 406 [1961]).

Wenig bekannt dürfte der farbenpsychologische Aphorismus des meteorhaften genialen romantischen Physikers *Johann Wilhelm Ritter* aus seinen Fragmenten (Insel Nr. 532, 41) sein. „Weiß ist die Farbe, die dem Auge so wohltut, wie es gesund erhält; weiß ist das Licht der Sonne. Darum ist der natürliche Mensch dem Weißen so hold; es stellt Reinheit, Unschuld, Liebe, Harmonie usw. vor. Blau ist die Farbe des Leidenden, um sein Rot, das schwächer brechbare, zu neutralisieren; Rot die Farbe des Tätigen, um das stärker gebrochene Violett zu sättigen. Um wieder Harmonie herzustellen, sehnt sich das Auge nach langer Ermüdung durch Blau nach Rot, nach langem Gelbem nach Blau, auf Purpur nach Grün, auf Schwarz nach Weiß. Auch das Wasser ist weiß, die Harmonie, die Reinheit, die Unschuld, die Quelle von allem auf Erden." Hier ist das „Sättigungserlebnis" der heutigen wissenschaftlichen Psychologie romantisch vorgeahnt. In den letzten Jahren danken wir besonders *Robert Heiss* die vorbildliche wissenschaftliche Erforschung des Farb-Pyramiden-Tests nach *Pfister,* und *Furrer* eine ausgezeichnete, ärztlich orientierte Einführung in die Problematik des Farb-Tests von *Lüscher.* In beiden Werken und den sie umgebenden Studien sind eine Fülle wichtiger farbpsychologischer Erfahrungen enthalten. Sehr handlich der „Farbenspiegel"-Kurztest von *H. Frieling* (Göttingen 1955). Auf die psychologische Bedeutung der „Farbgebung optischer Sinnestäuschungen" wies *W. Köhler* (Nervenarzt 521 [1955]) mit Recht hin. Die Erlebnisbeziehung von „warmer Farbe" und „warmer Persönlichkeit" oder mindestens warm-lebendiger Stimmungslage ist überaus charakteristisch. Aus der Fülle neuerer Veröffentlichungen sei das monumentale Werk des Altmeisters *O. Pötzl* „Beziehungen des Großhirns zur Farbenwelt" (Wien 1958) an erster Stelle genannt und an die Studie über „Eindrucksqualitäten der Farben" von *P. R. Hofstädter* und *H. Lübbert* (Zschr. diagn. Psychol. 1958, 211) erinnert, ferner an *H. J. v. Schumann* (Med. Mschr. 662 [1961]). Besonders verwiesen sei auf *H. Frieling* „Gesetz der Farbe" (Göttingen 1968).

Ich gebe zur Veranschaulichung zunächst ein paar Protokolle:

1. *38jähriger Dr. jur.*

„Gewählt wurde Gelb. Die Vorstellung gelang gut und stark in der Form, daß aus dem Vorstellungszentrum zwischen den Augen ein gelber Kegel hervorzuwachsen schien mit flimmernd hellem, blauen Rand. Seine Basis verbreiterte sich dann nach den Schläfen zu."

2. *36jähriger Nervenarzt*

„Das innere Gesichtsfeld füllt sich mit einem intensiven quellenden Blau, das deutlich nach Rotviolett hinübergetönt ist. Ich lebe gewissermaßen in einer blauvioletten Atmosphäre, wobei eine außerordentliche Steigerung des Wärmeerlebnisses erfolgt."

3. *40jähriger Dr.-Ing.*

„Es entwickelt sich ein tiefblauer Sommerhimmel, bald durchzogen von kleinen weißen Wolken, daneben erscheinen grelle blaue Reklamebeleuchtungen, die Farben hängen an Objekten, sind ohne diese nicht darstellbar, aber lassen sich nach allen Farbnuancen einstellen. Je mehr der beinahe tropisch blaue Sommerhimmel in einen blaßblau nordischen Winterhimmel übergeht, fühle ich das Kühleerlebnis auf der Stirn stärker werden; auch sein Hauchcharakter nimmt zu, ich möchte sagen, es friert mich."

4. *31jährige Akademikerin*

„Es wird alles blutrot, nicht wie eine Flüssigkeit, sondern schwimmend und luftartig, etwa wie Rotlicht in einer photographischen Dunkelkammer. Ich fühle dabei immer starke Ansätze zu erregter Herztätigkeit, sowohl daß das Herz stärker, als daß es schneller schlägt; auf Herzruhigstellung sofortiges Verschwinden dieser Erregung."

5. *52jähriger Kaufmann und Schriftsteller*

„Ich habe zu dieser Übung die rote Farbe gewählt, welche mit zu meinen Lieblingsfarben gehört; doch ist es mir im allgemeinen nicht gelungen, das Rot in voller Stärke und über das ganze Gesichtsfeld ausgebreitet hervorzuzaubern. Die Farbe erscheint mir meistens als ein rötlicher Schleier; sie war nicht ausgesprochen stark genug, um seelisch auf mich einen besonderen Eindruck zu machen."

6. *41jähriger Ingenieur und Organisator*

„Ich wählte die gelbe Farbe. Es zeigte sich ein japanisches Kissen, gelb nach Gold hinüber auf schwarzem, manchmal grünen Untergrunde, dabei ein großes Wärmegefühl in den Armen, zuletzt weiße Flecken in den Augen."

7. *54jähriger Dr. phil.*

„Das Erlebnis ist im allgemeinen bei mir nicht sehr intensiv, scheint jedoch mit den Übungen zuzunehmen, besonders wenn ich nicht normal nach außen, sondern angestrengt nach *innen* zu blicken trachte (bei geschlossenen Augen); die Farbe schöpfe ich nicht selbst, es erscheint mir auch keine Farbe lediglich als solche, sondern Bilder, Vorstellungen, in denen die betreffende Farbe vorherrscht. Besondere Körperzustände, Gefühl, Stimmungen konnte ich kaum konstatieren, höchstens Wärmegefühl bei rot, Kältegefühl bei blau und grün. In Farbe blau gelingt mit Intensitat Bild des Himmels."

Allgemeinpsychologisch möchten wir zu den Protokollen bemerken, daß es sich bei Protokoll 1 um eine Versuchsperson handelt, die lange in Asien lebte, mit asiatischer Kultur tief vertraut ist und Asien (China), sowie Sonne als gelb symbolisiert; psychologisch leicht introvertierter, sehr sensitiver Typ mit vielfachem, von Hemmungen durchbrochenen Glück- und Wärmeverlangen.

Im Falle 2 handelt es sich um einen sehr aktiven, kräftigen Pykniker mit großer beruflicher Leistungsfähigkeit und harmonisch lebendiger Sensitivität und Animalität, starkem Gefühlsrapport mit der Umgebung und intensiver Schicksalserfüllung. Die Charakterisierung als warmer Mensch trifft hier durchaus Zentrales. Ich erinnere hier an meine Beobachtungen über Farbwirkungen in der Psychotherapie (Zschr. Psychotherap., Stuttgart 296 [1929]). Ich habe hier aufgrund zunächst rein empirischer Feststellungen darauf hingewiesen, daß der Aufenthalt in einer burgunderroten Atmosphäre Wärme-, der Aufenthalt in einer blaßblauen Atmosphäre Kälteempfindungen auslöst, und diese Reaktionen für bestimmte psychotherapeutische Einwirkungen empfohlen.

Das Protokoll 3 stammt von einem stark körperlich stigmatisierten, vielfach leidenden, innerlich sehr sensitiven Arztsohn, der sich aus einer zu großen Abhängigkeit von lyrischer Weichheit in die objektive Sachlichkeit naturwissenschaftlichen Denkens gerettet hat. Es kämpfen primäre Gefühlsweichheit und Zartheit dauernd mit Männlichkeitswünschen und dem Streben nach „kühler Sachlichkeit", die aber ihrerseits wieder vieles leer läßt, so daß es zu einem „seelischen Frieren" kommt. Starke Heimatgebundenheit, Neigung zur Flucht in Naturbetrachtung und Tierliebe, Kampf mit periodischem, impulsiven Abenteuerdrang (Wechsel von Tropen- und Heimathimmel!), überwiegend Bergungsbedürfnis und Anlehnungswillen.

Bei Protokoll 4 handelt es sich um eine vitale, heftige und sehr temperamentvolle Persönlichkeit, die in tiefer Gebundenheit zu ihren Eltern und ihrer ganzen familiären Tradition steht. Sie gibt nicht selten ihrer Verwunderung Ausdruck, daß sie plötzlich von Antrieben zu großer Heftigkeit überwältigt werde, wo sie ihre Familie rücksichtslos brutalisieren und zerstören könnte; doch bleiben solche Antriebe völlig innerseelisch, nach außen spielt sie die Korrekte und Kühlbeherrschte. Durchschnittlicher Körperbau ohne Organstörungen und Stigmatisierungen, schwere traditionelle erotische Hemmungen bei inniger Liebesbedürftigkeit, sehr gute Lebensanpassung, hervorragende Berufsleistung, typisch weiblich warmer Kontakt mit allem Lebendigen.

Das 5. Protokoll stammt von einem sensitiven, gemütvollen Menschen mit reichem, meist verstecktem Innenleben. Neigung und Fähigkeit zu lyrischer Selbstbefreiung, viel Humor, äußere seelische Empfangsbereitschaft und Anschlußfähigkeit, die aber trotzdem nur sehr selten eine Erschließung tieferer Innenregungen erlaubt, ein Verehrer des Gefühlhaften, im Leben aber stark besetzt mit sensitiven Hemmungen. Starke Bereitschaft zu religiösen Tiefenerlebnissen, beruflich sehr erfolgreicher Kaufmann, körperlich durchschnittlich, ohne besondere Stigmatisierung. Die Wahl der Eigenfarbe zeigt in diesem Falle sehr schön und kennzeichnend den inneren Wunsch zu warm lebendigem, ja vielleicht leidenschaftlichem Erleben. Er sucht die zu seinen Lieblingsfarben gehörende rote Farbe; aber ihrer intensiven inneren Vergegenwärtigung stehen Hemmungen entgegen, es kommt nicht wie bei der sehr vitalen und triebhaften Versuchsperson 4 zu einer inneren Überflutung mit Rot, sondern bei dem einleitenden Erlebnis der Eigenfarbe gelingt nur die Darstellung eines rötlichen Schleiers.

Das Protokoll 6 stammt von einem überwiegend praktisch-real eingestellten, kräftig männlichen Typ mit starken primären Gefühlsveranlagungen, die durch Fremd- und Selbstdisziplin nur selten an der Oberfläche erscheinen. Starke organisatorische Begabung, Zähigkeit, Ausdauer, Pflichtbewußtsein, alles verbunden mit einer gewissen auf die starke Gefühlsbeherrschung zurückzuführenden Reizbarkeit. Körperlich gesund.

Protokoll 7 endlich zeigt ausgesprochen theoretischen Typ mit starken ästhetischen Neigungen, aber mehr kritischer Form. In der Lebenshaltung relativ kühl-sachlich, wenn auch in keiner Weise „affektlahm" im Sinne von *Kretschmer;* Gesamtlebensformel abstrakt praktisch, Sammelinteressen, relativ geringe Phantasiebegabung.

Nach dem Vorversuch der Eigenfarbe, der gewissermaßen einen ersten spontanen Blick in die innere Farbwelt tun läßt, geben wir unseren Versuchspersonen die Aufgabe, *bestimmte vom Versuchsleiter gewählte Farben* zur Vergegenwärtigung zu bringen. Diese Experimente werden systematisch durch die Farben des Spektrums getrieben, *„Prismaversuch"* oder *„Spektrumversuch"*. Hierbei interessiert uns einmal die Bindung ans Objekt, die ja schon in dem Protokoll 3 hervortritt. Die Versuchsperson 3 ist, wenigstens zunächst, nicht in der Lage, Farben an sich raumhaft und atmosphärisch oder mindestens unbestimmt flächenhaft erscheinen zu lassen, sondern sie wird durch die Einstellung auf Farberlebnisse unmittelbar an Objekte gebunden, die Träger der Farbe sind.

R. H. Goldschmidt hat das gleiche Problem experimentellpsychologisch angefaßt und nach jahrelangen Vorversuchen „erst ganz neuerdings" eine Versuchsanordnung schaffen können, die es erlaubt, Versuchspersonen Farbeindrücke an sich in beliebig vom Versuchsleiter bestimmbarer Reihenfolge zu vermitteln. So wurde der experimentelle Weg bis zur objektiven Bearbeitung von einzelnen und aufeinander folgenden Farberlebnissen frei. *R. H. Goldschmidt* konnte bei diesen grundlegenden Studien nicht nur die Erlebniswertigkeit einzelner Farbtöne näher erforschen, sondern namentlich auch nachweisen, daß Farbfolge gleich Tonfolge bei der Mehrzahl seiner Versuchspersonen gleiche ästhetische Erlebnisse auslöste. Die von ihm geschaffene Versuchsanordnung des Farbwandelapparates erlaubt dem Versuchsleiter, mit einer Tastatur absolute objektfreie Farbreize so zu geben und zu mischen, wie es am Klavier mit Tönen möglich ist. Was hier experimentell mit Außenreizen exakter Analyse zugänglich wird, können wir hinsichtlich der allgemeinen Erlebnisqualität in unserer Versuchsanordnung angehen und in gewissem Maße studieren.

Ich gebe hier zunächst eine Reihe von Protokollen.

1. 38jähriger Dr. jur.

„Farbskala Grün: Unmittelbar visueller Eindruck, wenn auch in keiner reinen Farbe; im Augenlid grünkarierte Muster. Gelb: Gelbe Schwaden vor dem linken Auge (wie Schwefeldämpfe) in ziemlich lebhafter Vorstellung. Rot: Gelang schlecht und mit bedrückendem Unbehagen; düster bedrohliche Vorstellung mit Andranggefühl im Kopfe, ging schließlich in schwärzliches Rot über; die Vorstellung war schwer festzuhalten. Blau: Angenehmes, leichtes Gefühl der Beruhigung wie etwa im Mondlicht; so auch die Vorstellung, als säße man in hellblauem, vagem Licht. Die Vorstellung entstand aber zuerst als die des Flimmerns eines blauen Lichtbogens am Horizont (dem Nordlicht vergleichbar). Schwarz: Schwierigkeit, mir „schwarz" vorzustellen, mehr negativ, ein Mangel jeder Farbe. Weiß: Ähnlich wie Schwarz, aber schließlich entstand die Vorstellung weißer Kristalle ineinandergeschüttelt mit schwarzem Rand. Grün: Vorstellung von grüner Beleuchtung des Raumes, in dem Berichterstatter saß, mit freundlich ruhiger Stimmung, etwa wie im Walde."

2. 36jähriger Nervenarzt

„Grün: Katzenaugen, ich muß dann lachen; Rot, Blau und Gelb erscheinen in Form entsprechend gefärbter Gegenstände, ohne daß ich dabei Besonderes wahrnehmen könnte; Schwarz führte auf Müdigkeit und Trauerkleidung, Weiß zu einer Engelvorstellung · hierbei wurde mein Körper im ganzen eigentümlich starr, wie kataleptisch."

3. 40jähriger Dr.-Ing.

„Grün: Erst schwer darstellbar, dann an allerlei Blättern und ähnlichen Objekten, in allen Schattierungen von hell- bis dunkelgrün; bei Rot entwickelt sich ein ausgesprochen wohliges Gefühl, rote Streifen und Schleier bewegen sich langsam durch den inneren Sehraum. Blau ergibt dasselbe Erlebnis wie beim Erstversuch. Gelb gelingt zuerst relativ schwer; erst als sich Blumen zur Hilfe anbieten, entwickelt es sich schnell sehr intensiv in verschiedenen Nuancen; bei der Einstellung auf Schwarz drängt sich mir die Vorstellung eines dunklen Kellers auf, vielleicht eine Art Totengruft; ich habe ein deutlich depressives Gefühl und komme mir müde vor. Weiß gelingt gut, als säße ich im Kegel eines blendenden Scheinwerfers; als Ausgangspunkt benutzte ich das Quecksilberspektrum sowie eine Reklamebeleuchtung vom Zoologischen Garten; gestört wurde der Verlauf durch Nachwirkungen im Auge; grüne und lila Fäden, Muster, Gitterstreifen usw. zogen durchs Gesichtsfeld, bald deutlicher, bald verschwimmend."

4. 52jähriger Kaufmann und Schriftsteller

„Schwarz: Die Farbe füllte das ganze Gesichtsfeld aus; sie war zeitweise durchsetzt von grünlichen Streifen, der Eindruck war unsympathisch. Blau: Ich habe diese Farbe bis jetzt nicht stark und nicht ausgebreitet genug hervorbringen können; daher konnte ich auch keine allgemeinen Beobachtungen anstellen. Grün: Diese meine Lieblingsfarbe kann ich nach meinen bisherigen Feststellungen am leichtesten und in oft wunderbaren Farbtönen hervorzaubern; der Eindruck war ein überaus angenehmer, das Gesichtsfeld war mit dieser Farbe häufig zum größten Teil ausgefüllt. Gelb: Obwohl es mir nicht immer gelang, diese Farbe hervorzubringen, so habe ich sie doch einige Male als goldiges – wie auch Zitronengelb in großer Schönheit gesehen, dann war auch das Allgemeinerlebnis dementsprechend. Rot: Obgleich Rot ebenso wie Grün zu meinen Lieblingsfarben gehört, habe ich bisher bei der Hervorbringung der roten Farbe eigentlich keinen besonderen Erfolg gehabt; im allgemeinen war es ein rötlicher Schimmer, der das Gesichtsfeld bedeckte, einen unsympathischen Eindruck hatte ich nicht. Weiß: Diese Farbe erschien verhältnismäßig leicht; im allgemeinen war sie mir nicht besonders sympathisch; es war beim letzten Male, beim Suchen nach dem glänzenden Weiß, daß mich ein überaus wonniges Gefühl der Ruhe, der Glückseligkeit überkam, eine traute Melodie summte in meinen Ohren, schöne Landschaften rauschten langsam vorüber; es war, als hätte die Seele gleichsam ihre Pforten aufgetan; es wurde mir so leicht und die Stimmung so zufrieden und versöhnlich, daß ich alles irdische Leid vergessen konnte. Ich habe das Gefühl, als zaubere ich die Farbe zum Teil selbst hervor, da ich sie ja doch herbeiwünsche; andererseits glaube ich, daß mein Unbewußtes doch sehr stark dabei beteiligt ist; denn sonst würde es nicht vorkommen, daß Lieblingsblumen, die ich in einem bestimmten Augenblick herbeiwünsche, erst später und ganz unerwartet in die Erscheinung treten; ich habe das Gefühl, als beeinflusse nicht so sehr die Farbe mein Inneres, als daß vielmehr umgekehrt mein Inneres, z. B. die harmonische, heitere Stimmung die Intensität und die Schönheit der Farbe beeinflußt, so daß der freudige Mensch alles glänzend, und der traurige alles düster sieht. Über ein Gefühl der Wärme oder der Kühle bei dem Farberlebnis kann ich bis heute noch nichts berichten."

5. 41jähriger Ingenieur und Organisator

„Grün erscheint meist als Untergrund in verschiedenen Abtönungen, überwiegend an Objekte gebunden; bei Rot meldete sich große Wärme im Körper und leichter Druck über den Augenbrauen, während Blau die Stirn ausgesprochen kalt werden ließ; bei Schwarz sah ich ein Begräbnis, wohl bestimmt durch einen Todesfall aus der letzten Zeit, bei Weiß meine Frau im weißen Kleide, doch sah ich nur das Kleid." (!)

6. 54jähriger Dr. phil.

„Rot: Geringe Intensität; Blutflecken, dann roter Abendhimmel; geringe Steigerung der Wärme und Schwere in den Armen. Gelb: Von geringer Intensität; hellgelber

Fleck, wie Ausblick aus einem Fenster mit Strauchsilhouette, keine besonderen allgemeinen Erlebnisse. Grün: Geringe Intensität; grüne Flecken wie einzelne beleuchtete Blätter eines sonst beschatteten Baumes; geringes Kältegefühl an Knie und Nacken; etwas intensiver als im Erstversuch gelang diesmal Blau; es zeigte sich blaues Meer (Adria!) und rötlich-gelber Himmel, dabei leichtes Kältegefühl an den Knien; sehr viel intensiver gelang das Schwarzerlebnis; es blieb bildfrei, dabei trat ein Hustenreiz auf, was wohl zufällig war; am intensivsten gelang die Weißvorstellung; ein großes, offenes Fenster mit Ausblick auf eine weißgestrichene Wand stellte sich völlig leibhaftig deutlich ein; besondere allgemeine Empfindungen konnten nicht wahrgenommen werden."

Im weiteren Verlaufe der Übungen wird nun vor allen Dingen angestrebt, den Versuchspersonen eine *freie und sichere Verfügung über diese ersten Farberlebnisse* zu geben. Hierzu lassen wir die geschilderten inneren Einstellungen auch übungsweise von den Versuchspersonen außerhalb der gemeinsamen Arbeit mit dem Versuchsleiter zu Hause vornehmen. Dabei beobachten wir ausnahmslos eine erhebliche Steigerung der Erlebnisfähigkeit und der Fähigkeit eigener Verfügung über die Erscheinungen. Oft ist der Ansatz zunächst unvollkommen oder am Ziel vorbeigehend.

So schildert 42jähriger Ingenieur: „Es zeigten sich erst kaleidoskopähnliche Erscheinungen in Form von ineinanderlaufenden Scheiben, nur hell und dunkel. Dann ein Prisma, alle Farben enthaltend, zum Teil in ganz wunderbaren hellblauen geschliffenen Edelsteinen, sonst ohne bestimmte Formelemente." 38jähriger Dr. jur. schildert: „Blau: Intensive Lichtvorstellung mit Gefühl starker Belebtheit des Raumes und von Schwingungen in der Luft. Rot gelang dagegen schlecht. Schwarz führte zu keiner Vorstellung, vielmehr zu einem Schwinden aller Inhalte wie im Schlaf. Bei Weiß entstand der Eindruck von Schnee, als sei ich in Schnee vergraben oder eingeschneit. Dabei trat ein deutliches Kältegefühl in der rechten Hand auf. Das Gelberlebnis bleibt sich gleich wie im ersten geschilderten Versuche, war aber nicht immer so ausgeprägt. Der Kegel hatte keinen blauen Rand. Bei wiederholten Versuchen, Rot zu erleben, immer wieder schlechtes Gelingen. Auch das Zuhilfenehmen von konkreten Erinnerungen, wie etwa von roten Blumen oder rotem Lichte, half nicht weiter. Endlich entstand eine Art Gefühl, als sei der ganze Raum rot erleuchtet, dabei entstand auch dieses Mal ein unbehagliches und bedrohliches Gefühl, aber ohne Blutandrang zum Kopfe. Ich möchte bemerken, daß Rot meine Lieblingsfarbe in der Kinderzeit war. So schätzte ich besonders rote Nelken." 52jähriger Schriftsteller und Kaufmann schildert seine Erfahrungen bei den häuslichen Übungen als besonders stark abhängig von der inneren Stimmung. So bemerkt er zum Prismaversuch: „Das Hervorrufen der bunten Farben wollte mir in dieser Woche so gut wie gar nicht gelingen; ich sah im allgemeinen nur Schwarz und Grau. Meine Stimmung war nicht gerade trüb, aber auch nicht gerade besonders glücklich. Schwarz: Eine tiefschwarze Farbe erfüllte zu Anfang das ganze Gesichtsfeld; alsdann erschien ein heller lichter Strahl. Das Bild war hell meliert, und dieses wich dann später wieder einem dunklen Farbenton. Sympathisch wirkte all dieses nicht. Blau: nach meinen bisherigen Beobachtungen gehört Blau zu denjenigen Farben, die mir am seltensten gelingen. So habe ich sie auch nur gelegentlich punktweise erblickt. Grün: Das leuchtende Grün als meine Lieblingsfarbe schien diese Woche mit mir böse zu sein. Gelb: Ich sah, wie unter mir auf klarem Wasserspiegel schwarze und grünlich-goldgelbe

Wolken sich abwechselnd im Kreise drehten. Das leuchtende Gelb ist meinem geistigen Auge sympathisch, während ich sonst im gewöhnlichen Leben von Gelb kein Freund bin. Rot: Auch diese Farbe war mir in dieser Woche unfreundlich gesinnt. Weiß: Die Farbe erschien mir auf kurze Zeit als Schnee und Eis, auch als ein weißer Rauch; sie war mir nicht unsympathisch.

Mir scheint der Ausdruck, die Lebhaftigkeit, die Wärme und Lebendigkeit einer Farbe wichtiger zu sein, als der eigentliche Farbenton."

Neben diesen fortlaufenden Übungen kann die Sicherheit und Festigkeit des inneren *Farberlebnisses* durch *Störungsversuche* erhöht werden. Hierbei können auch unter gewöhnlichen Arbeitsumständen optische und akustische Störungsreize leicht verwendet werden. Optisch in dem Sinne, daß die Übungen bei gewöhnlicher Beleuchtung oder bei Tageslicht angesetzt werden und nun wechselnd hell und dunkel weitergehen. Als akustische Störungsreize verwandte ich Weckergeräusche und plötzliche intensive Störungsreize durch Händeklatschen, Aufschlagen eines Buches auf eine Tischplatte und dergleichen. Allgemein interessiert hauptsächlich die Frage, wieweit die Außenverdunkelung als Hilfe oder als Störung empfunden wird. In dieser Beziehung ergibt sich eindeutig, daß alle mehr *introvertierten Typen* das Außendunkel bevorzugen, während dies von *extravertierten Menschen* nur zum Teil gilt. Unter ihnen finden sich eine ganze Reihe, bei denen das durch den Lidschluß gewissermaßen filtrierte Außenlicht als angenehme Anregung empfunden wird. Daß bei Versuchen im beleuchteten Raume vielfach Außenfarbeindrücke entweder bewußt als Ausgangsmaterial benutzt werden oder nachbildhaft einwirken, ist begreiflich.

So schildert 53jährige Akademikerin: „Bei Beleuchtung bin ich leicht durch die Außenwelt beeinflußt: so kam ich einmal von der braunen Wandtapete auf die Selbstdarstellung von Braun. Diese Farbe zerfloß bald und an ihre Stelle trat ein sehr warmes Grau, begrenzt durch einen hellroten Streifen. Das Grau war abgetönt von dunkel zu hell, der rote Streifen blieb sich gleich. Im Dunkeln sah ich sehr bald ein lichtes Blaugrün, türkisfarbig in Form eines großen geschliffenen mattleuchtenden Steines. Hier blieb das Blaugrün dauernd gleichmäßig und körperhaft, während beim Experimentieren im hellen Raume farbige Streifen und Flächen auftraten. In vier weiteren Übungswochen konnte ich feststellen, daß die Farben im Dunkeln intensiver und leuchtender sind. Mehr als das Licht stört aber noch jedes Geräusch bei mir." Hier handelt es sich um einen primär sensitiven, stark nach innen gerichteten Menschen mit starker Tendenz zu pflichtmäßiger Selbstgestaltung und überdurchschnittlich guter Wirklichkeitsbeherrschung durch Einsicht und Willensleistung.

Ähnlich schildert eine 35jährige Malerin von sensitivem, leicht chronisch-depressivem Typ: „Ich reagiere besser im Dunkeln. Dabei wandeln sich die Farben. So sah ich z. B. bei Licht ein Orangeblau, das bei Verdunkelung in tief leuchtendes Blau überging; bei einem anderen Versuche zeigten sich zunächst nur uncharakteristische Hell-Dunkelschwankungen, dann kam eine Gelb-Grünreihe, die in helles Blau überging. Ein Versuch, selbst Lila darzustellen, gelang nur zum Schluß ein wenig, dagegen zeigten sich bei Verdunkelung alle Regenbogenfarben in strahlendem Glanze und zuletzt ein sehr warmes, das ganze Gesichtsfeld überflutendes Lila, wie ich es im Vorversuch nur sehr unvollkommen und andeutungsweise finden konnte. Ich neige ausgesprochen zur Verschlossenheit.“

42jähriger Ingenieur protokolliert: „Beim ersten Hellversuch stellte sich eine mäßig-stark leuchtende blau-rote Reklameschrift ein. Bei Dunkelwerden verschwand das Blau, das Rot blieb, ja es wurde vielleicht noch etwas leuchtender. Nach einigen Versuchen blieb die Außenbeleuchtung ohne Einfluß. Es schien mir weit mehr meine Allgemeindisposition und der Übungsfortschritt von Belang, als das Moment der äußeren Belichtung.“

Sind die Farberlebnisse einigermaßen sicher erarbeitet, so gehen wir zu der nächsten Aufgabe über, *bestimmte Objekte innerlich erscheinen zu lassen.* Zweckmäßig geht man hierbei von ganz konkreten Gegenständen aus, namentlich solchen alltäglicher, aber charakteristischer Art, wie ich sie auch für die Anstellung äußerer *Schauübungen* empfohlen habe. Dieserwegen verweise ich auf die Ausführungen in meiner „Seelischen Krankenbehandlung“ (8. Aufl., S. 241). Haben Versuchspersonen bei dieser Aufgabe, wie nicht selten, zuerst Schwierigkeiten, so läßt man sie zweckmäßig eine Zeitlang mit der Einstellung allgemeiner Objekterwartung arbeiten. Sie stellen sich lediglich „innerlich schauend“ in ihr Augendunkel mit der ganz allgemeinen Erwartung, daß irgendein Objekt erscheint. Hierbei werden sehr häufig die Stadien durchlaufen, die aus den Beobachtungen über Schichtenbildungen in hypnotischer Selbstschau bekannt sind und im Kapitel I geschildert wurden. Oft zerfällt dabei das innere Gesichtsfeld. Es erscheinen nur Objektteile „wie in einem Fernrohrabschnitt“. Gelegentlich zeigt sich gerade hier der uns so oft begegnende Widerstand der Versuchspersonen, so wenn z. B. ein ausgesprochen mechanistisch-atheistisch eingestellter Naturwissenschaftler im Beginn des Versuches plötzlich fast leibhaftig deutlich den Choral singen hört: „Bis hierher hat mich Gott gebracht.“ Dies Kirchenlied war ihm unvergeßlich, weil es regelmäßig bei den Jahresschlußfeiern seines Gymnasiums angestimmt wurde, woran anschließend sämtliche Versetzungen von Sexta bis Oberprima namentlich einzeln verlesen wurden. Sehr häufig begegnen wir gerade im Verlauf dieses Übungsabschnittes der Angabe, daß die Entspannung jetzt manchmal ein wenig schwankt und nach einigen Kämpfen ganz besonders intensiv wird. Andere Versuchspersonen vermögen gleich von Anfang an auch den gewählten Gegenstand zu sehen, wohl plastisch und im ganzen, aber noch verschwommen und undeutlich.

Auch hier zeigen sich deutliche Übereinstimmungen mit den Feststellungen im *Rorschach-Römer*-Versuch, in dem mehr denkerisch-abstrakte Naturen schneller zum oft etwas undeutlichen Gesamtschema kommen, stark affektive Menschen vor allen Dingen Farbmomente bringen und kleinliche Persönlichkeiten an oft sehr deutlichen Einzelheiten hängen bleiben. Die Ausbildung in der Gegenstandsschau erfordert nicht selten eine ganze Reihe von Wochen, während die Farbschau meist in 2–3 Wochen zu guten Resultaten führt.

Sind unsere Versuchspersonen so weit fortgeschritten, daß ihnen die Innenschau selbstgewählter konkreter Objekte im allgemeinen sicher gehorcht, so können wir *abstrakte Gegenstände „schauen“* lassen. Wir geben etwa die Aufgabe „Gerechtigkeit“ oder „Glück“ oder ähnliches einzustellen und nun in intensiver Versenkung nach innen zu schauen.

Hierbei treten die schon bei der Objektschau geschilderten Typen noch wesentlich deutlicher hervor. Vom wortgebundenen Begriffsmenschen, der bei diesen Aufgaben über eine entsprechende Schriftvergegenwärtigung des Begriffswortes nicht herauskommt, führt eine lange Reihe verschiedenster Reaktionen bis hinüber zum fast rein gefühlshaft reagierenden, besonders bei weiblichen Versuchspersonen häufigen Typus, der auch diese Erlebnisse sich selbst gemäß am besten in Farberlebnissen, oft von außerordentlicher Schönheit, zur Darstellung bringt. Stark akustisch eingestellte Versuchspersonen kommen hier häufig in ein musikalisches oder poetisches Phantasieren mit Leibhaftigkeitscharakter, das ganz dicht am Stimmenhören liegt. Werden eigentlich musikalische Motive gestaltet, so läßt sich meistens unschwer die allgemeine oder persönliche Beziehung zwischen Zielbegriff und akustischer Darstellung ermitteln. Auch relativ nüchterne Versuchspersonen werden durch die eigenartigen Erlebnisse, oft mit deutlichen Zeichen des Widerwillens, zum Gebrauch einer gehobenen Sprache geführt; sie reden von „Engelsstimmen“, von „Sphärenmusik“ und dergleichen mehr, Beobachtungen, die für die Psychologie pathologischen Sinnentruges sehr bemerkenswert sind. In anderen Fällen wieder schreiten besonders optische Versuchspersonen zu einer Vergegenwärtigung mehr ornamentaler Art. Wir bekommen dann Schilderungen, die bald den mediumistischen Zeichnungen, bald gewissen expressionistischen Kunstbestrebungen nahestehen. Am häufigsten begegnen uns in dieser Arbeitsphase Bilderlebnisse, die nun nicht mehr im Sinne des „visualisierten Denkens“ mit dem klaren Bewußtsein der Subjektivität entstehen, sondern ein ausgesprochenes Eigenleben haben.

Oft verläßt hier V. P. den Bereich des *„Allegorischen“* und schreitet zum *„Symbolischen“* hinüber. Die Versuchspersonen erleben diese Bilder durchaus plastisch, sie können um die Gegenstände herumgehen und werden selbst von der Eigenart und dem Reichtum der Erlebnisse überwältigt. Hier beginnt unsere Arbeit schon im eigentlichen Sinne produktiv zu werden, da viele Versuchspersonen durch die Entdeckung dieser inneren Welt nicht nur mit schönen Innenerlebnissen beschenkt, sondern auch für das übrige Leben bereichert werden.

So protokolliert 53jähriger Schriftsteller und Kaufmann: „Ich sehe Blumenlandschaften, manchmal auch Gegenstände, die in Beziehung stehen zu Arbeiten, welche ich zu erledigen habe. Blumen erscheinen mir in wundervollen Farben, überreicher Fülle und sehr plastisch. Was mich immer tief bewegte, war, daß manchmal im Schluß der Übung wie ein überaus zarter, inniger Gruß aus einer anderen Welt die blauen Blüten des Vergißmeinnicht herüberwinkten, und wenn es ein solches Jenseits auch nicht geben mag, so ist es doch schön, es sich vorzustellen. Ich glaube, hieraus schließen zu dürfen, daß der tiefreligiöse Mensch auch entsprechende Erscheinungen haben wird und innerlich nach seinem Empfinden Gott erlebt, wenn er sich stark in ihn versenkt. Sehr viel anschaulicher sind mir die Bilder der Sprache geworden, wodurch auch mein Gedächtnis wesentlich gewonnen hat, während sonst in meinen Jahren eher die Vergeßlichkeit zuzunehmen pflegt. Mein ganzes Leben ist reicher und tiefer geworden. Ich sehe jetzt, wohlgemerkt, wenn ich will, alles um mich viel intensiver, gewissermaßen magisch beleuchtet. Gerade beim Hinübergleiten in diese

Objektschau konkreter und abstrakter Art fühlte ich besonders deutlich die Umschaltung. Man ist dann wie im Traum Selbstwandelnder und nicht mehr Zuschauer, so daß ich jetzt verstehe, welche Anziehungskraft die magische Welt auf den modernen Menschen hat."

Rein psychotherapeutisch betrachtet ergeben sich hier Materialien, die mit großem Nutzen ebenso verwendet werden können, wie die der Nachtträume und vielfach die kathartischer Sitzungen. Kritische Versuchspersonen mit guter Selbstkontrolle kommen in die Lage, recht weitgehend bei sich selbst kathartische Verläufe abrollen zu lassen; gelegentlich entdecken sie die Tatsachen dieser Zusammenhänge für sich persönlich, ohne zu ahnen, daß es sich um Dinge handelt, die wissenschaftlich schon bekannt und bearbeitet sind.

Steht auch das Gebiet der Objektschau fließend zur Verfügung, so können weitere Aufgaben angeknüpft werden. Als Ausgangspunkt dient zweckmäßig die Versuchsanordnung, daß der Übende sich ein irgendwelches *Erlebnis* für die Innenschau sucht, das für ihn *Ausdruck oder Sinnbild des intensivsten und erwünschtesten Gefühlszustandes* ist. Man kann in Analogie zum ersterwähnten Versuche der Eigenfarbe jetzt von einem Versuche des *„Eigengefühls"* sprechen. Hier trennen sich sehr deutlich die mehr realistischen von den mehr idealistisch eingestellten Versuchspersonen, indem die ersteren Einzelerlebnisse entweder aus dem Bereich der Vergangenheit oder aus ihrer Wunschwelt heranziehen, während die letzteren allgemeine bildhafte Gestaltungen bevorzugen. Ich gebe als Beleg nur ein Protokoll des erwähnten Schriftstellers und Kaufmanns.

Diese Versuchsperson wählte für die Vergegenwärtigung des Eigengefühls das „Gefühl des Friedens, der Ausgeglichenheit beim Anblick der erhabenen Natur der Alpenwelt; ich habe diese Stimmung gewählt, da sie mir gefühlsmäßig naheliegt und wohl auch für meine Ziele am besten geeignet ist. Bei dem ersten derartigen Erlebnisse trat der optische Eindruck gegenüber dem akustischen weit zurück. Ich sah wohl, wie in der Dunkelheit des Weltenraumes sich gelegentlich ein Durchblick auftat – in die Ferne auf vereistes und schneeverwehtes Hochgebirge, doch das Erhebende war nicht so sehr das Bild, als vielmehr der Lobgesang, in dem wohl tausend gequälte Menschenseelen ihrem Gefühl Ausdruck gaben in dem weihevollen Hymnus an den Gottesgeist. Es war die Melodie eines alten Volksliedes, dessen Text mir leider nicht erinnerlich ist und den zu finden ich mich auch nicht weiter bemühte, um die Erinnerung nicht zu profanieren. Das Erlebnis war so eingreifend, daß ich vor Rührung Tränen vergoß, trotzdem ich mich nicht zu den gefühlvollen Menschen rechne, auch äußerlich recht wenig religiös bin. Jedenfalls kann ich mir kaum eine erhabenere Stimmung denken, aus welcher auf der einen Seite Versöhnung mit der Menschheit entspringt und für mich selbst das Gefühl der Beruhigung, des Gelöstseins, wie auch die Freude am Schönen. Je mehr ich geistig das Alpenpanorama vergegenwärtige, habe ich manchmal ein leises Gefühl, als atme ich in vollen Zügen die frische reine Bergesluft."

Andere Versuchspersonen erleben oft zu ihrer großen Überraschung völlig andere Eindrücke. Zum Beispiel überwältigende, erotische Motive, manchmal mehr plastisch-statisch, manchmal szenenhaft bewegt, immer aber in der charakterisierten leibhaftigen, nicht flachbildhaften Art.

Urtümliche Motive der verschiedensten Art bieten sich häufig an mit tiefen Beziehungen zum mythischen Denken und Gestalten. Relativ selten erscheinen in diesem Zusammenhange einzelne konkrete Persönlichkeiten, am ehesten noch madonnenhaft verklärte Muttergestalten, oder um *C. G. Jungs* treffenden Ausdruck zu benutzen: „durch Inflation vergottete" Vatergestalten. Frauen, besonders solche mit eingeschränkter Lebenserfüllung, sehen begreiflicherweise recht häufig das ihnen versagte Lebensziel: das Kind.

Eine bemerkenswerte intuitiv-produktive Leistung im Anschluß an die Oberstufe schildert ein bekannter südeuropäischer Psychiater und Anstaltsleiter:

„Seit 3 Jahren übe ich fleißig Ihr autogenes Training. Die I. Stufe beherrschte ich ziemlich gut. Auch die II. Stufe übe ich, nicht immer mit gutem Erfolg, was, wie mir scheint, von meinem Zustand abhängig ist: wenn ich gut ausgeruht habe, ist die Übung auch sehr gut. Ich übe täglich von $5^1/_4$ bis $6^1/_2$ Uhr frühmorgens, da ich keine andere ganze freie Zeit habe. Im Anfang sah ich diffuse Farben, aber jetzt mehr farbige Landschaften, Menschen, mich selbst oder Körperteile von mir. In letzter Zeit führe ich lautlose Gespräche oder höre in Gedanken Gespräche. Oft habe ich kinetische Halluzinationen mit meinem eigenen Körper; manchmal kommt auch die Zimmerdecke ganz nahe über mich nieder. Oder mein Körper verliert seine Grenzen und geht in die umgebende Unendlichkeit über. Aber vor drei Tagen ist mir folgendes passiert, was mich Ihnen zu schreiben veranlaßt hat. Ich las einen Roman (The good Earth, von Pearl S. Buck); war bis zur Hälfte gekommen, eine Stelle, welche gar nicht meinem Charakter entsprach. Und da, in der Nacht, *in Gedanken, nicht* wie im Traum, ersinne ich das Ende des Romans, in Gesprächen und Beschreibungen, lang und weit, ganz nach meinem Geschmack und Charakter. Als ich erwachte, möchte ich nicht glauben, daß ich es ersonnen habe, sondern es schien mir, daß ich es im Roman gelesen habe. Selbstverständlich, als ich später den Roman bis zum Ende gelesen habe, sah ich, daß es ganz anders war. – In den letzten sechs Monaten ist mir das noch zweimal passiert beim Lesen anderer Romane, aber nie so lang und nie bis zum Ende. Das Ersinnen in Gedanken ging sehr leicht, schnell, natürlich, so, wie man im schöpferischen Elan ist. – Ich glaube, daß das mit dem autogenen Training in Verbindung steht und deswegen teile ich es Ihnen mit. – Sonst bin ich sehr zufrieden mit den Erfolgen, welche ich erzielt habe."

Sind die Versuchspersonen so zu einer gewissen Erfahrung ihres Innenlebens vorgedrungen, so stellen wir als Gegenaufgabe, in tiefversenktem Zustande das *Bild eines bestimmten anderen Menschen* ganz konkret plastisch vor sich erscheinen und in sich auswirken zu lassen. Wir benutzen also die Technik der Versenkung zur Kontrolle für die Einfühlungsfähigkeit in den Anderen. Hierbei ergibt sich eine Fülle von Gesichtspunkten.

Positive Affektbeziehung zu der betreffenden Persönlichkeit ist durchaus nicht, wie man erwarten könnte, in jedem Falle eine Hilfe, sondern im Gegenteil vielfach eine deutliche Erschwerung, die lebhaften Widerstand auslöst. Am schnellsten gelingt meistens die Vergegenwärtigung ganz neutraler und gleichgültiger Umweltpersonen, die sich bei Gelingen des Versuches völlig ebenso leibhaftig plastisch einstellen, wie wir es aus dem Nachttraum gewohnt sind. Dabei erlaubt die Eigenart des Versenkungszustandes eine sehr genaue Kontrolle der eigenen Gefühlsreaktion und damit der inneren Affektbeziehung zu den betreffenden Menschen. Ich möchte glauben, daß eben hierin ein Grund für die Hemmung liegt, geliebte Menschen so deutlich und sachlich vor dem geistigen Auge erscheinen zu lassen. Weit eher gelingt dies bei unsympathischen und feindlichen Individuen. Ist ihr Bild gut dargestellt, so enthält es häufig die Züge der Karikatur oder es vollführt symbolische Handlungen, die der inneren Gefühlseinstellung des Erlebenden entsprechen. Hier liegen nicht nur kathartische Möglichkeiten, sondern bemerkenswerterweise kann die mehrfache intensive Vergegenwärtigung eines feindlichen Wesens zu einer weitgehenden Versachlichung der inneren Einstellung führen, ohne daß ein irgendwelches „Abreagieren" nachweislich wäre. Es handelt sich vielmehr durchaus im Gegensatz hierzu um eine Urteilsvertiefung und Abstandnahme.

Ist die Versuchsperson bis zu diesen Versuchen vorgedrungen, so können wir die Technik benutzen, um entweder vom Versuchsleiter her oder von der Versuchsperson selbst *fragende Einstellungen an die Versenkung* heranzunehmen und beobachten zu lassen, welche Innenerlebnisse gewissermaßen als *„Antwort aus dem Unbewußten"* auftreten. Hier bestehen bedeutsame Beziehungen zu jüngeren Studien von *H. C. Leuner* über „Symboldrama" (z. B. Z. f. Psthp. XIV, 1964, S. 197). Im Verlaufe der typischen Trainierung der Oberstufe empfiehlt sich besonders die fragende Einstellung: *„Was mache ich falsch?"*

Als Beleg für die Brauchbarkeit dieser technischen Hilfe gebe ich einige Resultate aus einer entsprechenden Arbeitsgemeinschaft. Hier berichtete eine Versuchsperson, sie habe lediglich losgelöst im Kosmos eine silbern-klare Mondscheibe erlebt, die ihr eigentlich sehr sympathisch erschienen sei, so daß sie zunächst keinen Zusammenhang dieses Phänomens mit der Frage nach dem Falschmachen habe finden können. Der Mond führe sie auf Diana, die keusche Mondgöttin, und auf alles Erleben, das mit zart vergeistigten Gefühlen verbunden ist. Es schiene also dieses wohl anzudeuten, daß in ihrer Einstellung zur Geistigkeit irgendein Irrtum liege. Die rein äußerliche Lebensbeherrschung könne damit nicht gemeint sein, es bleibe also im wesentlichen die eigene Lebensabrechnung über. Und in der Tat müsse sie zugeben, daß sie ihr Leben lang danach gestrebt habe, „in absoluter Selbstbeherrschung nur höheren Dingen nachzuleben". Ein 50jähriger Maler sah unter gleichen Umständen nur geometrische Figuren. Seine Kunstwerke leiden nach allgemeinem Urteile trotz unleugbarer hoher künstlerischer Qualität an einer allzu konstruktiven, bewußt gestalteten Eigenart. Eine 35jährige Ehefrau sah eine Schar spielender Kinder. Sie hatte im ersten Ehejahr eine Schwangerschaft aus sozialen Gründen unterbrochen und war nach einer pathologischen Totgeburt eines Zwillingspaares im fünften Ehejahre durch schwere traumatische Erkrankung steril. Bei einem 40jährigen Akademiker entstand das Bild einer Wiese, auf der sich fröhlich spielende Knaben tummelten. Hier war trotz weit überdurchschnittlicher Begabung niemals ein konsequentes und konzentriertes wissenschaftliches Arbeiten erfolgt, weil die Versuchsperson in exquisiter Weise geistig „verspielt" war. Endlich erschien einem 38jährigen akademischen Beamten eine riesenhafte Uhr mit dämonisch bedrohlichem Perpendikel. Die Berufsarbeit dieses Herrn war schwer gestört durch bald mangelnde, bald peinlich übertriebene Zeiteinteilung, die zwischen Hast und Saumseligkeit, zwischen zwanghafter Pünktlichkeit und unkorrigierbarer Nachlässigkeit hin und her pendelte.

Eine 50jährige Psychologin erlebt im Anschluß an die Frage: *„Was ist mein Weg?“* die folgende erste Vision im autogenen Training:

„Ich ging einen Weg, eine steinige, schlecht gepflasterte Straße. Der Weg wurde immer schlechter, schließlich war es eine Treppe, die in Absätzen und stets neuen Kehren immer höher führte. Der Weg war mir beschwerlich, zumal meine körperliche Behinderung der im konkreten Leben entsprach. (Auch im Traum erlebe ich mich, von ganz seltenen Ausnahmen abgesehen, im gleichen Grade behindert, wie im Wachen). Auch diese Treppen, die in einem hohen Hause emporzuführen schienen, wurden immer schlechter, erst fehlte eines, dann beide Geländer, an denen ich mich festhalten konnte, die Stufen waren erst von Staub und Sand, dann von Schutt und Geröll überlagert, so daß man sie kaum noch erkennen konnte, nur langsam und sehr mühevoll kam ich voran. Plötzlich öffnete sich mir zur rechten Seite eine Flügeltür zu einem hohen, weiten Saal in Weiß und Gold, der festlich erleuchtet, aber menschenleer war. Er entsprach einem großen Konzertsaal und ich wußte, daß dort in kurzem ein Sinfoniekonzert stattfinden würde. Ich dachte an die 5. Beethovensche Sinfonie. Beglückt wollte ich eintreten, um auf den Konzertbeginn zu warten und daran teilzunehmen. Da gewahrte ich neben der Flügeltür wieder die Treppe, die noch weiter hinaufführte. Nach kurzem Zaudern entschloß ich mich, die Treppe weiter hinaufzusteigen, hoffte aber, vielleicht von oben, von der Empore aus, noch dem Konzert lauschen zu können. Die Treppe war jetzt schmal, wie eine Bodentreppe. Aber obwohl sie keineswegs besser wurde, konnte ich sie leichter und leichter gehen, mit immer geringeren Schwierigkeiten. Noch einmal sah ich wie von ferne den Konzertsaal, dachte aber nicht mehr daran hineinzugehen, sondern stieg immer weiter. Die Treppe wurde wieder zum Weg, der steinig und felsig nun einen Berg hinanführte. Ich hatte keinerlei Mühe und Beschwer mehr und sah, wie die Ebene immer tiefer hinter mir zurückblieb. Das Konzerthaus leuchtete noch mehrmals wie ein ovaler silberner Fleck zwischen Feldern und Wäldern auf, bisweilen von vorüberziehenden Wolken verschleiert. Ich ging nicht mehr, ich flog, nicht aus eigener Kraft, sondern wie getragen, mühelos, zwischen ziehenden Wolken und Nebeln, immer höher hinauf. Endlich erschien mir die ferne Erde wie ein sich langsam drehender Globus, wie ein Mond und zuletzt wie ein großer mattleuchtender Stern. Immer noch flog ich höher empor zwischen den ziehenden Nebelwolken und harrte des Augenblicks, wo die letzte Wolke vorbei sein mußte und grenzenlose Klarheit und Helligkeit um mich sein würde. Mit diesem Gefühl der ihrer Erfüllung gewissen Sehnsucht brach die Vision ab.“

Durch derartige Versuche kommen wir noch deutlicher und genauer als bei dem Experiment über das „Eigengefühl“ zu einer Darstellung von Erlebnisseiten und Lebenshaltungen, die speziell mit der gerade vorliegenden Persönlichkeit verknüpft, für sie wichtig und charakteristisch und im Falle einer Neurose in naher Beziehung zu den „Komplexen“ stehend sind. Wichtig für Neurose und Leben sind, wie von mir mehrfach ausgeführt („Seelische Krankenbehandlung“, 8. Aufl., S. 289 [1963]), nur solche „Komplexe“, oder, besser gesagt, solche spezifische Haltungen gesunder oder abnormer Art, die sich auf *„Existenzialwerte“* beziehen.

Es handelt sich dabei in keiner Weise um den Versuch, irgendein allgemeines Wertsystem zu normieren, also in keiner Weise um eine allgemein wertwissenschaftliche

Feststellung, sondern um den rein psychologischen Tatbestand, daß, wie jedes Lebewesen auf ein gewisses Maß von Sauerstoff, Nährmaterial usw. angewiesen ist, auch auf psychologischem Gebiete Gegebenheiten vorliegen, die für den Erlebenden lebensnotwendig sind. Diese Notwendigkeit kann eine nur subjektive mit der Fehlerquelle der Unechtheit und des Irrtums, sie kann auch eine objektive sein, wie nur der sachlich ausreichend geschulte Beobachter bei genügender Gesamtübersicht über das vorliegende Lebensgeschehen feststellen kann. Im Gegensatz zu älteren Formulierungen der Neurosenlehre habe ich mich dagegen gewandt, lediglich in der Wiederherstellung störungsfreien Leistens und Genießens das Ziel der Psychotherapie beschlossen zu sehen. Es läßt sich mindestens ein sechsfacher Stufenbau von Problemen der Existenzialwerte sehen, deren Gefährdung zu Neurosen führt. Der primitivste Fall ist darin gegeben, daß für die Norm Anonymität oder Euphorie der „Physis" gefordert wird; als tragende Funktion erscheint das körperliche Lebensgefühl, als Ziel die physische „Gesundheit" allgemeineren Sinnes, etwa der „Mens sana in corpore sano". Als zweites Problem würden wir die erwähnte störungsfreie Betätigung in Leistung und Genuß anzusehen haben, die durch eine „individuelle praktische Vernunft" mit dem Ziele von „Glück" reguliert wird. Ihr folgt als drittes Problem die Gemeinschaftsentscheidung, reguliert von einer „kollektiven praktischen Vernunft" mit dem Ziel der „Sicherung". An vierter Stelle ist die Todessicherheit und kosmische Behauptung zu nennen; ihre natürlich ungestörte Gestaltung kann auf eine „kosmische Vernunft" bezogen werden, das Resultat ist, wenn auch oft ohne irgendeine begriffliche Klärung, eine „Weltanschauung". Klare Selbsterkenntnis, Selbstbewertung und Selbstentscheidung, deren natürliche Funktion eine aus dem Wesen fließende „Selbstbeherrschung" ist, führt zum Ziel von „Selbständigkeit" und „Freiheit". Endlich – und hier sehen wir den Gipfelpunkt psychotherapeutischer Leistungsmöglichkeit – kann das hohe Ziel einer „Selbstverwirklichung" in funktionaler „Totalharmonie" die Lösung des lebendig oder geistig Produktivseins eröffnen.

Entsprechend diesem Aufbau eines Schemas der *Existenzialwerte* führen wir in der weiteren Ausarbeitung der *Oberstufe* unsere Versuchspersonen durch *„Fragen an das Unbewußte"* zu *Klärungserlebnissen* in diesen Lebensbereichen. Dabei empfehlen sich zur Anregung extreme und formelhafte Fragestellungen. Als Beispiel seien genannt: „Ist Körperkrankheit größtes Unglück?"; „Sinn der Arbeit?"; „Was ist mehr, Glück oder Recht?"; „Einsamkeit oder Gemeinschaft?"; „Das Bild des Todes"; „Ewigkeit?"; „Unsterblichkeit?"; „Sinn des Lebens?"; „Welches sind meine charakteristischen Eigenschaften?"; „Was wünsche ich?"; „Wie möchte ich mich anders?"; hierher gehört auch die erwähnte Frage: „Was mache ich falsch?"; „Was sagen die andern?"; „Bin ich gut?". Sind etwa in dieser Weise die wesentlichen Positionen der fünf ersten Existenzialwertkategorien durch innere Bilderschau lebendig gemacht, wobei selbstverständlich neben diesen großen allgemeinen Zusammenhängen ein strenges Individualisieren unerläßlich ist, so können wir zusammenfassend versuchen, eine der vorliegenden Persönlichkeit nach ihrem innersten Wesen entsprechende Formel zu entwickeln. Damit tritt die formelhafte Vorsatzbildung, die uns aus der Unterstufe in einfacher Verwendung geläufig ist, hier an zentralster Stelle wieder in ihr Recht. Es lassen sich prinzipiell zwei typische Arten ihrer Verwendung bestimmen; entweder wird eine *Persönlichkeitsformel,* zu deren Verwirklichung dem Erlebenden der Mut fehlt, obwohl sie eigentlich schon Teil seines Wesens geworden ist, lediglich durch vertiefteste schauende Vergegenwärtigung mit unmittelbarem Leben erfüllt, oder man benutzt eine mehr richtunggebende einstellende Persönlichkeitsformel, um den Menschen dem als seinem innersten Wesen gemäß erkannten Sein zuzuwenden.

Dabei ergeben sich in der Mehrzahl der Fälle Formulierungen, deren Negativ uns aus der klinischen Beobachtung bei Neurosen geläufig ist. So unterliegt es keinem Zweifel, daß es Fälle von Raumangst in engen kleinen Räumen fester und bewegter Art gibt, bei denen es sich prinzipiell um die Frage der persönlichen Freiheit dreht. Die Wehrlosigkeit gegen die Raumgebundenheit und die Beraubung der persönlichen Freiheit der Raumbestimmung bedeuten hier unbeschadet ihrer genetischen Grundlage das Entscheidende. Gleichsam komplementär hierzu finden wir die Formel: „Ich bin frei". Die neurotische Abhängigkeit von Anwesenheit, Beobachtung und Urteil anderer, uns so geläufig als typisches Unsicherheitssymptom, ergibt hier in positiver Entwicklung Formeln wie „Ich entscheide selbst" oder „Nur ich bin mein Richter" oder „Ich bin Wert". Die Formel „Ich sehe den Anderen" führt bei autistisch-egozentrischen Menschen nicht selten zu wochenlangen quälenden Entwicklungskrisen. Charaktere, bei denen wesentliche Anteile in innerem Widerstreit liegen, problematische Naturen verschiedener Strukturen, werden zu Formulierungen geführt wie „Ich will harmonisch sein" oder gegensätzlich „Leben ist Wandel und Wechsel" und dergleichen mehr.

Von brauchbaren Fragestellungen zur Erarbeitung der Persönlichkeitsformel möchte ich aus der Praxis noch beifügen: „Gibt es einen Menschen, den ich liebe?"; „Gibt es einen Menschen, den ich hasse?"; „Gibt es einen Gott?"; „Gibt es gute Menschen?". Ferner die aus Münchener klinischen Fragebogen von *Kraepelin* bewährte Prüfungsfrage: „Was würde ich tun, wenn ich unbegrenzte wirtschaftliche Möglichkeiten hätte?" Analog kann auch oft mit Nutzen die Welt des Märchens zu derartigen phantastischen Erlebnisprüfungen herangezogen werden, indem man als Vergegenwärtigungsaufgabe den Besitz zauberhafter Kräfte oder magischer Mittel, einer Tarnkappe und dergleichen benutzt.

Verständlicherweise bedeutet die hier geschilderte Arbeit ein Umgehen mit außerordentlich subtilen, empfindlichen und oft tief aufrührenden Dingen. Es muß daher dringend betont werden, daß nur ein großes Maß von Vorsicht, Kritik und nachfühlendem Eingehen auf die Versuchsperson es erlaubt, diesen Teil unserer Arbeit guten Gewissens und ohne Nachteil für die Mitarbeiter durchzuführen (Selbstmord!). Die Versuchspersonen werden zu einer Tiefenauseinandersetzung geführt, in deren Verlauf durch Unachtsamkeit oder mangelnde Erfahrung des Versuchsleiters katastrophale Durchbrüche aus der Tiefe erfolgen können. Begreiflich genug, daß eine so aufwühlende Innenarbeit sehr häufig, besonders bei der Erkämpfung neuen Selbstwissens, zu erheblichen Unruheerscheinungen führt, von leichteren Schlafstörungen bis hinüber zu ausgesprochenen Verstimmungen. Deswegen ist auch diese Arbeit nicht wie die Erwerbung der Unterstufe in einer größeren Gemeinschaft von 15,

20 bis zu 50—60 Teilnehmern durchführbar, sondern nur im engen Kreise von höchstens 5—10 intensiv interessierten, ernsthaften, nach ihrer nervösen Gesundheit dem Versuchsleiter genau bekannten Menschen. Selbstverständlich ist auch für die Erwerbung der Unterstufe vorhergehende klinische Untersuchung Voraussetzung, für die Oberstufe muß eine viel genauere, günstigsten Falles eigentlich tiefenpsychologische Prüfung der Versuchsperson gefordert werden, der *Versuchsleiter selbst muß über eine spezielle medizinisch-psychologische Ausbildung* verfügen. Hierbei ist besonders zu berücksichtigen, daß bei voller konzentrativer Hingabe an die gestaltende und noch mehr an die vorsatzhafte Persönlichkeitsformel innerlichst festigend oder richtunggebend und fordernd eingewirkt wird, so daß Persönlichkeitsgestaltung und Persönlichkeitsentwicklung nachhaltiger Einwirkung unterliegen. Hierfür wird im einzelnen weiter unten Material gegeben. Wertvolle Ergänzungen bringt besonders *K. Thomas* in seiner „Praxis der Selbsthypnose des autogenen Trainings", 2. Aufl. Thieme, Stuttgart 1969 (s. S. 172).

An dieser Stelle möchte nur mit wenigen Worten die jetzt vielerorts so beliebte und sich gerne so sehr wissenschaftlich gebärdende Pseudokritik rein theoretischer Art aufgefangen werden. Es gehört nicht viel Scharfsinn dazu, um Beziehungen der hier geschilderten, höchst verantwortungsvollen und schwierigen Arbeit mit allerlei Bestrebungen herauszustellen, die sich mit Recht bei allen Verständigen großer Unbeliebtheit erfreuen, mit Religionsersatz fragwürdiger Art, mit billig von der Stange gekaufter „Mystik", mit dem unerfreulichen Treiben von allerlei Sonderlingsgemeinschaften, Cerclen usw. Die Ähnlichkeit der hier geschilderten Arbeit mit diesen Spielereien, soweit es sich nicht um Schlimmeres handelt, kann ebenso unbedenklich zugegeben werden, wie andererseits jede wesentliche Beziehung auch nur geringsten Grades sachlich abzulehnen ist. Tiefer berührt sich die Oberstufenführung unseres Trainings mit einer Reihe Bestrebungen sehr ernsthafter Art auf anderer, besonders religiöser Grundlage, doch soll die genauere Grenzbereinigung nach dieser Richtung in einem besonderen Kapitel, dem Kapitel IX, erfolgen.

Welch reiche Ausbeute das hier dargelegte *Oberstufenverfahren* für eine *allgemein-* und *neurosenpsychologische Bearbeitung* verspricht, soll hier nicht im einzelnen dargetan werden. Die Veranschaulichung inneren Erlebens gewinnt in versenktem Zustande ganz wesentlich an Fülle, Reichtum, Lebendigkeit, und vor allen Dingen Beständigkeit und Beobachtbarkeit. Viele „unanschauliche" seelische Vollzüge enthüllen hier ihr sinnenhaftes Attribut, damit zu gleicher Zeit beitragsleistend zu den verschwiegenen Gesetzen der Symbolik. Die nur so mögliche „Frage an das Unterbewußte" liefert uns reichliche Belege für Zusammengehörigkeiten, die besonders in der Entwicklungspsychologie der Neurosen *(Freud)* meist im umgekehrten Sinne angegangen wurden. Das Ineinander von innerem Sinnenerlebnis, etwa der Farbe, und allgemeinem Persönlichkeitsvollzug ist geeignet, Lehrreiches über die hier liegenden allgemeinen Verbindungen zu vermitteln. Endlich verspricht die nähere psychologische Analyse des Gesamterlebnisses in der Oberstufe, besonders zunächst im Sinne sorgfältiger psychologischer Phänomenologie, wesentliche Aufschlüsse über das Geschehen selbst und damit über Nahestehendes, wie es die Bearbeitung des Einschlaferlebens schon in so fruchtbarer Weise bewiesen hat. Es bedarf keiner näheren Ausführung, daß ein gründliches Studium der hier lagernden Fragestellungen, von denen nur die greifbarsten und verlockendsten kurz angedeutet wurden, die Arbeitsmöglichkeit eines einzelnen, besonders wenn er das Leben des praktischen Therapeuten führt, weit übersteigt. So sei es hier mit diesem Hinweis genug.

Zur *Veranschaulichung* der hier möglichen Leistungen folge zunächst das *Protokoll* eines 25jährigen Schriftstellers und Verlegers, der tägliche kurze Beobachtungen über den Unterstufenverlauf und dann 1 Jahr später ein ebensolches Protokoll einer Abstellungsarbeit gegen Schüchternheit und Vertrauensseligkeit lieferte, mit anschließendem 2 Jahre späteren Erfolgsbericht. Es handelt sich um einen sensitiv Asthenischen mit zahlreichen konstellativen Schwierigkeiten.

25jähriger Schriftsteller und Verleger

(Trainingsbeginn: September 1928)
Abstellung von Schüchternheit und Vertrauensseligkeit

Nachbericht 2 Jahre später: Erarbeitete Haltungen sind ganz automatisch geworden; völlige Natürlichkeit und Sicherheit im Umgang mit Menschen; genaue und sachliche, nicht tendenziös abfällige Beobachtung der Umgebung in jedem Falle „von selbst“ ganz natürlich einsetzend, damit verbunden gewisse Ernüchterung und Distanzierung, aber keinerlei Kontaktverlust, eher besserer und stets gleichmäßiger Kontakt.

Zugleich mit der Erarbeitung der Oberstufe gehorchen auch die Vollzüge der *Unterstufe prompter und ausgiebiger.*

So schildert z. B. ein 36jähriger Regisseur eine *prophylaktische Ruhepause* mit Terminerwachen, wobei diese letztere Leistung in einem Traumgesicht geschieht. „Vor einer Aufführung, die von mir inszeniert wurde, fühlte ich mich sehr abgespannt. Es war 6.45 Uhr; um 7 Uhr mußte ich aus dem Hause. Ich legte die Uhr neben mich, entspannte und schlief ein. Plötzlich war ich im Büro. Die Dame, die mir gegenüber arbeitet, erhob sich, hielt mir ihre Uhr entgegen und sagte: ‚Herr Doktor, Sie müssen unbedingt die Rechnungen schreiben lassen, es ist schon 2 Minuten vor 7 Uhr.‘ ‚Ach‘, sagte ich darauf, ‚noch 2 Minuten!‘ Ich wartete bis die Uhr auf 7 Uhr zeigte, erwachte, und meine Uhr hielt genau auf der gewünschten Zeit.“

Ein 52jähriger Sanitätsrat berichtet aus dem 2. Übungsjahr:

„Ich wollte mit dem Abendzuge mit meiner Frau nach dem Schwarzwald reisen. Die Koffer standen fertig gepackt, in 20 Minuten wollten wir nach dem Bahnhof fahren, da fehlten mir plötzlich die Billetts. Ich wußte absolut nicht, wo ich sie hingelegt hatte, ließ in großer Aufregung die Koffer untersuchen, doch ohne Erfolg. Darauf bat ich, mich allein zu lassen, setzte mich vor meinen Schreibtisch, versenkte mich auf etwa 2 Minuten und griff dann fast automatisch die beiden Reisebilletts aus einem

Fach eines an der Wand hängenden Regals heraus, notabene war mir sofort eine kleine hervorstehende Ecke des einen Billetts beim Augenaufschlag nach der Übung sichtbar geworden."

Hier liegt der Verdacht sehr nahe, daß durch unsere Technik eine determinierte *Fehlleistung aufgehoben* wurde. Eine *praktisch-medizinische* Verwendung schildert das folgende Protokoll einer 27jährigen Arztgattin aus dem 2. Übungsjahr:

„Durch eine 25 Minuten dauernde Röntgenbestrahlung zu einer sehr anstrengenden Kopflage gezwungen, bekam ich einen sehr erheblichen Schmerz im Nacken. Absolutes Stilliegen war Bedingung. Ich stellte ab mit starker Konzentration auf vollkommen freies Gefühl in Kopf und Nacken. Erfolg: Nach einigen Sekunden Verschwinden jedes Krampfgefühles und müheloses Verweilen in der sehr unangenehmen Haltung, so daß die Behandlung ohne Unterbrechung bis zum Schluß durchgeführt werden konnte."

Ein 52jähriger Kaufmann protokolliert aus dem 3. Trainingsjahr im Anschlusse an einen schwer kränkenden und erschütternden Brief:

„Wenn ich noch vor 1/2 Jahr etwa diesen Brief erhalten haben würde, so wäre er sicher die Ursache einer unbegrenzten Aufregung geworden, die, wie mich langjährige Erfahrung gelehrt hat, eine tiefe seelische Depression mit allen ihren Begleiterscheinungen ausgelöst hätte und mich wochenlang umfangen gehalten haben würde. Wie ganz anders erging es mir jetzt. Als ich den Brief las, ergriff mich verständlicherweise im ersten Augenblick eine wahnsinnige Erregung, die mich auf kurze Zeit jedes klaren Denkens beraubte, aber sofort nachher schaltete ich um und dämpfte dann den stark erregten Herzschlag ab. Dies gelang überraschend schnell und in wenigen Augenblicken war innere und äußere Ruhe hergestellt, die es mir ermöglichte, die Sachlage ruhig und folgerichtig zu überdenken und auf ihren wahren Wert zurückzuführen."

Nicht nur *affektive Resonanzdämpfungen*, sondern namentlich auch *formelhafte Vorsatzbildungen* werden nachhaltiger. So berichtet eine 37jährige Sekretärin sehr anschaulich über die Abstellung einer Schreibhemmung, deren tieferer Unterbau in Lebensunsicherheit und Aufgabenscheu gegeben war.

„Ich sollte meinen Lebenslauf schreiben und setzte mich sehr vergnügt an die Schreibmaschine in der Aussicht auf eine Stellungsmöglichkeit. Doch es mißglückte vollkommen. Ich konnte den Lebenslauf nicht ohne Fehler abschreiben. Schließlich wurde ich so kribbelig, daß mich jedes Geräusch im Flur erschreckte und zum Verschreiben brachte. Ich lauerte schon richtig auf irgendeinen Lärm und fürchtete mich davor, wenn es noch ganz still war. Nach etlichen Stunden gab ich die Sache, spät abends, auf. Ich war müde und zerschlagen und schlief so fest, daß ich am anderen Morgen erstaunt vor großen Wasserpfützen in meiner Stube stand. Meine Schwester mußte mir erst sagen, daß über Nacht ein Unwetter mit so starkem Regen gewesen war, daß es durch die geschlossenen Fenster hereingeregnet hatte. Ich hatte nichts davon bemerkt. Gleich am Morgen setzte ich mich wieder hin, in der festen Zuversicht, daß ich nun wohl den Lebenslauf würde schreiben können. Aber bald sah ich, daß es schlimmer war als am Abend vorher. Ich versuchte abzuspannen, war aber schnell wieder hoch, weil ich die Arbeit bis zu einer bestimmten Zeit fertig haben mußte. Ich machte das Fenster auf, ging in der Stube umher, es half alles nichts. Unter einem Vorwand mußte ich schließlich abklingeln bei der Stelle, wo ich mich vorstellen sollte, weil die mir bestimmte Zeit herum war. Gleich darauf bekam ich eine Klagesache abzuschreiben, die auf Zettel mit einer sehr schlechten Handschrift, mit vielen Nachträgen und Verbesserungen geschrieben war. Da ich wußte, daß ich mich verschreiben durfte, machte mir die Sache keine Mühe.

Als ich mir mein Versagen so recht klar machte, war ich sehr verzweifelt über mich. Am nächsten Tage ging ich zur Behandlung. Ich spannte lange und tief ab, und kam aus der Ruhe mit neuem Frohsinn zurück.

Trotzdem ich zu Hause nicht gleich Zeit hatte, mich ans Schreiben zu setzen, hielt meine Sicherheit doch an, daß ich nun die Abschrift ohne Fehler schaffen würde. Als ich soweit war, spannte ich 10 Minuten ab, wie mir verordnet worden war, ehe ich mich an die Schreibmaschine setzte. Es mißlang zuerst ein paarmal, doch störte mich das nicht. Ich spannte noch einmal 10 Minuten ab, dann konnte ich den Lebenslauf glatt herunterschreiben, obwohl ich hörte, wie gerade Besuch kam und sich vor meiner Stubentür unterhielt."

Besonders anschaulich schildert die allmähliche Unterminierung einer *Arbeitshemmung* durch systematische *formelhafte Vorsatzbildung* der folgende Bericht eines 50jährigen Redakteurs.

Hier war aus äußeren Gründen ein Berufswechsel erfolgt, was zunächst ein starkes und angenehmes Gefühl der Befreiung mit sich brachte. Bis dahin war eine saisonlose, also Sommer und Winter gleichmäßige, sehr anstrengende Arbeit mit 500 kaufmännischen, 2500 gewerblichen Angestellten zu verrichten. Anschließend hatte eine längere Erholungsreise stattgefunden, deren sehr gute subjektive Erholungswirkung ärztlich kontrolliert war. Versuchsperson gab sich mit großer Freude ihren früher der Berufsbelastung wegen vernachlässigten wissenschaftlichen Neigungen hin, gleichzeitig damit aber entwickelte sich eine vollkommene Ausweichhaltung gegenüber allem „Notwendigen", so daß ein Riesenstapel unerledigter Bücher, Akten, Entwürfe, Pläne, Briefe usw. vorlag, vor dem in das Schreiben unwichtiger Briefe angenehmer Art oder das Schlittschuhlaufen, „weil das doch so gesund ist und das Eis wahrscheinlich bald taut", geflohen wurde.

Formelhafter Vorsatz: „Es wird aufgeräumt! Passivität wird überwunden!" Diese Vorsatzformeln wurden in die abendliche Einschlafsitzung gelegt. Zwei Tage lang war nichts Besonderes zu beobachten. Am 3. Tag trat auffallende Unruhe ein, den 4. Tag verstärkte sich die Unruhe erheblich, am 5. Tag morgens nach dem Erwachen starker Drang, sofort mit den Aufräumungsarbeiten zu beginnen. In den folgenden fünf Tagen $2^1/_2$–4 Stunden tägliche Aufräumungsarbeit und Beginn mit widerwärtigen Bewerbungsschreiben. Anschließend zweite Vorsatzformel: „Arbeit schneller weiter! Ich bleibe konsequent!" Auch jetzt zeigte sich in den ersten zwei Tagen keine Veränderung in der Arbeitsleistung. „Am 3. Tag gleichmäßige, aber wie bisher langsame Arbeit im Tagesbeginn. Gegen Mittag stellte sich ein starker innerer Drang ein, schnell fertig zu werden. Dieser Drang steigerte sich bis zu einer nervösen Hast, die ich durch Ruhigstellung in Entspannung herabsetzen mußte. Den 4. Tag warf ich mich mit einer förmlichen Wucht aufs Ganze. Ich zog mehrere große Stöße von Akten hervor, von denen bisher einer für mehrere Tage ausgereicht hätte. Jetzt dominierte ein Gedanke: Nur schnell, sehr schnell fertig werden! Den 5. und 6. Tag war es ebenso. Ich arbeitete während der letzten drei Tage 13–15 Stunden. Am

7. Tag traten Rückenschmerzen ein und damit starke Unlustgefühle gegen die Weiterarbeit, ohne daß dadurch eine Störung entstand; den 8. und 9. Tag wieder leicht, fleißig und schnell gearbeitet, 15½ Stunden. Acht Tage ging ich nicht aufs Eis und machte keinen Spaziergang. Ich hatte kein Bedürfnis, ein Theater oder Kino zu sehen, eine Versammlung wahrzunehmen, Besuche zu machen oder solche zu empfangen. Ich arbeitete nur. – Den 10. Tag war alles gesichtet, eingeordnet, registriert, weggepackt."

Hier interessiert besonders das subjektive Erlebnis des Dranges bei selbstgesetzter formelhafter Vorsatzbildung und das regelmäßige Auftreten einer zweitägigen *Inkubation,* wie dies ja auch aus dem alten fremdsuggestiven Arbeiten bekannt ist.

Hinsichtlich der *allgemeinen Persönlichkeitswandlung* gebe ich zunächst nur ein kurzes typisches Protokoll eines 48jährigen Dr.-Ing., 5 Jahre nach Trainingsbeginn:

„Ich kann wohl sagen, daß meine ganze Einstellung zu äußeren Ereignissen und ihre Wirkung auf mich sich seitdem grundlegend geändert haben. Ich schalte auf Ruhe und bin trotz aller Wirrnis und Lärm ruhig. Es ist nicht übertrieben, wenn ich noch behaupte, daß sich dieser Erfolg auch in meinem Habitus äußert. Ich habe durch die nun erworbene Ruhe, die mir ganz zu eigen geworden ist, entschieden an Körperfülle und Behäbigkeit gewonnen, was mir seitens meiner Freunde beiderlei Geschlechts als Vorteil gewertet wird."

Eine 26jährige Gymnastin berichtet im 2. Übungsjahr:

„Erst jetzt entdecke ich mit Erstaunen, wie vieles auf innerer Spannung beruht, wie z. B. Befangenheit, Gehemmtheit in allen möglichen Dingen, Ängstlichkeit usw. Mit all diesen Erscheinungen kann ich jetzt durch die innere Entspannung augenblicklich und sicher fertig werden. Bisher war mir eine besondere Schreckhaftigkeit eigen, jetzt bleibt nicht nur das lästige äußerliche Zusammenfahren aus, sondern ich erschrecke überhaupt nicht, auch innerlich. Dabei kann ich immer mehr beobachten, wie das schützende Übergehen in die entspannte Haltung mit starker körperlicher Lockerung in schwierigen Situationen schon ganz instinktiv und automatisch eintritt".

Ein sehr interessantes Problem ist die *Leistungssteigerung* mit Hilfe unseres Verfahrens. So berichtet 46jährige Malerin aus dem 3. Übungsjahr:

„Schon nach sechs Monaten gelang es mir, durch das autogene Training eine vollkommen sichere innere Beruhigung zu schaffen. Die mich so quälende und unser Familienleben stark gefährdende Angst vor dem Besuch von Gesellschaften, Theater und dergleichen verschwand vollkommen. Ich bin dadurch nicht träge geworden, sondern habe regelmäßig weiter trainiert. Insbesondere nach dem gehobenen Kurse konnte ich sehr deutliche Umstellung beobachten. Während ich früher meine Bilder ‚machte', machen sie sich jetzt selbst zum großen Teil in mir, sie wachsen aus der Tiefe, ohne daß dabei die technische Sorgfalt nach irgendeiner Richtung Not litte, im Gegenteil. Diese Lösung meiner künstlerischen Produktivität wird von meiner persönlichen Umgebung und von der Kritik übereinstimmend und oft mit fast gleichen Worten anerkannt."

H. Binder erlebte bei abendlicher Bettlektüre oder Besinnung *spontanes*, verbesserndes Beinumschalten warm/schwer.

Ein Kaufmann, der mit 35 Jahren in die Arbeit eintrat und 6 Jahre weiter beobachtet werden konnte, kam neben allgemein nervösen Beschwerden vor allen Dingen mit dem Wunsche, eine quälende *Schüchternheit* und *Unsicherheit* loszuwerden, die ihn verhinderte, im eigenen Geschäft energisch aufzutreten, seine Position zu wahren und vor allen Dingen einen übernommenen Mitarbeiter zu entfernen, der für das Geschäft sehr nachteilig war. Hier wurde experimenti causa nur eine kurze genetische Klärung vorgenommen, die bei der ganzen Lage des Falles sehr eindeutiges Material ergab.

Der körperlich sehr gesunde und kräftige Mann war Sohn eines weichen gutmütigen Vaters und einer launenhaften, bösartig intriganten und heftigen Mutter, die ihn so quälte, daß er, siebenjährig, auf dem WC betete, die Mutter möge doch sterben. Auch zu einer älteren Schwester bestanden konfliktreiche Beziehungen, zum Vater ehrfürchtiges Distanzverhältnis mit großer Verehrung. In der Knabenzeit schwere pädagogische Mißhandlungen. Damals bestehende Augenränder wurden auf Onanie bezogen, ohne daß dem Kranken genau klar war, worum es sich eigentlich handelte. Er wurde scharf angesehen, es wurde mit Fingern auf die Augenränder gezeigt usw., wobei ein gutwilliger, aber offenbar sehr törichter Hausarzt assistierte, Erfahrungen, die geeignet waren, die Angstdistanz des Kranken gegenüber Vaterfiguren erheblich zu steigern. Nach ähnlicher Richtung lagen Kränkungen während des Aufenthaltes in einem Internat, wobei die üblichen zielungewissen Pubertätserlebnisse gleichgeschlechtlicher Art bedeutsam waren. Das Training nahm bei dem körperlich gesunden Menschen seinen Ausgang von einer intensiven Ausgestaltung des Ruheerlebnisses mit besonderer Betonung der Einstellung „Ich bin ruhig und sicher". Es wurden dann jeweils angepaßte, ganz primitive vorsatzhafte Formelbildungen gewählt und eingearbeitet. Nach 2½ Jahren nach eigenem und nach dem Urteil der Ehefrau und der Umgebung „ein ganz anderer Mensch". Freie gelöste Körperhaltung, niemals mehr ausfällig oder unsicher, sondern stets in der Lage, sachlich und frei seine Meinung zu sagen, auch im Dienste Vorhaltungen zu machen, was früher ganz unmöglich war. Der Umsatz des Geschäftes hat sich um 300 % gehoben, der störende Mitarbeiter ist entfernt. Die Umstellung blieb in der erwähnten Nachbeobachtung vollkommen erhalten.

Eine gleiche Entwicklung konnte in 5jähriger Beobachtung bei einer 35jährigen Gymnastiklehrerin festgestellt werden, die mangelndes *Selbstvertrauen, Arbeitshemmungen* und *Situationsreaktionen* störender Art auf den verschiedensten Gebieten zum Arzt führten.

Die Kranke wuchs als Jüngste von fünf Geschwistern auf. Ihre Mutter war sehr reizbar, nervös und ungleichmäßig, hält es auch jetzt noch mit niemandem aus und lebt für sich allein. Der Vater war sehr beliebt, warm, lebendig, Mittelpunkt des Hauses. Er starb, als die Kranke neun Jahre alt war. Alle Geschwister sind nervös, haben aber im Leben gut geleistet. In früher Kindheit triebhafte onanistische Handlungen mit Verheimlichungstendenz und Schuldgefühlen. Eine Schwester der Mutter, dieser im Naturell ähnlich, pflegte die Kranke in der damaligen Kindheit häufig auf den Schoß zu nehmen und sie lange Zeit durchdringend anzusehen, was die Kranke mit Fluchtversuchen beantwortete; sie verlegt diese Erinnerung in das 3. bis 4. Lebensjahr. Patientin ersehnt Ehe idealer Form; freies Sexualleben lehnt sie für sich persönlich ab, ohne dabei andere Menschen aburteilen zu wollen. Von körperlich sinnlichen Empfindungen wisse sie seit Jahren nichts mehr. Sie sei wohl im Gegensatz zu dem stark erotischen Vater kühl wie ihre Mutter. Doch erröte sie öfters bei dem Gedanken, es könne jemand denken, sie liebe ihn. Lebt seit Jahren mit einer Freundin in Arbeitsgemeinschaft; diese sei mehr seelisch kühl, aber körperlich erregbar, und habe sich in den Bruder der Kranken verliebt; seitdem kommt die Kranke sich überflüssig vor. Intern und neurologisch normaler Befund. Auch hier bei voller Würdigung der sehr eindeutigen entwicklungspsychologischen Beziehungen experimenti causa ein reines Training durch beide Stufen mit zentraler Ruhig- und Sicherstellung und Einbau individuell abgestimmter formelhafter Vorsatzbildung. Die seit Kinderzeit lebensscheue, unsichere „konstitutionell depressive“ Patientin wandelte sich zu einem harmonisch aktiven, freien und gelösten Menschen. Die neurotischen Symptome verschwanden.

Spezielle Arbeitshemmungen führten einen 30jährigen Schriftsteller mit normalem körperlichen Befunde zur Arbeitsgemeinschaft. Er bezeichnete seine Schwierigkeit als *„unbeherrschbar intermittierende Konzentration“*.

Die früher sehr vermögenden Eltern waren tolerant, aber ohne Verständnis. Patient wuchs als Einzelkind auf. Er wurde schon von Kindheit auf als „neurasthenisches Kind“ verzärtelt und vor Schädlichkeiten gewarnt. Absolutes Mißverhältnis zwischen Leistung, Kritik und Ehrgeiz. Der Kranke stellt einen Musterfall schwerster universeller körperlicher und seelischer Verkrampfung dar, so daß schon die Erwerbung der Unterstufe mit ihrem prinzipiellen Hinweise auf das einfache „Geschehenlassen in sich selbst“ eine entscheidende Entdeckung bedeutete. In der so geförderten Selbstbeobachtung konnte er selbst feststellen, daß sein dauerndes Aussetzen der Konzentration auf unausgesetztes Einschießen von Selbstbeobachtung, Selbstkritik und Selbstbeachtung zurückging. Hier wurden für die spezielle literarische Arbeit individuelle Vorsatzformeln ausgearbeitet, deren Prinzip sich dadurch ergab, daß die der Eigenart des Kranken entsprechende Form künstlerischer Produktion von intuitiver Konzeption bis zu schrittweise technischer Ausführung beobachtet und im entsprechenden Sinne automatisiert, insbesondere enthemmt wurde. Der Kranke gelangte zu sehr beachtlicher störungsfreier literarischer Produktion.

Endlich sei hier noch der Fall eines höheren Verwaltungsbeamten erwähnt, der 40jährig in das Training eintrat. Schon 14 Jahre zuvor war eine schwere Neurose von autoritativer Seite klinisch behandelt, damals bestanden Angstzustände und hypochondrische Zwangsvorstellungen. Patient stammt aus sehr nervöser Familie, in der Psychopathien verschiedener Form häufig sind, ohne daß eigentliche Psychosen vorkamen. Er klagt jetzt über quälende *Skrupel, Erwartungsangst, Unruhe* und *Hemmungen.* Die interne Untersuchung ergab eine Stigmatisierung mäßigen Grades, die außer leichten Schlafstörungen klinisch nicht in Erscheinung trat. Patient hatte 4 Jahre nach der erwähnten ersten schweren Neurose bei dem damals behandelnden Psychiater Ehekonsens eingesucht, erhalten und 6 Jahre nach der Erkrankung eine menschlich und sexuell befriedigende Ehe geschlossen, aus der ein gesundes Kind hervorgegangen war. Psychiatrisch fiel eine etwas „energisch“ gespannte Mimik und stark gebundene Ausdruckshaltung auf. Es wurde das Vorliegen einer schizoiden Psychopathie angenommen, deren typisches Gesamtbild sich auch sonst zeigte. Trainingsbeginn Mai 1928, zuerst durch Spannungen und typisches Zugutmachenwollen erschwert.

Erster Bericht (Patient wohnt außerhalb), Februar 1929: „Im allgemeinen glaube ich sagen zu können, daß die Übungen gerade das Richtige für mich sind. Was ich mit ihnen abzustellen suche, bemühte ich mich früher durch Willensanspannung oder gelegentlich auch einmal durch bewußtes Ignorieren zu bekämpfen. Beide Verfahren waren untauglich. Sie bewirkten beide meist Unruhe, das eine die Unruhe der Erwartung, das andere die der Überraschung. Im Gegensatz dazu wirkt das Training beruhigend. Sehr dienlich ist mir die Teilentspannung des Nackens. Einen ganz besonders guten Erfolg erzielte ich kürzlich bei einer Tischrede dadurch, daß ich mich am Abend vorher durch die Vorstellung des Ruhigseins auf sie vorbereitet hatte und dann unmittelbar vor ihrem Beginn die Schwere im Nacken einschaltete. Meine Frau, die zugegen war, aber nicht wußte, daß ich mich dieser Hilfe bediente, gab der Leichtigkeit, mit der ich nach ihrer Beobachtung sprach, durch das Wort ‚jonglieren' Ausdruck. Weniger gut gelingt mir bis jetzt die Einstellung in plötzlich auftretenden Situationen; die Umschaltung gehorcht mir noch nicht schnell genug. Es kommt mir so vor, als wirkten die Unruhemomente von außen schneller und direkter, als meine gewissermaßen sekundäre und willkürliche Ruheschaltung. Manchmal merke ich, daß ich schon ohne spezielle innere Einstellung, gewissermaßen instinktiv in die entspannte Ruhehaltung gleite. Mit der Formel ‚Nichts Unnötiges tun' bin ich auf beruflichem Gebiet gut vorwärts gekommen, dagegen noch nicht in meiner persönlichen Lebensführung. Als Ersatz für eine längere Ruhepause am Tage zwecks Verstärkung einer – bei mir grundsätzlich nicht mit Schlaf verbundenen – Mittagsruhe und zwecks Erleichterung des abendlichen Einschlafens haben sich die Übungen bei mir weiterhin sehr gut bewährt. Ich führe sie weiter regelmäßig täglich zweimal nach dem Mittagessen und vor dem abendlichen Einschlafen vollständig durch." Der nächste Bericht vom Mai 1929: „... in der Anwendung der Übungen weitere Fortschritte gemacht zu haben. Die Herstellung der ‚Schwere' geht allmählich schneller vonstatten, die ‚Gedächtnisauffrischung' gelingt meist prompt, und mit der ‚entspannend-konzentrativen' Vorbereitung für wichtige Tätigkeit hatte ich vielfach guten Erfolg. Besonders auffallend in folgendem Falle: Während der ... Beratungen im Hauptausschusse ... trat plötzlich die Frage an mich heran, ob ich am nächsten Tage einen Vortrag über den Stand der Strafrechtsreform halten könne. Mein Vorgesetzter hielt die Zeit für zu kurz, doch unternahm ich es, die Frage zu bejahen. Geistige und konzentrative Vorbereitungen am Nachmittag und Abend des Tages führten zu vollkommenem Erfolg bei der schwierigen Leistung, deren Erfüllung mir früher immer prinzipiell unmöglich gewesen wäre. Schwierigkeiten habe ich noch gelegentlich damit, den richtigen Zeitpunkt für die Hilfen wahrzunehmen." Dezember 1929: „Die ‚Entspannungen' sind mir allmählich ein Hilfsmittel geworden, das ich namentlich für meine berufliche Tätigkeit nicht mehr entbehren möchte ... Während es mir anfangs leichter fiel, die Übung im Zustand der Ruhe zum Zwecke der Erfrischung als im Zustande der Erregung zum Zwecke der Beruhigung herbeizuführen, ist jetzt eher das Umgekehrte der Fall. Der Nutzen ist dadurch aber für meine Bedürfnisse gewachsen. Wetterschwankungen verlangen ein paar Tage Umgewöhnung, bis das Wärmeerlebnis gleich gut gehorcht." Mai 1930: „Die weiteren Fortschritte sind unverkennbar, ich übe weiter zweimal täglich, besonders die Vorbereitung auf die Ereignisse des kommenden Tages leistet mir sehr gute Dienste, manchmal auch ohne daß ich eine bestimmte Tätigkeit im Auge habe, während ich übe. Die Einstellung wirkt also bei mir auch für den Eventualfall."

April 1931: Wiedervorstellung. Mimisch und motorisch viel entspannter und freier. Gute Erfolge nicht nur bei Vorträgen mit festem vorhergehendem Programm, sondern besonders auch bei improvisierten Diskussionsbemerkungen. Sehr erheblich vermehrte Einwirkungsmöglichkeit auf die Umwelt. So gelang es einmal, eine ganze Reihe gegnerisch eingestellter Persönlichkeiten dazu zu bewegen, sich völlig der eigenen Meinung unterzuordnen.

Analog den von *L. Frank* u. a. und auch von mir (Schicksalsstunde der Psychotherapie, Enke Verlag, Stuttgart 1925) mitgeteilten Erfahrungen über *„Inhaltloses Abreagieren"* begegnen wir auch in unserem Training Patienten, die in den Sitzungen nur relativ geringe Innenerlebnisse erreichen können und unter allerlei mehr „körperlichen" Erscheinungen „krisenhaft" reagieren; *W. Luthe* hat diese Phänomene sehr erfolgreich studiert („Autogene Entladungen").

So produziert ein 29jähriger, leicht debiler (!), perseveratorischer Psychopath mit schwerer Potenzhemmung in jeder Versenkungssitzung einen typischen Ablauf: erst Lachen ohne Heiterkeit, dann keuchendes Tiefatmen, Rumpfdrehen und Wälzen, Stöhnen, dann krampfendes Abdrehen der rechten Hand (Onaniekomplexe!). Auf Befragen während und nach solcher Sitzung konnte er nur von „Strömen" berichten, die ihn durchflössen. Es bestand nebenher eine Fülle von Spannungssymptomen auf den verschiedensten körperlichen Gebieten. Die 1921 vorgenommene Behandlung von 2 Monaten Dauer wurde Ausgangspunkt regelmäßiger Übungsarbeit, 1925 teilte der Kranke mit, er habe keinen anderen Arzt aufgesucht und sei jetzt ganz gesund. (?). An ein „physiologisches autogenes Abreagieren" im Sinne von *W. Luthe* (Corr. pssc.) wäre zu denken.

Abschließend mögen hier noch zwei ausführliche Berichte berufstätiger Frauen folgen. In beiden Fällen ist aus der Schilderung sehr schön zu entnehmen, wie die erst technisch erlernte Umschaltung mit der Zeit Persönlichkeitseigentum, Wesensbestandteil wird.

30jährige Akademikerin: „Obwohl meine bisherige Haltung dem für die Entspannung Notwendigen nicht entsprach, lernte ich die Übungen in wenigen Wochen, indem ich sie häufig unter Tag übte und jeden Abend vor dem Einschlafen. Letzteres mußte ich bald aufgeben, da ich mit den Übungen nicht einschlafen kann, sondern unfehlbar grell wach werde, so wach, daß ich gezwungen bin, Licht zu machen, zu arbeiten oder wenigstens zu lesen, während ich ohne die Übungen zu jeder Tages- und Nachtzeit leicht einschlafe. Damit entfällt für mich ein Anwendungsbereich. Ich mache die Übungen unter Tag:

1. Wenn ich abgespannt bin und eigentlich schlafen möchte – aber keine Zeit dafür habe, um mich in wenigen Minuten frisch zu machen und mich neu zu konzentrieren.
2. Wenn ich mit Menschen zusammen war, davon in mir beunruhigt oder irritiert bin: quasi um alle Fenster aufzumachen und die fremde Welt aus mir herauszulassen und wieder schön neu und einsam zu werden.

Daraus ergibt sich, daß ich die Übungen vor allem nachmittags und nach dem Frühstück mache und meistens noch einmal abends um 7 Uhr. Während ich früher meistens von 7–$^1/_2$8 Uhr abends geschlafen habe, nehme ich jetzt in der Regel ein heißes Bad und mache die Übung im Bade: (So habe ich übrigens das Technische der Übung am besten gelernt; und auch heute noch bedarf es in mir nur der Vorstellung des heißen Bades, das den Kopf frei läßt, um Schwere und Wärme der Glieder zu erzeugen). ... Ich bin nach diesem Bade und der Übung durchaus frisch – selbst nach einem sehr arbeitsamen oder verhetzten Tag ...

Ich suggeriere mir meistens nichts während dieser Übung, sondern überlasse mich nur dem Wohlgefühl völliger Gelöstheit, das für mich eine sinnliche Beglückung erster Ordnung geworden ist. Manchmal suggeriere ich mir, daß ich nachher ruhig und gesammelt arbeiten werde. Doch glaube ich, daß dies nicht besonders notwendig ist, sondern daß man in der Lage ist, nach diesen Übungen das Gegebene nach seinen besten Möglichkeiten zu tun ...

Ich habe die Übungen seit zwei Jahren auch in mein ganzes übriges Leben *hineintrainiert* – und halte das für wichtiger als ihre losgelöste Behandlung. So versuche ich, mir eine Haltung zu geben, die – soweit dies in Gesellschaft möglich ist – Grundlage für die Entspannung ist: es genügt dazu, wenn ich die Schulterblätter lockere und mich bequem setze. Ich erwarte dauernd eine Ruhe, in der mir quasi nichts passieren kann. Es gelingt mir damit, Dinge und Menschen in genügender Ferne zu halten, mich einigermaßen abzusperren gegen ihr Anspringen, mich nicht tangieren zu lassen durch das, was sie sagen, und vor allem, meine eigene allzu bereite Aktivität zu dämpfen. Für die sog. Geselligkeit habe ich diese Ökonomie für mich notwendig und förderlich gefunden. Ich bin mir klar, damit weniger witzig und rasch in Replik zu sein, mich aber sehr zu schonen und mich nachher besser zu erhalten.

Neben dieser mehr negativen Anwendung der Entspannungsübungen scheint mir ihre positive Anwendungsmöglichkeit im Umgang mit Menschen noch bedeutsamer: während ich früher – ging es um sachliche Unterhaltungen – weil es mich genierte oder weil ich's manchmal ganz vergaß – gar nicht zum eigentlichen Zweck des Zusammenseins kam, selbst abbog oder den Partner nicht an die Sache heranbringen konnte, kann ich heute fast immer – in entspannter Haltung – das Gespräch dahin wenden, wo ich es haben möchte. Und dies ohne allzu großen Willensaufwand und ohne Krampf. Ich habe auch sehr oft die Erfahrung gemacht, daß es mir gelungen ist, dem Partner die Entscheidung als eigene zuzuschieben, ihm in den Mund zu legen, was ich wünschte, was ich aber aus taktischen Gründen von ihm ausgesprochen haben wollte. Aber selbst in Unterredungen, wo ich von vornherein eine schwache Position habe, erlaubt mir diese Haltung, ruhig und freundlich und im letzten unangreifbar – weil nicht ganz erreichbar – und deshalb sicher die Coups zu ertragen. In entspannter Haltung gleitet vieles einfach ab, was sonst weh tut. Ich bin überzeugt, daß – was ich in den letzten Jahren an sog. Erfolgen in Beziehung zu Menschen zu verzeichnen habe – auf die entspannte Haltung zurückgeht. Deshalb vor allem: weil sie ja nichts rein Formales bleibt, sondern gleichsam von außen nach innen gestaltend – zur tournure d'esprit wird. Aus der äußeren anderen Haltung zu Dingen und Menschen kommt allmählich die andere innere Einstellung (ich setze dieses Wort hier absichtlich!). Die Dinge bleiben nicht im Technischen, sondern werden wesentlich. (Es ist natürlich sehr schwer, festzustellen, inwieweit man sich mit den Jahren und unter veränderten Lebensbedingungen verändert hat – und inwieweit eine Technik, wie die der Entspannung, die innere Haltung verändert!). Ich bin geneigt, der Haltung eine große Bedeutung zuzuschreiben. Ich habe sehr häufig nur durch die Haltung Überlegenheit über meine Partner gespürt...

Ich habe übrigens sehr oft gespürt, daß in dieser Haltung viele Dinge – nicht nur nicht tangieren, sondern – sich so klar und grell präsentieren, daß sie sich in einem nicht verlieren und irgendwann unangenehm zu schaffen machen, sondern daß man sie sofort von allen Seiten sieht und sie verdaut – kurz, daß sie keine heimtückischen Qualmomente bieten. Ich glaube, daß in entspannter Haltung alles kommensurabler und präziser abläuft, daß weniger Unkontrollierbares, das irritiert, sich einschleicht...

Während der eigentlichen Entspannungsübungen merkte ich übrigens sehr oft, wie sog. Verstimmungen sich lösen. Diese Übungen haben für mich überhaupt den Vorteil, Cäsuren zu setzen, wie ein langer Schlaf (ein Katastrophenschlaf), der die Ereignisse Vergangenheit werden läßt und den Neuanfang setzt. Ich habe dieses Gefühl von Neuanfang nach jedem Halbschlaf – und sehr häufig nach diesen Übungen so: der ganze Körper und die Depression von vorhin ist nicht mehr da – oder: na, jetzt weiß ich, warum ich mich aufgeregt habe, und nun ist's vorbei...

Ich habe nie Kunststücke versucht mit den Übungen und finde am wichtigsten, daß es mir gelungen ist, die Haltung der Entspannung in mein Leben hineinzunehmen – und in dieser Haltung leichter mit den schwierigen Gelegenheiten dieser Existenz fertig zu werden. Ich bin überzeugt, daß es mir gelungen wäre, mich leistungsfähig und wesentlich ganz anders zu steigern, wenn ich unter Leitung länger gearbeitet hätte. Da ich nicht die Ambition habe, Fakir zu werden, und überhaupt keinen artistischen Ehrgeiz habe, bin ich's halbwegs zufrieden. Doch wäre ich immer froh, die Anwendungsbezirke der Übungen auszuwerten, um Leistung und seelische und geistige Kräfte zu steigern. Ich glaube z. B., daß – was man Selbstbeherrschung nennt – erreicht wird, wenn man die Entspannungsübungen richtig anwendet. Auch Konzentration und Gedächtnis und größere Ausdauer müssen zu erreichen sein...

Da ich mich für die Übungen des Ingnatius von Loyola sehr interessiert habe und auch für die Yogaübungen, war ich aller Seelentechnik immer sehr zugewandt. Es fragt sich nur, ob man mit der Technik allein ohne die ideologisch und zielmäßig festgelegte Bildung der Religio das mit sich erreichen kann, was nottut..."

„Anamnese"

Sängerin, 29jährig, viertes Kind von fünf Geschwistern. Vater an Pleuritis gestorben, Mutter an Diabetes (vierjähriger Dauer). Eine jüngere Schwester und zwei Kusinen mütterlicherseits an Basedow erkrankt. Mehrere Fälle von hochgradiger Neurasthenie und Nervosität in der mütterlichen Linie. Eine ältere Schwester leidet an meist durch Sonne oder Hitze hervorgerufenen heftigen Migränen.

„Ich selbst war immer sehr kräftig, keine chronischen Krankheiten, heiter, arbeitsam, optimistisch. Mit 16 Jahren monatelang heftige Furunkulose. Mit 17 Adenotomie wegen Asthma bronchiale. Dieses wurde durch Gesangstudium und Atemübungen sehr gebessert und tritt fast gar nicht mehr auf; sehr selten kommen noch asthmatische Anfälle bei Infektion der Atemwege oder großen Aufregungen. Mit 23 Jahren Tonsillotomie wegen häufiger Angina. Mit 24 Jahren Entfernung des Blinddarms. Im allgemeinen gegen Strapazen sehr widerstandsfähig; von akuten Erkrankungen werden meist heftige Reaktionen, hohes Fieber usw. hervorgerufen.

Körpertypus muskulär-athletisch. Größe 162, Gewicht 71 kg. Hitze wird sehr gut vertragen, Kälte schlecht. Neigung zum Erröten (kein Erblassen); zeitweise Perioden von Extrasystolie nach Überarbeitung, geistiger Anstrengung oder Aufregung, wie nach körperlicher Anstrengung. Kaltes Wasser (unter 18° C) wirkt so stark abkühlend, daß es sofort Herzklopfen und Atembeschleunigung hervorruft, nachher nur langsame Erwärmung. Auch sonst vielfache vasomotorische Reflexe.

Vorstellungstypus visuell-motorisch. Im Gesang durch motorische Weisungen am leichtesten zu beeinflussen. Deutliche Wahrnehmung für viele motorische Vorgänge am eigenen Körper."

„Sie werden nicht verwundert sein, zu erfahren, daß es tiefst in mein Leben eingreifende Dinge waren, daß die Wirkung der durch Entspannung, ‚Lockerung', gewonnenen Einsichten zu einer Wandlung meines Lebens geführt hat. Darum wird es mir schwer, darüber zu berichten.

Ich begann also voriges Jahr voll Eifer mit dem Arme schwermachen, Hände ‚warm' und ‚kalt' üben, dann Kopf kühl, Hände warm, wie Sie es in Ihren Vorträgen erläutert hatten. Die Tonusverminderung, Entspannung, schien mir sehr weitgehend, ich hatte oft Schwierigkeiten, den normalen früheren Zustand wiederherzustellen, es blieb noch eine gewisse Schwere und Unsicherheit nachwirkend. Sie warnten mich dann selbst davor, in diesem Ausmaße (bis 5 Minuten) weiterzuüben, als ich Ihnen berichtete, daß sich bei mir Übelkeiten, Schwindel, Spannungsgefühle in den Ohren dazugesellt hatten.

Ich übte in verringertem Ausmaß doch weiter. Eine der ersten motorischen Folgen dieses Trainings schon nach etwa zehn Tagen war, daß ich plötzlich imstande war, ganz zarte feine *Kopftöne* zu singen, wenn ich mich in dieses Stadium der Entspannung versetzt hatte. Meine sehr hervorragende Gesangslehrerin war über dieses plötzlich auftretende Ergebnis sehr überrascht. Später genügte die Vorstellung ‚Hände schwer', um denselben Effekt hervorzurufen. Seitdem verwendet meine Lehrerin mit Erfolg die Suggestion ‚der Kiefer wird schwer', um Verkrampfungen zu lösen. Ich geriet bei längerem Üben, ja beim bloßen Denken daran, in einen sonderbaren, meist von Kopfschmerzen begleiteten Zustand. Ich schien mich irgendwohin zu verlieren, zu entgleiten, den inneren Halt zu verlieren. Dieser Zustand war sehr unheimlich – ich bekam immer solche Angst, daß ich schließlich aufhörte. Ich fühlte, wie vieles sorgsam, bewußt Niedergehaltene, sich frei machte (rein psychisch zu nehmen). Es kamen schwere Depressionen, ich weinte viel, aus mir wohlbekannten, ganz unzureichenden Gründen, die ich meist zu unterdrücken gewohnt war. Vor $1^1/_2$ Jahren hatte ich plötzlich begonnen, Gedichte zu schreiben, die durchaus den Charakter von nicht willkürlich gemachten Bekenntnissen hatten. Nach einer ersten sehr fruchtbaren Periode von sechs Wochen hatte ich nur mehr vereinzelte Gedichte geschrieben. Zur Zeit des Trainings brachen wieder eine Menge von Gedichten hervor; darin standen Dinge, die ich so klar oft nicht gewußt hatte, die mir auch gar nicht paßten, und die ich dennoch als wahr anerkennen mußte. Ein solches Gedicht, das direkt die Wirkung des Trainings schildert, lege ich bei – ich kann auch heute keine prägnantere Formulierung finden. Bald wußte ich, daß diese Angst, von der ich schrieb, irgendwie mit dem unabweisbaren Auftauchen von Unwillkommenem in diesem Zustande verbunden war. Auch hatte ich oft tagelang anhaltende Übelkeiten, das beste Wort für diese scheint mir das französische *‚malaise'* zu sein.

Wenn ich an Ihren gestrigen Vortrag anknüpfe, so muß ich zugeben, daß meine äußere Haltung der inneren Grundeinstellung nicht entspricht. Ich gebe mich gerne heiter, optimistisch und ‚gespannt', um so mehr, je unglücklicher und hoffnungsloser ich mich fühle.

Schließlich habe ich noch zu berichten, daß ich mich im September des vorigen Jahres in eine noch jetzt andauernde psychotherapeutische Behandlung begeben habe. Zu diesem notwendigen Schritt konnte ich mich jahrelang nicht entschließen. Ob hier das post hoc auch *propter hoc* mitbedeutet, darf ich Ihrer Einsicht anheimstellen. Jedenfalls zeigt sich in dieser durchaus nicht psychagogischen Behandlung, daß die damals im Zustande der Entspannung auftretenden Einsichten richtig gesehen waren."

Beilage aus der ersten Periode der Übungen:

„Wenn ich der Spannung harte Starre löse,
So wird in mir so vieles plötzlich frei,
In mir spricht lauter Stimmen wild Getöse,
Und sagt zu klar, was Wunsch und Wille sei.

Ich weiß ja, was in mir so mächtig treibt,
Ich weiß, was in mir drängt und schwillt,
Doch streng in mir verschlossen alles bleibt,
Kein fremdes Aug' soll sehen, wie ich gewillt.

Wer ist mir Freund, wer mag mich wohl verstehen?
Wer gibt mir Zärtlichkeit, wer gibt mir Ruh?
Allein muß meinen harten Weg ich gehen,
Du bleibst mir fern, und Ziel bist dennoch Du!

Drum harte Starre, halte Du mir fest!
Birg Du mein Herz, daß es wohl verhehle,
Das ist ja meines Stolzes letzter Rest,
Daß nicht ein fremder Mund mein Leid erzähle."

Eine vordem poetisch unbescholtene 50jährige Patientin, die seit Jahren trainiert (Tb-pulmonum, Hyperthyreose, vitium cordis; depressiv schizoide Norddeutsche mit ausgedehnten Hemmungen bei wertvollster Persönlichkeitsanlage), erlebt zu ihrem Erstaunen das Auftauchen geformter dichterischer Kundgaben, die unmittelbar nach dem Training niedergeschrieben und (ohne Mystik) als „Eingebung" empfangen werden, so z. B. (An den sehr geliebten Ehemann in schwerer Zeit):

„Dann ging der Zug
und ich blieb stehen
und sah Dir nach
und war voll Dank
und war voll Qual –
die Tage wieder einsam sein
die Nächte lang und bang.

Das Land war so schön
die Menschen so gut
doch hielt ich's nicht
aus in der Fremde.

Von meinem Fenster sah
ich oft das sanft gewellte Land
den Fluß, der schäumend
durch das Tal, den Kreis
der Berge, dunkelblau
die Wolken, die darüber ziehen.
Ich kann es nie vergessen."

Eine sehr feinsinnige „Analyse des Entstehens eines lyrischen Gedichtes" im Anschluß an autogene Erlebnisse gab *A. Schreck* (Zschr. Psychotherap., Stuttgart 149 [1952]).

Zum Abschluß folge hier noch eine Beobachtung von *Nirwanatherapie.* Es handelt sich um eine 52jährige frühere kaufmännische Angestellte, die durch die Ungunst der Arbeitsverhältnisse gezwungen wurde, im eigenen Betriebe eine Stellung als Arbeiterin anzunehmen, da die Plätze für kaufmännische Angestellte mit männlichen Kräften besetzt wurden. Diese letzte Kränkung liegt 5 Jahre zurück. Die Kranke wird mit der Diagnose „Depression" zur Behandlung überwiesen.

Es handelt sich um ein unansehnliches, aber körperlich kräftiges altes Mädchen von süddeutsch bäuerlichem Typus. Sehr zahlreiche Schönheitsmängel, wie Schielen, verbaute Nase, schwere Gesichtsasymmetrie, klobig unbeholfene Bewegungen, dünnes, ärmliches Haar usw. Allgemeinzustand dem Alter entsprechend, intern und neurologisch kein Befund. Psychiatrisch ausgesprochene depressive Verstimmung, die sich schon seit vielen Jahren vorbereitet und seit der erwähnten Kränkung einen so hohen Grad angenommen hat, daß oft fast unüberwindliche Morgenmüdigkeit, zahllose organisch unbegründete Mißempfindungen im Körper, Leistungshemmung und dauernd verzweifelt depressive Stimmung bestehen. Vorgeschichte: Patientin ist das voreheliche Kind eines Bauernmädchens, das 2 Jahre nach Geburt des Kindes eine Ehe mit einem beruflich leidlich tüchtigen, zu Trunk und Gewalttätigkeit geneigten ländlichen Arbeiter einging. Der Ehe entsprossen eine Reihe von Kindern, die sehr gut behandelt wurden, während beide Eltern in Wort und Tat kein Hehl daraus machten, daß ihnen das voreheliche Kind zuwider und im Wege war. Der Erwerb der Dorfschulkenntnisse auf der Dorfschule in Bayern machte der Kranken viel Mühe; sie hatte „einen schwachen Kopf und ein kurzes Gedächtnis", hungerte auch meistens und stand dauernd unter dem Eindruck körperlicher und seelischer Mißhandlungen. Ihr linkisches und unbeholfenes Wesen machte sie zum gegebenen Objekt für jede Art von Spott und Schabernack, die sie nach außen geduldig ertrug, nach innen aber außerordentlich schwer empfand. Trotz geringer Schulbegabung zeigte sie sich im praktischen Leben fleißig und anstellig und entwickelte früh ein sehr ausgebildetes Gemütsleben, das während der Kinderzeit in Tierpflege und gelegentlicher Fürsorge für kleine Kinder eine gewisse Aufgabe fand. Keine groben körperlichen Erkrankungen, Entwicklung mit 13 Jahren. Vom 10. Jahre ab leidenschaftliche und tiefe Hingabe an kirchlich-religiöse Dinge. Sie fehlte in keinem Gottesdienst, und bei der ersten Kommunion „tat sich ihr der Himmel auf". Etwa in der Zeit der Entwicklung reifte in ihr der Entschluß, den Schleier zu nehmen und ins Kloster einzutreten. Als sie 17jährig mit dieser Bitte an die Priorin eines Klosters herantrat, belehrte diese sie, daß unehelich geborene Menschen besonders stark sündigen Antrieben unterlägen und daher für den Eintritt in die heilige Klostergemeinschaft nicht geeignet seien. Gleichsinnig äußerte sich der Pfarrer des Ortes. Auch Versuche, die Krankenpflege zu erlernen, wurden in ihrer Heimat aus ähnlichen Gründen abgelehnt. Die Kranke ließ sich hierdurch in ihrer inneren Gotteshingabe nicht stören. Sie tat ihr Nonnengelübde für sich persönlich in heißen Gebeten und verließ fast mittellos die lieblosen Stätten ihrer Kindheit und Jugend, um in einer nahe gelegenen kleinen Stadt als Dienstmädchen einzutreten. Diese Tätigkeit führte sie auf mancherlei Umwegen nach Berlin, wo sie mit großem Eifer durch Fortbildungsschulen und Selbstunterricht so viel Kenntnisse erwarb, daß einer ihrer Dienstherren sie zunächst aushilfsweise, dann dauernd und mit zunehmendem Erfolg in seinem Büro beschäftigte. Inzwischen hatte sich der Vater von der Mutter getrennt, und auch diese siedelte mit zwei sehr hübschen und leichtsinnigen Töchtern, die sich in der Konfektion betätigten, nach Berlin über. Dabei fiel der Kranken neben ihrer Bürotätigkeit jede häusliche Pflicht zur Last, während die Schwestern ein lustiges Leben führten und sich um nichts kümmerten. Trotzdem brachte der Krieg durch die Entfernung männlicher Arbeitskräfte einen gewissen Höhepunkt beruflicher Befriedigung und eine Milderung der seit Kinderzeit bestehenden depressiv gequälten Gemütslage. In den letzten Jahren, besonders anschließend an das vor 4 Jahren abgelaufene Klimakterium, fühlte die Kranke ihre Leistungsfähigkeit mehr und mehr abnehmen, zudem wurde die Mutter körperlich siech, langfristig fast gehunfähig und in ihrem Wesen noch schwieriger und bösartiger als von jeher. Die Schwestern kümmerten sich um all diese Dinge genauso wenig wie vorher und ließen sich weiter von der Schwester bedienen. Die Kranke stand, nur durch die Angst vor dem Fegefeuer am Selbstmord verhindert, in einer nach jeder Richtung unmöglichen Lebenssituation, so daß hier die Indikation für eine Nirwanatherapie gegeben schien. Die gute Gemütsveranlagung ließ einen Erfolg möglich erscheinen und die übermenschliche Gewissenhaftigkeit garantierte regelmäßiges Üben. Patientin durchlief schnell die Unterstufe, und es gelang bald, sie in beglückende, vielfach kirchlich-religiös gefärbte Versenkungserlebnisse zu führen, die nun ihr ganzes Glück ausmachten und sie befähigten, das Leben zu ertragen. Die depressiven Erscheinungen milderten sich deutlich. Aus den Schilderungen der Kranken, die sehr unbeholfen waren, traten besonders Schauungen der Madonna und Weihnachtsmotive „von der Geburt unseres lieben Herrn Jesus“ hervor. Zeitweise erschienen auch Heilige und Engel, und alle diese Erlebnisse waren von beglückenden kirchlichen Tonerlebnissen begleitet. So konnte dieser arme Mensch einen gewissen Ausgleich in *Versenkungsbeglückungen* finden, die ein gebildeter Kursteilnehmer in die Worte faßt: „Wenn es wohl lediglich ein Gebilde meiner Vorstellung sein mag, so habe ich doch ab und zu aus *Gnade* einer höheren Macht im Zustand der Versenkung Empfindungen und Erlebnisse gehabt, die man gern auf eine unendlich feinere Ebene verlegt, Erlebnisse, die zu schildern Worte viel zu arm sind, bei denen man sich dem Hauch der Ewigkeit ein wenig näher fühlt. Wenn es mir dann oftmals in den Ohren klingt, so ist mir, als wäre ich angeschlossen an das Reich der Töne und höre von dort die zarten Klänge einer Sphärenharmonie.“

KAPITEL VI

Überblick über Versuchsanordnung und Verwendung

Die Absicht der vorliegenden Darstellung, dem Arzte vor allen Dingen die Möglichkeit kritischer Verwendung unserer Methode zu vermitteln, nötigte in der vorhergehenden Darstellung zu großer Ausführlichkeit; gelingt es doch nur durch breitere Anführung von Originalprotokollen und eingehende Erörterung auch vieler scheinbar kleinlicher Einzelheiten, das ganze Verfahren so zu verdeutlichen, daß der Zweck der Darstellung erfüllt wird. Es erscheint daher sinngemäß, hier am Ende des ersten, der Versuchsanordnung und ihrer Verwendung gewidmeten Abschnitts einige kurze zusammenfassende Bemerkungen zu machen.

An erster Stelle sei über die *Versuchspersonen* bis 1932 normaler und pathologischer Art einiges Kurze mitgeteilt. Die Beobachtungen an *durchschnittlichen Versuchspersonen* wurden an 1136 Kursteilnehmern der Lessing-Hochschule sowie an 443 Ärzten gesammelt, so daß eine Gesamtzahl von 1579 durchschnittlichen Versuchspersonen zugrunde liegt. Alle diese Individuen sind von mir persönlich im Einzelversuch eintrainiert und erst nach kontrolliertem Trainingsansatz zu einzelnen Vollzügen mehr selbständig angeleitet worden. Diese Arbeit erstreckte sich im wesentlichen über die Jahre 1920 bis 1930; vereinzelte Beobachtungen führten noch weiter zurück, die ältesten bis ins Jahr 1910.

Über die durchschnittlichen Versuchspersonen läßt sich in sozialer Beziehung sagen, daß es sich um *überwiegend* berufstätige, zu 65 % männliche Kursteilnehmer handelte, die ausnahmslos mittleren und gehobenen kaufmännischen, Verwaltungs- und akademischen Berufen angehörten, wobei künstlerische Betätigung in den Begriff des Akademischen einbezogen wird. Dabei handelt es sich um die Altersklassen von 18 bis 73; die ganz überwiegende Mehrzahl der Kursteilnehmer gehörte den mittleren Lebensjahren von 30 bis 45 an. Kinder können autogen trainiert werden, wenn sie nach Lebensalter und Wesen die nötigen Voraussetzungen zu regelmäßigem Üben mitbringen; sind sie so unselbständig, daß sie für jede Sitzung persönlicher Anleitung und Aufsicht des Arztes bedürfen, so ist hypnotisches Arbeiten vorzuziehen.

Organfunktionsstörungen 1932

	Zahl der Fälle	Sehr gut	Deutlich	Keiner
Vasomotorische Störungen	34	21	4	9
Herzstörungen:				
Angina pectoris vera	27	9	7	11
Andere organische Leiden	10	4	2	4
Angina pectoris nervosa	53	29	8	16
Essentielle Hypertonie	79	19	23	37
Asthma bronchiale	28	11	7	10
Magendarm:				
Ösophagospasmus	8	3	2	3
Andere organische Leiden	19	6	3	10
Klinisch rein funktionell	42	22	8	12
Sonstiges (gynäkologisch, otologisch, dermatologisch usw.)	68	33	14	21
Schlafstörungen:				
Einschlafstörungen	42	34		8
Früherwachen	16	9		7
Depressive Insomnie	23	9		14
	449	209	78	162
Erfolg in Prozenten		46	17	37

Dr. Dr. *Th. Spoerri* (Psychiatr. Klinik Bern) teilt hierzu eine praktisch wichtige Beobachtung mit:

„Vielleicht interessiert es Sie zu hören, daß ich das autogene Training in den psychiatrischen Beratungsstellen Burgdorf und Lagnau wie auch in der Poliklinik Bern mit in den meisten Fällen gutem Erfolg angewandt habe. Zahlreiche Emmentaler Bäuerinnen, anfangs mißtrauisch und skeptisch, sehen sich plötzlich um ihr Kopfweh oder ihre Verstopfung gebracht, und dreimal am Tage bemühen sie sich, auch ihren Verwandten einzuhämmern, daß der Arm schwer oder der Bauch warm sei."

Zu *klinischen Angaben* wurden nur Fälle verwertet, bei denen eine Nachkontrolle von mindestens zwei, vielfach mehreren Jahren möglich war. Dadurch fiel ein großer Teil des Krankenmaterials für die wissenschaftliche Verwertung aus. Besonders günstige Umstände schuf meine fast 5jährige Tätigkeit an *Lahmanns Sanatorium,* wo ein sehr großes und vielfach ein- bis zweimal jährlich wiederkehrendes Krankenmaterial der besseren Stände zur Verfügung stand. Die Gesamtzahl mit dem autogenen Training von mir bearbeiteter Patienten beträgt etwa 1800; hiervon konnten nach den oben gegebenen Gesichtspunkten 449 verwertet werden.

Die vorstehenden Zahlenangaben beziehen sich auf die Zeit bis Anfang 1932; inzwischen ist dank der tätigen Mitwirkung meiner persönlichen Mitarbeiter, meiner ärztlichen Kursteilnehmer und des allgemeineren Bekanntwerdens der Methode eine sehr ausgedehnte und in den gegebenen kritischen Grenzen sich bewährende Anwendung des autogenen Trainings nach allen hier angedeuteten Richtungen erfolgt. Ganz vorsichtig und mit Tendenz zur Mindestziffer geschätzt, darf heute mit 15 000 Trainierten in Deutschland gerechnet werden. *W. Luthe,* dessen amerikanische Darstellung des Verfahrens in zweiter sechsbändiger Auflage bevorsteht, errechnete bei kritischster Zurückhaltung im Sommer 1959 100 000 Trainierte.

Wenn es gelungen ist, im Vorstehenden Wesen und Grenzen der Methode ausreichend deutlich zu machen, so wird dieses relativ günstige Resultat gerade bei Organfunktionsstörungen nicht überraschen; handelt es sich doch um Zustände, bei denen, an einem großen und beliebig gemischten Krankenmaterial gemessen, sehr vielfach die Gesamtpersönlichkeit relativ wenig oder gar nicht geschädigt ist. Die Zahl der schweren Psychopathen unter den Kranken mit ausgesprochenen Organfunktionsstörungen ist geringer als bei den sogenannten „Psychoneurosen", wenn wir mit diesem verschwommenen Ausdruck Fälle charakterisieren wollen, deren Symptome sich lediglich oder doch ganz überwiegend in psychischen Funktionsstörungen zeigen. Im Sinne meiner Neuroseneinteilung wird man unter den Kranken mit Organfunktionsstörungen einmal solche finden, bei denen etwa durch leichte toxische Einflüsse Unregelmäßigkeiten der Organfunktion bedingt sind, die durch den Funktionsbeherrschungserwerb unserer Methode erfolgreich angegangen werden können; aber auch, wenn psychische Momente deutlicher in einem solchen Krankheitsbild mitspielen, handelt es sich doch sehr vielfach um psychologische

Vorgänge, die mehr „außen an der Persönlichkeit" lagern, um in einem räumlichen Bilde zu sprechen.

Es sind also recht häufig „*Randneurosen*" im Sinne meiner Neuroseneinteilung, um die es sich handelt, Zustände, die man hinsichtlich ihrer Entstehung als „physiogen", der Physis entwachsen, kennzeichnen kann. Gelegentlich liegt das „psychologische Quellgebiet" dieser Zustände auch ein wenig näher dem innersten Erleben; die Schichten des affektiven Reagierens sind bei ihrer Entstehung beteiligt, so daß wir von „*Schichtneurosen*" sprechen dürfen, deren Aufbau etwa dem Bereich des „*Psychogenen*" im Sinne der allgemeinen Klinik entspricht. Tiefe Persönlichkeitsveränderungen, „*Kernneurosen*", im Sinne meiner Neuroseneinteilung, „charakterogene" Anomalien finden wir hier kaum; es kommt wohl vor, daß bei einem Kranken neben einer als Rand- oder Schichtneurose entstandenen Organfunktionsstörung auch Züge einer Kernneurose nachweisbar sind; meist haben sich mir aber keine Schwierigkeiten ergeben, die Organfunktionsstörung von ihrer rand- und schichtneurotischen Bedingtheit her aufzulösen und zu beseitigen. Theoretisch bleibt selbstverständlich der Einwand, daß unter den unbeeinflußten Fällen sich solche befinden, bei denen auch das pathologische Organreagieren völlig mit tiefsten kernneurotischen Veränderungen verbunden ist. Ich habe daher auch in jedem Falle, wo die Möglichkeit dazu gegeben war, zu einem Versuch mit Tiefenpsychotherapie psychoanalytischer Art geraten und verfüge über einige Beobachtungen, wo z. B. bei Asthma, Angina pectoris nervosa oder Magen-Darm-Störungen und dergleichen erst durch Psychoanalyse Symptomfreiheit erreicht wurde.

Umgekehrt bestätigt sich die Auffassung, daß unter den Kranken mit Organfunktionsstörungen fast intakte oder nur wenig neurotisch geschädigte Persönlichkeiten recht häufig, zu 50—60 %, anzutreffen sind, durch die Erfahrung, daß bei Kranken mit überwiegend psychischer Symptombildung, bei ausgesprochenen „*Psychopathen*", weit häufiger eine vorbereitende Tiefenpsychotherapie notwendig ist, so daß etwaige gute Resultate dem nachher einsetzenden autogenen Training nicht allein zugute gerechnet werden dürfen. Aus begreiflichen Gründen ist es sehr schwer, hier statistische Daten zu geben; es spielen zu viele Faktoren verschiedener Art mit; die Persönlichkeit des Kranken im ganzen, soziale Momente, Erziehungsfaktoren usw. verflechten sich in kaum auflösbarer Weise.

Nach meinen Erfahrungen hat man bei nervösen Zuständen mit überwiegend psychischer Symptombildung, bei den eigentlichen „Psychopathien", in bestenfalls etwa 25 % der Fälle Aussicht auf Erfolg, wenn man *lediglich* mit dem autogenen Training arbeitet; allerdings darf man sich dabei nicht vom äußeren Symptombilde und nicht von der Dauer der Erkrankung leiten lassen. Zeigt es sich doch, daß gerade kompliziert aussehende Neurosen, etwa von zwanghaftem Charakter, nur noch beinahe mechanisch mitgeschleppt werden, sozusagen Randneurosen geworden sind; anders ausgedrückt: die Kranken haben sich z. B. an ihr zwangsneurotisches Verhalten im Laufe der Jahre so gewöhnt, daß lebendige Gefühlsbeziehungen zu dem Symptom gar nicht mehr bestehen, sondern nur noch eine falsche Gewöhnung, und derartige Fehlhaltungen sind für ein entübendes autogenes Training sehr dankbare Aufgaben.

Zur *Technik* sei hier nochmals dringend hervorgehoben, daß nur sorgfältige Einhaltung einer ganz genauen Übungsweise Fortschritt und dauernde Resultate garantiert; nur so entwickelt sich nämlich ein wirklich exaktes und sicheres Reagieren. Der Versuchsleiter darf sich nicht irremachen lassen, mit einer hier völlig notwendigen Pedanterie ein gewissenhaftes Erarbeiten jeder technischen Einzelheit zu verlangen.

Bei intelligenten Versuchspersonen läßt sich dies dadurch sehr erleichtern, daß wir sie zur Selbstprotokollierung ihrer Erfahrungen anleiten. Ich verwende in meinen Kursen und in der Einzelarbeit Fragebogen, durch die der Übende angeregt wird, wenigstens in den ersten Übungstagen kurze Bemerkungen festzulegen. Sie sind dieser Auflage im Abdruck als Anhang beigefügt.

Weiter ein Wort über *refraktäre Versuchspersonen.* Hier ist vielfach die Trainingsarbeit selbst von umstellendem und umbildendem Einfluß. Doch werden wir uns in der praktisch klinischen Verwendung nicht scheuen, zum Zweck der Zeitersparnis unterstützende hypnotische Sitzungen einzulegen, besonders wenn die Eigenart der Versuchspersonen den Appell an ihre Einsicht mühselig oder aussichtslos erscheinen läßt. Daß derartige Fälle für die wesentliche Beurteilung des autogenen Trainings nicht herangezogen werden dürfen, liegt auf der Hand; sie würden gewissermaßen einen Übergang zu der alten autohypnotischen Technik von *O. Vogt* bedeuten.

Ein weiterer allgemeiner Punkt, der noch besonderer Erörterung wert ist, liegt in der *Dosierung des Verfahrens.* Im optimalen Verlaufe dürfen wir mit 6, je 14 Tage getrennten, ½stündigen Arbeitssitzungen auf Erfolg rechnen; wichtig ist, dabei zu beachten, daß hier wie bei jedem Erwerb einer körperlich-technischen Fertigkeit sehr häufig die *„Bajonettkurve“* beobachtet wird.

Unbefangen und entweder durch die Sensation des Neuen angeregt oder durch die Naivität weniger gehemmt und unsicher, produzieren vielfach Versuchspersonen, besonders leicht-neurotischer Art, einen sehr guten Anfangseinsatz, dem dann nach 1, 2 oder 3 Wochen ein deutlicher Rückschlag folgt; erst nach dessen Überwindung setzt dann der ganz reguläre und gleichmäßige Übungsfortschritt ein. Die Erfahrung bei irgendwelchem Geschicklichkeitserwerb sportlicher oder anderer Art lehrt sehr häufig dasselbe. Wir sehen etwa einen ganz naiven Anfänger im Tennisspiel in den ersten Übungstagen seine Bälle richtig placieren; dann folgt die Lernperiode, in der die praktischen Resultate deutlich schlechter werden, so daß vielfach Anfänger den Mut verlieren und sich für ungeeignet für die Erlernung halten. Gerade dieser Punkt ist für die Durchführung des autogenen Trainings von entscheidender Bedeutung. Besonders gilt es, darauf zu achten, daß diese allgemein bekannte häufige Erscheinung des Übungsverlaufes nicht von den Versuchspersonen mißdeutet wird als ein irgendwelches Aussetzen „magischer Hilfen“. Gute kurze Hinweise bei *A. Boehmig* (Dtsch. med. J. 549 [1952]) „Fragen der Sport- und Trainingshygiene“.

Versuchspersonen, die an den oben (Kapitel IV) näher dargelegten allgemeinen Schwierigkeiten physischer oder psychischer Art leiden, verlangen eine höhere Dosierung der Übungssitzungen; vielfach wird man nicht vermeiden können, sie in der ersten Zeit täglich zu bestellen und erst zu dem gestreckteren Verlauf der gemeinschaftlichen Arbeit übergehen können, wenn die Anfangsschwierigkeiten überwunden sind.

Die Eigenart des autogenen Trainings setzt voraus, daß die Versuchsperson gewillt und fähig zu selbständiger Mitarbeit ist oder wenigstens lediglich durch eine entsprechende Aufklärung und Belehrung zu dieser Haltung gewonnen werden kann. Da bei einigermaßen glattem Verlauf ein Versuch mit unserer Methode wenig Zeit kostet, scheint es empfehlenswert, die *Indikation* ziemlich breit zu stellen, also auch versuchsweise Menschen und Krankheitsbilder anzugehen, bei denen a priori die Aussicht auf einen Erfolg nicht allzu groß erscheint. Damit schaffen wir gewissermaßen eine praktische Auslese; bleibt es uns doch bei Versagen des Trainings in jedem Falle unbenommen, tiefergehende Behandlungsmethoden heranzuziehen, deren immer sehr zeitraubende Verwendung entfällt, wenn wir schon mit der einfachen Waffe des Trainings einen Sieg erfechten können. *M. Sapir,* Mme. *I. Javal* und *R. Philibert* (Correl. Psy.so. S. 106) hatten mit dem Minnesota Multiphasic Personality Inventory (MMPI) gute Erfahrungen bei der Indikationsbestimmung. Als „Aufgabeindikation" (vgl. *I. H. Schultz,* Zschr. Psychotherap., Stuttgart 1, 681 [1928]) können wir besonders Organfunktionsstörungen, Gewöhnungsschädigungen, Schlafstörungen und solche Fälle nennen, bei denen vertiefte Selbstruhigstellung Aussicht auf guten Erfolg bietet. Neben diesen klinischen Gesichtspunkten erhebt sich die Frage, wieweit das autogene Training gewissermaßen als innere Gymnastik ebenso wie äußere Bewegungsgymnastik zu einem Bestandteil normaler Gesundheitspflege gemacht werden kann. Nach meinen Erfahrungen an durchschnittlichen Versuchspersonen stehe ich nicht an, zu behaupten, daß der Methode eine *universelle psychohygienische Bedeutung* zukommt, so daß ihr, *selbstverständlich nur in der Hand ärztlicher Versuchsleiter,* allergrößte allgemeine Verbreitung zu wünschen ist (vgl.: *Pfister-Ammende,* Geistige Hygiene [Basel, 1955]). Hiermit übereinstimmende neueste pädagogische Pläne sind von größtem Wert; es handelt sich um die Gründung von Mustererziehungsheimen, in denen die Pflege der Verinnerlichung gegenüber der Vermassung und Veräußerlichung unserer Zeit durch Einbau ärztlich geleiteter autogener Ausbildung gefördert werden soll.

Mit der Erörterung der Indikation ist auch die Frage ihrer *Kontraindikation* gestellt. Es ist mir bis jetzt nicht gelungen, eine solche zu finden, wenn der Versuchsleiter im Auge behält, daß die Dosierung, besonders für die selbsttätige Verfügung über die Vasomotoren, vorsichtig und individuell erfolgen muß.

Der *Arzt,* der sich für die Methode interessiert, sollte nach Möglichkeit auf dem Wege der *Selbsttrainierung* durch einen ausgebildeten Kollegen Eigenart und Reichweite der Methode an sich selbst erfahren und sie sich bis zur Beherrschung angeeignet haben. Außer den psychohygienischen Vorteilen, die ihm dadurch erwachsen, ist er nur so in der Lage, sich wirklich völlig in das Arbeiten seiner Versuchspersonen einzufühlen und ihnen jederzeit und in jeder Schwierigkeit zu Rate sein zu können.

Versuchen wir endlich, den *allgemeinen Ort des autogenen Trainings in der Psychotherapie* zu bestimmen, so ist vor allen Dingen wichtig, zu betonen, daß die *Eigenart und der Sonderwert des Verfahrens begründet sind in der übend technischen Erwerbung selbsttätiger Regulierung sonst autonomer Organfunktionen und der dadurch möglich gewordenen systematischen Errichtung einer echten konzentrativen Umschaltung mit Versenkungscharakter* und den damit *verbundenen Vorteilen.* Dadurch grenzt sich das Training scharf von eigentlich suggestiven Verfahren ab, ebensosehr aber auch wieder von allem lediglich übenden Lernen ohne das zentrale Problem echter konzentrativer Umschaltung. Damit steht das Verfahren kritisch wohl charakterisiert an seinem Platze als ein *Übungsverfahren in sachlicher Arbeitsgemeinschaft.* Die sechs Grundübungen werden am besten in 14tägigen Abständen vermittelt, wobei Gelegenheit ist, genaue Selbstberichte der Übenden zu erhalten und den gesamten Verlauf zu besprechen. Bei Unselbständigen, etwa Kindern, Frühjugendlichen oder sonstwie Führungsbedürftigen empfiehlt sich häufiges Kontrollieren. Zu warnen ist dagegen vor einem zu schnellen Aneinanderfügen der Übungen, muß doch jede Einstellung erst erworben und durch übendes Eigenerleben selbstverständlich verfügbar werden. So kann ein weiteres Auseinanderlegen der Übungstermine nur günstig wirken, während ein zu nahes Zusammenrücken der Übungssitzungen regelrechte und fruchtbare Aneignung des Verfahrens unmöglich macht.

Abschließend seien nochmals die *Formeln der 6 Grundübungen übersichtlich zusammengestellt:*

I. *„Der rechte (linke) Arm ist (ganz) schwer!“* (5- bis 6mal! monoton wie ein Tonband) ... *„Ich bin ganz ruhig!“* (nur 1mal!), monoton automatisch ebenso weiter. Andere Innenerlebnisse ignorieren, *nicht* krampfhaft wegdrängen!

II. = I., dann *„Der rechte (linke) Arm ist (ganz) warm!“* (5- bis 6mal!) ... *„Ich bin ganz ruhig!“* (nur 1mal!), dann wieder I., dann wieder II., und so monoton automatisch weiter.

III. = I., II., dann *„Herz ruhig, kräftig, regelmäßig!“* (5- bis 6mal!) ... *„Ich bin ganz ruhig!“* (nur 1mal!), dann wieder I. oder II. oder III. und so monoton automatisch weiter.

IV. = I., II., III., dann *„Atmung ganz ruhig!“* (5- bis 6mal!) ... *„Ich bin ganz ruhig!“* (nur 1mal!), dann wieder I., II., III., IV., usw.

V. = I., II., III., IV., dann *„Sonnengeflecht strömend warm!“* (5- bis 6mal!) ... *„Ich bin ganz ruhig!“* (nur 1mal!), dann I., II., III., IV., V., usw.

VI. = I., II., III., IV., V., dann *„Stirn ein wenig kühl!"* (2- bis 6mal!) . . . *„Ich bin ganz ruhig!"* (nur 1mal!), dann I., II., III., IV., V., VI., usw.

Dann beliebige, am besten durch spontane Einstellung bedingte *Reihenfolge.* Die Übungen *„melden sich selbst"*, „in den Übungen spazierengehen".

„Es atmet mich" soll nicht als Übungsformel, sondern als Resultat entwickelt werden.

Bei allen *lokalisierten,* etwa strukturell örtlich gebundenen *Leiden* (z. B. Herzinfarkt) wird die *entsprechende Übung als letzte* angesetzt, nachdem durch die anderen 5 bereits eine Allgemeinumschaltung erreicht ist, z. B. bei Asthma die Atmung. Muß besonders betont werden, daß nur im Rahmen dieser Technik von „autogenem Training" gesprochen werden darf? *„Modifikationen"* führen zu dem oft von mir gerügten *„bedenklichen Mißbrauche"* (zuletzt Med. Welt, 1214 [1961]), während gegen bewußte kritische Kombination etwa mit Hypnose, Gymnastik oder dgl. nichts einzuwenden ist. Die *freiproduktive Selbstgestaltungsarbeit des Verfahrens fordert bei den Übungen beider Stufen völliges Stillschweigen, absoluten Respekt vor dem Spontanerleben des Übenden.* „Begleitendes", noch so wohlgemeintes Reden des Versuchsleiters, Anschalten von Platten usw. schafft einen hypnotisch „geführten" Zustand und hebt das Grundprinzip des „auto-genen", selbstgeschaffenen, autorhythmischen Erlebens beim Übenden auf.

B. Zur Theorie der Methode

KAPITEL VII

Kontrollversuche

Kontrollversuche bei einem so allgemeinen Verfahren wie dem autogenen Training sind nach *verschiedenen Gesichtspunkten* möglich. Es kann im Sinne der *quantitativen Leistungsprüfung* versucht werden, festzustellen, bis zu welchem Grade Funktionsänderungen nachweisbar sind, wobei physiologisch-klinische und psychophysiologische Methoden in Frage kommen. *Qualitative Prüfungen* derselben Art versprechen Aufschluß über etwa vorliegenden „Funktionswandel" und sind im Zusammenhang mit den quantitativen geeignet, Rückschlüsse auf die Eigenart des Gesamtvollzuges, der Umschaltung, zu vermitteln. Kritisch gerichtete *klinische Beobachtungen* geben besonders Hinweise darauf, durch welche Art massiver, besonders zerebraler oder anderer strukturell-neurologischer Defekte die Inbetriebsetzung der Übungen teilweise oder ganz vereitelt wird, sie sind weiter für die individuell-konstitutionelle und typische Bedingtheit des Verfahrens aufschlußreich, wie in etwas geringerem Grade vorübergehende funktionelle Ausnahmezustände etwa toxischer oder ähnlicher, z. B. infektiöser Art, oder endlich solcher aus der Breite der Norm, wie Ermüdung, Stimmung und dergleichen. Von besonderer Bedeutung werden ferner die Ergebnisse *kritischer Selbstbeobachtung* unserer Versuchspersonen sein, die ja schon bei (äußerlich!) einfachen Maßnahmen, wie etwa einer Hypalgesierung oder bei der Analyse des sensorischen Funktionswandels eine entscheidende Rolle spielen, völlig ausschlaggebend aber für die eigentlich *introspektiven* Beobachtungen sind.

Danach gliedert sich der Stoff *der Kontrollversuche in drei große Gruppen:* Klinische Daten, physiologisch-experimentelle und eigentlich psychologische Erhebungen. Die bisher vorliegenden Ergebnisse sollen im folgenden so geordnet werden, daß zunächst die überwiegend physiologischen Feststellungen klinischer und experimenteller Art und anschließend die überwiegend psychologischen Untersuchungen zu Bericht kommen.

1. Überwiegend physiologische Feststellungen

Die *physiologisch-klinische Beobachtung des Trainingsverlaufes* ergibt mit Regelmäßigkeit eine Reihe von Befunden typischer Art. Sie haben in den Kapiteln II bis IV schon zum Teil protokollarische Wiedergabe erfahren, so daß wir uns hier darauf beschränken dürfen, die wesentlichen Momente kurz zu erinnern.

Die zunehmende *Entspannung* des *Skelettmuskelapparates* zeigt sich im Übungsverlaufe *objektiv* bei *Abtastung* der Muskulatur, die mit fortschreitender Übung überall völlig gallertweich wird, und bei vorsichtigem *Anheben* von Gliedmaßen im schnellen „rein physikalischen Niederfallen" auf die Unterlage. Der Übungszuwachs ist mit denselben klinischen Prüfungen daran zu erkennen, daß die Entspannung im Verlaufe des Trainings immer ausgebreiteter (Generalisierung!) und in den bereits schaltenden Partien immer schneller, bei Volltraining der Unterstufe momentan und universell auftritt. Das „Kieferzeichen", das tastbare Abhängen des Unterkiefers in einer weichteilgehaltenen Mittellage ist als objektives Symptom besonders wertvoll, weil seine Entwicklung von den Versuchspersonen kaum je bemerkt wird. Das gleiche gilt von dem typischen entspannten *Gesichtsausdruck*, der durch ein „gelöst-hängendes" Erschlaffen der mimischen Muskulatur charakterisiert ist. Die Verschiebung der *Atemkurve* von der schnellziehenden Inspiration und der langsam passiv-fließenden Exspiration durchschnittlichen Verhaltens zu einem fast gleichteilig rhythmisierten, auch bei der Inspiration fließend langsam „Geatmetwerden", wie es besonders die Kurven von *Würfler* (Kapitel II) zeigen, ist gleichfalls als klinisches Symptom zu nennen.

Im Zusammenhalt mit diesen objektiven Zeichen örtlicher oder auf gewisse Systeme beschränkter Entspannung zeigt sich in fortschreitender Übung wachsend ein *Verlust* des *Bedürfnisses nach Lagewechsel*, ein aus dem Hypnotismus bekanntes Phänomen.

Während die erwähnten klinischen Untersuchungen von *Thorner, Johnson* u. a. übereinstimmend lehren, daß der Nachtschlaf Gesunder und Kranker durchaus nicht in einer Dauer-Ruhehaltung verläuft, sondern mit vielfachem Wechsel der partiellen und totalen Schlaflage einhergeht, bleibt der autogen Entspannte regungslos, bei fortschreitender Übung bis zu mehreren Stunden, wie fortlaufende klinische Beobachtung lehrt. Er wird meines Erachtens hierzu geführt, weil er im Gegensatz zum durchschnittlichen Schläfer *systematisch* entspannt, zentral ruhepassiviert ist und seine Übung in einer entsprechenden, mechanische Spannungssetzung vermeidenden Körperhaltung durchführt.

Das subjektive *Wärmeerlebnis* ist nicht selten an tast- und sichtbaren Veränderungen objektiv kontrollierbar; vor der Übung bläulich-livide Extremitäten zeigen normale Durchblutungsfärbung, vorher kalte oder kaltfeuchte Hautstellen fühlen sich wärmer, nicht selten warmtrocken an. In Übereinstimmung mit dieser Umschaltung zu einer auch dem Nachtschlafe eigenen *funktionellen Mittellage*, gewissermaßen einer „ausgezeichneten Haltung" im Sinne von *Goldstein*, sehen wir, besonders bei Stigmatisierten, *Ausgleichs-*

reaktionen von Kreislauf, Sekretion, z. B. der Hautdrüsen, meteoristische Phänomene usw., die sich in klinischer Beobachtung objektiv kontrollieren lassen.

Sie werden ohne besonders gerichtete selbsttätige Leistung spontan um so weniger hervortreten, je mehr es sich um Versuchspersonen handelt, deren Organismus an und für sich in konstitutions- und lebensgemäßer Weise reguliert ist. Bei solchen wird z. B. der Blutdruck durch das durchschnittliche Training in keiner Weise verändert, während wir bei Hypertonikern und Tonolabilen deutlich Reaktionen beobachten, auch wenn nur die allgemeine Trainierung vorgenommen wird. (Über Schlaf-Gefäß-Entspannung im Anschlusse an *Ibsen* bei *Kirk*, Zbl. ges. Neurol. 59, 568 [1931].)
Das Ausbleiben oder Schwächerauftreten vasomotorischer *Stichreaktionen* beim Hypalgesieversuch darf auch noch hier erwähnt werden (vgl. Kapitel III), ferner die oft sehr intensiven *„Störungserscheinungen“* im Training, das Auftreten von Schwindel, Migränoid, Kongestionen, Vasospasmen, Muskelhemmungen (Schreibkrampf) usw.

Hinsichtlich der Grenzsetzung durch *organische Defekte* kann bisher gesagt werden, daß periphere (neurale und spinale), totale (motorische und sensible) Lähmungen die befallene Extremität ausschalten, ebenso totale motorische z. B. bei Poliomyelitis anterior, wobei es oft auch nicht zur Etablierung von Wärme- (oder Kühle-) Erlebnissen in der erkrankten Region kommt.

Spastische Paresen sehr erheblicheren Grades schließen das Schwereerlebnis aus und schwächen die Temperaturerlebnisse in Stärke und Sicherheit ab. Extrapyramidale Rigorzustände machen von mittleren Graden an das Schwereerlebnis unmöglich, in voller Analogie mit dem „plastischen“ psychomotorischen Typ; die Errichtung der Temperaturerlebnisse macht bei diesen Zuständen keine Schwierigkeit. Syringomyelien, lokalisierte Mittelhirndefekte und charakteristische Sympathikusdefekte fehlen ebenso in meinem (kleinen) Material, wie Fälle von systematischer operativer Strangzerstörung spinaler Art.

Erregende Pharmaka (Kaffee, Tee, exzitierende Spirituosen) stören immer, narkotisierende und abstumpfende in kleinen bis mittleren Verträglichkeitsdosen bleiben gleichgültig oder unterstützen, höhere, die Konzentration und klare Selbstregulierung gefährdende stören im Gegensatz zur Narkohypnose, ebenso Fieber- und andere Toxine, die zu Benommenheit und zu grober Funktionsänderung der zentralen regulierenden Apparate führen. Leichte Ermüdung hebt den Versuch nicht auf, Übermüdung läßt ihn oft in Normalschlaf entgleiten. Störende physikalische Momente (Temperatur, Geräusche, Licht usw.) sind besonders im Anfang hinderlich. Auf die Möglichkeiten einer durch chemische (physikalische usw.) Reize gesetzten dosierbaren Festigkeitsprüfung wurde schon verwiesen (Kapitel III).

Schon diese rein klinischen, objektiven Daten lassen kaum einen Zweifel darüber, daß der Übungsverlauf des Trainings zu einer fortschreitenden, an bestimmte organische Apparate gebundenen, von physiologischen Momenten normaler und pathologischer Art abhängenden Umschaltung führt, die ent-

spannenden und nach einem konstitutionellen und situativen Optimum führenden Charakter hat.

Darüber hinaus wurde in *physiologischer Experimentalkontrolle des Verfahrens* Näheres festzustellen versucht.

Zuerst interessiert die Frage, wieweit das *Wärmeerlebnis* nur phantastisch-repräsentativen Charakter habe — bei den erwähnten klinischen Beobachtungen konnte immer der Einwand subjektiver Beurteilung erhoben werden! — oder eine nachweisbare physiologische Umschaltung bedeute. Vor allem war hier die *Strahlungswärme* wichtig, die eine direkte Funktion der Hautdurchblutung darstellt *(H. Heller,* Klin. Wschr. 1857 [1932]).

Hier kam der Umstand zu Hilfe, daß die Firma *Carl Zeiss,* Jena, eine Apparatur geschaffen hat, die es gestattet, ohne Oberflächenberührung die Wärmestrahlung zu messen. Die Firma *Carl Zeiss* hat mir dies Meßgerät mit dem Konstrukteur, Herrn Ingenieur *Mechau,* freundlichst zur Verfügung gestellt, wofür auch hier gedankt sei. Es handelt sich im Prinzip um die Umsetzung der Wärmestrahlung in meßbare elektrische Ströme; die Apparatur ist näher geschildert in der Arbeit von *Cobet* und *Bramigk* (Dtsch. Arch. klin. Med. 144 [1926], 45).

Die ersten entsprechenden Versuche habe ich im Sommer 1925 angestellt *(J. H. Schultz,* Selbsttätige [autogene] Umstellung der Wärmestrahlung der Haut [Dtsch. med. Wschr. 571, 1926]); dabei wurde aus äußeren Gründen (Versuchsraum) zunächst von einer Eichung abgesehen und nur die Frage bearbeitet: *Führt das Wärme- und Kühleerlebnis zu Veränderungen der Wärmestrahlung?*

Zur Demonstration sollen zunächst vier Protokolle von Wärmeerlebnissen folgen:

Wärmestrahlungsmessungen August 1925

I. Versuche mit dem Wärmeerlebnis

1. Versuchsperson 1. 28jährige Arztfrau, 3 Jahre trainiert
Ableitung vom rechten Handrücken

Zeit	T.-Wert	Einstellung
19. 8. 1925: 4^{00}	22,6	Unbeeinflußt
4^{01}	22,6	„
4^{02}	22,6	„
4^{04}	22,6	„
4^{05}	22,7	Umschaltung auf Schwere- und Wärmeerlebnis
4^{06}	22,7	„
4^{07}	22,8	„
4^{08}	22,8	„
4^{09}	22,8	„
4^{10}	22,9	„

Resultat: Deutliches progressives Ansteigen der physikalischen Wärmestrahlung mit Einstellung auf das Wärmeerlebnis.

2. Versuchsperson 2. 40jähriger Akademiker, 4 Jahre trainiert

Ableitung vom rechten Unterarm

Zeit	T.-Wert	Einstellung
19. 8. 1925: 4^{15}	22,6	Unbeeinflußt
4^{16}	22,6	„
4^{17}	22,6	„
4^{19}	22,6	„
4^{22}	22,6	Schwere-Wärmeschaltung
4^{23}	22,7	„
4^{24}	22,7	„
4^{26}	22,8	„
4^{27}	22,8	„
4^{28}	22,8	„
4^{29}	22,9	„

Resultat: Wie Versuch 1.

3. Versuchsperson 2. Ableitung vom rechten Handrücken

Zeit	T.-Wert	Einstellung
20. 8. 1925: 12^{00}	22,6	Unbeeinflußt
12^{01}	22,6	„
12^{03}	22,6	„
12^{04}	22,6	„
12^{05}	22,6	„
12^{06}	22,7	Schwere-Wärme-Einstellung
12^{07}	22,7	„
12^{08}	22,8	„
12^{09}	22,8	„
12^{10}	22,8	„
12^{11}	22,9	„

Resultat: Wie in den vorhergehenden Versuchen.

Identisch einwandfreie positive Resultate ergaben noch 12 weitere Messungen; stets gaben bei den positiven Versuchen die Versuchspersonen an, das Wärmeerlebnis sehr intensiv dargestellt zu haben. Bei einer negativ bleibenden Messung am Handrücken beobachtete die Versuchsperson subjektiv das Wärmeerlebnis nur im Oberarm. Negative Strahlungsmessungen ergaben sich in 3 Versuchen; 6 Versuche konnten nicht verwertet werden, weil die Darstellung des Zielerlebnisses nicht gelang. Es ergaben sich also 15 Versuche mit positivem subjektivem und objektivem Verlaufe, gegenüber 3 nur subjektiv positiven.

4. Versuchsperson 2. Ableitung vom rechten Handrücken

Zeit	T.-Wert	Einstellung
20. 8. 1925: 3^{10}	23,1	Unbeeinflußt
3^{11}	23,1	„
3^{12}	23,1	„
3^{13}	23,1	„
3^{15}	23,1	„
3^{16}	23,2	Schwere-Wärme-Einstellung
3^{17}	23,3	„
3^{18}	23,3	„
3^{19}	23,4	„
3^{20}	23,5	„

Resultat: Wie in den vorstehenden Versuchen.

II. Versuche mit dem Kälteerlebnis

5. Versuchsperson 3. 40jähriger Arzt, 10 Jahre trainiert. Stirnableitung

Zeit	T.-Wert	Einstellung
20. 8. 1925: 8^{00}	29,0	Unbeeinflußt
8^{01}	29,0	„
8^{02}	29,0	„
8^{03}	29,0	„
8^{05}	29,0	Stirnkühle
8^{06}	27,5	„
8^{07}	27,3	„
8^{08}	27,3	„
8^{10}	27,0	„

Resultat: Sehr deutliche Strahlungsverminderung bei Einstellung auf Kühle.

6. Versuchsperson 4. 40jähriger Ingenieur, 5 Jahre trainiert. Stirnableitung

Zeit	T.-Wert	Einstellung
19. 8. 1925: 23^{00}	23,7	Unbeeinflußt
23^{01}	23,7	„
23^{02}	23,7	„
23^{03}	23,7	„
23^{05}	23,7	„
23^{06}	23,6	Stirnkühle
23^{07}	23,6	„
23^{08}	23,6	„
23^{09}	23,5	„
23^{10}	23,5	„

Resultat: Wie in Versuch 5.

Analoge Verläufe zeigten sich noch in 3 weiteren Versuchen; 5 blieben subjektiv unsicher, in der Messung negativ oder irregulär oder paradox, viermal gelang die subjektive Darstellung überhaupt nicht. Hier stehen also 5 subjektiv und objektiv positive Versuche 5 subjektiv unsicheren und 4 subjektiv negativen mit negativem objektivem Messungsbefunde gegenüber. *Immerhin war durch diese ersten nur relativen Messungen bewiesen, daß bei Wärmeerlebnissen recht häufig, bei Kühleerlebnissen in der Hälfte der Fälle gleichsinnige Strahlungsschwankungen objektiv nachweisbar sind. Dabei zeigte sich, daß die sichersten Resultate bei den Versuchspersonen auftreten, die lange und gründlich trainiert haben.*

Mein Mitarbeiter *Dr. H. Binswanger* hat dann 1927/28 diese Versuche im Laboratorium der *v. Bergmann*schen Klinik mit Durchführung der Eichung auf absolute Werte an von mir trainierten Versuchspersonen fortgesetzt (Nervenarzt 2, 193 [1929]). Seine Protokolle auf Seite 203 lauten:

„Die Versuchsanordnung war so, daß die Versuchsperson auf einem Ruhebett lag. Gemessen wurde auf der ulnaren Seite des linken Handrückens, nahe am Grundgelenk des 4. und 5. Fingers. Zunächst wurden in Zeitabständen von 1/2–1 Minute Werte in nicht entspanntem und versenktem Zustande gewonnen. Auf Kommando stellte die Versuchsperson Wärme dar; sowie sie das subjektive Gefühl der Temperatursteigerung hatte, das sie durch weitere Konzentration noch zu steigern suchte, gab sie durch Räuspern ein Zeichen. In denselben Zeitabständen wurden Wärmewerte gewonnen. Nach dem Zurücknehmen wurden die Endwerte gemessen (Tabelle 1). Tabelle 1 zeigt, daß der Unterschied von den Ausgangs- und Wärmewerten zwischen 0,5 und 1,1° C liegt. Ferner ist ersichtlich, daß die Wärmestrahlung durch fortdauernde Konzentration auf das Wärmeerlebnis weiter zunimmt, unter Umständen auch wieder etwas fällt (vgl. Versuch Nr. 3). Die Anwesenheit von zwei Untersuchern und die Handhabung der Apparatur stellt bei allen Experimenten an entspannten und versenkten Versuchspersonen eine Beeinträchtigung der Konzentrationsmöglichkeit dar. Die Tabelle zeigt aber, daß die Temperaturunterschiede einsinnig, regelmäßig und auf Kommando dargestellt werden, so daß physiologische Schwankungen, wie *Cobet* sie bei Wärmestrahlungsmessungen auf dem Handrücken vermutete, ausgeschlossen werden dürfen."

In neuester Zeit ist der Verlauf des autogenen Trainings auch biochemisch verfolgt worden. So berichtete *W. Luthe* (Correl. psycho., S. 71) über vor und nach 3–50 Wochen autogener Therapie angestellte Messungen des eiweißgebundenen und des Gesamt-Jods im Serum und konnte eine normalisierende Wirkung feststellen; *R. Alnaes* und *O. E. Skaug* studierten bei Hypnose und autogenem Training die Cortison-Werte, wobei die autogene Arbeit häufiger eine trophotrope Umschaltung erkennen ließ. Vertiefung des autogenen Zustandes läßt auch Typenunterschiede schwächer werden (Correl. psycho., S. 79); eine signifikante Erniedrigung des Blut-Cholesterin-Spiegels nach regelmäßiger Unterstufenübung stellte *W. Luthe* bei 2 Neurotikern fest (ibid., S. 88, 1965).

Besonders wertvolle experimentelle Untersuchungen verdanken wir aus neuerer Zeit zwei Autoren. *P. Polzien* (Med. Univ. Poliklinik Würzburg, *N. Henning)* studierte die „Änderung der Temperaturregulation bei der Gesamtumschaltung durch das autogene Training (ein physikalischer Nachweis des hypnotischen Zustandes)". Thermoelektrische Messungen der Hauttemperatur an einer großen Reihe von Versuchspersonen durchschnittlicher und kranker Art ließen das Verhalten der Schalentemperatur erkennen, deren Reaktion durch Bestimmen der Kerntemperatur (Rectalmessungen) ergänzt wurde. Dabei ergaben sich höchst interessante gesetzmäßige Verläufe, indem gerade jene Körperstellen, die vornehmlich zur Temperaturregelung durch Durchblutungsänderungen benutzt werden (Hände, Füße, Gesicht) vorübergehend vermehrt Wärme abgeben, wobei gleichzeitig die Kerntemperatur abfällt. Ein Kerntemperaturabsinken um mindestens 0,2 darf ebenso

Tabelle 1

Name und Datum	Ausgangswerte	Wärmewerte	Ausgangswerte	Wärmewerte	Endwerte
	in Grad Celsius				
1. cand. med. S.	33,1	33,45	33,1	33,8	—
29. 3. 1928	32,6	33,4	33,2	33,9	—
	28,6	—	—	—	—
2. Frau T.	28,4	28,8	28,7	29,3	—
12. 6. 1928	33,1	29,8	28,9	29,5	—
	33,0	—	—	29,6	32,7
3. cand. med. B.	—	33,7	—	—	28,9
27. 3. 1928	32,5	34,1	—	—	33,7
	32,7	33,9	—	—	—
	33,1	34,1	—	—	—
4. Herr Sch.	33,3	34,2	—	—	—
15. 12. 1927	29,5	34,1	—	—	—
	33,2	29,5	—	—	—
12. 6. 1928	29,0	29,9	—	—	—
	—	30,2	—	—	—
	32,0	32,5	—	—	—
5. cand. med. L.	32,1	32,7	34,8	—	—
24. 2. 1928	28,4	33,0	34,9	—	—
	32,1	35,4	—	—	—
6. Dr. D.	34,8	35,4	—	—	—
7. 3. 1928	34,9	35,7	34,7	—	—
	35,0	35,7	34,8	—	—
	—	34,4	—	—	—
12. 4. 1928	34,5	35,1	35,2	—	—
	34,4	35,0	—	—	—
	34,6	33,65	33,1	—	—
	33,1	32,6	35,65	—	—

wie die periphere Wärmeerhöhung als spezifisch für die eigentliche organismische Umschaltung angesehen werden und tritt bereits mit dem Übungsbeginn allmählich zunehmend auf. Die unmittelbare Temperaturmessung zeigte, was grundsätzlich sehr bedeutsam ist, daß die Erwärmung der Haut im autogenen Training weit größere meßbare Beträge ergibt, als die bisher allein studierte Wärmestrahlung. Erhöhungen bis zu 4 Grad C, bei Angiopathien bis zu 7 Grad, ließen sich nachweisen, sogar bei organisch bedingten peripheren Gefäßstörungen. Gut Trainierte konnten den Erwärmungseffekt jederzeit, auch ohne systematische Umschaltung, anlaufen lassen, so daß die Funktion „dann auch willkürlich im normalen Bewußtseinszustande vollziehbar" wird, oder in unserer Terminologie, auch so „angeschaltet werden" kann, entsprechend unserer Auffassung der „willkürlichen" Muskulaturbenutzung. Auch einseitige Selbsterwärmungen konnten exakt gemessen werden, ohne daß eine konsensuelle Reaktion intervenierte. (Dtsch. Ges. Inn. Med., Kongreß 1955). So ist die Studie „Psychosomatischer Beitrag zur Therapie organisch bedingter peripherer Durchblutungsstörungen" weit über dies schon an sich wichtige Thema von prinzipieller Bedeutung für unser Verfahren. Der näheren wärmephysiologischen Überlegungen wegen sei auf das Original verwiesen (J. Exper. Med. 125, 469 [1955]). Weitere Studien führten *P. Polzien* zur Feststellung typischer Veränderungen der Ventilationsgröße („Physiologie des hypnotischen Zustandes" (Karger, Basel [1959]; Ärztl. Praxis, 1249 [1963]). Endlich konnte er die Dauerumstellung nach konsequentem Üben physiologisch objektivieren (Med. Klin. 1090 [1963]), entsprechend den experimentell-psychologischen Befunden von „erworbener Gelassenheit" durch *W. Luthe,* S. 255. Wertvolle Gefäßstudien steuerten zu dem Sammelwerk bei *G. Naruse* e. a., *M. Sapir* e. a. und *Y. Ikemi* e. a. Bereits *W. v. Eiff* hatte darauf hingewiesen, daß Ruhehypnosen den Grundumsatz um etwa 6% senken, bei seelischem Wohlbefinden durchschnittlich um etwa 8%, die höchst erzielte Senkung mit 31% (Ärztl. Forsch., Wörishofen 611 [1950]).

W. Luthe, A. Jus und *P. Geißmann* (Correl. psycho., S. 3) brachten neuerdings wesentlichste Beiträge zum Problem der autogenen Umschaltung sowie eine gründliche kritische Übersicht, wobei besonders auch nähere neurofunktionelle Einordnungen versucht werden. Besonders deutlich treten in diesen schönen Untersuchungen die Unterschiede der organismischen Reaktion bei Anfängern und bei gründlich Trainierten hervor; auch die von *Luthe* mehrfach bearbeitete Frage von Entladungen und Abreaktionen im Autogenen Training findet Berücksichtigung. *A.* und *K. Jus* studierten sorgfältig das psycho-galvanische Phänomen (Correl. psycho., S. 92).

Von nicht minderer Bedeutung sind exakte Versuche des leitenden Arztes der Lungenheilstätte Ballenstedt, *Hans Marchand,* über signifikante Veränderungen von Blutzucker und Blutbild durch autogene (oder hypnotische) „Durchwärmung der Lebergegend“ (Psychotherapie I, 154 [1956]). Sie stellen die erste exakte Bestätigung für eine Verwendungsmöglichkeit des autogenen Trainings dar, auf die wir bereits 1932 lediglich aufgrund klinischer Beobachtungen mit der nötigen Zurückhaltung hingewiesen haben (s. S. 156).

W. Fischel und *K. P. Müller,* Leipzig, empfehlen fortlaufende Registrierung psychogalvanischer Hautreaktionen (Z. Psl. 167, 80 [1962]) als „Komplexwünschelrute“ mit Spezialgerät („T. u. R.“). *B. Stokvis* u. a. beobachteten die Hauttemperatur vergleichend bei stress und im autogenen Training (Int. nat. Congress Montreal 1961).

Zur objektiven Kontrolle des Grades der im *Schwereerlebnis* dargestellten Muskelentspannung wurden *Exkursionsmessungen* des *Zuckungseffektes* beim *Patellarreflex* vor, in und nach autogener Entspannung von mir angestellt.

Die Prüfung geschah im Liegeversuch; die Versuchsextremität war in der Seitenrichtung fixiert, so daß die Reaktion nur in einer Ebene erfolgen konnte, die Reizung geschah durch einen Fall-Reflexhammer mit Griff-Fixierung, so daß die Reizstärke und der Reizpunkt an der Patellarsehne konstant blieben. Die Schlagkraft des Hammers betrug bei Federwaagenmessung 1200 -1250 g und wurde in jedem Versuche durch gleiche Fallhöhe konstant gehalten. Ich lasse drei so gewonnene Abbildungen folgen:

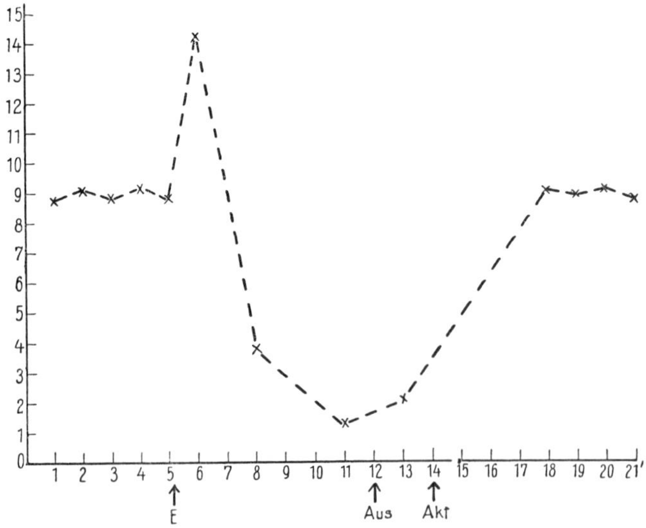

Abb. 14
Patellar-Reflex-Ausschlag bei Versenkung im Liegen (34; Architekt).
× Meßpunkt (13);

Zeit in Minuten ('); E: Schwere-Einstellung der Beine; Aus: Zurücknehmen der Arme; Akt: Aktive Beinbewegung

In Abb. 14 findet sich im Beginn der Umschaltung eine kurz vorübergehende Steigerung (E = Beginn der Entspannung), der dann ein tiefes

Absinken folgt, das beim typischen Armzurücknehmen (Aus) noch etwas bestehen bleibt und erst nach aktiven Beinbewegungen (Akt) zurückgeht.

Ähnliche Persistenzerscheinungen konnte auch *Jacobson* (Kapitel XII) bei seinen Relaxierten beobachten. Abb. 15 und 16 von einer Versuchsperson unterscheiden sich dadurch, daß bei Abb. 14, wo die autogene Umschaltung nach einem 1/4stündigen Fußwege einsetzt, wie in Abb. 14 eine initiale Steigerung auftritt, während in Abb. 16, die 1/4 Stunde nach einer erholenden autogenen Entspannung im Liegen gewonnen ist, unmittelbar der entspannende Effekt als Reflexverminderung hervortritt. Nullreaktionen, über die *Jacobson* berichtet, konnte ich nicht feststellen, möchte aber glauben, daß in seinen Versuchen der Prüfungsreiz weniger intensiv war.

Jedenfalls demonstrieren die Abbildungen sehr deutlich die Reflexdämpfung; die Prüfungsextremität war dabei völlig weich, widerstandslos beweglich und „fiel physikalisch"; sie bot klinisch das Bild absoluter Hypotonie, so daß irgendein Anhaltspunkt für dämpfende Antagonistenspannung nicht zu gewinnen war.

Vielleicht könnte der neuere Hinweis von *E. Kuhne* auf die Möglichkeiten einer Registrierung motorischer Schreckaktionen, wie sie vor Jahrzehnten in dem dreidimensionalen Apparate von *R. Sommer* vorbildlich erforscht wurde, eine Anregung zu experimentellen Messungen des Entspannungsgrades im autogenen Training bedeuten (Zschr. Psychotherap., Stuttgart 208 [1952]). *H. Wallnöfer* (Ärztl. Praxis 1968, 4509) benutzte bei 100 V. P. die quantitative Messung der Kniereflexe mit eigener Methode erfolgreich zum Nachweis autogener oder hypnotischer Umschaltung.

Die experimentelle Kontrolle der *Pulsregulierungen* hat *H. Binswanger* in seiner erwähnten Arbeit mit dem *Goldschmidt*schen Pulsresonator vorgenommen, wo sich auch Abbildungen finden.

In den Versuchen bediente sich *H. Binswanger* der Anordnung, die Pulserlebnisse zählen und den Zählrhythmus verschieben zu lassen; dieser technischen Punkte wegen sei auf S. 275 verwiesen. Über seine Resultate berichtet er:

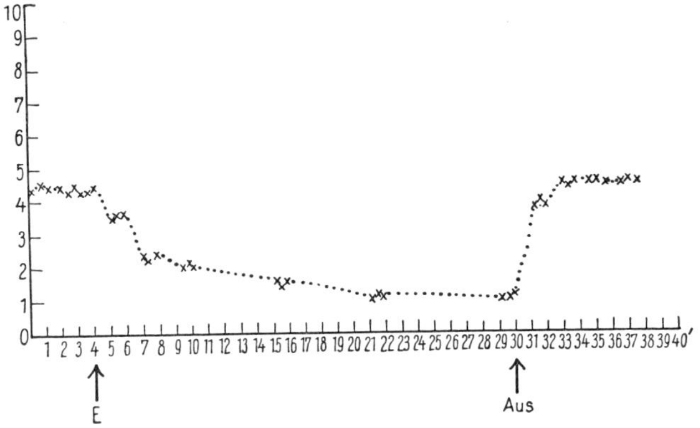

Abb. 15
Patellar-Reflex-Ausschlag bei Versenkung im Liegen ohne Vorbereitung (58; Kaufmann).

× Meßpunkte (39); Zeit in Minuten ('); E: Schwere-Einstellung der Beine; Aus: Zurücknehmen der Arme.

„Im ganzen wurden Untersuchungen an 9 Versuchspersonen durchgeführt; von 4 wurden sprechende Abbildungen gewonnen. Eine Versuchsperson wies derartig starke respiratorische Arrhythmie auf, daß die Abbildungen nicht verwertet werden konnten; eine andere vermochte die Herzschlagfolge nur in so geringem Maße zu beschleunigen, daß auch diese Abbildungen unberücksichtigt bleiben. Drei weitere Versuchspersonen vermochten überhaupt keine Beeinflussung der Herzschlagfolge darzustellen.

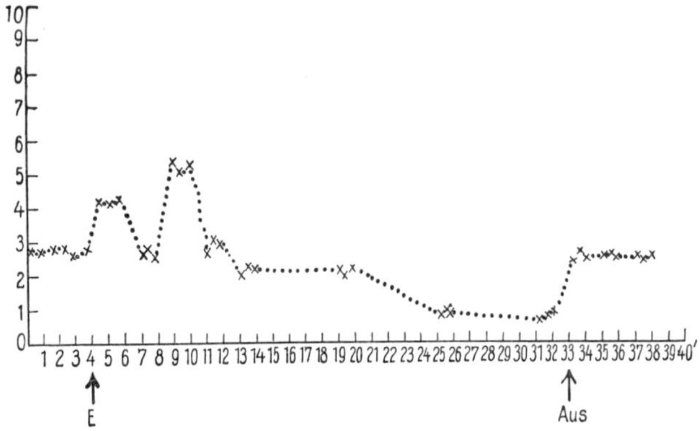

Abb. 16
Patellar-Reflex-Ausschlag bei Versenkung im Liegen nach 10 Minuten Ruheentspannung und Zurücknehmen (58; Kaufmann).

× Meßpunkte (39); Zeit in Minuten ('); E: Schwere-Einstellung der Beine; Aus: Zurücknehmen der Arme.

Abb. 5. Stud. med. S., 22 Jahre, 6. 1. 1928. In Ruhelage besteht eine mittlere Variationsbreite von 88 zu 84. Auf Beschleunigungskommando stellen sich zunächst ganz kurzfristige Fluktuationen auf 108 ein, die wiederum von den alten Werten 88 zu 84 gefolgt sind; dann steigt der Puls auf 108 zu 96 zu 90 und wird während der ganzen Beschleunigungsperiode innerhalb dieser Variation gehalten. Beim Kommando Entspannen, Puls normal, Rückkehr zu den Ausgangswerten 88 zu 84. Auf nochmaliges Beschleunigungskommando neuer Anstieg von einer Basis 90 zu 86 auf 108 zu 104 zu 96. Beim Kommando Entspannen, Puls normal, unter Bildung einiger Nachbilder Rückkehr zur Norm 88 zu 82.

Abb. 6. vom 13. 1. 1928 (dieselbe Versuchsperson). Auf Beschleunigungskommando Anstieg auf 116 zu 96 bei ziemlich konstanter Variationsbreite. Auf Kommando Entspannen, Puls normal, Rückkehr zu den Ausgangswerten 88 zu 84 unter Bildung einiger kurzfristiger Fluktuationen 104 zu 96 (Nachbilder). Bei erneutem Beschleunigungskommando zunächst Fluktuation auf 100, Rückkehr auf 88, dann 116 zu 108 zu 96. Auf das Kommando Entspannen, Puls normal, unter Produktion eines Nachbildes auf 108, Absinken auf 88 zu 84 zu 80.

Abb. 7. Stud. med. B., 22 Jahre, vom 9. 1. 1928. Entspannungswerte 88 zu 80. Auf Beschleunigungskommando Anstieg auf 116 zu 100. Auf das Kommando Entspannen, Puls normal, Absinken auf 88 zu 72. Der Puls bleibt zunächst innerhalb dieser Variationsbreite, bildet nach mehr als 1 Minute nochmals zwei Nachbilder bis 96 und bleibt dann innerhalb einer Variationsbreite von 88 zu 82.

Abb. 8. Dr. D., 43 Jahre, vom 23. 11. 1927. Entspannungswerte 74 zu 64. Auf Verlangsamungskommando wird der Puls kurzfristig auf 50 heruntergedrückt und schwankt dann zwischen 76 zu 60 und 47 als Extremwert. Auf das Kommando Entspannen, Puls normal, folgen Werte ungefähr wie zu Beginn des Versuches; unter Schwankungen von 68 zu 64 zu 60 werden unter Produktion eines Nachbildes auf 54 zu 52 wieder 72 zu 78 erreicht.

Tabelle 2

Name und Datum	Ausgangswerte	Entspannungswerte	Beschleunigungswerte	Entspannungswerte	Beschleunigungswerte	Verlangsamungswerte	Entspannungswerte
cand. med. L.							
1. 2. 1928	88 : 82 : 80	90	108 : 100	88 : 80	—	—	—
6. 2. 1928	88 : 82 : 80	88 : 82 : 80	104 : 112 : 94	88 : 82	—	—	—
stud. med. S.							
6. 1. 1928	—	88 : 84	108 : 96 : 90	88 : 82 : 90	108 : 104 : 96	—	88 : 82
13. 5. 1928	—	—	116 : 96	88 : 84	116 : 96	—	88 : 80
stud. med. B.							
9. 1. 1928	—	88 : 80	116 : 100	88 : 72	—	—	—
Dr. D.							
4. 10. 1927	—	56 : 54 : 50	66 : 70	56 : 50	—	—	—
23. 11. 1927	—	—	—	74 : 64	—	76 : 60 : 47	78 : 60

Tabelle 2 zeigt eine Zusammenstellung der Versuchsergebnisse. Die Versuche 1-3 zeigen weitgehende Übereinstimmung von Ausgangs-, Beschleunigungs- und Endwerten. Dabei tritt die Beschleunigung abrupt auf, nicht entsprechend der beschleunigten Zählweise der Versuchsperson allmählich zunehmend. Die Fluktuationen, die bei der Entspannung oder zu Beginn der Beschleunigungsperiode auftreten können, werden als Effekt einer zu wenig ausschließlichen Konzentration auf die Beschleunigung aufgefaßt. Treten diese schon bei der Entspannung auf, wobei sich die Aufmerksamkeit auf Schwere, Wärme und vielleicht Kühle der Stirn richtet, muß angenommen werden, daß die Erwartung der zu leistenden Beschleunigung bereits den Puls beeinflußt."

Endlich sei kurz ein Bericht von *H. Binswanger* über kontrollierende Vorversuche angefügt:

„Zwei Kollegen der Klinik, die der Meinung waren, auch ohne Entspannung und Versenkung willkürliche Veränderung der Herzschlagfolge erzielen zu können, wurden mit der später zu beschreibenden Apparatur untersucht. Es stellte sich heraus, daß sie weder durch Kraftanstrengung, noch durch Hilfsvorstellung, noch durch respiratorische Veränderungen nennenswerte Beeinflussung der Herzschlagfolge erzielen konnten. Ein totaler Atemstillstand von 10–20 Sekunden Dauer bewirkt allerdings eine deutliche Veränderung der Herzschlagfolge im Sinne des Vagusreflexes von *Hering,* so daß das Phänomen der respiratorischen Arrhythmie zustande kommt. Um eine Kontrolle über respiratorische Einflüsse bei diesen Versuchen zu haben, wurden in Zukunft vermittels eines Kissenpneumographen gleichzeitig die Atmungskurven der Versuchsperson geschrieben. Auch aktive Hilfsvorstellungen intensiver Art, die beeinflussend auf die Herzschlagfolge wirken können, würden sich an der Unregelmäßigkeit der Atmungskurven bemerkbar machen. Ein anderer Kollege, den hier angeführten Versuchen durchaus kritisch und skeptisch gegenüberstehend, befolgte genau die hier beschriebene Versuchsanordnung und konnte ohne anderweitige Maßnahmen eine Beschleunigung des Herzschlages um ungefähr 25 Schläge pro Minute beobachten."

Im autogenen *Hypalgesieversuche* zeigt schon die klinische Beobachtung psychophysiologischer Art alle Schattierungen vom leichten Funktionswandel des Sinnes, daß die berührende Nadelspitze stumpf, „abgeschwächt", knopfartig, breit, glatt, pinselartig, „wie eine Fingerkuppe" oder die aufnehmende Sinnesfläche als „verdickt", „von einer Membran überzogen", „mit Stoff belegt", „dumpf", „wie abgestorben", „taub", „fremd" usw. empfunden wird, oder die leicht schmerzende Stichreizung nur quantitativ herabgesetzt erscheint, bis hinüber zu totalem Wahrnehmungsverluste, so daß die Versuchspersonen bezweifeln oder bestreiten, überhaupt berührt worden zu sein.

In Übereinstimmung mit den schon erwähnten interessanten Feststellungen von *Altenburger* und *Kroll* (Dtsch. Zschr. Nervenhk. 111, 144 [1929]; Zschr. Neurol., Berlin 124, 538 [1930]) über hypnosuggestive Veränderungen der sensiblen *Chronaxie* ließ sich ein gleiches Verhalten für die autogene Hyp- und Analgesie erwarten. Das freundliche Entgegenkommen des Herrn Kollegen *F. H. Lewy* ermöglichte eigene Nachprüfungen nach verschiedenen Richtungen, wofür auch hier herzlich gedankt sei.

Die folgenden und alle weiter erwähnten Chronaxiemessungen wurden von Prof. *F. H. Lewy* und Dr. *Gaßmann* an von mir trainierten Versuchspersonen mit dem von *F. H. Lewy* nach *Bourgignon* konstruierten Chronaxostaten von *Geißler* und *Weidner* ausgeführt. Wie alle mit fühlbaren technischen Maßnahmen verbundenen Messungen stellt die Chronaxiebestimmung an und für sich schon eine Gefährdung, gelegentlich eine Störung der Konzentration nach innen dar. Bei der Messung der sensiblen Chronaxie wird diese Schwierigkeit noch dadurch vermehrt, daß die Versuchsperson der konzentrativ hypalgetischen Region, die unter „kühl" und „schmerzfrei" steht, eine kontrollierte Aufmerksamkeit zuwenden muß, um die subjektiven Schwellenwerte zu melden. Der Versuch erfordert also eine gewissermaßen in sich paradoxe Haltung, indem ein Partialerlebnis (Schmerz) ausgeschaltet werden muß, während andere Partialerlebnisse beobachtende Zuwendung erheischen. Für Versuchspersonen nicht ganz sicherer Technik können sich hieraus unüberwindliche Hindernisse ergeben, besonders, wenn auch im übrigen die Anlegung der Elektroden, die Körperhaltung, die Apparatgeräusche usw. schon erschwerend sind.

Trotzdem gelang in den Messungen von *F. H. Lewy* der Nachweis des erwarteten Effektes, wie das folgende Protokoll zeigt:

Sensible Chronaxie bei autogener Hypalgesie

40jähriger Arzt, Reizpunkt rechter Handrücken. Liegend

Zeit 17. 6. 1931	Volt	Milliampere	Reizzeit	Bemerkungen
20 Uhr 28 Minuten 15 Sekunden	85	2,0	0,48	Unbeeinflußt
20 „ 30 „ 15 „	85	2,0	0,48	Unbeeinflußt
20 „ 33 „ 30 „				Schwere – Wärme
20 „ 34 „ 30 „				Kühle – Schmerzfreiheit
20 „ 35 „ 30 „				Messungsbeginn
20 „ 37 „ 30 „	85	2,0	0,96	
20 „ 38 „				Zurücknehmen
20 „ 40 „ 45 „	85	2,0	0,6	Versuchsperson ermüdet

Die Parallelbewegung der Chronaxiewerte ist deutlich.

Allerdings werden wir darin nicht vorschnell einen Beweis für eine „lokale Nervenalteration der geprüften Stelle“, wenn auch funktioneller Art, sehen, sondern uns etwa im Hinblick auf die interessanten Befunde von *J. D. Achelis* (Pflügers Arch. Physiol. 226, 212 [1930]) daran erinnern, daß schon thermische Reize an der anderen Extremität bald gleich-, bald gegensinnige „Umstimmungen der Sensibilität“ bedingen. Besonders *Altenburger* und *Kroll* haben die komplizierten biologischen Grundlagen der vorliegenden Reaktionen in ihren weiteren Zusammenhängen gesehen und zu ihrem Verständnis beigetragen. *O. Foerster* veröffentlichte gemeinsam mit seinen Mitarbeitern eine Arbeit „Über die Beziehungen des vegetativen Nervensystems zur Sensibilität“ (Zschr. Neurol., Berlin 121, 5176 [1929]), aus der hervorgeht, daß Eintauchen der Hand für 5 Minuten in Wasser von 40–45° C die Chronaxie herabsetzt, also erhöhte Reizansprechbarkeit herbeiführt, während ein Handbad von 10° C und gleicher Dauer den umgekehrten Effekt hat; es wird hieraus gefolgert, daß „die sensible Chronaxie sehr fein auf Veränderungen im Kontraktionszustande der Hauptkapillaren reagiert“. Da die Messungen der Wärmestrahlung entsprechende Schwankungen im Training beweisen, gibt die Arbeit eine experimentelle Grundlage für die Zweckmäßigkeit der Kombination von Kühle und Hypalgesie, obwohl, wie unsere klinischen Darlegungen (Kapitel III) zeigten, Hyp- und Analgesie auch ohne Kühle darstellbar ist; in der Kombination ist nur eine Förderung zu sehen.

Wichtiger als die immerhin von subjektiven Faktoren stark abhängige sensible Chronaxie — obwohl hierbei durch die innere Beanspruchung in der Konzentration und die komplizierte Handhabung der Chronaxostaten mit der auf- und absteigenden Reizung eine Kontrolle des Reizwertes durch die Versuchsperson als unmöglich gelten dürfte — erschien die *motorische Chronaxie,* die gleichfalls mit demselben Instrumentarium von Prof. *F. H. Lewy* und *Dr. Gaßmann* in längeren Versuchsserien geprüft wurde. Die Fragestellung lautete, ob der Übergang zur Muskelentspannung mit einer Veränderung der motorischen Chronaxie verbunden ist und ob dasselbe im autogenen Katalepsieversuch der Fall ist.

A priori war bei der *Entspannung* mit einer *Reaktionsherabsetzung*, also einem *Ansteigen* der Zeit-(S-)Werte zu rechnen.

Auch bei dieser Prüfung bestehen besondere technische Schwierigkeiten. Unsichere Versuchspersonen werden schon durch die Reiz- und Zuckungserlebnisse irritiert; noch wichtiger ist eine andere Fehlerquelle; die Feststellung des Normalwertes im unbeeinflußten Zustande erfordert eine große Anzahl von Messungen, während deren die Versuchsperson „bequem und zwanglos" liegt oder sitzt; insbesondere muß der Prüfungsarm, um einen Reizpunktwechsel zu vermeiden, völlig passiv ruhig liegen. Dadurch wird nicht selten eine unbewußte Entspannung mechanischer Art oder ein ungewolltes Selbstentspannen Trainierter gesetzt, so daß die folgende autogene Umschaltung gerade im Prüfungsarm keine meßbaren Differenzen mehr etabliert.

Trotzdem gelang es, den Entspannungseffekt durch Messungen der motorischen Chronaxie zu demonstrieren, wie die folgenden beiden Protokolle zeigen.

Motorische Chronaxie bei autogener Muskelentspannung (Schwereversuch)

1. 40jähriger Arzt. Musculus extensor digitorum communis dexter

Zeit 17. 6. 1931	Volt	Milliampere	Reizzeit	Bemerkungen
20 Uhr 22 Minuten 45 Sekunden	95	2,0	0,4	Unbeeinflußt
20 „ 23 „ 40 „				
20 „ 25 „ 25 „	85	2,0	0,52	Schwereerlebnis
20 „ 27 „ 10 „				Zurücknahme
20 „ 28 „ 15 „	85	2,0	0,48	
2. Ebenso 25. 11. 1931	85	2,8	0,45	Unbeeinflußt
				Schwereerlebnis
	85	2,8	0,6	Schwereerlebnis
	75	2,5	0,8	Schwereerlebnis
				Zurücknahme
	80	2,6	0,6	

Die Anfangs- und Ausgangswerte sind entsprechend der Voltverschiebung, die im Versuche 2 während des Schwereversuchs zur Kontrolle gesetzt wird, im Rahmen der Fehlerquellen gleichzusetzen. Die Herabsetzung der Reizansprechbarkeit tritt deutlich hervor, indem die Reizzeiten auf gleiche Voltzahl berechnet ansteigen; damit wird den klinischen Tast- und Bewegungsprüfungen noch eine experimentelle quantitative Ergänzung gegeben. Dieser Befund ist auch von allgemeinerem Interesse, weil *F. H. Lewys* Mitarbeiter *Markow* (Zschr. Neurol., Berlin 120, 411 [1929]) in der gleichen Maßanordnung einen Einfluß der „Vorstellung einer aktiven Kontraktion" auf die motorische Chronaxie nicht nachweisen konnte, so daß er ausdrücklich mitteilt: „Die Bewegungsvorstellung blieb ohne Einfluß auf die Chronaxie." In den Versuchen von *Markow* handelt es sich um Vergegenwärtigungen im gewöhnlichen Bewußtseinszustande, entsprechend den Kontrollversuchen von *H. Binswanger* über Unbeeinflußbarkeit der Pulszahl ohne autogene Umschaltung (s. S. 279). Demgegenüber konnte in autogener Versenkung eine Veränderung der motorischen Chronaxie außer bei der Entspannung auch beim Katalepsieversuch nachgewiesen werden. Stellt sich die versenkte Versuchsperson auf die Formel „der Arm ist steif" ein, so sind ohne Demonstration der Katalepsie durch Gegendruck und ohne tastbare Muskelspannungen Veränderungen der motorischen Chronaxie nachweisbar, die gegensinnig zur Entspannung in einer *erhöhten Ansprechbarkeit,* also einer *Verkürzung der Reizzeit* (σ) erkennbar sein können, ein Befund, dem subjektiv bei der Versuchsperson nur die gewissermaßen *theoretische Bereitschaft zum Katalepsieversuche* entspricht. Auch hier mögen zwei Protokolle folgen:

Motorische Chronaxie bei autogener Katalepsiebereitschaft

1. 40jähriger Arzt. Musculus extensor digitorum communis dexter

Zeit 17. 6. 1931	Volt	Milliampere	Reizzeit	Bemerkungen
20 Uhr 22 Minuten 10 Sekunden	95	2,0	0,4	Unbeeinflußt
20 „ 22 „ 45 „				
20 „ 27 „	85	2,0	0,4	„Arm ist steif"
20 „ 27 „ 10 „				
20 „ 27 „ 30 „				Zurücknehmen
20 „ 28 „ 15 „	85	2,0	0,48	
2. Ebenso 25. 11. 1931				
	75	2,5	0,6	Unbeeinflußt
	70	2,2	0,6	„Arm ist steif"

In beiden Versuchen ist die Erhöhung der elektromotorischen Reizansprechbarkeit deutlich, da das Volt-σ-Produkt entscheidend ist.
Zum Phänomen der *autogenen Katalepsie* hat *H. Binswanger* in seiner experimentellen Studie saitengalvanometrische *myelektrische Befunde* beigebracht, indem er die Aktionsbilder des Bizeps und des Trizeps in der typischen Versuchsanordnung registrierte. Dabei ergaben autogene und hypnotische Katalepsie ganz oder fast isolierte Kontraktion des Gegenmuskels bei passiven Beugeversuchen im Ellbogen, während bei willkürlichem Wehren gegen Beugeversuche im Ellbogen Bizeps und Trizeps gleichstarke Stromproduktion zeigten.

Offenbar spielt dabei die Gesamtleistung (Haltespannung? Koordination?) eine wesentliche Rolle, wie der neuestens von *Höfer,* USA, erbrachte Nachweis isolierter aktiver Agonistentätigkeit beim Fußheben zeigt. Der Kurven wegen sei auf *H. Bins-*

wangers Publikation (Nervenarzt 2, 197 [1929]) verwiesen. Die allgemeinen Beziehungen dieses Befundes sind bei der einführenden Darstellung des Schwereversuches (Kapitel II) schon kurz angedeutet worden.

Hier darf noch nachgetragen werden, daß entsprechende *einseitige Antagonistenkurven* sich nach *Wachholders* erwähnter Zusammenfassung in *Asher-Spiros* Ergebnisse der Physiologie (26, 568 [1928]) finden bei:

1. lockerer oder
2. taktbetonter Hin- und Herbewegung („zerebral bedingt");
3. Nähe der Endstellung in passiver Spannung, ferner bei Teilbewegungen in leichter Versteifung und bei unbelastetem oder nur leicht belastetem Anheben gegen die Schwerkraft.

„Passiv gelockerte" Bewegungen können ganz stromlos verlaufen, läßt der Versuchsleiter los, so erfolgt eine fixierende Versteifungsinnervation, die bei Geübten nur im Agonisten erscheint. In diesem Zusammenhang sagt *Wachholder*, wie schon kurz erwähnt: „Es ist dazu ein charakteristischer Zustand des Sichversenkens, der völligen Konzentration auf das betreffende Glied erforderlich, mit dem Willen, alles mit dem Gliede Geschehende zuzulassen, sich ihm anzupassen." In dieser, dem Schweretraining vergleichbar passiven Haltung wird nun die Formel „der Arm ist steif" vergegenwärtigt. Soweit es mir gelang, experimentelle Untersuchungen aufzufinden, beziehen diese sich sämtlich auf die *aktive Katalepsie*, also Untersuchungen an V.P. mit aktiv frei in der Luft stehend suggestiv fixiertem Arm. Sie können daher hier außer Betracht bleiben. Verwiesen sei nur auf *Haas* und *Wachholder*, die bei „hysterischem Zittern" im Gegensatz zu willkürlichen Zitterbewegungen einseitige Agonistentätigkeit, also einen dem Befunde von *H. Binswanger* analogen, feststellen konnten.

Von allen diesen Untersuchungen unterscheidet sich der Katalepsieversuch unserer Technik dadurch, daß wir nicht eine aktive Leistung kataleptischer Art, sondern die konzentrative Etablierung eines Widerstandes gegen passive Bewegung fordern, *„passive Katalepsie"*, die bei *Fremdhypnose* das sicherste objektive Symptom für echte, auch beginnende „Umschaltung" ist („Hypnosetechnik für Ärzte", Piscator Verlag, Stuttgart, V, 1965).

Bekanntlich ist die passive Kraft der Muskeln wesentlich größer als ihre aktive; ihre Prüfung bei der klinischen Demonstration passiver Katalepsie im autogenen Training läßt verstehen, daß bei der großen Leistungsfähigkeit passiver Aktion die — oft erstaunlich massiven! — Gegeninnervationen der V.P. noch „lockere" Einstellung und „mäßige" Leistung bedeuten.

Auch eine andere Eigenheit der Katalepsiedemonstration im autogenen Training, die außerordentliche Empfindlichkeit des Phänomens gegen Achsenverbiegungen und andere „störende Ungeschicklichkeiten" bei der Handhabung der Extremität durch den Versuchsleiter ist in neuerer Zeit experimentell dem Verständnis nähergebracht.

Bei Untersuchungen über das „Bremsungsphänomen" in Muskeldehnungskurven stellten *Wachholder* und *McKinley* (Zschr. Neurol., Berlin 121, 34 [1929]) fest, daß kleinste technische Mängel den gesamten Verlauf unterbrechen, wobei sie besonders nicht ganz genaue Zentrierung der Gelenkachse und kleine Rotations- und Längsverschiebungen der Extremität nennen. Die besondere Wichtigkeit ganz gleichmäßiger, wenn auch bis zu starkem Druck ansteigender Anbeugung des Versuchsarmes durch den Kontrollierenden entspricht alten hypnotischen Erfahrungen. Umgekehrt zerstört jeder „Ruck" die typisch passiv-konzentrative Haltung. Eine genaue Prüfung, ob im autogenen Training die interessanten, von *H. Rohracher* beschriebenen „mechanischen Mikroschwingungen des menschlichen Körpers" (Wien 1949) systieren, wurde bereits 1954 und 1958 (Anzeiger phil. hist. Klasse, Öst. Ak. d. Wiss. Nr. 3) angestellt. Erwartungsspannung und seelische Belastung einerseits, autogenoide Entspannung andererseits zeigten bei im wesentlichen gleicher Frequenz im ersten Falle eine Erhöhung der Amplitude um 48%, im anderen eine Minderung um 32%.

D. Müller-Hegemann, Leipzig, und seinen Mitarbeitern sind schöne experimentelle Arbeiten über *Erholungsförderung durch autogenes Training* zu danken (Rev. Méd. psso. II, 147 [1960], Psychiatr. Neurol. Med. Bl. XII, 417 [1960], Med. und Sport II, 55 [1962]), *erste exakte Beiträge* zum Problem *der autogenen Leistungssteigerung* (s. bes. S. 251). Autogene Resistenzerhöhung gegen Stress beobachtete *L. R. C. Haward* (Corr. Psy. so. S. 96); im EEG kontrolliert gegen akustische Störung *S. Dongier* e. a. (Rev. Méd. pso., 1967, 143).

Theoretisch und praktisch von gleich grundlegender Bedeutung für das autogene Training sind Versuche des medizinischen Psychologen Prof. *H. Wohlfahrth,* Edmonton, Alberta, Kanada. Er untersuchte zuerst (Psychotherapie I, 216 [1956]) an 30 Versuchspersonen in 77 Experimenten (Lebensalter 13—68 Jahre) unter Ausschluß anderer Sinnesreize den *Einfluß von Farberlebnissen, Atmung, Puls und Blutdruck* bei Farbbetrachtung von jeweils 10 Minuten Dauer.

Die exakte Auswertung (ibidem II, 86 [1957]) ergab bei „kühlen" Farben fallende (Blutdruck) und verlangsamende (Atmung, Puls), bei „warmen" Farben steigende Reaktionen bei der überwiegenden Zahl der V. P.; negative Ausfälle bei Farbenblinden sprachen in gleichem Sinne. Die autogene „Eigenfarbe" von 40 V. P. stimmte bei weiteren Studien des Autors mit der affektiven Farbzuwendung im Wach-Experiment nicht überein („Mensch und Farbe" II, 7 [1962]).

Nach diesen für die Farberlebnisse im A.T. wichtigen Feststellungen wandte der Autor (ibidem II, 40 [1958]) sich der Frage zu, wieweit *exakte Kontrolle einer heilungsbeschleunigenden autogenen Wirkung* möglich sei.

Bereits bei drei z. T. recht ernsthaften fieberhaften Infektionen führte er trotz aller Schwierigkeiten das Training durch (1956/57), am 19. Oktober trinkt er „zu Versuchszwecken" aus 2 von schwer Grippekranken benutzten Tassen und führte während einer asiatischen Grippe von 3 Tagen das Training mit Richtung gegen die Krankheit und, ebenso wie bei den ersten Krankheiten, ohne andere Heilmittel durch (septische Infektionen!). Wesentlich länger dauerte eine spätere Tonsillitis, während eine septische Daumeninfektion mit Training schneller abheilte.

Über diese z. T. heroischen Erfahrungen hinaus gelang es dem Autor nun (ibidem III, 186 [1958]) nach längeren Vorversuchen quantitativ dosierte Kanthariden-Bläschen zu setzen, deren Oberhäutchen entfernt wurde, so daß nun praktisch gleiche Oberflächenwunden entstanden. An diesen wurde in sehr zahlreichen Versuchen geprüft. Hiernach scheint Heilungsbeschleunigung aseptischer Wunden in der Tat autogen möglich, beim Verfasser (optischer Typ) mehr durch „bildhafte" Versenkung, als durch formelhafte Vorsatzbildung, so daß bei ihm intensive Gestaltanschauungen den höchsten Wirkungswert zeigte. Weitere Fortführung der wichtigen Versuche sind zu hoffen und bereits die bisherigen Resultate von größtem Werte. *W. Luthe,* Montreal, verdanken wir nicht nur die englische Übersetzung, sondern auch zahlreiche wertvolle Übersichten, ferner interessante experimentelle Studien (Atmung, Herz) (in *B. Stokvis,* Top. Prbl. Psthpy. III, 174 [1960] Karger).

II. Überwiegend psychologische Betrachtungsweise

Auch für die *überwiegend psychologische Betrachtungsweise* ergibt zunächst schon die *psychologisch-klinische Beobachtung* eine Reihe von Daten objektiver Art, die teils in den vorstehenden Kapiteln näher dargelegt wurden, teils in den folgenden Abschnitten eingehendere Erörterung finden, so daß hier nur kurz im prinzipiellen Zusammenhang auf sie verwiesen sei. Die schrittweise im Übungsverlauf sich gestaltende Entwicklung der *Ruheerfahrungen,* und die oft recht deutlich besonders im Kopfe bemerkten *Umschaltungserlebnisse* sind an erster Stelle zu nennen. Ferner die nahen Beziehungen zur Sphäre der *Einschlafphase,* wobei besonders auch das Auftreten von *Phantomgliedern* wesentlich ist; das *„Entdecken der Organerlebnisse"* als Paradigma des Eroberns von Körpererlebnissen überhaupt, die Erscheinungen des *Funktionswandels,* besonders deutlich bei der groben klinischen Prüfung der Hyp- und Analgesierung, die Erleichterung der *reproduktiven* Gedächtnisleistung, die Umstellung in einen *anschaulichen seelischen Vollzug* mit erhöhter spannungsfreier Verweildauer, hinüberleitend zur *Selbstschau,* in der sich vielfältige Beziehungen zu andern Erfahrungen *(Katz, Rorschach, Goldstein),* insbesondere auch die vom Nachttraum bekannte Durchbrechung des Wachtypus (optisches Erleben bei „Akustisch-Motorischen" usw.) und typische Stufenfolgen (vgl. besonders Kapitel IX und XI) der Versenkung ergeben — alle diese Punkte dürfen als psychologisch-klinische objektive Daten verwertet werden. Auch für die *Phänomenologie des Gesamterlebnisses,* charakterisiert durch entspannte Ruhigstellung mit konzentrierter Außenabkehr und Innenwendung mit vertiefter Selbstschau, echter Tiefenproduktion und Persönlichkeitserweiterung kann gleiches beansprucht werden.

An die schöne Objektivierung der durch reines „Sich-Lassen" im A. T. entstehenden „Ge-lassenheit" *(G. R. Heyer)* in projektiven Tests durch *W. Luthe* (Lindauer Woche 1957, 159) sei hier nochmals besonders erinnert.

Unter *exakten Bedingungen* wurde 1928 die Frage geprüft, *ob konsequente Anwendung der Technik ohne jede Kenntnis ihres Zieles* gewissermaßen „aus sich heraus“ *zu versenkender Umschaltung* führt. Prof. *R. H. Goldschmidt* (Münster) war so freundlich, mir zu diesem Zwecke das *experimentell-psychologische* Laboratorium der Universität zur Verfügung zu stellen, besonders auch in wissenschaftlicher Selbstbeobachtung (Würzburger Schule) ausgebildete Versuchspersonen, wofür ihm auch hier herzlich gedankt sei.

Gearbeitet wurde in zwei Gruppen von 5 (3♂ 2♀) und 4 (♂) Versuchspersonen; es handelte sich um Akademiker von 20—30 Jahren, die entweder vollberuflich oder als wesentliches Nebenfach Psychologie studierten oder betrieben. Alle hatten bereits häufig in psychologischen Versuchen als Versuchspersonen gedient, die meisten auch Versuche geleitet. So war allen Teilnehmern nach Instruktion des psychologischen Seminars selbstverständlich, daß sie während der Experimente gegenseitiges Stillschweigen bewahrten; sie waren ferner über Theorie und Praxis von Selbstbeobachtung, Protokollierung usw. genau orientiert.

Die Instruktionen für die Versuche lauteten:

1. (An die ganze Gruppe): „Sind Sie bereit, an Experimenten über Selbstentspannung teilzunehmen?“
   Prof. *Goldschmidt* hatte durch Vorfragen festgestellt, daß die zur Auswahl gestellten Versuchspersonen von meinen Arbeiten und meiner Person nichts wußten. Nachdem sich auf die Gruppenfrage 1 einige Versuchspersonen gemeldet hatten, wurden nun Einzelversuche vorgenommen, wobei folgende Instruktionen geschahen:
2. (Einzelinstruktion): „Setzen Sie sich so (Droschkenkutscherhaltung) auf den Stuhl. Die Haltung darf keine Spannung machen. Wenn Sie liegend üben, müssen die Arme so (Demonstration) liegen.“ (Einfacher Holzstuhl.)
3. (Einzelinstruktion): „Sind Sie Rechts- oder Linkshänder?“
   (Einzelinstruktion an die Versuchspersonen in entsprechender Sitzhaltung):
4. „Schließen Sie die Augen, denken Sie gut konzentriert: Ich bin ganz ruhig. Mein rechter – linker – Arm ist schwer.“
5. Tast- und Tonusfallkontrolle durch Versuchsleiter.
6. (Einzelinstruktion): „1. Arm energisch beugen und strecken! 2. Tief atmen! 3. Augen auf!“
7. (Am 7. Versuchstage Einzelinstruktion): „Zu ‚Arm schwer‘ nehmen Sie hinzu Armwärme!“
8. (Am 14. Tage Einzelinstruktion): „Denken Sie: Körper schwer und warm, Kopf kühl.“
9. (Am 21. Tage Einzelinstruktion): „Sie fühlen den Herzschlag?“ (Leiter legt Hand auf Herzgegend.) „Denken Sie: Herz schlägt schneller!“ (Pulskontrolle.)

Nur bei einer der 9 Versuchspersonen mußte Punkt 5 durch einen Hinweis ergänzt werden, aktive Bemühung, die sich in objektiver Anspannung verriet, auszuschalten; auch dieser Hinweis erfolgte nur mit Richtung auf „Muskelentspannung".

Die Versuchspersonen wurden nun gebeten, zweimal täglich für kurze Zeit den Arm zu entspannen, exakt zurückzunehmen und die Eigenbeobachtungen zu protokollieren.

Der Verlauf dieser Kontrollversuche wird am besten durch zwei Originalprotokolle illustriert:

21jähriger Student der Psychologie

21. 7. 1928, abends 10.45 Uhr, sitzend, vorher Klavier spielend, mäßig müde.

Bei *Entspannung:* Nach vorn überhängende Hand zieht an Sehne merklich bis Oberarmmuskel, kein Gefühl der Bewegungshinderung, sondern völlige Entspanntheit mit wohligem Gefühl im Arm. Druckveränderung auf Oberschenkel nicht wahrgenommen, Druck des Armes überhaupt sehr gering empfunden. Entspannung des Oberschenkels nicht gelungen, geistige Entspannung nicht gelungen. Beim *Zurücknehmen* Gefühl besonders starker Straffung im Oberarmmuskel.
Gleich danach zweiter Versuch, Druckvergrößerung auf Oberschenkel wahrgenommen.

22. 7. 1928, 8.30 Uhr morgens, im Bett liegend.

Beim *Entspannen* Empfindung, als höbe und senke sich Ellenbogen, ziemlich regelmäßig, ganz wenig verzögert gegenüber Atemakt, aber doch nach ihm. Beim *Zurücknehmen* Lähmungsgefühl in den Fingermuskeln bei starker Krümmung.

22. 7. 1928, 1.15 Uhr mittags, nach dem Essen, sitzend.

Bei *Entspannung* das Gefühl von Blutstauungen in den Fingern. Empfindung von Schwere der Hand. Entspannung des Oberschenkels nicht gelungen, so auch keine Druckveränderungen empfunden. Diese Kausalbeziehung überlegt. Geistige Entspannung nicht; im Gegenteil: Aufmerksamkeit stark auf Arm konzentriert, da ein voraufgehender Versuch ergebnislos verlaufen war. Das *Zurücknehmen* wurde angenehm empfunden, wie eine natürliche Haltung nach vorheriger künstlicher Entspannung.

22. 7. 1928, abends 11.45 Uhr, nach einer Reise, sehr müde, sitzend.

Bei *Entspannung* allmähliches Abgleiten des Unterarmes vom Oberschenkel, Muskeln ganz schlaff, Zug bis Oberarmmuskeln empfunden. Gedanke, nichts *machen* zu wollen, hinderte geistige Entspannung. Beim *Zurücknehmen* nichts Besonderes, auch nicht Lähmungsgefühl wie gestern.

23. 7. 1928, 3 Uhr, sitzend.

Bei *Entspannung* Druckzunahme auf Oberschenkel gespürt, dabei Verdacht, ob „Einbildung". Empfindung, Entspannung sei sofort voll dagewesen, deshalb Gedanke, eigentlich müsse der Druck auf Oberschenkel unverändert sein und empfunden werden. Beim *Zurücknehmen* nichts Besonderes.

23. 7. 1928, 1 Uhr nachts, sehr müde, vorher Gesellschaft, Musik und geistige Arbeit.

Druck auf Oberschenkel bei *Entspannung* nimmt zu. Leise Erschütterung des Armes durch Schlagader. Im Unterarm und Fingern „Kribbeln“ durch sich stauendes Blut. Das *Zurücknehmen* gewaltsam, nicht angenehm, wie gestern nachmittag. Schnelle Wiedererschlaffung der angespannten Muskulatur.

24. 7. 1928, gegen 12 Uhr nachts, sitzend, vorher viel geistige Arbeit.

Bei der *Entspannung* wie gestern Kribbeln in den Fingern. Sehr schnell geistige Entspannung, wie Halbschlaf, Unmenge wirrer Bilder in rascher Folge unklar gesehen, Geräusche von Straße wie aus Ferne, nur undeutlich wahrgenommen. *Zurücknehmen* führt ohne Anstrengung sehr schnell zu vollem Wachzustand mit Gefühl der Erfrischung.

Hier ist besonders die siebte (letzte) Beobachtung von Belang, die deutlich das plötzliche Einsetzen des Versenkungsvorganges demonstriert, ferner das Durcheinanderspielen zielgerechter Konzentration und — zum Teil pseudokritischer, oppositioneller — Reflexion.

22jährige Psychologin

1. (Versuch im Sitzen, Arme angewinkelt und entspannt auf den Knien.) Beim Anrucken des Armes schwindet sofort das Gefühl der Schwere, Atem ein paar Stöße schneller, Druck auf den Augen, Gefühl, als ob schwarzer Schleier in die Tiefe sinke. Aus dem Lustgefühl der Entspannung zunächst vor dem Anrucken Unlust, dann aber wieder und stärker ein Lustgefühl, kurz vor dem Anrucken innere Spannung.
2. 20. 7. 1928, mittags 2 Uhr. Beim öfteren Wiederholen wird bei den letzten Malen die Zeit zwischen dem Befehl „jetzt anrucken“ und dem Anrucken selbst kürzer. Vor dem Versuch größere Müdigkeit, ihn zu unternehmen, als am Abend vorher. Nach dem Versuch durch Konzentrationsübung innerlich frischer.
3. 20. 7. 1928, abends 8 Uhr. Während der Entspannung dumpfes Gefühl vorherrschend, keine klare Vorstellung von irgend etwas. Körper wird nach unten gezogen. Besonders der Kopf wird schwer.
4. 22. 7. 1928, abends 8 Uhr. In der Entspannung verliert man das klare Bewußtsein der räumlichen Einordnung des eigenen Körpers in seine Umgebung. Man verliert überhaupt jedes Raumgefühl, daher bei der Rückkehr in die gespannte Lage eine Art Schwindelgefühl, leichtes Brausen in den Ohren, ähnlich als wenn man nach langem Herumwirbeln in die Gleichgewichtslage zurückkehrt.
5. 23. 7. 1928, abends 9 Uhr. Am Abend das Gefühl der Schwere schneller als am Mittag. Ziehen in den Beinen nach unten.
6. 24. 7. 1928, abends 8 Uhr. Während der Entspannung das Gefühl, als ob man innerlich auseinanderfiele. Bei der Rückkehr in die gespannte Lage, als ob sich etwas Festes um das Innere lege.
7. 25. 7. 1928, abends 10 Uhr. Nach öfterem Wiederholen oft schon ein Zucken in den Armmuskeln, ehe der innere Befehl klar gegeben ist.
8. 26. 7. 1928, mittags 3 Uhr. (Rechter Arm schwer und „warm“.) Das Gefühl der Wärme geht strahlenförmig vom Ellenbogen aus, nur wenig in den Oberarm, sehr schnell in den Unterarm verteilt.

9. 26. 7. 1928, abends 7 Uhr. Gefühl der Wärme bis in die Fingerspitzen.

10. 27. 7. 1928, abends 8 Uhr. Wärme geht jetzt durch die Fingerspitzen in den linken Arm über.

11. 28. 7. 1928. Gefühl, als ob die Wärme in einem Stromkreis (rechter Arm, linker Arm, Rücken in Schulterhöhe, wieder in den rechten Arm) fließe. Ähnliches Gefühl von der Schwere, als ob der Kopf zu den Füßen strebend einen Kreis mit dem übrigen Körper schließen wollte.

12. 29. 7. 1928, abends 7 Uhr. Bei der Rückkehr in die angespannte Lage Gefühl, als ob sich etwas im Innern in zwei Teile teile, von denen der eine nach oben, der andere nach unten strebe, besonders stark beim Öffnen der Augen. (Versuche in der Rückenlage, Arm angewinkelt, entspannt, Kopf ein wenig höher.) „Körper schwer und warm, Kopf kühl!"

13. 1. 8. 1928, mittags 2 Uhr. Gefühl der Schwere ist sehr schnell da, das Gefühl der Wärme dagegen flutet nur bisweilen wie in einer schweren langsamen Woge durch den Körper, aber nicht anhaltend. Vor allen Dingen keine Trennung zwischen Kopf kühl und Körper warm.

14. 2. 8. 1928, abends 10 Uhr. Versuch im dunklen Zimmer ausgeführt. Schwere wieder sehr schnell da. Von den Füßen Vorstellung wie von unförmigen, schweren Klumpen. Gefühl, als ob man ins Bodenlose versänke. In den Armen nicht nur das Gefühl der Schwere, sondern auch ein Ziehen zu den Füßen, als ob elektrischer Strom hindurchginge. Kein Wärmegefühl, im Gegenteil schwer und kalt. (Kopfschmerzen. Kein Farberlebnis vor den Augen, nur helle Funken auf dunklem Grund oder schwach gelbe, schnell vorbeihuschende Kreise.)

15. 3. 8. 1928, mittags 2 Uhr. Schwere schnell, Arme am schwersten, Gefühl, als ob ganzer Körper aus Holz wäre. Vorher starke Zahnschmerzen hören auf, an der Stelle des Kiefers, wo weher Zahn, Gefühl wie nach einer Betäubungseinspritzung: hölzern. Jetzt deutlich das Gefühl, daß das Blut vom Kopf herunterzieht, aber noch nicht das Gefühl der Kühle im Kopf, vielmehr das Gefühl, als ob die Trennung zwischen warm und kalt in Brusthöhe erfolgte. Vor den Augen leuchtend blaue Kreise, die näherkommen, in Lila übergehen und verschwinden.

16. 4. 8. 1928, mittags 3 Uhr. Gefühl, als ob das Fleisch von den Kiefern in die Höhe gezogen würde. Farben: Blau, Blaulila, Gelb.

17. 5. 8. 1928, mittags 3 Uhr. Trennung von warm und kühl jetzt richtig. Zuerst Leuchtendrot vor den Augen (Versuch zum Licht hin ausgeführt), dann Gelblichgrün und schließlich in Leuchtendblau übergehend. Puls normal 80. Auf den Befehl „schneller" gleich in der nächsten Minute 92. Dabei Zucken in den Arm- und Beinmuskeln. Kribbeln in den Fingerspitzen. Starker Druck auf dem Kopf.

18. 6. 8. 1928, abends 11 Uhr. Puls normal 89, auf Befehl „schneller" 100, dann auf Befehl „langsamer" in der ersten Minute 93, in der zweiten 91. Beim Befehl „schneller" krampft sich alles innerlich zusammen. Zucken der Arm- und Beinmuskeln, wie von elektrischem Strom gereizt. Dumpfes Brausen im Kopf. Rotes Flimmern vor den Augen. Beim Befehl „langsamer" Gefühl der Lösung, Atem tiefer, schwerer, ruhiger. Unklares Ichbewußtsein. Leuchtendblaue Kreise mit hellen Rändern, die langsam auf mich zukommen.

19. 7.8.1928, abends 10 Uhr. Puls normal 85, auf Befehl „schneller" 97, dann „langsamer" 86 zu 83 zu 79. (Beobachter beobachtet immer 5 anschließende Minuten und sagt bei jeder Minute „jetzt".) Gefühl, als ob der Kopf ganz allein und weit von dem übrigen Körper existiere, besonders bei „langsam". Bei „schneller" Druck am Herzen, der auch nach dem Versuch noch anhält. Farben: Blau mit gelben Rändern, bisweilen auch Blaulila.
20. 8.8.1928, abends 10 Uhr. Puls normal 76 (an den Tagen vorher vielleicht so hoch, weil angestrengt gelesen). „Schneller" 89, „langsamer" 85 zu 76 zu 76. Besonders stark werden nur Kopf, Herz und Puls gefühlt. Dumpfer Druck auf allen drei Stellen. Gefühl, als ob elektrischer Strom zum Herzen fließe. Arm- und Beinmuskeln zucken nicht mehr so stark. Bei „langsamer" großes Lustgefühl, als ob man ins Endlose wachse. Versuch zum Licht liegend ausgeführt. Farben: zuerst Hellrot, dann Gelblich, immer schmutziges Gelb-, dann Blaugrün, endlich wieder schön Blau, Kreise auch in der Mitte hell, um die Mitte dunkelstes Blau, zum Rande heller, am Rande wieder Hellgelb.
21. 10.8.1928, abends 11 Uhr. Puls: 83 zu 96 zu 85 zu 80 zu 78 (Zeiten nicht genau, die Sekundenuhr fehlte). Versuch vom Licht abgewandt ausgeführt. Keine Farben, sondern nur auf dunklem Hintergrund blitzende silberne Funken und Streifen.
22. 12.8.1928, abends 10 Uhr. Puls: 93 zu 100 zu 83 zu 79. Versuch zum Licht. Farben: Leuchtendrot, Orangegrünlichblau. Blau wird immer klarer und leuchtender, von hellen Funken durchsetzt. Beine scheinen anzuschwellen. Ziehen in den Zähnen. Bei „langsamer" stellt Beobachter stark unregelmäßigen Puls fest. Bei „schneller" Gefühl, als ob sich der Körper in die Höhe bäumen wollte. Kribbeln in den Ellbogen, Knien und Fingerspitzen.
23. 13.8.1928, abends 9 Uhr. Puls: 80 zu 90 zu 80 zu 76 zu 74. Druck am Kopf, bei „schneller" Gefühl, als ob ein Band immer enger um den Kopf gezogen würde, nachher Druck am Herzen. Bei „Kopf kühl" werden Augen nach oben gedreht, bei „Rumpf warm" nach unten. Bei „langsamer" Gefühl, als ob man sich ins Endlose ausdehne. Farben: Blau, zuerst verschwommener, mehr Rotblau, dann wieder leuchtendes Blau.
24. 15. 8. 1928, abends 11 Uhr. Puls: 83 zu 95 zu 83 zu 79 zu 75. Beobachter stellt fest, daß der Puls bei „langsamer" immer dann wieder ein paar Schläge schneller geht, wenn er den Befehl „jetzt" gibt.
25. 19. 8. 1928, abends 11.30 Uhr. Puls: 76 zu 83 zu 75 zu 69. Bei „schneller" Gefühl, als ob der Körper auf einen immer kleiner werdenden Platz zusammengedrängt würde. Bei „langsamer" verliert man immer mehr das klare Bewußtsein, ist sogar nahe daran, einzuschlafen. Schwere nimmt bei dem Befehl „langsamer" immer mehr zu. Die blauen Kreise werden dabei immer größer, dunkler und ziehen immer langsamer vorbei, im Gegensatz zu „schneller", wo viele kleine leuchtende Punkte vorbeitanzen.
26. 20. 8. 1928, mittags 3 Uhr. Puls: 82 zu 88 zu 82 zu 78 zu 74. Schwere wie immer sehr schnell da, Wärme kommt langsamer, aber Trennung zwischen Kopf und Rumpf jetzt immer recht klar. Zuerst keine direkte Farbe, Flimmern in Hellgrau, dann Gelb. Beim Anfassen der Hand sofort in Blau übergehend. Bei „schneller" Hämmern in den Schläfen, kalte Stiche durchs Herz.
27. 23. 8. 1928, abends 11 Uhr. Puls: 75 zu 83 zu 70 zu 70 zu 68. Beim dritten Male stellt der Beobachter Zucken im Arm fest, das ihm das Zählen erschwert. Farbe:

bei „schneller“ Dunkelrot, bei „langsamer“ ins Blau übergehend. Bei „langsamer“ immer die Beethovenmaske vor den Augen. Gefühl nach dem Befehl „schneller“ kein behagliches. Bei „langsamer“ dagegen großes Lustgefühl.

28. 25. 8. 1928, abends 10.30 Uhr. Puls: 67 zu 76 zu 67 zu 65 zu 60. Sehr müde. Keine Farbe. Graues Sehfeld, aber nicht gleichmäßig, sondern mit zahllosen silbernen Punkten durchsetzt. Wenn der Beobachter vor das Licht tritt, Blau. Bei dem Befehl „langsamer“ Gefühl, als ob das Blut in dicken Kugeln durch die Adern rolle, muß immer an elektrischen Stuhl denken.

29. 26. 8. 1928, abends 11.30 Uhr. Puls: 79 zu 88 zu 79 zu 79 zu 79. (Versuch vom Licht abgewandt.) Schwarzblaues Sehfeld. Helle Flecken huschen vorbei, oft Ringe, die in der Mitte dunkel sind. Wärme besonders auffallend in den Händen und Unterarmen, während Gänsehaut über den Kopf. Kitzeln in der Mitte beider Handflächen, das immer stärker wird, vielleicht, weil die Aufmerksamkeit sich darauf konzentriert.

30. 28. 8. 1928, abends 11 Uhr. Puls: 76 zu 87 zu 75 zu 72 zu 75. Hände am schwersten und wärmsten. Scheidung zwischen warm und kühl gut. Bei „schneller“ Gefühl, als ob elektrischer Strom plötzlich eingeschaltet würde. Wärmegefühl wird auch stärker. Druck mitten auf dem Kopf und am Herzen. Bei „langsam“ Gefühl, als ob man tiefer und in größere Dunkelheit versänke. Farben wechselnd zwischen Gelb und Blau.

31. 30. 8. 1928, abends 11.30 Uhr. Puls: 72 zu 83 zu 70 zu 68. Versuch diesmal im Sitzen ausgeführt. Schwere dabei schneller, auch Wärme. Aber Kopf nicht kühl. Bei „langsam“ werden die Hände immer schwerer. Gefühl, als ob die Finger dicker würden. Kopf sinkt immer tiefer. Bei „schneller“ starker Druck am Kopf, und zwar von innen nach außen. Brausen in den Ohren. Farben: Blau mit hellen Kreisen, Blau schön leuchtend.

32. 8. 9. 1928, abends 10 Uhr. Puls: 94 zu 106 zu 94 zu 90 zu 85. Versuch im Sitzen. Blaue Kreise mit leuchtenden Rändern. Ränder erscheinen zuerst, nach der Mitte zu, immer tiefer Blau. Bei „schneller“ starkes Vibrieren in den Schläfen. Zucken in den Handgelenken.

33. 9. 9. 1928, abends 11 Uhr. Puls: 85 zu 93 zu 82 zu 81 zu 81. Versuch im Liegen. Herz fühlt sich wie hölzerner Klumpen an, Druck auf der Brust. Bei „schneller“ Kopfhaut wie straff gespannt. Zähne fest aufeinander, deutlich das Gefühl wie von elektrischem Strom durchflossen, diesmal lebhafte Farben vor den Augen, immer vom Rötlichen über Gelb ins leuchtende Blau übergehend. Bei „langsamer“ sofort eine Lähmung nach starker Spannung, später aber bei intensivem Denken „langsamer“ wieder eine Art Spannung, nur nicht mit Erregung. Schwere nimmt dabei zu. Daß bei den Befehlen des Beobachters „jetzt“ der Puls immer ein paar Schläge schneller wird, bemerke ich selbst, vielleicht erklärlich, weil unwillkürlich auf den Befehl gewartet wird, also Spannung, dann wieder Lösung. Farbe sofort vom intensivsten Blau. Kreise, die anfangs schnell, dann immer langsamer auf einen herabfallen.

34. 10. 9. 1928, abends 7 Uhr. Puls: 76 zu 89 zu 76 zu 74 zu 74. Beobachter stellt fest, daß beim Einsetzen des Kirchengeläutes der Puls ein paar Schläge schneller geht, obwohl ich selbst nichts davon bemerkte, daß es überhaupt geläutet hatte. Bei „langsam“ verliert man viel schneller das Selbstbewußtsein als bei „schneller“.

35. 13. 9. 1928, abends 11 Uhr. Puls: 81 zu 89 zu 77 zu 74. Farben: Gelb mit Blau wechselnd. Vor dem linken Auge erscheint dauernd ein kleiner leuchtender feststehender Punkt.

36. 14. 9. 1928, abends 10 Uhr. Puls: 81 zu 89 zu 77 zu 76 zu 77. Bei jedem Geräusch Puls ein paar Schläge schneller. Daher nie so recht eine unternormale Zahl zu erreichen. Farben wie immer zwischen Gelb und Blau wechselnd.

37. 15. 9. 1928, abends 11 Uhr. Puls: 78 zu 89 zu 75 zu 71 zu 70. Sehr gute Trennung zwischen Kopf kühl und Rumpf warm. Vorstellung von Kopf wie von einer Holzkugel, die weit vom Rumpf entfernt ist. Bei „schneller" Vorstellung von kleinen, sehr rasch aufeinanderfolgenden Wellen, bei „langsam" dagegen große, schwere, langsame, dunkle Woge, die man durch den Körper fließen fühlt.

38. 17. 9. 1928, abends 10 Uhr. Puls: 80 zu 88 zu 79 zu 75 zu 76. Runde und länglichrunde Gegenstände rollen vor den Augen vobei, bei „schneller" viele kleine, bei „langsam" immer größer werdende, schwere.

39. 18. 9. 1928, abends 11.30 Uhr. Puls: 70 zu 78 zu 70 zu 68. Wieder sehr müde. Schwere kommt dabei sehr schnell. Aber die Trennung nicht sehr gut zu erreichen. Versuch wurde zum Licht liegend ausgeführt. Zuerst Grellrot vor den Augen. Dann in Orange, Gelb und Blau übergehend. Bei „langsam" beinahe eingeschlafen. Beobachter behauptet, der Puls habe bisweilen ausgesetzt.

Hier ist der Ansatz zur Gesamtschaltung schon im ersten Versuche deutlich: „Gefühl, als ob schwarzer Schleier in die Tiefe sinke". In der zweiten, der ersten selbständigen Übungssitzung wird die Erholungswirkung bemerkt. Nun bringt fast jede Wiederholung des Versuches neue Erfahrungen „Kopf wird schwer" (3.: 20. 7. abends 8 Uhr), Raumverlust (4.: 22. 7. abends 8 Uhr), Generalisierung (5.: 23. 7. abends 9 Uhr), inneres Zerfallsgefühl (6.: 24. 7. abends 8 Uhr), Wärmegeneralisierung (10.: 27. 7. abends 8 Uhr), Analgesie spontan (15.: 3. 8. mittags 2 Uhr); der weitere Verlauf liegt hinter der prinzipiell wichtigen Entscheidung und unter loseren Versuchsbedingungen, doch sei der besonderen Anschaulichkeit und Exaktheit wegen auf das Protokoll hingewiesen. So zeigt es Allgemeinvergrößerungserlebnisse bei der selbsttätigen Herzumstellung (18.: 6. 8. abends 11 Uhr; 20.: 8. 8. abends 10 Uhr), örtliche Vergrößerung (22.: 12. 8. abends 10 Uhr), Augendrehung bei Herzumschaltung (23.: 13. 8. abends 9 Uhr), Kryptognosie (34.: 10. 9. abends 7 Uhr).

Die Versuche in Münster an 9 Versuchspersonen ergaben mit Ausnahme eines Teilnehmers, der durch eine Außenstörung den Experimenten entzogen wurde, ausnahmslos ein Einsetzen der Umschaltung ohne entsprechende Instruktion. Erinnern wir hier an die Erfahrungen bei Muskelentspannung (*Jacobson,* Kapitel XII), bei Elektromyographie und Typenforschung (Kapitel II), wo ohne jede Erwartung der Versuchsleiter durch Setzung von Entspannung „Versenkung" eintrat, so dürfen wir die Fragestellung unserer Experimente ohne Bedenken dahin bejahen, *daß in der Tat systematische konzentrative Entspannung zur Versenkung führt, ohne daß irgendwelche „suggestive" Momente im Sinne einer gerichteten Beeinflussung oder auch nur einer Gefühlsgemeinschaft mitzuspielen brauchen.*

In der Beziehung Entspannung — Versenkung haben wir eine urtümliche Reaktion vor uns, wie ja schon die weitgehende Analogie zum „lösenden" Charakter des Einschlaferlebnisses zeigt.

KAPITEL VIII

Versuch einer Theoriebildung

Der Versuch, Ansätze zu einer „Theorie des autogenen Trainings" zu geben, ist nur dann in gewissen Grenzen möglich, wenn wir uns lediglich der Erklärung oder Auffassung des Verfahrens in seiner Eigenart zuwenden, nicht aber, wenn wir bei dieser Gelegenheit allgemeine, „letzte" Fragen biologischer oder psychologischer Art stellen; vermeiden wir diesen Fehler nicht, so müssen wir bei biologischer Betrachtung in „Hirnmythologie" oder „Biophilosophie", bei psychologischer Inangriffnahme in die Metaphysik entgleiten. Kritischer- und billigerweise darf daher zur Zeit vom Versuche einer Theoriebildung nur verlangt werden, daß er das autogene Training zu allgemeineren Entsprechungen in verbindende oder abgrenzende Beziehung setzt.

Prinzipiell erscheint dies in *zwei Kategorien* nach drei Gesichtspunkten möglich; es kann *physio-biologisch* oder *psychologisch* vorgegangen und versucht werden, etwas auszumachen über

1. den *Umschaltungsvorgang,*
2. den dadurch gesetzten *Zustand im allgemeinen,*
3. den *„Wirkungswert" (Schilder)* des *Zustandes* im ganzen oder besonderer Einzelmomente (*„Effekt"*-Problem).

Auch bei dieser Bemühung verpflichtet die Eigenart des Verfahrens als einer allgemeinsten organismischen Schaltreaktion zu Auswahl und Begrenzung, wenn vermieden werden soll, sich allzusehr in weite Zusammenhänge zu verlieren. Und nicht minder setzt das Mißverhältnis zwischen Umfang der Aufgabe und Kapazität des Einzelnen enge Grenzen. Dieser Einschränkungen und Unzulänglichkeiten bewußt, wollen wir im folgenden einige theoretische Betrachtungen anknüpfen, wobei zuerst überwiegend physiologische, dann überwiegend psychologische Zusammenhänge und Probleme behandelt werden sollen.

Physiologisch betrachtet ist das Training zu kennzeichnen als *übende Erlernung einer autohypnotischen Umschaltung, die sich durch bewußte Zuwendung auf das Endosensorische bei Außenreizverarmung* (Augenschluß), *Immobilisation* und *Entspannung systematisch* entwickelt. Der im Verlaufe der Übungen immer schneller, sicherer und intensiver auftretende *Umschaltungsvorgang* enthält mithin „physiologisch" die Momente,

a) der Körperhaltung,

b) der Hemmung der Außenaktivität und

c) der bewußten, willkürlichen Zuwendung auf bestimmte überwiegend „sensorische" Funktionen,

wobei zweifellos der letzte Punkt der entscheidende ist und deshalb an erster Stelle Beachtung verlangt.

Die *bewußte willkürliche Hinwendung an bestimmte überwiegend „sensorische" Funktionen* stellt prinzipiell das *Aufmerksamkeitsproblem.* Soweit ich mir ein Urteil bilden kann, wird man bei *hirnphysiologischer Betrachtung* einer derartigen Einstellung das allgemeine Rätsel, wieso ein irgendwelcher vitaler Funktionsvollzug gerade diese oder jene Hirnapparatur „benutzt", ausschalten müssen und nur fragen dürfen, ob man sich über die entsprechende zerebrale Funktionsweise begründete Gedanken machen kann.

Dabei wird stets die Grundauffassung beherrschend sein, daß wir nicht in anatomisch-strukturelle Bildungen „hineinlokalisieren", sondern *(Goldstein, v. Weizsäcker, Buerger-Prinz, Schilder* u. a.) nur prüfen wollen, welche zerebralen Organisationen gerade für diesen Gesamtvollzug von besonderer, vielleicht entscheidender Bedeutung sind. Früher verständlicherweise rein „kortikal" aufgefaßt erscheint „aktive Aufmerksamkeit" mehr und mehr als gesamtzerebrale Leistung verständlich, wobei besonders Schaltwerke im Mittelhirn sowie auch das retikuläre System Bedeutung erhalten, wie *W. Birkmayer* und *E. Neumayer* im Zusammenhang mit dem Problem der *„Somatisierung"* hervorheben (Festschrift zum 70. Geburtstag von *E. Kretschmer,* 290, 1958).

Hier sei in erster Linie an die wertvollen Versuche von *W. Luthe* (Corr. pssc.) erinnert, die zerebralen Grundlagen der autogenen Umschaltung zu klären.

Ebensoweit ausgedehnt hat man sich die Funktionsgebiete des *Ruheerlebnisses* zu denken; seine Eigenart als „Stimmung", als eines allgemeinen Zustandserlebnisses weist schon an und für sich in allgemeine Richtung; die Beziehungen der affektiven Abläufe zur Tiefenapparatur sprechen im gleichen Sinne.

Schon der Erstversuch bringt nun ferner eine *physiologische Einengung,* die, mit *Kurt Lewins* glücklicher Terminologie zu reden, beinahe physikalischen Charakter hat: Wegfall außenoptischer und spontanmotorischer Beanspruchung und der aus ihnen fließenden Stell-, Haltungs- und Abwehrreflexe; es sind weite Anteile des sonstigen Tagesbetriebes stillgelegt, was vielleicht im Sinne dynamischer Hirnphysiologie eine Verstärkung restierender Funktionen begünstigt oder bedingt.

Über den *Wärmeversuch* läßt sich bei der geringen bisherigen Kenntnis der Vasoneurologie unseres Erachtens nichts Näheres vermuten; die Häufigkeit leichter Wärmeerlebnisse schon im ersten Schweretraining legt eine Identifikation der zentralen Strukturen *(Spiegel, Friedberg)* nahe.

Die Erlernung des *Herzerlebnisses* darf als Kortikalisierung angesprochen werden, im gleichen Sinne wie *O. Foerster* die hypnosuggestiven Leistungssteigerungen bei postenzephalitischen Zuständen auffaßt; prinzipiell ist hier kein Unterschied von allgemeinem körperlichem Leistungserwerb zu erwarten. Sehr interessanterweise ist, wie ich erst aus der Arbeit von *Friedberg* (Zschr. Neurol., Berlin 134, 50 [1931]) erfuhr, *Spiegel* 1928 in seiner Monographie über „Die Zentren des autonomen Nervensystems" gleichfalls einer allzu schematischen Trennung willkürlicher und unwillkürlicher Funktionen entgegengetreten: *Friedberg* sagt:

„*Spiegel* glaubt, daß der Unterschied zwischen unserer Gewalt über die willkürliche und unwillkürliche Muskulatur möglicherweise nur ein quantitativer sei, denn er sagt: „Von Ausnahmefällen abgesehen, können wir vom Kortex in der Regel nur Intentionen zu Bewegungskombinationen abgeben, haben aber die Kontraktion der einzelnen, quergestreiften willkürlichen Muskeln in der Regel kaum mehr in unserer Gewalt, als die ‚Kontraktion der Pupillen'", und er vermutet, „daß unsere Fähigkeit, Reaktion im Bereich der quergestreiften Muskeln auszulösen, mehr entwickelt ist, weil wir von Kindheit an Gelegenheit haben, die Bewegungen der willkürlichen Muskulatur zu kontrollieren und zu üben, während die Bewegung der glatten Muskulatur der Eingeweide der Kontrolle unseres Gesichts- und Tastsinnes entzogen ist."

Diese experimentellphysiologisch und klinisch geleiteten Erwägungen begegnen sich durchaus mit den Resultaten unserer Übungsarbeit.

Interessante Hinweise auf eine *Sonderstellung* des beim Menschen für die Teilentspannung besonders geeigneten *Schulternackenfeldes* teilt mir Herr Kollege *Pietsch* aus *E. B. Speers* Klinik in Lindau soeben mit:

Er konnte zuerst bei zwei 4 Wochen alten, dann bei ausgewachsenen Katzen feststellen, daß ein Nackenanheben an ganz bestimmten Stellen, wie es die Kätzin mit ihren Kleinen beim Tragen macht, „einen Zustand völliger Erschlaffung" herbeiführt; alle Glieder hängen „wie schlaff gelähmt", wobei der Kopf „schlaff zur Seite sinkt" und die vorher lebhaften Augen schläfrig, „sterbend" werden. Nach dem Wieder-Setzen schnurren die Tiere behaglich. *Pietsch* weist auf Beziehungen dieses „Getragenwerden-Reflexes" zu scharf lokalisierten Schulternackenpunkten hin; in der Tat ist es sehr bemerkenswert, daß gerade an einer Stelle ein immobilisierender „hypnoider" Zustand ausgelöst werden kann, wo beim Kleintier die Mutter trägt. Entsprechend beobachtete *K. Herter* (Zschr. Tierpsychol., Berlin X, 5 [1943]) bei Iltis-Jungtieren „*Tragstarre*", wenn das Muttertier sie am Nacken faßte.

Die übrigen Punkte des typischen Trainings (Atmung, Leib, Stirnkühle) lassen besondere Anknüpfungspunkte hinsichtlich hirnphysiologischer Korrelate nicht erblicken.

Dagegen ist das Problem der *Körperhaltung* noch kurz zu streifen. Die Bedeutung der Immobilisation wurde bereits erwähnt; nachtragend ist auf die „hypnosigene" Wirkung von Immobilisationen in *Pawlows* Hundeversuchen zu verweisen, nur muß man der Versuchung widerstehen, unter ihrem Eindrucke die menschliche Reaktion zu einfach sehen zu wollen. Ähnlich wie die leistungspsychologischen Gesetze und Regeln nur unter Voraussetzung innerer Bereitschaft zügig sind, was die Gestaltpsychologie prinzipiell berechtigt, wenn auch etwas sehr nachdrücklich betont, ähnlich wie der Mensch auch im beruhigenden Dauerbade durch Abwehr lebhaft bleiben kann, bedarf die Körperhaltung, soll sie im Training voll erscheinen, der inneren Hingabe und Bereitschaft.

Eben in dieser Eigenleistung „allgemein zerebraler" Art ist die physiologische Voraussetzung für den systematischen Lernfortschritt zu sehen, während ein gewissermaßen leermechanisches Vollziehen, wenn überhaupt, nur Zufallsfortschritte geben kann.

Daß selbst bei Rückenmarksfröschen *Gewohnheitsbildungen* und *bedingte Reflexe* herzustellen sind, zeigten schöne Untersuchungen von *L. Franzisket* aus dem zoologischen Institut Münster (Zschr. vergl. Physiol. 33, 142 [1951]); für den bedingt reflektorischen kataleptischen Zustand wies *A. O. Dolin* (Zbl. ges. Neurol. 120, 28 [1952]) dasselbe nach; auch diese allgemeine Umschaltung läßt sich an bedingtreflektorische Signale binden, ein besonders wesentlicher tierphysiologischer Beitrag zur Übungsfähigkeit allgemeiner psychophysischer organismischer Haltungen, zu denen auch das autogene Training gehört. Hinsichtlich der inneren *„Einwilligung"* besteht eine nahe Übereinstimmung der Umschaltung im Training mit dem abendlichen Einschlafen als einer Einwilligung in die eigenen Müdigkeitserlebnisse und mit den interessanten Beobachtungen *Goldsteins* über *induzierte Tonusveränderungen.* Hier ist allerdings muskulär eine gewisse Spannung Voraussetzung, ferner Ausschaltung (bewußte Ignorierung) des Ermüdungsschmerzes, passives Hingegebensein bis zu „dösigem Gefühl" und bewußte Ablenkung vom Versuchsarm auf andere Inhalte. Bei *Goldsteins* Versuchsperson fehlte beim Verlauf der eigenartigen Spontanbewegungen jedes Ermüdungsgefühl, wie in unserem Katalepsieversuche die Eigenbeurteilung der muskulären Leistung. Die Differenz der konzentrativ gesammelten Zuwendung zur Passivität und Entspannung im Training und der Ausgangsstellung willkürlicher Abkehr von aktiven Spannungsphänomen in *Goldsteins* Versuchen ist deutlich und prinzipiell; sie erklärt, daß im autogenen Training spontan außenmotorische Reaktionen nicht beobachtet werden; die Abgrenzung der Eigenart und die Gemeinsamkeit der innersten „Passivität" Haltungsreaktionen gegenüber ließ einen kurzen Hinweis notwendig erscheinen.

Läßt sich über den *zerebralen Gesamtvorgang der Umschaltung an sich* etwas aussagen? Sicher nicht mehr, als über den viel gründlicher bearbeiteten Vorgang des abendlichen Einschlafens, auf den schon im Kapitel I verwiesen wurde; das bescheidene Ausmaß sicherer Kenntnisse nötigt hier, die Disposition zu durchbrechen und *Umschaltungsvorgang, den dadurch gesetzten Zustand und die entstehenden Wirkungswerte* gemeinsam zu erörtern.

An erster Stelle erinnern wir daran, daß der hirnphysiologisch so hochverdiente *H. Berger* in seinen Mitteilungen über das von ihm entdeckte *Elektroenzephalogramm* (Arch. Psychiatr. [D] 94, 16 [1931]) als gesichertes Forschungsergebnis die Tatsache bezeichnet, daß bei geistiger Arbeit außer den hirnelektrischen Ruhe-Aktions-Schwankungen regelmäßig eine Erhöhung des allgemeinen Blutdruckes, eine leichte Pulsbeschleunigung, zerebrale Kongestion und gleichzeitige Zusammenziehung der Hautgefäße der Extremitäten und des Kopfes eintritt, also außer der letzten Erscheinung durchweg das direkte Gegenteil der Befunde im autogenen Training; die Haltungspole Aktivität – Passivität, Spannung – Entspannung treten parallel zu den elektroenzephalographischen Schwankungen deutlich hervor.

Seine grundlegenden Feststellungen haben schon zu einer ausgedehnten Spezialliteratur der Wissenschaft aller Länder geführt, die jedoch für Schlaf und Hypnose keine ganz einheitlichen Resultate bringt. In dem autogenen Training verwandten Entspannungszuständen nach *Carp* (Leiden) stellten *B. Stokvis* und *L. J. Franke,* ebenso wie in Hypnose fest, daß „psychische Ruhe" ein Grenzzustand zwischen Schlaf und Wachen ist (Ned. tschr. psychol. 8, 1–26 [1940]; Ned. Tschr. geneesk. 84, 2863 [1940]); echte Hypnose zeigte das Elektroenzephalogramm des Hirnstammschlafes. *Fortanier* und *Stokvis* (Psychiatr. neurol. bl., Amsterdam 3 [1941]), *Kretschmer* und seine Mitarbeiter (Psychotherapeutische Studien 1949) u. a. haben in den letzten Jahren die Entspannungsruhezustände, namentlich der Schwere-Wärmeschaltung, elektroenzephalographisch untersucht. *H. Heimann* und *Th. Spoersi* (Mschr. Psychiatr. 125, 261, 478 [1953]) schließen aus ihren E.E.G.-Untersuchungen an Hypnotisierten auf einen prinzipiellen Unterschied von Schlaf und Hypnose, die sie fehlender Schlafkurve wegen „rein psychologisch" fundieren wollen (Literatur).

W. Stojanow und *R. Heidrich,* Erfurt, fanden im *E.E.G.* beim Training mit der Länge der Sitzung zunehmende schlafähnliche Veränderungen (Psyatr. Neurol. Med. Psl. XIV 13 [1962]); *A.* und *K. Jus,* Warschau, kontrollierten exakt mit *E.E.G., E.M.G., E.K.G., Pneumographie* und *psychogalvanisch;* anfangs bestand keine Übereinstimmung mit dem Selbsterleben der 12 gesunden V. P., erst nach psychogalvanischen Reaktionen setzte erkennbare Übereinstimmung ein. Beim E.E.G. bestimmte das Ausgangsbild. Stets erinnerten etwa erscheinende Veränderungen an solche im Schlafe, ohne das subjektiv Schläfrigkeit bestand. Keine ausgesprochenen bioelektrischen Schlafbilder, nur Somnolenz-Äquivalente. (Rev. Méd. ps. som. II, H. 3, 136 [1960]).

Aus der Strasbourger Universitäts-Nervenklinik (Prof. *Th. Kammerer),* welcher dieses Buch auch seine französische Fassung verdankt, hat *M. G. Geißmann* auf dem Strasbourger Kongreß „Relaxation" 4.–9. 6. 1962 einen umfassenden Überblick über die bereits vorliegenden physiologischen Befunde gegeben und wichtige neue E.E.G.-Befunde mitgeteilt. Es zeigte sich eine Abflachung des Alpharhythmus, der aber nicht verschwindet sondern bei automatischer Frequenzanalyse eine leichte Frequenzsteigerung zeigt; andere Erscheinungen zeigten ein Langsamer- und Unregelmäßigwerden, und besonders gut trainierte Versuchspersonen zeigten in der Zentro-temporal-Gegend kleine Stöße, die an ähnliche Befunde bei Epilepsie erinnern, obwohl es sich um völlig normale V. P. handelte. Ausgesprochene Schlaf- oder Einschlafsymptomatik zeigt sich im EEG; die eingangs beschriebenen Befunde werden mit ähnlichen bei Yogin *(Das* und *Gastaut)* verglichen. Diese Erscheinungen des „autogenen Zustandes" *(Luthe)* zeigen sich erst nach mindestens 3 Monaten konzentrierten Übens. *Rosenmayr* und *Hohenauer* fanden das kindliche EEG – im Gegensatz zu dem der Erwachsenen! – im autogenen Training nicht verändert (Deu. Ges. Ki. Hekde, September 1965): *G. S. Barolin* und *M. Dongier* (Corr. Psy. 10 [1965], 120) stellten bei epileptischen Kindern im A. T. abnorm EEG-Befunde fest; die Anfallshäufigkeit ließ sich nicht beeinflussen, dagegen sehr günstig das Allgemeinverhalten. In neuerer Zeit wurden von verschiedenen Autoren Hirnstromuntersuchungen an Trainierten durchgeführt, so besonders von *A. Jus* und *K. Jus* (Correl. psycho., S. 12), *P. Geißman* (ibid., S. 15), dessen Kurven auf „einen besonderen Versenkungszustand" hinweisen, die, wie das ganze Thema (ibid., S. 18), kritisch erörtert werden. *A.* und *K. Jus* (ibid. 104) beobachteten, daß Veränderungen des Atmungsablaufes zeitlich schon vor Hirnstromveränderungen eintreten ,und daß später eine enge Beziehung zwischen beiden Erscheinungen besteht.

W. Luthe (Cor. S. 3) gab 1965 eine Übersicht über die Probleme der *Hirnströme* (EEG) im Bereich des autogenen Trainings; er schloß sich der Ansicht von *Israel* und *Röhmer* an (s. *P. Aboukir, L. Chertok, M. Sapir* „la relaxation" 1958), das EEG im autogenen Zustande entspreche dem in einem Praesomnium („drowsiness"); daran schloß *W. Luthe* ausgedehnte experimentelle Studien und neurofunktionelle Hypothesen. Die Verwandtschaft seiner Befunde mit den Schlafbeobachtungen von *R. W. Hess* ließ ihn drei Phänomene herausstellen: 1. Abnahme retikulokortikaler Aktivität, 2. Abnahme thalamokortikaler Aktivität, 3. unmittelbare Funktionsänderungen in den mit dem retikulären System verbundenen Strukturen.

Auf diese wichtige Arbeit sei besonders hingewiesen. In seinen wertvollen Beobachtungen „autogener Entladungen", die sich bei verlängerter „formelfreier" Innenschau zeigen, ordnet er (ibid. 22) die nun faßbaren „vegetativen" Phänomene als Auswirkung eines „hypothetischen, zentralen Sicherheits-Entladungs-Mechanismus" ein, der im Dienste homöostatischer Steuerung steht und bei der autogenen Wirkung beteiligt ist. *P. Geismann* erörtert das Problem dieser „décharges" besonders anregend (Rev. méd. psycho. 1968, S. 139).

Auf dem Internationalen Kongreß in Mailand 1968 berichtete *W. Luthe* mit *J. Shibata* und *K. Motoda* über entsprechende Beobachtungen bei Schizophrenen in Elektroschock, mit *K. Inanago* und *J. Shibata* über optische Reizverarbeitung. Gleich wertvolle Befunde verdanken wir *G. S. Barolin* (Fortschr. Neur. Psyatr. 1968, S. 227) an Hypnotisierten; er warnt vor voreiligen Verallgemeinerungen einzelner Befunde und betont die Bedeutung individueller Differenzen.

Im Rahmen dieser Gesamtumschaltung beansprucht der *Muskeltonus* nochmalige Erwähnung; erhöhte Muskelspannung entspricht im Anfang durchaus spezifisch der geistigen Aktivität, wofür besonders jüngere amerikanische Autoren viel experimentelle Belege erbrachten.

Die wichtigen Studien von *Jacobson* über progressive Relaxation finden im Kapitel XII Sonderbearbeitung; hier interessiert speziell, daß *Miller* (J. Exper. Psychol. [Am.] 26 [1926]) bei rein muskulärer Entspannung häufig Einschlafen beobachtete. „Offenbar sind den bewußtseinsregulierenden Apparaten Tonusapparate zugesellt", sagt *Schilder* (Zschr. Neurol., Berlin 110, 767 [1927]); oft erhalten Allgemeinerlebnisse, wie etwa der Schwindel, „erst von den Tonusveränderungen aus die endgültige Gestalt" *(Schilder,* Jb. Neurol. 45, 182 [1927]), doch handelt es sich um einen Haltungsaufbau kompliziertester „Staffeln im Organismus, deren letzte und umfassendste im Psychischen zu suchen ist. Gleichgewicht wird so von einem physiologischen Problem zu einer moralischen Aufgabe." Ebenso können wir die Entspannungs-Spannungsregulation von der Physiologie bis zur Weltanschauung verfolgen und alle bei ihr beteiligten fixen und Gelegenheitsapparate als in dauernder gegenseitiger Abhängigkeit annehmen. In diesem Netzsystem von Funktionsanschlüssen ist ein wesentliches Glied die Neuroregulation des Tonus, die an und für sich schon eine Fülle von Problemen stellt. Gute neuere Zusammenfassung bei *W. Kunert* „Muskelfunktionsstörungen und vegetatives Nervensystem" (Med. Kli. 1965. 161)

Hinsichtlich der *Vasoregulation* in entspannten Zuständen ist auf die Befunde von *Wollheim* aus der *v. Bergmann*schen Klinik hinzuweisen (Dtsch. med. Wschr. 1930, 556), nach denen in Schlaf und absoluter Körperruhe die zirkulierende Blutmenge um 400—1000 ccm abnimmt; wir dürfen nach den angegebenen Bedingungen dasselbe für die autogene Entspannung erwarten. Eine umfassende Übersicht gab 1968 *D. Langen* (Rass. d. ipnoi. 1968, 4600).

Steht so die Physiologie des Entspannungszustandes in großen Zügen vor Augen, so ist theoretisch besonders die Frage bedeutsam, *wieweit der zentral gesetzte veränderte Zustand der Peripherie wieder das Zentrum beeinflußt.* Aus der Pathologie sind solche Zirkelbildungen geläufig; therapeutisch wurde besonders in der Theorie physikalischer Applikationen darauf abgezielt *(„Vitalzirkel"* der bionomen Schau. *J. H. Schultz).*

Entsprechende therapeutische Erfahrungen liegen in unübersehbarer Fülle vor; Muskelkrampfkupierung durch Dehnung unter Bezug auf die grundlegenden Beobachtungen durch *v. Uexküll* am Schlangenstern, Umstellungsaktionen durch Wärmeanwendung an der Peripherie oder Anregungen *Head*scher Zonen, z. B. mit Senfpflaster als Wehenanregung oder Leberfunktionsanregung, und nicht minder krankengymnastische Erfahrungen kritischer Autoren sind hier zu nennen. Vielfach wurde nachgewiesen, daß bei Organleiden die segmental entsprechenden Hautpartien abnorm kühl oder wärmestrahlungsschwach sind und weitgehende „rückläufige" günstige Einwirkungen erlauben. Der *Begründer der Nervenpunktmassage Cornelius* stellte bekanntlich die Lehre von *„Peripherie und Zentrum"* in den Mittelpunkt seiner Überlegungen, ebenso der um die wissenschaftliche Arbeit dieses Gebietes so sehr verdiente *W. Kohlrausch.* So entstand ein weites Arbeitsgebiet fruchtbarer *Neural-* und *Segmentpathologie* und *-therapie* in den letzten Jahrzehnten *(W. Baumann, F. Dittmar, D. Groß, K. Hansen, G. Jantzen, W. Kibler, D. Langen, H. Regelsberger, H. Schliack, M. Schrenk* u. v. a.), die besonders auch in dem „Arbeitskreis für neurovegetative Therapie" – Homburg unter *D. Gross* – Frankfurt erfolgreich bearbeitet wird, wobei auch das autogene Training kritisch-produktiv eingebaut wurde.

Ein Verfahren, das wie das autogene Training zu meßbaren Änderungen der Wärmestrahlung zu führen imstande ist, darf *wirkungsmäßig* mit der *Diathermie* verglichen werden, deren Brauchbarkeit z. B. bei Nephritis (*Ganten-*

berg, Dtsch. med. Wschr. 1144 [1931]), ja angeblich bei ischämischen Zuständen der Oblongata (*Raab,* Med. Klin. 318 [1931]) berichtet wird. Gleichgelagert ist grundsätzlich die *Kurzwellen*therapie.

Außerhalb solcher kühner, wenn auch nicht unsinniger Vergleiche mit Diathermiewirkungen darf die entspannende Umschaltung des Trainings als *„Ableitung"* unbedingt Beachtung fordern, wie namentlich die Erfolge bei Vasoneurosen (Ereuthrophobie!) zeigen. Die Einschaltung des endokrinen Apparates und des Stoffwechsels, besonders auch der Lipoidsteuerung in die gesamte Neuroregulation *(Bürger, Stenberg, Alvarez-Neuschloß)* eröffnet weitere Möglichkeiten der „Rückwirkung" durch Entspannung, mag es sich um akute Relaxationen oder besonders um langfristige Erarbeitungen und Umstellungen von *prophylaktischem Werte* etwa bei der *Hypertonie (J. H. Schultz* und *Biehn,* Dtsch. med. Wschr. 177 [1923]) handeln.

Die *therapeutische* Wirksamkeit von *Anästhesierungen (Huneke, Stejskal, Beyer)* wurden von *E. Fenz* (Fortschr. Therap. 17, 105 [1941]) theoretisch zusammengefaßt. Neue kritisch-produktive Darstellung bei *D. Gross* „Heilanaesthesie und Schmerz" (Mon. Kurs. Ärzbl. Fortb. XV. 1965, 489).

Die Nachhaltigkeit der Wirkung erklärt *Fenz* durch Aufhebung der Schmerz*folgen* für Entzündungsverlauf, Muskel- und Gefäßspannung und Psyche. Alle diese Mechanismen schließen auch an eine analgesierende autogene Entspannung an und machen ihre lange, oft dauernde heilende Nachwirkung bei rheumatischen, entzündlichen u. a. Erkrankungen ebenso verständlich wie bei Hypnotherapie.

Für die theoretischen hier liegenden Möglichkeiten war eingangs (Kapitel II) ein älteres Schema der Selbstbeeinflussung körperlicher Funktionen von einem fiktiven Ichmittelpunkt aus gegeben; ich habe empfohlen, für die Erörterung von psychophysischen Umstellungen an gewissen *Reaktionssystemen* Orientierung zu suchen, die dem hierarchischen Aufbau des Organismus entsprechen und adäquate Schlüsselmethoden fordern. Nach dem heutigen Stande unseres Wissens wären dies meines Erachtens vier Reaktionssysteme, und zwar:

Reaktionssystem	Bereich	Methode
1. Ionalkolloidales	Ionen-, Aggregierungs-, Membran- usw. -funktionen	Physikalische und Kolloidchemie
2. Chemisches	Stoffwechsel, Endokrinium	Chemische
3. Neurovegetatives	Vegetative Reaktionen	Biologische
4. Zentralnervöses	„Bewegung" „Bewußtsein"	Bio- und psychologische

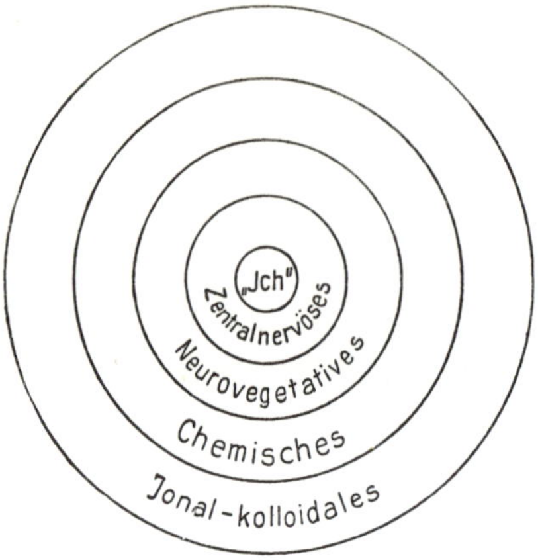

Abb. 17
Ich-Körper-Reaktionssysteme

Alle diese Reaktionssysteme, das beweisen hypnosuggestive Experimente aus führenden Kliniken (Näheres hierzu in meiner „Seelischen Krankenbehandlung" 8, 1963, Kapitel VI), *können* prinzipiell durch psychische Konditionierung beeinflußt werden. Das Schema würde sich also nun ändern, wie Abbildung zeigt.

Die Frage nach der Denkbarkeit eines eigentlich *trophischen Einflusses,* der etwa konzentrativ gesteigert, enthemmt, gerichtet werden könnte, soll hier auf sich beruhen.

Es sei auf die ausgezeichnete Zusammenfassung von *H. Fleischhacker* in *Bethes* Handbuch 10, 1149-1178 verwiesen, wo unseres Erachtens überzeugend dargelegt wird, daß bisher nichts zur Annahme spezifisch trophischer Nervenfunktion nötigt. Auch *G. Döring* faßt den Stand dieses Problems dahin zusammen, daß „letztlich die Lehre vom ‚trophischen Nervensystem' auf dem gleichen Stande geblieben ist, wie zur Zeit ihrer Begründung durch *Gaul* und *Samuel* vor 100 Jahren" (1. Neuroveg. Sympos. Burg, IX/1950)

Überraschend weitgehende Übereinstimmung ergaben die letzten Jahre zwischen der von uns vertretenen *„bionomen" Auffassung* aller wissenschaftlichen ärztlichen Psychotherapie, des autogenen Trainings im besonderen, und der grundlegenden dynamischen Lebenslehre des Hamburger Anthropologen *Walter Scheidt,* der Lehre von der „synallaktischen Funktion des Nervensystems". Für die Erlaubnis, sein Manuskript hier zu benutzen, sei besonders gedankt!

Aus *Walter Scheidt „Zur Theorie des autogenen Trainings": ...* Man kann die *theoretische Hauptsache der Lehre vom Leitwerk* (Synneuron) — deren Kenntnis im einzelnen hier vorausgesetzt werden muß — etwa folgendermaßen zusammenfassen:

I. Die von *Peterfi* konzipierte Vorstellung, daß sich die *Neurofibrillen (Leitfäden)* – als Kerne von Kernleitern *im* Neuroplasma – erst unter dem Einfluß von potentialdifferenzierten Gewebsspannungen bilden, daß sie nach dem Fortfall oder Ausgleich jener Spannungen wieder zerfallen und daß diese vorübergehenden Leitfadenbildungen für den Wiederholungsfall ähnlicher Potentialdifferenzen eine erhöhte Wahrscheinlichkeit der Leitfadenbildung im leitfadendurchzogenen Neuroplasma zurücklassen, führt – nach vielseitiger experimenteller Bestätigung der zahlreichen, zu dieser neuro-funktionellen Vorstellung gehörigen Tatsachen aus allen Gebieten der Organphysiologie und der Neurologie – zu den Folgerungen, daß

1. das Nervensystem in jedem Augenblick des Lebens ein (unstabiles) in sich zusammenhängendes (Leitfaden-Ring-)Netz, das *Leitwerk* (Synneuron) enthält, welches der manifeste Ausdruck aller zur Zeit im Körper vorhandenen potentialdifferenzwirksamen Spannungen ist; (wegen der Erlebnisbedeutung dieser Leitwerkzustände kann man ohne Vorbehalt sagen: *Das Leitwerk „ist" die Seele");*
2. die alte neurofunktionelle und gehirnmythologische Grundvorstellung von „Leitungen" und „Zentren" hinfällig ist, weil – abgesehen von den wahrscheinlich in Nervenzellen liegenden Leitfadenring-Synapsen – das *Nervenfasernetz des neuroplasmatischen syncytii nicht weniger, sondern mehr leistet als die darin liegenden Nervenzellen;* (die alten, bisher nur negierenden Zweifel an der „Zentrenlehre" können erst mit der neuen Vorstellung vom Leitwerk [Synneuron] einen besseren Ersatz für jene als untauglich erwiesenen Vorstellungen bieten).

Damit steht die Lehre vom Synneuron im krassen Gegensatz zu den noch herrschenden Lehren, für welche eine noch von *Langley* gegebene und seitdem immer wiederholte Formulierung kennzeichnend ist: „Was zwischen dem Terminalreticulum und den (medullären oder kortikalen) Zentren liegt, ist bloß humoraler oder nervaler Weg zur Vermittlung der Erregungen."

II. Die Leitfadenring-„Reste" oder Leitfadenring-„Spuren" sind das (dinglich greifbare) *Gedächtnis* der neuroplasmatischen Substanz, das, was *R. Semon, A. Forel* u. a. als „Engramme" in Nervenzellen gesucht haben (ohne daß es möglich wäre, sich von reaktualisierbaren – „erinnerbaren" – *Engrammen* in Nervenzellen eine greifbare Vorstellung zu machen).

III. Die experimentell erwiesene Möglichkeit temporärer *An- und Abschaltungen von Teilen des Leitwerks (Synneurons)* legt den Grund zur Erklärung der *elementaren Verrichtungsanlagen des Leitwerks,* welches, von der Erlebnisseite her (psychologisch) gesehen,

1. bei vermehrter Anschaltung auch der Grenzstränge und bei voller Anschaltung der Hirnstamm-Endhirnverbindungen (des „Wachleitwerks") im *Wachzustand,*
2. bei verminderter Anschaltung der Grenzstränge und der peripherischen Umweltnervenbahnen und bei vollständiger oder teilweiser Abschaltung der Hirnstamm-Endverbindungen (des „Wachleitwerks") im *wachlosen Zustand* arbeitet.

Die Unterschiede der elementaren Verrichtungslagen des Leitwerks, welche erlebnismäßig Wachen und Wachlosigkeit bedeuten, sind also objektiv Unterschiede im Zustand des Leitzuleitungswerks (d. h. der Verbindungen zwischen dem peripherischen Nervenendnetz und dem Medullarorgan) – Grade der Grenzstrangeinschaltungen – und Unterschiede im Zustand des Wachleitwerks (d. h. der Hirnstamm-Endhirnverbindungen) – Grade der Endhirnanschaltung –.

IV. Neue Deutungen zahlreicher alter Erfahrungen und neue experimentelle Beobachtungen sichern die Annahme, daß der in Hirnstamm und Rückenmark (mit Ausnahme von den „Langbahnen") liegende Teil des Leitwerks als *Ausgleichsleitwerk* für den *ganzen* (beide Körperhälften umfassenden) Körper die „höchsten" Regulationen der *Tonusverteilung* (im Sinne *aller* „Spannungen" = Organverrichtungsbereitschaften) und der *Gefühlstönungen* leistet.

Die letztere beruht darauf, daß *arrhythmisch-asymmetrische Auslenkungen* der *Leitfadenringverteilung im Ausgleichsleitwerk* von *der konstitutionell-„gleichgewichtigen" solchen Leitfadenringverteilung* erlebnismäßig *Unlust* bedeuten (objektiv die ganzheitliche Ausgleichsgarantie des bilateralsymmetrisch entwickelten Organismus gefährden), wohingegen rhythmisch-bilateralsymmetrische Auslenkungen derselben konstitutionellen Mittellage das Grundprinzip der neurischen Lebensvorgänge ausmachen und erlebnismäßig um so größere *Lusttönung* bedeuten, je stärker sie sind. Tonisierung und Gefühlstönung sind die beiden Elementarverrichtungen des Ausgleichsleitwerks; Tonisierung ist seine „Leistung" leibwärts („auswärts"), Gefühlstönung seine „Leistung" endhirnwärts „einwärts").

V. *Das Endhirn* (mit dem Inhalt des Entfaltungsleitwerks – exethorischen Synneurons –) *ist dem Medullarorgan* (mit dem Inhalt des Ausgleichsleitwerks – symmiktischen Synneurons –) nicht *unter-, sondern übergeordnet.*

Es stellt synneurologisch dasselbe dar wie das peripherische Nervenendgeflecht, mit dem einzigen Unterschied, daß dem kortikalen Endgeflecht die nicht-neuroplasmatischen innervierten Gewebe fehlen. Das Entfaltungsleitwerk im kortikalen neuroplasmatischen syncytio ist gewissermaßen ein peripherisches Nervenendgeflecht „ohne Erfolgsorgane". Seine Funktion hat deshalb nur die Bedeutung der *Rückwirkung* („Reflexion") auf das Ausgleichsleitwerk. Es ist eine „Spiegel"- oder „Resonatoren"-Funktion.

VI. *Das Ausgleichsleitwerk ist das objektive Äquivalent dessen, was wir, von der Erlebnisseite her gesehen, als „Erlebendes Ich" bezeichnen.* Es hat in Wachverrichtungslage des Leitwerks (der Seele) die Erlebnisbedeutung des „bewußten" *Ich,* in wachloser Verrichtungslage die erlebnisentrückte Bedeutung des („unbewußten", aber den Organismus „zusammenhaltenden") *Leib-Ich.*

VII. Alle *Reize (Leitfadenringströme),* welche ins Ausgleichsleitwerk einkommen, haben dort zunächst und zuerst eine *protothymische (nämlich prototonische und protopathische) Wirkung auf den Zustand des Ausgleichsleitwerks.* Die über peripherische „Langbahnen" (des Umweltnervensystems – im Unterschied zum Leibnervensystem = vegetativen Nervensystem –) einkommenden Reize können außerdem bei Wachlage des Leitwerks zum Austritt von Reizen aus dem Reizgesamt des Ausgleichsleitwerks führen.

Da diese Reizexistenz (Explikation aus den Austrittspforten des Hirnstammes, bes. der thalamorum) über das Wachleitwerk auf den Gesamtzustand des Ausgleichsleitwerks zurückwirkt, kommt solchen existierenden Reizen also *außer* der protothymischen noch eine *deuterothymische* (nämlich *deuterotonische* und *deuteropathische)* Wirkung auf den Zustand des Ausgleichsleitwerks zu. „Höherseelische" Lebensvorgänge sind objektiv synneurische Vorgänge mit deuterothymischem Anteil. Die Philosophen mögen es uns nicht übelnehmen, wenn wir uns von dieser Formulierung an eine bekannte Forderung *Platos* erinnern lassen, welche die völlige Befreiung des „Geistes" von den Fesseln des Leibes (vor allem der Aisthesis – für uns deuteropathischen Reizwirkung! –) als Idealzustand des nur denkenden Philosophen pries. Naturkundlich sieht dieser Zustand haargenau so aus wie die tiefe Hypnose mit ihrem parathymischen höheren Seelenleben und kennzeichnet auch das vermeintlich „Höhere". Der seines Leibes „entledigte" Mensch ist nur noch ein Denkautomat – für andere.

Jeder „Automatismus" (also z. B. der weitaus größte Teil unserer Handlungsbewegungen) verläuft in solcher „minimal-hypnoider" Verrichtungslage des Leitwerks, sofern nicht gleichzeitig damit deuterothymische Verrichtungen anderen „Inhalts" ablaufen. Dies letztere aber ist wahrscheinlich viel seltener als wir meinen.

Denn eine Gewähr dafür, daß das so ist, daß wir also z. B. *während* einer automatischen Zweckbewegungsfolge „intensiv an etwas anderes denken", haben wir

m. E. nur dann, wenn dieses „andere Denken" bewußter innerlich gefühlsgetönt ist. Da sich solche Vorgänge in vielen (vielleicht in den meisten) Fällen „störend" (nämlich deuterotonisch störend) auf die automatische Handlung auswirken dürften, erscheint es wahrscheinlicher, daß (prototonische) Automatismen und deuterothymische Leitwerkhandlungen (= höherseelische Vorgänge) in der Regel alternierend ablaufen. Diese Auffassung gewinnt eine weitere Stütze durch die Überlegung, daß – grob vorgestellt – Veränderungen im Entfaltungsleitwerk immer erst dann deuterothymisch wirksam und dadurch „merklich" werden dürften, wenn sie ein gewisses, zum vorher gegebenen Zustand des Ausgleichsleitwerks nicht mehr „passendes" Ausmaß des „Anders-Seins" erreicht haben. Die Umschaltungsbereitschaft im Ausgleichsleitwerk (dem „Resonanzboden" des wachfunktionierenden Entfaltungsleitwerks) mag so fein sein wie immer möglich: es ist trotzdem nicht denkbar, daß sich *jede* kleinste Änderung im Gefüge des Endhirn-Leitfadenringnetzes sogleich auch *so* auf das Gefüge des (via Wachleitwerk „daran hängenden") Medullar-Leitfadenringnetzes auswirkt, wie „einem" Erlebnis entspricht erlebbar ist.

Auf die Spur des *Mechanismus unterschiedlicher Erlebnismerklichkeit* kommt man vielleicht am ehesten durch die Beobachtung des Blickes von phasisch „sehmerklichkeitstauben" Menschen. Mit sichtlich fehlender Akkommodation tritt Pupillenweite, Lidspaltenweite, u. U. angedeuteter Exophthalmus, auch leichter Strabismus und Verminderung der Lidschlagfrequenz auf. Es ist nicht leicht, alle diese teils willkürlichen, teils „reflektorischen" Bewegungen und Tonusänderungen der äußeren und der inneren Augenmuskeln auf einen Nenner zu bringen, weil die Tonisierung, optokinetische und psychokinetische Bewegung der äußeren Augenmuskeln durch den (in der ganzen quergestreiften Muskulatur *nur* dort gegeben) Mangel der Muskelspindeln sehr kompliziert, die neurischen Steuerungen der inneren Augenmuskeln wegen des doppelten Anschlusses über Ciliarganglion und oberes Halsgrenzstrangganglion und wegen der Abhängigkeit der Ciliarganglienfunktion vom *Müller*schen Muskel ebenso verwickelt sind. Der Hinweis auf diese Verhältnisse kann aber den (vorläufig allgemeinen) Schluß stützen, daß es offenbar *ganz bestimmte Anschaltungen des äußeren Leibnervensystems (vegetativen Nervensystems) an Rückenmark und Hirnstamm sind, welche das Ausgleichsleitwerk für Erlebnisse die mit den Sinnesorganen der so oder so angeschalteten Leibbezirke zusammenhängen, „empfindlicher" oder „unempfindlicher" machen.*

Daraus folgt: Wird das Ausgleichsleitwerk von bestimmten sinnlichen oder erinnernden Erlebnissen in einen Zustand gebracht, der diese Erlebnisse unlusttönt, dann kann es sein, daß dieser (erlebnismäßig unlusttönende) Ausgleichsleitwerkzustand im Leibleitwerk (des peripherischen vegetativen Nervensystems) Zustände erinnert (innerlich wirklich macht), welche jenen Endhirn-Anschaltungen nicht entsprechen, das Ausgleichsleitwerk für jene unlusttönenden Erlebnisse „merklichkeitstaub" („stabil") macht und dadurch die Unlusttönung verhindern. Dann hängt das höherseelische Erlebnis, objektiv das Gefüge aus Explikaten und Applikaten im Wachleitwerk der Hirnstamm-Endhirnverbindungen und im Entfaltungsleitwerk der Hirnrinde, sozusagen an einem „schwingungsunfähigen" Teil seines „Resonators" (des Ausgleichsleitwerks), im funktionellen Effekt des verhinderten „resonatorischen" Zusammenspiels nicht anders, als ob es abgeschaltet wäre. Das Erlebnis ist *„deutero-a-pathisch"*.

Diese Vorstellung läßt sich weiter festigen und durch eine *allgemeine Angabe über die Art des deuteroapathischen Ausgleichsleitwerkszustandes* ergänzen, wenn man beachtet, daß das Ausgleichsleitwerk in wachloser Verrichtungslage (also z. B. in tiefem Schlaf) offensichtlich deuteroapathisch ist. Die wachlose Verrichtungslage des Leibleitwerks (vegetativen Nervensystems) ist aber bekanntlich die einer *überwiegend parasympathischen Anschaltung des Leibes an das Medullarorgan, also einer weitgehenden Abschaltung der Grenzstränge.* Die anthropologische Erklärung dieser wachlosen (akathaptischen) Verrichtungslage läßt sich als *phasisch-rhythmische Konkurrenz der „Ausgleichsansprüche"* formulieren, *welche vom Leibleitwerk einerseits und vom Entfaltungsleitwerk andererseits an das Ausgleichsleitwerk gestellt werden.* Die Grenzstränge, deren Leitwerkinhalt als „Leibseele je einer Körperhälfte" anzusehen ist, nehmen in dieser Konkurrenz eine vikariierende Stellung ein insofern, als sie bei großer Beanspruchung des Ausgleichsleitwerks vom Entfaltungsleitwerk her einen Teil der zur organismischen Leibsteuerung notwendigen Ausgleichsverrichtungen übernehmen, von dieser Aufgabe aber „ausruhen", sobald das Ausgleichsleitwerk durch Abnahme der Endhirnverrichtungen (Ermüdung, Abnahme der Umweltreize) für Leibsteuerungen „frei" wird. Der periodische Wechsel zwischen Wachlage und wachloser Verrichtungslage des Leitwerks besteht also in einer vorwiegend deuterothymischen und einer vorwiegend protothymischen Funktion des Ausgleichsleitwerks.

Für die Erklärung der *hypnoiden Verrichtungslagen* aller Grade (von denen, die selbst noch die „helle" Wachlage mit spezifischen „Erlebnismerklichkeitstaubheiten" durchschießen, bis zum tiefen, die protothymischen Steuerungen selbst bedrohenden Koma) sind die anthropologischen Begriffe des *Reizaustritts* (der Reizexistenz) und der *Endhirnabschaltung* (Akathapse) wichtig. Unsere Vorstellung von der Reizexistenz als Folge zugeleiteter Umweltreize (aus den Sinnesaufnahmeorganen) unterscheidet sich von der üblichen Vorstellung dadurch, daß wir nicht glauben, der Umweltreiz gehe durch Rückenmark und Hirnstamm hindurch. Er stellt nach unserer Meinung vielmehr nur an (freilich destinater) Stelle der thalamorum Schaltungen her, welche den Reizaustritt endhirnwärts an dem „Reizgesamt" des Ausgleichsleitwerks ermöglichen, einem Klingelzug vergleichbar, der von einer bestimmten Eintrittspforte eines menschengefüllten Hauses eine bestimmte Ausgangspforte auf der anderen Seite öffnen läßt, so daß beim Eintritt eines Menschen durch jene Eintrittspforte jeweils irgendeiner (oder auch mehrere) aus jener Austrittspforte hinausgehen. (Was gelegentlich als „Langbahnen" in Rückenmark und Hirnstamm erwähnt wurde, sind – in unserer anatomisch und physiologisch begründeten Unterscheidung – die „parasymmiktischen" Teile – wesentlich Hinterstränge und Pyramidenstränge – des Rückenmarks und Hirnstamms). Dieser Reizexistenzmechanismus macht es begreiflich, daß in Wachlage die Umweltreize dem Ausgleichsleitwerk den Reizaustritt aus bestimmten Hirnstammkernen gleichsam aufzwingen, wohingegen beim Fortfall von Umweltreizen ein Reizaustritt nur noch nach Maßgabe der Leitfadenringverteilung im Ausgleichsleitwerk zustande kommen kann, sofern dort entsprechende Spannungen entstehen, bei einer normalen Bewältigung der Steuerungsaufgaben im Ausgleichsleitwerk selbst also überhaupt nicht. Dieser Umstand, aber auch die im Lauf der Wachlage erfolgende Abnahme der Reizfülle im Ausgleichsleitwerk (die Senkung seines „Energiepegels") haben zur Folge, daß der mehr oder minder erschöpfte Organismus beim Ausbleiben von Umweltreizen überhaupt keine Reize mehr (endhirnwärts) expliziert, das Wachleitwerk also (mehr oder minder) reizleer (leitfadenringleer) bleibt. Die Existenzwirksamkeit von Sinnesreizen in Wachlage und die „Weckwirkung" von solchen in wachloser Verrichtungslage erklärt sich auf diese Weise also dadurch, daß der existenz- bzw. weckwirksame Umweltreiz die

Austrittspforte ohne Rücksicht auf die Reizverteilung im Ausgleichsleitwerk an bestimmter (destinater), von der Reizeintrittspforte abhängiger Stelle öffnet, dort also deshalb so gut wie immer eine existenzwirksame Spannung endhirnwärts erzielen kann. Eben daher rührt die Merkempfindlichkeit des Ausgleichsleitwerks solchen Erlebnissen gegenüber, welche durch Umweltreize verursacht oder gesteuert sind. Denn die Umweltreize sind „leibsteuerungsfremd". Sie „pfuschen" sozusagen in die organismische Leibsteuerung von außen „hinein".

Es kann als ein Grundprinzip der Lebenserhaltung angesehen werden, daß sich der Organismus gegen leibsteuerungsfremde Umwelteinflüsse zu „wehren" sucht, d. h. daß überall da, wo leibseelisch bestimmte und umweltbestimmte Verrichtungen „zur Wahl stehen" (den Umständen nach beide möglich sind), die leibseelisch bestimmten, umweltunabhängigen die größere Wahrscheinlichkeit haben. Dieses in vollem Sinn „bionome" Prinzip liegt u. E. der *Hypnose* und — noch vollkommener — der von *I. H. Schultz* so genannten *„Versenkung" im autogenen Training* zugrunde:

Die Vorkehrungen angenehmen und umweltreizarmen Aufenthaltsortes und „bequemer", fremdspannungsarmer Körperhaltung oder Körperlage begünstigen eine umweltstörungsarme *Tonusverteilung.*

Da die Tonisierung an und für sich zum weitaus größten Teil (auch in den sog. Willkürbewegungen – s. u. –) eine prototonische, nur zum viel kleineren Teil eine deuterotonische Verrichtung des Synneurons ist, bedarf es nur der Verbalsuggestion des „Sich (körperlich) Hingebens", des Sich liegen, sinken Lassens", um im Entfaltungsleitwerk Fühl- und Seh-Erlebnisse zu erinnern (innerlich wirklich zu machen), welche zu einer deutero-a-tonischen Spannungsverteilung im Ausgleichsleitwerk „passen", eine solche also unter dem Einfluß nur der einkommenden Leibreize (vegetativen Reize) zustande kommen lassen. Wer die sorgfältigen, eingehenden Anweisungen und Beschreibungen dazu von *I. H. Schultz* aufmerksam liest, wird finden, daß sie bis in die kleinsten Kleinigkeiten dem entsprechen, was aus der Theorie der Leitwerkverrichtungen gefordert werden muß, wenn man die leibseelische Autonomie der Tonisierung fördern will. Die Kontrollversuche dazu beweisen ebenso vollständig, daß auf diese Weise eine im ganzen der parasympathicotonischen Spannungsverteilung, also der bereits beginnenden Grenzstrangabschaltung, entsprechende Schaltung tatsächlich erzielt wird. Damit ist der Start zu dem theoretisch erläuterten „Wettbewerb" zwischen den Grenzsträngen bzw. dem Leibleitwerk einerseits und dem Endhirn andererseits um die Verrichtungen des Ausgleichsleitwerks bereits stark zugunsten des Leibleitwerks verschoben.

Diese Deutung hypnoider Bewegungserlebnisse hat ihrerseits wieder eine (weitere) experimentelle Stütze in dem von *Galton* angegebenen, von *Schultz* vielfach wiederholten *Pendelversuch,* bei dem die Versuchsperson zuerst Handbewegungen mit dem Pendel ausführt, dann, nachdem das Pendel angehalten wurde, diese Bewegung nur „vorstellt" und den Ausschlag des Pendels ohne jedes aktive *Ich*-Erlebnis (ohne *Ich*-eigenes Bewegungserlebnis) „unwillkürlich" hervorruft. Der Pendelversuch wird in voller Wachlage gemacht.

Man muß also (in der Konsequenz unserer Erklärung) annehmen, daß dabei keinerlei parathymische Reize zustande kommen. Bei der „willkürlichen“ Bewegung besteht das Erlebnis aus deuterothymischen, d. h. rückwirkend pathischen und tonischen Reizen, welche vom Endhirn her sowohl die Tonisierung der Muskulatur wie die Gefühlstönung des „Bewegungsbefehls“ und dessen (deuterotonischen) Pyramidenbahnreiz („Impuls“) enthält, ferner aus Bewegungsfühlreizen mit protothymischem und deuterothymischem Reizanteil und der (rückläufigen) Zusammenschaltung dieser beiden Reizanteile in den Stirnhirn-Thalamusbahnen, die wir *Ich*-Kontrollreiz genannt haben. Man kann die Lage aller dieser *synneurischen Bestandteile (Leitfadenringbündel) des Erlebnisses* also genau angeben:

1. Bewegungs-„Vorstellung“	
a) deuterotonisch und	
b) deuteropathisch wirksam	im Entfaltungsleitwerk der Endhirnrinde und im Wachleitwerk der Endhirn-Hirnstammverbindungen.
2. Bewegungs-„Impuls“	
a) deuterotonisch und	
b) deuteropathisch wirksam	in den Pyramidenbahnen und im peripherischen Umweltnervensystem,
3. Bewegungs-Empfindung	
aa) protopathisch wirksam	im äußeren Leibnervensystem und im Ausgleichsleitwerk,
ab) prototonisch wirksam	im äußeren Leibnervensystem und im Ausgleichsleitwerk,
ba) deuteropathisch wirksam	im äußeren Umweltnervensystem, in den Hinterstrangbahnen, im Wachleitwerk und in der Endhirnrinde,
bb) deuterotonisch wirksam	ebdt.
4. *Ich*-Kontrolle	
deuterothymisch	in den Retrozentral-Stirnhirnverbindungen und in den Stirnhirn-Thalamusverbindungen.

Von diesem bei der „willkürlichen“ Pendelbewegung vorhandenen ganzen Erlebnis *fehlt* bei der bloß „denkenden“ Wiederholung offenbar nur der Bewegungsimpuls (2 a und b). Denn die Versuchsperson zweifelt nicht daran, daß es „ihre“ Hand ist, welche die Bewegung ausführt, wenngleich dieses „Bewußtsein“ dadurch abgeschwächt wird, daß dem Erlebnis das „aktive“ *Ich* fehlt, das die Bewegung hervorbringt (weil die Bewegung lediglich durch die deuterotonische Bewegungsvorstellungswirkung [1 a] zustande kommt). Es kann freilich auch sein, daß die *Ich*-Kontrolle (4) gleichfalls schwächer ist, was darauf beruhen könnte, daß normalerweise (bei ausgeführter, nicht nur intendierter Bewegung) ein Teil dieser unter 4 genannten Reize in den Verbindungen Retrozentralgebiet — Präzentralgebiet — Stirnhirnrinde liegt und ausfällt, wenn die erste Strecke davon ausfällt (so daß nur noch direkte Retrozentral-Stirnhirnverbindungen zum Zuge kommen).

Bei der *Ich*-fremden Bewegung in hypnoider Verrichtungslage fehlen (im großen Unterschied zum Intentionsversuch) die deuteropathische Wirkung der Bewegungsvorstellung (1 b), die deuteropathische Impulswirkung (2 b), die deuterothymische

Bewegungsempfindungswirkung (3ba und 3bb, welche in eine parathymische verwandelt ist) und infolgedessen auch die deuterothymische *Ich*-Kontrolle (4) (denn eine parathymische solche kann es, unserer Definition zufolge, nicht geben).

Obwohl also das Erlebnis bewegungswirksamer Intentionen dem Erlebnis hypnoider Bewegungen in einer gewissen *Ich*-Fremde äußerlich ähnlich ist, klärt sich doch der fundamentale Unterschied zwischen den beiden Erlebnissen mit dieser Annahme befriedigend auf.

Die „Aufgabesätze" der konzentrativen Selbstentspannung von *I. H. Schultz* schaffen zuerst (mit dem Aufgabesatz „ich bin ganz ruhig") ein Entfaltungsleitwerkgefüge, das – von den Einschlaferfahrungen hergeleitet und planmäßig dem normalen Einschlafbeginn „nachgeahmt" – zur beginnenden leibseelischen Autonomisierung „paßt", d. h. eine endhirngestörte Leitfadenringverteilung im Leibleitwerk „zuläßt", sodann (mit dem Aufgabesatz ‚der Arm ist schwer') eine Einengung der verbliebenen Merklichkeit auf das obere Übergangssegment (C 8) und die benachbarten Segmente (C 6 bis Th 1). Der natürlichen Asymmetrie des Leitwerks in diesen Segmenten ist durch die Anweisung Rechnung getragen; denn den Inhalt des zweiten Aufgabesatzes bezieht *Schultz* auf den „ichnäheren" Arm (je nach Rechts- oder Linkshändigkeit). Wie die Erfahrung lehrte, ist der Erfolg dadurch in der Regel besser, was sich leicht erklärt, weil die Anschlußbahnen des funktionell und trophisch (schon im frühkindlichen Wachstum) bevorzugten Armes mehr Gedächtnisspuren der aus diesem Arm einkommenden Umweltreize und der begleitenden vegetativen Reize enthalten. Auf die letzteren kommt es in diesem Zusammenhang besonders an. Denn der Aufgabesatzinhalt ‚der Arm ist ganz schwer' bedeutet nur insofern eine Konzentrationsaufgabe, als die Merklichkeit des Ausgleichsleitwerks auf dieses Armanschlußgebiet eingeengt wird. Im übrigen stellt er eine Struktur des Entfaltungsleitwerks her, welche zur beginnenden „Dissoziation" des protothymischen vom deuterothymischen Reizanteil, also zu parathymischen Reizen aus dem Arm „paßt".

Denn das Schweregefühl der Glieder, das auch beim normalen Einschlafen auftritt, wird eben deshalb nicht als klare Sinnesempfindung, sondern als mehr oder minder „dumpfe" Allgemeinempfindung (als „Gefühl") bezeichnet, weil es (in einem ähnlichen Mechanismus wie dem des sog. „tiefen Drucksinns", der Temperaturempfindungen und der schmerzhaften Gefühlstönungen) in einer (der einfachen Tastsinnesempfindung in heller Wachlage „fremden") Alteration des protopathischen Reizanteils beruht. Es ist deshalb in gewisser Weise ein Widerspruch in sich, von einer „Konzentration" auf diese Empfindung zu sprechen. Denn für den „konzentrativen" Prozeß der Merklichkeitseinengung ist gerade der deuterothymische Reizanteil entscheidend, der sich bei beginnender Schwereempfindung vom Reizganzen (als parathymischer Reiz) „abzulösen" anfängt, so daß die mehr und mehr leibseelisch (protothymisch) bestimmte Anschaltung übrigbleibt, die man deshalb, in diesem hypnoiden Zwischenstadium des Reizaufbaus, nur „dunkel" empfindet. Anthropologisch müßte man deshalb sagen, der zweite Aufgabesatz bedeute eine „armdestinate Merklichkeitseinengung" (Konzentration) gleichzeitig mit einer allgemeinen Merklichkeitsminderung (einem „Konzentrations-*Verzicht*", einem „Selbstkontrollverzicht", dem Verzicht auf hellwache Merklichkeit überhaupt). *Die Vollhypnose muß aus Gründen des Kontakts zwischen Versuchsperson und Versuchsleiter ein besonderes Gewicht auf die parathymischen Reize legen und deren Trennung von den protothymischen Reizanteilen befördern, während die „konzentrative Selbstentspannung" umgekehrt die deuterothymischen Reizanteile in eben dem Maß, wie sie parathymisch werden, verblassen lassen will.* Es ist deshalb m. E. auch nicht ganz zutreffend, das autogene

Training nur als flachhypnoide Anfangsstufe in einer „fraktionierten“ Hypnose aufzufassen und zu bezeichnen. Sie ist, mit dem Blick auf den Unterschied zwischen Ausgleichsleitwerk und Entfaltungsleitwerk, „Leibseele“ und „Umweltspiegel“, besehen, etwas *grundsätzlich* anderes, der *Leibseele*, nicht dem „Umweltspiegel“, zugewandt. — Etwas grob, aber anschaulich und im wesentlichen wohl zutreffend, könnte man sagen, das autogene Training hat es auf eine Autonomierung (= Endhirnunabhängigkeit) der Leibseele abgesehen und führt einen „Endhirnschlaf“ zugunsten der Leibseele (des Ausgleichsleitwerks) herbei. Die Hypnose hat es auf eine Autonomisierung (= Leibseelenunabhängigkeit) der „höheren“ Seele abgesehen und führt einen „Leibseelenschlaf“ zugunsten der „höheren“ Seele (des Entfaltungsleitwerks) herbei. Vom natürlichen Schlaf unterscheiden sich beide hypnoide Zustände wahrscheinlich dadurch, daß im natürlichen Schlaf, aber nicht bzw. nur wenig in diesen Hypnoiden, die Grenzstränge abgeschaltet werden; zwar überwiegt auch in den Hypnoiden die parasympathische Anschaltung, aber die Grenzstränge bleiben „anschaltungsbereit“. Der so herausgearbeitete Unterschied gibt *I. H. Schultz* recht in seiner Meinung, daß das autogene Training „naturgerechter“ ist als die (naturfremdere) Hypnose.

Auch die Wahl des Arms als „Versuchskörperteil“, von dem die Autonomisierung des (ganzen) Ausgleichsleitwerks ihren Ausgang nehmen soll, hat (jetzt nachträglich) sehr starke objektive Begründungen erfahren. Denn die Lehre vom Leitwerk konnte die Sonderstellung der *Übergangssegmente*, besonders des oberen Übergangssegments (C 8) erklären: In diesem Segment enden die oberen Seitenhornsäulen (Intermedio-Lateral-Trakte), welche die vegetativen Anschlüsse aller vagusversorgten inneren Organe enthalten. Intramedullär aufsteigende Steuerungsstörungen dieser Leibleitwerkanschlüsse haben deshalb eine große Neigung, sich in diesem oberen Übergangssegment zu „stauen“ und zu „fangen“.

Das Segment dient aber außerdem dem Rückenmarksanschluß des oberen Halsgrenzstrangganglions, mithin der segmentsystematischen sympathischen Anschaltungsmöglichkeit fast aller Organe des Kopfgebiets. Die oberen Halsgrenzstrangganglien wiederum enthalten die einzigen sympathischen Umschaltemöglichkeiten der über die nervos vagos laufenden Bahnen. (Vorsichtshalber sei daran erinnert, daß die ältere Ansicht, die nervi vagi dienten nur einer parasympathischen [Hirnstamm-]Anschaltung der vagus-versorgten Organe, schon lange nicht mehr haltbar, anatomisch und physiologisch bereits seit mehr als 20 Jahren endgültig widerlegt ist.) Die oberen Halsgrenzstrangganglien dienen also zugleich der sympathischen Umschaltung der segmentzugehörigen Anschlüsse, die auch einer sympathischen Umschaltung aller Kopfgebietorgane und schließlich einer solchen der Vagusanschlüsse aller inneren Organe bis zum oberen Dünndarm. Und ihrerseits hängen sie fast ausschließlich am oberen Übergangssegment (wahrscheinlich *wegen* der dort noch vorhandenen kranialen Enden der Seitenhornsäulen), im übrigen vorzugsweise an den unteren Cervicalsegmenten, also gerade im Segmentanschluß der Arme. Damit aber noch nicht genug, nehmen diese Armanschlußsegmente (einschließlich der höheren Nachbarschaft) auch noch die unmittelbaren Rückenmarksanschlüsse der kranialen Fortsetzungen der Grenzstränge, nämlich der plexuum caroticorum auf, derjenigen Teile des Gefäßwandnervensystems also, mit denen das gesamte Kopfgebiet zum anderen, mal letztlich aber (über die plexus aorticos) natürlich das gesamte Gefäßwandnervensystem direkt verbunden ist. Die anatomischen, neurophysiologischen und somatopathologischen Beweise und Illustrationen für diese im ganzen Organismus einzigartige Stellung des oberen Übergangssegments füllen ein umfangreiches Kapitel der Anthropologie und sind im Lehrbuch des Verf.[1] nachzulesen. Hier ist es nur möglich, auf diese Erfahrungsstützen der hier entwickelten Theorie des autogenen Trainings hinzuweisen. Die ins einzelne gehende Begründung dafür, daß gerade diejenigen krankhaften Störungen, für die *Schultz* sein autogenes Training erfolgreich indiziert, zum weitaus größten Teil unmittelbare oder mittelbare synneurische Störungen im oberen Übergangssegment sind, würde den Rahmen einer theoretischen Darlegung weit überschreiten."

So führt unseres Erachtens auch der Versuch theoretischer Überlegungen überwiegend physiologischer Art zu einer reibungslosen Einordnung der im Training erhobenen Befunde in bekannte physiologische Zusammenhänge; mehr aber durfte, wie einleitend hervorgehoben, nicht erwartet werden.

Das gleiche gilt für den *Versuch, einiges zu einer theoretischen Auffassung überwiegend psychologischer Art beizutragen,* dem wir uns nun zuwenden.

In der bisherigen Darstellung und ebenso in den späteren Kapiteln wurden die psychologischen Erscheinungen beim autogenen Training nur kurz gekennzeichnet, um ein Verständnis für die Eigenart des Vorgehens zu ermöglichen; aber schon der *Vorgang der Umschaltung,* etwa im Sinne des *Erstversuchs,* ist damit nur sehr unzureichend angedeutet. Die Beschreibung, daß die Versuchsperson sich „die gerade nötige Formel vergegenwärtige", ist selbstverständlich viel zu schematisch und abgekürzt. Betrachten wir die Versuchsperson im Erstversuche psychologisch etwas näher, so handelt es sich nicht darum, daß sie lediglich, unserer Instruktion entsprechend, irgendwie psychologisch im leeren Raume vollzieht: „Ich bin ganz ruhig, der Arm ist ganz schwer", mag ihr selbst auch zunächst im Vollzuge und nachfolgender Selbstschilderung nichts anderes bewußt deutlich sein, sondern der Vorgang sieht in Wahrheit so aus, daß die Versuchspersonen unter der „Aufforderung", gestaltpsychologisch gesprochen, der Formel einen Vollzug ansetzen, der eingehender geschildert etwa heißen dürfte: „Ich erlebe mich selbst oder richte mich, mindestens auf mich selbst als einen Ruhigseienden, den Arm schwer Empfindenden (Fühlenden)". Es ist also in ausgesprochenem Maße ein *„selbst gegebenes Ichverhalten"* im Kern der ganzen Arbeit. Als selbst- und fremdgegebenes Ichverhalten können aber nach meinem Vorschlage (Tagung angewandter Psychopathologie, Wien 1930) die Abläufe und Einstellungen bezeichnet werden, die man gemeiniglich *„Haltungen"* nennt. Die Formel als Vergegenwärtigungsaufgabe fordert also eine Haltung, wenn auch

[1] *Walter Scheidt,* Anthropologie (Hamburg, Hermes Verlag 1950, 379); Du mit Leib und Seele (Berlin 1950, 297); Die menschlichen Inbilder (Urban & Schwarzenberg, München 1954, 284, Abb. 128).

im Beginne nur keimhaft. Reden wir, abgekürzt, von „einer Schwere im Arm“, die „dargestellt“ wird, so ist das ein schematisches, stark abstraktives Verständigen.

Haltungsänderung durch Formelvergegenwärtigung bedeutet nun in exquisitem Maße Lebensgestaltung durch Phantasievollzug; „Einbildung“ im reinsten Sinne des Wortes. In der Tat „bilden“ wir „ein“, wie die Alltagserziehung „aus“-„bildet“, ja in manchen Teilen der Arbeit ist eben das *„Ein-Bilden“* sogar noch getreuer dem Buchstaben ein Führen in die *Welt der „Bilder“*.

Diese Erkenntnis wird also unsere Bemühungen nicht entwerten, sondern im Gegenteil zu grundlegenden Lebensvorgängen in Beziehung setzen, ist doch, kritisch beobachtet, solches „Einbilden“ wesentlicher Anteil aller Lern- und Entwicklungsabläufe, ja vielleicht ihr wesentlichster überhaupt, unbeschadet der Bedeutung äußerer übender Aktion. Die Formeln unserer Arbeit vergegenwärtigend vollziehen bedeutet Zuordnung, innerste Bereitschaft, Gesamtvollzug, Eingehen in das gekennzeichnete Erleben, durchaus in demselben Sinne, wie solche innere Zuwendung Voraussetzung der in ihren Abläufen psychomechanischen Leistungsgesetzen folgenden Lernleistung allgemeiner Art ist. Ein Blick auf die kindliche Sprachentwicklung etwa, die aus dem Stadium des Verstehens als eines aufnehmenden, „sensorischen“ Erfassens durch innere Zuwendung zur ausdrückenden „motorischen“ Selbsttätigkeit führt, zeigt hier tiefe Analogien; und auch hier wäre die Formel „mein Sprachapparat lautet aktiv an“ nur in komplexem Verstehen zutreffend und zu zerlegen in „mein Atem trägt Ton“, „mein Mund macht breit“ usw.

Diese Kernbeziehung muß für die gesamte psychologische Betrachtung des autogenen Trainings immer wieder hervorgehoben werden; unsere Methode steht nicht isoliert als künstliches psychologisches Experiment, sondern bedeutet eine Etablierung des *Körpererlernens in statu nascendi*, die spezielle Benutzung einer ubiquitären funktionellen Haltung. So verstanden, darf die Arbeit als „Ein-Bildung“ reinster Form angesehen und bezeichnet werden.

Einen Sondercharakter erhält das erste Übungserlebnis durch die Hinwendung auf ein umgrenztes Körpergebiet: *„Der Arm ist . . .“* Die einströmenden Sinneseindrücke aus dem beachteten Gebiete *objektivieren* die Haltung; wie bei Schau- und anderen außenrealen Zuwendungsübungen (näheres in meiner „Seelischen Krankenbehandlung“ 8, 1963, Kapitel VII) komplizierte psychopädagogische Einwirkungen entstehen, bedingt die konzentrative Zuwendung auf ein Glied des eigenen Körpers ganz bestimmte Modifikationen des Gesamterlebens; in gewisser Außenabkehr (Augenschluß, Immobilisation, Reizverarmung) wird ein Partialerlebnis der Körperlichkeit Beachtungsziel. Nicht, wie bei der Formel, „ich bin ganz ruhig“, werden mehr oder weniger vage und schwer faßbare Gemeingefühle aktiviert, sondern es soll eine beobachtende Belebung der Armsphäre erfolgen. Das bedeutet eine *gegenständliche* Einstellung, wenn auch Eigenteilen gegenüber, die vom zentralen bewußten, halb- und unklaren Ichgefüge ablenkt und denkerische, höhere affektive und andere komplexere psychische Funktionsweisen abschwächt. „Der Arm" wird zunehmend „erfühlt"; Erfassungsakt, Erscheinungsweise, Gestaltung, Größe, Raum- und Zeitgliederung, um *C. Schneiders* Hauptgesichtspunkte aus seinen schönen Arbeiten über Sinnentrug (Zschr. Neurol., Berlin 131, 719 [1931]; 137, 458 [1931]) zu benutzen, werden bald mehr ausgestaltet, bald verschleiert oder abgesondert (Schwere- und Entspannungsfaktor!): in jedem Falle beansprucht „das Armerlebnis" die Versuchsperson zunehmend. Sie „fließt in das Erlebnis", das sich zunehmend entwickelt, gestaltet, funktionell wandelt, intensiviert. So geschieht eine *„Erweiterung des (Leib-)Ichs"* gleichfalls in engster Analogie zum Körpererlernen, etwa in Sport und Gymnastik; es geschieht eine *„Körperbeseelung";* solche Erlebnisse aber erniedrigen die Spannung des bewußten Ich; es tritt mit dem „Zerfließen" — im dynamischen Bilde gesprochen — eine „Ichdämmerung" ein, zu deren Kennzeichnung lediglich das Moment einer „Ablenkung" nicht mehr genügt. Denn das Icherleben wandelt sich nun, es stellt sich nicht selbst unverändert auf andere Objekte ein. Die „zentralsten" Bewußtseinsfunktionen: Kritik, Außenwendung, Aktivität, Abstraktion, spannend-wollende Selbstregulierung sinken ab, treten zurück, und mehr und mehr bilden sich Vollzugsweisen der Versuchsperson heraus, die man *in einem bequemen Bilde* so kennzeichnen kann, daß nun „unter- oder unbewußte seelische Anteile" agieren. Hier beginnt der Weg zum „tiefsten" *(Kohnstamm)* und zum *„kollektiven Unterbewußten" (C. G. Jung);* es entwickeln sich Wandlungen der Gesamtfunktion, als deren letzte demonstrabele und kontrollierbare Modifikation etwa das Terminerwachen aus erinnerungslosem Tiefschlafe betrachtet werden darf. „Es gibt ein tiefstes Ich, ein tiefstes Selbst, das nicht ‚schaubar' ist, sondern nur erlebt werden kann", meint *Feldkeller* (Sinn—Echtheit—Liebe. Pan Verlag, Berlin 1931) in einem auf den ersten Blick ganz anderen, im Sinnzusammenhang des Lebens, aber auch für die hier vorliegenden Probleme durchaus treffend. Die Frage nach einem *immanenten (persönlichen!) Ich* in der Tiefe ist hier gestellt. (Näheres s. *I. H. Schultz,* „Grundfragen der Neurosenlehre. Aufbau und Sinn-Bild", Georg Thieme Verlag, Stuttgart 1955.)

Die Behauptung oder Aufgabe dieser letzten Position und ihrer Verbindung mit dem Persönlichkeitsgesamt besonders bewußter Funktionalität läßt Narkose (Aufhebung), Hypnose, Schlaf, passive Versenkung (Bezugsminderung) und „produktive" Hypnose und Innenschau (Bezugserhaltung) in gewissem Maße verstehen und zu gleicher Zeit die wechselnden Grade anschließender Amnesie erklärlich erscheinen. Diese „Instanz", um den Terminus von *Freud* zu benutzen, bleibt auch bei extremen Erniedrigungen der „tension psychique" *Janets* funktionsfähig, um erst bei totaler Funktionsaufhebung (Narkose, commotio, Coma usw.) auszusetzen; das „zerfließende" Versenken der Entspannung und der echten Konzentration läßt dieses „Rest-Ich" unberührt, ja begünstigt im Gegenteil sein Hervortreten.

Die (physiologische) Generalisierung und Entspannungszunahme vermitteln gleichfalls in der Arbeit gegenständliche Erlebnisse bis herüber zum Zuständlichen; es erscheint eine *„physiologische Evidenz"* im Selbsterleben, die für die Wertung und Einordnung der Erfahrungen im ganzen bedeutsam ist; die Übungen stellen eine Kette selbstgesetzter derartiger Erfahrungen dar und vermitteln, wie beim Übungsverlaufe äußerer Leistungen, das Gefühl der Sicherheit in der Selbstregulierung in mehr oder weniger genauer Entsprechung zur objektiv kontrollierbaren Sicherheit des Übungsverlaufes; in der großen Mehrzahl der Fälle ist die Entsprechung zwischen subjektiver Sicherheit und objektiv kontrollierter Schnelligkeit, Ausgiebigkeit und Zuverlässigkeit der Leistungen deutlich; die Leistungen werden „angeeignet", „Teile der Persönlichkeit", sie springen im Bedarfsfalle „automatisch" ein, wie etwa die motorischen Komponenten des Schreibvollzuges beim geläufig Schreibenden.

Die Wandlung des *Icherlebnisses* durch konzentrative Körperzuwendung ist zum Teil auch durch *Claparèdes* Feststellungen über die *Ichlokalisation* zu erklären; nach *Claparède* (Arch. psychol. 19, 172) wird „das Ich" instinktiv in die Kopfmitte lokalisiert, wo eine durch beide Augen gelegte Horizontalebene von einer Vertikallinie geschnitten wird, die bei Rechts- und Linksdrehungen des Kopfes als Achse dienen würde; gerade dieser Bereich wird in allen Anfangsübungen abgeblendet.

Der *Modus der Gliedvergegenwärtigung* ist vielgestaltig und wechselnd; *Piklers* Untersuchungen über die Angriffspunkte des Willens am Körper (Zschr. Psychol., Leipzig 110, 288 [1929]) zeigen besonders schön die komplizierte Struktur aller hier lagernden Erlebnisse.

Er untersuchte eingehend den „Bewußtseinszustand", in dem wir den Willen auf einen Teil unseres Körpers richten, um ihn zu bewegen, und fand (Kopf, Zunge, Rumpf, Arme, Hände, Finger, Beine, Füße, Zehen), daß der Wille an der Oberfläche nach der Bewegungsrichtung hin angreift. Wird dies verfehlt, so ist die Bewegung unmöglich; in der Selbstbeobachtung ergeben sich also nicht Angriffspunkte, die auf „dynamischer Grundlage" verständlich wären, sondern vielmehr „Auffassungspunkte der gewollten Bewegung". Ähnlich bringt auch die passive konzentrative Erfassung eigener Körperteile komplizierte Erfahrungen, deren Beobachtung, Schilderung und Einordnung schon an sich viel Interessantes verspricht; in *Piklers* Untersuchungen ist der Hinweis auf gewissermaßen „sensorische" Grundlagen des Willenserlebnisses für unser Verfahren wesentlich.

Das *Zurücknehmen,* schon beim Erstversuch und zunehmend im Übungsverlauf, bedeutet ein Abbruchverfahren, das nicht nur in seinem Wesen aufgabegemäß die Polaritäten Entspannung-Spannung aktualisiert, sondern im Sinne eines „Darstellungsexperimentes" zu „Introvokationen", zu Innenabdeckungen führt, wie *Baade* (Zschr. Psychol., Leipzig 79, 68 [1918]) für die allgemeinen Beziehungen von Abbruch und Selbstschau darlegte (biochemisch spielt hier das *„Räkelsyndrom“ [C.* u. *H. Selbach,* Mschr. Psychiatr. LXXV, 671, 1953] mit).

Die Umschaltung durch *„Somatisierung“*, durch entspannt konzentrative Zuwendung zu einer Extremität, dann zum ganzen Körper hat darin eine Entsprechung, daß ermüdete Glieder oder ein ermüdeter Leib *Schlaf* und damit Zuwendung, mindestens eine beachtende Einwilligung schlafführender Art erfordern; es kann — rein psychologisch betrachtet — zu einem Kampf des Ich mit diesen Körperforderungen kommen; die Hingabe an die Entspannungsforderung führt zu den Nachtschlafumschaltungen, in deren Verlauf das Erleben formal unter primitive Strukturen im Sinne von *F. Krüger, H. Volkelt* u. a. sinkt *(Schenk,* Mschr. Psychiatr. 72, 1 [1929]); das Einschlaf- und Schlafproblem soll hier nicht nochmals erörtert werden.

Es genügt, darauf hinzuweisen, daß die *„Verselbständigung selbstgesetzter Erscheinungen und Verläufe bei passiver Einstellung“*, der wir bei der Erörterung der Beziehungen unserer Arbeit zu Suggestion und Hypnose (Kapitel XI) nochmals begegnen werden, in Überlegungen von *Küppers* zur Theorie des *Halluzinierens* (S. W. D. Psychiatr. 1931) berührt wird. *Küppers* sieht in der Machtlosigkeit, Unfreiheit und Gebundenheit der aktuellen Persönlichkeit gegenüber ihren „Apparaten“ in ausdrücklicher Analogie zur Passivität bei Einschlafen und Nachttraum den wesentlichsten Faktor der Halluzination. Die *„naiv-kritiklose“ innere Schauung* erlaubt die Errichtung unmittelbar wirksamer „formelhafter Vorsatzbildungen“, ist doch unsere Kritiklosigkeit im Nacht-Traum-Bilderleben *das* Modell für völlig reine *„Suggestion“;* wenn *Bernheim* davon sprach, suggerieren heißt „eine Idee ins Gehirn setzen“, so drückt er eine sehr richtige Beobachtung sehr falsch aus. Sobald einfühlbare emotionale Motive wirksam sind, ist das Wort „Suggestion“ fehl am Orte und überflüssig (s. Brit. J. Med. Hyp. 1966).

Der Übungsverlauf führt im Erfolgsfalle zur *Aneignung.* Hierbei spielen psychomechanische Übungsmomente, für deren Vorhandensein *Scola* (Arch. Psychol. N.Y. 75, 23 [1930]) nachdrücklich eintrat, eine wesentliche Rolle; die Annehmlichkeiten und Vorteile guter Beherrschung der Technik wirken unterstützend. Der Weg, den die Versuchsperson durchschnittlich zurücklegt, läßt sich schematisch so andeuten:

Wort		Vorstellung				Zustand
	→		→	Gefühl	→	
Formel		Gedanke				Einstellung

Auch wenn wir den eingangs gezeigten Forderungscharakter der Vergegenwärtigungsformeln berücksichtigen, bleibt die Reihe von Formel zum Zustand doch bedeutungsvoll; aus der als Instruktion, als Fremdkörper übernommenen Formel mehr abstraktiven Charakters wird durch Zuwendung anschaulich Sinnenhaftes mit gedanklichem, kognitivem Bezug; je mehr sich dieses Erfassen entwickelt, um so stärker werden die gefühlshaften Entsprechungen deutlich, bis sie schließlich, passiv aufgefangen, das Ich überfluten, eine Ichzuständlichkeit, eine „Gesamteinstellung" herbeiführen. So wird etwa aus dem „Worte" „gut" oder „böse" in Erziehungsjahren und -jahrzehnten eine Lebenskategorie, eine „Eigenschaft", und nicht umsonst sind, wie im Kapitel IX näher dargelegt, Versenkungs- und Meditationsübungen auf dem religiösen Heilswege seit alters her empfohlen.

Umgekehrt gelesen weist die Formel auf die Ausdrucks- und Sprachentwicklung; Zustände und Einstellungen führen zu Gefühlshaftem, das nun Formulierung sucht und endlich im Worte Entladung findet. Die *Umkehr des Ausdrucksgeschehens* in unserer Arbeit wird so — mit allen notwendigen Abzügen — besonders deutlich, wie andererseits das regressive Moment hervortritt.

A. Lechler empfiehlt in einer kleinen Broschüre von betont christlichem Standpunkt aus (Gespräch zwischen Arzt und Patient: „Wir brauchen Entspannung!", München, Anker Verlag 1948, III, S. 59) in diesem Sinne eine „Schmunzelübung". (Magie seines Namens?)

Der *versenkte Zustand* vermittelt Ruhe, Distanz, *Euphorie der Entspannung;* wie im abendlichen Einschlafen (*Ley,* Pariser Schlafdiskussion 1927) werden die typologischen Einengungen durchbrochen, indem auch sonst akustisch-motorisch Eingestellte zum inneren Schauen kommen; das „Reich der Bilder" erschließt sich, es „erbaut" sich eine neue Welt. Dabei kommen Erlebnisse herauf, die mit den Synästhesien (*Weygandt, Anschütz, Kloose),* mit den eidetischen Problemen und gleichermaßen mit den letzten Fragen der Ekstase und der „Urbilder" verbunden sind, „selbstvergessene Entrückungen", wie sie *Ferenczi* (Arch. Psychol. [Am.] 18, 161 [1931]) so häufig spontan im psychoanalytischen Arbeiten sieht, wo sie ihm der Materialförderung dienen. Die *„Sammlung"* in der Entspannung macht sonst subliminale oder unbeachtete Erlebnisse zugänglich, so daß auch hier, etwa im Körperleben, Neuland entdeckt wird, zumal „der psychische Film", wie *J. Boese* „die Vorstellungsabläufe am Rande des Bewußtseins" treffend bezeichnet (Berlin, Junker und Dünnhaupt Verlag, 1940), unter stärkerer Belichtung läuft.

Sehr wesentlich für die psychologisch-theoretische Auffassung des autogenen Trainings ist die schöne Studie von *P. Masson-Oursel* „Imagination, idéeation" (J. psychol. norm. path., Paris 1941). Hier ist, wie noch wesentlich tiefer in *August Vetters* fundamentalem Werke „Natur und Person" (Klett Verlag, Stuttgart 1950), die innere Schau dem Begriffsdenken gegenübergestellt und damit eine Klärung der verschwommenen Bezeichnungen „Bild" und „Begriff" versucht. Am besten veranschaulicht die Kurzformel *Oursel's:* Der Künstler denkt und erkennt durch Imagination, der Gelehrte imaginiert, während er denkt und erkennt.

Es darf hierin eine erwünschte Bestätigung unseres Versuches erblickt werden, die *Imagination* als seelische Sondereinstellung abzugrenzen.

Alle diese Eigenheiten leiten ohne scharfe Grenze zum *Effekt des Zustandes* über. Die selbstentspannende Resonanzdämpfung der Affekte verlangt, daß bei der Emotion die stürmische Körperreaktion wesentliches Moment sei.

Anscheinend widersprechen dem *Sherringtons* Versuche am isolierten überlebenden Hundekopf, der noch affektive Reaktionen zeigte. Mit *Jacobson* bin ich der Ansicht, daß dieser Versuch durchaus unbeweisend ist, da wichtige Ausdrucksgebiete, insbesondere die kopfmimischen, erhalten blieben, ein Urteil darüber also, ob die Leibausschaltung die Emotionen vermindere, nicht zu gewinnen ist. Ein Affektstoß bleibt nach wie vor eine den ganzen Organismus, die Gesamtperson durchflutende Welle, die im entspannten System verebbt, ohne die typische Brandung zu schaffen. Die Charakterisierung der Emotion als einer organismischen Gesamtreaktion ist gerade durch die Forschungsarbeit der letzten Jahrzehnte unwiderleglich bewiesen.

Der Erwerb selbsttätiger Leitung der unterbewußten Produktivität und ihre therapeutische Bedeutung findet in der Anregung von Nachtträumen zu Heilzwecken eine weitgehende Analogie. Besonders *J. V. Haberman* (Internat. Clin., Philadelphia [Am.] 4, 1 [1920]) hat eine solche dream-therapy systematisch ausgebaut. Für die *formelhaften Vorsatzbildungen,* deren wesentliche Eigenart in der meditativ ermöglichten längeren Verweildauer liegt, wie oben (Kapitel III) näher ausgeführt, sind Untersuchungen von *Marbe* über die Psychologie des Befehlens und Gehorchens (Zschr. Psychol., Leipzig 113, 373 [1920]) von Belang: leichte Einprägsamkeit, kurze, knappe, klare Formulierung und Gleichförmigkeit, also Vermeidung jeder Abänderung, sind die wesentlichsten, mit den Erfahrungen bei formelhaften Vorsatzbildungen völlig übereinstimmenden entscheidenden Punkte für das zweckmäßige Befehlen. *Die konzentrative Erhöhung* der *reproduktiven Gedächtnisleistung* durch Wiedererleben und Hemmungsbeseitigung findet in den Studien von *Pfahler* über Rückeinstellung und Aussage (Zschr. angew. Psychol., Leipzig 35, 184 [1930]) Entsprechung.

Pfahler versteht unter aktiver Rückeinstellung den Versuch, den Aussagenden durch bestimmte Maßnahmen von den seit dem Erlebnis entstandenen Einstellungen zu befreien, indem auf systematischem Wege die Gesamtsituation, in die das Geschehene eingelagert war, wieder wachgerufen wird; passive Rückeinstellung liegt nach *Pfahler* vor, sobald die Einstellung wiedergewonnen ist, in der ursprünglich das Ganze erlebt wurde. Diese Punkte werden durch die passiv gesammelte Zuwendung in spezifischer Weise erfüllt; auch hier ist der Funktionswandel zur Anschaulichkeit oft eine wesentliche Hilfe.

Das große Problem der *Selbstbeherrschung* in allgemeinerem Sinne wird in unserem Verfahren nur als — etwaige — Zielsetzung aktuell. *Cordes* (Abh. päd. Psychol. 2, 2 [1908]) umschreibt die *„Selbsterziehung"* im Gegensatz zur Fremderziehung:

„Hier liegt nicht eine Tätigkeitsbeziehung eines Menschen zu einem zweiten vor, sondern der gemeinte Komplex von Geschehnissen geht von uns selbst, von Größen, die wir irgendwie mit unter den Begriff unserer eigenen Person fassen, aus, und er bezieht sich auf uns selbst, hat die Beeinflussung von psychischen Vorgängen, die wiederum irgendwie konstituitive Faktoren unseres Ich bilden, zum Ziel. Die Berechtigung zum Gebrauche des Wortes Selbsterziehung finden wir aber in der Tatsache, daß auch hier eine Tätigkeit vorliegt, welche dauernde Beeinflussung unserer psychischen Vorgänge nach einem uns vorschwebenden Ideal zum Zweck hat."

Zur Frage der *Selbstbeherrschung hat Müller-Freienfels* (Psychol. u. Med., Stuttgart 3, 45 [1928]) anregende Überlegungen beigebracht.

Nicht die Herrschaft eines abstraktiven, konstruierten „Seelenteiles" kann sinngemäß darunter verstanden werden, sondern „eine gewisse Gleichmäßigkeit der Richtung" des Erlebens, wie besonders der Vergleich mit dem „Unbeherrschten" zeigt. „Wahre Selbstbeherrschung ist nicht ein starres, sondern ein ‚unstarres' System, allerdings jedoch ein *System,* eine Gerichtetheit, die zunächst auf die Selbsterhaltung abzielt." Selbstbeherrschung ist „Richtungskonstanz" mit Bezug auf die gesamte, auch die äußere Lebenssituation. Die hohe Bedeutung einer inneren Ruhigstellung und einer Selbstklärung („Persönlichkeitsformel") für diese Aufgabe leuchtet ohne weiteres ein.

Gibt doch schon die *Haltungsaneignung* ähnliches wie eine Richtungskonstanz. Der „Charakter" als „Mauer" oder „Panzer", als eine Abwehrvorrichtung, als ein „Widerstand des Individuums gegen die Umwelt", wie *Reich* in seiner Studie über kindliche Phobie und Charakterbildung ausführt (Zschr. Psychoanal., Berlin 16, 343 [1930]), trifft nun wohl nicht Charakterbildungen, sondern Charakterverbildungen, nahe verwandt den Trotzreaktionen. Das Gebiet dürfte in Wahrheit viel größer sein; wie die Funktion im Organismus zur Organisation von Substraten, wie Bewegung zur Form wird, gestaltet Haltungsentwicklung psychische Strukturen, die keinesfalls immer spannend-verkrampfter Abwehr zu entspringen brauchen. Lösende Lockerung im Sinne lebendigen Gesamtverhaltens führt, bildlich gesprochen, zu einer größeren inneren Weite; wenn sonst teils Beengung nach außen bestand, teils Bedrängung von innen, so ist nun freie Konsonanz mit der Umwelt, wirbelfreies Ausschwingen in der Innenwelt möglich; Reaktionen, die sonst in der Enge der Verkrampfung zu bedrohlichen Hochspannungen und chaotischer Brandung führten, klingen in dem gelöst Erweiterten harmonisch ab. Erarbeitete Haltungslösung wird Persönlichkeitsform, die, tonischer Haltemuskelleistung vergleichbar, ohne wesentlichen Energieverbrauch situationsgerecht mitschwingt. Hier mündet unsere Arbeit in der höchsten psychotherapeutisch zugänglichen Schicht der Existentialwerte, in der *Selbstverwirklichung.*

Bei der heute vielfach herrschenden unsachlichen Unterschätzung physiologisch-psychologischer Zusammenhänge sei gerade hier am Abschlusse nochmals nachdrücklich betont, daß dieses hohe Ziel nur „organismisch", „naturhaft einwachsend" erreicht werden kann, wenn wirklich durch Jahre gewissenhaft und regelmäßig geübt wird, so daß nun der *„erworbene Vollzugszwang im normalen Seelenleben"* sich voll *produktiv* auswerten kann. Voraussetzung bleibt immer exaktes, regelmäßiges Üben.

Daß der Weg zum autogenen Training durch schwere Neurosen oft genug gesperrt ist, wurde bereits erwähnt; in solchen Fällen ist eine Psychoanalyse parallel oder vorbereitend bei zureichender Indikation ratsam. Einzelne Fehlreaktionen auch schwer neurotischer Störungen können häufig autogen korrigiert werden, z. B. Schlafstörungen.

Diese unbestreitbaren Tatsachen sind ebenso anzuerkennen wie das Mitspielen allgemein-analytischer Mechanismen in der autogenen Arbeit, besonders bei analytisch nicht geschulten Versuchsleitern. Das zentrale Problem der Umschaltung aber können analytische Formulierungen nicht erreichen; es liegt – trotz aller analytisch neurosenpsychologischen Störmöglichkeiten! – „tiefer", im biologischen Schalturgrund, wie beim Nachtschlaf. Dadurch wird der Wert analytischer Studien beim autogenen Training nicht gemindert, wie etwa bei *R. Durand de Bousingen* und *Th. Kammerer* (Der Arzt als „Ideal-Ich", Übertragung, Identifikation usw. Rev. Med. Psso., 1968, S. 1); *R. Jarreau* und *R. Klotz* (Bedeutung getarnter Angst, ibid. S. 431); *M. L. Roux* (Unbewußte Gefahren, ibid. S. 438) sowie *M. A. Fernandes* („Relaxamento", 1969, J. d. Med., S. 667). Alle diese Arbeiten geben wertvolle *Weg*klärungen, nicht aber letzte *Wesens*erschließung.

Nahe und wesentlich sind die Beziehungen unseres Verfahrens zur *Verhaltenstherapie* (behaviour therapy), bei der vielfach die Entspannung als Hilfe herangezogen wurde, auch in autogener Form, so z. B. bei *G. Crosa* (Kongreß Mailand 1968); *H. Johnson* e. a. (J. consult. clin. psl. 1968, S. 280); *I. M. Marks* c. a. (Brit. J. psatr. 1968, S. 1263); *A. S. Paterson* (Congress Mailand 1968); *J. Wolpe* (ibid.); der Verfasser betonte in einem kurzen Artikel als bedeutsam „Gedächtnis des Organischen und Psychotherapie" (Prax. Psychth. 1969, S. 157).

Die vorstehenden theoretischen Überlegungen lassen sich u. E. sinnvoll in dem folgenden Schema zusammenfassen, das ebensosehr der Vielfalt hier spielender Abläufe wie besonders auch ihrer untrennbaren Einheitlichkeit im „beseelten Organismus" gerecht werden soll.

DAS KONZENTRATIVE („ECHT SUGGESTIVE") UMSCHALTUNGS-ERLEBNIS

1. *Passivierende Einwilligung*

2. *Fixierende Sammlung* („Ruhe" als Vergegenwärtigungsprobe)
   „Außen-Ablenkung"
   „Kritische Selbstbeobachtung"

3. *Augenschluß*
   „Optische Subtraktion"
   „Introversion"

4. *„Somatisierung"*

5. *„Ruhe"* } *Indifferenz*

6. *Entspannung* }

7. *Entwachung*
   Sinnesreizschwellen ↑
   Kritik ↓ Spontaneität ↓
   „Innere Schau"

8. *Verlangsamung*

9. *Ent-Ichung*
   Empfänglichkeit ↑
   Bestimmbarkeit ↑
   Kohärenzzerfall
   Formwandel und -zerfall
   Bedeutungswandel u. -zerfall
   Ichgrenzenverschiebung

(Punkte 3–9: } *Passivierung vertiefend*)

10. *Affekte*

    Autochthone Entspannungs-Euphorie!

11. *Umschaltung* *Zirkelsprengung* } „psychologisch" *organismisch* „physiologisch"

12. *Erlebnisevidenz mit Erlösungscharakter, „Bilderwelt"*

C. Verwandte Verfahren

KAPITEL IX

Beispiele ethnologischer und religionspsychologischer Art

Ein so allgemeines und so vielfache Probleme des Seelenlebens berührendes Verfahren wie das *autogene Training* enthält seinem Wesen nach eine Fülle von Beziehungen zu den allerverschiedensten Erscheinungen der *Ethnologie und Religionspsychologie.* Hier sollen nur einige besonders lehrreiche Beispiele angeführt werden, die geeignet sind, die angedeuteten Beziehungen zu veranschaulichen und das Verfahren in seinen lebendigen Verbindungen zu verdeutlichen.

Bei primitiven Völkern und in der Geschichte des Altertums ist es besonders der *Schamanismus* in seinen verschiedensten und doch immer wieder gleichmäßigen und einförmigen Bildern, der hier interessiert.

Wie *Stoll,* dessen „Suggestion in der Völkerpsychologie" (2. Aufl., Leipzig 1904) noch immer eine der wertvollsten Quellen darstellt, mit zahlreichen Beispielen belegt, sind Maßnahmen zur Erzeugung von Ausnahmezuständen zu magischen Zwecken bei den Bewohnern der ganzen Erde zu allen Zeiten anzutreffen. Dabei bedienen sich die Zauberer im Prinzip immer gewisser besonderer Verfahren, die je nach Volk und Zeit verschiedenartig kombiniert werden. *Stoll* faßt sie bei einer Schilderung der Suggestivmittel bei malaiischen Völkern folgendermaßen zusammen:

1. Das Verbrennen von wohlriechenden und stark rauchenden Substanzen,
2. das Absingen eintöniger Weisen und Zaubergesänge,
3. eintönige Musik oder eintöniges Geräusch oder Geläute, wie das Schlagen einer Trommel oder eines Tamburins nach bestimmtem Takt, das Reiben von Porzellanschüsseln, das Läuten von Glocken usw.,
4. eigentliche Autohypnose,
5. unbewegliches Sitzen, wobei entweder das Gesicht mit den Händen oder einem Tuch bedeckt oder ein Objekt unverwandt angestarrt wird, oder endlich der Adept den Bewegungen und Gebärden einer anderen Person unablässig mit den Augen folgt,
6. kunstvolle Tänze.

Wir sehen also im Sinne unserer Darstellung entweder Monotoniebeeinflussungen oder Immobilisations- oder Fixationsverfahren angewandt; es kann ferner umgekehrt ein *Bewegungsrausch* herbeigeführt oder auch als alleiniges Mittel verwendet werden; endlich handelt es sich bei den unter 1. erwähnten wohlriechenden oder stark rauchenden Substanzen sicher sehr häufig um *narkotische Mittel.* Die nahen Beziehungen mystischer Ausnahmezustände und der durch Rauschgifte gesetzten toxischen Dämmerzustände sind vielfach hervorgehoben worden. Besonders verwiesen sei auf die „Psychologie der religiösen Mystik" vom *James H. Leuba* (deutsch. Bergmann Verlag, München 1927). Während früher hier eine prinzipielle Grenze zu liegen schien, haben die neuen Forschungen über die tiefgreifenden körperlichen Veränderungen durch gewaltsame Schnellatmung erkennen gelehrt, daß ein Bewegungssturm Änderungen im Chemismus herbeiführen kann, die durchaus toxischen Wirkungen gleichkommen, wenn bei der motorischen Erregung die Atmung mit einbezogen wird. Besonders umfassend und tiefgründig hat mit Bezug auf LSD-Mißbrauch *Henry Ey* neuestens diese Problematik durchleuchtet (Ev. Psatr. 1969, S. 249). *H. J. v. Schumann* erörterte anregend die Frage „Autogenes Training und antike Inkubation" (Z. allg. Med. 1968, 122).

Viel näher zur Technik des autogenen Trainings führen die *Monotonie-* und *Ruheverfahren* mit mehr oder weniger deutlich autohypnotischem Einschlage.

Wir finden sie *(Stoll)* bei den griechischen Wunderpriestern des orphischen Kultes, den sog. Orpheotelesten, am interessantesten ferner bei den altchristlichen *Hesychasten.* Diese um die Mitte des 14. Jahrhunderts in der fernen Abgeschiedenheit der Athosklöster auftretende Sekte hat ihren Namen von dem griechischen ἡσυχαστοὶ, wörtlich: die, die ihr Gemüt zur Ruhe bringen. Der Stifter der Sekte war der Vorsteher eines der Athosklöster, Simeon. Seine Anhänger setzten sich „bei ihren Übungen hin, neigten den Kopf auf die Brust und richteten unter fleißigem Gebet unverwandt den Blick auf den Nabel. Sie hatten dann optische Halluzinationen in Form von Lichterscheinungen, die sie dahin deuteten, daß sie imstande wären, den Ort des Herzens, die Kräfte der Seele und die heilige Dreifaltigkeit leiblich zu sehen. Sie sahen sich von göttlichem Lichte erfüllt und umgeben, hatten allerlei angenehme Empfindungen und gelangten durch alle diese Dinge in einen Zustand ruhiger Verzückung". Es gelang dieser Sekte, deren Tradition unter den Mönchen vom Berge Athos noch heute lebendig ist, wie *K. Eiler* 1957 berichtete (Universitas, S. 799), erst nach langen Kämpfen, die kirchliche Anerkennung zu erreichen. Ihre Gegner nannten sie „Nabelschauer".

Ganz besonders nachdrücklich möchten wir hier auf die schöne Studie von Dr. *P. Zarachias* über „Gebete und Entspannung, hesychastische Mystik und autogenes Training" hinweisen („Weg zur Seele", 1952, 1).

Hier wird mit größter Sorgfalt und Zurückhaltung eine genaue wissenschaftliche Vergleichung zwischen dem autogenen Training und dem Verfahren der alten christlichen Hesychasten durchgeführt, wobei byzantinische und russische Quellen das nötige Material bringen. Dabei wird in wohltätiger kritischer Sachlichkeit jedem Gebiet sein Recht und sein Wert gelassen.

Mein Mitarbeiter Dr. Dr. *K. Thomas* behandelte die Problematik „Autogenes Training, Gebet und Meditation" 1955 („Weg z. Menschen", S. 211).

Auch diese ruhiger Versenkung zustrebenden Verfahren finden sich vielfach in allen Ländern und Zeiten; sie erreichten ihre höchste Blüte im indischen Yoga, dem ein Sonderkapitel unserer Arbeit (Kapitel XI) gilt, so daß wir hier von seiner Erörterung absehen. In neuerer Zeit sind die mit Versenkungserlebnissen einhergehenden mystischen Zustände vielfach gründlich bearbeitet worden.

Leuba versucht in seinem erwähnten Werk *4 Formen* so gesetzter *Trancezustände* zu scheiden. Er beschreibt:

1. Einfache Trance, charakterisiert durch
   a) partielles oder totales Verschwinden der sensorischen und motorischen Funktionen, das einen mehr oder weniger vollständigen Verlust des Gewahrwerdens der äußeren Welt und des Körpers hervorruft;
   b) Reduktion oder gänzliches Aufhören der höheren geistigen Funktionen. Vollständige Trance wird im allgemeinen mit Aufhebung des Bewußtseins gleichgesetzt. *Leuba* betont, daß nur das Auftreten solcher Zustände unter gewöhnlichen oder anormalen Bedingungen die Sonderbezeichnung Trance rechtfertigt, da sonst auch Schläfrigkeit und normaler Schlaf Trance genannt werden müßten.
2. Die ekstatische Trance, wobei die Ekstase als ein erhöhter, den Menschen ganz erfüllender Gefühlszustand gekennzeichnet wird. Gefühlszustände so intensiver Art, daß sie den Menschen völlig absorbieren, bedingen die beiden eben beschriebenen Merkmale der Trance, so daß bis zu einem gewissen Grade jede Ekstase eine Trance ist. Hier sind fließende Übergänge zu katathymen Bewußtseinsveränderungen im Sinne von *H. W. Maier.*
3. Unterscheidet *Leuba* eine mystische Trance, charakterisiert durch die Auffassung der Trance als göttliche Besessenheit oder als Folge göttlichen Eingreifens und endlich
4. mystische-ekstatische Trance oder einfache mystische Ekstase, Zustände, bei denen sich mit oder ohne Trancierung mystisch-ekstatische Erlebnisse ausbilden.

Uns interessiert hier besonders die Abgrenzung von Ekstase und *Nirwana. Heiler* gibt in einer bekannten Monographie über das Gebet (Reinhardt Verlag, München 1921) an, daß die Ekstase durch die Erfüllung des Vereinigungsverlangens mit dem geliebten Gottesobjekt gekennzeichnet ist; in ihr vollende sich die mystische Liebe, die geradezu als „die Mutter der Ekstase" *(Dionysius Areopagita)* bezeichnet werden kann. Demgegenüber bedeutet das Nirwana den Höhepunkt der kühlen, affektlosen Mystik, der die Glut der mystischen Liebesleidenschaft fremd ist. So scheidet *Heiler* auch die mystisch-ekstatische, wonnevolle und verzückte Gottesversenkung von der mehr kontemplativen und mystisch-meditativen buddhistischen Versenkung, die von Leid zu Ruhe, von Ruhe zu heiligem Gleichmut, von Gleichmut zum Nirwana, dem völligen Erlöschen und Verwehen führt. Beiden mystischen Gruppen steht die prophetische gegenüber, deren Ausgangspunkt ein naives Ausschütten des Herzens an Gott bildet, wie *Leuba* zwei Typen religiösen Lebens unterscheidet: den objektiven und den mystischen.

Wir müssen es uns versagen, hier in die Tiefen religionspsychologischer Forschung zu tasten, und möchten vor allen Dingen einige *technische und psychologische Einzelheiten* herausheben, die für unsere Arbeit von Belang sind.

Da ist an erster Stelle das Problem der *Haltung* zu nennen. *Schumacher* hat in seiner anregenden Studie über Gemeinsamkeiten der buddhistischen Versenkung und der jesuitischen Exerzitien (Kohlhammer Verlag, Stuttgart 1928) darauf hingewiesen, daß in beiden Traditionen Vorschriften hierüber gegeben sind, deren Prinzip in Ruhigstellung und Ausschluß von Ablenkungen besteht. Weniger bekannt ist, daß *Ignatius von Loyola* auch Atemvorschriften gegeben hat.

Er sagt, „die dritte Gebetsweise besteht darin, daß man zu jedem Atemzuge oder Atemholen innerlich betet, während man ein Wort des Vaterunsers spricht oder eines anderen Gebetes, das gerade verrichtet wird, so daß zwischen dem einen und dem anderen Atemzuge nur ein Wort gesprochen wird, in der Zwischenzeit aber, von einem Atemholen zum andern, die Aufmerksamkeit hauptsächlich auf die Bedeutung dieses Wortes gelenkt wird oder auf die Person, zu der man betet". Wie *Schumacher* richtig hervorhebt, sucht die buddhistische Tradition durch ihre Atemübungen, durch das „systematische Atembeten", wie er sagt, inneres Gleichgewicht, Ruhe, Sicherheit und Erhabenheit darzustellen, während *Loyola* den Atem nur als Signal für eine erwünschte Konzentration benützt. *Schumacher* meint, „Buddha will die Affekte unterdrücken, *Loyola* dagegen Affekte erwecken, aber neue, d. h. Affekte, die sich von den früheren unterscheiden, ihre Ursache ist nicht mehr die Sinnenlust, sondern die Persönlichkeiten der Tradition, der Vater, Sohn und Geist".

Außerordentlich wesentlich für das Problem Haltung und Erlebnis sind die Ausführungen von *Heiler* über Sinn und Entstehung der Gebetshaltungen (I. c., S. 98-109), auf die besonders verwiesen sei. Wie *Karlfried von Dürkheim* in seinen ausgezeichneten Schriftchen „Japan und die Kultur der Stille" (München-Planegg, Barth Verlag 1950, 126) und „Hara" (ibid. 1956, 254, 159) lebendig vermittelt, ist die japanische Hochkultur in ihrer Sonderausgestaltung des buddhistischen Erbes völlig durchsetzt von bewußten und in die Tiefe reichenden *Stille-Übungen.*

Sie sollen zu einem unmittelbaren Erlebnisvollzuge führen, in dem die Schranke zwischen Ich und Objekt verschwindet, nicht aber lediglich in Sonderzuständen eigentlicher Übung, sondern in Richtung auf eine Totaldurchsetzung der ganzen Existenz. So erlaubt diese innerste Haltung höchste „äußere" Leistungen, aber nicht diese an sich, nicht „Werk" und „Geist" wie in Europa, sondern der innere „Weg" ist das wesentliche Ziel. Unbewegtheit des Leibes, Atemgestaltung und „Übung der Mitte" müssen in harter Arbeit erobert werden. Die so erarbeitete innere Stille soll das ganze Leben tragen, Welt und Werk tiefer erschließen und eine, der Europäer möchte sagen „kosmische" Verschmelzung der Existenz ermöglichen. Auch diesen Zielen dienen besondere Übungen. Nicht nur die erste Forderung der Unbeweglichkeit des Leibes, sondern auch die Atemgestaltung dieser allgemeinen Persönlichkeitsbildung berühren sich eng mit Erfahrungen aus der ärztlichen autogenen Schulung. Das geht so weit, daß für die Erreichung gelöster Atemführung wörtlich die gleiche Formel gegeben wird, die wir unseren Versuchspersonen verdanken, „Es atmet mich", und auch in dieser Welt allgemeiner Menschenführung sich der Vergleich mit der tragenden Welle des Daseins aufdrängt. Diese *Zentradition* hat in Formen der „*Morita*"-therapie in der ärztlichen Arbeit Japans Platz gefunden (Jap. Z. „Psychologia" I, 1958; *K. Sato* 213; *T. Kora* und *K. Sato* 219; *W. van Dusen* 229), *K. Kishimoto* (Act. Psych. X, 428, 1962).

Einig sind sich im allgemeinen die Bearbeiter der mystischen Erlebnisse darüber, daß die innere *Hinwendung* den ersten wesentlichen Schritt zum mystischen Erleben bedeutet (*Leuba*, S. 48). Auf ihrer Grundlage entwickeln sich *Passivität und Entspannung*. Sie werden allerdings zunächst mehr rein psychologisch gefaßt.

So meint *Leuba*, „erst wenn der menschliche Wille zu streben aufhört und sich dem göttlichen Willen unterwirft, wird es Gott möglich, sich mitzuteilen". Er charakterisiert den besonderen mystischen Heilsweg als „das gemeinsame Produkt zufälliger Entdeckungen und empirischen Tastens, das schon in der Kindheit des Menschengeschlechts begann. Die allgemeineren angenehmen Wirkungen der Entspannung und Passivität sind zu offensichtlich, als daß sie lange verborgen geblieben wären. Einige ihrer spezielleren Vorteile wurden auch früher entdeckt. Lange vor Beginn der historischen Zeiten hatte der Mensch sich nicht nur gewöhnt, bei besonderen Zeremonien die körperliche Entspannung und den geistigen Frieden, die mit dem Fahrenlassen der Lebenslasten eintreten, zu genießen, sondern er hatte gelernt, die Selbstaufgabe durch Anwendung künstlicher Methoden – z. B. narkotischer Gifte – zu erleichtern und zu vervollständigen. Diese Rauschgifte bewirken nicht nur Entspannung und Schlafsucht, sondern die dabei bestehende geistige Tätigkeit scheint dem Eigenwillen des Subjektes fremd. Unter dem Einfluß dieser Rauschgifte wird er passiv, und doch träumt er Träume, sieht Visionen und genießt einen Eindruck wunderbarer Freiheit und unbegrenzter Macht... Später wurden die Rauschgifte bei der Herbeiführung der heiligen Ekstase durch andere physische und psychische Mittel ersetzt. Die Yogatechnik, das Nirwana zu betreten, ist nicht mehr von Rauschgiften abhängig. Sie bildet das Bindeglied zwischen dem Giftrausch des Wilden und der psychischen Methode des christlichen Mystikers." Nicht umsonst haben wir ja auch unsere *Nirwanatherapie* mit einem psychischen Rauschmittelgebrauch verglichen; wie die vorstehenden Ausführungen von *Leuba* zeigen, ein Vergleich, der nicht nur für die praktisch-klinische Verwendung bedeutsam ist, sondern viel tiefergreifende Gemeinsamkeiten enthält.

James hat in seiner Monographie über die „Religiöse Erfahrung" (III. *James-Wobbermin*. Hinrich Verlag, Leipzig 1920) einen Sonderfall ekstatischer Umstellung durch plötzlichen Spannungsnachlaß aus den Beobachtungen von *Starbuck* mitgeteilt:

„Ich habe das durchgemacht, was man unter Bekehrung versteht. Ich erkläre sie mir so: der betreffende Mensch treibt seine Gefühle auf den Höhepunkt, unterdrückt aber zur selben Zeit ihre physischen Äußerungen: einen schnelleren Pulsschlag usw., und dann plötzlich gibt er ihnen die volle Herrschaft über den Körper. Das Nachlassen der Spannung ist etwas Wundervolles, und die angenehmen Wirkungen der Erregung werden im höchsten Maße empfunden."

Hier könnte man von einer „*Ausbruchekstase*" sprechen, die Beziehung zum Bewegungsrausche hat.

Auch sonst nimmt *James* vielfach Bezug auf das Problem der Aktivität und Passivität, der Spannung und Entspannung bei religiösen Erlebnisverläufen.

So sagt er bei seiner Erörterung von Erlösung und Bekehrung und der dadurch gesetzten Charakterveränderungen, daß diese „nicht etwa durch die von anerkannten Moralisten festgesetzten Regeln, sondern um so erfolgreicher stattfinden, je mehr diese Regeln gerade umgekehrt werden". Während aktives willensmäßiges Bemühen in unausgesetztem Kampfe bei den in Frage stehenden Menschen „zu nichts als Mißerfolg und Beunruhigung führt und sie zwiefach zu Kindern der Hölle macht", indem eine gespannte und gewollte Haltung einsetzt, die für den Menschen „ein unerträgliches Fieber, eine Qual" wird. „Die Maschine ihres Organismus weigert sich zu arbeiten, wenn die Lager zu heiß, die Riemen zu fest sind. Unter diesen Umständen wird der Weg zum Erfolg, wie zahllose authentische persönliche Mitteilungen bestätigen, durch eine antimoralistische Methode gewiesen, nämlich durch die „Unterwerfung", von der ich in meiner zweiten Vorlesung sprach. Dulden, nicht Handeln — Abspannung, nicht Anspannung: so lautet jetzt die Devise. Gebt das Gefühl der Verantwortlichkeit auf, verzichtet auf die Stützen, die es Euch bietet, überlaßt die Sorge für Euer Geschick höheren Gewalten, seid ganz unbekümmert um das, was werden mag, dann werdet Ihr finden, daß Ihr nicht nur vollkommene innere Freiheit gewinnt, sondern oft außerdem gerade die besonderen Güter, die Ihr aufzugeben meintet. Das ist die Erlösung durch Selbstverzweiflung, das Sterben und Wiedergeborenwerden der *Luther*schen Theologie, das Anheimfallen der (natürlichen) Ichheit an das Nichts, von dem *Jacob Böhme* schreibt. Um dazu zu gelangen, muß gewöhnlich ein kritischer Punkt überwunden werden, der ein scharfes Abbiegen vom gewohnten Wege bedeutet."

„Ein angeborener Trotz muß gebrochen werden und das geschieht ... oft plötzlich und deshalb wie von selbst, und hinterläßt in dem Menschen den Eindruck, als sei er von einer äußeren Macht beeinflußt worden. Wie immer eine solche Erfahrung schließlich zu beurteilen sein mag, sicher ist sie eine Grundform menschlichen Innenlebens."

Auf die tiefen *Beziehungen* dieser *religionspsychologischen Entwicklung zum Widerstandsproblem* in der Psychotherapie habe ich in meiner „Schicksalsstunde der Psychotherapie" (Enke Verlag, Stuttgart 1925) näher hingewiesen.

Im Verfolge unserer Methode interessiert uns hier neben der Widerstandsfrage vor allen Dingen die innere Entscheidung zwischen Aktivität und Passivität, die Bedeutung eines innersten Verzichtes auf falsches Tun, falsches Wollen, falsches Sichbemühen, das uns oft als Fehlerquelle in unserer speziellen Arbeit begegnet, wie besonders im Kapitel IV ausgeführt. Dabei zeigen sich die Höhen- oder Tiefenprobleme der Haltungsarbeit, die im Verlaufe unserer Trainierungsbemühungen als kompliziertes Resultat von im Ansatz primitiven Maßnahmen hervortraten, hier als Ausgangspunkt, ohne daß die Einheit des gesamten Erlebens im mindesten dadurch beeinträchtigt würde.

Gleichsinnig unterscheidet *James* eine bewußte, willensmäßige und eine unwillkürliche, unbewußte Form des Bekehrungserlebnisses, von *Starbuck* als der willensmäßige und der Typus der Selbsthingabe bezeichnet. *James* verweist hierbei ausdrücklich gemeinsam mit *Starbuck* auf das Problem des Namenszwanges, der gedächtnismäßigen Unzugänglichkeiten bestimmter Einzelheiten und trifft damit einen Fall, dessen gute Beeinflußbarkeit durch unsere Technik wir im Kapitel III allgemein und auf Grund von Protokollen darlegen konnten.

Nicht nur die Fragen der Aktivität und Passivität, der Hingebung und des Spannungswandels, die uns als wesentliche Punkte unserer Trainingsarbeit schon geläufig wurden, begegnen uns nun auf dem Gebiet der Religionspsychologie, sondern wir finden unter bestimmten Umständen hier auch *Umschaltungsvorgänge verschiedener Art und Tiefe* den Stufen der autogenen Versenkung entsprechend. Der Versuch von *Leuba,* verschiedene Tranceformen zu sondern, und *Heilers* Differenzierung von Ekstase und Nirwana sind uns schon kurz begegnet, doch scheint es angezeigt, diese Beziehungen durch einige Beispiele zu verdeutlichen. Wie *Heiler, James, Stoll, Leuba* und in neuerer Zeit besonders eindringlich *Behn* und *Gruehn* dargelegt haben, folgen die *mystischen Versenkungsstufen* aller Zeiten und Völker gewissen großen Gesetzhaftigkeiten [1].

Dementsprechend überwiegen bei allen Darstellungs- und Einteilungsversuchen Gliederungen in drei Stadien. *Hugo v. St. Victor* beschreibt in dem frühesten bekannten Versuch einer Systematisierung des Aufstieges der Seele zu Gott in der mittelalterlichen Mystik die Stationen der Cogitatio, Meditatio und Contemplatio *(Leuba). Heiler* gibt in seiner Monographie eine tabellarische Zusammenfassung von 15 ähnlichen Einteilungsversuchen, die gleichfalls im wesentlichen eine Dreigliederung enthalten.

Allgemein charakterisiert handelt es sich immer um *einleitende Besinnung, versenkende Hingabe und Lösungserlebnisse mystischer oder ekstatischer Art, Zentralproblem jeder Meditation.*

Zu diesem großen Menschheitsproblem hat *J. B. Lotz,* S. J., unter dem Titel „Meditation der Weg nach Innen, philosophische Klärung, Anweisung zum Vollzug" (Frankfurt, Knecht Verlag) 1954 eine *Ignatius von Loyola* gewidmete, offenbar auf großer eigener und Fremderfahrung beruhende, sehr wertvolle kleine Schrift vom katholisch-christlichen Standpunkt aus gegeben, auf die hier besonders hingewiesen sei, um so mehr, als sie sich nach wissenschaftlicher und geistiger Gestaltung sehr wohltuend von vielen heute wohl einer Modeströmung entspringenden Schriften gleicher Richtung unterscheidet. Die große allgemeine Problematik muß hier selbstverständlich auf sich beruhen.

Wie *Heiler* schon mit Recht hervorhob, werden derartige Einteilungen, etwa der Ausbau einer zur Ekstase führenden „Gebetsleiter", drei verschiedenen Gesichtspunkten gerecht; es werden entweder die einzelnen seelischen Zustände danach gewertet, wieweit in ihnen das mystische Erleben vollendet ist, oder es wird durch Beschreibung und Analyse der einzelnen Zustände durch den Mystiker selbst oder seine Beobachter eine rein psychologische Klärung angestrebt oder endlich eine genaue Verlaufsschilderung versucht, um an ihrer Hand anderen Menschen die Möglichkeit zu geben, selbst solche Erlebnisse zu haben und auf den Gebetsstaffeln zur vollen Einheit mit Gott zu gelangen. *Heiler* faßt dann das Wesen der allgemein nachweisbaren Versenkungsstufen so zusammen, daß am Ausgange die *bewußte* und *willkürliche Konzentration* auf einem religiösen Inhalt steht. „Der Beter sucht die

[1] Vor schematischer Überschätzung des Gemeinsamen warnt *R. Otto,* Westöstliche Mystik, II (Klotz Verlag, Gotha 1929).

Einsamkeit auf. In einem Willensakt wendet er seine Aufmerksamkeit von der Außenwelt ab, er ‚sammelt die Sinne', ‚zieht sie von allem Sehen und Hören ab' (Madame *Guyon*); ‚er löst sich los von der zerstreuenden Mannigfaltigkeit seelischer Inhalte, unterdrückt die in seinem Innern sich tummelnden Gefühle und Vorstellungen. Von aufsteigenden schlechten Gedanken unbehindert, wendet er sich den göttlichen Dingen zu' *(Algazâli);* er konzentriert seine Aufmerksamkeit in willkürlicher Wahl auf eine bestimmte religiöse Vorstellung ... Dieses Betrachten hat teils eine intellektuelle, teils eine emotionelle Färbung; es besteht bisweilen in einem Überlegen, Erwägen, also in diskursiven Denkoperationen (Begründen, Vergleichen, Schließen) ... Noch häufiger aber besteht die Meditation in einem phantasiemäßigen Sichvergegenwärtigen, Sicheinfühlen, Sichvertiefen in den kontemplierten Gegenstand ... Die durch die straffe Konzentration vollzogene Loslösung von der äußeren Welt und die Unterbindung der ungestümen Affekte und Begierden bewirkt ein tiefes Gefühl der vollen Abgeschiedenheit und inneren Freiheit. Die aufmerksame Betrachtung gefühlsbetonter Vorstellungen erzeugt eine nachhaltige, breite, von sanfter Lust gesättigte Stimmung."

Die folgenden, den mystischen Prozeß der „Haplosis", der fortschreitenden Reduktion und Vereinheitlichung des Psychischen tragenden und gestaltenden Gebetsstufen gliedern sich nach *Heiler* in zwei Richtungen; stete Intensitätszunahme des Erlebens führt zum Gipfel der Ekstase, stete Intensitätsverminderung endet im Nirwana, im „mystischen Tod" *(Guyon).* Für die zweite Stufe sieht *Heiler* als das Kennzeichnende an, daß die für die erste Stufe charakteristische willentliche Aufmerksamkeitsspannung verschwindet; „die diskursive Denktätigkeit erlahmt, das rege Spiel der konkreten Phantasievorstellungen endet, es wird ganz stille in der Seele des Betrachtenden. Die sanfte Luststimmung, die aus der Erhebung über das Getriebe der äußeren Welt und der eigenen Seele und aus der Vertiefung in das Reich der religiösen Werte hervorgegangen war, erlangt die Alleinherrschaft; die erhebende und befreiende Meditation weicht dem hehren Zustand innerer Einheit, seligen Friedens, wonnevoller *Ruhe,* entzückender Klarheit ..." Je nach dem weltanschaulichen Hintergrunde wird dieses Stadium inhalt- und gegenstandslos in sich genossen oder von einer irgendwelchen inneren Zuwendung auf ein Idealobjekt erfüllt. In den weiteren Stufen nimmt die seelische Aktivität immer weiter ab und entsprechend schreitet die Reduktion und Bindung der äußeren seelischen Anteile fort; mehr und mehr drängen sich den Erlebenden Vergleiche mit Schlaf und Schlummerzuständen auf, wobei in der ekstatischen Linie zunehmende Wonne und Verzückung, in der Nirwanalinie steigende „sancta indifferentia", wachsender innerer Gleichmut hervortritt. Am Endpunkt der Stufenbildung nach beiden Richtungen ergibt sich subjektiver Persönlichkeitsverlust, völliges Versinken, Auflösung, unio mystica oder Nichtserleben. Die von *W. Bitter* organisierte Arbeitstagung *„Meditation"* der Gemeinschaft „Arzt und Seelsorger", Stuttgart Mai 1957 (16 Vortragende, 4 Ärzte) vermittelt mancherlei Anregungen (Klett Verlag, 1958, 371 S.), ebenso die formschöne Sammeldarstellung „Die Menschheit betet" des Berliner Psychiaters *W. Lindenberg* (E. Reinhardt, München 1956, 231 S.).

In sehr dankenswerter und wissenschaftlich grundsätzlich bedeutungsvoller Weise hat *Werner Gruehn* die hier in ihren großen Zusammenhängen angedeuteten Ausnahmeerlebnisse zum allgemeinen religiösen Erleben in Beziehung gesetzt. Besonders verwiesen sei auf seine kurze zusammenfassende „Religionspsychologie" in der „Jedermann Bücherei" (Hirt Verlag, Breslau

1926). Unter dem Titel *„Die Frömmigkeit der Gegenwart"* hat er nun 1956 die „Grundtatsachen der empirischen Psychologie" auf diesem Gebiete in souveräner Zusammenschau kritisch, umfassend und produktiv gestaltet und trotzdem verstanden, schön und allgemeinverständlich zu schreiben (Aschendorff Verlag, Münster 1956); so stellt dieses Werk eine einzigartige Leistung und eine unerschöpfliche Fundgrube dar. *Gruehn* fußt hierbei auf der entscheidenden wissenschaftlichen Bearbeitung, die „der *seelische Aufbau des religiösen Erlebens"* in dem monumentalen Werke von seinem Lehrer *Girgensohn* empfing. *Girgensohn* hat sich nicht darauf beschränkt, die Materialien allgemeiner religionspsychologischer Schilderung oder religionsphilosophischer Erörterung zu verarbeiten, sondern ist den mühsamen Weg experimenteller Analyse im Sinne der Würzburger Schule gegangen.

Im wesentlichen war seine Versuchsanordnung so gestaltet, daß er seine Versuchspersonen anleitete, sich bestimmte, dem religiösen Erleben zugehörige oder nahestehende Inhalte zu vergegenwärtigen und nun in genauester Selbstbeobachtung teils spontan, teils auf Befragen Selbsterlebtes mitzuteilen. Diese Untersuchungen führten zu einer Auffassung des religiösen Erlebens, wie sie schon von *Schleiermacher* mit den Mitteln seiner Zeit vertreten wurde und sich ähnlich bei *W. Wundt, H. Maier, W. James, E. Starbuck, R. Otto, Fr. Heiler, G. Wobbermin, O. Piper* findet.

In *Girgensohns* Umschreibung stellt das religiöse Grunderlebnis einen eigentümlichen *synthetischen Akt* dar, in welchem *Gedanke* und *Ichfunktion* zu unlösbarer Einheit verschmolzen sind.

Bei einer *Ichfunktion* tritt das Gesamt-Ich in innigste Berührung mit dem Gegenstande des Erlebens. Von zartesten Einfühlungsvorgängen etwa bis zur gewaltigen Bewegung tiefer Liebe reinster Form finden wir Erlebnisse der verschiedensten Eindringlichkeit, bald flüchtig verborgen, nur genauer Selbstschau und Selbstprüfung zugänglich, bald stürmische Überwältigungen der ganzen Persönlichkeit. Immer handelt es sich um Erlebnisse, die erst auf höheren Entwicklungsstufen der Persönlichkeit möglich werden und zum Kern der Persönlichkeit in nächster notwendiger Verbindung stehen. Die religiöse Ichfunktion kann nach den Beobachtungen von *Girgensohn*, die in den Protokollen seines Standardwerkes in extenso niedergelegt sind, positiv oder negativ gerichtet in Erscheinung treten; im positiven Falle ist innerste Hingabe, innerliches Sichversenken in den Gegenstand, Hingabe des ganzen Ich bis zur Verschmelzung von Ich und Gegenstand, ein Insichaufnehmen und Sichzueigenmachen nachweisbar, oder es tritt auch das Ich selber ganz zurück, der religiöse Gegenstand rückt absolut in den Vordergrund des Erlebens, das Ich erfassend und überwältigend, endlich findet sich, seltener, ein Berührungserlebnis, eine Kontaktnahme zwischen Ich und Gegenstand. So betrachtet, lassen sich die hier angedeuteten Typen des religiösen Normalerlebnisses verschieden gruppieren; es ist etwa die Aufmerksamkeit der Erlebenden bald mehr dem Ich, bald mehr dem Gegenstand der Beziehung, bald mehr der Beziehung selbst zugewendet; ebenso ist die Verteilung von Aktivität und Passivität von Fall zu Fall eine ganz wechselnde. Doch bleibt unbeschadet dieser Differenzen allen geschilderten Formen „ein eigentümliches schöpferisches Erlebnis gemeinsam, durch das eine lebendige, innerliche Beziehung zwischen Ich und Gegenstand hergestellt wird oder, im Bilde gesprochen, ein lebendiger seelischer Kontakt. Dieses Erlebnis einer Herstellung, Wiederherstellung oder Erneuerung einer solchen innersten Beziehung zwischen Ich und Gegenstand (Seele und Gott) oder Gegenstand und Ich (Gott und Seele) ist das grundlegende Moment der religiösen Ichfunktion. In schlichterer Gestalt erscheint es als einfacher *„Aneignungsakt", als* „Funktion, durch die der Gegenstand der Einwirkung innerstes Eigentum des Erlebenden wird" *(Gruehn).* Dies Erlebnis enthält noch eine Fülle von Beziehungen: Neuschöpfung, tiefstes Erleben, innerlichste Wirklichkeit usw., „es entsteht hier jedesmal ein neuer *lebendiger Wert* für das Individuum: was ich mir innerlich ganz angeeignet, hat für mich entscheidenden Wert, ist *der* eigentliche Wert für mein Ich. Es trägt normativen, autoritativen Charakter, bindet und verpflichtet zugleich innerlich, indem es die Richtung der nächsten persönlichen Entscheidung im voraus festlegt. So führt dieses schlichte Erlebnis auf die religiöse Normbildung hinaus" *(Gruehn).* Die spezifische religiöse Ichfunktion bedingt ein Miteinander von innerster Freiheit und innerster Gebundenheit, so daß wir uns in der Tat nahe bei der berühmten Fassung von *Schleiermacher* befinden, nach der Religion das Gefühl der schlechthinnigen Abhängigkeit von Gott sei.

Gegenstand dieser religiösen Ichfunktion ist der *religiöse Gedanke,* der zunächst intuitiv, dann diskursiv auftritt. Je mehr der religiöse Gedanke in höhere Zusammenhänge rückt und die jeweilige Grenze des Denkbaren übersteigt, wird ein „Etwas", ein „Entschränkendes", intuitiv gedacht und damit eine Überleitung zum Gottesgedanken gegeben. In vielfacher Synthese verbindet sich das so von zwei Seiten geschilderte Erlebnis zum eigentlich religiösen Geschehen.

Die scheinbar so außerordentlichen und vom Alltagserleben abliegenden Phänomene der *Versenkung* wurden in den grundlegenden Beobachtungen von *Girgensohn* gleichfalls experimentell greifbar. Dieser Punkt ist für uns von besonderem Interesse, weil wir in einer ganz anderen Linie der Betrachtung, etwa im Zusammenhalt von Trainings- und Schlaferlebnissen, den normalpsychologischen Charakter unserer Beobachtungen betonten. Rückt so das Training in bekannte allgemein psychologische Zusammenhänge, so führt die wissenschaftlich-psychologische Betrachtung der *religiösen Versenkungsphänomene* gleichfalls zu einer Einordnung in normale Abläufe. Wir folgen auch hier den ausgezeichneten Darlegungen von *Gruehn.*

Der Vergleich verschiedener Beobachtungen über das Auftreten von Ichfunktionen läßt deutlich erkennen, daß diese Phänomene in sehr verschiedenen Abstufungen auftreten. „Bald klingen sie ganz zart an, im ersten Entwicklungsstadium kaum merklich für den Erlebenden und nur dem geübten Beobachter ersichtlich. Bald treten sie mit elementarer Gewalt hervor, so daß sie in dieser Gestalt bereits dem ganz unerfahrenen Auge auffällig werden. Noch häufiger schwellen sie allmählich an und erreichen nach geringsten Ansätzen eine immer ausgeprägtere Gestalt, bis sie dann wieder verklingen." Stets läßt sich eine vorbereitende, oft nur in kaum merklichen Ansätzen verlaufende Vorentwicklung nachweisen, bis die Akte in ausgesprochener Form hervortreten, doch ist ihr volles Erscheinen stets an eine solche Entwicklung gebunden, mag diese mehr oder weniger bemerkt verlaufen. Diese Erfahrungen erlauben uns, eine *Stufenfolge* des allmählichen Entfaltens und Abklingens des *religiösen Grunderlebnisses* festzustellen, wobei wir mit *Gruehn* acht Stufen unterscheiden können. Einleitend finden wir rein intellektuelle Vorgänge im Sinne des Verständnisprozesses älterer Denkversuche; sie werden auf der zweiten Stufe mehr und mehr affektiv lebendig, es entsteht ein mehr „vertieftes" und „persönliches" Verstehen. Ihm folgt eine zunächst oft unklare Gefühlsentscheidung im Sinne von Sympathie, Vertrautsein, Ergriffensein, die in der nächsten Stufe zu einem bewußten Aufsichwirkenlassen des Objektes oder einem Sichbewußtversenken wird. Hierbei sind schon religiöse Einfühlungsprozesse nachweisbar. Auf der fünften Stufe ist das Ich als Ganzes in Aktion. Die Aneignung zeigt ihre stärkste, akthafte Entfaltung, das Gesamt-Ich identifiziert sich mit dem Objekt und verschmilzt mit ihm zu einer Einheit. Diese Verschmelzung führt dann zu einem versunkenen inneren Anschauen, zu „liebender Kontemplation". In weiterer Entwicklung klingt die Ichfunktion ab, wobei Impuls und Denkerlebnisse, erleuchtungshafte Erkenntnisse von Eingebungscharakter hervortreten. Die Hinübernahme solcher Erlebnisabläufe in das weitere Leben würde den Abschluß der ganzen Reihe bedeuten (achte Stufe); sie kann ebenso wie die siebente Stufe weitgehend bewußter Kontrolle entzogen sein. Auch der *gedankliche Gehalt* des religiösen Grunderlebnisses zeigt eine *Stufenbildung,* deren Aufbau vom intuitiven aneignenden Erfassen über innere Zustimmungsakte und Billigungsvollzüge zum rein gedanklichen Fürrichtigerklären führt, so daß die Entwicklung von stärkster Beteiligung der Ichaktivität bis zur höchsterreichbaren Abstraktion vom Ich sich erstreckt.

Nicht nur Ichfunktion und religiöser Gedanke, sondern auch der *Bewußtseinszustand* zeigt im *religiösen Normalerlebnis Stufenbildung. Gruehn* unterscheidet hier drei große Gruppen von Bewußtseinszuständen: die *unterwachen* Zustände von Hellwachsein, Entzückung, Entrückung und Außersichnose, das *Normalwachsein* mit seinen verschiedenen Stufen und die *überwachen* Zustände von Hellwachsein, Entzückung, Entrückung und Außersichsein.

Die aus *Girgensohns, Gruehns* u. a. Untersuchungen bekannten *Versenkungsstufen* des religiösen Erlebnisses vom rein intellektuellen Verstehen bis zur tiefsten Aneignung lassen sich nun mühelos in die so gesonderten Bewußtseinsstufen einordnen. „Das experimentelle Material zeigt deutlich, daß mit der Entfaltung der Ichfunktion und mit beginnender Versenkung das Erlebnis aus den Grenzen des Normalwachseins heraustritt und in die Bewußtseinsstufen des Hellwachseins der Entrückung hinübertritt, um beim Abklingen des Aktes wieder in den Zustand des Normalwachseins zurückzukehren, respektive in die unterwachen Regionen zu versinken. Mit anderen Worten: In einer hier nicht näher darzustellenden Weise enthalten die einzelnen Versenkungsstufen Momente, die ihrer Zugehörigkeit zu den einzelnen überwachen, normalwachen, respektive unterwachen Stufen verraten *(Gruehn).* Hier können unsere Erfahrungen über die Rolle innerer und körperlicher, bei den hier in Frage stehenden Erlebnissen unwillkürlich gesetzter *Entspannung* Aufschluß bringen; je mehr die Versuchspersonen zu innerer Schau gelangen, je mehr sie aus irgendeiner Aktivität des Denkens als eines inneren Handelns in die Sphäre innerer Bilder und gefühlhafter Abläufe versinken, um so mehr werden sie unmerklich entspannter Haltung zugeführt. Ist doch umgekehrt geistige Aktivität, ja sogar phantasiemäßige Vergegenwärtigung körperlicher Aktivität mit körperlicher Spannung verbunden, wie besonders deutlich die in Kapitel II näher erörterten myelektrischen Experimente von *Allers* und *Scheminzky* zeigen. Umgekehrt lehren unsere Erfahrungen über den versenkenden Einfluß entspannender Maßnahmen die Tiefe und Nachdrücklichkeit dieser Verbindung erkennen. Versenkung geht mit „Stillegung des Handelns" einher, wie *P. Polzien* richtig hervorhebt (*v. Gebsattel*-Festschrift, 570 [1963]).

Wir verstehen, wenn im Hinblick hierauf *Gruehn* die Mystik eine „fast experimentelle Religionspsychologie rücksichtslosester Art, freilich mit religiösen, nichtwissenschaftlichen Erkenntniszielen" nennt. Wertvolle neuere Beiträge exaktintrospektiver Art finden sich namentlich aus dem Arbeitskreise von *Gruehn* in dem von ihm herausgegebenen „Archiv für Religionspsychologie und Seelenführung" (Leipzig, E. Pfeiffer Verlag), auf die hier besonders verwiesen sei.

Einen sehr wichtigen Beitrag zur „Psychologie des mystischen Bewußtseins" lieferte der Bremer Internist *Carl Albrecht* in seinem gleichnamigen 1951 bei Schünemann, Bremen, erschienenen Buche, dem 1958 eine umfangreiche, tiefgründige Studie über „Das mystische Erkennen" (ibid.) folgte.

Es wird in gleicher Sorgfalt, wissenschaftlicher Besonnenheit und feinster Einfühlung eine eingehende psychologische Klärung der mystischen Erlebnisweise in sachlich darstellender Bearbeitung gegeben, also eine „Phänomenologie" dieses allgemein menschlich ebenso wesentlichen, wie für die hier vorliegenden Untersuchungen wichtigen Gebietes, und auf dieser kritisch geprüften Basis erheben sich dann die gedankenreichen Erörterungen des zweiten Werkes. *Albrecht* machte es mir seit Jahren durch freundliche Übersendung seiner wertvollen Protokolle möglich, mir ein wirklich genaues Bild seiner Forschung zu geben, und ich würde mich sehr freuen, wenn auch dieser Hinweis seinen außerordentlich wertvollen Büchern dankbare Leser zuführen würde.

Das Hinübergleiten des mystisch Erlebenden in Bewußtseinsumschaltungen, unwillkürlich und unsystematisch — wenigstens in den spontanen Erlebnissen solcher Art — angesetzt und für unsere Einheitsbetrachtung bedingt durch die Gesamteinstellung auf Hingabe und Passivität steht in genauer Analogie zu den im Kapitel III erwähnten Erfahrungen ungewollter Setzung von entsprechenden Umschaltungsvorgängen bei experimentellen Untersuchungen über den Muskeltonus und über eidetische Phänomene und bei den Bemühungen von *Jacobson* (Chicago) um eine muskuläre, progressive Relaxation. Hier wie dort ergibt sich unser Zentralphänomen der Bewußtseinsumschaltung gewissermaßen als Nebenprodukt, allerdings auf Wegen, die durch unsere Untersuchungen dem Verständnis nähergebracht sind.

Neben diesem Grundphänomen der Umschaltung begegnen uns nun auf religionspsychologischem Gebiete noch eine Reihe wohlcharakterisierter Einzelerlebnisse, die als Vergleichsobjekt für unsere Arbeit bedeutsam sind. Wir nennen an erster Stelle den Vorgang der *Vereinheitlichung*, der religionspsychologisch als Weg zum inneren Frieden betrachtet wird.

James sagte zu diesem Punkte: „Andererseits ist aber doch die Religion nur *einer* der Wege, auf denen die Menschen zur Einheit gelangen können. Die Beseitigung der inneren Zerrissenheit und des inneren Zwiespalts ist ein allgemein-psychologischer Vorgang, der sich auf verschiedene Weise im Geistesleben vollziehen kann und nicht notwendig religiöse Form annehmen muß ... So kann z. B. die Erneuerung von der Religion zum Atheismus führen, oder von moralischer Ängstlichkeit zur Freiheit und Unabhängigkeit; oder sie kann dadurch veranlaßt werden, daß ein neuer Reiz oder eine neue Leidenschaft in das Leben des Menschen eintritt, wie Liebe, Ehrgeiz, Habgier, Rache oder Liebe zum Vaterland. In allen diesen Fällen haben wir, psychologisch betrachtet, genau denselben Vorgang: Sicherheit, Festigkeit und Gleichgewicht folgt auf eine Zeit der Erregung, des Zwanges und des inneren Widerspruchs. Auch in solchen nichtreligiösen Fällen kann der neue Mensch entweder allmählich oder aber plötzlich zum Durchbruch kommen."

Erlebnisse dieser Art können wir besonders in der Oberstufe des Trainings beobachten, wenn vertiefte Selbstschau zu verpflichtender Selbsterkenntnis führt. Ob hier *formelhafte Vorsatzbildungen* in systematischer Arbeit einsetzen oder nicht, ist für diesen Zusammenhang ohne entscheidende Bedeutung. Aber auch zu ihnen finden wir in der Religionspsychologie vielfache Analogien; besonders anschaulich sind gleichfalls von *James* mitgeteilte Beobachtungen, die am besten um das Problem der *Selbstbestätigung, der Ermutigung,* gelagert werden können.

Verläufe dieser Art sind uns aus der Arbeit des autogenen Trainings ebensowenig fremd wie aus der gesamten Psychotherapie, sie liefern auch wesentlichste Beiträge zur vielbearbeiteten Psychologie der tiefenpsychologischen Heilwirkung. Charakteristisch für unsere Trainingsarbeit ist einmal die erleuchtungshafte Entdeckung solcher entscheidenden Erkenntnisse in vertiefter Selbstschau, die Erleichterung ihrer Lebenseinfügung durch formelhafte Vorsatzbildung und endlich die Möglichkeit, nur schwach geahnte positive Positionen eines Menschen durch dauernde formelhafte Selbstbestätigung lebendig und wirksam zu machen.

Einzelleistungen unseres Trainings finden gleichfalls bemerkenswerte *Analogien* in der Religionspsychologie. So beschreibt *James* ähnlich unseren *prophylaktischen Ruhe-* und *Sicherungspausen,* das *„In-die-Stille-gehen"* bei der mind cure. Wir zitieren nur ein kurzes Beispiel:

„Doch wird die Zeit kommen, da du mitten im Getriebe des Geschäftes oder im Gewühl der Straße in die Stille gehen kannst, indem du deine eigenen Gedanken wie eine schützende Hülle um dich ziehst."

Auch unsere „Fragen an das Unbewußte" sind hier in verwandter Form angedeutet. So schildert *James:*

„Er nahm, was ihn drückte, in der Form einer direkten Frage mit in seine mystische Stille und wartete auf eine bestimmte Antwort. Er pflegte sich ganz still zu verhalten, bis die Antwort kam, und in vieljähriger Erfahrung fand er sich nicht *einmal* getäuscht oder irregeleitet."

Hier ist auch der Ort, zu einem Phänomen zurückzukehren, das uns schon in Kapitel III beschäftigt hat, der *Levitation. Leuba* weist auf die Beziehungen dieses Phänomens mit toxischen Bewußtseinsänderungen hin und bringt zahlreiche Belege aus dem mystischen und medizinisch-psychologischen Schrifttum. Ein sehr anschauliches Protokoll übermittelte mein Mitarbeiter Dr. Dr. *K. Thomas* 27. 10. 61 brieflich:

Als wir im Kursus für autogenes Training die Herz-Übung durchgenommen hatten, erlebte ich an einem der darauffolgenden Tage beim Üben folgendes: Ich lag abends im Bett, machte die erste, die Schwere-Übung, dann die zweite, die Wärme-Übung. Plötzlich war es mir, als ob ich in der Luft schwebe, dabei hatte ich das Gefühl der absoluten Glückseligkeit, so wie ich es in meinem ganzen Leben (60 Jahre) weder vorher noch nachher gehabt habe. Währenddessen war ich vollkommen wach und wußte, daß ich nun die Herz-Übung machen müsse. In dem Augenblick war das Schweben zu Ende, ebenso das unsagbar schöne Glückseligkeitsgefühl, das sich seitdem nie wieder beim Üben des autogenen Trainings eingestellt hat.

Leuba zitiert auch Untersuchungen von *Horton*, der 1918/19 bei Versuchspersonen, die lediglich in bequemer Sitzhaltung aufgefordert wurden, „sich ganz zu entspannen, als ob sie einschlafen wollten", in 8 von 20 Fällen Levitationsphänomene beobachten konnte. Er bezog sie, wie *Leuba* sehr richtig meint, „ohne hinreichenden Grund", auf Vorgänge von Gefäßerweiterung. *Leuba* selbst rekurriert für die Erklärung der Levitation mit Wahrscheinlichkeit auf „Benommenheit der Tastempfindungen und eine Abnahme der Intensität der Sensation, die vom Tonus der willkürlichen Muskeln und des vasomotorischen Systems abhängt", besonders im Zusammenhang mit Beobachtungen von *Piéron* bei 4 Fällen von Levitationseindrücken bei Sterbenden. Er betont, daß auch ein allgemeines Sinken des geistigen Niveaus für die Erscheinung erforderlich sei, die den Halbschlafzuständen zugehöre.

Wir erinnern hier nochmals daran, daß reine generalisierte Entspannung nicht zu Levitationserlebnissen führt, sondern daß unter diesen Bedingungen nur gelegentlich auftretende Fremdheitserlebnisse so geschildert werden, daß irrtümlich ein spezifisches Levitationserlebnis angenommen wird. In charakteristischer Form stellt es sich vielmehr ein, wenn in beginnender Entspannung unbemerkte aktive Muskelspannungen eingeschoben werden oder restierend in ihr verbleiben. Sie schaffen dann einen neuen räumlichen Ordnungspunkt und damit subjektiv beeinflußt durch das Wirkungserlebnis aktiver Spannung die spezifische Erscheinung subjektiven Gehobenwerdens.

So ist es auch verständlich, daß *Horton* in seinen Versuchen relativ häufig Levitationsgefühle feststellen konnte, genügt doch die einfache Aufforderung zu entsprechender Gesamthaltung in keiner Weise, um wirkliche generalisierte Entspannung herbeizuführen, sondern läßt gerade die *charakteristische Mischung teilweiser Entspannung mit Spannungsresten* entstehen, die nach unserer Auffassung als eigentliche *Grundlage des Levitationsphänomens* anzusehen ist.

In vielen Protokollen der höheren Stufe trat die Eigenart versenkter Innenerlebnisse nach der Richtung hervor, daß Farb- und Formeindrücke eigenartig leuchtender und verklärter Art erscheinen. Diese Eigenart versenkten Erlebens wird in dem mystischen Schrifttum als *„Photismus"* bezeichnet.

Leuba erblickt in ihm ein „Anzeichen einer mehr oder weniger verbreiteten Modifikation der nervösen Dynamismen, eine Modifikation, die wichtige praktische Folgen haben kann. Bei einigen religiösen Bekehrungen sind diese Veränderungen dauerhaft genug, um die Begründung neuer Gewohnheiten zuzulassen." Insbesondere ist in ihnen ein typischer Anteil religiöser Neugeburtserlebnisse zu erblicken. Auf das Mitwirken von Hunger, Augen- und Schädelkreislaufstörungen u. a. m. bei diesen Phänomenen weist *Narain* (Indian J. Psychol. 12, 232 [1937]) hin.

Sehen wir *mystische Erfahrungen* bei *James* durch Unbeschreiblichkeit, Geistes- und Wahrheitscharakter, Unbeständigkeit und Passivität *charakterisiert,* so werden wir nur den letzten Faktor auch für die autogene Versenkung in Anspruch nehmen dürfen. Auch *Heilers* Kennzeichnungen des mystischen Grunderlebnisses, sein Aufbau auf asketischer Welthaltung, seine Natur- und Sinnenfeindlichkeit, die den großen negativen Prozeß eines systematischen Ersterbenlassens aller Lebenstendenzen zur Voraussetzung hat, zeigt uns die *scharfe Grenze gegenüber den autogenen Versenkungszuständen.* Diese sind nicht nur ungebunden hinsichtlich weltanschaulicher Haltung, die ja *für psychotherapeutische Betrachtung,* für die „der Mensch das Maß der Dinge ist", immer nur im Rahmen einzigartiger lebensgerechter *bionomer Selbstverwirklichung* Raum beanspruchen darf, sondern sie dienen auch in einem tieferen Sinne in der psychotherapeutischen Werkstatt letzten Endes nur unserer höchsten Aufgabe, der *Selbstverwirklichung* des Patienten, indem sie durch vertiefte, erweiterte und, bei Erlangung der gehobenen Stufe, weitgehend selbstbestimmte Innenschau die persönlichkeitsgerechte Arbeit an der eigenen Persönlichkeit fördern, ergänzen oder, besonders vorsatzhaft, vermitteln. Wird hierbei eine echte religiöse Erlebniswelt in der Selbstverwirklichung gestaltet, so wird der verantwortungsbewußte Arzt zum achtungsvollen Begleiter und wird sich auf diesem ganz persönlichen Normalgebiete zu völliger Zurückhaltung verpflichtet fühlen. Lediglich die von uns mit engster Indikation zugelassene Nirwanatherapie mag hin und wieder die hier gezogene Grenze ein wenig überschreiten. Ärztliches Training verlangt hier absolut saubere Abgrenzung, wie *H. Gödan* neuestens wieder mit Recht betonte (Z. Psthp. XIII, 96 [1963]), obwohl Gemeinsamkeiten der „Innenwendung" bestehen (*Koraius, W.*, „Glaube und Psychotechnik" [Pfullingen, Neske, 1964, 155 S.]).

Abschließend sei noch einer besonderen religionspsychologischen Schöpfung kurz gedacht, der *Exerzitientradition* des Begründers des Jesuitenordens, *Ignatius von Loyola.*

Hier ist im Gegensatz zu den bisher geschilderten frei gewachsenen mystischen Erlebnissen ein System religiöser Innenschau mit dem Ziele religiöser Persönlichkeitsentwicklung vermittelt. Betrachtung und Innenschau mit genauen technischen Anleitungen spielen hier eine bedeutsame Rolle, wobei die Tätigkeit von drei Seelenkräften, wohl im Anschluß an aristotelische Unterscheidungen, des Gedächtnisses, des Verstandes und des Willens gesondert betrachtet werden. Dabei hat das Gedächtnis den Gegenstand der Betrachtung kurz in seinem Gesamtinhalte in die Erinnerung zurückzuführen, als wenn man das Ganze einer anderen Person erzählen wollte. Der Verstand soll entscheiden, was man in bezug auf die betrachtete Wahrheit oder auf das betrachtete Geheimnis glauben, tun oder meiden soll, um im Anschluß an diese Erwägung Anwendungen auf das praktische Leben zu ziehen; der Wille endlich „bringt fromme Anmutungen hervor (Ausgabe von *Brucker*, 7. Aufl., Herder Verlag, Freiburg 1917), wie sie gerade dem Gegenstande der Betrachtung, dem Zustand und der augenblicklichen Gemütsstimmung der Seele und Regungen des Heiligen Geistes entsprechen." Aus Gefühlen sollen Vorsätze erwachsen, die der Betrachtende dem Höchsten unterbreitet. In der ganzen Arbeit der Exerzitien wird unausgesetzt der größte Nachdruck auf die innere Anschaulichkeit, das innere bildhafte Erleben gelegt.

Die vorstehenden kurzen Bemerkungen sollen an dieser Stelle nur den Zweck erfüllen, darzutun, wie die Arbeit unseres Trainings sich theoretisch und praktisch in Erfahrungen, Vollzüge, Phänomene und Bestrebungen einordnet, die ebensosehr ihrerseits beweisen, daß es hier um ein altes Menschheitsproblem geht, wie andererseits trotz mancher tiefer Gemeinsamkeiten unsere wissenschaftlich-methodische Arbeit praktisch ihre rein psychotherapeutische Eigenart bewahrt und theoretisch geeignet ist, zu vielen Fragen des hier berührten Gebietes aufklärende Beiträge zu liefern.

Konrad Zucker, Heidelberg, dessen schöne Studie „Psychologie des Aberglaubens" (Scherer Verlag, Heidelberg 1948) vielen Lesern bekannt sein dürfte, hat 1950 den ersten Band eines großen Werkes „Vom Wandel des Erlebens, eine Seelengeschichte des Abendlandes" (Kerle Verlag, Heidelberg) herausgegeben, der den großartigen Versuch einer psychologischen Begleitung vom Primitiven bis zur Gegenwart auf wissenschaftlich psychologischer Grundlage darstellt, wobei besonders die Funktionspsychologie von *K. Goldstein* originell und produktiv verwertet wird. Wenn auch nur allgemein mit unserem engeren Thema verbunden, stellt die groß angelegte Studie doch nach vielen Richtungen gerade für den ärztlichen Leser eine sehr wertvolle Hilfe zu einer Rahmenbetrachtung dar.

KAPITEL X

Hypnose und Suggestion

Der Ausgangspunkt für das hier dargelegte Verfahren war, wie im Kapitel I näher ausgeführt, im wissenschaftlichen Hypnotismus gegeben; das *autogene Training* ist als Selbsthypnose *historisch eine Tochterdisziplin des Hypnotismus.* Im folgenden soll kurz die Frage erörtert werden, wieweit die *Erfahrungen unserer Methode geeignet* sind, zum *Verständnis von Hypnose und Suggestion* beizutragen, und inwieweit andererseits *eigentlich suggestive Maßnahmen in ihm wesentlich enthalten* oder *gelegentlich mit ihm verbunden sind.*

Wenn wir dabei mit der *magnetistischen Hypothese des Hypnotismus* beginnen, so geschieht dies weniger aus Gründen der historischen Entwicklung, als deswegen, weil diese Hypothese, von Ärzten mit verschwindenden Ausnahmen (*Alrutz, Kindborg,* ferner *Heyer,* „Seelenräume" (Kohlhammer Verlag, Stuttgart 1931), und *Tischner-Bittel,* „Mesmer" [Hippokrates Verlag, Stuttgart 1941] u. a.) verlassen, noch bei zahlreichen, vielfach recht dunklen Vertretern als *„Magnetopathie"* kurpfuscherisch eine erhebliche Rolle spielt.

Jeder Gebildete und namentlich jeder Arzt untersteht der Verpflichtung, diesem Unwesen entgegenzuwirken, wird aber in diesem ebenso berechtigten wie mühevollen Kampfe nicht selten vor Tatsachenberichte gestellt werden, deren richtige Einordnung nur durch Ergebnisse unserer Forschung gelingt.

Im Prinzip ist die magnetistische Hypothese des Hypnotismus dadurch gekennzeichnet, daß die Erscheinungen der Vollhypnose oder verwandter hypnoid-suggestiver Beeinflussungen als Auswirkungen einer spezifischen „okkulten“ Kraftbegabung bestimmter „magnetischer“ Individuen gedeutet werden.

Sicher sind die Hauptbeweisstücke für solche phantastische Vermutungen darin gegeben, daß die Mehrzahl der Laien und leider auch manche Ärzte über die Reichweite psychischer Faktoren im Körpergeschehen keineswegs im klaren sind! Dies ist eine Frage der allgemeinen Medizin und Psychotherapie und kann hier füglich auf sich beruhen. Dagegen kehren einige andere Angaben in den Berichten kritischer Beobachter, die sich in magnetopathische Behandlung begeben hatten, immer wieder, und gerade zu ihrem Verständnis liefern unsere Erfahrungen den Schlüssel.

An erster Stelle möchten wir erwähnen, daß sehr vielfach die Angabe gemacht wird, von der *Hand des Magnetopathen* sei eine fühlbare Strömung ausgegangen, so daß man „die Kraft“ direkt körperlich habe merken können. Durch näheres Befragen läßt sich ausnahmslos feststellen, daß es sich um *Wärmesensationen* handelt, die hier wahrgenommen werden. Dabei heben viele „Skeptiker“ hervor, die Hand des Magnetopathen habe sich kühl angefühlt, aber doch in einem bestimmten Augenblick eine fühlbare Wärmestrahlung produziert.

Wer Gelegenheit hat, gutgläubige *Laien als „Heiler“* bei Suggestivversuchen und bei magnetopathischen Prozeduren in der Ausübung zu beobachten, kann leicht feststellen, daß diese Leute ausnahmslos mit einem großen inneren Ansatz ans Werk gehen. Sie konzentrieren sich sichtlich in einer an leichte Autohypnose grenzenden Weise auf ihre Heilfunktion und setzen dabei zweifellos Mechanismen in Betrieb, deren sachlicher und systematischer Entwicklung und Beherrschung unsere Arbeit gewidmet ist. Besonders verwiesen sei dieserhalb auf die Protokolle über die Erfahrungen beim Pendelversuch in der psychischen Vorbereitung; hier begegnet uns mehrfach bei Versuchspersonen mit guter Selbstbeobachtung die Angabe, daß im Vollzuge des Experimentes eine Wärmeströmung im tätigen Arme fühlbar wurde. Was hier schon bei einem unsystematischen Erstversuche hervortritt, wird sich bei jahrelangem mystischem Heilpraktizieren in sehr viel stärkerer Weise ausbilden. Wir sind daher berechtigt, anzunehmen, daß der „Magnetisierende“ bei seinen Manipulationen unbemerkt und unbeabsichtigt eine Wärmeeinschaltung in die arbeitende Extremität vornimmt. Die genauere Analyse solcher Verläufe in unserer Arbeit läßt nun erkennen, daß durchaus nicht immer auch bei subjektiv positiven und mit entsprechend feiner Apparatur physikalisch nachweisbaren Steigerungen der Wärmestrahlung eine grob sicht- oder tastbare Erwärmung oder Gefäßerweiterung an der Extremität auftritt, sondern daß häufig für diese groben Prüfungen keinerlei Reaktion nachweisbar ist. Daß trotzdem Unterschiede der strahlenden Wärme, die ja in den absoluten Messungen von *H. Binswanger* mehr als 1° C betrugen, intrakutan bei *P. Polzien* bei 5 und 7 Grad, von sensitiven Persönlichkeiten ohne weiteres wahrgenommen werden können, ist einleuchtend. Es hieße daher eine falsche Position verteidigen, wenn man derartige Beobachtungen einfach als rein subjektiv oder als Irrtum abtun wollte. Es wird sich vielmehr darum handeln, sie mit den hier gegebenen Kenntnissen in physiologische Erfahrungen einzuordnen, zu deren Erklärung die Annahme irgendwelcher sonst unbekannter Kraftwirkungen durchaus überflüssig ist. Wissenschaftliche Exaktprüfung eines der bekanntesten „Magnetisten" Hollands durch Nervenärzte 1949 ergab in langen Versuchsreihen nur suggestive Abläufe; seine „Kräfte" wirkten nur, wenn die Kranken es wußten!

Ganz entsprechend verhält es sich mit den oft sehr lebhaften *Körperempfindungen der Behandelten.*

Auch hier nehmen lebhaft strömende Wärmeempfindungen den ersten Platz ein, deren Deutung von den Behandelten fast ausnahmslos dahin gegeben wird, es sei die strömende Kraft des Magnetopathen direkt im Körper wahrnehmbar gewesen und habe dort zu einer Durchwärmung geführt, die oft noch viertel und halbe Stunden lang anhielt. Auch hier handelt es sich um Erfahrungen, die in unserer zielgerichteten und systematischen Erarbeitung geläufig sind; auch die Dauer der Nachwirkung ist übereinstimmend, nur daß im Falle der unklar mystischen allgemeinen Beeinflussung durch den Magnetopathen ungewußt und ohne klare Zuwendung Entspannungsphänomene konzentrativer Art in Gang gesetzt werden, die sich in unserer Arbeit klar und sachlich aufbauen.

Der magnetopathisch Behandelte stellt sich unter den Einfluß des Behandelnden und ist dementsprechend geneigt, alle Veränderungen, die er erlebt, im Sinne eines „von außen" umzudeuten. Er agiert in projektiver Haltung. Wie naheliegend dieser Irrtum bei allen in einem Zustand von Passivität auftretenden Erlebnissen ist, geht besonders schön aus den Protokollen des Fallversuches hervor, wo die Selbsthingabe an einen eigengesetzten Phantasievollzug zu Realisierungen führt, die so stark aus der Persönlichkeit heraus projiziert werden, daß immer wieder Formulierungen wie: „Ich fühlte einen Zug nach rückwärts" oder „es zog mich unwiderstehlich nach rückwärts" und dergleichen gewählt werden, um die Eigenart des Erlebens zu kennzeichnen.

Man kann diesen sehr charakteristischen Sachverhalt vielleicht am besten so ausdrücken, *daß in Passivität selbstgesetzte (psychische) Verläufe zur Verselbständigung drängen,* und diese charakteristische Verselbständigung wird um so eindrücklicher und machtvoller vor sich gehen, je mehr es sich um Totalreaktionen handelt, bei denen „äußere" Körperfunktionen objektiv mit eingeschaltet werden. Dabei erfüllt die passive Haltung des Erlebenden gewissermaßen eine doppelte Aufgabe; einmal ermöglicht sie durch Vermeidung aller Störungen auf dem Wege spannender Willkür ein freies, selbstgesetzliches und ungedämpftes Ausschwingen der angesetzten Einstellungen, zum andern schaltet eben diese passiv „empfangende" innere Haltung das Erlebnis der Eigenwirksamkeit, am stärksten ausgeprägt im klaren äußeren Willensvollzug der Tagesaktivität, in sich selbst aus; damit entfällt für die Selbstbeobachtung das Eigenmerkmal des „Bewirkens" im weitesten Sinne, Grund genug, daß nun anschließende Verläufe aus dem Selbst heraustreten, Eigenleben gewinnen, gelegentlich mit oft eindringlichem Fremdheitscharakter — alles Momente, die das Phänomen der *Verselbständigung* verstehen lassen.

Zwischen Magnetopathie und Spiritismus, Okkultismus usw. bestehen sachlich und psychologisch allernächste Beziehungen; wir erinnern deswegen hier nochmals kurz daran, daß bewußt und systematisch errichtete Kühleerlebnisse in Form einer vorüberhauchenden Luftbewegung geschildert werden; wir dürfen dies Phänomen so verstehen, daß bei entsprechender konzentrativer Einengung die nirgends fehlenden leichten Luftbewegungen der „unsichtbaren Ventilation" als Kern dieser charakteristischen Wahrnehmung dienen, die dann konzentrativ bis zu örtlichen Herabsetzungen der Wärmestrahlung ausgebaut werden kann, wie unsere Protokolle im Kapitel VII dartun. Damit ist, wie dort schon kurz angemerkt, der *„spiritistische Geisterhauch"* in bekannte wissenschaftliche Erfahrungen eingeordnet; auch hier heißt es eine „Kritik" vermeiden, die sich gegen den tatsächlichen Erlebnisgehalt wendet, sondern eben diesen auf Grund der Erfahrungen unserer Technik sachlicher Einordnung zuführen.

Zum *Suggestionsproblem im allgemeinen* kann unsere Arbeit nur nachbarliche Beiträge liefern, wenn man unter Suggestion im modernen Sinne eine zwischenmenschliche Beziehung versteht, bei der das beiderseitige Erleben durch Gemeinschaftserrichtung, eine Wirbildung, grundlegend beeinflußt wird.

Wir trennen, unbeschadet der Tatsache, daß die Herbeiführung hypnotischer Zustände in der Regel ein Effekt der Suggestion in diesem Sinne ist, die charakteristische hypnotische Umschaltung von der Problematik der Suggestion im modernen Sinne und betrachten sie als *konzentrative Einstellungsänderung.*

Hierzu berechtigen uns nicht nur die nahen Beziehungen der konzentrativen Umschaltung und der aus ihnen entfließenden Ablaufveränderungen des Seelischen mit toxischen, pathologischen und Nachtschlafumschaltungen, sondern auch der Umstand, daß, wie unsere Arbeit zeigt, die in Frage stehende spezifische Umschaltung technisch sachlich lernbar, dem einzelnen zugänglich und nicht nur Effckt einer irgendwelchen fremdmenschlichen Beeinflussung ist.

Damit vertreten wir eine Anschauung über die in Frage stehende Umschaltung, der im bisherigen Schrifttum die Darlegung von *Schilder* und seinen Mitarbeitern am nächsten kommt. Eine größere Zusammenfassung gaben *Schilder* und *Kauders* in ihrem 1926 erschienenen kurzen Lehrbuch der Hypnose (Julius Springer Verlag, Berlin-Wien). Viele Positionen der Autoren können wir uns direkt zu eigen machen, so, wenn *Schilder* im Gegensatz zu allzu „psychologistischen" Bearbeitern des Gebietes unausgesetzt auf die entscheidende Bedeutung der Ganzheitsbetrachtung unter gleichmäßiger Würdigung psychologischer und physiologischer Momente hinweist und der Erwartung Ausdruck gibt, daß bei genügendem Fortschritt der Forschung nach beiden Richtungen Deckpunkte gemeinsamer Erkenntnis zu finden sein müßten. Wir teilen im Gegensatz zu *Krisch* u. a. durchaus diese Ansicht des *Schilder*schen Arbeitskreises.

Der um unser Gebiet so hochverdiente *B. Stokvis,* Leiter der Psychosomatischen Zentrale Universitäts-Nervenklinik Leiden (Prof. *E. A. D. E. Carp*), hat die Probleme der *„Suggestion"* mit *M. Pflanz* (Karger, 1961, 259 S.) und *„Der Mensch in* *der Entspannung* (Lehrbuch autosuggestiver und übender Verfahren der Psychotherapie und Psychosomatik) mit *E. Wiesenhütter* (Hippokrates 1961, 384 S.) vorbildlich umfassend und gründlich bearbeitet; auf die beiden hervorragenden Zusammenfassungen sei auch hier ausdrücklich hingewiesen (Literatur!).

In USA sind die alten theoretischen Probleme des Hypnotismus sehr eingehend und praktisch fruchtbar erörtert worden. Die beste neuere Übersicht findet sich bei *J. H. Conn*, Baltimore, „Hypnosynthesis" (J. Nerv. Ment. Dis. CIX, 9 [1949]); von verschiedenen Seiten wird die Bedeutung des *Entspannungsproblems in der Hypnose* hier eingehend gewürdigt, so besonders von *Schmidhofer, Robertson.* Der Psychologe *Salter* (J. Gen. Psychol. Worcester XXIV, 423 [1941]) schilderte „Drei *autohypnotische Techniken*", wobei gleichfalls das Entspannungsmoment eine wesentliche Rolle spielt. *Ament* weist (Brit. J. Med. Hypnot. II, 47 [1950]) besonders auch auf gleichgerichtete Studien von *S. H. Krains* hin, während in der europäischen Literatur anscheinend, abgesehen vom eigentlichen Arbeits- und Forschungskreis des autogenen Trainings und den dadurch angeregten fruchtbaren Studien der Klinik von *Kretschmer,* die Bedeutung dieses Faktors im Gesamtgeschehen der Hypnose nirgends voll gewürdigt ist. *D. Langen* brachte neuerdings einen anregenden Vergleich „Autogenes Training und gestufte Aktivhypnose", dessen eingehende Diskussion hier zu weit führen würde (Med. Klin. 1965, 348). In mehreren neuen Sammelwerken über Hypnose aus USA finden sich Hinweise nach der gleichen Richtung. In „Therapy through Hypnosis" von *R. H. Rhodes,* New York 1952, behandelt *J. H. Conn,* dessen schöne Arbeiten über aktive Psychotherapie bei kriminellen Sexualpsychopathen allgemein bekannt sind, die Beziehungen zwischen „hypnotischer Entspannung" und Analyse, *A. Salter* und *R. H. Rhodes* erörtern das Problem der Selbsthypnose, wobei sie vielfach von einem allgemein hypnosuggestiven Standpunkte aus, aber ohne die hier verfolgte Systematik, Nachbarprobleme des autogenen Trainings erörtern. In „Hypnosis in modern medicine" von *J. M. Schneck* (Illinois 1953) erörtert der Herausgeber die Bedeutung der Hypnose in der Psychiatrie und Psychotherapie, besonders auch vom analytischen Standpunkt aus. Er legt besonders Wert auf die *„Visualisierung von Szenen"* („szene visualisation") und die dadurch häufig mögliche *„Revivication"*. In beiden Werken wird das deutsche Schrifttum kaum berücksichtigt, so daß sich hier selbständige Forschungswege begegnen; dies gilt übrigens auch für das Problem einer „hypnotischen Leukotomie".

Hinsichtlich der *Einzelerscheinungen des Hypnotismus* möchten wir darauf hinweisen, wieweit die Erfahrungen des autogenen Trainings imstande sind, zu einer altbekannten Erscheinung aus der hypnotischen Technik Aufklärung zu bringen. Uralter Besitz aller fremdsuggestiven Tradition ist es, daß gleichmäßig auf oder dicht über der Körperoberfläche geführte Striche geeignet sind, unter entsprechenden Umständen und bei bestimmten Versuchspersonen die spezifische Umschaltung zu erleichtern oder herbeizuführen. Die bisherige Theorie solcher *„Passes"* ging dahin, daß es sich um eine Analogie zur Allgemeinwirkung des Streichelns handele, die Wirksamkeit der Passes also darin ihren Grund habe, daß leichte rhythmische, regelmäßig-fließende Hautreizungen zu lösenden Lustgefühlen führen. Sie wären dann in der hypnotischen Technik gewissermaßen äußere Träger des seelischen Kontaktes, analytisch betrachtet eine Art von Zärtlichkeitsbestechung für die affektiven Ansprüche des zu Hypnotisierenden. Das Mitschwingen derartiger Faktoren soll unter entsprechenden Umständen durchaus nicht geleugnet werden. Aber auch hier möchten wir davor warnen, vorschnell zu einer affektiven Gesamtformel zu greifen und dadurch den Blick für andere, unseres Erachtens sehr wesentliche, Faktoren zu verlieren. Vom Standpunkte des autogenen Trainings aus betrachtet sind die Passes ein spezifisches Mittel, um die Konzentration der Versuchspersonen auf das Leibeserleben, auf „den Körper" zu erleichtern. Damit wird der Vorgang angeregt, der ganz allgemein als „*Somatisierung*" bezeichnet werden darf, gekennzeichnet durch eine gefühlhaft-wahrnehmende, intensive innere Hinwendung auf die eigene Leiblichkeit, im Falle der Hypnotisierung mehr allgemein diffus auf den Leib als Ganzes, im Falle des Trainings systematisch und nicht notwendig angeregt oder begleitet durch irgendwelche Fremdhilfe auf den Übungsarm.

Das sehr weitgreifende und durchaus zentrale Problem der „Somatisierung" kann hier nicht bis in alle Zusammenhänge hinein erörtert werden. Zwei Versuche des Verfassers, der eine überwiegend vom psychologischen Standpunkte aus (Psychol. Rdsch., Göttingen 204 [1951]), der andere mehr hinsichtlich der allgemeinen nervenärztlichen Problematik (Zschr. Menschenk. 1953) versuchen dieser schwierigen Problemstellung im Sinne des Verfassers etwas näherzukommen.

Für die *psychologische Betrachtungsweise* sollen hier einige kurze Bemerkungen, nicht so sehr über das Problem der spezifischen Umschaltung als über die *Eigenart* des durch die *Umschaltung gesetzten Zustandes*, gemacht werden.

Alle Bearbeiter seiner Psychologie gehen darin einig, daß dieser Zustand charakterisiert ist durch Außenabwendung und Herabsetzung aller außengerichteten, handelnd-willensmäßigen Funktionen. Sehr vielfach erscheinen auch zeitweise oder fallweise kompliziertere Denkvollzüge gehemmt oder ausgeschaltet; es ergibt sich das Bild einer „traumähnlichen Kritiklosigkeit", ohne daß man allerdings, wie dies *Mayer-Groß* mit Recht für das *Einschlafdenken* hervorhob, diese Gesichtspunkte schematisch übertreiben dürfte. Demgegenüber werden Erlebnisformen vordergründlich, die, im räumlichen Bilde gesprochen, sonst gewissermaßen „hinter" oder „unter" dem Wachbewußtsein liegen. Uns erscheint als wichtigstes psychologisches Moment der immer fortschreitende Übergang der Denkverläufe aus den schematischen Formeln sprachlicher und gedanklicher Abstraktion ins *Anschauliche* und *Bildhafte;* damit ergibt sich in vollem Gegensatz zum Wachdenken die Möglichkeit zwang- und krampflosen Verweilens bei bestimmten anschaulichen Gegebenheiten, in denen sich der konzentrativ Umgeschaltete bei *einem* Gegenstand verweilend bewegen kann, während eine „monoideistische" Einengung im Wachdenken immer ein Resultat krampfhafter Bemühung und unablässiger Abweisung aktiver anschließender Vollzüge sein muß. Das Ergreifen jedes irgendwelchen gedanklichen oder „vorstellungshaften" Inhaltes führt im Wachdenken ja zwangsläufig zu produktiven gedanklichen Auseinandersetzungen, zu Anregung von Antithesen, von Urteilsvollzügen, von kritischen Distanzierungen, von irgendwelchen durch Zusammenhänge beliebiger Art gegebenen Ablenkungen und dergleichen mehr. Ganz im Gegensatz hierzu erlaubt der echte konzentrative Zustand, gleichgültig, ob er Produkt selbst gesetzter Versenkung oder suggestiver Beeinflussung von anderer Seite ist, ein rein rezeptives Sichhingeben an die anschauliche Repräsentanz gedanklicher, gefühlhafter und anderer Erlebnisse.

Gegenüber den modernen *Theorien der Suggestion und Hypnose,* die in der Auseinandersetzung von Mensch zu Mensch den entscheidenden Faktor erblicken, muß nach unsern Anschauungen und Erfahrungen viel nachdrücklicher wiederbetont werden, was bei den älteren hypnotherapeutisch arbeitenden Ärzten als grundlegendes Kennzeichen erscheint, daß nämlich der in typischen Hypnosefällen „suggestiv" erzeugte *Ausnahmezustand* Lernbereitschaft erhöhter Art gesetzmäßig mit sich bringt.

Das scheint auf den ersten Blick den Gedächtnis- und Merkfähigkeitsprüfungen zu widersprechen; doch löst sich dieser Widerspruch nach unserer Ansicht bei näherer Prüfung mit erwünschter Klarheit auf. Die *Merkfähigkeitsmessungen* an Hypnotisierten betreffen rein mechanisches Material: sinnlose Silben, Ziffern usw. Hier ist in der Tat nur bei einer intensiven dahin gerichteten speziellen Suggestion eine gewisse Leistungsvermehrung hypnotisch darstellbar; es würde also der in der modernen Lern- und Übungspsychologie an und für sich sehr berechtigt, aber doch vielleicht etwas zu einseitig in den Vordergrund gerückte Faktor des *„Übungswillens"*, der „inneren Bereitschaft" zur Merkleistung suggestiv bestimmbar erscheinen. Diese Feststellung kann nicht überraschen. Ganz anders verhält es sich nun aber mit dem seelischen Einbau von Materialien, die ausgesprochenermaßen nicht rein mechanischen Charakter tragen, sondern irgendwie mehr in das Gebiet des Affektiven, der Willensentscheidungen oder der Vorsatzbildungen und dergleichen gehören. Hier stellt sich wieder das Problem der Anschaulichkeit in seiner ganzen Bedeutung dar. Gerade für diese Vollzüge ist die passiv aufnehmende Verweildauer mit innerem Hingabewillen von ganz außerordentlicher, sicher oft entscheidender Bedeutung. Wir verstehen daher, wenn, geführt durch positive Erfahrungen in reicher klinischer Anwendung, die älteren ärztlichen Erforscher des Hypnotismus wesentliche Beziehungen zwischen hypnotischer Heilweise und übenden *Erziehungseinflüssen* feststellen. In der rein praktischen suggestiven Heilbehandlung namentlich der älteren historischen Periode, wurde dieser Umstand dadurch vielfach übersehen, daß die Forscher, fasziniert durch drastische Augenblicksreaktionen oder etwa gar innerlich abhängig von irgendwelchen mystischen Gedankengängen, alles Heilarbeiten mit dem ganz verschwommenen Begriff „Suggestion" für erklärt hielten. In vollem Gegensatz dazu hat die kritische rationelle Hypnotherapie der letzten Jahrzehnte es nicht an nachdrücklichen Hinweisen darauf fehlen lassen, daß im hypnotischen Heilarbeiten die allgemeinpädagogische Beeinflussung entscheidender sei als das einzelne suggestive Virtuosenstück. Es hieße die Namen aller neueren kritischen Vertreter des Hypnotismus nennen, wollte man hier zitieren. Darum ist vor allem wichtig, den Nachweis zu versuchen, warum eben die Eigenart des echten hypnotischen Zustandes für solche Bestrebungen eine besonders günstige Grundlage bietet, und es erscheint mir nicht zweifelhaft, daß der hier hervorgehobene Umstand, die Ermöglichung passiv-konzentrativen Verweilens, gegeben durch die Umschaltung ins Anschauliche, hier besonders wesentlich ist. Grundproblem jeder „Meditation".

Interessanterweise haben viele Gegner des Hypnotismus in ihren Angriffen diese Seite suggestiver Heilarbeit, man möchte sagen widerwillig, aber ohne es zu wissen, anerkannt. An vielen Stellen begegnen wir nämlich Angriffen gegen die Hypnotherapie, die damit begründet werden, es führe eine solche Behandlung zu einer unerwünschten *„Dressur"*. Sicher liegt es uns ganz fern, auf diesem Wege entwickelte bedauerliche psychotherapeutische Kunstprodukte, seelische Deformitäten, gutheißen zu wollen; wir werden im Gegenteil in ihnen die Auswirkungen von Kunstfehlern und methodischen Entgleisungen zu erblicken haben. Dadurch bleibt unberührt, daß die Anerkennung solcher schädigenden Wirkungen die Anerkennung auf gleichem Wege möglicher *positiver Persönlichkeitsveränderungen* implicite enthält.

Die nachdrückliche Hervorhebung der *zusätzlichen Leistungserleichterung in spezifischer Umschaltung* führt uns weiter zu einer sachlichen Würdigung der Bestrebungen, die unter dem Schlagworte *Autosuggestion* zusammengefaßt werden. *Dessoir* hat in geistvollen Darlegungen versucht, das Wesen der Suggestion als *magische Wortwirkung* zu kennzeichnen.

Es scheint, daß er damit eine Seite der uns interessierenden eigenartigen Abläufe getroffen hat, die besonders der romanischen Geistigkeit entspricht. *Dubois* hat seine psychische Orthopädie in sehr verwandter Weise als dialektisches Verfahren charakterisiert, und bei den Laiennachfolgern des großen *Bernheim,* bei *Coué* und *Baudouin,* denen für die Popularisierung psychischer Heilwirkungsmöglichkeiten erhebliche Verdienste zukommen, ist gleichfalls das Wortmotiv zentral gestellt. Die Anschauung von *Coué,* daß schnell wiederholte monotone Wortfolgen geeignet seien, echte autosuggestive Abläufe in Gang zu setzen, ist nur verständlich, wenn wir eine gewissermaßen rauschhafte Hingabe an das Wort voraussetzen, wobei gewiß die uns geläufigen Motive der Monotonie nicht außer acht gelassen werden dürfen. Wie ich schon an anderer Stelle hervorhob, dürfen diese Verfahren aber nur unter der hier gekennzeichneten Bedingung den Anspruch darauf erheben, als eigentliche Autosuggestion angesehen zu werden. So wie sie meistens aufgefaßt werden und geschehen, stehen sie in vollem Gegensatz hierzu der Persuasion von *Dubois* viel näher und dürfen mit einem griechisch-lateinischen Bastardwort als *Autopersuasion* bezeichnet werden. Zudem hat *Coué* in seiner „Maîtrise de soimême" Schilderungen seiner eigenen Heilarbeit gegeben, die deutlich erkennen lassen, daß er leichte direkte hypnotische Beeinflussungen in die Arbeit einsetzte, womit bei sehr empfänglichen Individuen Ansätze zu Umschaltungen angeregt werden mögen. Außerhalb dieser spezifischen Beeinflussung aber ist der „autosuggestive" Weg *(Coué, Baudouin)* nur für Wortrauschfähige gangbar. Zweifellos ein spezifisches romanisches Verfahren.

Viel tiefer hat *P. E. Lévy,* Paris, ein ärztlicher Mitarbeiter *Bernheims,* die hier lagernden Möglichkeiten gesehen und in seiner „Natürlichen Willensbildung" dargelegt. Hier sind alle grundlegenden Regeln für wissenschaftliches konzentratives Arbeiten, wenn auch zum Teil in der Terminologie einer etwas primitiven Psychologie und in etwas schematischer Form, erfaßt.

Es genügt, das *autogene Training* prinzipiell von allen Bestrebungen der Autopersuasion und ähnlichen Formen *„mentaler Psychotherapie"* dadurch abzugrenzen, daß seine Bemühungen systematisch eben der *konzentrativen Umschaltung* und den hieraus erwachsenden Sonderumständen gelten. Auf dieser Basis bedeutet es eine rein rationelle Übungsmethode; nicht zu bestreiten, daß ungewollt und unsystematisch gelegentlich ähnliche Verläufe auch in der Autopersuasion eintreten. Der prinzipielle Unterschied bleibt dadurch unberührt, das Wesen des autogenen Trainings als einer *„organismischen Psychotherapie“ (I. H. Schultz.* Acta psychotherap., Basel I, 1, 1953) wird auch durch diese Grenzziehung besonders klar.

Wesentlich scheint endlich eine kurze Bemerkung über das Problem der *Suggestibilität.* Legen wir dieser die Umschreibung des modernen allgemeinpsychologischen Begriffs der Suggestion zugrunde, so würde ein Mensch allgemein oder einem bestimmten anderen gegenüber um so suggestibler sein, je mehr er nach innerer Eignung oder nach Wesenheit des anderen fähig und bereit ist zur Errichtung der suggestiven seelischen Gemeinschaft. Damit wäre über sein spezielleres Verhalten nichts ausgesagt, insbesondere nicht darüber, warum und inwiefern eine solche seelische Beziehung seine Gesamteinstellung beeinflussen, etwa eine Umschaltung bedingen könne.

Die üblichen experimentell-psychologischen Prüfungen der Suggestibilität wenden sich fast ausnahmslos an die Urteils- oder Gedächtnisfestigkeit der Prüflinge und tragen im wesentlichen nur in unseres Erachtens sehr unzulänglicher Weise zu der Frage der Leichtgläubigkeit und Bestimmbarkeit bei, Verhaltungsweisen, die lediglich mittelbare Beziehungen zum eigentlichen Suggestionsproblem haben. Erachten wir nur Zustände mit dem Kennzeichen *echter Umschaltung* als eigentlich „suggestive“ oder, wie wir sagen wollen, „konzentrative“, so lassen sich eine Reihe anderer Bedingungen umschreiben, an die „Suggestibilität“ geknüpft erscheint. In diesem Sinne suggestibel, also zugänglich für die Errichtung echter konzentrativer Umschaltung, würden diejenigen Menschen sein, die durch Fähigkeiten zur Außenabkehr, zur Entspannung, zu passiv-schauender rezeptiver Haltung dauernd oder unter besonderen Umständen ausgezeichnet sind. Dabei wird ferner die Ansprechbarkeit von erheblichem Belang sein; ob wir Menschen dieser Art mit *L. Frank* als „künstlerhaft“, ob wir sie als sensitiv, als impressionabel, als effektive Phantasiemenschen benennen, ist nicht von entscheidender Bedeutung; wichtig dagegen, daß nun die Verbindung dieser grundlegenden reaktiven Eigenart mit anderen Reaktionen und Reaktionsbereitschaften Näheres über Art und Wert der „Suggestibilität“ bestimmt. Der beständig ruhige, zu gleichmäßig fester Arbeit fähige, disziplinierte und sammlungsfähige Mensch wird eine Suggestibilität besitzen, die Dauerwerte schaffen und sein Wesen und seine Reaktionen weitgehend beeinflussen kann; der schnell begeisterte, dissolute, stimmungsschwankende, fahrige und ungleichmäßige wird, mindestens im Anfang, oft sehr intensive Augenblicksreaktionen, nie aber feste Haltungen von Bestand liefern können. Er bedarf vielmehr in schweren Fällen eingehender individueller Tiefenpsychotherapie, in leichteren einer entsprechenden Umschaltung durch direkte oder indirekte Psychagogik. Wieweit die Gedächtniseignung im tiefsten Sinne, etwa nach der *Hering-Semonschen* Mneme hinüber, oder als Sekundärfunktion von *Groß, Heymans, Wiersma* u. a. hinter diesen beiden Typen einer *tiefen* und einer *oberflächlichen „Konzentrabilität“* steht, ist heute beinahe eine Frage willkürlicher Einordnung. *Kretschmer* würde die von uns hier gemeinten Eigenheiten als Leitfähigkeit bezeichnen. Besonders beachtliche Ausführungen über das Problem der Suggestion und Autosuggestion verdanken wir *B. Stokvis;* in seiner „Psychologie der suggestie en autosuggestie“ (De Tijdstroom 1947) und „Autosuggestive Psychotherapie“ (ebenda 1950); er gab hier und im Handbuch der Neurosenlehre (Urban & Schwarzenberg, Berlin 1959, IV, I, A) den besten heute vorhandenen, großzügigen Überblick über die gesamte hier vorliegende Problematik und alles Wesentliche aus dem Schrifttum der letzten Jahrzehnte. 1958 lieferte *H. Hengstmann* einen praktisch-kritischen Überblick „Hypnose und autogenes Training“ (Vierteljahrschrift „Psychotherapie“ III, 150).

Sehr zahlreich sind laienhafte Versuche aus dem Grenzgebiet der Autosuggestion; in der Anthroposophie, in der New-Thought-Bewegung, in der Mind Cure und in zahllosen kleinen mystischen Zirkeln begegnen wir Versuchen entsprechender Art, meist orientiert in einer oberflächlichen Angleichung an ostische Traditionen oder an mystisch-kirchliche Richtungen. Hierzu gehört etwa die Studie von *A. M. Curtis* über „Versenkung und Heilung“ aus der New-Throught-Bewegung (Kampmann, Heidelberg 1928), die allerdings trotz löblicher Absicht auf einem bedauerlich tiefen Niveau steht. Viel beachtlicher sind Versuche von *Rousselle* aus dem *Keyserling*schen Kreise, etwa sein „Mysterium der Wandlung“ (Reichl, Darmstadt 1923), dem erhebliche anregende Werte zukommen. Sehr wesentlich ist ein in seiner Fassung für Laien bestimmtes, eigenwilliges Werk des Basler Nervenarztes und früheren Mitarbeiters von *Forel,* Dr. *Karl Graeter* über „Menschenleiden als Lebensgeheimnis“ (Umbach, Kandern [Baden] 1926). Meines Wissens ist *Graeters* Werk der einzige ernsthafte ärztliche Versuch, aus der Spreu der an *Bernheim* anschließenden Laientradition die Weizenkörner zu sondern und hieraus eine recht fruchtbare Saat zu gewinnen.

Allen diesen Bestrebungen ist gemeinsam, daß im Gegensatz zum autogenen Training die technisch-systematische Seite und der Einbau in physiologisch grundlegende Zusammenhänge unterbleibt; sie dürfen für die Benutzung unserer Methode als anregende Vergleichsmaterialien und Hilfen herangezogen werden; zu ihrem eigentlichen Ziele, der sicheren systematischen Selbstbeherrschung stufenweiser Selbstumschaltung mit klarem Ziel führen sie nicht.

Suchen wir rückblickend zusammenzufassen, was durch die Arbeit des *autogenen Trainings für den Hypnotismus geleistet* wurde, so darf nach zwei Richtungen hin von einem gewissen prinzipiellen Fortschritt gesprochen werden. Dabei bleibt der Beitrag, den das autogene Training zum Verständnis einzelner hypnotischer Phänomene leistet, unbeachtet, wir möchten vielmehr hier zwei Obergesichtspunkte hervorheben. Wer sich durch Arbeit an Patienten und ganz besonders durch systematischen Eigenerwerb unserer Technik mit ihrem Wesen vertraut gemacht hat, gewinnt auf diesem Wege eine *andere Stellung zur hypnotischen Technik.* Die Hypnotisierung wird in seiner Hand eine unwissentliche Anleitung der Versuchsperson zur schrittweisen Umschaltung, sie bekommt ausgesprochenermaßen den Charakter einer systematischen, rationalisierten Übungsarbeit unter Leitung des ärztlichen Trainers. Damit entfallen alle Reste „magischer Art“, die ohne eine solche systematische Grundlage auch dem ärztlichen Hypnotisieren sonst leicht anhaften. Die von allen Sachverständigen sehr mit Recht bei der hypnotischen Heilarbeit stets empfohlenen Kunstregeln technischer Art sind nun nicht mehr irgendwelche unklaren traditionellen Schrullenhaftigkeiten, sondern enthüllen sich im Lichte der Erfahrungen des autogenen Trainings als empirisch auskristallisierte Erfahrungsniederschläge der Umschaltungstechnik.

An zweiter Stelle ist das Problem des *Funktionserwerbs* zu nennen, wie es schon in der Aneignung der autogenen Technik und sehr vielfach weiterhin bei speziellen Fragestellungen sich ergibt. Die Erkenntnis, daß normale und pathologische Versuchspersonen in einem auf den ersten Blick überraschend weiten Maße fähig sind, selbsttätige Verfügung über vordem als unwillkürlich und dem Selbsteinfluß entzogen angesehene Funktionen zu erwerben, liefert einen sehr wesentlichen Beitrag zur *Theorie hypnotischer Heilwirkung.*

Sehr mit Recht haben die älteren ärztlichen Hypnoseforscher, wie schon hervorgehoben, ihre Arbeit dem Übungs- und Gedächtnisproblem nahegestellt. Bei Heileffekten aber mußte immer die Frage „suggestiver" Motivierung als Fehlerquelle erscheinen, als stellte gewissermaßen der Patient nur dem Arzt zuliebe seine Symptomproduktion ein. Der durch das autogene Training erbrachte Nachweis, daß der Bereich übungsmäßig selbsttätiger Regulierung zuführbarer Funktionen wesentlich größer ist, als man anzunehmen geneigt war, schafft uns die sachliche Basis, auch im hypnotischen Arbeiten den Kranken diese *Lern-* und *Übungswege* zu führen.

Zu der eingangs gestellten Frage, wieweit suggestive Faktoren im modernen allgemeinen Sinne sich im autogenen Training finden, braucht nur kurz Stellung genommen zu werden.

Daß an und für sich unsere Technik außerhalb „suggestiver" Maßnahmen im modernen Sinne steht und ein *konzentratives* Arbeiten ist, wurde genügend hervorgehoben und beweist ohne weiteres, daß eine *notwendige* Beziehung zwischen autogenem Training und Suggestion in keiner Weise besteht. Praktisch ist es nicht selten von Vorteil, zu kombinieren, und zwar können beide Methoden sich wechselseitig als Einleitungsverfahren unterstützen, indem ebensowohl autogene Übungen oder Vorübungen der Hypnotisierung als Demonstration vorangeschickt werden, oder Versuchspersonen hypnotisch einer spezifischen Umschaltung zugeführt werden, die das Zentralproblem des autogenen Trainings bildet.

Neben dieser Einleitungsförderung kann wiederum von beiden Seiten her eine unterstützende Kombination im weiteren Verlaufe der Arbeit benutzt werden; daß solche Fälle für die wissenschaftliche Erforschung des autogenen Trainings nicht herangezogen werden können, liegt auf der Hand. Endlich ist nicht zu verkennen, daß Versuchspersonen, die anderen Ortes Gelegenheit hatten, die Hypnotisierung zu erleben, dadurch vielfach eine gewisse Vorbereitung erhalten, so daß die spezifische Umschaltungserlernung bei ihnen sich schneller einspielt.

Diese Erfahrung steht in vollem Gegensatz zu der von uns als auffällig angemerkten Beobachtung von *Jacobson,* daß in seinem Verfahren früher hypnotisierte Versuchspersonen negativ reagieren. Mir scheint dies nur so verständlich, daß entweder im Erfahrungskreise *Jacobsons* nur irgendwie psychisch minderwertige Persönlichkeiten zu hypnotischen Versuchen herangezogen wurden, so daß ihr Versagen in der komplizierten Übungsarbeit *Jacobsons* mehr mit der persönlichen

Eigenart als mit den früheren Hypnotisierungen zusammenhängt, oder es bietet sich als Erklärungsmöglichkeit die Überlegung an, daß es sich um technisch und psychologisch schlecht hypnotisierte Versuchspersonen handelte, die mit einem so großen *Übertragungsanspruch* in die „progressive relaxation" eintraten, daß sie den sachlich nüchternen Übungsverlauf dieser Arbeit als kränkend erlebten und demzufolge negativ reagierten.

Diametral gegenüber stehen diesen Erfahrungen *Jacobsons* die Beobachtungen von *O. Vogt* über Autohypnose; sie bildeten ja einen Ausgangspunkt der ganzen hier vorliegenden Arbeit. Allerdings ist zuzugeben, daß *Vogts* Versuchspersonen auch bei ihren autohypnotischen Leistungen im persönlichen Kontakt mit *Vogt* blieben, so daß hier die Übertragungskränkung nicht statthatte.

Kein Geringerer als *E. Kretschmer* hat in den letzten Jahren den nahen Beziehungen zwischen unserem Verfahren und der Hypnose seine besondere Aufmerksamkeit zugewendet. Für ihn bedeuten wie für uns die Schwere- und Wärmeübung erste Grundlage, und aus ihnen entwickelte er dann ein Verfahren „Fraktionierte Aktivhypnose", das nicht mehr unmittelbar zu der hier behandelten Problematik gehört. Sehr mit Recht betont er in Übereinstimmung mit allen wissenschaftlichen Hypnoseforschungen der letzten Jahrzehnte, insbesondere *Oskar Vogt,* daß unser heutiges medizinisch-psychologisches Wissen erlaubt, das autogene Training ebenso wie die ärztlich wissenschaftliche Hypno-Therapie in das Gesamt unserer biologischen Erfahrung einzuordnen, wobei besonders ganz in unserem Sinne das übungsmäßige Erwerben neuer psychologischer Gesamteinstellungen – wie schon der Name autogenes „Training" sagen will! – von entscheidender Bedeutung ist; auch die Bedeutung sinngemäßer Verwendung der Blickbewegung zur etwa nötigen Darstellung größerer Vertiefung, wie es im autogenen Training im Zusammenhang mit der Oberstufe empfohlen wurde, hat sich in der Arbeit von *Kretschmer* als dienlich erwiesen und stellt einen wesentlichen Übergangspunkt zu seiner fraktionierten Aktivhypnose dar. Auf dieser Grundlage erscheinen *Kretschmer* im „Gesamtkomplex der Hypnose" u. a. folgende Faktoren wesentlich: „1. der Entspannungsfaktor, also das Moment der Tonusregulierung, bezogen sowohl auf die willkürliche Muskulatur wie auf die vegetativen Apparate, 2. bestimmte, typische ‚methodisch-schaltbare Assoziationsmechanismen, z. B. das ‚Bildstreifendenken' und 3. der hypnoide Faktor im engsten Wortsinn, d. h. das, was wir neurologisch als ‚Wach-Schlafsteuerung' bezeichnen, und zu dem uns 4. die Zentren für die konjugierten Blickbewegungen der Vierhügelgegend eine funktionale Brücke bilden. Alle diese Einzelmechanismen bedürfen der Schlüsselung, können aber alsdann jeder für sich vom Patienten unter Anleitung des Arztes trainiert werden." Es ist sehr zu begrüßen, daß die Bemühungen des autogenen Trainings von so autoritativer Seite Belebung und Anregung erfahren.

KAPITEL XI

Der Yoga

„*Yoga*“ („Joch“) sagt *Heiler*, Marburg, in seiner schönen Studie über ‚die buddhistische Versenkung‘ (Reinhardt Verlag, München 1922), „ist nicht eine religiöse Sekte oder ein philosophisches System, sondern eine gemeinindische Geistesrichtung. Yoga (wörtlich ‚Anspannung‘) ist das Bestreben, durch körperliche und geistige Methoden der Konzentration zu höheren Bewußtseinszuständen zu gelangen, kurz, eine mystische Psychotechnik.“ Der Anhänger dieser Richtung heißt *Yogin* oder *Fakir* (arabisch = der Arme *[Rösel]*).

Andeutungen dieser Tradition finden sich schon in Rigveda, dessen älteste Hymnen in die erste Hälfte des zweiten Jahrtausends vor Christi Geburt zurückgehen, typischer ausgeprägte Schilderungen bereits im jüngeren Athârvaveda. *Hauer* hat „die Anfänge der Yogapraxis im alten Indien“ (Berlin, Stuttgart, Leipzig 1922) einer besonderen Darstellung unterzogen, auf die hier verwiesen sei, wo nur für den Leser, der diesen Problemen fernersteht, einige einleitende Hinweise gegeben werden sollen. Spezielle Darstellungen eigentlicher Yogaverfahren liegen in der Yoga-Sûtra des Patañjali (500 n. Chr.), der Gherandasamhita und der Hathayogapradipika vor; bis zu ihrer Niederschrift wurden die Lehren mündlich überliefert, die lebendige Überlieferung reicht so viel weiter zurück, daß bereits Alexander der Große auf seinem Indienzug typische Yogin antraf.

Der allgemeinen religionspsychologischen Beziehungen wegen verweisen wir auf unser Kapitel IX. Speziell ist zunächst der Unterschied buddhistischer und eigentlicher Yogatradition wichtig. Die ältesten, in der Kunstsprache des Sanskrit niedergelegten indischen Literaturdenkmäler, die Veden, stellen die Grundlage für den älteren *Brahmanismus* dar. Bestimmten Familien und Kasten nur, den Brahmanen, war der Dienst der vielfachen Naturgottheiten vertraut. Später wandelten die Brahmanen die zentrale Anschauung zum Glauben an eine persönliche Weltseele (das Brahman, atman) und an Seelenwanderung. Ihren starren Kasten- und Priesterdogmen stellten sich Reformatoren entgegen, so etwa Buddha; ihr Wirken ließ Kultgemeinschaften außerhalb des Brahmanismus entstehen, wie den *Buddhismus*, während weniger schwerwiegende Veränderungen der religiösen Gedankenwelt sich der brahmanischen Religionsgemeinschaft eingliederten oder mindestens als orthodox und mit dem brahmanischen Glauben vereinbar angesehen wurden. Von den sechs so entwickelten Systemen interessieren hier Samkhya und Yoga; die Samkhya-Philosophie geht auf den mythischen Weisen Kapila zurück, dessen Leben in die ersten nachchristlichen Jahrhunderte vermutungsweise gelegt werden darf. Sie unterscheidet sich vom Brahmanismus der mittleren Tradition besonders durch ihren theistischen Charakter und stellt die philosophische Quelle des eigentlichen Yoga dar. Wie *Rösel* in seiner dankenswerten Studie über „Die psychologischen Grundlagen der Yogapraxis“ (Kohlhammer Verlag, Stuttgart 1928), die zur schnellen und sachlichen Einführung sehr empfohlen sei, formuliert: „*Der philosophische Grundgedanke des Yoga* ist in Kürze etwa der folgende: Der Yoga geht, wie das Sankiasystem, das ihm als theoretische Basis dient, von der Tatsache des Leidens aus. Das Leiden entsteht durch die Verbindung der Seele, des Purusa (*Hauer*, „Das ewige Ich“, „Der Mensch“) mit der Materie (Prakrti) (wozu auch die feinstoffliche Denksubstanz, das Citta [*Hauer*, „Die Innenwelt“], gehört). Der

Grund dieser Verbindung ist Unwissenheit (Avidya [*Hauer*, „Die Weltbefangenheit“]), die darin besteht, daß der Purusa sich fälschlich mit Prakrti und Citta identifiziert. Wird der Wesensunterschied wie das Sankiasystem, das ihm als theoretische Basis dient, von der Tatsache des von Purusa einerseits und Citta und Prakrti andererseits erkannt, dann tritt die Isolierung des Purusa (das Kaivalya [*Hauer*, „Das An-Sich-Sein“, vgl. auch *Hauer*, Yoga und Psychotherapie, V. Kongreß für Psychotherapie; Hirzel Verlag, Leipzig 1930) „und damit die Erlösung ein“. Der Gegensatz der Seele (des Purusa) und der Materie (Prakrti) wird in der Samkhya-Philosophie durch eine tiefsinnige Formel dahin charakterisiert, daß die Seele erkennend ist, aber nicht schöpferisch, die Natur schöpferisch, aber nicht erkennend. Die Befreiung der Seele von den Banden der Materie und des Denkens geht nach indischer Tradition, wie auch der Heilsweg in anderen religiösen Entwicklungen, *stufenweise* vor sich, der Yoga kennt dabei eine bestimmte, in manchen Traditionen übersystematisierte Reihe von Schritten zur Erlösung, die durch Übung zu erreichen sind. *R. Schmidt*, der Übersetzer der Gherandasamhita, nennt in seiner bekannten Fakirismusmonographie deren 7, *Rösel* mit anderen Autoren deren 8. In den Yogatexten werden diese Stufen „Angas“ (Glieder) genannt; durch sie gliedert sich der Heilsweg in *(Rösel)*:

1. *Yama*, welches die 5 „großen Gebote“ umfaßt (nicht töten, nicht lügen, nicht stehlen, keine Unkeuschheit begehen, Besitzlosigkeit), 2. *Niyama*, „Observanz“ (Reinigungsvorschriften, Genügsamkeit, Askese, Rezitation von Sprüchen, Gottergebenheit), 3. *Asana*, „Sitzart“ (verschiedene Arten der Körperhaltung), 4. *Pranayama*, „Atemregulierung“ (Einatmen, Atemanhalten und Ausatmen nach bestimmten Regeln), 5. *Pratyahara*, „Zurückziehen der Sinne“ (von den Sinnesobjekten), 6. *Dharana*, „Festlegung des Denkorgans“ (Fixieren der Aufmerksamkeit auf einen bestimmten Punkt), 7. *Dhyana*, „Meditation“ (Richten der Vorstellung auf diesen einen Punkt), 8. *Samadhi*, „Versenkung“ (das Denken wird eins mit seinem Objekt). Die ersten 5 Angas (Yama, Niyama, Asana, Pranayama und Pratyahara) bilden zusammen den sog. Kriyayoga oder „Praktischen Yoga“, „er dient dazu, die 5 Klesas, die den Menschen an das weltliche Dasein fesseln, abzuschwächen und den sonstigen Hindernissen der Konzentration entgegenzuwirken“. Anga 6–8 (Dharana, Dhyana und Samadhi) gehören dem sog. Rajayoga, „Hauptyoga“ an, sie werden auch unter der Bezeichnung Samyama („Allzucht“) zusammengefaßt. Wie unsere Untersuchung zeigen wird, dienen die Angas 1–4 tatsächlich nur der Vorbereitung, während 6–8 den Kern des Yoga, nämlich die Konzentration, Meditation und Kontemplation darstellen und direkt zum Kaivalya hinführen; Anga 5 leitet zum Rajayoga über. Es läßt sich leicht verstehen, daß andere Autoren, wie z. B. *R. Schmidt*, die 6. und 7. Stufe zusammenziehen, wodurch die von ihnen angegebene Siebenzahl entsteht.

Da viele Bearbeiter des Yoga von europäisch-religiöser Einstellung ausgingen, finden wir oft die Anschauung vertreten, daß lediglich die Stufen des Rajayoga „wertvoll“ seien, während die Unterstufen nur technische Vorarbeiten bedeuten sollen. Insbesondere wird die Tradition des *Hatha-Yoga*, des „gewaltsamen“ Yoga *(Heiler)* als gewissermaßen „niedere Kunst“ abgetan, da in ihr gerade technische Einzelheiten eine große Rolle spielen. Dieser Yogarichtung ist in *S'rimat Kuvalayananda (J. G. Gune)* ein lebhafter Verteidiger entstanden, der in einer Spezialzeitschrift, der Yoga-Mimansa (Kaivalyadhama bei Lonavla, Bombay), ausführliche physiologisch-klinische Beobachtungen an Yoga-Trainierten mitteilt (1. Jahrg., 1924), auf die wir noch zurückkommen werden. Ist doch gerade für die Arbeit des autogenen Trainings der Vergleich mit der Yogatechnik in ihren Einzelheiten besonders lehrreich. Er sandte mir auch indische Mitarbeiter, die gymnastisch und versenkungstechnisch außerordentliche Leistungen zeigen konnten, so z. B. gymnastisch das Reagieren jedes einzelnen bezeichneten Muskels, so daß etwa der Deltamuskel ganz isoliert an der Schulter heraussprang.

Auch in der abgespaltenen Bewegung des Buddhismus finden wir Stufenbildungen des Heilsweges *(Heiler);* doch tritt hier die uns interessierende Technik weit mehr zurück, so daß erst nach Schilderung des eigentlichen Yoga auf die buddhistische Versenkung zurückgegriffen werden soll.

Etwas näher betrachtet, stellen *Yama, Niyama* zunächst nur vorbereitende Schritte dar. Schon im Niyama finden sich zum Zwecke der Reinigung des Körpers sehr eingehende Vorschriften unter Verwendung von Atemübungen, Rachen-, Nasen- und Darmspülungen und gymnastischen Hilfen, z. B. aktivem Afteröffnen und -schließen, Bauchmuskelarbeit usw.; auch eigentlich hypnosigene Verfahren, z. B. Fixieren der Nasenspitze oder eines kleinen Gegenstandes, werden genannt. Hier wird die „Kapalabhati"-Übung von *Rösel* nach *R. Schmidt* im Sinne der Gherandasamhita nur allgemein als Atem- und Rachenspülmethode genannt; der Yoga-Mimansa vertritt die Auffassung der Hathayogapradipika, in der es bei *Walter* heißt *(R. Schmidt):* „Gleich dem Blasebalg eines Schmiedes atme man hastig aus und ein. Dies wird Kapalabhati genannt und beseitigt die Phlegmakrankheiten." Es handelt sich also in der Hathayogaanleitung bei Kapalabhati um eine Hyperventilationsübung; das erklärt ihren Namen; Kapa bedeutet Kopf, bhati leuchten *(Kuvalayananda);* subjektive Lichterscheinungen aber sind bei Hyperventilation nicht selten.

Während diese vorbereitenden *„Angas"* keine nähere Beziehung zu unserer Arbeit haben, führt die Frage der *Asanas,* der *„Haltungen"* unmittelbar in unser Gebiet.

In der Fakirmonographie von *R. Schmidt* (Barsdorf Verlag, Berlin) sind 74 indische Originalillustrationen zur Gherandasamhita reproduziert, und zwar in der ersten Auflage (1908) bunt, in der zweiten (1922) schwarz-weiß, ihre Ausführung ist recht primitiv.

Rösel gruppiert die „Posituren" nach drei Gesichtspunkten: „1. Solche, die eine möglichst bequeme Haltung angeben, 2. die hypnosigener Art sind, und 3. Übungen, die therapeutischen Wert haben. Alle diese Punkte sind bedeutsam für eine richtige Ausübung der Yogapraxis, für die Versenkung: daß der Organismus tadellos funktionieren muß, betonten wir bereits oben, daß ferner nur bei einer (für den Inder) bequemen Haltung, wie es manche Asanas sind, der Geist intensiv arbeiten kann, ist klar. Schließlich sind die hypnosigen wirkenden Mittel vonnöten, um zu jenem Schlafzustand überzuleiten, der mit den Bewußtseinsänderungen parallel geht."

Am nächsten der *Liegeübungshaltung* im autogenen Training steht die S'avasana, die *R. Schmidt* so kennzeichnet: „Das Ruhen auf dem Erdboden mit nach oben gerichtetem Antlitz, wie ein Leichnam, ist die Totenpositur. Sie benimmt die Ermüdung und bewirkt Ausruhen des Geistes."

In der Yoga-Mimansa 2, 231 (1926), finden wir folgende Schilderung der S'avasana:

"S'avasana" or *The Dead Pose*

The name:

The pose ist called S'avasana, because it requires complete relaxation of the muscles as in the case of a dead person, whose position the Yogic student is also made to imitate in the practice of this posture.

The technique:

The technique is very simple. The student is to lie on his back, as shown in Fig. C; and fully relax his muscles. It is to be noted here that our muscles remain slightly contracted even when we lie down for rest in a waking condition. Even this slight contraction is to be avoided in the Dead Pose. This requires an effort of will and concentration a little. The student should take a particular part of the body and thoroughly relax its muscles. Then he should concentrate upon that part and imagine that every muscle tissue in that part is further relaxed and is, as it were, collapsing. Constant practice of this procedure will enable the student to bring about full relaxation of different muscles.

Ordinarily he should start with relaxing the thorax. The abdomen should be taken up next. The lower and upper extremites should follow the abdomen, and the brain should come up last. The eyes may be kept open or shut up.

Breathing should be rhythmical and should be developed as described in the following paragraphs.

1. While lying in S'avasana, the student should first concentrate his mind. After a minute of concentration he should simply watch his breath as it flows. No attempt should be made at controlling it. This may be done for about 2 or 3 minutes to start with. Afterwards the time may increase to 10 minutes.

2. In about a fortnight's time, the student will find that the breath as it ordinarily flows is very irregular. Not only inhalation and exhalation are unequal, but each is not very uniform in itself. This uneven and irregular breathing is often responsible for ill health and needs improvement. So the outgoing and incoming breath should be made to occupy the same length of time. No effort should be made to increase their volume, however. A rhythmical flow is all that is wanted. This may be practised for nearly quarter of an hour every day. In the beginning a sense of suffocation may be experienced but it will soon disappear.

3. In a month or so the student will feel very comfortable at the rhythmical breathing. He should then try to increase the volume of his inhalation and exhalation by drawing slightly deeper breaths and letting off air proportionately. No violence is to be practised. Breathing is to be as smooth and slow as before, only the breaths are to be very slightly deeper. All the while the mind is to be concentrated upon the moving breath.

Points of study:

Every muscle is relaxed and is prepared for better contraction. Owing to the relaxation of the whole muscular system, blood circulation becomes freer throughout the body. Every nerve gets rest and the brain feels greatly refreshed.

Note:

Rhythmical breathing should be developed very cautiously. Under no circumstances one is to strain himself. Everything should be comfortable and pleasing. Even after practice, not more than 10 minutes at a time are allowed for patients with weak lungs, although healthy persons may devote as much time to it as they please. Even the slightest tendence to fall asleep should be promptly checked."

Wir verweisen besonders darauf, daß hier wie in unserm Training und der entspannenden Gymnastik von *Bode* (vgl. unser Kapitel XIV) zu selbsttätiger Entspannung der Atmung durch allgemeine Relaxation geraten und empfohlen wird, der Atmung ruhige Selbständigkeit zu lassen. Auch der Relaxationsbeginn mit einem begrenzten Bereich des Körpers stimmt mit der Entwicklung der Muskelentspannung in unserer Technik überein. Die Reihenfolge allerdings unterscheidet sich, indem bei dieser S'avasana-Anleitung mit der Brust begonnen wird; darauf folgen der Leib, die untere, die obere Extremität und zuletzt „the brain". Der Augenschluß wird freigestellt.

Der *Sitzübungshaltung* im autogenen Training entsprechen unter den Asanas diejenigen, die *für den Inder* bequemes Sitzen zur Meditation mit sich bringen. Der *Europäer* wird für autogene Arbeit i. A. mit der „im Skelett hängenden" *Droschkenkutscherhaltung* am besten fahren; haltende Steifung im Kreuz, wie bei der mir von Dr. *R. A. Baudisch* mitgeteilten *„Alexander-technique"* (Beacon Press, Boston 1954, *J. T. Jones) (Felix Riemkasten:* Die Alexander-Methode. Bedeutung, Folgen und Abstellung von Haltungsschäden. II, Haug, Ulm [1963], 91. S.) entspricht zwar der indischen Tradition, fordert aber gymnastische Durcharbeitung. *F. M. Alexander* (1869 bis 1955) war ein in Tasmanien geborener englischer Rezitator und Haltungs-Heiler.

So z. B. die Siddhasana, die *R. Schmidt* kennzeichnet:

„Indem man unbeweglich, die Sinnestätigkeit konzentrierend und mit starrem Blick den Raum zwischen den Augenbrauen fixierend (dasitzt), presse man das eine Fußende fest an die Stelle des Perinaeum, den andern Fuß lege man auf den Penis und setze das Kinn auf die Herzgegend. Dies heißt die Siddhapositur, die die Torflügel zur Erlösung sich öffnen macht."

Sehr verwandt ist die Padmasana (Lotus-Pose) bei *R. Schmidt* geschildert:

„Man lege den rechten Fuß auf den linken Schenkel und ebenso den linken Fuß auf den rechten Schenkel mit der Rückseite, ergreife mit beiden Händen in bekannter Weise fest die beiden großen Zehen, lege das Kinn auf die Herzgegend und betrachte die Nasenspitze; das nennt man die Padmasana, welche Krankheiten und Untergang behebt."

Eingehender in der Yoga-Mimansa 3, 126 (1928) (s. *I. H. Schultz,* Oberstufe des autogenen Trainings und Raja-Yoga; Zschr. Neurol., Berlin 139, 1 [1932]). Dort auch Abbildungen!)

Die ganz außerordentlich entwickelte *aktivgymnastische Asanareihe* hat zum autogenen Training ebensowenig Beziehung wie die spezielle Atemtechnik (Pranayama), so daß sie hier übergangen werden können. Interessenten seien dringend auf das Studium des Yoga-Mimansa verwiesen.

Der Weg des autogenen Trainings, durch Darstellung von *Wärmeerlebnissen* vasomotorische Umschaltungen zu bewirken, die der Versenkung dienen, mußte der alten Yogatradition verschlossen bleiben, da die mystische Lehre vom Aufbau des Leibes im alten Indien solche Ansätze nicht bieten konnte, galten doch auch hier, dem Leichenbefunde entsprechend, Arterien als „Luftröhren“! Gemeinsamkeiten finden sich dagegen wieder in der Oberstufe des autogenen Trainings und des Yoga, im Rajayoga. So wird als Überleitung hier das Nasagra-Drishti (Nasenspitze fixieren) oder Bhrumadhya-Drishti (extremer Fixationsblick nach oben) empfohlen.

Schon unter den *Mudra,* die im allgemeinen Hilfsmittel der Atemtechnik darstellen („Mudra“ bedeutet etwa „Symbol“ nach *Kuvalayananda*), zeigt die Sambhavi-Mudra in der *Walter*schen Hathayogapradipika *(Rösel)* Ansätze zur tieferen Konzentration.

„Man richte das Auge, dasselbe weder auf- noch zumachend, auf eine Stelle an der Oberfläche des Körpers, die dem entspricht, was im Innern wahrzunehmen ist (d. h., man fixiere einen der mystischen Kreise). Dies ist die Sambhavi-Mudra, die in den heiligen Schriften bewahrt wird.

Wenn der Yogin Bewußtsein und Atem auf das innerlich Wahrnehmbare konzentriert hat und mit gesenktem Kopf und unbeweglichem Augapfel die Stelle außerhalb des Körpers betrachtet und doch nicht betrachtet (denn in Wirklichkeit ist ja seine ganze Aufmerksamkeit auf das innerlich Wahrnehmbare gerichtet), so entsteht diese Mudra-Sambhavi, die bloß durch die Gunst des Lehrers zu erlangen ist, und es entspringt jene höchste, seligmachende Wirklichkeit, deren Kennzeichen die Erlösung ist.“

Hier betreten wir das Randgebiet des *Bildersehens,* der Innenschau oder „Sehe“ *(R. Otto),* allerdings angeregt und beeinflußt durch die mystische Yogatradition.

In der 5. Stufe, *Pratyahara,* wird die „Einziehung der Sinnesorgane“ erarbeitet, die Außenabkehr. Im autogenen Training geschieht dies durch die „Somatisierung“, die passive Hinwendung auf affektfreie Körpererlebnisse.

Dharana, die 6. Yogastufe, die „Fesselung“, benutzt erneut örtliche „Körperschau“ von innen, wenn man dem Yoga-sutra folgt. In der Gherandasamhita sind es, wie ich zu meiner Überraschung bei *Rösel* feststellte, gleich den Versuchen über *„Eigenfarbe“* in unserer Oberstufe, besonders *Farbschauerlebnisse,* allerdings mystischer Sinnbezogenheit, die zum „Fesseln“ dienen. Es genüge ein Beispiel aus *Rösels* Darstellung: „Ambhasi-Dharana-Mudra“:

„Einer Muschel oder dem Monde ähnlich, weiß wie Jasmin, hinreichend glänzend, mit dem Buchstaben v als dem Symbol ihres Nektars versehen, immer in Verbindung mit Visnu – so ist das Wesen (der Ambhasi). Wenn man dabei fünf Ghatikas den Atem samt dem Denken verborgen festhält, so ist das die Ambhasi-Dharana, die unerträgliche Qualen und Sünden fortnimmt.

Der Yogakenner, der diese höchste Ambhasi-Dharana versteht, findet selbst in tiefem, grausigem Wasser keineswegs den Tod.“

Fließend ist nun der Übergang zur 7. Anga: *Dhyana* (von dhyá „denken“, „sinnen“ *[Heiler]*), der eigentlich visionären Stufe. Als Probe mögen einige der von *Rösel* zitierten Verse aus der Gherandasamhita dienen:

„Man stelle sich im Herzen seines eigenen Leibes das trefflichste Nektarmeer vor, in dessen Mitte aber eine Insel aus Perlen, deren Sand aus schönen Edelsteinen besteht. In allen vier Himmelsrichtungen einen mit vielen Blüten bedeckten Nipabaum, und daß sie von einer Menge von Nipahainen wie mit einem Walle umgeben sei. Mitten darunter stelle sich der Yogin einen herzerfreuenden Wunschbaum vor mit vier Zweigen, die den vier Veden entsprechen, beständig von Blüten und Früchten bedeckt. Bienen summen dort und Kokilas singen. Dort stelle er sich seine Schutzgottheit vor, eine Kontemplation, wie sie von seinem Lehrer gesagt worden ist. Wie die Gestalt dieses Gottes ist, wie sein Schmuck und sein Vehikel, darüber denkt er beständig nach: das kennt man als Sthula-Dhyana. An den Pericarpium in einem tausendblättrigen Lotus denke man sich einen mit zwölf Deckblättern versehenen Lotus... von weißer Farbe, großer Leuchtkraft und mit den zwölf Symbolen ha, sa, ksa, ma, la, va, ra, ya ha, sa, kha und phre der Reihe nach beschrieben. Darinnen aber, am Pericarpium, sei ein Linienhaus (Dreieck) a, ka, kha mit den drei Ecken ha, la, ksa und darin steht Om. Dort stelle man sich den Lehrer als Gott vor, mit zwei Armen und drei Augen..."

Auch die heilige Silbe „Om" wird lautloser, „ätherischer" (Yogasutra); oder aus dem eigenen Innern klingen mystische Töne (Nada), die ihrerseits Gegenstand der versenkten Betrachtung werden können[1] (Hathayogapradipika). In Alleserfüllung entsteht das Nichts, *Samadhi,* die letzte Stufe ist erreicht. Ihre Gestaltung hängt von der Ideenwelt des Versenkten ab; Einswerdung mit dem All, mit der Gottheit, völlige kosmische Gelöstheit erfüllen den äußerlich oft Kataleptischen. Die Hathayogapradipika sagt nach *Rösel:*

„Von allen Zuständen befreit, von allen Gedanken verlassen ist nun der Yogin gleich einem Toten, aber erlöst. Der Yogin, der Samadhi erreicht hat, kennt weder Geruch noch Geschmack, noch Farbe, noch Tastgefühl, noch Laut, noch sich selbst, noch einen anderen. Sein Geist schläft nicht, auch wacht er nicht, ist von Erinnerung und Vergessen befreit ... Der Yogin, der Samadhi erreicht hat, kennt weder Kälte noch Wärme, weder Glück noch Unglück, weder Ehre noch Verachtung. Wer gesund und im wachen Zustand gleich einem Schlafenden verweilt und weder ein- noch ausatmet, der ist sicher erlöst."

Auch hier sehen wir die deutlichsten Parallelen mit den Oberstufenphänomenen unseres Trainings, wie eine kurze Vergleichung oft bis in die Einzelheiten zeigt, nur daß in unserer Arbeit nicht die Bilder und Erlebnisse bestimmter konfessioneller Welten, sondern der Ichtiefen sich auftun; die Wandlung des Selbsterlebens zur Anschaulichkeit, die dadurch geschaffene Möglichkeit längeren Verweilens mit all ihren Konsequenzen für „Wirksamkeit" und *„Icherfüllung"* können für das Verständnis dieser Zustände gar nicht hoch genug gewertet werden. Endlich das Moment der relaxativen Ruhigstellung und „Einschläferung".

[1] Es dürfte sich kaum, wie *Rösel* meint, um Produkte der „Autosuggestion" handeln, sondern um konzentrativ gesteigertes Gefäß-, Muskel- und Organhören; man bedenke, welch intensive Gefäßschwankungen z. B. der Kinn-Brustschluß im Schädelinnern setzt, von Apnoe oder Hyperpnoe zu schweigen! Auch wird Zuhalten der Ohren empfohlen, das schon im Alltage zu Eigengeräuschhören disponiert.

Wenn man alles phantastische Beiwerk abzieht, muß der Tiefsinn und die Feinheit des Yoga überraschen; den Psychotherapeuten interessiert vielleicht neben vielem anderen die Frage, ob Yama und Niyama, die Observanz mönchischer Lebensführung, unerläßliche Voraussetzung der Yogaleistungen sei? In der Yogaschule des *S'rimat-Kuvalayananda,* des Herausgebers des Yoga-Mimansa, ist höherer Yoga Lebensaufgabe; vom 16. bis 36. Lebensjahr wird unablässige Arbeit unter strengem Ritual im Kloster einschließlich sexueller Abstinenz gefordert.

Demgegenüber mußte der berühmte Fakir Haridas, dessen Scheintotexperimente über 40 Tage allbekannt sind, als bejahrter Herr fliehen, weil er eine junge Hindufrau entführt hatte; das stimmt schlecht zu Yama und Niyama.

Medizinisch-psychologisch betrachtet, gewinnt man den Eindruck, der *Yoga* sei ausgangs einer gigantischen, ja geradezu *kosmischen Hypochondrie* entsprossen, nicht nur, daß die alten Texte bei fast jeder Übung Krankheits-, Wund- und Giftfestigkeit, ja Unsterblichkeit verheißen: auch die seltsamen Versuche, den Atem (das Lebensprinzip atman-Brahman) zu „halten“, ja (Vajroli-Mudra) das Sperma (in coitu) „zurückzuzwingen“ oder als weiblicher Yogin (Yogini) die Menses „zurückzuziehen“ — alle diese Maßnahmen erwecken den Verdacht primitiver Versuche, „das Leben“, „die Lebenskraft“ zu „halten“.

Daß indischer Geist aus diesen seltsamen — vielleicht von den einwandernden Ariern aus drawidischen Urriten übernommenen — Praktiken schon vor vier Jahrtausenden schuf, was jetzt erst im Beginn wissenschaftlicher Klärung verschiedenster Richtung zugänglich wird, muß billig unsere Bewunderung erwecken. Im Hamburger Ärztlichen Verein sprach am 29. 5. 1956 *A. K. R. Dhawan* über „Yoga und seine psychotherapeutischen Bedeutungen“. (Eine kurze Wiedergabe dieser schönen, weitschauenden Übersicht findet sich Med. Klin. 2231 [1956].) *Mukerji, G. S.* und *Spiegelhoff, W.* „Yoga und unsere Medizin“, Geleitwort *W. Knipping* (Hippokrates, 1963, 109 Abb., 144 S.) geben eine kritisch-ärztliche Auswertung der Yoga-Gymnastik.

In der *buddhistischen Versenkung (Heiler)* spielt die physiopsychologische Technik eine kleinere Rolle; die Vorschriften sind allgemeiner und verlangen zur *Vorbereitung* kaum mehr als Ruhe, Einsamkeit, bequeme, die Geistestätigkeit nicht störende Körperhaltung und mittlere Atemregulierung; sie enthalten, wie der hochverdiente *Heiler* unseres Erachtens zu Unrecht sagt, nicht zuviel „Turn- und Jongleurkunststücke“, denn „Versenkung ist rein geistige Tätigkeit“.

Demgegenüber ist der Stufengang des Innenerlebens in mehrfachen, sich zum Teil widersprechenden Skalen gegliedert. Die buddhistische Lehre spricht von

a) vier Stufen der jhâna[1], von vier Andachtsstufen; in der ersten betrachtet er die Vergänglichkeit und Unreinheit des Irdischen bis zum Ekel in ernster aktiver

[1] Die buddhistischen Texte liegen in Pali vor; jhâna, hier = dhyana im Sanskrit.

Sammlung; er trennt sich von dieser Welt, Freude erwächst ihm und tiefe Ruhe der zweiten Stufe; dies Glück wandelt sich drittstufig zu Gleichmut und auf der vierten zur „eisigkalten Indifferenz“ *(Heiler),* deren Formel lautet:

Und dann wieder der Bhikku,
nach dem Verlassen des Glücks,
nach dem Verlassen des Leids,
nach des früheren Lust-
und Unlustgefühls Untergang,
das leidlose, freudlose,
in Gleichmut und Besonnenheit
geläuterte
vierte jhâna erlangend,
verweilt er.

Nun herrscht Atem- und Bewegungslosigkeit, innerlich aber nach *Heilers* Ansicht nicht „hypnotische Bewußtlosigkeit“, sondern „jene grandiose Indifferenzstimmung ist nur bei höchster Spannung der seelischen Aktivität möglich und verträgt sich nicht mit Bewußtseinstrübung“ (?). Der Zutritt zum Nirvana scheint erreicht.

b) Eine andere Reihe, die der vier „Unendlichkeitsgefühle“ (appammaññâ) geht von All-Wohlwollen über All-Mitleid und All-Mitfreude zur All-Gleichgültigkeit.

c) Eine dritte, die „abstrakte“ Versenkung (arûpa jhâna), wendet sich nicht, wie a) und b) an das Gefühl, sondern an den Intellekt; fortschreitende Abstraktion des Vorstellens ist für sie spezifisch. Dabei wird entweder ein gleichgültiges Objekt angestarrt, bis das Nachbild ihm gleich ist (Kasinaübung) und nun in der Einsamkeit ein weiteres Nachbild des Nachbildes „erscheint“ und „aufgelöst“, oder vom Einzelgegenstand denkend bis zum Raumganzen „abstrahiert“ wird; so kommt der Versenkte an die Stätte der „Raumunendlichkeit“. Aber sie „ist Nichts“, es folgt zweitens die „Stätte der Nichtigkeit“, drittens aber auch das Denken des Nichts muß schwinden zur „Stätte, wo weder Bewußtsein noch Bewußtlosigkeit“, und „darüber hinaus“ ist an der vierten „Stätte“ Katalepsie des Leibes, Zerstörung von Bewußtsein und Empfindung, Trance, Lethargie; auch die „inneren Bildekräfte schlafen“. Für *Heiler* sind die verschiedenen Heilsstaffeln nicht mischbar, schon jhâna kann Nirvana geben; die Stufen nach c) enden für ihn nach gedanken- und gefühlloser Konzentration auf ein bedeutungsloses Objekt in einem unterwachen, unbewußten Zustande seelischer und leiblicher Lähmung.

Am Ende der Stufen findet der Jünger Buddhas die erlösende Erkenntnis, das dreifache Wissen und die Wunderkräfte. Als „gewisse Tragik“ erscheint es *Heiler,* „daß das mystische Erlebnis auf seinem Höhepunkt vom Geistigen ins Sinnliche umschlägt“, denn Visionen und Auditionen stellen sich nun ein, Reaktionen auf allzu starke Unterdrückung gesunden Lebens, die zu „künstlicher Erhitzung des Gefühlslebens“ führt. Hier begegnen wir den üblichen mystischen Wunderphänomenen (*Levitation,* Hellsehen usw.). Bis endlich das Nirvana erreicht ist, das „in gleicher Weise eine diesseitige wie jenseitige Größe ist“, der *unio mystica,* dem summum bonum der christlichen Mystik entsprechend.

Der verdiente ärztliche Leiter der buddhistischen Gemeinde in Hamburg, Dr. med. *Helmut Palmié,* bemüht sich seit Jahren um eine dem europäisch kritischen Menschen annehmbare lebendige Vermittlung des buddhistischen Traditionsschatzes.

In der von ihm für einen engen Kreis Interessierter herausgegebenen Zeitschrift „Wissen und Wandel, Blätter für Freunde des Pali-Buddhismus“ (als Manuskript vervielfältigt) finden sich vom Oktober-Heft 1952 an außerordentlich interessante genaue Anweisungen der buddhistischen Versenkungsmethode Satipatthana. Die sorgfältige und eingehende Wiedergabe dieser ehrwürdigen Erfahrungen läßt besonders deutlich erkennen, wie weitgehend jahrtausendalte mystische Tradition sich auf vielen Punkten den Linien nähert oder mit ihnen zur Deckung kommt, die eine freie organismisch-wissenschaftliche Betrachtung gerade auch im autogenen Training erleben und erkennen läßt. Von dem europäischen Mönch auf Ceylon *Nyanaponika* erschien im Verlag Christiani, Konstanz, in Buchform eine Zusammenfassung der „Satipatthana", des Heilsweges buddhistischer Geistesschulung, anknüpfend an die Lehrrede von der Vergegenwärtigung der Achtsamkeit. Ihr zentrales Problem liegt in nächster Nähe zu dem der konzentrativen Zu- und Innenwendung (eingehendes Referat *I. H. Schultz* „Der Heilsweg buddhistischer Geistesschulung" [Weg z. Seel. 1953, S. 18]). Beziehungen zum autogenen Training erörtert anregend *F. Kaufmann* (Vierteljahrsschrift „Psychotherapie" III, 99 [1958]). Besonders hinzuweisen ist auf die schöne Studie von *D. Langen*, „Archaische Ekstase und asiatische Meditation" (Hippokrates, 1963, 8 Bildtafeln, 128 S.). *A. Onda*, Tokio, gab eine vorbildliche Vergleichsbetrachtung vom autogenen Training in freier gemeinsamer Wertung.

Wieweit die speziellen Umschaltungen in der buddhistischen Versenkung ungewußt und unbeachtet angesetzt, wieweit sie aus der schriftlichen Tradition ausgeschaltet sind, diese und viele andere Fragen müssen wir dem Fachmann überlassen; die Ausbeute für unser Problem geht hier nicht über das Allgemeine hinaus, das in unserem Kapitel IX zur religionspsychologischen Problematik versucht wurde.

Wichtig für unsere Bestrebungen ist nicht ein irgendwelches Fühlungnehmen mit modischen pseudoostischen Allüren, sondern die Feststellung, daß die physio-psychologisch-rationale Methode des autogenen Trainings gleiche Stufenbildung erkennen läßt wie die alten Yogatraditionen, und darüber hinaus die richtige Einschätzung des „Haltungs"-Faktors. So dürfen wir hoffen, den Realbestand der Yogatradition ebenso zu erobern, wie frühere Forschung aus dem mystischen Magnetismus die rationale Hypnotherapie entstehen ließ.

Die von *R. Otto* besonders in seiner „Westöstlichen Mystik" (Bd. 2, Klotz Verlag, Gotha 1929) hervorgehobenen Divergenzen der dahinterstehenden geistigen Haltung lassen die tiefen Gemeinsamkeiten des Geschehens unberührt. So findet auch rein psychologische Betrachtung, wie sie hier versucht wird, Ort und Recht. Leider wird z.Z. in Deutschland durch unberufene „Yoga"-Lehrer die ganze Arbeit diskreditiert; März 1959 erlitt ein 65jähriger Herr bei solcherart erfolgter Anleitung zum Kopfstand einen tödlichen Halswirbelsäulenbruch, so daß die kritischen Bemerkungen vom *W. Rudolf* (Med. Kli. 1641 [1961]) nur allzu berechtigt sind. Instruktive Bilder bei *H. Kleinsorge* (Das Med. Bild, IV, 123 [1961]).

Ein origineller, nichtärztlicher Heiler, *M. Feldenkrais*, in dessen Arbeit die gymnastische Bauchentspannung, angelehnt an das „Judo", eine japanische Yogamethode, eine zentrale Rolle spielt, veröffentlichte 1949 in London bei *Routledge* und *Kegan* eine sehr enthusiastische Studie über „body and mature behaviour", in der er, jetzt Judolehrer in London, 5000 Heilungen bei neurotischen Störungen der verschiedensten Art mitteilt.

KAPITEL XII

Progressive Relaxation von Edmund Jacobson

Von physio-psychologischen und experimentell-psychologischen Anschauungen und Fragestellungen ausgehend hat *E. Jacobson,* Chikago, ein System fortschreitender Entspannung, betätigt am Muskelapparat, entwickelt, über das er in seiner sehr lesenswerten Monographie: „Progressive Relaxation" (University of Chicago Press 1928) zusammenfassend berichtet. Wir hatten schon mehrfach Gelegenheit, darauf hinzuweisen, daß unseres Wissens *Jacobson* der einzige Autor ist, der — bei voller gegenseitiger Unabhängigkeit — zu prinzipiellen und faktischen Feststellungen gelangte, die sich in vielen Punkten mit den unseren decken.

Es schien daher angezeigt, dem Werke *Jacobsons* ein Sonderkapitel zu widmen, um seine bedeutsamen Ergebnisse entsprechend zu würdigen.

Der Untertitel des Buches lautet[1]: „Eine physiologische und klinische Studie über Muskelzustände und ihre Bedeutung in Psychologie und Heilkunde."

Einleitend bezeichnet *Jacobson* eine nähere wissenschaftliche Erforschung des Faktors der *„Ruhe"* (rest), namentlich am neuromuskulären Apparate, in physiologischer, pathogener und therapeutischer Auswertung als Ausgangspunkt seiner Arbeit und setzt dieses Prinzip in vollen Gegensatz zu suggestiven Erscheinungen; er rückt bei aller Würdigung kritischer klinischer Arbeit experimentelle Methoden an ihre Stelle. Neurosen zeigten bei dieser Untersuchung stets gespannte Haltungen (failure to relax), die bei Besserungen der Neurose in einen ziemlich normal entspannten Zustand (a fairly normal relaxed state) übergehen. Andererseits führt systematisch herbeigeführte Relaxation zu Beruhigung (to quiet the nervous system). Die Ausgangsfragestellung von *Jacobson* betrifft also die Probleme Ruhe und Entspannung, „Verkrampfung" und Selbstentspannung. Er hat in einer beinahe 20jährigen Arbeit erst ein „Anfangsstadium" geschaffen, wie er bescheiden meint.

Im ersten Kapitel seiner Monographie behandelt *Jacobson* die Frage: *„Ruhe und Relaxation in der medizinischen Praxis."* Als Hauptfaktoren der Ruhewirkung sieht er an: Erholung, damit Resistenzerhöhung gegen infektiöse und andere Schädlichkeiten, Spannungsentlastung des Kreislaufes, Energieersparnis, Ruhigstellung, besonders nervöse Regulation und örtliche Schonung erkrankter Teile.

Die *„neuromuskuläre Hypertension"*, der das zweite Kapitel gilt, ist für *Jacobson* „eine durch Reflexphänomene von *Hyperexzitation* und *Hyperirritation* gekennzeichnete Beschaffenheit" ("a condition marked by reflex phenomena of hyperexcitation and hyperirrigation").

Als Ursachen und Auslösungen solcher gesteigerten Fehlhaltungen nennt *Jacobson* physische und psychische Unlust-, besonders Schmerzerlebnisse der verschiedensten Genese, von Vergiftung und Verletzung bis zur Emotion. Herabsetzungen des allge-

[1] Frau *S. Bieber* machte die Übersetzung, für die ich zu besonderem Danke verbunden bin; 1955 erschien in deutscher Übersetzung seine Laienschrift "You must relax" als „Immer mit der Ruhe" (189 S., 27 Bilder).

meinen Wohlbefindens scheinen zu disponieren, mag es sich um „emotionell-hyperästhetische Schwächezustände" im Sinne *Bonhoeffers* oder um irgendeine sonstige Schädigung, eventuell kongenitaler Art, handeln. Die Frage der neuromuskulären Hypertension erscheint so in das gesamte Konstitutionsproblem eingelagert.

Im Gegensatz zu neuromuskulärer Hypertension steht die neuromuskuläre *Hypotension,* doch sind vielfach beide Zustände in demselben Krankheitsbilde gemischt. *Jacobson* betont, daß besonders nahe Beziehungen zwischen neuromuskulärer Hypertension und „Neurasthenie" bestehen; Hinweise dieser Art zeigt *Jacobson* bei verschiedenen Bearbeitern des Neurastheniegebietes auf, besonders bei *O. Binswanger* in der seinerzeit klassischen Neurastheniemonographie.

Jacobson ist geneigt, dem Nachwirken von neuromuskulären Spannungen nach Leistungen eine ätiologische Rolle für Zustände von Neurasthenie zuzusprechen, da Dauerspannungen bei einem relativ geringen Zuwachs durch äußere Beanspruchung zu Überspannungen führen. Umgekehrt scheint die Ermüdung Spannungsdispositionen enthalten zu können, so daß hier eine Wechselwirkung, gelegentlich ein Zirkelmechanismus einsetzen kann. Nicht „Ermüdung" allein erklärt die neurasthenischen Zustände, sondern ihr Ineinander mit Spannungsvorgängen.

Als klinisch-physiologische Belege seiner Auffassung verweist *Jacobson* auf Sehnenreflexverstärkung, Verstärkung mechanischer Muskelerregbarkeit, Spasmen glatter Muskeln, abnorme Exzitabilität der Kreislauf- und Atemapparate, Zittern, Muskelunruhe, Muskelwogen und andere Muskelunruhezeichen. Dabei kann der Effekt der Reflexverstärkung einer Hemmungsverminderung entsprechen, auf die z. B. *O. Binswanger* besonderen Wert legt.

Die Darlegungen über allgemeine Merkmale progressiver Relaxation im vierten Kapitel sind geeignet, zu zeigen, daß neben tiefer zu Ruhezuständen führender Totalrelaxation auch wenige Grade vorteilhaft bei aktiver Haltung eingeschaltet werden können.

Jacobson polemisiert dagegen, den Zustand der Relaxation als „suggestiv" anzusehen, eine Ansicht, die mit unserer Auffassung, daß echte Konzentrationszustände ohne Tiefenentspannung nicht darstellbar sind, aber einer „suggestiven" Auslösung nicht bedürfen, durchaus vereinbar ist. Seine lebhafte Abwehr gegen derartige Deutungsversuche hängt wohl zum Teil damit zusammen, daß er als ausgesprochen „physiologischer" Psychologe den verstehend psychologischen und allgemein psychotherapeutischen Forschungen und Deutungen ablehnend gegenübersteht und noch ein Objektivitätsideal vertritt, das nur in entsprechenden Grenzen Berechtigung hat.

Jacobson kennzeichnet seine Methode dahin, daß sie besteht „aus willkürlich fortgesetzter Reduktion von Kontraktion oder Tonus oder Aktivität von Muskelgruppen und von motorischen oder assoziierten Teilen des Nervensystems. Ist die Relaxation auf eine besondere Muskelgruppe oder einen Teil, wie ein Glied, begrenzt, so wird sie *lokal* genannt; schließt sie so gut wie den ganzen liegenden Körper ein, so wird sie *allgemeine* genannt".

("The present method consists of voluntary continued reduction of contraction or tonus or activity of muscle-groups and of motor or associated portions of the nervous system. When the relaxation is limited to a particular muscle-group or to a part, as a limb, it will be called *local;* when it includes practically the entire body, lying down, it will be called *general*").

Von örtlicher Muskelentspannung schreitet die Versuchsperson aufeinanderfolgend zu den Hauptgruppen der Körpermuskulatur und kommt durch tägliches Üben mehr und mehr zu einer „Gewohnheit der Ruhe" („habit of repose"), die sich als Haltung automatisiert.

Werden einzelne Muskeln, um ihre Aktion zu ermöglichen, nur teilweise entspannt, während andere untätige total relaxieren, so spricht *Jacobson* von *differentieller Relaxation,* die nur Überspannungen in der Tätigkeit ausschalten soll. Vollständige Relaxation bedeutet Nulltonus.

Spannung begreift außer sonstigen Bedeutungen die typische Kontraktionssensation in sich, ein spezifisches Erleben, das die Versuchsperson in der Arbeit von *Jacobson* kennenlernen muß; es ist von Bewegungssensationen zu trennen. So hoch in der Physiologie und Psychologie das Spannungserlebnis gewertet wird, besonders in Hinblick auf seine Beziehung zu zentralen voluntativen und ähnlichen akthaften Vollzügen, so wenig weiß der „Naive" von seinen eigenen Erlebnissen dieser Art. Erst eine systematische Kultur des Muskelsinnes hilft hier ab. Die Spannungssensation schwindet bei Entspannung, Gelenk- und andere Empfindungen bleiben bestehen; auch passive Zugempfindung an einer entsprechenden Extremität läßt sich in der Selbstbeobachtung von dem spezifischen Spannungserlebnis der Innervation differenzieren. Ähnliche Wege gehen gymnastische und Körperhaltungsbestrebungen, wie etwa Gesangsunterricht; es finden sich auch Personen, die „von selbst" weitgehend in der Lage sind, die spezifische Empfindung zu erleben. Meist ist aber eine systematische Schulung, stets eine übende Vervollkommnung notwendig. Falsche Hinwendung, wie wir sie in Kapitel IV für unser Verfahren schilderten, kann hemmen, andererseits verlangt der Ansatz lokalisierte Konzentration auf eine Körperregion. *Jacobson* beschränkt sich darauf, ohne nähere psychologische Analyse „einen glücklichen Durchschnitt" ("a happy medium") zwischen zu viel und zu wenig Aufmerksamkeit zu fordern. Ist die Relaxation ausgebildet, so soll sie „am besten automatisch und mit wenig oder nicht deutlich bewußter Führung weitergehen" ("After relaxation has been cultivated, it proceeds, at its best, automatically with little or non clearly conscious direction"). Es würde also die von *Jacobson* „willkürlich" genannte Relaxation sich in größere Funktionszusammenhänge einbauen, die dann „automatisch" laufen. Hier mündet die „Muskelarbeit" in allgemeine Umstellungsvorgänge, in das beim autogenen Training zentrale Phänomen der entspannenden Umschaltung im ganzen, für deren Darstellung im autogenen Training die von *Jacobson* so erfolgreich analysierten „muskulären" Faktoren nur einen Teilfaktor bedeuten.

Das fünfte Kapitel gibt die Technik der allgemeinen Entspannung. Sie wird in 1/2—1stündigen Übungssitzungen übermittelt, die je nach der Aufgabe und den Schwierigkeiten dreimal wöchentlich für Wochen, Monate oder mehr als ein Jahr stattfinden, wobei die Versuchsperson täglich 1 oder 2 Stunden oder mehr zu Hause zu üben hat.

Als Instruktion wird entweder ein allgemein vorbereitender Hinweis auf „Entspannung" gegeben, oder es wird gleich praktisch gearbeitet. Überwindung von

Pseudokritik empfiehlt *Jacobson* mehr durch die praktische Erfahrung der Versuchsperson, als durch theoretische Vorbereitung zu erreichen. Liegen in ruhigem Zimmer, evtl. anfangs Sitzen, ist die empfehlenswerte Haltung. *Jacobsons* Prinzip besteht darin, seinen Versuchspersonen das Kontraktionserlebnis einer Muskelgruppe zu vermitteln und sie nun zur Selbstbeobachtung der Entspannung anzuleiten. Im allgemeinen bewährt sich die Reihenfolge: Linker Bizeps brachii, linker Trizeps, linke Handflexoren, linke Handextensoren, rechter Arm ebenso; linke Fußflexoren, linke Fußextensoren, linke Beinflexoren, linke Beinextensoren, linke Schenkelflexoren, linke Schenkelextensoren, rechtes Bein ebenso; Abdominalmuskeln, respiratorische Muskeln. Erectores spinae, pektorale Gruppe (vorwärts und auch innen Ausdehnung des Armes), linke interskapulare Gruppe (Schulterbewegung rückwärts), rechte pektorale Gruppe, rechte interkapulare Gruppe, Elevatoren der Schultern bei mit den Achseln zucken, den Kopf nach rechts wenden, nach links, nach vorn, nach hinten, den Kopf steif aufgerichtet halten, die Braue zusammenziehen, die Stirn runzeln, die Augenlider fest schließen, mit leicht geschlossenen Lidern die Augen wenden, um nach rechts zu blicken, nach links, nach oben, nach unten, geradeaus. Fernere Augenarbeit in diesem Stadium wird später beschrieben werden. Lächeln, die Lippen runden, um „O“ zu sagen, die Zunge vorstoßen, die Zunge zurückziehen, die Kiefer fest schließen, sie öffnen, von 1 bis 10 zählen und schlucken, vervollständigen die übliche Liste. Ein zweiter wesentlicher Punkt ist die Herauslösung der spezifischen Sensation aus begleitenden Tast-, Druck-, Gelenk- usw. Sensationen. Aktive Kontraktion gegen Widerstand gibt im allgemeinen die besten Resultate; die motorische Zulänglichkeit (s. oben unter Kapitel II) ist oft von entscheidendem Belang, so daß einige Versuchspersonen refraktär bleiben, was die genaue Erarbeitung des spezifischen lokalen Erlebnisses angeht, aber doch allgemein entspannende Umstellungen lernen können.

Ist die Kontraktionssensation deutlich, so wird die Versuchsperson instruiert, *sie* tue dies und solle nun „einfach das Umgekehrte von dem, nämlich es nicht tun“ („This is *your* doing! What we wish is simply the reverse of this, namely not doing!“). So lernt die Versuchsperson, wenn sie nun relaxiert, daß Entspannung „Nicht tun“ ist und daß sie sich in dieser „negativen“ („simply a negativ“) Richtung weiterbewegen kann, ohne daß dies irgendeine Anstrengung kostet („his act of relaxation involved no effort“). Genaue Protokollierung und nach Möglichkeit reine Versuchsanordnung im Sinne der experimentellen Psychologie wird geraten.

Wichtig ist ferner, daß die Versuchspersonen zwischen muskulärer Spannung (“tenseness”) und mechanischem Zuge (“strain”) unterscheiden lernen. “Strain” ist z. B. bei Streckung des Armes nach vorn innen an der Rückseite, etwa in der Schultergegend wahrnehmbar und oft deutlicher als “tenseness” des tätigen Pektoralis, die erst gesucht werden muß. Auch Bewegungs- und Haltespannungen werden differenziert.

Allein übt die Versuchsperson nur Relaxation; dabei sollen die Übungen im allgemeinen besser gehen (“most persons do better alone than at the physician's office”); die „Widerstandsfrage“ wird von *Jacobson* aber nicht näher ventiliert. Unablässige Übung ist entscheidend. Besondere Schwierigkeiten machen die Halsmuskeln (vgl. *H. Stolze* „Das obere Kreuz“!). „Entspanntes Halten“ wird auch im täglichen Leben außerhalb der Arbeitssitzungen gefördert; „sein Leben muß reorganisiert werden“. Patienten, die bei den Übungen unruhig werden, „machen es falsch“; sie müssen

„Freude an der Arbeit finden" ("enjoy it"). Hier sehen wir deutlich den allgemein-psychotherapeutischen Gehalt der Methode, wie wir ihn für das autogene Training in einem besonderen, dem Kapitel XIII, auseinandersetzen werden.

Jacobson arbeitet unter Augenschluß mit halbschwebender Aufmerksamkeit meistens im Liegen und läßt die Übungen durch allgemeine psychisch-hygienische Momente unterstützen.

Als besondere Geschicklichkeitsprobe dient die Augen- und Lidentspannung einschließlich der Brauen. Gut Trainierte können auch die offenen Augen relaxieren, wobei, wie schöne Abbildungen zeigen, die auch die vorherigen Übungen illustrieren, ein verdeckt abwesend-dämmeriger Gesichtsausdruck entsteht, oft begleitet von deutlichem Sinken des Oberlides. Hier sind die Vorbedingungen zu partiellen Einschlaferlebnissen besonders deutlich.

Zur Überleitung auf *„geistige Entspannung"* führt *Jacobson* seine Versuchspersonen den Weg, sie die kleinen Kontraktionserlebnisse der Augen, des Sprachapparates und anderer hoch ausdruckswertiger Systeme kontrollieren zu lassen, die bei „Gedanken", „Gefühlen" usw. auftreten; Sprachwerkzeugsentspannung soll Gedankenruhe bringen, ganz identisch, wie in den in unserm Kapitel II näher dargelegten *Hemmungs-Ruhe-Übungen* von *Hirschlaff.*

Vereinfacht und verkürzt kann das Verfahren werden, indem nur einige Muskelgruppen bearbeitet oder bilaterale Übungen angestellt werden; auch einheitliche Zusammenfassung von Muskelgruppen kann diesen Zweck erfüllen, ferner Auslassung der Ausbildung des Muskelsinnes. Im einfachsten Falle besteht die Arbeit lediglich in Anleitung zur Entspannung solcher Partien, die dem Arzt besonders verkrampft erscheinen, ohne das irgendein allgemeines Training stattfindet; es handelt sich dann um den Relaxationsspezialfall örtlicher Gymnastik.

Die *differentielle,* gewissermaßen nur graduelle *Relaxation,* deren Eigenart und Technik im sechsten Kapitel dargestellt wird, soll entspannte Aktivität vermitteln, wie sie im Unterricht der Körperbildung gymnastischer und künstlerischer Art als zentrale oder als Teilaufgabe angestrebt wird.

Die *experimentellen Studien* von *Jacobson* und seinen Mitarbeitern, denen die nächsten Kapitel gehören, begannen mit Versuchen, *Schreckreaktionen* nach plötzlichem Schallreiz abzudämpfen; sie zeigten sich bei gesammelter Aufmerksamkeit nach einer anderen Richtung stärker als bei „Zerstreutheit", die mehr passiven Charakter hat, während der einem Gegenstand Zugewandte im Sinne seiner „Aufmerksamkeit" „spannt". In willkürlich gespannter Haltung waren die Reaktionsumschläge größer, bei Entspannung fielen sie aus. In gleichgerichteten Experimenten, bei denen *elektrische Schmerzreize* verwandt wurden, zeigten sich oft Entspannungsnachstände; in Relaxation waren die Fluchtbewegungen geringer als im durchschnittlichen oder einem gewöhnlichen Ruhezustande. Die Messungen erfolgten durch Bewegungsregistrierung. Subjektiv erschien der Reiz weniger schmerzhaft, „schwächer". Die Versuchspersonen fielen während der Experimente oft in Schlaf, ohne daß dies notwendige Voraussetzung des Abschwächungsphänomens war. Ebenso wie

Fluchtreflexe und Schmerzerlebnis zeigte der Kniereflex in Relaxation Abschwächungen bis – in *Jacobsons* Versuchsanordnung – zur Nullreaktion, Befunde, die in Analogie zu schlafphysiologischen Daten stehen. Die Versuchspersonen gaben gelegentlich an „dicht an der Schlafgrenze zu sein".

Im zehnten Kapitel erwähnt *Jacobson* den *Einfluß der Relaxation auf geistige Funktionen* und gibt nähere Materialien seiner Versuche, von reeller Blickbewegung mit Spannungskontrolle zu gleichem Phantasievollzuge zu führen, indem erst getrennte Objekte gezeigt und dann entsprechend „Vorstellen" mit Augenschluß gefordert werden.

Wurde in dieser zweiten Einstellung okulär relaxiert, so trat Leere und Schlafneigung ein, „mit dem Nahen allgemeiner Relaxation hörte alle Einbildung auf". Die geistigen Tätigkeiten nehmen mit fortschreitender Relaxation der zugehörigen Ausdrucksmuskulatur („innere Sprache") ab. Suggestivfragen wurden vermieden. *Jacobson* wertet seine Befunde vorsichtig im Sinne ubiquitärer motorischer Faktoren aus. Anschließend erörtert *Jacobson* die Bedeutung seiner Beobachtung für die assoziationistische und behavioristische Psychologie.

Nach weitausgreifenden und gründlichen kritischen Erörterungen der Muskelphysiologie in verschiedenster Beziehung, auf die hier nur für Interessenten verwiesen sei, kommt *Jacobson* im fünfzehnten Kapitel zum Versuche einer *Relaxationstheorie,* besonders hinsichtlich des „beruhigenden" Effektes.

Relaxation schafft Reflexabschwächung der Skelettmuskeln und rückläufig auch viszeraler Muskeln, nachgewiesen am Ösophagus, während umgekehrt die Klinik bei Viszeralspannungen, Koliken und dergleichen Skelettmuskelspannungen zeigt. Zerebrospinale und autonome Sphäre erscheinen tonisch koordiniert. Reize setzen weithin Reflexsteigerungen, Hypertensionen, denen auch Intensitätsvermehrung sensibler Erlebnisse entspricht, wie umgekehrt Relaxation die entgegengesetzten Effekte setzt. Relaxation mit Reflexverminderung geht mit Abschwächung propriozeptiver sensorischer Impulse einher, die „neuromuskulären Schemata" ("pattern") *Sherringtons* werden blasser. Die Rolle inhibitorischer Nervenimpulse vom Kortex wird offengelassen. Entsprechend dieser Umschreibung wird – im Prinzip mit Recht – das Moment der „Suggestion", der „bête noire des Fortschrittes in der Nervenheilkunde", für das typische Relaxationsverfahren ausgeschaltet; *Jacobsons* Darstellung von Hypnose, Suggestion und Autosuggestion ist dabei allerdings recht animos und unsachlich, so, wenn er behauptet, nach Hypnosen seien unangenehme Nachwirkungen, wie Kopfschmerz, charakteristisch. Doch interessiert das im vorliegenden Zusammenhang nicht; bemerkenswert ist auch, daß in *Jacobsons* Arbeit früher hypnotisch Trancierte versagten, ein Befund, der, aphoristisch mitgeteilt, sich nicht einordnen läßt, aber sehr auffallen muß.

Jacobson gibt dann im sechzehnten Kapitel sehr ausführliche klinische Protokolle (Ösophagospasmus, Colica mucosa spastica, Röntgenbilder) sowie im siebzehnten gemischte Kasuistik (Ulcus ventriculi, Endokarditis, Asthma cardiale, Insomnie, Kratzsucht, leichte Phobie [„Ängstlichkeit"] sowie Hypertension), immer Fälle betreffend, wo beruhigende Relaxation Gutes leistete und genaue Protokollierung erfolgte. Das Schlußkapitel ist der *praktisch-therapeutischen Verwendung der* Relaxation gewidmet.

Der Überblick über *Jacobsons* Monographie gab schon Gelegenheit zu kritischen Stellungnahmen; dadurch bleibt unberührt, daß *Jacobson* das große Verdienst zukommt, dem Problem der Entspannung und Selbstruhigstellung von einem bestimmten Gesichtspunkt her kritisch zuzuarbeiten und Material zu liefern.

Im Sommer 1936 hatte ich Gelegenheit, in Chikago persönlich an *Jacobsons* Arbeit teilzunehmen, sein muskelphysiologisches Laboratorium in der Universität zu sehen und die Behandlung einer größeren Zahl von Kranken mit zu beobachten, wofür auch hier gedankt sei. Es zeigte sich, daß seine Erfahrungen in kritischem Aufbau weiter wachsen und seine bisherigen Ergebnisse stützen und bereichern.

Die praktisch-anschauliche Darstellung von *J. Faust* über gymnastische „aktive Entspannungsbehandlung" (Hippokrates, Stuttgart 1936) bringt demgegenüber für unser Gebiet nichts Neues.

D. Allgemeine Beziehungen des Verfahrens

KAPITEL XIII

Autogenes Training, Psychotherapie und Neurosenlehre

Trennt man in Analogie zu der klinischen Gruppierung auf chirurgischem Gebiete eine „kleine“ und eine „große“ Psychotherapie, wie ich es 1919 anregte, so gehört im allgemeinen die Unterstufe unseres Trainings der „kleinen“, die Oberstufe der „großen“ Psychotherapie an. Im näheren System der Psychotherapie ist der Ort des Verfahrens bei allen denjenigen Methoden, die eine eigentliche, spezifische, in unserem Sinne „konzentrative“ Umschaltung als wesentliches Moment enthalten, bei den eigentlichen und echten *„suggestiven“ Methoden* des älteren Sprachgebrauchs (vgl. Kapitel X). Sie sind als („direkte“) *„organismische“* von den („indirekten“) *„mentalen“* zu trennen, wie wir (Acta Psychotherap., Basel 1954) ausführten.

Das bedeutet *selbstverständlich keinerlei Werturteil,* sondern nur die – allerdings strenge! – Forderung *exakter Indikationsstellung.* Verunglimpfungen „der“ Psychoanalyse als antireligiös durch voreingenommene Hypnotherapeuten lehnen wir ebenso scharf ab, wie die Geringschätzung aktiv-klinischer, organismischer Methoden, als seien sie „nur *zudeckend*“ oder nur unverstandenes *„Übertragungsspiel“*, durch kenntnislose und dünkelhafte Analytiker, um nur zwei bedauerliche Entgleisungen zu erwähnen. *„Hypnose und Tiefenperson“*, besonders auch psychophysisch gesehen (*E. Kretschmer:* Z. f. Psthp. XI. 207 [1961]), stellen *außer-* und *„unter“halb der Psychoanalyse* größte Probleme, wie z. B. *B. Löfgren* (Zb. Neur. 153, 343 [1960]) betonte.

Abgesehen von der Rolle, die der *spezifischen Umschaltung* in unserer Arbeit zukommt, stellt sie in ihrer eigentlichen Form ein *spezifisches Übungsverfahren* dar und würde im Lichte dieser Betrachtung nächste Beziehungen zur *rationalen Wachpsychotherapie* enthalten, wenn wir hierunter nach der von mir vertretenen Gesamteinteilung der Psychotherapie alle diejenigen Methoden verstehen, die sich der auch in der Pädagogik üblichen Maßnahmen bedienen, also „psychagogisch“ sind.

Auch die Errichtung und Erarbeitung von Erlebnissen der *Ruhe* und der *Sicherung,* soweit der meist schnell erreichbare *Erholungseffekt* unserer *Me-*

thode haben nächste Beziehung zur allgemeinen Wachpsychotherapie. Ruhe und Sicherung gehören zu den am leichtesten erreichbaren Effekten einfacher rationaler Wachpsychotherapie, wie sie ja auch in der Individualpsychologie *Adlers* als Auswirkungen der hier spezifischen *„Ermutigung"* eine bekannte Rolle spielen. Was alle diese Methoden auf dem Wege logischer Überzeugung, vertrauensvoller Rücksicherung, mit den Mitteln von Trost, Ermunterung, Selbstbestätigung usw. erreichen, vermag das autogene Training durch die spezifische Sicherung der *affektiven Resonanzdämpfung* zu geben. Bei den anderen Methoden führt Innenveränderung, inneres Erlebnis zu Änderungen der Haltung; im autogenen Training Änderung der Haltung zu verändertem Erleben. Das bringt vielfach für die Wirkung des Trainings den Vorteil, daß hier eine ganz allgemeine, von der speziellen Situation völlig unabhängige Einstellungsänderung entwickelt wird, während die mehr aus einer logischen oder affektiven Auflösung und Ausgleichung einzelner bestimmter Situationen und Reaktionen entfließenden Bestrebungen der anderen erwähnten Methoden durch überraschende Änderungen oder kategoriale Verschiedenheiten der belastenden Lebenssituation versagen können. Überdies bietet die Anleitung unserer Kranken zu speziellen Sicherungen durch *formelhafte Vorsatzbildungen* bequeme Möglichkeit zur Errichtung auch ganz spezieller sichernder Reaktionsänderung. Damit sollen die verschiedenen Verfahren gewiß nicht gegeneinander ausgespielt werden, um so weniger, als sie in der praktischen Tätigkeit wohl durchweg in unauflöslicher Vereinigung auftreten; es handelt sich hier nur um die klare *Abgrenzung theoretischer* Art und darum, hieraus entsprechende Schlüsse auf die *Indikationsstellung* zu ziehen.

Das Kernstück aller rationalen Wachpsychotherapie ist der tief mit dem biologischen Urgrund verbundene *Übungsprozeß*, der ja, wie von mir auf der Tagung Deutscher Nervenärzte und Psychiater, Frankfurt a. M. 1936 näher ausgeführt *(„Übung und Schulung als biologische Grundprinzipien der Psychotherapie")*, auch in der gesamten sonstigen Psychotherapie eine oft übersehene, wesentliche Rolle spielt (Lindau 1969).

Die Übung enthält einmal an und für sich Möglichkeiten der Leistungssteigerung und Umstellung, zum anderen bedeutet sie vom Persönlichkeitsgesamt her betrachtet, bei positivem Verlaufe, Bestätigung und *Selbstwertsteigerung*. Richtig organisiertes Üben vermittelt immer auch eine biologisch rational fundierte *„psychische Orthopädie"*, um dies glückliche Wort von *Dubois* zu verwenden.

Hier liefert nun gerade das autogene Training durch den Funktionserwerb besondere methodische Möglichkeiten. Erinnert man sich der gewissermaßen körperhaften und peripheren Übungstechnik, so könnte man leicht zu der falschen Formulierung verführt werden, als diene hier „der Körper" als ein „Instrument" der Persönlichkeit und ihrer Selbstgestaltung. Wir möchten solchen naheliegenden Einführungen einer Zweiheit von Körper und Persönlichkeit widersprechen; es erscheint sinngemäßer, für das autogene Training wie für jedes andere universelle Übungsverfahren den Grundsatz in Anspruch zu nehmen, daß der Ansatz jeder allgemeinsten übenden Gestaltung am einfachsten Funktionsmodell geschehen muß, ohne daß dadurch irgendwie die Einheit des Erlebens zerfiele. Die spezifischen Schritte des Übungserwerbes im autogenen Training gehen über die Entdeckung des intendierten Organes oder Organsystemes zu einer Findung der Funktion. Hieran anschließend entwickelt sich die Möglichkeit selbständiger Regulation bis hinauf zu voller, schließlich augenblicklich, vollständig und höchstwertig einsetzender sicherer Beherrschung von fast automatischem Charakter.

Charlotte Bühler (Zschr. Psychol., Leipzig 107, 31 [1928]) hat mit *Spielmann* bei ihren Untersuchungen über die Entwicklung der Körperbeherrschung beim Kinde im ersten Lebensjahre dahin resümiert, es gehe bald von der Körperbeherrschung eine psychische Direktive aus, die sich charakterologisch und sozial auswirkt. Die Unterschiede zwischen einem zuversichtlichen und einem zaghaften, einem unbeirrbaren und einem leicht beirrbaren, einem initiativen und einem reaktiven Kinde, die im ersten Lebensjahr bereits hervortreten, gehen nach *Bühlers* und *Spielmanns* Erfahrungen wesentlich auf die motorische Situationsbeherrschung zurück.

Was hier für die äußere Situationsbeherrschung des Kindes hervorgehoben wird, gilt in durchaus gleicher Weise für die *„innere Situationsbeherrschung"*, die das autogene Training dem erfolgreich Übenden vermittelt. Das Durchschreiten der vier erwähnten Stufen der Entdeckung von Körpererlebnis, der Funktionsfindung, der Regulationsentwicklung und endlich der Beherrschung verschafft in ganz spezifischer Weise innere Werte, die neben dem speziellen funktionellen Lerneffekt keineswegs unterschätzt werden dürfen. *D. J. Salfield* widmete dem Problem „Autogenes Training und Existenz" (Rev. Pssom. II, 176 [1960]) anregende Überlegungen.

Auch hier ist wieder eine unauflösliche Amalgamierung des Trainings mit wachpsychotherapeutischen Momenten unvermeidlich, sind wir doch verpflichtet, unseren Versuchspersonen gewisse Daten aus der Lehre von den Organfunktionen zu vermitteln, um ihnen eine verständnisvolle Mitarbeit zu ermöglichen. Dem Wissen von der Vielgestaltigkeit und Lebendigkeit funktioneller Abläufe im Körpergeschehen kommt aber in vielen Fällen große aufklärende Bedeutung zu. Versuchspersonen, die etwa in der Selbstbeobachtung an sich selbst feststellen können, wie weitgehend das Funktionsgeschehen im Organismus von der Einstellung des Erlebenden abhängig ist, gewinnen hierdurch und durch die dabei nötigen erklärenden Beifügungen innere Distanz gegenüber Funktionsschwankungen ihres Organismus. Die im naiven Erleben besonders aus affektiven Gründen immer wieder vollzogene falsche Gleichung „mein Organ arbeitet anders, also ist es krank", wird häufig durch das Eigenerleben selbstgesetzter Funktionsschwankungen oder gelungener Abstellung anderweitig auftretender Ungleichmäßigkeiten viel radikaler und endgültiger aufgehoben als durch oft lange währende Aufklärungs- und Beruhigungsversuche. Die Neurose wird in diesem Symptome gewissermaßen mit ihren eigenen Waffen geschlagen, mit der „Erfahrung", auf die sich der Kranke so gerne stützt.

Zu der gleichen affektiven Überwertung neigen zahlreiche nervöse Patienten auch ihren mehr psychischen Symptomen gegenüber; sie machen etwa aus den Erfahrungen gelegentlicher situativer Angstreaktionen ein Gesetz absoluter Art, das ihnen jede eigene Aktivität dem Symptom gegenüber prinzipiell unmöglich erscheinen läßt, oder sie werden vom Eintritt jeder entsprechenden Situation so überwältigt, daß sie nun schon aus Besorgnis, daß eine Störung eintreten könne, in einen Affektzustand geraten, der tatsächlich zu funktionellen Störungen führt. Richtiges Einsetzen autogener Hilfsmaßnahmen in diesem ganzen Geschehen wird ebenso wie in den vorhergehenden Fällen immer zu gleicher Zeit ein Stück Psychagogik bedeuten.

Abhängig ist die Durchführung des autogenen Trainings in mehr oder weniger hohem Maße von der *Mitarbeit der Versuchsperson;* mag deren Eigenart stärkeres oder schwächeres antreibendes und kontrollierendes Eingreifen des Arztes erfordern: Immer stellt die Erarbeitung der autogenen Technik neben dem speziellen Leistungserwerb eine Betätigung eigener Konsequenz und Sorgfalt dar. Die Durchführung des autogenen Trainings bringt daher in sich selbst den Faktor einer *Willenserziehung* mit sich, und es darf bei Patienten, die nach dieser Richtung hin der Anregung und Förderung bedürfen, immer bedacht werden, daß durch das Training auch ein Beitrag zur Willensbildung geleistet wird; spezifisch wird diese Seite des Erlebens im weiteren Verlaufe der Arbeit durch die Technik der formelhaften Vorsatzbildung faßbar, die ja wirklich, wie *P. E. Lévy* sehr richtig erkannte, die Möglichkeit einer „natürlichen Willensbildung" enthält. Die Abschwächung und Verstärkung von *Empfindungserlebnissen* ist unserer Methode und dem Hypnotismus gemeinsam, so daß sie erlaubt, ebensowohl störende Wahrnehmungen einzuschränken als erwünschte Wahrnehmungen zu verstärken. Der zahlreichen sich hier ergebenden Möglichkeiten wegen verweise ich, abgesehen von den in den entsprechenden Kapiteln hier gegebenen Beispielen, auf die zusammenfassende Darstellung in meiner „Seelischen Krankenbehandlung" (8. Aufl., Fischer Verlag, Jena 1963).

Auch die Beeinflussung *affektiver Verläufe* kann mit Hilfe des autogenen Trainings zunächst einmal im Sinne von Verstärkung und Abschwächung erfolgen; von der Affektauflösung durch Resonanzdämpfung, gelungenenfalls gewissermaßen einem Nullpunkte, führt eine lückenlose Reihe von „Intensitäten" bis hinauf in die Höhepunkte hingebender ekstatischer Verzükkung. Aber diese Intensitätsreihe stellt nicht die einzige Dimension für die Möglichkeit der Beeinflussung affektiver Verläufe im autogenen Training dar. Innengewendete Selbstbetrachtung, oft mit dem Charakter beliebig oft darstellbaren Wiedererlebens, schafft in Zuständen autogener Selbstbesinnung die Voraussetzung für die allermannigfaltigsten Verarbeitungen von affektivem Material. Ganz besonders auffallend ist die Möglichkeit *innerer Distanzgewinnung,* innerer Versachlichung und wägender Überprüfung für Affektives. Aber auch kompliziertere affektive Abläufe: *Differenzierungen, Entlarvungen* latenter und unliebsamer affektiver Spannungen, *Lösungen* affektiver Kurz- und Fehlschlüsse, *Bindung* und *Zielsetzung* unbesetzter Affektvorräte, *Ersatzrichtung* illusorisch oder irreal fixierter Affekte, *Ableitung* gestauter, *Hemmung* allzu ungebundener Gefühlskräfte — alle diese Etappen einer sachgemäßen *„affektiven Entwicklung“* sind mit Hilfe des autogenen Trainings oft sehr wirksam zu erleichtern, wobei der Selbstruhigstellung auf der einen, der Innenklärung auf der anderen Seite entscheidendes Gewicht beizumessen ist.

Auch dieser psychagogischen Aufgaben wegen sei auf meine „Seelische Krankenbehandlung“ verwiesen; der Einbau der autogenen Technik in eine solche Arbeit und die Möglichkeiten besonderer Erleichterung durch ihre Anwendung ergeben prinzipiell nichts Neues, wenn das Wesen und die Grenzen der Methode auf der einen Seite, die affekttherapeutischen Zielsetzungen auf der anderen Seite klar gesehen werden.

Gewissermaßen eine Mischfunktion in der Betrachtungsweise der älteren Psychologie zwischen Affekt und Willensreaktion stellt der seelische Vollzug dar, der als *Aufmerksamkeit* bezeichnet wird.

Gleichmäßige und gleichwertige Aufmerksamkeitsleistung ist ein wesentlicher Anteil der komplexen Geschehnisse, die als „Konzentration“ im Rahmen der Wachpsychologie verstanden werden. Auch diese Seite des Seelischen wird in unserer Arbeit spezifisch entwickelt und gefördert, verlangt sie doch schon in ihrem Beginn gleichförmige und sorgfältige Hinwendung auf ein Körpergebiet und seine Funktion; damit ist im wachpsychologischen Sinne eine Aufmerksamkeitsschulung gegeben.

Die bereits von ihren Begründern (*H. J. Eysenck,* „Wege und Abwege der Psychologie“ [Rowohlt 1962] und *J. Wolpe* [Kongreß Mailand 1968]) betonte Bedeutung der *Entspannung* in der *Verhaltensmethode* der *Psychotherapie* (behaviour-therapy) hat vielfach zur Kombination dieses Verfahrens mit *E. Jacobsons* progressiver Relaxation, mit Hypnose (*I. Kraft,* Psth. psso. 1967, 35), Gymnastik oder autogenem Training geführt, für *Jacobsons* Relaxation z. B. *S. M. Johnson* e. a. (J. cons. clin. pslgy., 168, 280), *I. M. Marks* e. a. im allgemeinen (Brit. J. psat. 1968, S. 1263) und für das Autogene Training auf dem Kongreß in Mailand 1968 *G. Crosa,* Genua, und *A. S. Paterson,* London.

Auch die spezifischen Leistungen des autogenen Trainings im Bereiche reproduktiver *Gedächtnisfunktionen* engeren Sinnes enthalten nahe Beziehungen zur allgemeinen Wachpsychotherapie; auf der anderen Seite vermitteln sie den Anschluß an die *Psychokatharsis,* die durch *V. E. von Gebsattel* 1958 eine vorbildlich-umfassende Darstellung fand (Hdb. Neurosenlehre III, I. E.), und damit an *gewisse Strecken der „Tiefenpsychologie“*. Allgemeinpsychotherapeutisch betrachtet ergibt sich hier das Problem der Selbstklärung und Selbstschau, einer systematischen *„Besinnung“*, von *G. Störring* anregend behandelt, die sehr wohl geeignet ist, richtigen Ortes die wachpsychotherapeutische Arbeit zu fördern und zu ergänzen.

Auch hier handelt es sich um Vollzüge, die durch psychagoge Hinweise auf Selbstprüfung und Eigenkritik von einer anderen Seite her sehr ähnlich in Betrieb gesetzt werden können. Die Sonderleistung des autogenen Trainings liegt einmal darin, daß dem behandelnden Arzt durch die Eigentätigkeit des Patienten Zeit und Mühe abgenommen wird, zum anderen darin, daß die Eigenart der Technik bei einiger Anleitung der Versuchspersonen eine stärkere Einbeziehung sonst „unbewußten", halbklaren, nicht erkannten, nicht beachteten oder auch ausdrücklich im Sinne der Verdrängung ausgeschalteten Materials erlaubt.

Das Problem der Innenschau führt in unmittelbare Nähe *psychoanalytischer Betrachtungsweise.* Mußten wir bei der Darstellung von *Jacobsons* progressiver Relaxation im Kapitel XII die allzu einseitige Inangriffnahme des Entspannungsproblems von der physiologischen Seite und eine unzureichende Berücksichtigung aller zentralen psychologischen Faktoren bemängeln, so zeigt umgekehrt die Bearbeitung unserer Probleme von psychoanalytischer Seite her eine ungerechtfertigte Minderbeachtung der biologisch-physiologischen Zusammenhänge und der Tatsachen der physiologischen Psychologie.

Einer so sorgfältigen Persönlichkeitsforschung wie der Psychoanalyse konnten die allgemeinen Haltungs- und Spannungsstörungen bei neurotischen Menschen nicht entgehen. So sagt etwa *Fenichel* in seinem Vortrage auf dem X. Internationalen Psychoanalytischen Kongreß 1927 „Über organlibidinöse Begleiterscheinungen der Triebabwehr" hierzu: „Beginnen wir unsere Untersuchung mit der Feststellung des merkwürdigen und, soviel ich weiß, von den Physiologen noch nicht genügend durchforschten Tatbestandes, daß die meisten sonst gesunden Menschen zumindest unseres Kulturkreises in stärkerem oder geringerem Maße im Tonus ihrer Muskulatur ein merkwürdiges Verhalten zeigen. Wenn sie im Alltagsleben ihre Aufmerksamkeit nicht auf den Zustand ihrer Muskulatur gerichtet haben, so befindet sich diese in einem graduell an verschiedenen Muskelgruppen und -individuen sehr verschiedenen Hypertonus, der gelegentlich bis zu starrer Rigidität gehen kann. Bei Bewegungen werden nicht nur unnötige Muskelgruppen herangezogen (Mitbewegung), sondern es wird mit unnötigen Intensitäten und in unzweckmäßiger Weise innerviert. Im Ruhezustand neigt man evtl. dazu, an einzelnen Muskelgruppen in Hypotonus übertriebenen Spannungsnachlaß zu verfallen, der die Funktionsbereitschaft lahmlegt oder schwächt, so daß man den ganzen Erscheinungskomplex besser als ‚Dystonus' denn als Hypotonus bezeichnet." Nach der Ansicht von *Fenichel* handelt es sich „bei dem hier betrachteten Phänomen jedenfalls um eine *kortikal* bedingte Änderung der kortiko-subkortikalen Tonusverteilung", deren wesentlicher Effekt „jedenfalls eine funktionelle Beeinträchtigung der Willkürbewegungen durch erhöhte Muskelspannung oder durch Abwechslung von erhöhter und herabgesetzter Muskelspannung" ist, wobei auch das gesamte autonome System beteiligt ist. „Psychoanalytisch gesehen handelt es sich also um eine Funktionseinschränkung des Ichs, um eine ‚Hemmung' nach *Freud,* die sehr vielfältig sein kann und gewöhnlich nicht eine solche Intensität erreicht, daß man sie als Erkrankung ansehen könnte; auch in dem geringen oder ganz fehlenden subjektiven Beeinträchtigungsgefühl gleichen solche motorische Hemmungen anderen psychischen Hemmungsanomalien, die man nicht als Neurosen bezeichnen möchte."

„Verschiedene praktische Beobachtungen und theoretische Erwägungen machen es wahrscheinlich, daß solche ‚dystonischen Erscheinungen' von der Triebabwehrtätigkeit, speziell Verdrängungstätigkeit des Ichs abhängen, wenn auch, wie wir sehen werden, nicht umgekehrt jede Verdrängung in ausgesprochenem Maße dystonische Erscheinungen setzt." „Die Verdrängung besteht in einer Abhaltung gewisser Regungen von der Motilität (die Abhaltung vom Bewußtsein ist ein Mittel, diese zu erreichen), ist also im letzten Grunde immer ein Verzicht des Ichs auf gewisse Bewegungen. Diese Motilitätshemmung ist es ja, die das Ich auch noch gegen die Ersatzbildungen der verdrängten Triebregungen durchzuführen bestrebt ist. Selbst dem Ersatzvorgang wird verwehrt, sich in Handlung umzusetzen *(Freud)*. Aus der Motilitätshemmung der Ersatzbildungen kann sich allgemein eine *partielle Beeinträchtigung der Motilitätsherrschaft des Ichs* entwickeln."

„Die Unterlassung von *Triebhandlungen* ist die eigentliche Absicht der Verdrängung. Das Ich des Kindes wird ja dazu angehalten, motorische Impulse (Autoerotik, Liebeshandlungen, Aggressionen) zu unterdrücken, – und erst unlängst hat uns *Landauer* gezeigt, daß dadurch bedingte motorische Hemmungen unter Umständen zeitlebens festgehalten werden. Der Verdrängungskampf zwischen besetztem Trieb und Gegenbesetzung des Ichs kann sich deshalb physiologisch, wenn überhaupt, nur in funktionellen Veränderungen der Skelettmuskulatur widerspiegeln. Hören wir nun noch, daß geeignete, also vor allem hysterische Personen gelegentlich durch Versuche, ihre krampfhaft innervierte Muskulatur zu entspannen, in Affektzustände geraten, die einzig dem Verhalten zu vergleichen sind, das Patienten zeigen, wenn im psychokathartischen Behandlungsverfahren an ein bedeutungsvolles ‚Trauma' gerührt wird, daß also auf diese Weise Affekte zur Abfuhr gebracht werden, so muß man erkennen: Der Dystonus war ein *Mittel, Verdrängtes in der Verdrängung zu halten,* ein physisches Korrelat des Verdrängungsaufwandes."

Die Feststellung von *Freud,* daß die bewußte Motilitätsbeherrschung in der Neurose erhalten bleibe und erst in der Psychose zusammenbreche, meint eine gröbere Veränderung; hier stehen nur feinere Einschränkungen in Frage. *Fenichel* weist weiter darauf hin, daß auch analytische Patienten im akuten Verdrängungskampf etwa bei Widerstandsaufgabe Verkrampfungen der gesamten Skelettmuskulatur zeigen, als wollten sie „dem inneren Druck des Verdrängten einen äußeren Muskeldruck entgegensetzen".

Ferenczi spricht davon, daß viele Patienten — besonders im Widerstand — „eine übermäßige Steifheit in allen Gliedern" zeigen, „die bei der Begrüßung oder beim Abschiednehmen zu katatonieartiger Starre anwachsen kann, ohne daß man darum gleich an Schizophrenie zu denken braucht. Schreitet die Analyse fort, so mag mit der Lösung der psychischen Spannungen auch die körperliche schwinden".

„Da Denken ‚Probehandeln' ist, müssen Denkhemmungen ebenso wie Handlungshemmungen sich in Bewegungs- und Tonusänderungen manifestieren." *Ferenczi* meint über die von ihm obenerwähnten Patienten mit starken motorischen Störungen, daß man gelegentlich mit der durch die analytische psychische Lösung gesetzten Lockerung allein nicht auskommt und sich dann veranlaßt sieht, „den Patienten auf sein Verhalten aufmerksam zu machen und ihn dadurch einigermaßen zu „mobilisieren". Im Anschluß daran kommt dann zumeist manches bisher Versteckte oder Unbewußte zur Sprache, besonders zärtliche und feindliche Tendenzen, die durch die Spannung gehemmt wurden, sowie Schwierigkeiten bei der sexuellen Entladung und Erektion. Man sieht dann auch den Händedruck der Patienten ungezwungener, ihre Haltung etwas mobiler werden, womit eine entsprechende psychische Einstellung parallel laufen mag". Hier ist ganz im Vorübergehen das Grundprinzip des autogenen Trainings und verwandter Bestrebungen mit einem lässigen „Es mag" angedeutet.

Ausdrücklicher hat sich derselbe Autor in seiner Arbeit über „Kontraindikationen der aktiven psychoanalytischen Technik" (Vortrag, 9. Psychoanalytischer Kongreß 1925) mit der Entspannungsfrage befaßt. Bekanntlich riet er in bestimmten psychoanalytischen Situationen dazu, muskuläre, besonders Sphinkteranspannungen als spannungssteigerndes Mittel zu verwenden, und meint im Anschluß hieran: „Ich habe seither gelernt, daß es manchmal zweckmäßig ist, *Entspannungsübungen* anzuraten und daß mit dieser Art Relaxation die Überwindung auch von psychischen Hemmungen und Assoziationswiderständen gefördert werden kann." Allerdings bemerkt *Ferenczi* weder über Technik noch Theorie solcher Übungen Näheres, sondern schützt sich im Kreise der Leser strenger psychoanalytischer Observanz durch die anschließende Bemerkung: „Ich brauche Sie wohl nicht zu versichern, daß auch diese Ratschläge nur der Analyse dienen und mit den körperlichen Selbstbeherrschungs- und Relaxationsübungen der Yogi nur so viel zu tun haben, daß wir durch sie die Psychologie ihrer Adepten besser verstehen zu lernen hoffen."

Diese Sicherung *Ferenczis* ist um so begreiflicher, als in der Tat das Phänomen der *affektiven Resonanzdämpfung* für die libidoenergetische Neurosentheorie einige Schwierigkeiten gibt.

Fenichel meint zu unserem Problem, „bei welchen Menschen und unter welchen Umständen neurotische Symptome und Muskeldysfunktionen parallel gehen, und bei welchen sie weit differieren, wäre noch zu untersuchen ... die Tatsache, daß sie differieren können, verwischt doch nicht den Eindruck, daß sie eng zusammengehören. Der Eindruck verstärkt sich, wenn wir bemerken, daß es zur Erfahrung, daß im wesentlichen die Repräsentanzen der Sexualtriebe Objekte von Verdrängungen werden, stimmt, daß ganz allgemein der Krampf der Beckenmuskulatur, sowohl des Beckenbodens als auch der Muskeln der Hüftgelenke, die extremsten Grade erreicht." So konnte *Fenichel* bei einer Patientin, deren Gymnastiklehrerin „ihr immer wiederkehrende Hals-Nacken-Verkrampfungen nachwies, bei deren Lösungsversuch Übelkeit auftrat, in der Analyse eine unbewußte Angst vor dem Geköpftwerden feststellen, die sich auch sonst in zahlreichen Symptomen, Verhaltensweisen und Interessenrichtungen offenbarte." Die Kranke hatte als Kind gesehen, wie einer Taube der Kopf abgedreht wurde und die Taube dann noch ohne Kopf einige Flügelschläge tat, ein Eindruck, der sich mit kastrativen Angstreaktionen verband. In anderen Fällen ist Verkrampfung Ausdruck einer Zurückhaltungstendenz, die sich analytisch besonders aus analen Komponenten herleitet. Auch Trotz und Wut können ähnlich wirken. So kann später Verhaltungslust ursprüngliche Angstverkrampfung positiv färben, oder es können primitive lustvolle Spannungen persistieren. *Fenichel* sieht hier Analogien zu einer gegensinnigen, teils hindernden, teils erhaltenden Funktion des tonischen Spannens gegenüber dem rhythmischen orgastischen Funktionieren. So enthält psychoanalytisch betrachtet die Muskeldystonie durch den Kampf zwischen Trieb und Triebabwehr ein Quantum Libido unzweckmäßigerweise gebunden, wie ja jede triebabwehrende Verdrängung ein Zuviel an gebundener, ein Zuwenig an freier Libido ist. Analog kämpfen im „dystonischen" Muskel Bewegungsimpuls und Bewegungshemmung miteinander. Dabei können noch kompliziertere zentrale Vorgänge der analytischen Betrachtungsweise beteiligt sein, besonders hinsichtlich der Organrepräsentanz.

Fenichel resümiert im Anschluß an die Formel von *Freud,* daß bei psychoanalytischer Bearbeitung die lustvolle Innenwendung zweckvoller Außenwendung weichen müsse:

„Der Dystonus ist nichts als eine Summe ins Innere des Körpers gesandter Innervationen, die bei der Triebabwehr wieder an Stelle von äußeren Triebhandlungen getreten sind. Durch die Triebabwehr unterbleiben Muskelinnervationen, die zu Handlungen führen; sie sind durch nach außen nicht manifeste (oder zumindest nicht zweckmäßige) Innervationen ersetzt. Daß diese Introversion zu einer Libidostauung führen muß, ist von *Freud* ausgeführt worden. Diese Libidostauung entspricht dem Dystonus." Ich kann aufgrund eigener Beobachtungen bestätigen, daß es Fälle gibt, die diesem Schema entsprechen, wenn man mit der psychoanalytischen Terminologie die dahinterliegenden komplizierten psychologen Tatbestände sehen gelernt und empirisch-positive Kritik an der Terminologie erarbeitet hat. Vgl. meine Kasuistik in „Reichweite der Psychotherapie" (Dtsch. med. Wschr., 521 [1926]): „Hüftkontraktur".

In voller Anerkennung derartiger Zusammenhänge und der völlig entscheidenden Bedeutung tiefenpsychologischer Klärung für ihr Verständnis und ihre Behandlung scheint es eine durchaus ungerechtfertigte Grenzüberschreitung, wenn nun die Frage abnormer Muskelspannung im ganzen und in jedem Falle rein psychologischer Auffassung eingeordnet wird. Dazu ist das Merkmal der *„Verkrampfung"* und der abnormen Spannungsverteilung viel zu komplex und zu vielgestaltig bedingt.

Die von *Fenichel* vertretene Auffassung dystonischer Muskelerscheinungen ist ein durchaus typisches Beispiel dafür, wie sich körperliche Abläufe in die psychoanalytische Auffassung einfügen. Die beste Zusammenfassung dieser Frage von psychoanalytischer Seite gab *F. Deutsch,* Dozent für innere Medizin an der Universität Wien, in seiner Arbeit „Der gesunde und der kranke Körper in psychoanalytischer Betrachtung" (Internat. Zschr. Psychoanal., 12, 439 [1926]).

Nicht nur das allgemeine Erlebnis der Körperlichkeit und die Beziehung des Erlebenden zu Körpersensationen allgemeiner Art wurden von psychoanalytischer Seite der Lehre von *Freud* eingeordnet, wobei besonders *Schilder* und seine Mitarbeiter wertvolle Beiträge zum Problem der Hypochondrie lieferten, sondern ein Erlebnis, das sehr viel enger und spezifischer mit der Arbeit des autogenen Trainings verbunden ist, wurde gleichfalls psychoanalytischer Erklärung und Theoriebildung zugeführt: *Die Körperbeseelung.*

Wir greifen hier am besten wieder auf die erwähnte Arbeit von *Fenichel* zurück. Er knüpft an die Lehre von *Freud* an, wie Körperempfindungen bewußt werden. „Von den ihnen zugrunde liegenden multilokulären Veränderungen in der Tiefe des Organismus gehen Erregungen aus, die zum Wahrnehmungssystem weitergeleitet werden müssen, wenn eine Empfindung, also eine bewußte innere Wahrnehmung, zustande kommen soll." Verdrängung kann die Bewußtwerdung durch Einwirkung des Ich sperren oder erschweren. *Freud* sagt: „Ist die Fortleitung gesperrt, so kommen sie (diese Erregungen) nicht als Empfindungen zustande, obwohl das ihnen entsprechende Andere im Erregungsablauf dasselbe ist. Abgekürzter, nicht ganz korrekterweise sprechen wir dann von *unbewußten Empfindungen."* So können auf dem Wege der Abwehr Fremdheitsgefühle, Erlebnisse von Gliedverlust, Kontraktur usw. entstehen. *Fenichel* weist darauf hin, daß „Zwangsneurotiker und Zwangscharaktere, bei denen alle Konflikte ganz ‚verinnerlicht' sind, oft eine mit der Abwehr ihrer Sexualwünsche Hand in Hand gehende Hemmung der gesamten Körpergefühle, die gelegentlich enorm ist“, darbieten. Er erinnert auch in diesem Zusammenhang an die hysterischen Stigmata und resümiert: „Die in den vorigen Abschnitten besprochenen Defekte der Motilitätsherrschaft des Ichs hängen mit den entsprechenden Defekten des Muskelgefühls aufs innigste zusammen.“ Das kindliche Körper-Ich *(Ferenczi, Bernfeld)* ist gewissermaßen ausgedehnter, weiter, ein Tatbestand, der von mir in dem Terminus der *„kindlichen Animalität“* ausgedrückt wurde. Treten durch Verdrängung, wie dies besonders schön von *Schilder* in seinem „Entwurf einer Psychiatrie auf psychoanalytischer Grundlage“ (Psychiatr. Bibl. Nr. 17, Psychiatr. Verlag 1925) an entsprechenden Fällen demonstriert wurde, Ausfälle von Organsensationen ein, so daß ein Organ oder ein Organsystem oder eine Körperregion gewissermaßen depersonalisiert wird, so handelt es sich für die psychoanalytische Auffassung anscheinend eher um eine einfache Libidoentziehung, während die „allgemeine Körperfremdheit“ verinnerlichter „Zwangstypen einer durch Gegenbesetzung in Schach gehaltenen Libidostauung zu entsprechen“ scheint. Die Lösung derartiger Störungen des Körpererlebens ergibt eine neue Körperfindung; das Ich wird erweitert. Hier liegen für die psychoanalytische Entwicklungslehre Berührungen mit dem Problem der Identifizierung und Desexualisierung von autoerotischer Libido, mit der Entstehung narzißtischer Haltung. Die autoerotische Libido kann sich durch Identifizierung mit Organen oder Erregungsvorgängen narzißtisch-desexual umbilden, gleichgültig, ob es sich um das schon ausgebildete Ich des Erwachsenen oder das sich gestaltende Ich des Kindes handelt. Nach *Freud* setzt die Desexualisierung Funktionssteigerung im Gegensatz zur autoerotischen Besetzung, die der Ichfunktion eines Organes nicht günstig ist und so eine physiologische Funktion schädigt. An einem Beispiel von *Fenichel* verdeutlicht: „Der Onanist und der bildende Künstler haben beide die Hand ‚libidinisiert‘. Jener schwächt dadurch die Ichfunktion der Hand, dieser hat die Handlibido desexualisiert, bei ihm ist die Besetzung der Hand nicht mehr primitiv-autoerotisch, sondern desexualisiert-narzißtisch.“

Wir haben diesen analytischen Ausführungen absichtlich breiteren Raum gegeben, um darzutun, wie das uns in diesen Ausführungen oft beschäftigende Problem der *„motorischen Unzulänglichkeit“*, der *neurotischen Antianimalität“*, der *abnormen „Unleiblichkeit“ vieler Psychopathen* sich im psychoanalytischen System darstellt; es erscheint uns nicht zweifelhaft, daß hier ebenso wie bei der Bearbeitung der motorischen Funktionen richtig gesehene Zusammenhänge in Prinzip und Anwendung zu weit ausgedehnt werden.

So dürfte die liebenswürdige Selbstironie von *Deutsch,* der in seiner erwähnten Studie über den gesunden und den kranken Körper sagt, „gehen wir mit der uns eigenen Voreingenommenheit“ an die psychologische Untersuchung, wohl in einem tieferen Sinne zutreffen, als der Schreiber selbst wollte. Wer über eigene ausreichende psychoanalytische Erfahrungen verfügt, wird unbedingt Beobachtungen kennen, bei denen durch die tausenderlei Zusammenhänge, die in eingehender psychoanalytischer Bearbeitung sich auftun, und durch entsprechende in der Behandlung erfolgende Umstellung die Auffassung sehr mit Grund nahegelegt wird, daß in der Tat typische psychoanalytische Frühschädigungen zu einer Persönlichkeitssperrung gegenüber der Körperlichkeit geführt haben. Der Umstand des familiärhereditären Auftretens solcher Erscheinungen und ihre oft ganz unverkennbare Beziehung zu schweren konstitutionellen Anomalien wird aber davor bewahren, das Gesamt dieser Erscheinungen „psychologisch“ einordnen zu wollen.

Sicher ist kein Zweifel, daß Erlebnisse der *Körperbeseelung* und der *Beglückung* durch die *Erarbeitung des eigenen Leibes* eine Quelle in der Befreiung von entgegenstehenden neurotischen Hemmungen und Verdrängungen haben. Darüber darf aber die natürliche Entwicklung animaler Körperfreude als eines Urerlebnisses, besonders bekannt aus Gymnastik und Sport (vgl. unser Kapitel XIV), nicht vernächlässigt werden.

Etwas eingehender müssen wir uns bei unserer Auseinandersetzung mit der Psychoanalyse damit beschäftigen, wie im *psychoanalytischen* Arbeitskreise das *Problem der Autosuggestion* behandelt wird.

Ferenczi hat in einer Arbeit über „Introjection und Übertragung" (Jb. Psychiatr. Neurol. [Ö.] 1, 98 [1908]) *das hypnotische Geschehen* nach *Freud* psychoanalytisch dahin gekennzeichnet, der Hypnotiseur aktiviere die infantil erotische Elternbeziehung des Kranken und wiederhole dann die Leistung der Erziehung, die früher einmal das Kind zur Triebbewältigung durch Verdrängung zwang. *Radó* formuliert in einer Studie über „Das ökonomische Prinzip der Technik" (Internat. Zschr. Psychoanal. [Ö.] 12, 15 [1926]) so, die Hypnose stelle eine (partielle) Überleitung der Libido aus den Symptomen in das hypnotische Erlebnis dar, es entwickle sich dadurch eine „hypnotische Übertragungsneurose" mit Heilwirkung. Der hypnotisierende Arzt gewinne, wie es ähnlich *Jones* annahm, als Vertreter von Ichideal- und Über-Ich-Bildungen magische Allmacht und werde dadurch zugänglich für identifizierende Tendenzen des Patienten. So führt die Hypnose zur Bildung eines „parasitischen Über-Ich", wobei der Hypnotiseur analog der normalen Ödipusentwicklung introjiziert wird. Es überkreuzen sich in der Hypnose bei *Radó* zwei Vorgänge: Einmal wird die Ödipuslibido des Es durch Desexualisierung und Introjektion aktuell bewältigt; es findet eine Progression statt, wie bei der kindlichen Über-Ichentwicklung; auf der anderen Seite projiziert der Patient regressiv seine Über-Ichfunktion auf den Arzt und errichtet so eine magische Eltern-Kind-Beziehung, ähnlich wie es die Psychoanalyse bei paranoiden Zuständen annimmt.

Es erscheint sehr bemerkenswert, daß diese für die Psychologie der Hypnose sehr beachtlichen Anregungen im speziell psychoanalytischen Arbeitskreise anscheinend so weitgehend und so fest mit dem Suggestionsproblem verbunden wurden, daß nun alle irgendwie verwandten Erscheinungen in prinzipiell gleicher Weise betrachtet werden.

So meint auch ein so freier und geistvoller Forscher wie *Schilder* in seinem erwähnten Lehrbuch der Hypnose: „Wir werden grundsätzlich daran festhalten müssen, daß es sich in der Hypnose und in der Suggestion um einen Vorgang handelt, der sich zwischen zwei Personen abspielt ..., von *Autosuggestion* können wir sinngemäß nur dann sprechen, wenn das Individuum bewußt in sich selber eine Gruppe seines Erlebens abspaltet und so in sich selbst den Suggestor schafft. Wir werden nicht fehlgehen, wenn wir annehmen, daß im allgemeinen das Individuum nur dadurch zu solcher Abspaltung befähigt sein wird, daß es sich mit einer anderen Persönlichkeit identifiziert ..., in der Identifizierung spielen wir eine Rolle, ohne daß wir uns der Übernahme der Rolle bewußt sein müssen. Wir haben nur dann

Interesse, die Rolle eines anderen zu spielen, wenn wir jenen anderen lieben, achten, bewundern ... Jede Identifizierung schafft sich ein Ideal-Ich, welches innerhalb des Ich eine gewisse selbständige Stellung bewahrt. Auf solchen Identifizierungen, auf solchen Ideal-Ichen, beruht die Möglichkeit einer Autosuggestion, in welcher sich ein Teil des Individuums als Ideal-Ich bis zu einem gewissen Grade von dem Ich loslöst und dem übrigen Anteil des Ichs als Suggestor gegenübertritt." Wie aus Identifizierung mit den Eltern-, Erziehungs- und weiteren Umweltpersonen durch soziale Forderungen das Gewissen aufgebaut wird, wobei die Ideal-Ichbildung entscheidend beteiligt ist, ist für *Schilder* auch Autosuggestion nur unter gleichen Umständen möglich; das so entstandene Ideal-Ich gewinnt eine gewisse Selbständigkeit, so daß es sich „bis zu einem gewissen Grade von dem Ich loslöst und dem übrigen Anteil des Ichs als Suggestor gegenübertritt". Die Bezeichnung Autosuggestion ist für *Schilder* „im Grunde irreführend. Denn es ist klar, daß es der Arzt und der Pädagoge sind, welche die Forderung erheben, die dann der Kranke und der Erziehungsbedürftige übernimmt und sich zu eigen macht".

Die Selbstbetätigung des autosuggestiv Übenden verdeutlicht für *Schilder* „den Übertritt der suggerierenden Person in das Ideal-Ich in dem Rahmen der eigenen Persönlichkeit".

Noch wesentlich eingehender hat sich *K. Abraham* in seiner letzten Arbeit mit dem Problem der *Autosuggestion* auseinandergesetzt (Internat. Zschr. Psychoanal. [Ö.] 12, 131 [1926]). Für ihn ist die damals durch *Coué* propagierte heilende Selbstbesprechung zunächst ein Phänomen der Massenpsychologie im Sinne der von *Freud* gegebenen Auffassung. *Abraham* verweist auf *Ferenczis* Hypnosestudien und erwähnt eine Arbeit von *Jones* über das engere Thema der Autosuggestion. Die Anhänger des Couéismus bilden eine psychologische Masse ohne feste Bestimmungen, in der jedes Mitglied von dem Führer gleichbehandelt, mit der gleichen Formel angegangen wird; der Führer ist im Sinne der *Freud*schen Massenpsychologie ein „gerechter Vater" mit einem gewaltigen magischen Wirkungsvermögen, besonders im Sinne der von *Freud* bei Zwangsneurosen zuerst aufgezeigten „Allmacht der Gedanken". Ohne Schranken einer Subordination und in völliger Gleichmäßigkeit läßt der Massenführer im vorliegenden Falle jeden Anhänger in gleicher Weise an ihm teilhaben. „Er ist ein Vater, der allen seinen Söhnen gestattet, sich restlos mit ihm zu identifizieren, und zwar nicht etwa bloß in der Phantasie, sondern in praxi, indem er sie geradezu auffordert, sein Mana zu übernehmen und von ihm Gebrauch zu machen." Diese Gabe ist „im letzten Grunde eine Erfüllung infantiler Wünsche, die dem Ödipuskomplex angehören", es handelt sich um eine Autorisierung, „sich mit dem Vater gleichzusetzen". Die äußerlich unpersönliche Beziehung zwischen dem autosuggestiv anleitenden Führer und den Anhängern läßt die Übertragung weniger dem Bewußtsein nahekommen als bei der Hypnose. Arzt und Patient ersparen sich die Schwierigkeiten bewußter Übertragungsbearbeitung. Ferner „ist die starke Lenkung der Aufmerksamkeit auf die Macht des Ich gleichbedeutend mit einer Ablenkung von den sexuellen Kräften, die in der Neurose verborgen sind. Die Massenbehandlungen entwerten Symptom und Krankheit des einzelnen", er „gewinnt den Eindruck, daß sein Unglück nicht größer sei als das anderer Menschen". Auf der anderen Seite bedeutet die „Allmachtvermittlung" Ermutigung. Als „Massenbestandteil" gehorcht der Anhänger massenpsychologischen Veränderungen, die zu zeitweiser Aufhebung von Neurosen führen können *(Freud).*

Die Gleichsetzung mit dem Meister, welche die Psychoanalyse annimmt, bedingt es, daß dem so geformten Über-Ich jener Anteil der Libido zufließt, der eigentlich dem Vorbilde galt, so daß eine narzißtische Libidovermehrung zustande kommt. Die so gesetzte narzißtische Einstellung ist aber primitiven Vorstellungen, wie etwa der Allmacht der Gedanken, besonders günstig. Während in der Hypnose der Patient in infantile Formen der Objektliebe zurückfällt, sich dem magisch überhöhten Elternteil ausliefert, tritt bei der Autosuggestion eine noch frühere Stufe, die narzißtische Einstellung zum Ich in Erscheinung. So ist für *Abraham* autosuggestives Arbeiten noch stärker Ausdruck einer Regression, als das hypnotische.

Die tiefere Bewußtseinsveränderung eigentlich hypnotischer Zustände spricht allerdings mehr gegen diese Auffassung, wird aber von *Abraham* nicht berücksichtigt. Ein weiteres spezifisch psychoanalytisches Moment der Anziehung, die von der autosuggestiven Laienbewegung ausgeht, wird darin erblickt, daß unter der die eigene Verantwortung entlastenden Verantwortung des Führers infantile Beglückungen genossen werden können. Damit werden die Spannungen zwischen Über-Ichforderungen und Ichwünschen „in einem gewissen Umfange aufgehoben". *Abraham* erinnert hier an die von *Freud* gegebene Deutung der Manie als Über-Ichaufhebung und nimmt an, daß ähnliche Beglückungen auch im autosuggestiven Erlebnis beteiligt sind. „So feiert denn der Anhänger der Selbstbemeisterung auch ‚ein Fest der Befreiung'."

Endlich hat sich *Abraham* mit der Frage der *Formelwirkung* beschäftigt. Sie erscheint ihm zum Teil massenpsychologisch deutbar, magischen Dingen nahestehend, und nicht ohne Beziehung zu den bekannten Abwehrformeln der Zwangskranken. „Die Neigung, sich die autosuggestive Formel zu eigen zu machen, setzt eine Herabminderung der Kritik und eine entsprechende Steigerung der Gläubigkeit voraus. Das Schwinden der Kritik aber ist es, das den Zugang zum Unbewußten eröffnet." Hier wird auf Beziehungen zum freien Assoziieren in der Psychoanalyse hingewiesen. Dahinter vermutet *Abraham* Sühnemechanismen, näher präzisiert Scheinentsühnungen. Alle die gegebenen Gesichtspunkte haben für *Abraham* nahe Beziehungen zur Psychologie der Zwangsneurose. „Indem der Patient ein Gehaben annimmt, das uns an jenes der Zwangskranken erinnert, vertauscht er seine bisherige Krankheit gegen eine milde Form von Zwangsneurose, ohne sich dessen bewußt zu werden." Ja, er geht noch darüber hinaus und meint zum Couéismus, es „spricht vieles für die Vermutung, daß ihr Erfinder mit einer Zwangsneurose behaftet sei, die sich vielleicht nicht mehr im Stadium der Symptombildung befindet, ihn aber offenbar nötigt, an der Menge der Hilfesuchenden immer wieder die Allmacht der Gedanken zu erproben". In tieferer Triebschicht analytischer Betrachtung bedeutet für *Abraham* „der Gebrauch der Formel also einen larvierten, vom Vater approbierten Onanieersatz". Besonders die Handbeschäftigung mit der berühmten Gebetsschnur erscheint dem Psychoanalytiker verdächtig, „und so vereinigen sich unerlaubte sexuelle Tendenz, Strafe, Besserungsstreben und Trost in dieser einen Formel."

Es ist hier nicht der Ort, den hier kurz wiedergegebenen psychoanalytischen Ausführungen im einzelnen kritisch näherzutreten; wir möchten uns darauf beschränken, daß ähnlich wie bei der psychoanalytischen Bearbeitung des Hypnotismus affektive Mechanismen und Zusammenhänge teils feinsinnig beobachtet, teils geistvoll konstruiert sind, auf die hingewiesen zu haben eine verdienstvolle Leistung bedeutet. Für das Geschehen der Hypnotisierung erscheint ihre Bedeutung unbestreitbar, wenn auch über den Grad ihrer Wichtigkeit von Fall zu Fall zu diskutieren wäre. Die psychoanalytische Diskussion des *Autosuggestionsproblems* knüpft an die romanische Laienbewegung an, die wir selbst oben fremdsuggestiven Methoden teils gleichgestellt, teils sehr nahegerückt haben. Anders verhält es sich mit einer kritisch gehandhabten konzentrativen Methode, wie sie im autogenen Training vorliegt.

In einer mündlichen Diskussion in Wien gab *Deutsch* den Einwand zu bedenken, ob sich nicht die Wirkung des autogenen Trainings als eine unter der Bedingung besonderer Übertragung verlaufende Konversion verstehen lasse. Ich habe ihm damals schon entgegnet, daß ich mich mit dieser Übersetzung in die analytische Terminologie sehr wohl einverstanden erklären könne, wenn *Deutsch* prinzipiell die gleiche Formel für jede Art künstlerischer Körperschulung, jede Form des Unterrichts einer Leibesfertigkeit, ja in weiterem Sinne für weiteste Strecken allgemein pädagogischen Wirkens für zutreffend erkläre. Es umfasse dann nämlich die psychoanalytische Formulierung ein so ungeheuer weites Tatsachenmaterial und eine so überaus große Zahl verschiedenster Verfahren, daß sie über die einzelne Methode nichts mehr aussage. Auch *Schilders* Annäherung des Autosuggestionsmechanismus an die normalkindliche Ideal-Ich-Entwicklung bedeutet ja letzten Endes eine so weite Fassung, daß weder über die Eigenart dieses Geschehens bei allgemein autosuggestiven Versuchen, geschweige denn über systematisch konzentrative Methoden irgend etwas ausgesagt ist. Es hängt durchaus davon ab, wie weit man geneigt ist, in der Identifizierung, der Introjektion, der Ideal-Ich-Errichtung, der Ichteilung usw. lediglich kühne bildhafte Versuche einer Verständigung über komplizierte Persönlichkeitsreaktionen oder Feststellungen von psychisch realen Wesenheiten zu sehen; jedenfalls kann der Beweis für das psychoanalytische Dogma, es bedeute jede „Autosuggestion" ein Arbeiten zu zweit, mindestens zwischen zwei Ichen und Ichanteilen, bisher nicht als erbracht angesehen werden, ja es wäre durchaus zu fragen, ob für die hier vorliegenden Tatbestände die psychoanalytische Begriffsbildung und Beschreibensweise überhaupt sehr entsprechend sei. Der Gedanke liegt hier, wie gegenüber philosophisch-psychologischer Auffassung, ziemlich nahe, daß die Übernahme einer komplizierten, für andere psychologische Probleme durchaus notwendigen und adäquaten Betrachtungsweise an einfacheren, aber darum nicht minder wesentlichen Gesichtspunkten vorbeigeht und Teilmechanismen oder Komplikationen zum Mittelpunkt zu machen sucht.

Die Erfahrung unserer Oberstufe enthält sehr direkte und nahe Beziehungen zu Arbeitsrichtung und Forschungsresultaten von *Carl Gustav Jung*. Die *innere Bilderschau* und ihre Auswertung nach kosmischen und „kollektivunbewußten" Gehalten und Beziehungen darf unseres Erachtens mit vollem Recht Eigenwert und Sonderstellung beanspruchen. Allerdings muß für das autogene Training davor gewarnt werden, über den interessanten Inhalten die Bedeutung der organismischen Erlebnishaltung zu übersehen.

Sicher muß vermieden werden, solches Arbeiten mit dem psychoanalytischen Bemühen im eigentlichen Sinne, wie wir es *Freud* danken, zu verwechseln, zu vermengen oder gar aus Not und Mühe eigentlicher Psychoanalyse ohne kritische Überlegung in diese andere Sphäre überzuspringen. Bemüht man sich, aus Persönlichkeit, Schicksal, Entwicklung und aktuellem Sein des anvertrauten Menschen in nüchtern sachlicher Überlegung und mit stets wacher Verantwortung eine begründete Entscheidung zu gewinnen, welcher Weg im vorliegenden Falle der richtige ist, so können Einwände zureichender Art gegen solche Arbeit nicht erhoben werden. Es hieße durchaus unnötigerweise auf oft sehr wesentliche Möglichkeiten verzichten, wollte man um irgendeines Prinzips willen diese Arbeitsweise bemängeln oder ausschließen. *O. Brachfeld* und *B. Stokvis* schilderten wertvolle Kasuistik der „gelenkten Tagträume“. Mein Mitarbeiter *K. Thomas* konnte in geeigneten Fällen die autogene Oberstufenarbeit mit „gelenkten Träumen“ *(Desoille)* bereichern (Corr. Psy. sv. 1965, 144, „Praxis Selbsthypnose“, Thieme 1967).

Technisch erlaubt das autogene Training, besonders der gehobenen Stufe, *autokathartische Leistungen* in recht weitem, autoanalytische in einem beschränkten Maße. Materialgaben in versenktem Zustande können im Verlaufe einer regelrechten Analyse ähnliche Hilfen leisten wie Reihenexperimente, Assoziationsversuche und last not least die „via regia“ zum Unbewußten, das Nachttraumleben. Hier wird immer die allgemeine Situation der psychoanalytischen Therapie entscheiden. Ein spezifisches Grenzphänomen stellen die im Kapitel V bei der Darlegung der *Oberstufentechnik* geschilderten *„Fragen an das Unbewußte“* in versenktem Zustand dar.

Wichtige neuere Beiträge zum Problem *Autogenes Training und Psychoanalyse* brachten in neuerer Zeit *W. Ahlbrecht* (Zschr. psycho-som. Med. II, 222 [1956]), *G. Pankow* (ibid. V. 191 [1959]), *H. Ehrhardt* (Vjschr. „Psychotherapie“ III, 219 [1958]) und auf dem Kongreß in Vittel *R. Cahn,* Paris, *R. Held*, Paris, und *G. Kühnel.*

Zur allgemeinen Neurosenlehre kann das Training zunächst insoweit beitragen, als die Erarbeitung selbständiger Regulierung von Körperfunktionen den näheren Mechanismus organneurotischer und hypochondrischer Erscheinungen illustriert.

Nicht umsonst spricht die Individualpsychologie von einem „Trainieren“ falscher psychischer und physischer Haltungen, und das analytische Problem der Konversion, dessentwegen wir besonders auf die Arbeit von *Deutsch,* „Zur Bildung des Konversionssymptoms“ (Internat. Zschr. Psychoanal. 10, 380 [1924]) verweisen, wird gleichfalls, wie bereits *H. Binswanger* richtig hervorhob, aufgrund unserer Erfahrungen durchsichtiger.

Die Eigenart des Versenkungsstandes, besonders hinsichtlich Außenabkehr und Wunscherfüllung, enthält nahe und wesentliche Beziehungen zur Frage des Realitätskontaktes und der Wirklichkeitsflucht. Hier liegt, wie *L. Binswanger* mit Recht betonte, eine *Gefahrenzone,* deren Einfluß durch richtige Auswahl der Versuchsperson vermieden werden muß, wenn wir nicht gerade die praktisch so überaus seltenen Aufgaben der *Nirwanatherapie* erfüllen wollen.

Endlich ist darauf hinzuweisen, daß die für das autogene Training und in gewissem Maße für verwandte entspannende Verfahren typische *Resonanzdämpfung der Affekte* ein neurosenpsychologisch sehr interessantes Phänomen darstellt. Die Ganzheitsbetrachtung würde ihr Wesen darin erblicken, daß affektiv gesetzte Schwingungen in der Orchestrierung durch das Tutti des Organismus selbstbeständig werden, ein reaktives Eigenleben gewinnen, das nun in seiner Weiterführung auf einen gewissen Spannungsgehalt angewiesen ist, dessen regulative Ausschaltung zur Aufhebung führt. In dem vielfach so aufschlußreichen, aber anderseits auch verführerischen Bilde einer seelischen Dynamik ergeben sich Schwierigkeiten.

Der Vorgang muß irgendwie als Bremsung und damit notwendige Energiestauung aufgefaßt und dadurch verdrängenden Abläufen nahegerückt werden. Ob man hier mit Ideal-Ichbefriedigung, mit narzißtischen Introjektionen oder mit einer spezifisch lustvollen autoerotischen Lösungskomponente, vielleicht im Zusammenhang mit Entleerungsphänomenen, arbeiten will, kann einstweilen anheimgestellt werden. Wir neigen zu der Ansicht, daß gerade die Resonanzdämpfung der Affekte ein Phänomen darstellt, das geeignet ist, darzutun, wie auch eine für viele Fragestellungen so fruchtbare psychologische Arbeitshypothese, wie die energetische, an bestimmten Phänomenen nur mit viel komplizierten Hilfsmaßnahmen verwendbar ist, während andere Auffassungen eine mühelosere Einordnung gestatten. *Kohnstamm* hat vor Jahren in gedankenreichen Ausführungen die sog. symptomatische Behandlung mit Dauererfolg durch die Sprengung *biologischer Zirkelbildungen* erklärt (Fortschr. Med. 24, 14 [1906]). Unsere Auffassung der Resonanzdämpfung steht seinen Ausführungen in vieler Beziehung nahe.

KAPITEL XIV

Autogenes Training, Gymnastik und Pädagogik

Im Vorstehenden wurde häufig darauf Bezug genommen, daß die gewissermaßen „körperliche" Anbahnung einer Selbstumschaltung nahe innere Beziehungen zu gymnastischen Problemen hat (namentlich Übungen 1 und 4). Man kann *diese Seite der autogenen Selbsthypnose als eine konzentrative innere Gymnastik* bezeichnen. Es erscheint darum angezeigt, hier einen ganz kurzen Versuch zu wagen, einige wesentliche Gesichtspunkte gymnastischer Persönlichkeitsbildung und darüber hinaus allgemeinpädagogischer Arbeit mit unseren Bestrebungen in Beziehung zu setzen; unnötig zu betonen, daß es sich dabei nur um Andeutungen, nur um die Hervorhebung einiger einfacher Umrisse handeln kann.

Das *Zentralproblem der Entspannung* ist in der Gymnastik seit Jahrzehnten erkannt und viel verhandelt. Werfen wir etwa einen Blick in den Sammelbericht der Tagung für künstlerische Körperschulung, die 1922 in Berlin stattfand, beschickt vom Zentralinstitut für Erziehung und Unterricht, vom Bund entschiedener Schulreformer, vom Reichsausschuß für Leibesübungen und von der Zentralkommission für Sport und Körperpflege, der von *L. Pallat* und *F. Hilker* unter dem Titel „Künstlerische Körperschulung" (Hirt Verlag, Breslau 1925) herausgegeben wurde, so gewinnen wir ein sehr lebendiges Bild dieser wichtigen Bestrebungen.

Hilker kennzeichnet die ganze Bewegung mit dem tiefsinnigen Schlagwort einer Körperrenaissance; es ist die Wiederentdeckung des Leibes, die nach zwei Jahrtausenden asketischer Verdunkelung zu Licht kommt. Der Vertreter der *Duncan*-Schule, *Max Merz,* stellt als das Wesentlichste an der Arbeit seiner Schule hin, den „Körper unwillkürlich in den Zustand eines ungehemmten funktionellen Geschehens eintreten" zu lassen, besonders deutlich sichtbar, wenn Kinder nach *Duncan* gehen, laufen und springen lernen. Er bezeichnet die Persönlichkeit der Begründerin *Elizabeth Duncan* als kaum zu schildern und mit einer spezifischen Fähigkeit begabt, „nervöse Spannungen und Hemmungen zu lösen". Er weist auf die Gefahr hin, durch unzweckmäßige künstlerische Körperschulung, unzweckmäßig insofern als sie irgendwie natürlicher Harmonie zuwidergeht, nervöse Störungen zu setzen. Die Entwicklung eines natürlichen Lebensrhythmus ist Endziel der *Duncan*-Schulung, wovon sich die Begründerin nichts Geringeres als Rassenverbesserung, Linderung der Menschheitsnot usw. verspricht. *E. Ferand-Freund* in Vertretung der *Dalcroze*-Schule, Hellerau, unterscheidet in Übereinstimmung mit anderen Körperbildnern eine ästhetische und eine ethische Körperschulung; bei der ästhetischen soll der Schüler zur Kunst geführt werden; Kunst ist hier Zweck und Ziel. Es entwickeln sich je nach Art der Schüler Künstler oder Virtuosen. Bei der ethischen Körperschulung wird Kunst zum Mittel; durch Kunsterlebnis soll erzieherisch gewirkt werden, soll der harmonische Mensch sich gestalten. Während anfangs *Dalcroze* als Musikpädagoge von einem Körpertaktieren ausging, ist jetzt das musikalische Motiv sekundär geworden. Ziel der Arbeit ist, den Lebensrhythmus im Körperlichen frei zu bilden, „eine naturgemäße Manifestation zu suchen", alles im Hinblick auf die Persönlichkeitsbildung. Stärker hygienisch orientiert, bezeichnet *Bess M. Mensendieck* die systematisch rationale Körperkenntnis und -ertüchtigung, besonders auch mit Hilfe von Atmungstechnik, als das Wesentliche ihrer Arbeit. Dabei ergibt sich eine physiologisch orientierte Bewegungslehre. *L. Langaard* (Loheland) meint, „sich in bildnerischer Weise in die Beschaffenheit der Gelenke zu vertiefen", sei das zentrale Problem. Allzusehr willensmäßig gespannte Menschen schaffen sich dadurch ein gesteigertes Bedürfnis nach Ekstase, kraftvoll schwingende Lebensimpulse mit „plötzlichen Entladungen in derber Lustbetonung" bilden ein Ventil gegen innere Spannungen (das Problem des „Abreagierens" in gymnastischer Beleuchtung).

Besonders bedeutsam sind für uns die Ausführungen von *Rudolf Bode.* Hier finden wir die Grundsätze einer Spannungsökonomie vom gymnastischen Standpunkt aus geschildert.

Die Entwicklung des modernen Menschen vom rhythmisch unverdorbenen Kinde (vgl. *Homburgers* Darstellung der motorischen Entwicklung!) bis zum zwangserzieherisch und hemmungsweise ruhiggestellten Erwachsenen unserer Zivilisation verläuft mit Setzung unbemerkter Spannungen; „wenn jemand seinen Körper nicht spannen und entspannen kann, so gibt er dauernd mehr Nervenenergie aus als nötig"; die ganzen nervösen Erscheinungen unserer Zeit sind samt und sonders Hemmungserscheinungen, hervorgerufen durch übermäßige Willensspannung. *Bode* folgt bei seiner Konzeption des Willens wie auch sonst weitgehend den Gedanken von *Ludwig Klages*. Nach seinen Erfahrungen führt eine Auflockerung durch gymnastische Entspannung zu näherer Verbindung mit Mitmenschen; „der gespannte Mensch ist isoliert". *Bode* ist ein Gegner spezieller Atemübungen, da nach seinen Erfahrungen der im ganzen natürlich entspannte Mensch auch seiner Natur gemäß atmet; „Laufen ist die beste Atemschulung", wenn nämlich die Laufbewegung im Sinne gymnastischer Durchbildung harmonisch erarbeit ist. Vom Ausdruck soll die Gymnastik getragen sein, nicht von Darstellungsabsicht. Neben der Entspannung, die Grundvoraussetzung und Vorbereitung jeder Körperschulung bedeutet, ist die Schwungbewegung das Hauptbildungsprinzip; die Erziehung zu natürlich gelöstem Auswirken innerer Bewegungskräfte läßt frei gelöste Schwungbewegung entstehen. Spezieller hat *Rudolf Bode* in seiner „Ausdrucksgymnastik", Bd. 2 (C. H. Beck Verlag, München 1926) die Grundprinzipien seiner Arbeit niedergelegt. Uns interessieren aus diesem sehr anregenden Buch die folgenden Bemerkungen: „Während der Sport gekennzeichnet ist durch den Kampf mit äußeren Widerständen, ist die Gymnastik gekennzeichnet durch den Kampf mit Widerständen, die der eigene Organismus bietet, einmal durch seine materielle Masse (Gewicht), zum anderen durch die ‚Störungen', welche, aus dem Gefühl stammend, auf jede gewollte Bewegungsbahn überstrahlen. Wie der Sport, hat auch die Gymnastik, als Formbeherrschung, den Willensakt zur Voraussetzung. Sie hat aber noch ein Zweites zur Voraussetzung, eine gesteigerte Gefühlserregung, denn nur gesteigert setzt sich unser Gefühlsleben aus unsichtbaren Schwingungen in sichtbare Bewegungen um. Es besteht aber auch hier eine umkehrbare Wechselbeziehung: *da jedes Gefühlserlebnis ein Totalerlebnis ist, so antwortet unser Gefühlsleben vor allem auf Totalbewegungen des Körpers*. Alle Gymnastik, die nicht Totalbewegung des Körpers in ihren Übungen zur Anwendung bringt, beschwört die gleiche Gefahr herbei wie der ausschließliche zielstrebige Sport: aus dem lebendig bewegten Organismus wird ein toter Bewegungsmechanismus." Entspannungsübungen haben in der Arbeit *Bodes* „nicht den Zweck, jegliche Spannung zu beseitigen – das wäre physiologisch unmöglich und erst recht pädagogisch nicht erstrebenswert –, sondern falsche Spannungen zu beseitigen." Sehr hoch veranschlagt *Bode* den helfenden Einfluß der Musik, was um so verständlicher ist, als er ausgangs Kapellmeister war. *Rud. v. Laban* formuliert klar „zur Harmonisierung und Entfaltung der Persönlichkeit" die Wechselbeziehung von Ausdruck und Erlebnis, sicher beeinflußt durch seine künstlerischen Absichten. Aus dem Innern hervorbrechender Raumausdruck ist die schöpferische Quelle der Ausdrucksgestaltung; gymnastisch beseeltes Theater ist für ihn eine psychoanalytische „Anstalt für öffentliche Komplexbearbeitung"; kosmisches Aufgehen ist das Ziel seiner Arbeit. Demgegenüber stellt *W. Goetze* als Vertreter der *Wigman*-Schule die restlose Beherrschung des Körpers als Ausdrucks*instrument* in den Mittelpunkt seiner Ausführungen. Die Schüler dieser Richtung gliedern sich in drei Klassen; in der untersten Stufe wird ähnlich wie bei *Bode* lediglich auf Entspannung hingearbeitet, in der zweiten Stufe die Erlebnisbeziehung zum Raum entwickelt, in der höchsten Bewegungskraft in ihrem Sein und Wirken bald angestaut und konzentriert, bald verfeinert und subtilisiert. Im Gegensatz zu diesen allgemein gerichteten Bestrebungen zentrieren die Vertreterinnen der *Rothenburg*-Gruppe,

Clara Schlaffhorst und *Hedwig Andersen*, ihr gesamtes Wirken um die Atemkultur. Sie gehören ausgangsweise der Gesangspädagogik an. Dabei ist es ihnen nicht entgangen, daß es „gar keine harmlose Aufgabe war, die Atmung des Menschen in Ordnung zu bringen".

Ziehen wir einen Querschnitt durch eine derartige prinzipielle Auseinandersetzung der führenden *gymnastischen Schulen*, so ergibt sich mit wenigen Ausnahmen eine so weitgehende *Analogie mit der technisch ganz differenten Bemühung des autogenen Trainings*, daß wir daran gar nicht vorübergehen dürfen. *Entspannung* als Grundlage finden wir gleichfalls im autogenen Training, nur nicht erworben durch äußere Bewegungsleistung und -beobachtung und nicht beschränkt auf den äußeren Bewegungsapparat, sondern dargestellt in spezifisch konzentrativer ideoplastischer Haltung und übergreifend auf die übrigen Körpersysteme. Wie in dem gymnastischen Arbeiten erst auf der Entspannung Leistung aufgebaut wird, so auch in unserer Arbeit, beginnend bei der Unterstufe, intensiver bei der Oberstufe. Die nächsten Übereinstimmungen finden wir mit den Ansichten von *Rudolf Bode*, insbesondere seiner biologisch so sehr gerechtfertigten Ablehnung alles einzelnen, allzu organhaften Übens, wie es etwa in den Kreisen einseitiger Atembildner üblich ist. Wir sehen weiter in der ganzen Gymnastik das Grundproblem der Erlebnisgestaltung durch Haltungsänderung mehr oder weniger klar erfaßt, die Wechselwirkung von Ausdruck und Erlebnis, oder wie man sich sonst ausdrücken mag. Endlich ist es eine allgemeingymnastische Erfahrung, die ich besonders in eingehenden persönlichen Besprechungen mit Frau *Mary Wigman* näher kennenlernen konnte, daß außerordentlich häufig mit dem Erreichen gymnastischer Reife eine Wandlung der Persönlichkeit einsetzt. Es kann nicht wundernehmen, daß in der Gymnastik nicht „der Körper" gelockert wird, sondern der lebendige Mensch sich löst. In unserer Arbeit entspannt der Mensch sich im Muskel, im Gefäß, im ganzen Organismus und erschließt sich bionom die anthropologischen Sphären von Haltung und Bewegung, auf die *Buytendijk* mit *V. von Weizsäcker* u. a. den Blick der Forscher lenkte. Sehr brauchbaren Hinweis allgemeiner Art gab *L. Schlegel* (Arch. Phys. Thp. XII, 379 [1960]).

Nicht weniger deutlich läßt die gymnastische Arbeit tiefe Beziehung zum *Rhythmusproblem* erkennen, dem *L. Klages* in dem erwähnten Sammelwerk tiefsinnige Ausführungen widmet.

Rhythmus und Monotonie sind auch in unserer Arbeit entscheidende Momente; lösende und passivierende Monotonie, produktiv belebender Rhythmus. Die Auffassung von *Heinz Werner* (Zschr. Psychol., Leipzig 82 [1921]), daß Rhythmik eine mehrwertige Gestaltenverkettung bedeutet, und die zentrale Stellung des Rhythmus in der Lehre von *L. Klages* seien hier nur kurz erwähnt. Die spezielle psychotherapeutische Bedeutung rhythmischer Momente hat schon vielfache Beachtung gefunden. Besonders interessant sind die älteren Versuche des Züricher Otologen *Otto Laubi* (Bleuler-Heft der Zschr. Neurol., Berlin 1923), die ausdrücklich darauf abzielen, autistisch Introvertierte nach außen zu entwickeln, zu „lösen". Ferner haben der Chefarzt des Zander-Instituts in Wien, *Schwerdtner* (Zschr. Neurol., Berlin 102, 620 [1926]), *Lundahl* (Zbl. ges. Neurol. 1928), *Peters* (Allg. Zschr. Psychiatr. 90, 54 [1929]), günstige therapeutische Erfahrungen mit rhythmisch-gymnastischer Therapie bei Neurosen und Psychosen mitgeteilt. Im speziellen psychotherapeutischen Arbeitskreis sind besonders Hinweise von *Heyer* und *v. Hattingberg* zu erwähnen, ferner die Sammelberichte von *Müller-Gerloff* und *Gruehn* aus dem Zbl. Psychotherap. 1930; Erfassung von speziellen Atemübungen finden wir ferner z. B. bei *Mira* (Zbl. ges. Neurol. 1928). Sie stehen zentral in dem „kompensatorischen Training" von Dr. *Josef Aiginger* (Psychiatr. Wschr., Halle 40/41 [1934]), das „einen hirnphysiologisch therapeutischen Weg" für „psychische Zwangsphänomene bei Hirnkranken" sucht.

Von einer rein hirnphysiologischen Betrachtung aus werden als Kardinalia bei Postenzephalitikern und Zwangskranken bezeichnet: Schlafstörung, Stimmungsperioden, Leistungsschwäche, Organdysfunktionen, Zwangskomplexe, zornmütige Reizbarkeit und emotionelle Inkontinenz. Solche Fälle werden durch willentliche Atempausen bis zum Durchbruch „mit elementarer Gewalt" und aktive „Zuwendung auf die Dysästhesien angegangen, wodurch vegetative Regulierung und stammhirnentlastende Kortikalisierung angestrebt wird". Vor dem Schlafen werden Außensinnesreize „vivid" gemacht und positive optische Erinnerungsbilder kultiviert. Bei Atmung wird besonders auf „vollständige Exspiration" geachtet. Ist der so entspannte und extravertierte Kranke erst einmal wieder schlaffähig, so ist „die Schlüsselstellung gewonnen". *Aiginger* schildert gute Erfahrungen mit prophylaktischen Ruhepausen; er ist ein animoser Gegner der Tiefentherapie und Physiologist. Es ist mir einleuchtend, daß sein Vorgehen in seiner Hand bei gleichgesinnten, scharf in Leib und Seele getrennten Kranken sehr gute Resultate bringt, die meines Erachtens auf eine Kombination von Psychagogik, Entspannung, Sinnesübung (in Art der Schau-, Lausch- usw. Übungen, wie sie in meiner „Seelischen Krankenbehandlung" seit 1919 geschildert sind) und euphorisierender Phantasierung beruhen. Gewiß bestehen, wie ersichtlich, grundlegende Unterschiede zwischen der interessanten Kombinationstechnik von *Aiginger* und dem autogenen Training; *Aigingers* kritische Bedenken gegenüber unserer Methode entstammen rein theoretischen Erwägungen und sollen anderen Orts näher besprochen und aufgehoben werden.

Endlich erscheint bei einer solchen kurzen Überlegung der Gemeinsamkeiten und Verschiedenheiten des autogenen Trainings und gymnastischer Bestrebungen eine Konsequenz für beide Gebiete zutreffend: so wertvoll beide in Frage stehenden Arbeitsrichtungen für eine Störungsbeseitigung, für eine Heilbeeinflussung irgendeines Sinnes sind, so wenig darf übersehen werden, daß ihnen eine vielleicht noch größere Bedeutung für die Ertüchtigung Gesunder und eine prophylaxefähige „organismische" *Psychohygiene (Heinrich Meng)* zukommt. *Es ist unbedingt anzustreben, daß die einfachen Grundlagen der Unterstufe unserer Technik Allgemeingut moderner Erziehung werden.*

Der Vorteil, den seine relativ geringe Bemühung schafft, ist gerade bei durchschnittlichen Versuchspersonen im Sinne unseres Kapitel II so unverkennbar, daß man dringend wünschen möchte, ihn größeren Gemeinschaften zugänglich zu machen. Zur Zeit sehe ich hierzu noch keinen Weg offen; aber es erscheint mir unzweifelhaft, daß hier die vielfach – und nicht immer mit Unrecht! – unbeliebten Schulärzte eine ebenso wichtige wie dankbare Aufgabe finden könnten.

Damit verlassen wir den engeren Rahmen gymnastischer Fragen und wenden uns — in aller Bescheidenheit — einem weit größeren und schwierigeren Problem zu, dem der *Erziehung*.

Ich habe früher an anderer Stelle eine prinzipielle Auseinandersetzung zwischen „Psychotherapie und Erziehung" zu geben versucht (Fischer Verlag, Jena 1921).

Das Wesen der Erziehung, wie es in den Werken von *Rein, Paulsen, Förster* u. a. umschrieben wird, läßt sich verschieden formulieren. Erziehung ist *fortgesetzte bewußte Einwirkung auf den bildsamen Menschen mit der Absicht, diesen Menschen auszubilden. Paulsen* kennzeichnet in seiner „Pädagogik" (Cotta Verlag, Stuttgart 1911) die Erziehung als „Übertragung des ideellen Kulturbesitzes von der elterlichen Generation auf die nachfolgende". Neben diesen Versuchen, das *Wesen der Erziehung* zu kennzeichnen, ist es für uns von Interesse festzustellen, wie die Pädagogik das *Ziel der Erziehung* umschreibt. *Stoy* beantwortet diese Frage im Anschluß an *Herbart:* „Die Erziehung soll den Zweck verfolgen, welchen der Zögling, wenn er mündig wäre, selbst verfolgen würde." So soll eine günstige Autonomie, eine in innerer Gesetzlichkeit ruhende freie Sittlichkeit höchster Stufe beim Zögling vorbereitet und entwickelt werden, so daß er zum autonomen Glied einer historischen Kulturgemeinschaft wird. Dabei darf die Erziehung nicht beim Individuum stehenbleiben, sondern muß theoretisch und praktisch überpersönliche Gegebenheiten und Gebundenheiten im Auge behalten.

Während für Zweck und Ziel der Erziehung stets ethisch-normative Grundlagen irgendeiner Art bestimmend sind, können die Mittel der Erziehung sich sinngemäßerweise nur aus psychologischen Erfahrungen herleiten. Die Pädagogik nennt seit ältester Zeit als Haupterziehungsmittel Zucht und Unterricht. Besonders dem Einfluß von *Herbart* (Pädagogik, Göschen 13) ist es zu danken, daß neben der Zucht, die mehr die inneren Maßnahmen der Führung umfaßt, die „Regierung" der Zöglinge unterschieden wird, die nach jetziger Abgrenzung besonders die äußere Anordnung betrifft, z. B. die Frage der Strafe.

Eine wissenschaftliche Bearbeitung der Erziehungsmittel ist nur aufgrund einer gut ausgebildeten *Kinder- und Jugendkunde* möglich; dies ist schon lange in pädagogischen Kreisen anerkannt. Dabei verlangt die moderne Pädagogik von einer Kinder- und Jugendkunde auch ausreichende Feststellungen über die *naturhaften Eigenheiten dieser Lebensalter* und *des Menschen im ganzen*. Die Zeiten, in denen lebensferne, nur toten Lehrstoff vermittelnde pädagogische Despoten das Feld beherrschten, sind vorüber. Überall in der Pädagogik regt sich der Geist, den wir schon bei *Pestalozzi* und anderen lebendigen Erziehungsidealisten finden, verlangend, daß ohne alle Einseitigkeit seelisch-körperliche Vollentwicklung mit allen Mitteln vernünftiger Pädagogik angestrebt werden müsse.

So bemerken wir auch in der praktischen und theoretischen Pädagogik unserer Tage mehr und mehr Bereitwilligkeit und Verständnis für die Aufnahme biologischer Gesichtspunkte, wie umgekehrt unser eben versuchter Überblick über die gymnastischen Bestrebungen zeigte, daß hier in der Mehrzahl vorhandener Bewegungen pädagogische Möglichkeiten und Ziele klar erfaßt und oft erfolgreich angestrebt worden sind.

Ein gerade in den letzten Jahrzehnten in der Pädagogik heiß umstrittenes Problem ist die Frage der Abwägung von *Zwang und Freiheit in der Erziehung.*

Wir glauben nicht fehlzugehen, wenn wir die Ansicht vertreten, die manchen Ortes vielleicht als reaktionär verurteilt wird, daß bei vielen modernen pädagogischen Bestrebungen das Moment der Disziplin zu kurz kommt. Wir unterlassen es, hier Namen zu nennen, da uns Grund und Raum fehlen, hier eine ins einzelne gehende Diskussion zu eröffnen, sondern beschränken uns darauf, festzustellen, daß in wohlverständlicher und sehr zu begrüßender Opposition gegen erziehungstyrannische Mißgriffe früherer Generationen jetzt vielfach ein so übertriebenes In-den-Mittelpunkt-Stellen der „freien, kindlichen Persönlichkeit" Platz gegriffen hat, daß die unglücklichen Opfer solcher Irrtümer später als Jugendliche, ja zum Teil noch als beginnende Erwachsene sich Leistungen und Möglichkeiten durch schwere bewußte Arbeit erkämpfen müssen, die ihnen verständig disziplinierte Pädagogik mühelos in Kinderzeit und Jugend vermittelt hätte. Nur in lebensgerechter, bionomer Mittellage ist der Mensch fähig „Die Grundlagen der Erziehung zu schöpferischer Freiheit" auszugestalten, die *Wolfgang Metzger* 1949 in seiner ausgezeichneten Schrift gleichen Titels vorbildlich klärte (Frankfurt a. M., W. Kramer Verlag).

Wir möchten diese Gesichtspunkte gerade in unserm Zusammenhang besonders hervorheben, um energisch zu unterstreichen, daß *verständnisvolle Erziehung nicht Disziplinlosigkeit bedeutet,* daß Achtung vor der kindlichen und jugendlichen Persönlichkeit nicht verwechselt werden darf mit einer unnatürlichen und durchaus verlogenen Wegleugnung der selbstverständlichen Differenz an Lebenskenntnis und Lebenserfahrung zwischen Erwachsenen und Unreifen. Freund kann und muß der erziehende und führende Erwachsene sein; keinesfalls muß er darum in einer durchaus der Realität widersprechenden Weise die selbstverständliche Niveaudifferenz der Altersstufen auszulöschen suchen, was das natürliche Kind ebenso ablehnt wie der gesunde Jugendliche. So muß jede Pädagogik den schwierigen, von Fall zu Fall und von Situation zu Situation verschieden liegenden Mittelweg zwischen Zwang und Lösung, zwischen Autorität und Nachgeben, zwischen Versagen und Gewähren zu finden suchen.

Gerade die Jugendzeit, in der, wie *Spranger* in seiner klassischen „Psychologie des Jugendlichen" darlegte, der Mensch sein Ich findet, in der jeder nicht ganz stumpfe oder gleichmäßige Mensch chaotisch hin und her gerissen wird zwischen Trotz und Anlehnungsbedürfnis, den beiden Polen dieser Zeit *(Ch. Bühler),* wird in dieser Beziehung ganz besonders schwere Aufgaben stellen.

Es kann daher keinem Zweifel unterliegen, daß natur- und menschengerechte Erziehung den anvertrauten kindlichen und jugendlichen Menschen auf einer weiten und gefährlichen Lebensreise begleiten muß. Schon die Bewahrung vor einfachsten Umweltgefahren bedingt Zwang; das Kind, das eben laufen lernte, kann man dem Rausch dieses neuen Vermögens nicht ungehemmt überlassen; man wird es mechanisch oder durch dauernde Begleitung und Aufsicht sichern müssen, wenn es nicht zu Schaden kommen soll. Nicht minder bedarf der Jugendliche der Einschränkung, die gewiß nie in törichte Übermittlung von Vorurteilen und anderen Beengungen ausarten darf. Auf der anderen Seite müssen Kind und Jugendlicher gewissen Anforderungen gerecht werden.

Bedenken wir, daß Erziehung Arbeit am Lebendigsten, recht eigentlich am Menschen selbst bedeutet, so werden wir einer Anschauung auf neue nahegeführt, die uns bereits an zwei Stellen begegnete. Ich erinnere an die in Kapitel XIII näher dargelegte psychoanalytische Auffassung *körperlicher Verkrampfungen* als eines *Konflikt-* und *Verdrängungsproduktes* und an die zahlreichen Hinweise auf *Persönlichkeitslösungen durch gymnastische Entspannung*. Wir würden meines Erachtens Unrecht tun, die hier gesehenen Dinge lediglich als „neurotisch" zu rubrizieren; es handelt sich vielmehr um ein größeres und tieferes Problem: Disziplin verlangt Spannung, Disziplin ist ohne ein gewisses Maß spannender Willkür nicht darstellbar. Dadurch verstehen wir, daß in den älteren Traditionen der Körpererziehung, etwa im deutschen Turnen, die Kraft- und Spannungsleistung einseitig kultiviert wurde. Hier bedeutete Willens- und Kraftleistung Wert und Ziel, nicht viel anders als weite Strecken hinauf in der geistigen Erziehung oder in der asketischen Selbstverkrampfung mönchischer Jahrhunderte.

So könnte also eine *Erziehung* der „Spannung" nicht entraten? Wir glauben, dies unbedingt bejahen zu müssen. Nicht nur äußerlich, sondern innerlich bejahen zu müssen. Denn Erziehung ohne Disziplin kann unmöglich dem inneren Wesen menschlicher Bildung gerecht werden. *Hier ist der Punkt, wo nach meiner Meinung die Arbeit des autogenen Trainings ihren ganz bestimmten, berechtigten und klar umgrenzten Platz in einer universell eingestellten Pädagogik beanspruchen darf.* Sehr mit Recht haben ähnlich gerichtete Bestrebungen künstlerischer Körperbildung Einzug in die Pädagogik und die Alltagshygiene des Erwachsenen gehalten.

Wir glauben aber mit ausreichender Begründung dargelegt zu haben, daß die „konzentrative innere Gymnastik" unseres Verfahrens sich nur teilweise in Arbeit und Resultat mit der äußeren Bewegungsgymnastik deckt. Selbstregulierung sonst autonomer Funktionen, Selbstruhigstellung, konzentrative Erholung, Schmerzabstellung, Warzenbeseitigung, reproduktive Gedächtnissteigerung und Selbstschau sind z. B. Möglichkeiten, die äußerer Bewegungsgymnastik nicht zugänglich sind. Zudem erfordert unsere Technik weit weniger Zeit zur Aneignung als irgendeine Bewegungsdurchbildung, wie ja namentlich auch der Vergleich mit den Arbeitszeiten in dem viel mehr rein gymnastischen Verfahren der „progressive relaxation" von *Jacobson* zeigt. So scheint uns das autogene Training berufen, die notwendigen und unvermeidlichen Spannungsansammlungen erzieherischer Beeinflussung auszugleichen, gewissermaßen ein Relaxationsventil zu bilden. Daß neuestens nach dieser Richtung sehr interessante organisatorische Pläne ernsthaft erwogen werden, fand schon Erwähnung.

Nur mit einem Worte sei auf die großen praktischen Möglichkeiten hingewiesen, die dem Verfahren in der Arbeits-, Leistungs- und *Betriebspsychologie* offenstehen; obwohl von einem gutgeschulten Arzte in einem 1/4 Jahr 2000 Arbeitnehmer trainiert und nun mit Untrainierten verglichen werden könnten, und diese Frage seit 1936 oft mit mir erörtert wurde, sind mir ernsthafte systematische Versuche bisher nicht bekannt geworden.

Weltanschaulich gekennzeichnet würden wir die entspannte Haltung mit *ostischen Traditionen* verknüpfen dürfen; wir können sagen, daß die ameriko-europäische Überspannungshaltung hier durch asiatische Lösung einem Ausgleich zugeführt wird. Schon im Bereich europäischer Versuchspersonen finden wir nach dieser Richtung bemerkenswerte Unterschiede.

So ergab z. B. eine von mir in Wien an über 60 Teilnehmern durchgeführte Trainierung einen viel kleineren Prozentsatz verkrampfter Persönlichkeiten als bei dem Berliner Material. Die oft ebenso beneidete wie geschmähte Lässigkeit der Einwohner der schönen Donaustadt bleibt eben, für uns selbstverständlicherweise, nicht ohne entscheidenden Einfluß auf das Spannungsmoment der körperlichen Haltung. Hier ergeben sich sehr interessante Beziehungen zur Ästhetik körperlicher Haltung, zur spezifischen Grazie und zum eigenartigen Charme gewisser Stämme und Völker. *Homburger* hat in seiner grundlegenden „Psychopathologie des Kindesalters" und in zahlreichen wertvollen Einzelstudien die Entwicklung der menschlichen Motorik von der naiven Anmut naturhaft kindlichen Reagierens durch Eckigkeit, Ungleichheit und Gewaltsamkeit der Pubertät bis zur mehr-minder harmonischen Gelöstheit des Erwachsenen verfolgt. Auch hier ergeben sich tiefsinnige Rückbeziehungen zu unserem Problem; man braucht nur etwa an die tierhafte Gelöstheit mancher primitiver Völker zu denken.

Selbstverständlich ist es irrtümliche neue Einseitigkeit, wenn ostische Gelöstheit als totale Lebenshaltung und als Weg zur Weltverbesserung und Menschenbeglückung für den Europäer empfohlen wird, wie z. B. von *H. Jacobs* „Indische Weisheit und westliche Psychotherapie" (München, Lehmann, 1965, 30 Abb., 228 S.). Davon kann keine Rede sein. Der „progressiv domestizierte" Zivilisationsträger braucht oft ganz Anderes, wie *H. Schulze* in seiner so benannten schönen Studie über „aktivste" Psychotherapie darlegte (München, Lehmann, 1964, 148 S.). Aber die Eigenart solcher Gelöstheit als oft *„schöpferische Pause" (Klatt),* als Quelle der Erholung, als Ausgleich und notwendigsten Weg zum eigenen Ich mit allen Tiefen des inneren Einbaus bedeutet nicht widernatürliche Völkervertauschung, bedeutet nicht Negation der unvergleichlichen kulturellen und zivilisatorischen äußeren und inneren Werte des ameriko-europäischen Kulturkreises und der Seelenart der ihm Zugehörigen, sondern Erhöhung ihrer Lebensfähigkeit, Vertiefung gegenüber dem bitter notwendigen und rastlosen Außenkampfe technischer Wirklichkeiten (*„prophylaktische Ruhepausen"* O. Vogt).

Darüber hinaus tasten diese Versuche herauf zum großen gemeinsamen Ziel von Psychotherapie und Pädagogik: zur *Selbstverwirklichung,* zur Entwicklung und Geltung des gelöst-harmonischen *Vollmenschentums.*

Rhythmus als Lebensprinzip (L. Klages) ist uns viel in diesen Blättern begegnet. Auch die hier berührte Frage der Ein- und Zwischenschaltung von Entspannung bedarf zu natur- und lebensgerechter Erfüllung des richtigen Rhythmus. Nicht Versinken in eine trügerisch beglückende Traumwelt, nicht Flucht vor den Härten der Wirklichkeit soll, richtig verwendet, das autogene Training vermitteln, sondern Vertiefung der Erholungspausen nach Art und Maß, Steigerung harmonisch gesteuerter Selbstbeherrschung krampfloser Form und Wachhalten des Geistes für die unverlierbaren Tiefen des Menschenlebens, unberührbar von Not, Lärm, Hast und Häßlichkeit des äußeren Lebenskampfes. Hier ist es selbstverständlich unmöglich, Rezepte zu geben. Eigenheiten der in Frage stehenden Persönlichkeit vom Äußerlichsten bis zum Verborgensten, Sonderheiten von Lebensführung und Lebensschicksal im ganzen und gerade vorliegenden Augenblick werden hier entscheidend mitsprechen. Wichtig nur, daß der Mensch, der die hier ruhenden Möglichkeiten erkennt, durch entsprechende Rhythmisierung seines ganzen Lebensaufbaues „gestaltend" und schöpferisch ordnet. Man denke hier auch an die Überquerung des Atlantik im Serienfaltboot, die Dr. *Hannes Lindemann* in 72 Tagen und Nächten mit autogener Hilfe leisten konnte („Allein über den Ozean", Frankfurt, Scheffler Verlag, 1958). Auch die russischen Raumflieger sollen, wie erwähnt, die autogene Technik benutzt haben (s. S. 106).

So kann zweifellos das autogene Training als wertvolles Erziehungsmaterial angesehen werden. *Der Umstand, daß die ihm zugrunde liegenden Reaktionen normal menschliche und daher die Leistungen der Übungen für jeden Durchschnittlichen erreichbar sind, erlaubt eine völlig allgemeine Verwendung der Unterstufe für alle Gesunden, erlaubt psychische Hygiene in einem neuen, in vieler Beziehung bisher nicht genügend erkannten Sinne,* wenn auch der beste Kenner und so verdienstvolle Gestalter dieser wichtigen Arbeit, *Heinrich Meng,* Basel, sich seit Jahrzehnten helfend einsetzt.

Zum Erziehungsziel, das notwendigerweise immer irgendwie ethisch fundiert sein muß, kann besonders die klärende Selbstbesinnung wesentlich beitragen, wie schon ein Blick auf meditative Bestrebungen im Bereich ethisch religiöser Menschenbildung zeigt. Selbstverständlich ist die *autogene Trainierung* immer eine *ärztliche Angelegenheit.*

Hier ist nochmals besonders auf die außerordentlichen Möglichkeiten der *formelhaften Vorsatzbildungen hinzuweisen.* Sie erlauben einmal, wie besonders *H. Altmann* richtig hervorgehoben hat, durch das Selbsterrichten und Selbstgestalten eine Umgehung oder Ausschaltung hindernder Trotzhaltungen gegenüber den Erziehungspersonen; die Widerstände in der Persönlichkeit des Zöglings selbst werden häufig ebenfalls erheblich abgeschwächt, weil die selbsthingegebene passive Haltung die spannenden Motive aktiver Selbstbeeinflussung nicht enthält. So kommt es nicht zu einem aktiven

Willensvollzuge und damit auch nicht zur Entwicklung eines Wider-Willens. Getreu alter Suggestivtradition müssen auch für die konzentrative autogene Selbstführung und Selbstgestaltung die Formeln schlagworthaft kurz, prägnant, und möglichst anschaulich gestaltet werden, für Ohrenmenschen auch gut rhythmisiert.

Als eindrucksvolles Beispiel sei nochmals an eine 47jährige Lehrerin erinnert, die ihre störenden Wallungen autogen abstellte, weiter trainierte und neue Aufgaben erbat. Es handelte sich um ein vollständiges Schattendasein: Unerwünschtes Kind, liebeleere Kindheit, sehr ungünstiges Äußeres, schwach mittlere Begabung, so daß alles mit übermäßigem Einsatz gelernt werden mußte. Jetzt in sämtlichen Situationen benachteiligt und ohne jede Möglichkeit sich zu wehren. Nach 2 Monaten Einprägung der Formel „Ich vertrete mein Recht“ komplette Wandlung der gesamten Lebenshaltung ins Gegenteil, gewissermaßen um 180 Grad, was die Kranke als echte Berlinerin mit dem Zusatz berichtet: „Sie werden lachen, ich vertrete mein Recht!“

Wir möchten diese Ausführungen, die durchaus bestimmt und, wie mir scheint, mit guten Gründen eine universelle Aufnahme der Unterstufe des autogenen Trainings in die allgemeine Erziehung fordern, nicht beschließen, ohne mit ein paar kurzen Worten auf zentrale hier liegende Probleme hinzuweisen, denen wir selbst uns verschiedentlich zu nähern versuchten. Es handelt sich um die Fragen *„Haltung und Erlebnis“* und noch weiter und verantwortlicher *„Haltung und Persönlichkeit“*, worüber wir auf der Internationalen Tagung für angewandte Psychopathologie und Psychologie in Wien, Juni 1930, nähere Ausführungen machten (Karger Verlag, Berlin 1931).

Die Abhängigkeit menschlicher und tierischer, ja in gewissem Sinne pflanzlicher Haltung vom „Erlebnis“ ist ältester Besitz menschlichen Erfassens; von den rätselreichen, instinktiven Kontaktnahmen des Säuglings bis hinauf in die feinsten Verzweigungen verstehender Psychologie. Je einheitlicher wir alles Lebendige betrachten, um so inhaltreicher wird das Wort Haltung; zunächst und primitiv verstanden Körperbewegung im Erlebnis, „auf einen psychischen Eindruck hin“, dann hinüber zu festgewordenen solchen Bewegungsreaktionen, die nun dauernd im lebendigen Wesen erkennbar bleiben, Teile seiner selbst und nicht selten auffallendstes Merkmal. Über diesen äußerlich sichtbaren Dingen oder „hinter“ ihnen, wenn man so will, ist uns allen selbstverständlich, von „seelischen Haltungen“ zu sprechen. Hierbei handelt es sich durchaus nicht immer um Erscheinungen, die ohne weiteres einen nahen Zusammenhang mit Gefühlserlebnissen verraten, obwohl man immer zunächst an derartiges, an „den Niedergedrückten“, „den Aufrechten“ usw. denken darf, sondern auch um Erlebniszusammenhänge, die viel mehr urteilhaftes, gedankliches Gepräge haben. Es genügt, das Stichwort des Fanatikers zu nennen, um anzudeuten, was hier gemeint ist. *v. Weizsäcker* hat in einem sehr beachtlichen Vortrage in der Berliner Arbeitsgemeinschaft für Mediziner und Theologen, 1. Juni 1931, sich mit *„absoluten Haltungen“* dieses Gebietes befaßt. Er wurde dazu durch die Beobachtungen der Patienten mit Rechtsneurosen geführt. Die von *v. Weizsäcker* gemeinten absoluten Haltungen sind eine Form geistiger Erstarrung. Von ideologischen Momenten völlig eingenommen und beherrscht, gewissermaßen besessen, verlieren derartige Menschen jede Fähigkeit des Verständnisses für andere und setzen umstimmendem Eingriffe große, wenn auch nicht unüberwindbare Schwierigkeiten entgegen. Wie *v. Weizsäcker* hervorhebt, kann nur geduldiger Appell an die Einsicht in solchen Fällen weiterhelfen.

Es unterliegt für uns keinem Zweifel, und wir möchten in diesem Zusammenhang an die Häufigkeitsunterschiede von Verkrampfungen in Wien und in Norddeutschland erinnern, daß es sich bei den durch *v. Weizsäcker* geschilderten Haltungen nicht um abstrakte, theoretisch geistige Dinge, sondern um *verkrampfte Lebenshaltungen* handelt, die auch bei entsprechender Prüfung im körperlichen Geschehen nachweisbar sein würden. Fassen wir mit *Auguste Flach,* der wir eine schöne Studie über „Die Psychologie der Ausdrucksbewegung" aus dem Arbeitskreise von *Karl Bühler* danken (Gerold Verlag, Wien 1928), die *Ausdrucksbewegung* so auf, daß eine Zuordnung von innerer Situation und motorischem Ablauf fest und überindividuell geworden ist, so sehen wir hier vom Ausdrucksstandpunkt aus die gleiche Forderung erhoben.

Flach betont übrigens sehr nachdrücklich, daß auch umgekehrt aus dem typischen motorischen Ablauf die zugehörige innere Situation geschaffen werden könne, so etwa beim Schauspieler. In einer neueren sehr bemerkenswerten Arbeit über „psychomotorische Gestaltbildung im normalen und pathologischen Seelenleben" (Gerold Verlag, Wien 1934) wird im Anschluß an die „Ergänzungsbewegungen", die *Kleist* bei Hirnkranken beschrieb, die gestaltschaffende Rolle motorischer Abläufe „peripherer" Art von *Flach* erörtert. Wenn endlich noch daran erinnert wird, daß ich in meiner erwähnten letzten Auseinandersetzung mit *Freud* die etwas antiquierte psychologische Betrachtungsweise nach „Komplexen" umzubilden versucht habe in eine Klärung *affektgesetzter Haltungen,* so leuchtet ohne weiteres ein, daß in dem Problem „Haltung" sich Äußerlichstes und Innerlichstes unauflöslich vermischen. Erlebnis schafft Haltung, gestaltet Haltung; Haltung aber schafft auch Erlebnis.

Versuchen wir, uns ganz kurz über das *Haltungsproblem* in der *Persönlichkeitspsychologie* andeutungsweise klar zu werden, so ist vor allem die Frage zu erörtern, ob man *„echtes"* und *„unechtes"* Erleben so trennen darf, daß eins der Persönlichkeit zugehöre, das andere eine Haltung bedeute. Es würde dann also eine direkte Proportion zwischen Person und Haltung auf der einen Seite, echt und unecht auf der anderen Seite sich ergeben. So naheliegend dies auf den ersten Blick erscheint, so wenig können wir dies für die entwickelte menschliche Persönlichkeit durchführen. Zweifellos finden wir beim lebendigen Menschen vielfach Haltungen oder Eigenheiten der Haltung, die durch gewissermaßen „äußerliche" Dinge, wie etwa durch berufliche Tätigkeit bedingt sind. Vom krummen Rücken des säcketragenden Müllers und dem typischen Gang des Reiters oder des Seemanns bis hinüber zum Typus „des" Pastors, Offiziers, Kaufmanns usw. führt eine Reihe mit mehr oder weniger starker äußerlicher oder gesamter Eigenart. Es dürfte nicht nur ein rein gewöhnungsmäßiges Sichsoundsoverhalten sein, das hier entscheidet, so wenig wir im Gegensatz zu manchen allzu geistespsychologischen Forschungen geneigt sind, die Bedeutung solcher mehr „mechanischer“ Einwirkungen zu unterschätzen; wir dürfen daneben eine Selbstidentifizierung des Menschen mit seinem psychologischen Berufskleide annehmen. Auch hier, wie ich es früher einmal hinsichtlich der ganzen Frage *„Beruf und Nervosität“* auseinandersetzte (Zbl. Psychotherap. 2, 232 [1930]), wird ein Kampf zwischen Ich und Beruf auszufechten sein; auch hier wird es sich darum handeln, wieweit der Beruf mit seiner etwas unpersönlichen Prägung den Eigenmenschen auslöscht oder dieser nur im Vollzuge der Berufstätigkeit eine gewissermaßen amtierende Haltung einnimmt, der er sich als privater Mensch zu entziehen weiß. Schon bei dieser anscheinend einfachen, in Wahrheit ungeheuer komplizierten Frage taucht eine Reihe zentraler psychologischer Probleme auf, deren näherer Bearbeitung wir nicht entraten können, wenn wir unserm Problem einigermaßen gerecht werden wollen. Ob man die Persönlichkeit als unbedingt echt jeder Haltung als unbedingt unecht gegenüberstellt, muß unausweichlich an Entscheidungen rühren, die etwa in den Bemühungen um die selbstgerechte Entwicklung naturhaft menschlicher Eigenart im Gegensatz zu Zwang und Verkümmerung durch pädagogische Einschränkungen heute vielfach leidenschaftlich erörtert werden.

Nun ist aber oft deutlich zu beobachten, daß aus „echtem“ Erlebniszwange tiefster Provenienz eine Haltung erwachsen kann, die dem „Natürlichen“, dem „Gesunden“ falschen Sinnes, durchaus zuwiderläuft. Denken wir etwa an die Fleischverleugnung echter fanatischer Idealisten. Die Frage echt-unecht gewinnt erst direkte Beziehung zu unserer Gegenüberstellung von Persönlichkeit und Haltung, wenn wir hinter sinnenfeindlicher Gebärde Lüsternheit erkennen. Hier dürfen wir von unechter Haltung sprechen und betreten das weite Reich psychologischer Selbst- und Fremdtäuschungen *(Nietzsche-Scheler, von Gebsattel).* Für die charakterologische Wertung einer Haltung sind also vor allen Dingen zwei Punkte entscheidend: ihre Motivierung und eng damit verbunden die unmittelbare Hingabefähigkeit des Sichhaltenden an die Haltung. *Haltung als Eingriff an uns selbst,* wenn sie bewußt geschieht, *oder als Auslieferung an Fremderleben,* oft auch unbewußter Art, steht in nächster Beziehung zu den *Existenzialwerten* der inneren Freiheit und der Selbstverwirklichung, wie ich sie in ihrer Beziehung zur Neurosenlehre in meiner „Seelischen Krankenbehandlung“ (Piscator Verlag, Stuttgart VIII [1963]) näher aufgeführt habe. Der Löwe als freier Wüstenkönig erscheint uns „echter“ und „lebendiger“ als ein dressierter Löwenartist bei Hagenbeck; das „artige Kind“ scheint uns entseelt und entmenscht im Vergleich mit ungebrochener kindlicher Ursprünglichkeit; aber so wichtig die unermüdliche Rückkehr zu den (bionom) einfachen Verhältnissen des Tier- und Kinderlebens, zu immerwährender Kontrolle lebenskundlicher Erfassung des Menschen ist, wir werden darüber die Organisationsdifferenzen nicht vergessen dürfen, die Tierwelt und Menschsein trennen. Gleichwohl bleibt Haltung, ob echt oder unecht im oben skizzierten Sinne, ein Opfer menschlicher Natur, dessen schmerzliche Beglückung die wehmütige und dämonische Anziehung erklärt, die kindlich naturhaftes Spiel und tierisch gelöste Bestienhaftigkeit auf uns ausüben.

Opferung durch Haltung verlangt ein *Sinngefüge;* nur im Zusammenhang wesentlicher Motivierung kann sie als echt bestehen. Diese *„wesentliche Motivierung"* bedingt das zweite Kennzeichen echter Haltung, die *volle Hingabe.*

Dem wirklich Frommen werden wir nie verargen, daß all sein Sprechen, Tun und Träumen etwas vom Geruch der Gottseligkeit trägt, so wenig wir einen epikuräisch schmatzenden feisten Mönch als Bekämpfer der Fleischeslust ertragen wollen. Die innere Hingabe, das wahrhafte Ergriffensein entscheiden hier die Frage echt oder unecht. Daher kann es geschehen, daß die von Psychologen so gern geschmähte *Maske einer Persönlichkeit (Voigtländer, Michaelis)* das wahrere, echtere Ich wird.

So betrachtet, ist die Haltung ein *gegebenes Ichverhalten,* das nicht in jedem Falle durchaus bewußt, selbsttätig zu wachsen braucht, sondern in anderen Fällen weit eher als ein *hingegebenes Ichverhalten* bezeichnet werden darf. Dabei kann diese Hingabe ebensowohl fremdem idealem Vorbilde wie selbstgestelltem Ziel gelten. Es steht neben der schon anfangs erwähnten unmerklich und mehr aus „Gewohnheit" fließenden unterirdischen Haltungsentwicklung als ihr polares Gegenbild die erzwungene Haltung durch bewußte aktiv spannende Willensleistung, durch „Selbstbeherrschung", „Selbstdisziplin", „Zusammennehmen" bis hinüber zu allen Bildern der *Askese.* Hier ist vor allen Dingen hemmender und spannender Willenseinfluß am Werk. Es werden Wünsche niedergeschrien, Entbehrungen mißachtet, Unlustgefühle niedergekrampft, Vitalreaktionen durch bewußte Spannung hinuntergebogen; kurz, wir sehen den Menschen auf dem Wege, den etwa ältere soldatische Erziehung in der „strammen Haltung", asketische Tradition in der „Selbstüberwindung" ging; den Weg höchster Werte und höchster Gefahr!

Zwischen diesen beiden Extremen steht das *autogene Training;* es läßt weder Haltungen unmerklich Fremdeinflüssen entwachsen noch versucht es, durch Spannungsvermehrung eine „Härtung", eine „Stählung" zu erreichen. Gleitend und passiv wie sonst nur unbemerkte Entwicklungsverläufe führt es auf dem Wege gelöster Selbsterfassung zu Erweiterungen der Persönlichkeitsbildung. Namentlich ist seine Hauptleistung, die Ruhigstellung, hier zu erwähnen; gleich bedeutsam für äußere Lebenshaltung, die, organisch entwachsend, im tiefsten Sinne echt werden kann, wie ja zahlreiche Protokolle, besonders bei der Behandlung der Oberstufe unserer Technik lehrten. „Meditationsübungen", die den Weg echter Selbstverwirklichung verlegen können; muß diese doch aus der *ganz persönlich eigenen Welt der Haltungen* und des *„inneren Bildes"* sich gestalten.

So vereinigt unsere Technik psychisch-hygienische und pädagogische Möglichkeiten von erheblichem Gewicht. Daß wir darum von ihr nie Überschreitung der für alles Lebendige geltenden natürlichen Gesetzhaftigkeiten erwarten werden, bedarf gewiß keines besonderen Hinweises, ebensowenig, daß wir es ablehnen, die autogene Arbeit als billige Scheidemünze der Alltags-Schnellarbeit verunglimpfen zu lassen. Gerade das Problem „Autogenes Training — Haltung — Persönlichkeit“, namentlich als Weg zur Gelassenheit und formelhafter Vorsatzbildung, dürfte solche groben Irrtümer widerlegen.

PROF. DR. I. H. SCHULTZ
Nervenarzt

Name: ....
Alter: ....
Beruf: ....

Schwere	Wann?	Wo? (erstes Auftreten, Ausbreitung)
24 Stunden		
2. Tag		
3. Tag		
4. Tag		
5. Tag		
6. Tag		
7. Tag		
8. Tag		
9. Tag		
10. Tag		
11. Tag		
12. Tag		
13. Tag		
14. Tag		

Nebenempfindungen: ....

Allgemeingefühl: ....

Bemerkungen: ....

....

....

PROF. DR. I. H. SCHULTZ
Nervenarzt

Name: ....

Alter: ....

Beruf: ....

Wärme	Wann?	Wo? (erstes Auftreten, Ausbreitung)
24 Stunden		
2. Tag		
3. Tag		
4. Tag		
5. Tag		
6. Tag		
7. Tag		
8. Tag		
9. Tag		
10. Tag		
11. Tag		
12. Tag		
13. Tag		
14. Tag		

Nebenempfindungen: ....

Allgemeingefühl: ....

Bemerkungen: ....

....

....

PROF. DR. I. H. SCHULTZ
Nervenarzt

Name: ....
Alter: ....
Beruf: ....

Einzelversuche

Pendel:	Gelingen	Augen geschlossen: Augen offen:	Bemerkungen:
Fall:	Gelingen	Schwierigkeiten:	Selbstschilderung:
Katalepsie:	Gelingen	Schwierigkeiten:	Selbstschilderung:
Schmerzaufhebung:		Kühle-Empfinden:	Bemerkungen:
Stirn kühl:	Wann?	Wo?	Bemerkungen:
Herzregulierung:	Wann?	Schwierigkeiten:	Bemerkungen:
Erholung:			
Gedächtnis:			
Ruhigstellung:			

Namenverzeichnis

Sachverzeichnis